www.ingramcontent.com/pod-product-compliance
Lightning Source LLC
LaVergne TN
LVHW020417070526
838199LV00055B/3644
* 9 7 8 9 6 5 5 9 8 6 4 6 4 *

מקראה בחקר
קבלת שבת

ישראל

תשפ"ה

התוכן בפנים באדיבות (רשימה מלאה של הצילומים בספר ובעלי זכויותיהם בסוף הספר):

ר' יחיאל גולדהבר

ר' שלום הלל

משה חלמיש

משפחת חיים ליברמן

ד"ר אסתר מלחי

הוצאת ראובן מס

הספרייה הלאומית של ישראל

info@wiederpress.com
ישראל תשפ"ה

מהדורה 02025.01.28

לזכרם של:

שמחה בן עקיבא הכהן

אודל בת דוד הכהן

נפתלי בן אליעזר

ברכה בת אברהם

משה אהרן בן יצחק מאיר

פיגא בת יצחק אייזיק

שלמה בן יצחק

איתע בת ישעיה

ת.נ.צ.ב.ה.

תוכן עניינים

מבוא 6

סדר קבלת שבת ופזמון לכה דודי (י. י. כהן) 9
א. קבלת שבת בכלל וששת המזמורים הפותחים בלכו נרננה 10
ב. לכה דודי 25
ג. מזמור שיר ליום השבת 35

לקראת שבת לכו ונלכה (יחיאל גולדהבר) 39
הקדמה 40
פרק א: התפתחות התפילה 42
א. קבלת פני שבת 42
ב. מקורות קדומים 44
ג. מקור וטעם לאמירת מזמור שיר ליום השבת (צב) 45
ד. הטעם לאמירת מזמור ד' מלך (צג) 48
ה. הנהגת מקובלי צפת 49
ו. השייכות בין מזמור הבו לה' לשב"ק 51
ז. אמירת המזמורים לכו נרננה - הבו לה' (צה-צט) 53
ח. מקום אמירת קבלת שבת 56
ט. היציאה לקבלת שבת: מקורה וטעמה 61
י. ברוב עם הדרת מלך 63
יא. עמידה 65
יב. מקום עמידת הש"ץ 69
יג. הפיכת הפנים לצד מערב: מקורו וטעמו 72
יד. מהיכן מודדים צד מזרח ומערב 78
טו. הפיכת הפנים לכיוון הפתח או לצד מערב 81
טז. כיוון הפניה לצד מערב 85
פרק ב: שמחה שירה וריקוד 87
א. שמחה 88
ב. שירה וזמרה 94
ג. אופן השירה 95
ד. קטעי התפילה בהם שרו 96
ה. מנהגי קהלות חסידים ופרושים 98
ו. טעמים להשירה וזמרה 103

תוכן עניינים

ז. שירה בתפלה 106
ח. ריקוד בקבלת שבת 107
פרק ג: כלי זמר 111
א. שירה בכלי זמר 111
ב. טעם נגינה בכלי שיר 117
ג. שבתות מיוחדות 118
נספח א: העוגב 124

מתוך הספר הנהגות קבליות בשבת (משה חלמיש) 131

תמונות תחנות תפלות ספרד שמ"ד 187

סידור כוונות מר' יעקב צמח 215

תכלאל משנת שע"ב 219

מתוך הספר הסידור ממקורותיו (משה צבי וידר) 233

עיון בפיוט "לכה דודי" (אסתר מלחי) 287

ספר "תקוני שבת" (חיים ליברמן) 307
א. ספר "תקוני שבת" עם פירוש "מנחת יעקב" 308
ב. ספר "תקוני שבת" בלא פירוש 318
ג. ספר "תקוני שבת" עם תרגום יהודית־אשכנזית 328
ד. כפר "תקוני שבת" – חלקים 330
ספר "תיקוני שבת" (מילואים) (י. י. כהן) 340
הערה למאמר "ספר תקוני שבת" מאת ח. ליברמן (אברהם יערי) 355
ספרי תיקוני שבת לפני שנת ת"ס (1700) 357

תקוני השבת ויניציאה ש"ס 359

תיקוני שבת קראקא שע"ג 371

מפתחות 411
מפתח נושאים 411
מפתח צילומים 414

מבוא

"אָמַר רַבִּי שִׁמְעוֹן בֶּן לָקִישׁ: נְשָׁמָה יְתֵירָה נוֹתֵן הַקָּדוֹשׁ בָּרוּךְ הוּא בָּאָדָם עֶרֶב שַׁבָּת... שֶׁנֶּאֱמַר: "שָׁבַת וַיִּנָּפַשׁ." (בבלי ביצה טז.)

קבלת נשמה נוספת בערב שבת הוא תהליך הסמוי מן העיין. עם זאת, במשך הדורות ייצרו תהליך חגיגי ופומבי סביב קבלת המתנה הזו. רגע קסום זה ממשיך להדליק כל יהודי באשר הוא שם. ספר זה בא לרכז את מיטב המחקר והמקורות סביב התפתחות קבלת השבת בקרב קהילות ישראל.

בפרק הראשון הבאתי את מאמרו הפורץ דרך של ר' **יצחק יוסף כהן** זצ"ל שהתפרסם כחוברת בשנת תשכ"ט. המאמר דן בהתפתחות תפילת קבלת שבת בשלשה חלקים, מזמורי תהלים לפני 'לכה דודי', הפיוט 'לכה דודי' ושני מזמורי התהלים שאומרים אחריו. י.י. כהן נולד בטרנסילבניה ועלה לארץ בשנת 1950. מאז, למשך יותר מ-45 שנים, כהן עבד בספריה הלאומית בכמה תפקידים, בין היתר כמנהל הקטלוג העברי. הוא פרסם מאמרים בכתבי עת רבים וכתב כמה ספרים, ביניהם "מקורות וקורת" (הוצאת ראובן מס, תשנ"ב) בו התפרסם המאמר הנ"ל שוב.

בפרק השני הבאתי את רצף המאמרים שכתב הרה"ג **יחיאל גולדהבר** בסוף שנות ה-תש"נ. המאמרים התפרסמו בארבע כרכים של כתב העת החשוב "בית אהרן וישראל" ואיחדתי אותם לנוחות הקריאה. המאמרים מתחילים איפה שהמאמר של כהן פסק, ומוסיפים לעומק ולרוחב על התפתחות קבלת שבת בקרב קהילות ישראל. בנוסף, יש קטעים שדנים בכיוון הפניה של הבית "בואי בשלום" והיסטוריית שירה וכלי נגינה בבתי כנסת. ר' יחיאל עבר על המאמרים בקפדנות ותיקן את תוכנם לפני פרסומם כאן. למעוניינים, ר' יחיאל גם מורה דרך מנוסה בארץ.

בפרק השלישי הבאתי את התוכן הרלוונטי מהספר "הנהגות קבליות בשבת" של ר' **משה חלמיש**. הספר יצא לראשונה בשנת תשס"ו (אורחות) והוא אוצר בלום - יותר מחמש מאות עמודים - של מקורות לכל מנהג של שבת שאפילו יש לו ריח של השפעה קבלית. כדרכו בספריו, ר' חלמיש לא חסך מלחקור ולהביא את מקורות בין מכתבי יד ובין מספרות הרבנית. הספר יצא לאור פעם נוספת במהדורה מורחבת בשנת תשפ"ד. ר' חלמיש תושב הארץ והוציא וערך יותר משלושים ספרים ומאה מאמרים, ועוד ידו נטויה.

בפרק הרביעי הבאתי מהדורה פקסימיליית של העמודים הרלוונטיים מסידור "תמונות תחנות תפלות ספרד" וינציה שמ"ד. סידור חשוב זה מהוה ההופעה הראשונה בדפוס של הפיוט "לכה דודי" ותהלים כ"ט כחלק מקבלת שבת.

אחריו הבאתי שני דפים מסידור כוונות בעצם כתב ידו של הר' **יעקב צמח** זצ"ל עם הפיוט "לכה דודי". כתב היד חלק מאוסף משפחת הלל ומהווה המקום הראשון

בו נמצא המנהג שבבית האחרון של "לכה דודי" אומרים "גם ברנה" בשבתות רגילות ו"גם בשמחה" בשבתות של ימים טובים. ר' יעקב צמח נולד כאנוס בפורטוגל ועלה לארץ בשנת שע"ח. הוא היה תלמיד של ר' שמואל ויטאל (בנו של ר' חיים ויטאל) ומחבר ספר "נגיד ומצוה".

אחריו הבאתי מהדורה פקסימילית של תכלאל תימני משנת שע"ב (כ"י סינסינטי HUC 765). תכלאל זה מהווה ההופעה הראשונה של הפיוט "לכה דודי" בעדות המזרח.

אחריהם הבאתי את הדפים הרלוונטיים מספרי "הסידור ממקורותיו - שבת קודש". ספרי "הסידור ממקורותיו" מהווים חלון להיסטוריה של סידור התפילה היהודי ומנגישים את המחקר העדכני על מקורותיו של כל תפילה ותפילה. בחלק המובא כאן, אפשר לראות את טקסט קבלת שבת שקדם למקובלי צפת.

אחריו הבאתי את מאמרה של ד"ר **אסתר מלחי**, המנתחת את הפיוט "לכה דודי" מהיבט ספרותי. מאמר זה התפרסם לראשונה באתר דעת, בשנת תשס"ה תחת הכותרת "הפיוט 'לכה דודי' - רבי שלמה הלוי אלקבץ". ד"ר מלחי היתה ראשת החוג לספרות במכללה ירושלים לבנות וגם פירסמה ספר על ספרות הילדים החרדית. תודתי לד"ר מלחי שעברה על מאמרה וביצעה כמה תיקונים לפני פירסומו כאן.

לקראת סוף המקראה הבאתי כמה מקורות שקשורות לספרות שנלווה לתפילת קבלת שבת. ספרות אלה נדפס בשם "תקוני שבת" וזכה מאמר מר' **חיים ליברמן** זצ"ל שהתפרסם לראשונה בשני כרכים של כתב עת "קרית ספר" בשנות ה-תש"כ. ר' ליברמן היה ביבליוגרף מפורסם שהוציא עשרות מאמרים בעברית וביידיש. הוא כינס את חלק ממאמריו בשלשה הכרכים של "אהל רח'ל" שיצא לאור בשנת תש"מ. מאמריו "ספר 'תקוני שבת'" שהבאתי, זכה לתגובות מי. י. כהן ומאברהם יערי והבאתים גם. כשעברתי על רשימת הדפסות של "תקוני שבת" שיצר ליברמן והוסיף עליו כהן, מצאתי עוד 19 הדפסות קדומות בקטלוג הספרייה הלאומית. בסוף המאמרים, הבאתי רשימה מעודכנת של הדפסות הספר עד שנת ת"ס.

אחרי המאמרים שדנים בספר "תקוני שבת" הבאתי שתי הדפוסים החשובים ביותר שלו. ראשון, מהדורה פקסימילית של החיבור בדפוסו הראשון, מסוף ספר ראשית חכמה הקצר (ונציה ש"ס). מחבר החיבור היה **ר' יהודה הכהן** זצ"ל מהעיר בודן. בנוסף, הבאתי מהדורה פקסימילית של מהדורת קראקא שע"ג במלואו, בו יש את כל קבלת שבת בדפוס לפעם הראשונה.

תקוותי שריכוז המאמרים והספרים כאן משרתים את הציבור להתחבר ולהידלק כל שבוע מחדש בעת קבלת הנשמה היתרה.

-משה צבי וידר

מעלות, ישראל
'זאת חנכה' תשפ"ה

סדר קבלת שבת ופזמון לכה דודי

י. י. כהן

מקורות
וקורות

תשמ"ב

סדר קבלת שבת ופזמון לכה דודי

מחקר היסטורי על התפשטות המנהג כיצד נתקבל בתפוצות ישראל ואימתי הונהג בארצות השונות

כמה וכמה מתנות טובות הנחילו חכמי צפת מן המאה הט"ז לאומה כולה. מרכז של תורה וחכמת חן בדומה לזה שהתרכז בצפת, לא קם בישראל הרבה דורות לפני תקופת צפת ועל אחת כמה וכמה בדורות שלאחריה. אחת המתנות הטובות שהנחילה צפת לעם ישראל כולו, הוא סדר קבלת שבת, שהנהיגו לומר לכבוד היום המקודש - וגולת כותרתו הפזמון "לכה דודי".

סדר קבלת שבת, כפי שהוא נהוג היום ברוב תפוצות ישראל, ניתן לחלקו לשלושה חלקים:

- **א.** ששת המזמורים הפותחים ב"לכו נרננה" (תהלים צה--צט, כט);
- **ב.** פזמון "לכה דודי" לר' שלמה אלקבץ זצ"ל;
- **ג.** מזמור שיר ליום השבת וה' מלך גאות לבש (תהלים צב--צג).

מטרת מאמר זה לעמוד על זמן הנהגת סדר קבלת שבת - על כל שלביו - בעדות השונות. ובמדת האפשר בקהלות השונות שבכל עדה ועדה; לקבוע מיהותם של האישים, שלהם יד בהנהגת הסדר, במקצתו או בכולו; לבחון את חילוקי הדעות והמנהגים שהתגבשו בהנהגת סדר קבלת שבת; לעקוב אחר התפשטות המנהג בסידורי-התפילה של עדות-ישראל בתפוצותיהן וארצותיהן; לתת ביטוי לאספקטים אחרים הקשורים במנהגי קבלת שבת ולחשוף את מקורם.

א. קבלת שבת בכלל וששת המזמורים הפותחים בלכו נרננה

בזמנים קדומים, שלפני המאה הט"ז, לא היתה תפילת ערבית של שבת שונה בהרבה מתפילת ערבית של כל ימות השנה. הגיע זמן תפילת ערבית, לא הקדימו לה שום מזמורים ותפלות מיוחדים. בכתבי-היד של סידורי-התפילה העתיקים וכן בדפוסים הראשונים לא נזכרו שום מזמורים ופיוטים. גם ספרי המנהגים אינם מכירים תפילות הקודמות לערבית של שבת. החזן התחיל ברכו ולפי מנהג הספרדים --"והוא רחום"[1]. אמנם המושג "קבלת שבת" מוזכר כבר באחד מספרי ההלכה העתיקים, ב"הלכות גדולות"[2], אולם כפי שכבר העיר י. מארשן, אין הכוונה

---

[1] סידור "עבודת ישראל" לר"י זליגמן בער, עמ' 178; סידור "הגיון לב" לר' יוסף תאומים בעל "פרי מגדים" עם "מקור ברכה" מאת א. לאנדסהוט, קניגסברג 1845, עמ' 428; לקוטי מהרי"ח על סדר התפלה לר' ישראל חיים פרידמאן, חלק א, סיגעט תרס"ג, דף יז ב.

[2] הוצ' הילדסהיימר, עמ' 84. ועיין ר"ן לרי"ף פרק ב דשבת, ווילנא ראם, דף י א (ד"ה ומדאמרינן בנר חנוכה). מובא במאמרו של י. מארשען (ראה ההערה הבאה).

למובן של הקבלת פני שבת בטכס חגיגי, אלא למונח טכני, בדומה ל"קבלת תענית" - דהיינו שהאדם מקבל על עצמו את השבת עם כל המצוות הכרוכות בה[3].

יתר על כן, השלחן ערוך, שמחברו ר' יוסף קארו היה אחד מחבריו הקרובים של מחבר "לכה דודי", כפי שנווכח לקמן, אינו מזכיר כלל את המנהג של קבלת שבת, פרט למזמור שיר ליום השבת[4]. הרמ"א בדרכי משה שולל אף אמירת מזמור זה מתוך הנימוק ש"במדינות אלה אין נוהגין לומר מזמור בכניסת השבת[5]". ר' מרדכי יפה בעל הלבוש, שחי בדור אחד לאחר המחבר והרמ"א, כבר מזכיר שיש מקומות בהם נוהגים לומר מזמור שיר ליום השבת[6]. מכל מקום אינם מזכירים את הפזמון "לכה דודי". אפילו בעל מגן אברהם, שחי למעלה ממאה שנה לאחר המחבר והרמ"א, ושבזמנו כבר נאמרו לכו נרננה ולכה דודי ברוב תפוצות ישראל, כפי שנוכיח לקמן, אינו מתיחס אלא למזמור שיר ליום השבת[7].

המנהג להתחיל קבלת שבת בלכו נרננה, שהאשכנזים אימצו לעצמם, תוקן על-ידי ר' משה קורדובירו, תלמידו וגיסו של ר' שלמה אלקבץ, מחבר לכה דודי[8]. וכן נהג גם רי משה ן' מכיר מעין זיתון שליד צפת[9]. אולם האריז"ל לא אמר את חמשת המזמורים הראשונים, אלא פתח ב"מזמור לדוד הבו לה' בני אלים"[10]. בטעם ששת המזמורים של סדר קבלת שבת, נאמר בשם ר' יעקב עמדין, לפי"שהששה מזמורים אלו מיוסדים על ששה ימי החול"[11]. טעם אחד נאמר על-ידי ר' שלמה צבי שיק

---

3 מארשעק, ישורון (של וולגמוט), שנה ט (תרפ"ב), חוב' 5/6, החלק העברי, עמ' מו.

4 בית יוסף או"ח סי' רסא ובשו"ע שם סעיף ד. בענין אמירת מזמור שיר ליום השבת מדובר להלן, בפרק ג.

5 דרכי משה, שם.

6 לבוש התכלת סי' רסא ס"ק ג: "ובמקום שאומרים מזמור שיר ליום השבת".

7 מגן אברהם, שם ס"ק יג: "ועתה נוהגין לומר מזמור שיר ליום השבת". כל המקורות שהזכרנו בהערות 4–7 מתיחסים לשאלה, האם אמירת מזמור שיר ליום השבת נחשבת לקבלת שבת לענין איסור מלאכה, או רק באמירת ברכו מקבל האדם על עצמו את השבת.
ועייו ערוך השלחן, שם ס"ק טז הכותב: "ולפי"ז לדידן שאומרים לכה דודי הוי זה קבלת שבת".

8 סידור "פלטין בית אל" לר' יעקב עמדין, אלטונה תק"ה (ומשם בכל סידורי ר"י עמדין "בית יעקב"); אוצר התפלות, חלק י, דף רצא א; לקוטי מהרי"ח, דף יז ב.

9 סדר היום, הוצאה ראשונה (בחיי המחבר), ויניציאה שנ"ט, דף מג א (הוצ' לובלין תרל"ו [ומשם בכמה הוצאות סטיר־אוטיפיות ודפוסי-צילום], עמ' 42).

10 ספר הכונות להאריז"ל, יעסניץ תפ"ג, דף ג: "ויאמר לכה דודי נצא השדה ... ויאמר מזמור לדוד הבו לה' בני אלים"; שלחן ערוך האריז"ל, קבלת שבת, סעיף ג (הוצ' ירושלים תשכ"א, עמ' קג), בהגהות "מראה כהן" (לר' משה מרדכי הכהן) מפורט הסדר: "לשם יחוד, בואו ונצא לקראת שבת מלכתא, מזמור לדוד הבו, בואי כלה בואי כלה שבת מלכתא, מזמור שיר ליום השבת". נראה מכאן, לכאורה, שלא אמר "לכה דודי", אולם להלן נביא מקורות לפיהן אמר האריז"ל לכה דודי. ועיין גם: מנהגי חסידות של אנשי צפת מן החסיד העליון כמ' אברהם הלוי תושב צפת, שפירסם שכטר ב-ב, כרך ב, עמ' 297 (וד. כהנא, תולדות המקובלים וכוי, כרך א, עמ' 51). וראה גם חמדת ימים, חלק א [ויניציאה], ועתה יגדל לפ"ג [תקכ"ג], דף מ א: "פעם אחת בערב שבת סמוך להכנסת כלה יצא הרב [האר"י] ז"ל עם תלמידיו חוץ לעיר צפת... ו ה ת ח י ל מזמור לדוד הבו לה' בני אלים". לכאורה יש סתירה משלחן ערוך האריז"ל, קבלת שבת, סעיף ד, שם נאמר: "ואח"כ ששה מזמורים ולכה דודי כל הסדר ככתוב בתיקון שבת", אולם כבר הרגיש בכך בעל "מראה כהן" ומגיה: "ומש"כ דיאמר ו' מזמורים וכו' זהו משאר החברים".

11 לקוטי מהרי"ח שם וכן באוצר התפלות. וב"לקוטי הלוי, כולל מנהגי ק"ק ווירצבורג", ברלין תרס"ז, עמ' 6, כותב המלקט, ר' נתן הלוי במברגר, "כי ששה מזמורים הללו רומזים על ששת ימי המעשה ותוכן ענינם הוא שבח תודה ותהלה להבורא ית'". למען האמת, מיוחס טעם זה בטעות ליעב"ץ, שכן ב"סדר תפלות מכל השנה", אמשטרדם תמ"א (ומכאן בסדור "עולת שבת", הענא תפ"ה) כבר נזכר טעם זה.

בסדור שלו[12]: "ששה מזמורים הללו קודם קבלת שבת תיקנו הגאונים[!] כנגד שש תקיעות שתיקנו חכמי התלמוד בבבל... לעורר העם". מהדיר סדור "אשי ישראל" עפ"ד מרן הגר"א, מזכיר טעם זה בשם אמרו ומוסיף נופך משלו: "ואחר שהיו מוכרחים לבטל [את התקיעות] מטעם הממשלה, נעשה זכר לזה לומר ששה מזמורים"[13]. מובן שאין צורך לטרוח ולסתור טעם מוזר זה. יש רק לתמוה על הרב שיק. שדברי-ימי-עמנו לא היו זרים לו, איך בא ליחס מנהג שהונהג במאה הט"ז לתקנת הגאונים!

ראינו, איפוא, שר' משה קורדובירו ור' משה ן' מכיר נהגו לומר את ששת המזמורים, ואילו האריז"ל (ובודאי נהגו כך גם גורי האר"י) השמיט את חמשת המזמורים הראשונים. נעקוב אחר התפשטות המנהג בתפוצות ישראל. והנה כאן נתחלקו המנהגים בין האשכנזים והתימנים מצד אחד, והספרדים ועדות המזרח מצד שני. סדר קבלת שבת נדפס לראשונה במחזור כמנהג ספרד שנדפס בויניציאה שמ"ד[14]. והנה במחזור זה (שהוא, למעשה. גם סידור לכל ימות השנה) פותח הסדר במזמור לדוד הבו לה' בני אלים, לאחריו לכה דודי ומזמור שיר ליום השבת. בדומה לכך גם בסידורי הספרדים משנים שלאחר מכן, הן סידורים שנדפסו באיטליה והן אלה שהופיעו באמשטרם, בסוף המאה הט"ז, המאה הי"ז וראשית המאה הי"ח[15] (ביתר פירוט על קבלת שבת בסידורים הנדפסים לקמן). עדות לכך שהאריז"ל לא היה אומר אלא את מזמור לדוד הבו, יש לראות גם בפרי עץ חיים לר' חיים וויטאל, שהפרקים ב-ג ה-ו כוללים פירושים בדרך הקבלה וכוונות למזמור לדוד הבו, מזמור שיר ליום השבת וה' מלך גאות בלבד[16]. הוא הדין בסידור ר' שלום שרעבי, אינם נזכרים אלא המזמורים הנזכרים, וכמובן בלווית כוונות ויחודים[17]. הספרדים קיבלו איפוא את מנהגם לפי הנהגת האריז"ל והרש"ש. גם בצפון אפריקה נהגו כנראה כך, מכל מקום לגבי שתי קהילות צפון-אפריקניות, ג'רבה וטריפולי, יש לנו עדות מפורשת על מנהגם[18]. קרוב לוודאי שגם יתר הקהילות באיזורים אלה נהגו כמנהגם.

---

12 סדור רשב"ן, וויען [תרניד], דף יז, ב.

13 ירושלם [תרס"ח], דף קא א.

14 טופס חסר-שער נמצא בגנזי בית-הספרים הלאומי והאוניברסיטאי. טופס שלם בספרית הבודליאנה באוכספורד ומתואר בקטלוג שטיינשניידר מס' 2095.

15 מלבד המחזור (וסידור) ויניציאה שמ"ד הנ"ל, ראיתי את סידורי התפילה כמנהג ספרד שנדפסו בויניציאה שע"ה, שם שפ"ב, אמשטרדם תכ"א, ויניציאה תל"ט, פירינצי תע"ה ואמשטרדם תפ"ו.

16 דפוס קארעץ, תקמ"ב, דף פא ד ואילך.

17 סידור תפלה לר' שלום שרעבי, ירושלים תרע"ו, חלק ג, דף א ב--ט א. נראה שהרש"ש, שלא כהאריז"ל (כפי שנראה להלן), לא אמר "לכה דודי". מכל מקום בסידורו אין לו זכר.

18 ברית כהונה. . . מנהגי פה אי ג'רבא. . . מאת משה הכהן, חלק א, ג'רבא תש"א, דף פד, ב. שם הוא מעיד גם על טריפולי ש"נוהגים כמנהגינו".

בתקופה האחרונה נדפסו בהרבה סידורי תפלה כמנהג ספרד גם מזמורי לכו נרננה, בציון שיש מקומית בהם נוהגים לאמרם. אין ספק שיש כאן השפעה של מנהגי אשכנז, עיין סדור אוצר התפלות, חלק א, דף רצא א, שיש גם מנהגים אחרים בין הספרדים, כגון לומר לכו נרננה ומוסיפים גם מזמור לתודה.

לעומת זאת מנהג האשכנזים מאז שהתחילו נוהגים לקבל שבת, לפתוח בלכו נרננה. באיזורים בהם נתפשט מנהג אשכנז, נדפס סדר קבלת שבת לראשונה ב"תיקוני שבת", קראקא [שע"ג?] ולאחר מכן בסידורי-התפילה השונים[19]. י. מארשען מסביר את עובדת התפשטות המנהג בין האשכנזים, "מפני שהו 'מזמורים הידועים נמצאים בסדר היום ובתקוני שבת וגם סידור השל"ה מביא אותם, יד הכל ממשמש בהם. ומפני זה הטעם לא נהגו הספרדים לאמרם לפי שסידורי התפלות הנ"ל על הרוב נתפשטו באשכנז"[20]. קשה לקבל הנמקה זאת, שהרי ספר "סדר היום" נדפס בשתי הפעמים הראשונות בויניציאה, שסיפקה ספרים - וסידורי-תפילה בכלל - גם לספרדים; סידור השל"ה נדפס באמשטרדם, בה היה ריכוז גדול של ספרדים. מלבד זאת, מעיקרא דדינא פירכא, למה באמת נדפס מנהג האריז"ל בסידורים שנפוצו בין הספרדים ואילו באלו שנפוצו בין קהילות אשכנז נתקבל מנהג הרמ"ק? מכל מקום, דבר זה טעון בירור על-ידי העוסקים בדבר[21]. כפי שהזכרנו נוהגים גם התימנים בזה כמנהג אשכנז, כפי שמעידים על כך שני רושמי מנהגי תימן ותהלוכות יהודיה. אף-על-פי שבענינים אחרים יש חלוקי-דעות בין הרושמים, הרי לגבי אמירת קבלת שבת, שניהם כאחד מאשרים ש"אומרים ששה מזמורים כנגד ששת ימי החול, המתחילים בלכו נרננה, בנעימה מיוחדת לכך"[22].

העקבות הראשונים להנהגת סדר קבלת שבת ביהדות אשכנז, אנו מוצאים בשתי הקהלות העתיקות שבאירופה, ווירמייזא (וורמס) ופרנקפורט דמיין. לגבי ווירמייזא אנו יודעים את התאריך המדוייק שבו התחילו לומר קבלת שבת, והוא כ"ז סיון שצ"א. שכן כך מעיד ר' אהרן פולד, שהעתיק "מתוך ספר מנהגים כ"י של ק"ק ווירמיישא": היום ו' כ"ז סיון שצ"א מתחילין פה ק"ק ווירמיישא קבלת הכלה"[23]. למקרא דברים אלה מתקבל הרושם, שמאז שהונהג סדר קבלת שבת בשצ"א נהגו לאמרו עד היום הזה (ולפחות עד השואה), ולא היא! אמנם יחידי סגולה הנהיגו לומר קבלת שבת, אבל לא היתה רציפות לאמירה זו. קהילת ווירמייזא היתה אחת הקהילות היחידות בעולם שלא אמרו קבלת שבת בתחומיה. רק במחצית המאה הקודמת, הנהיג מרדכי יאסטרוב, ששימש שם ברבנות, לומר את החרוז האחרון של לכה דודי --"בואי בשלום", ולאחריו התפללו מעריב[24]. לא נתבררה לי התקופה

---

19 על ההדפסות של קבלת שבת בסידורי התפלה השונים מדובר לקמן.

20 ישורון, שם (הערה 3), חוב' 7/8, החלק העברי, עמ' פב.

21 גם הרי"שא של מארשען הקובע ש"כנראה לא נודע ממנהג ארי המזמורים שהוא היה אומר בקבלת שבת", אינו עומד במבחן המציאות. כבר הוכח שהאריז"ל פתח במזמור לדוד הבו וכו'.

22 ר' יוסף קאפח, הליכות תימן, עמ' 4 ;יהודה לוי נחום, מצפונות יהודי תימן, עמ' 82.

23 סידור "עבודת ישראל", עמי XII.

24 ישורון, שם, חוב' 5/6, עמ' נב : "ואין מקבלים השבת [בווירמייזא] במזמורים ופיוט לכה דודי כנהוג במדינת אשכנז ופולין, אבל האידנא מתחיל שם תפלת ערבית של שבת בהחרוז בואי בשלום. והוא מתקנת מרדכי יאסטרו[ב] שהיה שם מו"צ משנת 1864 עד 66, שתקן זאת אחר מעשה שהיה" (אין מארשין מוסר מה הוא המעשה). וראה גם סידור "עבודת ישראל", עמ' 78 ;אברהם אפשטיין, Die Wormser Minhagbucher, ספר הזכרון לדוד קויפמן ("תהלה לדוד"), החלק הלועזי, עמ' 289.

סדר קבלת שבת ופזמון לכה דודי

שבה בוטל מנהג קבלת שבת בווירמייזא, אולם כפי שנראה בפיסקא הבאה, בשנת תע"ח (1718) כבר פסקו מלקבל שבת בקהילה זו (אף היחידים).

בפרנקפורט דמיין, קהילה עתיקה שניה שבגולת אשכנז, הונהג סדר קבלת שבת באותה שנה בערך כמו בווירמייזא. ר' יוסף יוזפא האן, שחתם את חיבור ספרו על מנהגי קהילת פרנקפורט "יוסף אומץ" בשנת ש"ץ, כותב: "סדר קבלת שבת שנהוגין פה]פרנקפורט דמיין[מחדשים מקרוב באו, הוא מנהג יפה וטוב"[25] .והוא עצמו השתתף ולקח חבל ב"מנהג יפה וטוב" זה, אלא ש"אין מנהגי לומר בקבלת שבת חרוז הראשון בלכה דודי לקראת כלה, מפני שאין אנו נוהגין לצאת ממקום למקום כדי ללכת לקראת שבת, כמו שהמנהג בארץ ישראל לצאת לפחות לחצר בית הכנסת"[26]. על ההתפתחות בקהילת פרנקפורט דמיין בשנים יבואו, נשתיירו בידינו מקורות אחדים. ר' יוסף יוזפא ב"ר משה קאשמן (נכדו של בעל "יוסף אומץ"), שספרו "נהג כצאן יוסף "נדפס בחיי מחברו בשנת תע"ח, מעיד: "ומנהג ק"ק פ"פ שאין מקבלים שבת כל עיקר. רק קדמונים הקימו חברא קדישא שהיו מקבלים שבת. ועודם נוהגים שאחד מבני החברא מתפלל מנחה בבה"כ הישנה ומתפלל מנחה לכל הקהל. ובבה"כ החדשה מתפללים מנחה באותו פעם [=זמן] שמתפללין בבה"כ הישנה פעם שנית ואין מקבלים שבת כלל, באשר הוא יסוד מנהגם. וגם בק"ק ווירמייזא אין מקבלים שבת"[27]. אם נתרגם את הדברים ללשון זמננו, תתקבל תמונה זאת: בזמן התפלה הרשמית אין מקבלים שבת כלל; אולם ישנה" חברא קדישא" שקבלו על עצמם מנהג זה, וגם זאת רק בבית-הכנסת הישן. היחידים שמקבלים את השבת, מתכנסים לפני זמן התפילה של הקהילה. יחידים אלה מתפללים מנחה ולאחריה מקבלים את השבת. ולפי שהחזן חייב בתוקף משרתו להתפלל מנחה לפני התיבה בזמן התפילה של רוב הקהילה, לפיכך אין החזן יורד לפני התיבה במנחה של היחידים (ואינו מתפלל מנחה אתם), אלא אחד מן החברה יורד לפני התיבה. לאחר מכן מקבל החזן שבת לפני היחידים. אחר כך, כשמגיע זמן התפילה של כל הקהילה, מתפלל החזן מנחה ומעריב בלי קבלת שבת. וכל זאת בבית-הכנסת הישן בלבד, שבו הורשו אנשי ה"חברא קדישא" לנהוג את סדר קבלת שבת. בבית-הכנסת החדש אין מקבלים שבת כל עיקר[28] .

---

[25] יוסף אומץ, סי' תקפח (הוצ' פפד"מ תרפיה, עמ' 125).

[26] שם, סי' תקפט. בענין המנהג לצאת "ממקום למקום" או לשדה, ראה לקמן.

[27] נהג כצאן יוסף, האנוי תע"ח, דף לט א (סי"ק טו).

[28] תיאור נאמן וריאליסטי ביותר של מנהגי קבלת שבת בפרנקפורט דמיין בשנת תקע"ח, המשלים את דברי בעל "נהג כצאן יוסף", מוסר ר' זלמן גייגר ב"דברי קהלותיי [פרנקפורט דמיין] תרכ"ב, עמ' 63 : "או הלך השמש לחצר שלפני ב' בתי כנסיות [ה"ישן" וה"חדש"] ודפק בדלתותיהם, להודיע שעתה זמן תפלת מנחה. כי סדר קבלת שבת הנ"ל לא קבלו זקני פרנקפורט למנהג הקהלה... רק יחידים נהגו לאמרו... ולפי שאין ראוי לקבל שבת קודם תפלת מנחה, התפללו יחידי סגולה האלה גם מנחה לעצמם לפני הסדר הנ"ל [ר"ל לפני סדר קבלת שבת]. ולכן זמן קבלת שבת חצי חלק כ"ד של יום שלם (½ שטונדע) לפני זמן תפלת מנחה בבהכ"נ. (ומלפנים הלך השמש ברחוב היהודים מלמטה למעלה עד חצר בהכ"נ בזמן הליכה לקבל שבת וקרא ברחוב הרבה פעמים : קבלת שבת. ואחר כלות סדר קבלת שבת הלך שנית כן ברחוב ודפק בדלתות בתים ובדלתות בהכ"נ...).וזאת הסבה שבבהכ"נ החדש לא אמרו סדר קבלת שבת, כי היחידים שרצו לאמרו הלכו לבהכ"נ הישן לפני זמן התפלה ואמרוהו שם".

קהילת פרנקפורט הצליחה לשמור על הסייגים לגבי מנהג קבלת שבת מאות שנים. גם בזמן החדש שמרו על הנוהג שהונהג בשני בתי-הכנסת העתיקים שבפרנקפורט, "הישנה והחדשה", כשהקהילה התרחבה ובנו בתי-כנסת חדשים, חדר מנהג קבלת שבת בכל בתי-הכנסת החדשים[29], ורק בשני בתי-הכנסת העתיקים שמרו על המנהג המסוייג בענין קבלת שבת. אולם בדרך פרדוקסלית, לא הנהיגו סדר קבלת שבת בבית-הכנסת שעל שם ר' נתן אדלר עד לשנות השבעים של המאה הי"ט[30].

ביתר הקהילות שבאשכנז, היה כנראה תהליך חדירת המנהג דומה לזה של ווירמייזא ופרנקפורט, שרק יחידים התחילו להנהיגו, וברבות הימים נתקבל בהדרגה על-ידי כל חברי הקהילה והמנהג הלך והתאזרח ונקלט ליד שאר המנהגים העתיקים ממנו מאות שנים. אולם בניגוד לשתי הקהילות הנזכרות, שבאחת בוטל לגמרי ובשניה נשאר גחלת יחידים בלבד, הרי בכל הקהלות האחרות אומץ המנהג לאט-לאט על-ידי כל חבריהן. מכל מקום אנו מוצאים בספרי מנהגי קהילות עתיקות כפיורדא)פירט(, ווירצבורג וברלין את אמירת סדר קבלת שבת כדבר טבעי, ואם היו - וכנראה שהיו - חבלי לידה למנהג, הרי שנשתכחו ועקבותיהם לא נודעו. למשל, ב"ספר מנהגים דקהלתנו... פיורדא"[31] נאמר: "בשבת של כל השנה מתפללים בכניסתו מנחה ואחר קדיש תתקבל אומר החזן לכו נרננה וכו' ושאר המזמורים, לכה דודי עד גמירא". הוא הדין לגבי הרושם את מנהגי ווירצבורג, הכותב בלי הערה כלשהי: "בערב שבת אומרים אחר מנחה לכו נרננה, לכה דודי, מזמור שיר ליום השבת."[32] ובאותו הסגנון - אם כי יש כאן משום ידיעה נוספת, שעוד נעמוד עליה בהמשך מאמרינו - נרשם גם במנהגי ברלין: "אחר תפלת מנחה הש"ץ מנגן על הבימה לכו נרננה פסוק בפסוק עם הקהל עד סוף מזמור לדוד, ק"י, לכה דודי."[33]

גם על מנהגי ספרד יש לנו כמה עדויות, כגון "ספר לקוטי מנשה ...דינים של כל השנה במנהג ק"ק ספרדים... על ידי... מנחם מנשה"[34]. וכן מנהגי הספרדים שבאמשטרדם, ש"בלילי שבתות כל הקהל מנגנים מזמור לדוד ולכה דודי ומזמור

---

29 סדר תפלות ישראל . . . עם דרך החיים . . . וקונטרס נועם מגדים להרב פרי מגדים . . . עם הוספות . . . ומנהגי ק"ק פראנקפורט דמיין מאת . . . מוהר"ר אהרן פולד. נירנבערג תרפ"ה, דף נו, א.

30 אברהם ברלינר Randbemerkungen zum taglichen Gebetbuch (Siddur) עמ' 44 [מהדורה עברית, עמ' 44]. הספר הופיע בשנת תרס"א והוא כותב ש"עוד לפני 25 שנה הרגישו בחסרון אותה חגיגיות בקבלת שבת בבית כנסת אחד בפפד"מ מיסודו של ר' נתן אדלר". לכאורה קשה להבין, שדווקא בבית-הכנסת של ר' נתן אדלר, שכידוע נהג כמנהגי האריז"ל והמקובלים, וזאת היתה עיקר טיבת עזיבתו את פרנקפורט בתקופה מסויימת – שדווקא בבית-כנסת זה לא היה נהוג סדר קבלת שבת, שיסודו במנהגי המקובלים. אין ספק שר"נ אדלר עצמו ומתפללי בית-מדרשו אמרו קבלת שבת, אלא לאחר פטירתו בוטל המנהג. ושמא היא הנותנת, בבית-כנסת זה הקפידו פרנסי הקהילה לגבי גינוני המקובלים יותר מאשר בבתי-כנסת אחרים, וייתכן שביטול סדר קבלת שבת היה תנאי להמשך קיומו, לאחר פטירת ר"נ אדלר.

31 ספר מנהגים דקהילתנו. . . פיורדא בבית הכנסת עם התפילות והיוצרות. . .סדרום האחים הר"ר ישראל והר"ר קאפיל בני המנוח הר"ר גומפיל. פיורדא תקכ"ז, דף ב ב.

32 לקוטי הלוי (הערה 11), עמ' 6.

33 מנהגי ביהכ"נ דקהל עדת ישראל פה בערלין, [ברלין] תרצ"ח, עמ' ח. בענין קבלת שבת על הבימה ובניגון, ראה לקמן.

34 ירושלים תרצ"ז, עמ' רנו : "אחר תפלת המנחה בערב שבת אומרים לכו נרננה, קבלת שבת [דהיינו "לכה דודי"], במה מדליקין, ערבית". אגב, מנהג זה הוא בניגוד לחוב מנהגי ספרד, שאינם אומרים לכו נרננה.

שיר]ליום השבת[35]"[. גם מנהגי צפון אפריקה, שכבר נזכרו לעיל, קובעים ש"מנהגינו פה]ג'רבא ועיר טריפולי[לומר תחילה מעומד מזמור לדוד הבו לה' וכו' ואח"כ לכה דודי מעומד ואח"כ במה מדליקין מיושב או מעומד ואח"כ קדיש דרבנן ואח"כ מעומד מזמור שיר ליום השבת"[36].

מנהגי תימן דומים, כאמור, למנהג האשכנזים בכך, שאומרים לכו נרננה ואינם מתחילים במזמור לדוד הבו וכוי, כמנהגם של רוב בני ספרד, אולם אף-על-פי-כן יש שוני מסויים. בעוד שהאשכנזים אומרים את חמשת מזמורי לכו נרננה (תהלים צה—צט) ומיד אחריהם מזמור לדוד הבו, בלי כל הפסק ביניהם, הרי היו בתי כנסת בתימן שהפסיקו אחר חמשת המזמורים הראשונים כדי להתפלל מנחה ולאחר מנחה אומרים את המזמור הששי, מזמור לדוד הבו[37]. נראה ברור, שביהדות תימן היו כאלה שנהגו מקודם כנוסח הספרדים להשמיט לכו נרננה; קהילות אלה, לאחר שהחליטו שלא לוותר גם על לכו נרננה, הפסיקו כנראה לשם היכר - בתפילת מנחה בין חמשת המזמורים הראשונים לבין מזמור לדוד הבו.

ועתה נתחקה אחר סידורי-התפילה, בהם נדפס לראשונה סדר קבלת שבת. עיקוב הדרגתי אחר הסידורים שנדפסו לפי שלושת המנהגים הנפוצים ביותר, מנהג ספרד, מנהג אשכנז-פולין ומנהג איטליה[38], עשוי להוסיף לנו פרטים מעניינים וידיעות נוספות בנוגע לדרך התפשטותו של מנהג קבלת שבת בשלביו השונים. נתחיל במנהגי ספרד, שכן בסידור נוסח זה נדפס, כזכור, לראשונה הפזמון "לכה דודי", והוא מחזור כמנהג הספרדים, ויניציאה שמ"ד[39]. בהתאם למנהג ספרד, אין לכו נרננה בסידור זה, וקבלת שבת פותחת במזמור לדוד הבו. לאחריו לכה דודי ומזמור שיר ליום השבת. לפני לכה דודי נדפס: "ואחר כך אומרים זה הפיוט נאה ומשובח יסדו ובנאו החכם האלקי במהר"ר שלמה הלוי ן' אלקאביץ ז"ל בעיר צפת תבנה ותכונן במהרה בימינו אמן[40]". עובדה זו מראת שהספרדים היו הראשונים שהעיזו להדפיס בתוך סידור התפילה פיוט ממחבר בן דורם. אולם למען האמת חובה עלינו לציין, שההעזה וה"ליבראליות" של הספרדים בענין זה, לא היו רצופות, שכן בכמה סידורים ספרדיים שנדפסו עשרות שנים לאחר שנת שמ"ד, הושמט

---

35 מליץ יושר והוא כולל כל המנהגים שתקן... כמוהר"ר אהרן משה יצחק בן כ"ה אברהם... באמשטרדם. [אמשטרדם] תקס"ט, דף ב ב.

36 ברית כהונה (הערה 18)דף פד ב.

37 הליכות תימן, עמ' 4-5 ; מצפונות יהודי תימן, עמ' 82. בספר האחרון אין זכר למנהג מיוחד זה, אלא "לאחר אמירת לכו נרננה וכו'... אומרים כולם מזמור לדוד הבו לה' בני אלים".

38 סידורי התפילה לפי מנהגים מיוחדים של קהילות מעטות, כגון מנהג רומניה, אראגון ועוד, נדפסו פעמים מעטות בלבד, בחלקם לפני התחלת מנהג קבלת שבת, ובהם אין כמובן זכר למנהג, ובחלקם נדפסו שנים הרבה לאחר הנהגת המנהג. דיוננו נסקב כאן בסידורי התפילה שנדפסו סמוך להנהגת המנהג, בתחום השנים שמ"ד--ת"ס .(1584--1700). ברם, ב"סדר תפלות ותחנות ופזמונים לכל ימות השנה כמנהג ק"ק רומניה..." ויניציאה [תפ"ה לערך], אין לא לכו נרננה, לא מזמור לדוד הבו, לא לכה דודי, אלא ציון למזמור שיר ליום השבת (דף פב ב). וזאת שנים מרובות לאחר שנפוץ סדר קבלת שבת בכל סידורי התפילה של שלושת המנהגים הנפוצים ביותר.

39 ראה הערה 14.

40 נוסח זה (פעמים בשינויים קלים) חוזר גם בסידורים שנדפסו הרבה שנים לאחר מהדורה זו.

הפזמון "לכה דודי", אף-על-פי שמזמורי התהלים נשארו על כנם[41]. "לכה דודי" נדפס שוב ב"סדור תפלה כמנהג קהל קדוש ספרד", שנדפס באמשטרדם בשנת "וישכן" [=שפ"ו]במצות הגבירים אפרים בואינו ואברהם צרפתי" ונדפס בבית-דפוסו של החכם החוקר מנשה בן ישראל[42]. יש מקום להניח, שהשמטת לכה דודי מכמה וכמה סידורים, לאחר הדפסתו בפעם הראשונה, יסודה בהתנגדות שעוררה כנראה הדפסת יצירה חדשה בסידור תפילה, אף-על-פי שעל עצם אמירת לכה דודי לא היו כנראה עוררין, שכן את מזמורי התהלים שבנוסח סדר קבלת שבת הדפיסו גם הדפיסו. לאחר מכן נדפס הפזמון בכל סידורי ספרד שנדפסו כמה פעמים במקומות שונים, כגון באמשטרדם (תי"ח, תכ"א, ת"ל, ועוד) בויניציאה (תל"ט), בפירינצי (תע"ה), בקושטא (תצ'"ה[43]), ועוד. כן יש לציין שבשנת שפ"ח נדפס לכה דודי גם ב"ספר אמרי נועם, סדר שירים ופזמונים ותפלות ותחינות... לקטו... יוסף שלום... בן שלום גאליינו..." אמשטרדם שפ"ח[44].

בסידורי-התפילה כמנהג אשכנז-פולין לא נדפס סדר קבלת שבת - ועל אחת כמה וכמה לכה דודי - אלא עשרות רבות בשנים לאחר שנת שמ"ד. הדברים אמורים הן לגבי הסידורים שנדפסו בערי איטליה, והן אלה שנדפסו בערי פולין וגרמניה. בסידורים שנדפסו, למשל, בויניציאה שמ"ז, שנ"א, שנ"ט (שתי הוצאות), שצ"ו; קראקא שנ"ז, [ש"ס לערך]; האנוי שע"ו, שפ"ח - בכל אלה אין זכר לשום מזמור לפני תפילת מעריב ;סידורים אלה נדפסו במתכונת הסידורים של שנות הדפוס הראשונות, ומבחינה זו הם מהוים המשך ישיר לסידורי התפילה שבכתבי-היד העתיקים. אין פירוש הדבר, שיהודי אשכנז ופולין לא נהגו לומר סדר קבלת שבת של ה"חדשים מקרוב באו". שהרי כבר נוכחנו לדעת שקהילות כווירמייזא ופרנקפורט דמיין הנהיגו את סדר קבלת שבת - בצורה מסוייגת אמנם וליחידים בלבד - כבר בשנים ש"צ--שצ"א. יש להניח שקהילות אחרות קבלו את הנוהג כבר לפני שתי הקהילות הנזכרות. איחור ההדפסו; של סדר קבלת שבת יש בו לאשר את העובדה הידועה, שיהודי אשכנז נרתעו מלתת מקום בסידור-התפילה לתפילות שהונהגו בדורם או בדורות סמוכים להם. מתקבל על הדעת, שהקהילות שהנהיגו את סדר קבלת השבת בתחומיהן, נזקקו לטפסים של לכה דודי אשר הופצו ברבים בכתב-יד[45] (ואולי אף נדפסו על דפים מיוחדים, אם כי נשמר זכרם עד היום ואף לא

---

41 כגון הסידורים שנדפסו בויניציאה בשנים [שע"ה לערך] ושפ"ב. שני הסידורים הללו ראיתי בגנזי הד"ר ישראל מהלמן בירושלים (הסידור הראשון הוא חסר-שער ושנת הדפסתו נקבעה לפי השערה), וכאן המקום להביע את רחשי תודתי לד"ר מהלמן, על העזרה הרבה שהושיט לי בהמצאת סידורים ומחזורים מספריתו העשירה, שהיו לי לתועלת רבה בחיבור מאמר זה.

42 טופס יחיד בעולם, כנראה, בספרית הבודליאנה באוקספורד (שטיינשניידר מס' 2129). העתק מלא של השער פרסם מארשען בישורון שנה ט, חוב' 5/6, עמ' נג. לדבריו יש לסידור זה גם "יחוס" ביבליוגרפי מיוחד, שכן הוא "הספר הראשון שנדפס באמשטרדם... ואיננו בנמצא בשום בית עקד ספרים בעיר הזאת [אמשטרדם] רק באכספארד".

43 לא צייַנתי אלא ספרים שהיו למראה עיני. אין ספק שנדפסו עוד סידורי-תפילה רבים בין השנים שצויינו, בערים שצויינו ובאחרות, ובהם נדפס "לכה דודי".

44 נמצא בגנזי בית-הספרים הלאומי והאוניברסיטאי.

45 כפי שמארשען מוסר בישורון הנל (הערה 42), הקפידו כמה קהילות, אף בתקופות מאוחרות יותר, שהחזן ישיר "לכה דודי" מתוך לוח כתוב בכתב-יד, למרות שהוא נדפס כבר בכל סידורי-התפילה; וזאת כדי להדגיש גם בדרך זאת, שאין פזמון זה מעיקר התפילה המקובלת מקדמת דנא.

נרשמו, במידה שידיעתי מגעת, בשום רשימה ביבליוגראפית). ואשר למזמורים של לכו גרגנה וכו', הרי אלה מצויים בספרי תהלים השכיחים למכביר ביד כל אדם.

בסידורי-התפילה כמנהג אשכנז נדפס סדר קבלת שבת בפעם הראשונה בין השנים ת--תכ"ז[46]. מכל מקום בין הסידורים שראיתי, נדפס לראשונה סדר קבלת שבת ב"סדר תפילות מכל השנה כמנהג האשכנזים"... אמשטרדם תכ"ז. כאן נדפסו כל חלקיו של סדר קבלת שבת. לאחריו נדפס בשנת תל"ח באמשטרדם בסידור-התפילה שסופח בחלק מן הטפסים לספר "שפתי ישנים" לר' שבתי משורר בס[47]. בקבלת שבת שבסידור זה מצויים שני שינויים: הושמט מזמור לדוד הבו מצד אחד, ומאידך נוסף "זמר נאה מרבי שלמה זינגר ז"ל שמנגנים בק"ק פראג בב"ה [בבית הכנסת] מייזל בעוגב ובנבלים קודם לכה דודי". שיר זה, שתחילתו "שדי בראשית כל יש ברא", לא נדפס שוב בשום סידור, אלא בסדר ברכת המזון, חמ"ד תק"ל[48]. לאחר מכן נדפסה קבלת שבת כמעט בכל סידורי-התפילה האשכנזים, כגון: אמשטרדם תמ"א, תס"ה, תס"ח, תע"ז; פרנקפורט דמיין תמ"ז; ברלין ת"ס; הענא תפ"ה ;ווילהרמרשדארף תצ"א, ועוד ועוד. הדגשנו את המלה "כמעט", כי היו גם כמה נסיגות וקבלת שבת הושמטה, למשל, בסידורי זולצבאך תנ"ט (אבל נדפסה שם בשנת תס"א), פרנקפורט דאודר תס"ג. אין להניח שסיבת שתי ההשמטות (ייתכן שמספרן רב יותר, אלא שלא הגיע לידינו), יסודן באי-אמירת קבלת שבת במקומות ההדפסה הנזכרים או במקומות שלמענם נדפסו. מתקבל יותר על הדעת, שסידורים הללו נדפסו לפי הוצאות קדומות, מן התקופה שבה עדיין לא נדפסה קבלת שבת בסידורי אשכנז, וההשמטות נגרמו מן הסתם מחמת חוסר תשומת-לב של המדפיסים.

אם כי, כאמור, היה פיגור ניכר בהדפסת קבלת שבת בסידורי האשכנזים לעומת סידורי ספרד, אין הדבר כן לגבי ספרי-תפילה אחרים, שאינם סידורים, שנדפסו על-ידי יהודי אשכנז ופולין ולשימושם. כבר בשנת שע"ב נדפס לכה דודי בסוף ספר "ארחות חיים" המיוחס לר' אליעזר הגדול, בפראג[49]. שנה לאחריה הופיע כל סדר קבלת שבת, ולכה דודי בכלל, בספר "תיקוני שבת" שנדפס בקראקא [שע"ג?] על-די ר' יהודה ב"ר דוד הכהן מבודון בעל "מגדל דוד "על מסכת גיטין[50] .כאן נוסף גם השיר "בר יוחאי" לר' שמעון לביא[51]. לאחר מכן נדפסה קבלת שבת בהוצאות הבאות של

---

46 לא נזדמן לי לבדוק סידורים אשכנזיים שנדפסו בין השנים שצ"ו--תכ"ו, פרט לשניים, בהם חסרים הרבה דפים ותפילת ערבית לשבת בכללם.

47 ח. ליברמן (קרית ספר, כרך לח, עמ' 276) מסביר למה צורף הסידור שנדפס כבר בשנת תל"ח לספר "שפתי ישנים", שלא נדפס אלא שנתיים לאחריו, בשנת ת"ם.

48 דוידזון, אוצר השירה והפיוט, ש, 373.

49 שטיינשניידר, קטלוג הבודליאנה, עמ' 957 מס' 4986/4 ;א. ברלינר, הערות על הסידור, עמ' 44. לפני לכה דודי נדפס :"שבח לקבל פני שבת כלה ומלכה".

50 תיאור ותוכן מהדורה יקרת-מציאות זו בקרית ספר כרך לט, עמ' 539--542,ע"יי מחבר מאמר זֶה.

51 הקשר בין השיר בר יוחאי לבין לכה דודי נדון ע"י בצלאל לנדוי, "המודיע", יב באייר תשכ"א.

"תיקוני שבת*, כגון: פראג [בין שפ"ה לשפ"ח], (תי"א); קראקא ש"ץ; ויניציאה ת"ה[52] – וכל אלה לפני הדפסת קבלת שבת בסידורי אשכנז ופולין המפורטים לעיל.

בסידורים ומחזורים כמנהג איטליה לא נדפס לכה דודי אלא בסידור האיטלקי שראה את אור הדפוס במנטובה ת"ס, ומאז הוא נדפס בכל הסידורים. אולם ששת המזמורים שפותחים בלכו נרננה לא נדפסו במרבית הסידורים של המאה הי"ז ומחצית המאה הי"ח, אלא צויין ש"טוב לומר ששה מזמורים צה, צו, צז, צח, צט, כט". בסידורי ומחזורי איטליה שנדפסו לפני שנת ת"ס לא מצאתי שום מזמור לפני תפילת ערבית, פרט למחזור רומה שנדפס בויניציאה שפ"ו, בו נזכר ש"בהרבה מקומות נוהגים לומר קודם מעריב פ]רק[במה מדליקין ואחר כך אומרים בנעימה מזמור שיר ליום חשבת", אולם המזמור עצמו לא נדפס במחזור. על סמך איחור הדפסת קבלת שבת בסידורי ומחזורי איטליה, קשה להסיק מסקנות לענין זמן הנהגת סדר קבלת שבת ולכה דודי בין יהודי איטליה[53]. ברם, משערני, שבהרבה קהילות איטליה הונהג סדר קבלת שבת זמן רב לפני הדפסתו בסידורי התפילה. יש להניח שגם באיטליה השתמשו בנוסחאות כתובות בכתב-יד שעברו מיד ליד והועתקו בטפסים מרובים, כדי לאמרן בשעת קבלת שבת[54]. השערה זו לא תעורער לענ"ד, אף אם נזכיר את העובדה שבקהילת מנטובה לא אמרו כנראה את הפזמון לכה דודי עוד בשנת תפ"ד (1734), כפי שמעיד על כך ר' שמשון מורפורגו בספרו "שו"ת שמש צדקה", בתשובה מיום כ"ח אדר תפ"ד. הוא מוסר בשם ר' יהודה בריאל, ש"בעצמו מסר לי פה אל פה שבזמן שהנהיג הרמ"ז [ר' משה זכות] זצוק"ל [ב]ק"ק מנטובה אשר היה עומד עליהם לראש ולקצין לומר פיוט לכה דודי בליל שבת, לא הניח בני הב"כ [הבית כנסת] שלו לאומרו. ועוד היום [דהיינו שנת תפ"ד] כמדומה לי שאינן אומרים אותו"[55]. רמ"ז נפטר כידוע בחג הסוכות תנ"ח וישב רוב ימי שהותו באיטליה בעיר ויניציאה ורק בשנת תל"ג עבר למנטובה. בכל אופן, בנוגע לענינינו, אין ראיה ממנטובה לערים אחרות שבאיטליה; יתר על כן, במנטובה עצמה לא מנע הרמ"ז אלא את אנשי בית-הכנסת שלו לומר לכה דודי, וייתכן שבבתי-כנסת אחרים אמרו. מכל מקום אף בבית-הכנסת שלו היה הרמ"ז אומר את הפזמון, ומה שמנע את אנשי בית-הכנסת שלו מלאמרו, נוכל לשער כדי לבלום בעוד מועד מגמות ונטיות לשינויים אחרים, כפי שבאמת אירע בקהילת קאסלי, "שהיו רוצים

---

[52] חיים ליברמן וכותב שורות אלה רשמו 65 הוצאות של "תיקוני שבת", בציון תוכנן ותיאורן הביבליוגרפי, קרית ספר, כרך לח, עמ' 401-414 ;כרך לט, עמ' 109--116, 539-548 . ברוב ההוצאות נדפס סדר קבלת שבת, ולכה דודי בכלל.

[53] יש גם ליכור שיהודי איטליה התפללו בשלושה נוסחאות, נוסח איטליה העתיק (הנקרא גם מנהג רומה או מנהג הלועזים), מנהג ספרד ומנהג אשכנז מיוחד ליהודי איטליה.

[54] ושמא נוכל לראות סיוע להשערתנו בכתב-היד שבאוסף כתבי-היד של בית-הספרים הלאומי (סימנו 978=8) בן שני דפים בכתיבה איטלקית, הכולל את השיר לכה דודי. הוא נכתב לפני שע"ב, שכן יש עליו חתימת הצנזור משנה זו. נראה, שהועד להדפסה (ואולי אף גדפס), ולפיכך הוגש לאישור הצנזור. לפני זמן קצר הוציאו שלמה א. נכון וגד ב"ע צרפתי את "ספר המפטיר של אורבינו, כתב יד משנת תס"ד", שגם בו מופיע לכה דודי כחלק מקבלת שבת שאמרו בארבע הקהילות העתיקות באיטליה, אנקונה, פיזארו, אורבינו וסיניגאליא.

[55] שו"ת שמש צדקה, סי' יא (דף יז ג). הדברים מובאים בקשר לנסיון של כמה "מיחידי בה"כ אחד שבקק"י קאסלי זה יותר מעשרים שנה שהיו רוצים לבטל אמירת פיוט אקדמות מילין ביומא דעצרתא... הוכיחם [ר"י בריאל] על פניהם במתק לשונו... שלא לשנות מנהג אבותיהם".

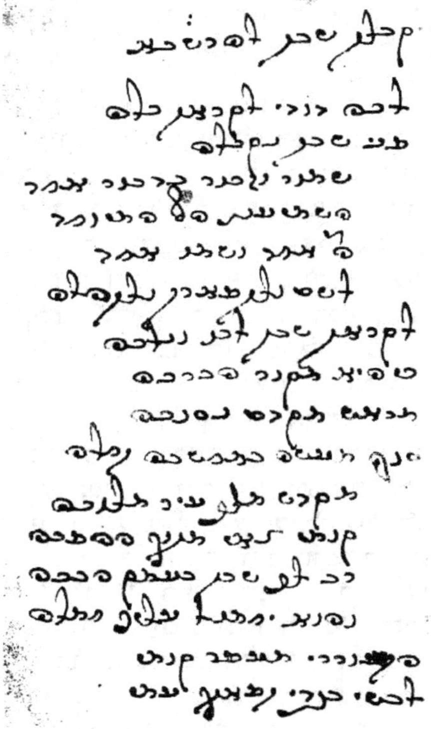

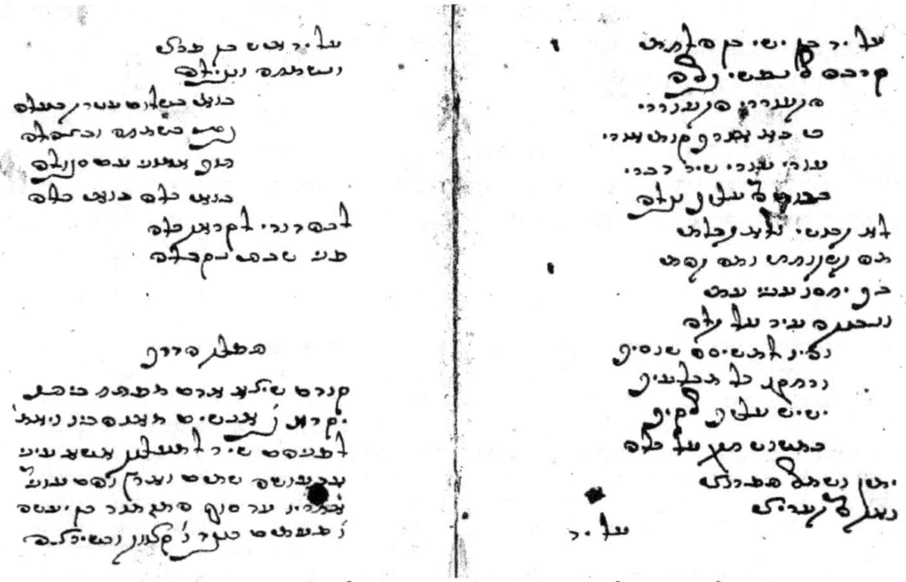

"קבלת שבת להרשב"א", כתב-יד איטלקי (ראה הערה 54)

לבטל אמירת פיוט אקדמות מילין ביומא דעצרתא"[56]. יש גם רגלים להשערה שרק מאמירת לכה דודי בלבד מנעם הרמ"ז, אולם שאר המזמורים הונהגו במנטובה עוד לפני בואו אליה; ואף-על-פי שגם באמירת המזמורים יש משום שינוי מנהג אבותיהם, אבל לפחות נוסח של תפילה חדשה אין כאן.

*

לסדר קבלת שבת מלווים גם ענינים שבעשייה חיצונית. למשל, המנהג שהיה נהוג בשעת הנהגת סדר קבלת שבת בצפת, לצאת לשדה לחגיגת קבלת השבת. היציאה בתהלוכת-המון אל מחוץ-לעיר, היה בה משום השראת חגיגיות ושמחה של מצוה המונית. מנהג זה הונהג, כאמור, כבר בראשיתה של הנהגת קבלת שבת בעיר הקודש צפת. מקורות רבים מספרים שהאריז"ל עצמו השתתף בתהלוכה זאת. המקור המודפס הקדום ביותר הוא כנראה במכתבו של ר' שלמה שלומיל בעל "שבחי האר"י" מיום כ"ה מרחשון שס"ז: "בכל ערב שבת כשיצא [האריז"ל] עם תלמידיו מחוץ לעיר לקבל שבת" וכו'[57]. מקור שני אף מספר על הבגדים שלבש ביצאו לקבלת שבת: "פעם אחת בערב שבת סמוך להכנסת כלה יצא הרב]האר"י[ז"ל עם תלמידיו חוץ לעיר צפת תוב"ב לבוש ד' בגדי לבן כדי לקבל שבת"[58]. בכמה ספרים המיוחסים להאריז"ל ולתלמידו ר' חיים וויטאל, יש הוראות מדוייקות לגבי המקום שיש לבחור לשם קבלת שבת: "כשתצא לשדה תבחור איזה מקום שהוא יותר גבוה, ויהיה מקום פנוי מאחריך ומצדיך ימין ושמאל עכ"פ ד' אמות שיהא נקי. ומלפניך כמלא עיניך. ותעמוד פניך במערב ותסגור עיניך... ותאמר כל סדר קבלת שבת בעינים סגורות עד לאורך ימים"[59]. ברם, כפי שסבור ר' י"ל זלוטניק [אבידע] ז"ל[60], הונהג ענין היציאה לשדה לקבלת שבת זמן רב לפני בואו של האריז"ל לצפת - והוא הונהג על-ידי ר' שלמה אלקבץ עצמו סמוך לזמן התישבותו בצפת. יוצא איפוא שהאריז"ל, בבואו לצפת, הצטרף למנהג שהיה קיים כבר שנים רבות. הרב אבידע מצא בספר הגרושין[61] לר"מ קורדובירו שב"שנת חמשת אלפים וש' וח' חדש שבט, יום ששי, עשרה לחדש, נתגרשנו בגרושי המלך והמלכה". לדעתו, העובדה שה"גירושין" (שם נרדף לטיולים בסביבות צפת לשם התבודדות וקבלת השראה ללימוד חכמת הקבלה והתקדשות בקדושה יתרה), עליהם מדובר שם, נתקיימו

---

56 ראה ההערה הקודמת.

57 נדפס בתעלומת חכמה ליש"ר מקנדיאה, באסיליאה שפ"ט. דף מד א.

58 חמדת ימים [ויניציאה] תקכ"ג, חלק א, דף מ א. והשווה "מנהגי חסידות של אנשי צפת מן החסיד העליון כמ' אברהם הלוי תרשב צפת", שפרסם שכטר ב-Studies in Judaism, כרך ב, עמ' 297 (וד. כהנא, תולדות המקובלים וכו', כרך א, עמ' 51): "כמה כתות יוצאים ערב שבת מבעוד יום לבושים לבנים ומקבלים פני שבת".

59 סידור האר"י הנקרא קול יעקב לר' יעקב קאפל ליפשיץ, לעמבערג [תקי"ט], דף קיח ב. וכמעט באותן המילים גם בשלחן ערוך האר"י, קבלת שנת, סעיף ג. וכן בספרי ר"ח וויטאל: פרי עץ חיים, שער קבלת שבת, פרק א (קארעץ תקמ"ב, דף פא ב); שער הכוונות, הוצ' הרב אשלג, חלק ב, עמ' לט.

60 נרות שבת, שנה ד (תש"ו), קונטרס עז, עמ' יד.

61 ויניציאה [ש"ס], בפתיחת הספר. סיוע נוסף לדעת הרב אבידע ז"ל יש אולי בהמשך הדברים המדברים בפירוש כמה קטעים מ"מזמור שיר ליום השבת", הנאמר בעת קבלת שבת: "זה בארתי בפסוק עלי עשור ועלי נבל עלי הגיון בכנור... וענין הפ[סוק] הזה נקשר עם מ"ש למעלה להגיד בבקר חסדך...".

סדר קבלת שבת ופזמון לכה דודי

ביום ערב שבת קודש והביטוי "מלכה" רומזים בבירור על קבלת שבת המכונה "מלכה"[62]. גם צינברג יודע למסור בשם אחד מתלמידי הר"ש אלקבץ ומידידיו הקרובים - מבלי לנקוב במקור " -ישהר"ש אלקבץ היה נוהג לעתים קרובות לטייל בשדות שוממים בהם היה מתבודד בקדושה; בכל ערב שבת קודש היו מתכנסים כל חברי החוג, התוודו על עוונותיהם ולפני שקיעת החמה יצאו לשדות כדי לקבל פני שבת מלכתא... הנה בסביבה זאת, באחד מטיוליו, חיבר את שירו הנצחי לכה דודי"[63].

אין ספק שבתנאי צפת של התקופה הנדונה היתה אפשרות לתהלוכה פומבית כזאת, בהשתתפות המונים, מדי שבוע בשבוע. אולם בארצות הגולה השונות - ואף באלה שתנאי הגלות לא היו קשים בהן במיוחד - אי-אפשר היה לקיים שבוע-שבוע טכס פומבי כזה. ואמנם בשום מקום מחוץ לצפת לא הונהגה היציאה לשדה לקבלת שבת - פרט לירושלים, בה היה נהוג מנהג זה עוד בתקופת מחבר "חמדת ימים", כפי שהוא מעיד (חלק א, דף מ ד): "וכן רבים פה בירושלים תוב"ב מחזיקים במנהג הקדמונים ויוצאים מחוץ לעיר השדה ברוב ששונים ועושים סדר קבלת שבת שם". בכמה מקומות נהגו - כתחליף למנהג היציאה לשדה - לקבל שבת בחצר בית-הכנסת או לעלות על גג בית-הכנסת. ולדוגמה, ר' חיים בנבנשתי, שנולד בתחילת המאה הי"ז, כותב: "כן ראיתי המנהג בקושטנדינא יע"א לצאת אל העזרה מקום פנוי ומגולה. ובקצת מקומות ראיתי שאינן יוצאין מבית הכנסת להכנסת כלה אלא מקבלין אותה במקומן תוך בית הכנסת. וכן היה מנהג תירי"א מקדמת דנא ותיכף בבואי לכאן [כלומר לעיר תיריא שבה כיהן כרב] ערערתי על המנהג והנהגתי לצאת אל חצר העזרה מקום מגולה ויוצא עמי הירא את דבר ה'. ושמעתי מהחכם השלם גיסי כמה"ר יצחק ששון נר"ו מתלמידי הרב המובהק כמהר"ר אברהם מונסון זלה"ה שראה לרבו הרב הנזכר כשהיה בכפר ג'ינגיל קייואי היה יוצא חוץ לכפר על פני השדת הרחק כמטחוי קשת.[64]" דברים אלה מבהירים לנו, שרק בכפר קטן אפשר היה לנהוג כדרך ההנהגה המקורית ולקבל שבת בשדה ממש (ומסגנון הדברים נראה שגם שם עשה זאת ביחידות). וכבר בסידור שבו נדפס סדר קבלת שבת לראשונה, נאמר: "והולכים לקראת שבת בשמחה ובטוב לבב. יש מהם שהולכים לבתי-כנסיות ויש מהם שהולכים מחוץ לעיר, כל אחד כפי הבנת מקומו". נראה

---

[62] הרב אבידע מסיק מכאן, ש״זה העיר את רוחו [של הר״ש אלקבץ] לשיר את השיר לכה דודי״.

[63] די געשיכטע פון ליטעראטור ביי יידן, כרך IV, עמ׳ 309 [מהדורה עברית, כרך ג, עמ׳ 56]. מסגנון הדברים נראה שספר הגרושין שימש מקור גם לצינברג.

[64] כנסת הגדולה, או״ח, סי׳ רסב (ליוורנו תיי״ח, דף לה ד). ועיין מגן אברהם שם, ס״ק ג, בשם כנה״ג.

שבמקום תלוי הדבר[65]. בזמננו גם היציאה לחצר בית-הכנסת אינה נהוגה עוד, אם כי היתה נהוגה בכמה מקומות עוד לפני מספר שנים, כגון בקהילות דמשק וחלב[66].

המנהג של היציאה השדה לא על דעת הכל נתקן. כבר בזמן סמוך להנהגתו, היו חכמים ששללו את גינוני הפומביות. מחייבי התהלוכה הסתמכו בעיקר על טעמים שמקורם בדרך הקבלה[67]. אולם למנהג יש גם מקור בגמרא. המחייבים והשוללים כאחד מבססים את דעותיהם על הגמרא, וחילוקי-דעותיהם יסודם בדרך שבה הם מפרשים את התלמוד. בשני מקומות בגמרא[68] מסופר ש"רבי חנינא מיעטף וקאי אפניא דמעלי שבתא אמר בואו ונצא לקראת שבת המלכה. רבי ינאי לבש מאניה במעלי שבתא ואמר בואי כלה בואי כלה". במסכת בבא קמא (לב א) מביאה הגמרא אף נפקא מינה לדינא בהקשר למעשיהם של האמוראים הנזכרים, שכן "מודה איסי בן יהודה בערב שבת בין השמשות שהוא פטור [הרץ והזיק את חבירו]". על יסוד גמרא זאת בא ר"ח וויטאל לידי מסקנה – ואין ספק שזה על דעת האריז"ל – ש"דבר זה [קבלת שבת בשדה] מפורש בגמרא דשבת... וגם נתפרש בגמרא דקמא... ואין ספק [שכך פירוש הגמרא]. כי אם הוא כסברת קצת קלי עולם, החושבים כי די בקבלת שבת תוך חצירו של אדם, לא הי' אומר בואו ונצא. כנראה כי היו תוך העיר והיו מתחברים לצאת השדה לקראת השבת, אורח הנכבד. וגם שא"כ למה יפטרו את הרץ בע"ש תוך רה"ר מן הנזקים, כיון שאין ריצתו לתכלית יציאתו מחוץ לעיר. ובפרט כי עלה דההיא קאמר ההוא עובדא דר' ינאי."[69] לעומתו, הטיעון של השולל קבלת שבת בשדה, המדגיש בעיקר טעמים שבהגיון, אף הוא מבוסס על אותו מקור עצמו: "וענין קבלתו, פי' בגמרא ר' חנינא מתעטף וקאי אפניא דמעלי שבת... והנה יש רבים שדמו מכאן שצריך לצאת החוצה השדה לקבל השבת. ותמיהא לי מילתא טובא, שהרי השבת אינו בא בדרך השדה אלא מדרך עליון מלמעלה למטה. ועוד, אמר מתעטף וקאי ולא קאמר ונפיק. אלא שהי' אומר בואו ונצא ולא אמר שהי' יוצא בפועל... לכך נראה לי שלא היי יוצא, כי לאיזה צד יצא, והרי הוא [יום השבת] מלמעלה בא עלינו להשרות שכינתו עלינו... וכלל הדברים הנראה אלי שהיוצא החוץ לקבל שבת אינו מן החסידים אלא מן המתמיהין... ויותר טוב לקבלו בבית-הכנסת."[70] דברים אלה, מלה במלה, נדפסו בשני מקורות שונים, שאחד מהם מיוחס

65 וראה גם סדור "חסד לאברהם... סדר החול ועולת שבת ועולת החדש... ", אזמיר תקכ"ד, חלק עולת שבת, דף ח א: "ומי שאינו יכול לצאת מחמת אונס, יוצא לעזרת בה"כ למקום אויר נקי, או יעלה לגג ושם יאמרו סדר קבלת שבת". וכך מעיד בעל "חמדת ימים" (ששימש מקור לרוב דברי סידור "חסד לאברהם") על עצמו: "ובימי גרושי כי גרשוני היום מהסתפח בנחלת ה' במקומות שעברתי בהם לא הורשתי לעשות כאלה מכח כמה סיבות. ונהגתי לצאת החוצה אל עזרת בית הכנסת למקום אויר פנוי וראוי להקבלה לומר סדר קבלת שבת... כמו שכתבנו כי כל מדות שמנו חכמים הכל לפי האדם ולפי המקום" (שם, דף מ ד).

66 א. צ. אידלזון, השלח, כרך לז, עמ' כח (הערה ב): "ועד היום נשאר המנהג הזה להקביל פני שבת בחצר בית הכנסת בדמשק וחלב".

67 עיין, לכשל, ר"ח וויטאל, שער הכוונות, מהד' אשלג, חלק ב, עמ' לו ואילך.

68 שבת קיט א; בבא קמא לב א (בשינויים).

69 שער הכוונות, שם.

70 לכאורה אין תשובה לפסקו של איסי בן יהודה הפוטר את הרץ והזיק בערב שבת ו"למה יפטרו את הרץ בע"ש... כיון שאין ריצתו לתכלית יציאתו מחוץ לעיר" – כקושית רח"ו. אולם לדעת השוללים, מתכוונת הגמרא לפטור את הרץ משום

לר' משה קורדובירו[71] והשני לר' ישעיה הורביץ בעל השל"ה[72]. מן הביטויים החריפים" קלי עולם" מצד אחד ו"אינו מן החסידים אלא מן המתמיהין" מצד שני, ברור שהיתה זאת מחלוקת חריפה. כבר ראינו שר"מ קורדובירו עצמו - יחד עם רבו וגיסו הריש אלקבץ - השתתפו ביציאה לשדה. ולפיכך אין ספק שהדברים שנדפסו בסידור הרמ"ק, שראה אור הדפוס מאות שנים לאחר פטירתו, נשתרבבו לשם בטעות. מאידך, גם בעל השל"ה, שבסידורו נדפסו הדברים מלה במלה, אינו בעל-הפלוגתא המקורי של רח"ו, שהרי בעל השל"ה לא עלה ארצה אלא בשנת שפ"א, שנה לאחר פטירת רח"ו. אמנם אין ספק שבעל השל"ה החזיק בדעת שוללי קבלת שבת בשדה, שכן בחיבורו הגדול הוא כותב בפירוש נגד היציאה לשדה[73]. אולם לא הוא שהגה אותה לראשונה. אלא אימצה לעצמו לאחר מכן. מן הסתם היו בצפת כמה חכמים שערערו על המנהג, וכנגדם יצא חוצץ רח"ו בביטויים בוטים.

דעה שלישית בענין קבלת שבת בשדה, היא דעתו של ר' משה ן' מכיר "ריש מתיבתא בעין זיתון מצפת", הסובר שאמנם אין חובה לצאת לשדה דווקא, אולם, מצד שני, מפרש אף הוא את משמעות הגמרא "בואו ונצא לקראת כלה "במובן של יציאה פיזית. דעה זו היא מעין פשרה בין השוללים והמחייבים שהובאו למעלה. הוא כותב: "וחכמים הראשונים היו אומרים זה לזה או לתלמידים בואו ונצא לקראת כלה. וכן ראוי לומר כשיוצא כדי להוציא בשפתיו. ובאמרם בואו ונצא משמע שהיו יוצאים למקום אחר. הענין הוא לצאת לנגד ביתם למקום אויר אל הגן או אל החצר, מקום פנוי וראוי להקבלה, אבל לא שיחויב לצאת חוץ לעיר. הכל לפי האדם ולפי המקום"[74]. נראה שבני חוץ-לארץ, שלא יכלו, כאמור, לקיים את היציאה לשדה, מחמת תנאי"חייהם בין הגויים, סמכו במנהגם לקבל שבת בחצר בית-הכנסת וכדומה, על דברי "סדר היום" מבלי ליחס לדבר משמעות מסויימת. וביחוד שבעל "סדר היום" עצמו פתח פתח-פשרה בכתבו "והכל לפי האדם ולפי המקום".

במספר בתי-כנסת רווח מנהג שהחזן אינו מקבל את השבת ליד העמוד שלידו הוא מתפלל את התפילות הרגילות, אלא ליד בימת-הקריאה. בקשר למנהג זה הובעה דעה מעניינת על-ידי ר' ישראל חיים פרידמן, בעל "לקוטי מהרי"ח", לפיו יש סמוכין לבין המובא בשם האריז"ל ש"יעמוד על הר גבוה "ובין המנהג לקבל שבת ליד הבימה: "ואפשר שמטעם זה המנהג באיזה מקומות שהחזן עולה על הבימה לקבל שבת שהוא מקום גבוה"[75]. אולם הדעה המקובלת היא, שביסוד המנהג יש לראות עקבות המאבק שהתנהל בין אנשי הקהילה, על עצם קבלת מנהג קבלת שבת

טרדתו בהכנות לשבת ולאו משום יציאתו את העיר לקבלת שבת. והעובדות של ר' חנינא ור' ינאי אינו מובאות אלא לשם הדגשת התכונה שיש להתכונן לקראת שבת.

71 סדור תפלה... עם פירוש תפלה למשה... אשר התפלל... כמוהר"ר משה קורדווירו... פרעמישלא תרנ"ב, דף קצג א. גם דעה זו מבוססת על נימוקים שבדרך הקבלה, עיי"ש.

72 סדור שער השמים לבעל השל"ה, אמשטרדם תק"ב, דף קפב א. ליד הפיסקא השוללת את המנהג, באה הגהה בה נאמר: "אבל בקונטרס האר"י מצאתי וז"ל ויצא השדה כדי להקביל שבת".

73 בשל"ה, אמשטרדם נח"ת, דף קלב ב: "אין צורך לצאת נגדה כי כבר היא בפנים".

74 סדר היום, שם (הערה 9).

75 לקוטי מהרי"ח, שם (הערה 1).

כנוהג קבוע ורשמי של הקהילה כולה. כאקט של פשרה הוחלט אמנם לקיים את המנהג, אולם, לשם סימן היכר שזה מנהג חדש/ אין לאמרו לפני העמוד אלא על הבימה[76]. בקהילת פרנקפורט דמיין הוסיפו שינוי נוסף, שהחזן אינו מתעטף בטלית בשעת קבלת שבת[77].

מסממניה החיצוניים של קבלת שבת, המעידים על התעלות רוחנית והתרוממות נפשית בעת אמירת קבלת שבת, היא ההוראה בשם האריז"ל ור"ח וויטאל, לעצום את העינים מהתחלת המזמורים ועד סיומם[78]. יש נוהגים לעמוד על רגליהם בעת קבלת השבת, יש העומדים בכל המזמורים ובלכה דודי[79], יש העומדים בלכה דודי בלבד[80] ויש העומדים מאמירת מזמור לדוד הבו ואילך[81].

שבת שחל בה יום טוב, נחלקים המנהגים לגבי סדר קבלת שבת. החכם צבי, כפי שבנו ר' יעקב עמדין מעיד[82], אמר את כל הסדר, "רק אין אומרים התנערי" בלכה דודי. לדבריו נהג כך גם האריז"ל. יש הפותחים במזמור שיר ליום השבת[83]. ר' שניאור זלמן מלאדי "הנהיג לומר את המזמורים ואת הפיוט לכה דודי גם בשבת הבאה אחר יום טוב. ובשבת שחל בו יום טוב או חול המועד מדלג אז עד מזמור לדוד הבו ובו מתחילים, ואומרים על הסדר כל חרוזי לכה דודי."[84]

ב. לכה דודי

הפזמון לכה דודי חובר כידוע בידי ר' שלמה הלוי אלקבץ, כפי שיוצא מן האקרוסטיכון של השיר. מן הראוי שנסכם בכמה משפטים קצרים את תולדות חייו של מחבר לכה דודי[85]. הר"ש אלקבץ נולד לאביו ר' משה בשנת רס"ה (1505) לערך

---

76 א. ברלינר, הערות על הסידור, עמ' 44.

77 זלמן גייגר, דברי קהלות, עמ' 61.

78 סידור האר"י שם (הערה 59); שלחן ערוך האר"י, קבלת שבת, סעיף ג; פרי עץ חיים, שער קבלת שבת, פרק א (קארעץ תקמ"ב. דף פא ב); שער הכונות, מהד' אשלג, חלק ב, עמ' לט; סדור "חסד לאברהם", שם (הערה 65).

79 ברית כהונה שם (הערה 18).

80 תקוני שבת, קראקא [שע"ג ?] ומכאן בהרבה הוצאות של תקוני שבת ;סדור עולת שבת; הענא תפ"ה, ועוד.

81 מגהגי תימן ראה :הליכות תימן, עמ' 5 ;מצפונות יהודי תימן, עמ' 82. כן נוהגים גם חלק מן החסידים, אולם בהרבה בתי-מדרש של החסידים ראיתי שעומדים רק ב"מזמור לדוד הבו" ולא ב"לכה דודי" (פרט ליחידים המדקדקים בכך).

82 סידור "פלטין בית אל", אלטונא תק"ה--תק"ח (ובסידורי "בית יעקב" המאוחרים), לפני "לכה דודי".

83 אהרן וורטהיים, הלכות והליכות בחסידות, עמ' 123,לדבריו, שאין להם יסוד במציאות ההיסטורית, "הנהיגו [המקובלים מיסודו של ר"מ קורדובירו] לדלגם בשבת שחל בו יום טוב או שבת הבאה תיכף אחר יו"ט ואז מתחילין רק במזמור שיר ליום השבת".

84 שם. מנהג החרבה חסידים לפתוח במזמור לדוד הבו, לדלג על הבתים האמצעיים של "לכה דודי" ולומר את שני החרוזים הראשונים ושני האחרונים בלבד, מזמור שיר ליום השבת וברכו. בטעם הדילוג בסדר קבלת שבת דן ר' יוסף דוד משאלוניקי בספרו "בית דוד", חלק א, סי' רסד (דף עא א). ועיין ב"אוצר כל מנהגי ישורון" (מהדורה תליתאה, סט. לואיס תרע"ז, עמ' 67-68), שמצא מקור ממסכת סופרים (פרק יח הלכה ד), שבשבת מאחרין לצאת מבית הכנסת כדי שישמעו פירוש על הסדר [פרשת השבוע] אבל ביו"ט ממהרין לצאת שאינו מן הדין לפרש להם הסדר. לפיכך אין אומרים לכו נרננה ולכה דודי, כדי שלא ישתהו יותר מדאי, מפני שמחת יו"ט.

85 שלמה אלקבץ נזכר כמובן ברוב ספרי הביוגרפיה וספרי השימוש למיניהם. כאן נזכיר רק חלק מן המונוגרפיות שיוחדו לו, כחלק ניכר בתוך ספרים: ש. א. הורודצקי, עולי ציון, עמ' 29--98; הנ"ל, המסתורין בישראל, כרך ג: בני היכלא;

בתורכיה. אביו היה ממגורשי ספרד והוא בן ר' שלמה אלקבץ הראשון, שישב בספרד ועסק בהגהת ספרים ובמלאכת הדפוס בעיר ואדי אלחג'ארה[86]. בעל לכה דודי נתגדל ונתחנך בשאלוניקי והיה תלמידו של אחד מגדולי דורו, ר' יוסף טאיטאצאק[87]. משאלוניקי אף נשא אשה, בתו של אחד מעשירי העיר ומנכבדיה, ר' יצחק הכהן. לפני עלותו ארצה שהה זמן מסויים בעיר אדריאנופול, בה התידד עם רי יוסף קארו[88], ידידות שנמשכה גם לאחר ששניהם עלו ארצה והתישבו בצפת. עם עלותו ארצה התרכז סביבו חוג גדול של חכמים שקדו על לימוד חכמת הקבלה ושמו את עיקר מעיניהם בה. אחד מתלמידיו הידועים הוא ר' משה קורדובירו, שבהיותו בן עשרים הצטרף אל תלמידי הר"ש אלקבץ, כפי שהוא עצמו מזכיר בהקדמתו לספרו "פרדס רמונים": "ויהי בהגיעני קוני אל שנת העשרים... ואומרה אל נפשי עד מתי תתחמקין הבת השובבה... ועתה קומי קראי אל אלקיך ותשקוד על דלתותיו יום יום... ואשמע קול מדבר, עיר וקדיש מן שמיא נחית מורי ורבי המקובל האלקי החכם ה"ר שלמה אלקבץ הלוי נר"ו ויביאני אל היכלי טירותיו ויורני ויאמר לי בני יתמוך דברי לבך, הט אזנך ושמע דברי חכמים, ויציבני על דלתי התורה החכמה והתבונה מתוק מדבש... ויעירני ללמוד דרכי הזהר ומפתחות לפתוח שעריו"[89]... הרמ"ק נשא את אחות רבו הריש אלקבץ לאשה. הרייש אלקבץ נפטר בצפת בין השנים שליה--של"ז[90]. בן שבעים ויותר.

ארבעה ספרים של הר"ש אלקבץ נדפסו, שניים בחייו, אחד סמוך לפטירתו ואחד כמעט שלוש מאות שנה לאחר פטירתו. ספרו הגדול ביותר בכמות, "מנות הלוי" על מגילת אסתר, שכתיבתו נסתיימה בשנת רפ"ט, שנשלח כ"משלוח מנות" לפורים של

שמעון ברנשטיין, בחזון הדורות, עמ' יד--כא [=שומרי החומות, עמ' 81--91]; ח. אביזאסף, גדולי ישראל, ב :הר"ש אלקבץ, קראשנוב תרס"ד.

86 הוא הדפיס, למשל, את פירוש הרד"ק לנביאים אחרונים, בשנת ברכ"ך [=רמ"ב (1481)]. עיין שטיינשניידר, קטלוג הבודליאנה, עמ' 869 ,מס' 4821/5. פאקסימיל ממנו ב"האֻוצר למלאכת הדפוס" של אהרן פריימאן, 1.4B; טופס שלם בגנזי בית-הספרים הלאומי והאוניברסיטאי. ועיין גם ש, א. הורודצקי, ספר' השנה ליהודי א"י, תרצ"ה, עמ' 238.

87 ר' יוסף קארו מכנהו "מאור ישראל וקדושו עטרת בני הגולה" (שו"ת אבקת רוכל, סי' נו).

88 באדריאנופול תיקנו שניהם לומר תיקון ליל שבועות, על פי מעשה שהיה, המסופר בשל"ה מסכת שבועות (אמשטרדם, נח"ת, דף קפ), ומכאן ברוב ספרי תיקון ליל שבועות. אגב, גם מנהג זה נתקבל ברוב תפוצות ישראל.

89 י. צינבערג, די געשיכטע פון דער ליטעראטור ביי יידן, כרך IV,עמ' 310 [מהדורה עברית, כרך ג, עמ' 57], כותב שהשפעתו של הר"ש אלקבץ על הרמ"ק היתה גדולה, מבלי לציין מקור לדבריו, דומה, שמקורו הוא דברי ר' גדליה בן הרמ"ק, הכותב בהקדמתו לספר "אור נערב" לאביו, שהרמ"ק הורה לא לומר בתפילת ימים הנוראים אלא שלוש פיסקאות הפותחות במלה "ובכן" ולהשמיט "ובכן יתקדש". אולם לאחר ש"אחי אמי הרשבייא [ר' שלמה בן אלקבץ] הלוי זצ"ל הכריע אח"כ לומר ג"כ ובכן יתקדש... שכן מצא לו סמוכות במאמר מהזהר", חזר בו הרמ"ק. ועיין בסידור "תפלה למשה" להרמ"ק (הערה 71), דף שמב א: "ובכן יתקדש לא איתיה כפי מנהג קצת מן הקדמונים וכמו שפירשו רובי המקובלים". ובהערה שם: "עיין בהקדמת בן המחבר ז"ל לס' אור נערב שכ[תב] שאביו ז"ל חזר בו והסכים לומר ובכן יתקדש כמנהג העולם".

90 בשנת של"ה, תאריך כתיבת הקדמת ספר "ראשית חכמה" (יח אדר של"ה), היה כנראה עוד בין החיים, שכן מחבר ר"ח מזכירו בשער האהבה פרק ו (ויניציאה של"ט, דף צ"ט א) בברכת חיים, נר"ו [נטריה רחמניה ופרקיה]; ואילו במחזור ויניציאה שמ"ד (הנזכר בהערה 14) הוא נזכר כבר בברכת המתים. לפיכך קובעים רוב הביוגרפים שהוא נפטר סמוך לשנת שמייד. ברם, כפי שכותב דוד תמר (קרית ספר, כרך לג, עמ' 378): "זו מן המוסכמות שאין להם ראיה. אדרבה, יש בידי ראיות, שאעמוד עליהן אי"ה במקום אחר, שלפיהן נפטר כבר בשנות של"ו-של"ז". תמוהה איפוא קביעתו של צינברג שר"ש אלקבץ נפטר "לאחר 1590 [=ש"ן] (כרך IV, עמ' 306). יש לתמוה גם על הברמן, שבערך "אלקבץ" באנציקלופדיה העברית הוא מצטרף לאלה הקובעים שנפטר סמוך לשנת שמ"ד, ואילו במהדורה העברית של צינברג (כרך ג, עמ' 55) לא תיקן את צינברג ב"השלמותיו" למהדורה העברית.

אותה שנה, לאבי-ארוסתו ר' יצחק הכהן משאלוניקי, נדפס מספר שנים לאחר פטירתו, בויניציאה שמ"ה[91]. ספר "אילת אהבים" על שיר השירים, נסתיימה כתיבתו ביום י"ב חשון רצ"ו ונדפס אף הוא בויניציאה שי"ב[92]. שני ספרים אלה חוברו עוד בזמן שהותו בתורכיה. ספרו השלישי "שרש ישי" על מגילת רות, כבר נתחבר בצפת ותאריך סיום חיבורו הוא י' כסלו שי"ג. אף הוא נדפס בחיי מחברו, בקושטא שכ"ו[93]. ספרו "ברית הלוי" על הגדה של פסח לא נדפס אלא בשנת תרכ"ג, בלעמבערג[94] | .

הר'ש אלקבץ חיבר עוד ספרים הרבה ומספרם עולה על אלה שנדפסו. אין ספק שחלק גדול מן הספרים שחיבר אבדו במשך הזמן, אולם גם מאלה שנשתמרו בכתב-יד נוכל לקבל מושג על היקף יצירתו. בכמה וכמה ספריות נשתמרו ספרים וקטעי-ספרים, וביניהם פירושים לתנ"ך, לתורה, לתהלים בשם" נעים זמירות ישראל" ופירושו להושע[95]. ידועים גם כמה מחיבוריו בעניני קבלה שונים, מהם שהוכתרו בשמות מיוחדים, כגון: אפריון שלמה. בית הי ,לחם שלמה על תיקוני הסעודה, מטתו של שלמה, עבותות אהבה - ומהם קטעי חיבורים בלבד שלא נוקבו בשמות מיוחדים[96]. יש להזכיר גם את כתבי-היד בעניני קבלה שתלמידיו רשמו משמו, אם ששמותיהם ידועים לנו - כגון ר' יצחק אלצייג ור' משה ב"ר יצחק מצפת - ואם שנשארו באלמוניותם[97]. חשיבות מיוחדת נודעת מכמה בחינות לחילופי-מכתביו בענין קבורת צדיקים בארץ-ישראל, מה שנשאל על כך מאת ידידו ואיש-בריתו ר'

---

91 חזר ונדפס בלעמבערג תרע"א וממנו צולם בניו-יורק תשי"ד.

92 אף הוא חזר ונדפס בלעמבערג תרמ"ט.

93 חזר ונדפס בלובלין שנ"ז, סיגעט תרנ"א.

94 החיד"א בשם הגדולים בערך "מהר"ש אלקבץ" כותב: "וקרא הס' ברית הלוי כי כרת את הברית עם חכמי אנדרנופלא... ויראו ספר הברית הזה ויזכרו ממנו שהיה נוסע לא"י והיה לאות בינו לבינם". נראה מכאן שחיבר את ספרו סמוך לעלייתו ארצה. ואמנם בספרו ברית הלוי הוא כותב בהקדמתו על כך, ויש בה גם כמה קוים ליחסיו עם חכמי הקהילה ופרנסיה. מן הראוי להביא כמה קטעים ממנה, שיש בהם להוסיף לידיעותינו המעטות על אישיותו: "ברצות ה' דרכי מבית אבי לקחני... אל עיר גדולה לאלקים נהלני הקריה אדריאנופולי שם הביאני ולחן בעיני השרים תופשי התורה גבורי כח עושי דבר ה' גתנני... הן כל אלה ראתה עיני מחסידותם וקדושתם וטוהר תורתם. נכספה וגם כלתה נפשי לאחותם ולהיות נמנה בחבורתם דבקה נפשי... ואכרתה עמם ברית עולם אם אשכח אהבתם תשכח ימיני... והיה כי רוח אל ישאני אל המקום אשר שם עיני ולבי ואפרד מעליהם... ואתנה אל לבי לפרש ההגדה... ואקרא אותה ברית הלוי כי בריתי היתה אתם לרוב תורתם וצדקתם. ושרת הלוי לפני אחיו ומיודעיו דברי שלום ואמת... לכרות עמהם ברית להיות שם ושארית כי נסתר איש מאת רעהו. והיתה בריתי אתכם כל הימים... כי [אני] עתה בתוך הגולה ומיטב ספרי הנה היום בארץ הצבי תוב"ב ואני מטולטל וגולה אל הר ה' עולה...".

95 פירושי הר"ש אלקבץ לתנ"ך וחלקיו נזכרים לדוגמה: Catalogue of Hebrew mass. In the collection of E. N. Adler, Cambridge 1921 [=אדלר], עמ' 13,מס' 1838; בן-יעקב, אוצר הספרים, נ 206, פ 253; גירונדי, תולדות גדולי ישראל, עמ' 230 [=בן-יעקב, פ 796]; באוסף כתבי-היד של בית הספרים הלאומי והאוניברסיטאי נמצא קובץ של לקט פירושים על התנ"ך ובתוכם גם מהר"ש אלקבץ ואביו (8=1719).

96 יצירות בקבלה של הר"ש אלקבץ נרשמו: בן-יעקב (ובחלקם גם מ. זלטקין, אוצר הספרים, חלק ב), א 923, ב 307, ה 479, כ 353, ל 180,מ 275, מ 1072, ע 56, ק 234, ש 170, ש 336; גירונדי, שם; H. Hirschfeld, Descriptive catalogue of the Heb. mass. Of the Montefiore library, London 1904 [=הירשפלד], עמ' 101 מס' 334(1), מס' 334(2); G. Margoliouth, Descriptive list of Heb. and Samaritan mass. In the British Museum, London 1893 [=מרגליות א], עמ' 61; G. Margoliouth, Catalogue of the Heb and Samaritan mass. In the British Museum, London 1899–1915 [=מרגליות ב], מס' II,VII-IV,1176, מס' XXII,753, מס' 393; A. Neubauer, Catalogue of the Heb. mass. In the Bodleian library, Oxford 1886 [=ניבאואר] מס' 1663,6.

97 בן-יעקב, מ275; קטלוג מרגוליות ב, מס' 393, XXXI, 753.

יוסף קארו, ותשובתו של הר"ש אלקבץ[98]. כן נשארו בכתב-יד שירים ותפילות ותחינות שתקן לאמרם על קברי צדיקים[99].

היה מקום לצפות לכך, ששירים, פזמונים ותפלות של הר"ש אלקבץ -בהתחשב בשיעור קומתו כמשורר וכמחבר הפזמון לכה דודי - יהיו נדפסים במספרים גדולים בתוך ספרי שירים ופזמונים, סידורי-תפילה ומחזורים. ואכן, כך חשבו באמת שני חוקרי תולדות הפיוט בישראל, שמעון ברנשטיין וישראל צינברג. ברנשטיין כותב: "הוא [ר"ש אלקבץ] חיבר כמה תפילות, שהוכנסו בחלק מן הסידורים נוסח ספרד"[100]; נראה שצינברג סומך על ברנשטיין בכתבו אף הוא לאמור: "מלבד ה'לכה דודי', כתב אלקבץ גם שירים ופיוטים אחרים. בחלקם הוכנסו למחזורי ספרד ובחלקם נשארו בכתב-יד"[101]. העובדה שר"ש אלקבץ חיבר שירים ותפילות מלבד הפזמון לכה דודי, אינה מוטלת בספק, כפי שנזכר לעיל, אך אם באמת נדפסו במחזור (או סידור) נוסח ספרד, הדבר צריך לפנים ולפני ולפנים. יתר על כן, מחבר מאמר זה חושב, שלא זו בלבד שלמחזור וסידור - שאינם קולטים יצירות חדשות מעצם טיבם ומהותם - לא נכנסו יצירותיו הפיוטיות והליטורגיות האחרות של הר"ש אלקבץ, אלא שלא נדפסו כל עיקר אף בקבצי שירים ופיוטים או ספרי-תפילה שאינם סידורים ומחזורים. ישראל דוידזון, שהקדיש עבודת חיים לשם רישום פיוטים נדפסים, לא רשם מיצירותיו האחרות של הר"ש אלקבץ, אלא שתים: קטע מתפילה על הפרנסה, שבעל "ראשית חכמה" מביא בשמו[102]; השניה נרשמה בטעות במפתח של "אוצר השירה והפיוט" על שמו של הר"ש אלקבץ שבו עסקינן, שכן היא חוברה על-ידי סבו הנזכר ונדפסה למעלה מעשרים שנה לפני לידת בעל לכה דודי[103]. רק לפני זמן קצר גאל הפרופ' ורבלובסקי מספר תיקוני תפילות של הר"ש אלקבץ, הכוללים תפילות שונות על הפרנסה, על הגאולה, כתר מלכות, תפילה להנצל מכל רע, ועוד - והדפיסם בספר השנה של מכון בן-צבי "ספונות"[104]. ועל כך יברכוהו טובים וכל מעריצי ומוקירי הר"ש אלקבץ יודו לו על שבירר מקחו של אותו צדיק זצ"ל.

---

[98] בסוף ספר ברית הלוי (דף לט ב -מג ב): "תשובה מהמחבר למהאר"י קארו בפי[רוש] מאמר א' מהזוהר. שאלת ממני החכם החסיד האשל האדיר צדיק יסוד עולם מוהר"ר יוסף קארו נר"ו לערוך לפני זוהר חכמתך כוונת האלקי הר"ש ב"י [רבי שמעון בן יוחאי] ע"ה בענין קבורת הצדיק בארץ הקדושה". בכמה קטלוגים של כתבי-יד נרשמה תשובה זו: נויבאואר, מס' 648,2, 1285,1; הירשפלד, עמ' 99 מס' 9(325); מרגוליות ב, מס' III, 1176; בן-יעקב, ש170. נראה שכולם זהים לנוסח הנדפס בברית הלוי.

[99] גירונדי, תולדות גדולי ישראל, עמ' 320; "ועוד חתומים באוצרותי תפלות ותחנות רבות עד"ה [על דרך הקבלה] שתקן לומר על קברי הצדיקים". ועיין קטלוג הירשפלד, עמ' 12 מס' (1)59, עמ' 123 מס' (11)413.

[100] צוקונפט, אפריל 1930, עמ' 264.

[101] די געשיכטע פון דער ליטעראטור ביי יידן, כרך IV, עמ' 310, הערה 2 [מהדורה עברית, כרך ג, עמ' 57].

[102] אוצר השירה והפיוט, כרך ד, א 2292. תחילתה: אתה האל הזן מקרני ראמים עד ביצי כינים ואין ביד שום מלאך ושר יכולת לזון ולפרנס.

[103] שם, י 313. תחילתה: יצו האל להושיע ויואל עמוס בטן ומעבדיו יישר. היא נדפסה בסוף הרד"ק על נביאים אחרונים, ואדי אלחג'ארה רמ"ב.

[104] כרך ו [=ספר צפת, כרך א], עמ' קלז--קפב. מקורן של התפלות באוסף גינצבורג במוסקבה ותצלום מהם במכון בן-צבי.

קו נוסף להשלמת תמונת התעניינותו של הר"ש אלקבץ בקבלה, אמנם לא מבחינת חיבור ספרים בלבד, אלא גם מבחינת רכישת ספרים בקבלה ואף הזמנת ספר אצל סופר מקצועי - וזאת בתקופת הדפוס! - נזכיר את עובדת כתיבת הספר "טעמי המצוות... ע"ד פשט וע"ד קבלה" לרי יצחק ן' פרחי, שנכתב במיוחד "לנבון כה"ר שלמה אלקבץ הלוי"[105]. בשנת תשכ"ב נדפס בירושלים פירושו של רבינו בחיי ב"ר אשר ן' חלאוה למסכת אבות ושל ר' שם טוב בן שם טוב לפרק "קנין תורה" מתוך כתב-יד שהיה בבעלותו של הר"ש אלקבץ[106]. בספר "מקרא קדש, פירוש מגילת רות על דרך האמת שחבר הרב המקובל... עובדיה המון מברטנורה"..., ויניציאה שמ"ה, נדפס בסופו "מאמר לתשובה. מדרש רות ריקאנטי פרשת וישב... מוגה כהוגן מפי ספרים רבים. כן מצאתי בספר ישן נושן והוא מהמקובל... כמהר"ר שלמה אלקבץ זצ"ל"[107]. דהיינו המדרש רות עם פירוש הריקאנטי שממנו נדפס כאן, היה בבעלותו של הר"ש אלקבץ. שלוש עובדות אלה מעידות להחזיק את הר"ש אלקבץ לא רק כפרשן המקרא (בעיקר המגילות), כמקובל אלקי וכמשורר בחסד בלבד, אלא אף - וזה צד נוסף בדמותו שכמדומני לא עמדו עליו עד עכשיו -כאספן של ספרים עתיקים בקבלה שלא ראו עדיין אור הדפוס.

עתה נפנה ונשוב אל נושאינו העיקרי, הפזמון לכה דודי. הוא נתפשט במהירות מפליאה ו"כאשר נוגן הפיוט לכה דודי על-ידי מספר מנינים מקובלים בשדות שמאדורי צפת, אחזה אש בכל לבבות ישראל. קטון וגדול החלו לנגן את התפילה, והיא נפוצה כשלהבת בכל קהילות ישורון במזרח ובמערב" -כתיאורו מלא החזון של ש. ברנשטיין[108] ;או בשפת המעשה המדעית של חוקרי התפילה בישראל, אברהם ברלינר ואלבוגן, הקובעים פה אחד ש"הטכס של קבלת שבת התפשט עד מהרה מעבר לצפת"[109]; "פיוט זה חדר עד מהרה לעדות השונות"[110] .אחת הסיבות להתפשטותו המהירה של הפזמון, היא ללא ספק השמועה שהאריז"ל סמך ידו עליו. יתר על כן, הוא עצמו היה שר אותו, כפי שמספר בעל "חמדת ימים": "והוא [האריז"ל] היה אומר פיוט נאה ומשובח אשר חבר ויסד החכם החסיד שלמה הלוי ז"ל אלקבץ... ואמר הרב כי רוב דבריו מסכימים אל האמת, והוא לכה דודי"[111]. ולא זו בלבד. אלא שהאריז"ל לא היה נוהג לשיר שירים אחרים, שהיו נפוצים אז, שחוברו על-ידי משוררי ספרד, מפני שאור הקבלה לא נגה עליהם[112]. יש אומרים, שכמה

---

105 נמצא באוסף כתבי-היד של בית-הספרים הלאומי והאוניברסיטאי, 597=8. כולל 282 דף ונכתב בתורכיה במאה הט"ז על-ידי "הצעיר שלמיה אביגדור". מהנוסח "לנבון" יש להסיק לענ"ד שר"ש אלקבץ היה עוד צעיר לימים בשעה שהספר נכתב למענו, אולי מיד לאחר נישואיו סמוך לשנת רפ"ט.

106 עיין מ"ש ב"קרית ספר", כרך מ, עמ' 107, סעיף 8.

107 נמצא בגנזי בית-הספרים הלאומי והאוניברסיטאי. אגב, שטיינשניידר (בודליאנה, מס' 6686) רשם בטעות "פירוש מגלת אסתר" במקום מגילת רות.

108 צוקונפט, שם (הערה 100).

109 א, ברלינר, הערות על הסידור, עמ' 43.

110 J. Elbogen, Der judische Gottesdienst etc. . , עמ' 108 [מהדורה עברית, עמ' 83].

111 חמדת ימים, חלק א]ויניציאה[, ועתה יגדל לפ"ג]תקכ"ג[, דף מא ב.

112 א. ברלינר, הערות על הסידור, שם.

וכמה שירים במתכונת לכה דודי היו ידועים בצפת בתקופה ההיא, "אלא שהר"ש אלקבץ ברגע של השראה תקן את פניו של השיר ויפח בו רוח נשמתו והחיהו בדם לבו. ויהי השיר פתאום למה שהנהו עד היום הזה ולמה שיהיה עד היום האחרון"[113].

ואמנם ידוע לנו שיר "לכה דודי" שלא ר"ש אלקבץ חברו, שנדפס על-ידי ר' משה ן' מכיר ב"סדר היום" שלו. וזה נוסחו:

לכה דודי לקראת כלה פני שבת נקבלה.

זכור ושמור בדיבור אחד, נתן לנו המלך המיוחד, ה' אחד ושמו אחד, לשם ולתפארת ולתהלה. לכה דודי

דושת שבת הנחלתנו, ועל הר סיני קרבתנו, בתורה ומצוה עטרתני, וקראתנו עם סגולה. לכה דודי

נודה לך ה' אלקינו, כי ממצרים הוצאתנו, ומבית עבדים פדיתנו, ובכח ידך הגדולה. לכה דודי

בתוך ים סוף הדרכתנו, ובנפול אויב שמחתנו, חיים וחסד עשית עמנו, להעבירנו במצולה. לכה דודי

אתה אלקי האלקים, ומי כמוך באלים, משפיל גאים המגדילים, ומרים אביון לגדולה. לכה דודי

בואי בשלום עטרת בעלה, וגם בשמחה ובצהלה, תוך אמוני עם סגולה, בואי כלה בואי כלה. לכה דודי

ויאמר מזמור שיר ליום השבת

אתה האל עושה פלא, הורשתנו בית מלא, ארץ צבי מהוללה. לכה דודי[114]

לפני השיר כותב בעל "סדר היום": "ואח"כ יאמר פזמון א' או ב' ואלו הם". מכאן שהיו לפחות שני פזמונים ידועים בצפת לקבלת שבת, אף על פי שב"סדר היום" אינו מובא אלא אחד מהם. ייתכן שהשני הוא לכה דודי של ר"ש אלקבץ.

נחלקו החוקרים איזה מן הפזמונים היה הראשון, זה שמביא בעל סדר היום, או זה שחובר בידי ר"ש אלקבץ, המושר היום בכל תפוצות ישראל. הרב זלוטניק [אבידע] סובר ש"אי-אפשר להאמין שחבר מי שהוא את ה'לכה דודי' הנ"ל [שב"סדר היום"] אחרי שירו של הר"ש אלקבץ, וכי אחרי שנתפרסם שירו של הר"ש אלקבץ בחר הר"מ ן' מכיר לתת מקום בספרו להנוסח דלעיל. אין זה אלא שהנוסח דלעיל היה מקובל בקהל שם ועבר זמן עד שהנוסח של הר"ש אלקבץ הדיח אותו ממקומו ונתקבל באומה כ'ההמנון' של המלכה שבת"[115]. לעומתו, סובר א. צ. אידלסון, שבעל

---

113 הרב י"ל זלוטניק [=אבידע], נרות שבת, שנה ד (תש"ו), קונטרס קנז, עמ' יד.

114 סדר היום, ויניציאה שנ"ט, דף מג א (לובלין תרל"ג עמ' 42).

115 נרות שבת, שם.

סדר היום ראה את פזמונו של הר"ש אלקבץ ונטל ממנו את הבית הראשון ושלפני האחרון וכן גם את החריזה "לה"[116]. ברלינר, סובר, שלא זו בלבד שהר"ש אלקבץ הכיר את ה'לכה דודי' שבעל" סדר היום" הדפיס, אלא שהוא שימש לו דוגמה בחיבור ה'לכה דודי' שלו[117]. אולם לענ"ד נראה שבעל "סדר היום) "או מחברו האנונימי(חיבר את פזמונו לאחר שפזמונו של הר"ש אלקבץ הושר לפחות בצפת. ראשית, ר"מ ן' מכיר הדפיס את ספרו "סדר חיום" בשנת שנ"ט, דהיינו כחמש עשרה שנה לאחר שהשיר של ר"ש אלקבץ נדפס לראשונה ולמעלה מחמישים שנה לאחר שנתחבר, בשנת ש"ח או סמוך לה, כאמור; שנית, המו"ל של ספר "תיקוני שבת" הוצאת קראקא [שע"ג?], ר' יהודה ב"ר דוד הכהן מבודון, כותב לאחר הפזמון של הר"ש אלקבץ: "אם ירצה המשורר לשורר עוד לכבוד כלה מלכתא ימצא שיר מחודש חדש מפני ישן תוציאו, כאשר תמצא ג"כ בספר סדר היום". ר' יהודה ב"ר דוד היה מחוגי המקובלים וחיבר כוונות ותפילות בדרך הקבלה, וקביעותו שהשיר שב"סדר היום" הוא *שיר מחודש" היא בוודאי בעלת משקל. אין ספק איפוא ש'לכה דודי' של הר"ש אלקבץ קודם לזה שב"סדר היום".

בענין ערכו הפיוטי של לכה דודי, כבר הבאנו את דעתו של הרב אבידע ,שהשיר של הר"ש אלקבץ דחה בצדק את השיר שב"סדר חיום". מארשען מרחיק עוד לכת וקובע ש"השיר בסדר היום אינו אלא צירופי פסוקים ומליצות, אבל אלקביץ הוא משורר אמיתי שהוציא דבריו ממעמקי הלב וכל הגה מפיו הוא רגש פנימי"[118]. גם אחרים הכבירו עליו תהלות ותשבחות, כגון: "אחת היצירות המצויינות ביותר בשירה הדתית שבעולם"[119]; "אין ערוך ואין דומה לו ביפיו והדרו"[120]. גם הסופר הגרמני הרדר הושפע ממנו במידה כזאת עד שתרגמו לגרמנית[121]. והיינריך היינה הושפע ממנו אף הוא, עד שבהתפעלותו הרבה יחסו בטעות לר' יהודה הלוי[122]. ואכן, אין ספק שהשיר לכה דודי המושר בפי העם כולו זה מאות בשנים, מצטיין בערכו הפיוטי ומעורר בנפשות משורריו התעלות רוחנית כאחת התפילות הנשגבות ביותר. ואשר ל'צירופי פסוקים ומליצות' שבהם מונים את לכה דודי שב"סדר היום", הרי למרבה הפלא, לפחות תשעים אחוז של החרוזים בפזמונו של הר"ש אלקבץ בנויים על מקורות מקראיים בצורה מילולית. כבר נותח השיר בפרטיו על-ידי פלטיאל בירנבוים[123] והוא מצא מקורות מקראיים המקבילים כמעט לכל חרוזיו.

---

116 השלח, כרך לז, עמ׳ 27, הערה 1. לדעה זאת מצטרף גם י. מארשען, ישורון, שנה ט (תרפ״ט), חוב׳ 7/8, החלק העברי, עמ׳ פה.

117 א. ברלינר, שם.

118 ישורון, שם, עמ׳ פו-פז.

119 ש, שכטר, Studies in Judaism, כרך ב, עמ׳ 228.

120 הרב זאב אריה רבינר, רזא דשבת, עמ׳ רעה.

121 J.G. Herder, Adrastea 1802, Samtliche Werke, 26,244.

122 H. Heine, Prinzesin Sabbath.

123 ספר השנה ליהודי אמריקה, כרך ח-ט (תש״ז), עמ׳ 345.

ואף-על-פי-כן מצטרפים קטעי הפסוקים ב'לכה דודי' של הר"ש אלקבץ לידי סימפוניה אורגנית בצורה מופלאה.

כבר עם ראשית הנהגתו נהגו לשורר את הפזמון. בסידור התפילה שבו נדפס לראשונה, יש הוראה לשיר את "לכה דודי" ב"לחן שובי נפשי למנוחיכי,[124] "שהוא פזמון חוזר בשירו הידוע של ר' יהודה הלוי "יקרה מיקר יוצרך לקוחה קומי כי לא זאת המנוחה"[125], שמנגינתו היתה ידועה ומושרת בפי העם. גם בקהילות אשכנז ופולין נהגו לנגנו כבר בימים קדומים, שכן כותב מהדיר "תיקוני שבת" הוצאת קראקא [שע"ג?]: "וישוררו הפיוט הנאה והמשובח וכו'". בבית-הכנסת מייזל שבפראג היו נוהגים, כאמור, לשיר "זמר נאה מרבי שלמה זינגר ז"ל בעוגב ובנבלים קודם לכה דודי"[126]. ר' יוסף יוזפא ב"ר משה קאשמן מספר ש"מקבלים השבת בשמחה גדולה ושירות נאים ותשבחות ורננים. ובכמה קהילות מנגנים בכלי זמרים ונבלים וכנורים"[127]. מובן, שבדומה לזמננו אנו, לא היו מנגינות ידועות מיוחדות ואחידות ללכה דודי, אלא כל קהילה ניגנה את הנגינות שהיו להן מהלכין בין אנשי הקהילה, כמיטב יכולתם של החזנים, שנשתנו מפרק לפרק ומתקופה לתקופה. ר' זלמן גייגר, שרשם בצורה פרוטוקולית פרטי פרטים ממנהגי פרנקפורט דמיין, מוסר דברים מדויקים גם בנידון זה. לדבריו עולה אחד מחזני הקהילה, "על המגדל שקוראים שם בתורה... ומנגן לכה דודי בנ"נ [=בניגון נאה], וכשמגיע למאמר 'בואי בשלום' וכו' פונה למערב... ואם מנגן מן 'התעוררי' והלאה בנגון אחר, שב לנגן מן בואי בשלום בנגון הראשון שלפני התעוררי". רייז גייגר, ששם לבו לכל פרט ופרט בדייקנות נוגעת ללב, מביע את דעתו בנוגע לפשר החלפת הניגונים: "והטעם נראה לי, אחר שהזכיר המשורר בסוף ד' מאמרים שבראשם שמו 'שלמה', ביאת משיח, ע"י בן ישי וכו' התלהב בלב שמח בד' מאמרים שבראשם אותיות 'הלוי' ואז ישיר 'התעוררי 'וג' שאחריו ממעמד ישראל בעת הגאולה, ואח"כ הוסיף למאמרים ששמו בראשם, מאמר 'בואי בשלום' לקבל שבת כבראש השיר. וע"כ נוהגים החזנים לנגן ד' הראשונים בנגון פשוטי והאחרונים בנגון שמחה וצהלה. אבל 'בואי בשלום' שהוא רק לקבל שבת מנגנים בנגון הראשון הפשוטי."[128]

מענין שעד היום הזה נוהגים רוב החסידים להחליף את המנגינה באמצע השיר; יש שמחליפים בחרוז "לא תבושי" ויש שמחליפים ב"והיו למשיסה". בזמן החדש מצאו כמובן רוב החזנים והמנגנים 'לכה דודי' בקעה להתגדר בה, ונתחברו עליה הרבה יצירות מוסיקליות ומהן בעלות רמה נאותה[129]. בתימן לא הסתפקו בנגינה

---

[124] מכאן הועתק גם לסידורי ספרד, אמשטרדם תכ״א וקושטאנדינא תצ״ה. ברלינר, עמ׳ 44, יודע על ההוצאה האחרונה בלבד.

[125] דוידזון, אוצר השירה והפיוט, י 3665.

[126] סדור התפילה שנספח לספר ״שפתי ישנים״ לר׳ שבתי משורר בס.

[127] נהג כצאן יוסף, האנוי תע׳ח, דף לט א.

[128] דברי קהלות, עמ׳ 61.

[129] ב-Jewish Encyclopedia, כרך VII, עמ׳ 675--677, נדפסו מבחר יצירות מוסיקליות על ״לכה דודי״ בתוי-נגינה. וראה שם בסוף הערך רשימה של ספרות על הנושא.

בלבד, אלא "בעת אמירת 'בואי כלה' נהגו לרקד... ואף-על-פי שכל הפיוט לכה דודי חדש הוא, בפרט בתימן, מנהג עתיק הוא לרקד בערב שבת ולומר 'בואי כלה'"[130]. נראה מלשונו, שמנהג הריקוד עתיק הוא ממנהג קבלת שבת עצמו. ואפשר שמקורו בגמרא, לפי גירסת רבינו חננאל, הגורס במסכת בבא קמא (לב א) "רבי חנינא הוה מרקד ואזיל ואמר בואו ונצא לקראת כלה וכו.[131]" בבית-הכנסת ד"קהל עדת ישראל" בברלין נהגו לנגן לא את לכה דודי בלבד, אלא החזן מנגן על הבימה את כל לכו נרננה פסוק בפסוק עם הקהל עד סוף מזמור לדוד[132].

נוסח לכה דודי כפי שיצא מתחת יד מחברו - ידוע. הרי הוא אותו הנוסח שבידינו ושנדפס (בהבדלי-נוסח קלים) בכל סידורי-התפילה בכל הנוסחאות והמנהגים[133]. אנו נתקלים במקורות שבהם יש הצעות-תיקון, מתוך ידיעה שאין זה הנוסח המקורי. ברובן הן קלות, במלה אחת או שתים, פרט למקור אחד המציע שינוי בשני בתים שלמים, הלא הוא בעל "חמדת ימים". הכותב : "ואני נהגתי לומר בנוסח זה והוא הנכון":

מקדש מלך עיר מלוכה, מאז היתה ראש ממלכה, והיא עתה תתעטר במלכה, והוא יחמול עליך חמלה

התקשטי כלה קומי. לבשי תפארתך עמי, על יד בן ישי בית הלחמי וכו'.

והוא מסיים: "ורזא דא לחכימי לבא אתמסר". כותב מאמר זה אין לו עסק והבנה ברזיו של בעל "חמדת ימים", שהוא ענין למומחים בדבר. ולא מעט נכתב בזמן האחרון על מקורות הספר, מיהותו של המחבר ומגמתו, ועדיין החידה בעיניה עומדת. ר' עמנואל חי ריקי בסידורו מציע לשנות "בחרוז מקדש מלך וכו' ולא חמל עליך חמלה" (במקום "והוא יחמול עליך חמלה") ובחרוז דבואי בשלום יאמר גם ברינה"[134]. יהודי תימן משנים מלה אחת בפזמון החוזר, ואומרים פני שבת "נקבילה" במקום נקבלה. ר' יחיא ב"ר יוסף צאלח מסביר את השינוי בפירושו *עץ חיים" לסידור כמנהג תימן (התכלאל) במלים אלה: "ה"ג [=הכי גרסינן - נקבילה] ול"ג נקבלה. והטעם שפני שבת הוא דבר רוחני שאינו נתפס. ואם יאמר נקבלה, משמע שיש בו ממש לקבלו, אך אם אומר נקבילה, יהיה פירושו לעמוד נכוחה הקבלת פנים לקראת פנים"[135].

---

130 יוסף קאפח, הליכות תימן, עמ' 5.

131 וראה דקדוקי סופרים שם.

132 מנהגי ביהכ"נ בקהל עדת ישראל פה בערלין, תרצ"ח, עמ' ח.

133 אין ספק שהנוסח המקובל היום הוא הנוסח שיצא מתחת יד מחברו, שהרי הוא נדפס שנים מספר בלבד לאחר פטירת הר"ש אלקבץ, בשנת שמ"ד. לאחר מכן נדפס שוב, בשע"ב, שע"ג בערך, שפ"ח. בכל ההדפסות הראשונות במקומות מרוחקים שבאירופה -- ויניציאה, פראג, קראקא, אמשטרדם – הנוסח הוא אחיד. בכתב-היד שבבית-הספרים הלאומי והאוניברסיטאי, שנכתב לפני שע"ב (וייתכן הרבה לפני שע"ב) הנוסח הוא בדיוק כמו בנדפסים.

134 משנת חסידים... והיא תפילה מכל השנה כפי סידור... האר"י זצלה"ה... אמשטרדם תקכ"ד, דף קמא א.

135 סידור כולל כל תפלות השנה... הנקרא... תכלאל כמנהג כל קהלות הקדש תימן... ירושלים תרנ"ד, דף צט א. ועיין י. מארשען, ישורון, שנה ט (תרפ"ב), חוב' 5/6, עמ' מו, לדעתו "נקבלה" פירושה לקבל את השבת, המצוות והחיובים שבה, מה שאין כן "נקבילה" פירושה להקביל פני שבת בהתעלות ובצורה אומרת כבוד. "ואולי ע"כ איתא בסידור תימן פני שבה נקבילה, אבל הפייטן, כמשפט חופשיות לשון הפיוט כתב 'נקבלה' מפני המשקל".

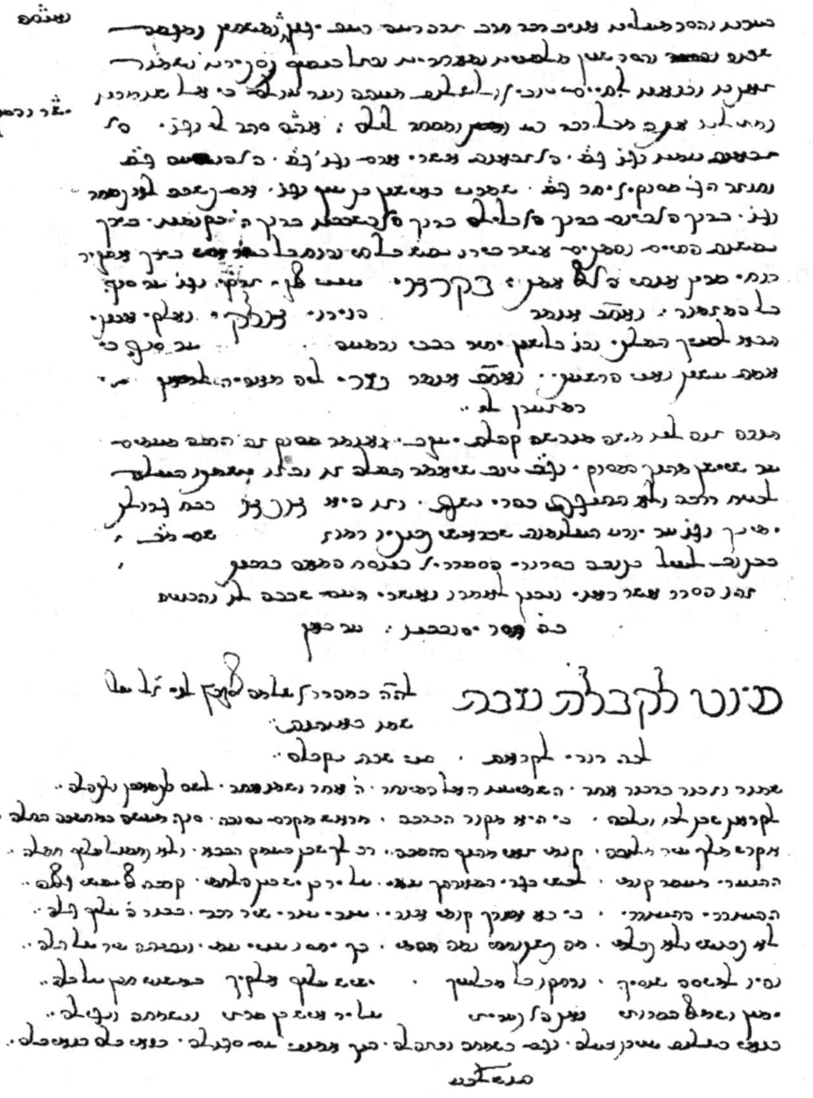
פיוט לקבלת שבת

לכה דודי לקראת כלה · פני שבת נקבלה

הפיוט לכה דודי בתוך ספר "פלח הרמון" לרמ"ע מפאנו, שנכתב בשנת שמ"ב (1582), זמן קצר לאחר פטירת הר"ש אלקבץ. המקור באוסף גינצבורג שבמוסקבה (צילומו בבית הספרים הלאומי והאוניברסיטאי) (כ"י Guenzburg 249, 196v)

הפזמון לכה דודי זכה גם לכמה וכמה פירושים בדרך הקבלה והחסידות. מובן, שברוב סידורי-התפילה עם פירושים בדרך הקבלה, מפורשים גם חרזי לכה דודי בדרך זו. מלבד זאת, נזכיר חלק קטן מן הפירושים, שנדפסו בספרים אחרים, כגון: ספר 'ערוגת הבושם" לר' משה מזאמושטש, זאלקווא תק"ה; פירוש *מנחת יעקב" לתיקוני שבת מאת ר' יעקב בר' רפאל הלוי, פראג תי"א (ולאחריו כמה וכמה פעמים)[136]; חמדת ימים, חלק א, אזמיר תצ"א (ועוד כמה פעמים). ר' קלונימוס קלמן אפשטיין, ב"מאור ושמש" פרשת ואתחנן (הוצאה ראשונה, חמוש"ד [תר"ב?], דף רג ג), מסביר בדרך החסידות למה נקט ר"ש אלקבץ בפזמונו "שמור וזכור" בעוד ש"זכור" נאמר לפני "שמור", אף-על-פי, כפי שהוא עצמו מעיר, שהציב "שמור" מפני האקרוסטיכון.

ג. מזמור שיר ליום השבת

אין כמדומה מזמור הולם יותר למערכת קבלת שבת מאשר המזמור היחיד בתהלים שבו מוזכר יום השבת בראשו. למרות זאת, מן הראוי להביא כמה דרשות חז"ל על מזמור זה, המשתבצות יפה בהקבלת פני השבת. בבראשית רבה (סוף פרשה כב) נדרש מזמור זה כלפי חטא הקדמון של אדם הראשון, שאמרו לאחר ש"פגע בו [בקין] ואמר לו מה נעשה בדינך, אמר לו עשיתי תשובה ונתפשרתי. התחיל אדם הראשון מטפח על פניו. אמר, כך הוא כוחה של תשובה ואני לא הייתי יודע. מיד עמד אדם הראשון ואמר מזמור שיר ליום השבת". אולם בילקוט שמעוני (תהלים רמז תתמג) מובא אמנם שאדם הראשון אמרו, אולם אין הוא קשור בחטאו של קין, אלא בחטא אדם בלבד. לפי מדרש זה קשור המזמור עם יום השבת: "לפי שבא יום השבת ונעשה סניגור לאדם לפני הקב"ה ואמר: רבון העולם, בששת ימי, המעשה לא נהרג איש בעולם, ובי אתה מתחיל! זו היא קדושתי וזו היא ברכתי! ונוצל אדם הראשון מדינה של גהיגם בזכות השבת. וכשראה אדם כוחה של שבת התחיל משורר מזמור שיר ליום השבת. אמר לו השבת: ולי אתה אומר הימנון? אני ואתה נאמר הימנון להקב"ה: טוב להודות לה'"[137]. מדרש נפלא זה מלמדנו: ראשית, שכבר אדם הראשון רצה לשורר הימנון לכבוד השבת בשבת הראשונה של ימי בראשית. ושנית, עד כמה כוחה של השבת גדול. מכל מקום מדרש זה משתבץ יפה בנושא מאמרנו - קבלת שבת על-ידי עם ישראל[138].

---

[136] ראה רשימת ליברמן, קרית ספר, כרך לח, עמ' 402--407,מס' 1--8.

[137] מדרש זה מקורו כנראה בפרקי דרבי אליעזר פרק יט (ווארשא תרי"ב, דף מד א), אלא שכאן חסרה הסיפא: "ולי אתה אומר הימנון".

[138] והשווה תקנות ותפלות לר' שלמה צבי שיק, מונקאטש תר"ן, דף ט ג, שהביא טעם דומה לאמירת מזמור שיר ליום השבת, על-פי אבות דרבי נתן (סוף פרק א), שאדם הראשון וחוה "ראו בלילה החושך, בכו שניהם, לשחרית ראו שהאיר המזרח, שמחו ואמרו מזמור שיר ליום השבת. וזה הטעם – מסביר רש"צ שיק --שתיקנו הקדמונים לומר המזמור בליל וביום השבת". אולם לפי מקור זה קשה קצת להבין למה תוקן לומר גם בלילה, שהרי אדם הראשון וחוה אמרו ביום בלבד. אגב, באבות דרבי נתן יש קטע נוסף שלא הובא ע"י רש"צ שיק, שיש בו משום ענין לנושא שלנו: "באותה שעה ירדו שירה שלוש כתות של מלאכי השרת וביניהם כנורות ונבלים וכל כלי שיר והיו אומרים עמו, שנאמר מזמור שיר ליום השבת וכו'".

לא לראשית הבריאה בלבד נדרש מזמור זה, אלא אף לאחרית הימים, שכן הוא סמל ל"מזמור שיר לעתיד לבוא ליום שכולו שבת ומנוחה לחיי העולמים"[139]. המזמור הזה הולם איפוא את העם האומרו – המאמין ביצירת האדם שאמר את המזמור ובאחרית הימים לעתיד לבוא – ואת היום שבו הוא נאמר, שכן הוא "הימנון לכבוד השבת". אפשר גם להסמיך לכאן מאמר הירושלמי, שלפיו נבין את הקשר בין סוף ששת המזמורים הראשונים – מזמור לדוד הבו לה' בני אלים – למזמור שיר ליום השבת. הירושלמי שואל: "שבע [ברכות] של שבת מניין? אמר ר' יצחק כנגד שבעה קולות שכתוב בהבו לה' בני אלים. אמר ר' יודן ענתונדריא כנגד שבע אזכרות שכתוב במזמור שיר ליום השבת."[140] הרי ששבת היא החוליה המקשרת בין שני המזמורים הללו. מזמור זה נדרש אף לענין קבלת שבת: זכור את יום השבת לקדשו, והן מכבדין אותו במאכל ובמשתה ובכסות נקיה... וְלֹא עוד אלא כשהוא נכנס אנו מקבלין אותו בשירה ובזמרה שנאמר מזמור שיר ליום השבת"[141]. אין איפוא מזמור הולם יותר לקבלת שבת ממזמור זה. וכבר נדרש מזמור זה אף לענין השיר שהיו הלויים אומרים בבית המקדש: "בשבת היו אומרים מזמור שיר ליום השבת... שכל המזכיר פסוק בעונתו מעלה עליו [הכתוב] כאילו בנה מזבח חדש ומקריב עליו קרבן"[142]. מזמור זה לקבלת שבת הוא ללא ספק "פסוק בעונתו".

מזמור שיר ליום השבת לפני מעריב של שבת נהוג היה תקופה ארוכה לפני שתוקן סדר קבלת שבת על-ידי מקובלי צפת. בזמן הרמב"ם עוד היו קהילות שבהן נהגו לאמרו "מימות עולם ומשנים קדמוניות" הוא נשאל: "בדבר קהל קדוש... שנהגו מימות עולם ובשנים קדמוניות לומר בליל שבת אחר מזמור שיר ליום השבת 'ויכולו'. בא אחד מן תלמידי החכמים ומחה בידם על זה ואמר: מה שאתם אומרים 'ויכולו', אסור לאמרו ואתם עוברים על זה"[143]. נראה שאמירת מזמור שיר ליום השבת היתה נהוגה יחד עם "ויכולו "לפני תפילת ערבית, ועל כך השיג אותו תלמיד חכם. הרמב"ם בתשובתו " -מותר להם להשאר על מנהגם בתנאי שיקראו ויכולו אחר תפילת מעריב קודם חזרת התפילה. לפי מה שמחייב המנהג" – אינו מתיחס כלל לאמירת מזמור שיר ליום השבת. מנוסח הצגת השאלה ברור, שאמירת מזמור שיר ליום השבת בליל שבת היה מנהג נפוץ, שהרי השואל תולה את אמירת "ויכולו" באמירת מזמור שיר ליום השבת. לולי דמסתפינא הייתי אומר, שמנהג אמירת מזמור שיר ליום השבת מקורו כבר בתקופת התלמוד, שכן המדרש שוחר טוב המובא למעלה מצביע בפירוש ש"כשהוא נכנס אנו מקבלין אותו בשירה ובזמרה, שנאמר מזמור שיר ליום השבת". אולם ברבות הימים נתבטל מנהג זה. בכתבי-היד העתיקים ובסידורי-התפילה הנדפסים בדפוסים הראשונים אין לו זכר,

---

139 משנה, סוף תמיד.

140 ירושלמי, תענית, פרק ב, הלכה ב (דפוס ווילנא, דף ט ב).

141 מדרש שוחר טוב על תהלים, מזמור צב (הוצ' בובר, דף רב א).

142 מסכת סופרים, פרק יח, הלכה א.

143 תשובות הרמב"ם, מהדורת יהושע בלאו, סי' קעח (כרך ב, עמ' 236-327) [=פאר הדור, סי' קיו; קובץ תשובות הרמב"ם, ליפסיא, סי' קיג; מהד' א, ח, פריימאן, סי נו].

כאמור, כשם שאין זכר לשום מזמור או תפילה לפני תפילת מעריב. ידוע כתב- יד אחד בלבד, בו צוין לפני ערבית לליל שבת: ותתחיל מזמור שיר ליום השבת."[144]

במנהג אמירת מזמור שיר ליום השבת בקבלת שבת אירע דבר מפליא המסמל את דרך יצירתו של המזמור, שכאמור נוצר על-ידי אדם הראשון, אולם "נשתכח בכל הדורות עד שבא משה וחדשו על שמו מזמור שיר ליום השבת" (נוטריקון משה והטיל למ"ד ביניהם מפני ענוה יתירה - מתנות כהונה)[145]. כך נשתכחה אמירת המזמור לקבלת שבת הרבה דורות, עד שבאו ר"ש אלקבץ, ר"מ קורדובירו והאריז"ל והחזירו עטרת המנהג העתיק ליושנה.

מקצת קהילות באירופה נהגו לכפול את מזמור שיר ליום השבת. כמה טעמים נאמרו ביסוד המונח במנהג זה[146].

לאור הנאמר, נסכם ונעמוד בקצרה על הגורמים העיקריים שלזכותם יש לזקוף את התפשטותו המפליאה של סדר קבלת שבת וקבלתו בכל תפוצות ישראל, עד כדי מיזוגו בסידור-התפילה:

א. האישים. שלושת מאורי הדור של חכמת הקבלה, רי שלמה אלקבץ, ר' משה קורדובירו ור' יצחק לוריא, שהילה של קדושה אפפה אותם כבר בחייהם, האצילו מרוחם על סדר קבלת שבת. נגד דמויות נערצות בשעור כזה לא יכלה להחזיק מעמד לאורך ימים ההתנגדות של החוששים ממנהגים מקרוב באו.

ב. המקום. צפת של התקופה ההיא וחכמיה השפיעו השפעה מכרעת על כל התפוצות. סדר קבלת שבת לא היה הערך היחיד שצפת הקנתה לגולה. די אם נזכור את השלחן ערוך, שהנחילה צפת לאומה כולה כספר ההלכה שלאורו הולכים כל הדורות ועד היום הזה. יש לזכור שר' יוסף קארו בעל השו"ע היה ידידו האישי הותיק של הר"ש אלקבץ עוד מתקופת אדריאנופול. הוא היה גם מן הבאים בסוד החוג שהר"ש אלקבץ עמד בראשו.

ג. גם להתפשטות חכמת הקבלה בארצות השונות היה בוודאי חלק לא מבוטל בהפצת מנהגים שהמקובלים הנהיגו, ובראש וראשונה סדר קבלת שבת. למרות שלהתפשטות לימוד חכמת הקבלה לא היה אופי המוני - כרעיון החסידות כמה דורות לאחר מכן, לדוגמה - אף-על-פי-כן לא היתה הקבלה עוד נחלת יחידי-סגולה בלבד. בהרבה קהילות ישראל, בכל

---

[144] רשימת :ויבאואר של כתבי-דיד הבודליאנה (הערה 96), מס׳ 896, שהועתק מסידור-תפילה בערבית שנכתב בשנת 1203 [=ד״א תתקס״ג], דהיינו שנתיים לפני פטירת הרמב״ם, שבזמנו היתה עוד נהוגה במקצת קהילות אמירת מזמור שיר ליום השבת כאמור.

[145] בראשית רבה סוף פרשה כב והשלמתי לפי פרקי דרבי אליעזר הנ״ל (הערה 136א).

[146] טעמים שונים למנהג הכפלת המזמור הביאו רמי״ל זק״ש, ג. בן-מנחם, אברהם כהנא (אברך) ור׳ יוסף גולדנבוים – נרות שבת, ש:ה ד (תש״ו), קונטרס עד, עמ׳ קפו-קפו.

הארצות, היו חכמים שעסקו בקבלה. מטבע הדברים שהשפעתם של הללו על סביבתם לא היתה מועטת.

ד. התפשטות הדפוס. בסוף המאה הט"ז ותחילת המאה הי"ז התפשט הדפוס העברי במידה גוברת והולכת ברוב הארצות שיהודים גרו בהן במספרים ניכרים. סדר קבלת שבת, כפי שנוכחנו לדעת, הלך ונדפס בסידורי-התפילה, ב"תיקוני שבת", בספרי תפלות ופיוטים. גם תופעה זאת תרמה לא מעט להנהגת הסדר החדש.

ה. השבת עצמה תבעה. כביכול, שיקבלו)או יקבילו) את פניה בחגיגיות. אין כאן המקום להרחיב את הדיבור מהי השבת לעם ישראל. ובפרט בתקופה הנידונה שבה היו היהודים ברוב מקומות מגוריהם דוויים וסחופים; מושפלים ומרוטים בכל ימות השבוע. באה שבת - באה מנוחה לנפשם היגעה. עולם חדש ואוירה מרוממת הביא אתו יום השבת. אין כל פלא איפוא שהעם קבל בהתלהבות גדולה ובנפש חפצה את מזמורי התהלים והפיוט הנשגב, שבו מדובר גם על גאולה ופדות. קבלת שבת היוותה - ומהווה - הכנה נפשית ליציאה מן הפרוזדור האפל של ימות השבוע העגומים וכניסה לטרקלין שכולו עונג, אור ושמחה, מעין עולם הבא.

לקראת שבת
לכו ונלכה

יחיאל גולדהבר

בית אהרן
וישראל
תשנ"ו-
תשנ"ח

לקראת שבת לכו ונלכה

(הפרקים הבאים הופיעו לראשונה כארבע מאמרים נפרדים בכתב עת בית אהרן וישראל בין השנים תשנ"ו-תשנ"ח)

במאמר זה, ברצוני לבאר סדרי קבלת שבת הנהוגה בזמנינו, באמירת מזמורי תהילים ופיוט לכה דודי וכד, על מקורות המנהג וגלגוליו, עד מנהגינו אנו. ולהביא בפונדק אחד מנהגי ישראל השונים. טעמי המנהגים ויסודותם בהררי קודש, וכבר אמרו קדמונינו מנהג ישראל תורה, וללמוד אנו צריכים.

הקדמה

הכנות וקבלת שבת בזמן הגמרא

הנה בזמן הגמרא מצאנו לחז"ל מה שהכינו בעצמם לכבוד שבת, וכידוע מתקנת עזרא [ב"ק פב. ירו' מגילה ד, א.] שתהא אשה משכמת ואופה, ועובדא דאשתו של חנינא בן דוסא שהסיקה תנורה משום כיסופא [תענית כד:], וגדולי האמוראים טרחו בגופם בהכנות לשבת רב ספרא מחריך רישא רבא מלח שבוטא וכו' [שבת קיט.], וכל כך גדול ענין ההכנות לשבת עד שאמרו חז"ל שאליהו הנביא אינו בא בערב שבת מפני הטירחא בקבלת פניו [פסחים יג. וש"נ]. ובתענית ח: ירדו גשמים בער"ש, סימן קללה. ופירש"י שבני"א צריכים לחזר בשוק לקנות סעודת שבת.

כמו"כ מצאנו שקדמונינו הקפידו להתרחץ ולהתטהר לכבוד שבת כעובדא דהלל (שבת לא.) שחפף את ראשו, ובשאילתות סימן א' מפורש יותר וז"ל כך היה מנהגו של הלל הזקן במעלי שבתא אמר לו אדם להיכן אתה הולך אמר לו לעשות מצווה, ואיזו היא מצווה, לבית המרחץ כדי לנקות את הגוף בשביל כבוד שבת, עכ"ל. וכעי"ז בויק"ר לד, ג., ור' יהודה בר עילאי מנהגו היה שהיו מביאים לו ע"ש עריבה מלאה חמין ורוחץ פניו ידיו ורגליו ומתעטף ויושב בסדינין המצוייצין ודומה למלאך ה' צבאות (שבת כה:) עיי"ש.

וראה דקדוקי סופרים (שבת נ. בשם כת"י) רוחץ אדם פניו ידיו ורגליו בשבת.

וכן מצאנו שקדמונינו נטהרו ונתקדשו לכבוד יום השבת. וכפי שמובא בספר חשמונאים (ב יב, לח) "אז אסף יהודה את הצבא ויסיעו אל עיר עדולם וכאשר הגיע היום השביעי הטהרו כמנהג, ויעשו שם את יום השבת". וכבר מצאנו על אבישי בן צרויה, מן הגבורים אשר לבית דוד שחפף את ראשו במ' סאה ער"ש [סנהדרין צה.].

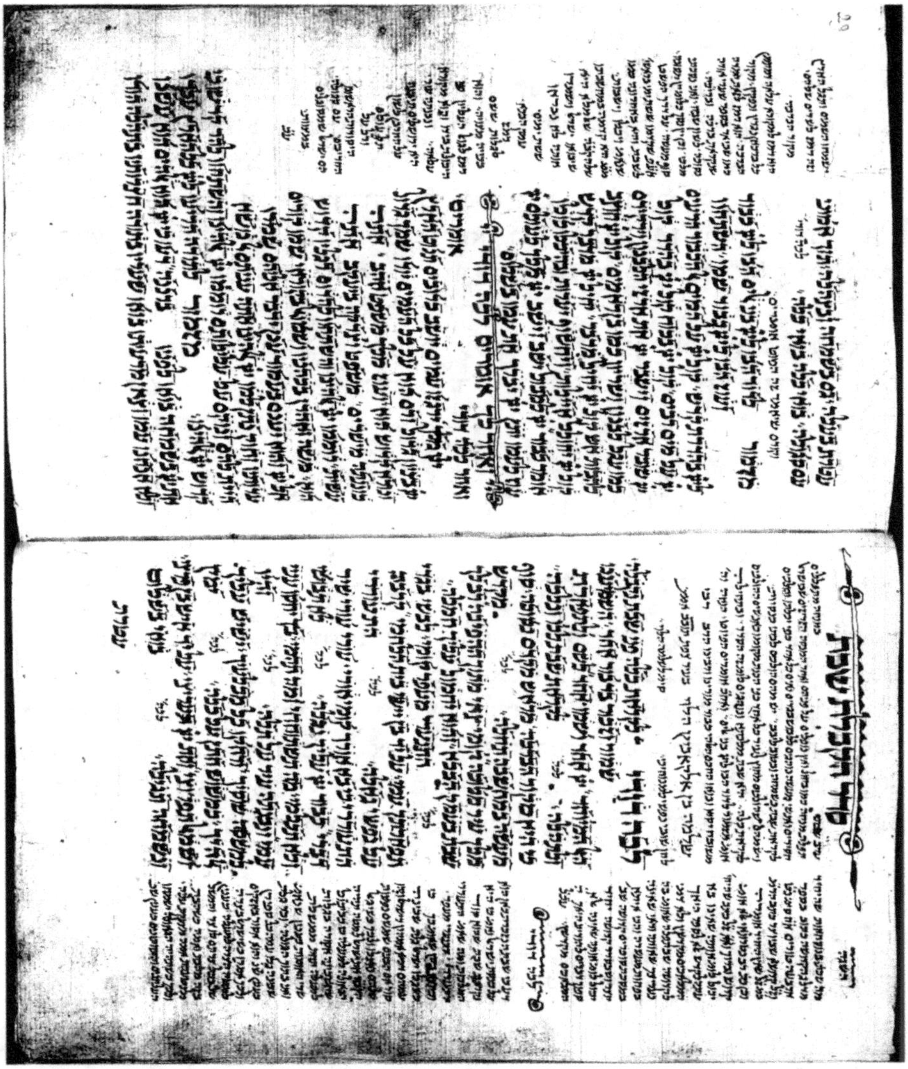

סידור כת"י של רבי יצחק וואנה, מגדולי רבני ומקובלי תימן, וממעצבי נוסח תפילתם.
נכתב בין השנים ש"צ - ת"י, כת"י אוקס' בודלי OPP ADD 58 מכלכת"י ס' 22210

וכ"כ גדול המצוה שר' יהודאי גאון נשאל אם יש לברך על הטבילה בער"ש ועיו"ט (והשיב שמיום שחרב ביהמ"ק אין טומאה וטהרה ואין חובה לטבול, ודו"ק) ראה אוצה"ג ר"ה, חלק התשובות סי' יד. וראה ארחות חיים (סדר תפלת ער"ש אות י') "לפיכך צריך אדם לטהר עצמו בער"ש". ובספר הישר המיוחס לר"ת [שער יג] "וכאשר יהיה נקי וירחץ במים טהורים ויטהר, אז ילבש בגדי קודש לשבת קודש ואז יוכל ללכת בדרכי החסידים ולהתקרב לאל".

ענין החלפת בגדים לכבוד שבת מבואר בחז"ל (שבת קיג. ירו' פאה פ"ח ה"ז), דרש רבי שמלאי וכו' ומצאתי במכילתא דרשב"י [עמ' 149] זכור את יום השבת לקדשו - במאכל ובמשקה ובכסות נקיה. וראה שאילתות [בראשית א.] ר' יוחנן היה קורא למאניה דהוה לביש כשבתא מכבדותיה.

וראה מש"כ הגרי"פ פערלא בפי' על ס' כפתור ופרח [י-ם, תש"ו] שהאריך בבקיאותו העצומה מחז"ל וראשונים בניד"ז. וכמו"כ הגר"י שור בהערותיו על ס' העתים [הל' ער"ש הע' קא].

פרק א: התפתחות התפילה

א. קבלת פני שבת

אך לא מצאנו תפילות וברכות קבועות ומיוחדות לקבלת שבת, אלא בין מה שהובא בגמרא שבת דף קיט: על כמה אמוראים שהכינו ועשו לכבוד שבת, אמרו שם דרבי חנינא מיעטף וכו' ומשמע בגמרא, דאף מה שעשה ר"ח לכבוד שבת, אינו מעיקר הדין ותקנה קבועה, אלא היתה הנהגתו המיוחדת שלו, וז"ל הגמרא שם: רבי חנינא מיעטף (פרש"י - בבגדים נאים), וקאי אפניא דמעלי שבתא אמר, בואו ונצא לקראת שבת המלכה, ואמר בואי כלה בואי כלה[1] (הכי קרי ליה לשביתת שבת

---

[1] קרא לשבת כלה עפ"י מ"ש חז"ל לכל יש בן זוג ולי לא נתת בן זוג א"ל [הקב"ה], כנס"י יהיה בן זוגך. והשבת גופיה היא כנשואה לישראל, אבל בפניא דמעלי שבתא היא כהכנסת כלה לחופה - חא"ג למהרש"א ב"ק שם, ופתח עינים להחיר"א שם. בשו"ת הלק"ט ח"א סימן נב הביא אסמכתא לדבריו, שיש להדר אחר מנין לאמירת קכ"ש כתב: וברכת חתנים בעשרה, ואז"ל כנסת ישראל יהיה בן זוגך, ואותו רעיון כתב בעיון יעקב, ב"ק לב: ואפשר דמה"ט כתיב ויברך אלהים את יום השביעי ויקדש אותו, בדין כלה שאיסורה בלא ברכה שמברכין תחילה ואח"כ מקדשין לכן עונת ת"ח בשבת, ע"ש.
ומצאתי דבר חידוש במדרש השכם, וז"ל, גרסינן במדרש, השבת דומה לכלה, מה כלה זו באה לחתן נאה ומקושטת ומבושמת, כך השבת באה להן לישראל נאה ומקושטת וכו', ולפיכך חכמים וחסידים הראשונים קוראים לשבת כלה, ורמז לדבר מתפלות השבת אתה קדשת בערב עיי"ש [נדפס מכת"י בH.U.C. כרך ד' עמוד 327] (דא"ג נ"ל שמכאן המקור לדברי הראשונים (אבודרהם, ועוד), על הבדלי נוסח הברכות בתפילות ערבית ושחרית ומנחה של שבת). ובס' אגרא דכלה פ' בראשית פי' 'כלה' שע"י השבת פרה ורבה כל ההשפעות טובות וכו', וראה סידור עולת ראיה, ח"ב עמ' כא. ועוד מבואר בספרי חסידות שיש להשתוקק לשב"ק כחתן להכלה.
הטעם עפ"י סוד לקריאת בואי כלה בליל שבת הוא עפ"י דברי הזוהר (ח"א מח: רמח. ח"ב צב. ועוד) וספר הבהיר (אות קפה), ש"זכור" לדוכרא ו"שמור" לנוקבא, זכור הוא ביום ושמור הוא בלילה, ועפ"י זה כתבו ראשוני המקובלים דלזה נקראת ליל שבת בשם "כלה", ראה רמב"ן (שמות כ, ח), "ובמדרשו של רבי נחוניא בן הקנה הזכירו עוד סוד גדול בזכור ושמור ועל הכלל תהיה הזכירה ביום והשמירה בלילה, וזה מאמר חכמים שאומרים בערב שבת בואי כלה בואי כלה ונצא לקראת שבת מלכה. ויקראו לברכת היום קדושא רבא שהוא הקדוש הגדול, ותבין זה". וכ"כ רבנו בחיי (שלחן של ארבע, מהדו' י-ם עמ' תפב), "וטעם שלש סעודות שבת כנגד שלש מעלות עליונות שהן שלש סעודות אשר לנפש בחיים

מתוך חביבות), ובב"ק לב: הגי' בואו ונצא לקראת כלה מלכתא[2] (כאדם המקבל פני מלך) ואמרי לה לקראת שבת כלה מלכתא. וכ"ה בזוהר ח"ב רעב: שבתא איהא מלכתא ואיהי כלה הוו נפקון מארי מתניתין ער"ש לאקדמותי לארחא, והוו אמרי באי כלה באי כלה. ובתיקו"ז, (תי' כד דף סט.) קדמאי הוו נפקי לקדמות כלה והוו אמרי תרי זמני באי כלה באי כלה. חזינן מכאן שחז"ל עשו בהכנות לקבל פני שבת - לפני כניסת היום, א] עיטוף בבגד[3], ב] הליכה או יציאה לכבוד קבלת המלכה, ג] אמירד בואי כלה בואי כלה.[4]

אולם בספרי הגאונים והקדמונים והראשונים עד דור הב"י, לא מצאנו שום איזכור על אמירה או יציאה, לקבל פני הכלה. וכמו"כ אין בכתבי הגאונים (שבידינו) שום פירוש על הגמרא הנ"ל.

היחיד מבין הראשונים שמצינו שהתייחס לענין זה ה"ה הרמב"ם וז"ל בפ"ל ה"ב מהל' שבת שכבוד שבת שאמרו חכמים, מצוה על אדם לרחוץ וכו' ומתעטף בציצית ויושב בכובד ראש מיחל להקבלת פני השבת כמו שהוא יוצא לקראת המלך, וחכמים הראשונים היו מקבצין תלמידיהן (ראה לקמן אות ט') בער"ש ומתעטפים ואומרים בואו ונצא לקראת שבת המלך[5], עכ"ל. - הובא בשינוי לשון במנורת המאור - עלנקאווה ח"ג עמ' 586, ומשמע שבזמנו לא היה נהוג אלא הא' מבין ג' הדברים הנ"ל ה"ה עיטוף בבגד, וכן בשו"ע רסב, ג. כתב: ילבש בגדיו הנאים וישמח בביאת שבת כיוצא לקראת המלך וכיוצא לקראת חתן וכלה וכו'.

הנצחיים האמתיים הנקראים: חיי העולם הבא וצרור החיים. ראשונה מדת שמור היא המלכות והיא הכלה, ולכן נקראת שבת "כלה", וזה שאמר: בואי כלה, בואי ונצא לקראת שבת כלה מלכתא, וזהו אכלוהו היום, כנגדה אנו עושים קדוש בליל שבת על היין", עכ"ל. והשווה לזה בס' מערכת אלהות (מנטובה שי"ח, דף קפה: בפי' שלרבי יהודה חייט) "ולרמוז חבור שלשת אלה שזכרנו אנו עושים שלשה סעודות בשבת, אחת בלילה כנגד שמור שהיא הלילה והמלכה כמו שאמר בואי כלה וכן אמרו בואו ונצא לקראת שבת מלכה והיא כבוד לילה ושתים ביום כנגד התפארת והיסוד וזהו כבוד יום שהוא זכור".

2 'כלה מלכתא' במס' שבת הגי' שבת המלכה, וראה זח"ב רעב: ובב"ק הגי' שבת כלה מלכתא, וכעי"ז ברא"ש [שבת] "שבת מלכתא" וכ"ב במגיד משנה שם - וכ"כ בתקי"ז ב. (בעיון יעקב (שבת) ביאר ששבת לשון נקבה: כמו שהאשה היא עונג בעלה ומשמרתו מן החטא וממצות פ"ו עיי"ש). וגי' הרי"ף מלכא, ונוסח הרמב"ם שבת המלך. [מצינו ל'שבת' לשון זכר ולשון נקבה, ראה אע"ז שמות טז, כג. במדבר כח, י. רד"ק ירמיה יז, כר. ועי' תוס' כתובות ה. ד"ה שמא ישחוט - הובא בט"ז ס"' רצב ס"ק ב].

3 ראה דבר נאה בס' בניהו (לר' יוסף חיים מבבל, שבת קיט), על השייכות בין לבישת בגדי שבת - ליציאה לקבלתה עיי"ש בארוכד. ובספרו בן יהוידע שם, כתב בד"א בדרך רמז שב'ואו ו'נצא ל'קראת ש'בת מ'לכתא ר"ת מלבוש שהוא מספר או"ד פויא"ל, ולכן הוא יהיה מתכוין להתעטף ולומר כן, וע"ע פחד יצחק (לרבי יצחק הוטנר, שבת, רשימה ו').
האם העיטוף הוא בבגד מיוחד לשבת או בטלית מצוייצת, הרחבתי בקונטריסי אשר עמי בכתובים.

4 בתקו"ז [תי' כא דף מה:] כתב: איהו צלותא דשבת דצריכין שפוון לקבלא כלה בע"ש וכו', ופי' בביאור הגר"א, תקו"ז, וילנא תרכ"ז, דף מט. ר"ל לקבל שבת מבעו"י, דשבת בא ממילא והוא שכינה תתאה ולכן אין תפילין בשבת, וקב"ש הוא שכינה כילאה והוא הכנה לתפילת השבת והוא קבלת נשמה יתירה, עיי"ש. הרי דמפרש בדברי התקונים שכוונתם לאמירת 'קבלת שבת'. אולם בפי' באר לחי רואי, לבעל דרכ"ת כתב ,שכונת התיקו' לתפילת מעריב של שבת, עיי"ש ראיותיו.

5 'המלך' לשון זכר ראה לעיל הע' 2, וכבר העיר בדברי ירמיהו על הר"מ שם: ואולי גירסת רבינו היה בגמ' מלכא בלשון זכר. וראה נכוקי מהרא"י, דבר נאה על גי' הרמב"ם 'מלך', שבחינת כלה היא לגבי קדושת השבת שיורדת לעולם, ובחי' מלך הוא מה שנתוסף בסיני, ה"ה הל' שבת ובזה דומה הוא למלך. ומצינו בדוכתא טובא שיוצאים כל בני המדינה לקראת מלך, לא כן גבי כלה לא שייך לצאת לקראתה. לכן ר' ינאי שאמר כנגד בחינה הראשונה בואי כלה, עמד במקומו ואמר כן, ור' חנינא שאמר בואו ונצא, הוא כנגד בחינה שניה - דנקרא מלך - ולכן כתב הר"מ בדבריו שבת המלך, עכת"ד מהרא"י. וראה דברי ירמיהו שם.

ב. מקורות קדומים

אמנם למרבה הפלא, אף כי משמע סתמית הפוסקים והגמרא, שאין מעיקר סדר התפילה נוסח לקבלת שבת, מצאנו במחזור נוסח אר"צ, וינציה רפ"ז, בו מופיעה נוסח מיוחד שלא מצאתי דוגמתו במקו"א: אם תשיב משבת רגליך, ואתה תדבר אל בני ישראל לאמר אך את שבתותי תשמורו, ועוד פסוקים. ואח"כ מזמור קכ"א, אשא עיני, ואח"כ ברכה מיוחדת, ברוך אשר בחר בדוד עבדו ורצה תהלתו בשירי קדשו להודות לו וליחדו על רוב גבורותיו ולפארו בשירי זמרה כל הימים ברוך אלוקי דוד ומצמיח ישועה קרובה לעמו ישראל מנחם ציון הוא בונה ברחמיו את ירושלים, ואח"כ מזמורים צב-צג, ופסוק ימלוך ה' לעולם אלוקיך ציון לדור ודור הללויה, וכן מצאתי בכ"י נוסח אר"צ, אוקס' ס' 1146. וכן מצאתי בספר, 'מנהגי תפילה אר"י בתקופת הגניזה' (מאת ע. פליישר, י-ם תשמ"ח), והביא בפ"ב חידוש עצום, עשרות כ"י מקטעי הגניזה שבהם מופיעים מזמורים אלו, אשר נראה מהם שהיה מנהג הנפוץ אז בא"י, ובהם כמה נוסחאות שונות, בברכות ובפסוקים שהיו נאמרים לפני ערבית בשבת, הנוסח הקדום ביותר בברכה שלפני הפסוקים הוא: בא"י אמ"ה אשר בחר בדוד עבדו ורצה בתפלתו ובשירי קדשו להללו לשבחו לפארו על רוב גבורותיו כל הימים בא"י מצמיח ישועה שלימה קרובה לעמו ובנה ירושלים. ואח"כ הפסוקים הנאמרים לאחריו הם פסוקים שונים הקשורים לשבת, וכמו"כ מזמורים אשא עיני, קכא, והפסוק וירא בצר להם, וימלוך ד' לעולם ועוד פסוקים שונים, ואח"כ מזמורים צב-ג. ולאחריהם ברכת יהללוך: יהללוך ד"א כל מעשיך וחסידיך יודו ויברכו את שמך כי לך טוב להודות ונעים לשמך לזמר ומעולם ועד עולם אתה אל ברוך אתה ה' מהולל התשבחות עיי"ש, ונמצאים שם נוסחאות שונות זו מזו הצד השוה שבהן שהנוסח הא"י מראשית תקופת הגאונים, לפני תפילת ערבית של שבת (ויו"ט) היה כעין מנהגינו אנו לפני תפלת שחרית, פסוקי דזמרה וברכה לפניה ולאחריה! ומנהג זה התבטל במשך הדורות, אחרי שהתפורר הישוב שבא"י וגברה מנהג בבל על א"י.

והדבר מעורר פלא, שכן מנהגם מורה שחיוב מעיקר קביעת סדר התפילה לומר מזמורי תהילים אלו, ולכן מסתיימת הברכה בנוסח "הבוחר בדוד עבדו" והיו אומרים על כך ברכה שלמה, ואין איזכור כל דהוא בכל ספרי הפוסקים והגמרא על מנהג זה של קביעות ברכה ותפילה מיוחדת לקבל שבת, אך מצאנו כעי"ז בנוסח מנהג רומניא, שלא נמצא דוגמתו במנהגים האחרים, וזה תוכנו: מזמורים צט-ק, מזמור צב, ברכת "ברוך ד' אשר נתן מנוחה לעמו ישראל ביום השבת [ככל אשר דבר לא נפל אחד מכל דבריו הטוב אשר דבר ביד משה עבדו]", מזמור צג. פסוקי וירא בצר להם כו'. מזמור לתודה [ויש אשר התחילו בפסוק ב'], ומזמור ק"נ.[6]

---

[6] ולאחר כל זה תמוה, מש"כ החכם ר"י בער - שבדק כל נוסח ותפלה בכו"כ סידורים עתיקים מכת"י ודפוס, - בכתיבת סידורו עבודת ישראל ובעמ' 178 כתב, שבכל הסידורים הקדומים תפילת ערבית דשם מתחלת עם ברכו - למנהג אשכנז, והוא רחום למנהג ספרד, ואינו.

ג. מקור וטעם לאמירת מזמור שיר ליום השבת (צב)

והנה בשו"ע רסא, ד. כתב מרן: אחר עניית ברכו וכו' הוא קבלת שבת ולדידן הוי אמירת מזמור שיר ליום השבת כעניית ברכו לדידהו. והם ד"ע בב"י. ובד"מ העיר ע"ד הב"י, במדינות אלה אין נוהגין לומר מזמור בכניסת השבת.

ומפשטות דבריהם משמע שרק מזמן הב"י התחילו לומר מזמור שיר ליום השבת. וכן כתבו כמה מקוראי הדורות שהמנהג לקבל שבת כאמירת מזמורי תהילים נתחדש בזמן האר"י ז"ל. אולם לאחר בדיקת סידורים וכו' קדומים[7] הנמצאים בספריות שבתפוצות, מצאתי שבר מקדמת דנא נהגו לומר מזמורים (צב-צג) מזמור שיר ליום השבת וד' מלך. ואפרט בזה את הסידורים הנדפסים שמצאתי בהם מנהג זה. - אמנם יש להעיר שבסידורי ר' סעדיה גאון ורע"ג לא כתבו כן - וה"ה: בסידור רבינו שלמה ב"ר נתן אב"ד, מעיר סיג'למסה - מרוקו - שחי אחרי הרי"ף, ויסוד הסידור הוא בעיקר מתורת הגאונים, יו"ל י-ם תשנ"ה, בעמ' לח לפני תפילת ערבית של שבת מופיעים מזמורים צב-צג.

וכ"ה בנוסח הקדום של יהודי פרס (נוסח התפילה של יהודי פרס י"ל ע"י ש. טל, י-ם תשמ"א, מכ"י אדלד 23) שבו מתחלת ערבית של שבת במזמורים צב-צג, וכן בסידורי תימן מכ"י ובדפוס תיכלאל משנת ק' ואילך, וכ"ה ברוב המהדודות הקדומות של סידורי רומניא משנת ק"נ ואילך.

ואודה לה' שזיכני למצוא חמדה גנוזה בקטעי סידור-תפילה, שבגניזה הקהירית הרבה כ"י שבהם מופיעים מזמורים צב-צג לפני ערבית של שבת, מהם: T .S. H 8.79, T.S. N.S. 121.56.

הרי כי היה מנהג פשוט בספרד רומניה ותימן לומר את המזמורים מזמור שיר וד' מלך, ומקור מנהגם הוא עתיק יומין מדורות הראשונים מתקופת הגאונים, ולמרבה הפלא לא מצאנו איזכור לזה בספרי הגאונים והראשונים.[8]

---

[7] רשימה מפורטת של מהדורות הסידורים, מכל הנוסחאות בכת"י ובדפוס, יבוא בעז"ה בסוף המאמר.

[8] כ"ה בסידורי הגאונים רבי סעדיה רבי עמרם [וראה 'מסדר התפלה בא"י', שנדפס בספר דינבורג עט' 124] וכן בכל סידורי הראשונים: מחזו"ו, סידור רבי יהודה ב"ר יקר, סידור חסידי אשכנז, סידור הרוקח, עץ חיים - מלונדון, ח"א עמי צא, אורח"ה הל' ער"ש אות א', כלבו סי' לה, [ודלא כמוש"ב י. צימלס במאמרו 'השלמות לסידור עבודת ישראל' (סיני, לא, עמוד מד) שמקור אמירת מזמור צב מהכלבו, ואינו, ובכלבו מדובר באמירת מזמור צב, בתפלת שחרית אחרי אמירת ברוך שאמר], שבה"ל, ענין שכת, המנהיג הל' שבת, אבודרהם (סדר מעריב של שבת), צדה לדרך (מאמר ד' כלל א פ"ה), המחכים (עמ' 17), לקט יושר (ח"א עמוד מט-נ), וכל ספרי מנהגי אשכנז, וכמו"כ לא הוזכר בב"ח (סי' רנו), ומט"מ (ח"ד אות תכ־), ועוד. ויש לציין מש"כ באגרת השבת (לרבי אברהם ן' עזרא) "כי מהיום אשר ידעתי השם הנכבד אשר בראני ולמדתי מצותיו לעולם אהבתי השבת ובטרם בואה הייתי יוצא לקראת בכל לב" נדפס בסו"ס מבחר המאמרים (ליוורנו, תק"צ), וכ"ה בכת"י אוקס' (ס' 1234 דף 24).

יש שרצו להביא מקור לאמירת מזמור צב בשו"ת פאר הדור להרמב"ם, סי' קיו וז"ל השואל שם: "שאלה: והרינו אדונינו, בקהל ג־ול יסתירם האל בסתר כנפיו, אשר היה מנהגם מימות עולם ומשנים קדמוניות לומר בלילי שבת אחר שיאמרו מזמור שיר ליום השבת, אומרים ויכולו. ונמצאו שם תלמידי חכמים ואמרו, כי אין ראוי לומר ויכולו. ואומרים הקהל ישצ"ו (ישמרם צורם וינטרם): מנהג אבותינו אין אנו מבטלים. יאמר נא אדונינו משה, אשר בעיניו יפשוט כל הדבר הקשה, יפני משה כפני חמה, אתקפתא דבי שמשי וידיו על העליונה בהני כבשי דרחמנא, רעיא מהימנא, אם ישנו הקהל ממנהגם או לאו? תשובה: ישארו במנהגם ולא יבטלו מנהג אבותיהם אך בזאת שיאמרו אותו אחר העמידה קודם גמר ערבית. יכתב משה". ומרהיטת לשון השואל אין להביא ראיה שהרי אפשר שנהגו לומר מזמור שיר לי"ה אחרי תפילת

ואכן מזמור צב הוא המזמור המותאם ביותר להתחיל בו את תפילת השבת. ראשית, כפי מה שדרשו חז"ל הקשר בין המזמור ליום השבת, וכפי המפורש ביותר במדרש שוח"ט צב, ג. בהקשר המזמור לענין קבלת שבת, וז"ל שם, זכור את יום השבת לקדשו הן מכבדים אותו במאכל ומשתה וכו' ולא עוד אלא כשהוא נכנס אנו מקבלים אותו בשירה ובזמרה[9] שנאמר מזמור שיר ליום השבת.

ובב"ר סוף פ' כב, איתא: פגע בו בקין ואמר לו מה נעשה בדינך אמר לו עשיתי תשובה ונתפשרתי וכו', מיד עמד אדם הראשון[10] ואמר מזמור שיר ליום השבת. וכעי"ז בילק"ש תהלים רמז תתמ"ג. ודבר חידוש מצאתי בסידור רבנו ר"ש מגרמייזא דף נ. השבת הראשון עצמו [אמר] מזמור זה, אחר שביקש רחמים על אדה"ר ומחל לו, להגיד בבקר חסדך, - חסד ואמונה שעשית לאדם שלא מת מיד.

כמו"כ הקשר בין המזמור לשבת, שהרי השיר שהיו הלוים אומרים בביהמ"ק ביום השבת הוא מזמור של שבת, משנה תמיד פ"ז מ"ג, ור"ה לא. ופי' רש"י שם בד"ה שר, הקשר בין המזמור ליום השבת שהוא מעין עוה"ב, וזהו תוכן המזמור, וכן פי' בתהלים צב. רבי חיים כהן - מתלמידי רח"ו (בספרו טור פטדה סימן רס"א) מבאר את אמירת המזמור עפ"י דרך המוסר שהרי כידוע שיום ו' לפנות שבת זמן מיוחד לתשובה[11], וכאשר מזמור זה זכור יזכור אשר חטא אדה"ר והיה חייב מיתה והשבת הגין עליו ונתקל בתשובה, וכן יהיה לגביה דידיה וכל זה הוא להועיל לאדם, עיי"ש דה"ק.

העמידה, אולם לאחר התגלות קטעי סידורים מהגניזה שבהם מבואר שאמרו ויכולו לפני ערבית (ראה ספר מנהגי תפלה אר"י בתקופת הגניזה עמ' 177 והילך), י"ל כן גם בכוונת השואל.

כמו"כ טעה בזה ר' יהודה ליב בן משה זעליחובר, חזן וסופר באה"ו, שכתב בספרו שירי יהודה, אמ"ד תנ"ז, דף כו: שהאריז"ל תיקן לומר ב' המזמורים צב-ג, ואינו.

[9] מכאן אפשר להביא סמך להמנהג העתיק בפראג ששרו את המזמור בכלי שיר כידוע, [וע"כ בהמשך המאמר אאריך בניד"ז], ויש להסמיך לניד"ז דברי המחזו"ו, סימן קנו: ומה שאומרים זמירות במוצ"ש מנהג כשר הוא משל לבני המדינה המלוין את המלך בקולות וכנורים ונבלים כך ישראל מלוין את השבת שהיא כלה מלכא בשמחה ובשירים. מפי ר"י טוב עלם זצ"ל עכ"ל. ובשבלי הלקט סו"ס קכט הגי' כדי ללות את השבת כדרך שמלוין את המלך בכניסתו לעיר וביציאתו. [דא"ג מד' המחזו"ו הנ"ל סמך למנהג הצדיקים ההולכים בעקבות הבעש"ט ז"ל שלוו את השבת בכלי שיר וראה במאמר "שמיעת כלי שיר בזה"ז" שבקובץ זה מאת הבה"ח טוביה פריינד שהאריך בנידון].

[10] בכוונות האריז"ל איתא שבאמירת מזמור שיר ליום השבת יש לכוון הר"ת למש"ה, שמשרע"ה יסדו. וראה פרקי דר"א פרקים יט, מו: המזמור הזה אדם הראשון אמרו ונשכח בכל הדורות עד שבא משה וחדשו, ובא משה והתחילו בראש אותיות שמו. וכעי"ז בפס"ר פ' מו דף קפז. וראה מדבר קדמות מע' א' אות יב. וכעת מצאתי כן בסידור חסידי אשכנז עמוד נ'. ובסידור הרוקח ח"א עמ' קכא כתב דבר חידוש, וז"ל, זה המזמור יסד משה רבינו לאמרו בשבת: ומוסיף שם כמה רמזים שמשה רמז את שמו בהמזמור.

[11] ראה זח"ב דף רד. וידוע מאמר האר"י פע"ח, שער השבת פ"ג, שבת אותיות בשת. וראה בעש"ט עה"ת פ' בשלח אות יד אריכות, ובאגרת התשובה להרב בעה"ת סופ"י, אור לשמים פ' בהר, בשם הנוע"א שער ב שבת הוא בחי' עיו"כ, ואכמ"ל.

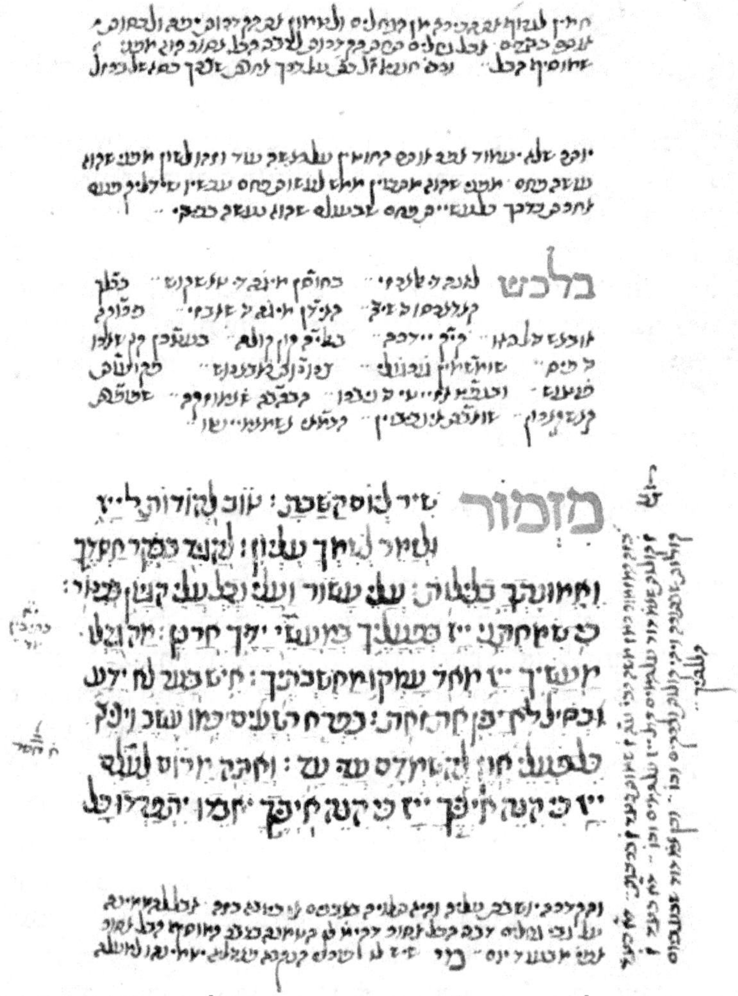

סדור זכר צדיק - לרבי יוסף ב"ר צדיק מחכמי קסטיליה - ספרד, בדור שלפני הגירוש (תחילת כתיבת סידורו היא שנת זכ"ר) (כ"י לונדון Or. 11594)

חשיבותו של סידורו היא שנוסח ק"ק שבספרד [לפני הגירוש] הם נדירים ביותר בהשוואה לשאר כת"י של קהילות אחרות, וסידור זה הוא מהיחידים בעולם ששרדו אחרי הגירוש וגזירת השמד שם, וע"י סידור זה אפשר לחקור ולשרש אחרי נוסח ספרד המקורי.

ההערות שבגליון הם (ע"י מעתיק ?) של ר' יוסף צדיק וז"ל:
בזה המזמור רמז משה רבי' ע"ה ז' שמות כנגד ז' ברכות ד"א כנגד ז' קולות שאמ' דוד על המים קול יי' על המים וכו', ד"א כנגד ז' קולות שבתורה ויהי קולות וברקים וכו' וכן אמ' דוד שבע ביום הללתיך.

ד. הטעם לאמירת מזמור ד' מלך (צג)

הטעם לאמירת מזמור צג נלאו חכמים למצאו, ואולי אפ"ל מפני שהמדובר בו הוא באותו ענין של המזמור שיר לי"ה, ומצאתי כן בסדור רבנו שלמה מגרמייזא עמ' נג שכתב כעי"ז וז"ל ולפי שמזמור ה' מלך מוסב על אותו שלמעלה כאשר פירשתי נהגו לאומרו (בשחרית) עליו אחריו. אולם לאחר חיפוש מצאתי בקדמונים שכבר כתבו טעמים לזה, בסידור חסידי אשכנז עמ' נד כתב: מזמור זה [צג] אומר בשבת לפי שרוב הקהל עוסקים בפרנסתם כל ימות השבוע ואינם באים לבית התפילה אלא בשבת, ואז משמיעים להם מזמור זה שיש בו פורענות רשעים, והצלחת הצדיקים עיי"ש. וכעי"ז פי' המאירי בפירושו לתהלים, "שב' מזמורים אלו נרמזו בו, ענין אמונת חדוש העולם, וההשגחה וגמול ועונש. וכבר ידעת שהגדולה שבסיבות נתינת השבת, היא לקבוע אמונה זאת בלבבות", עיי"ש דבריו המאירים. וכעין רעיון זה כתב רבי שמשון הירש אב"ד פפד"מ, בפי' על תהלים צג, וראה שם במזמור צד שכתב: ב' המזמורים הקודמים [צב-ג] הנישאים על כנפי רוח השבת מעל לכל תלאות ההווה שרים את שיר העתיד אשר בו יגיע עולמם של כל בני"א לשבת הסופית שלהם.

הטעם עפ"י רמז כתב בסידור רוקח, ח"א עמ' קכח, כו"כ פעמים נרמז "שבת" בהמזמור ואציין לכמה מהם, עדותיך נאמנו מאד - גי' שבת. נ'אמנו מ'אד, ר"ת מן - שהעידו ששבת היום שלא ירד. עדתיך נאמנו מאד לביתך, גי', "עדותו בבית לחם פנים", שהלחם היה חם משבת לשבת. עדתיך נאמנו מאוד לביתך, גי', "זה נהר סמבטיון המושך אבנים, יום השבת אינו מושך".

וביוסף תהלות להחיד"א כתב בדרך רמז: אף תכון תבל בל תמוט, דבכל ע"ש בשעת תוספת שבת נשפע שפע חיוני לעולם והמתפלל בע"ש ואומר ויכלו בא לו ניצוץ שכינה ונשמה ודוחה טומאה מפנימיותו וז"ש אף תכון תבל בל תמוט דבאותו פרק נכנס ניצוץ נשמה בישראל.

ועפ"י דרוש כתב רבי יצחק הוטנר בספרו פחד יצחק, שבת, קונ' רשימות ד', שתיקנו מזמור צג לאומרו בעש"ק, הואיל שתכלית עבודתינו כל ימי השבוע וההכנות לקראת השבת היא לומר ה' מלך, עיי"ש ומש"כ סוף רשומה ו'.

וראה עוד טעם עפ"י סוד, בסידור האריז"ל אריכות דברים. ובשער הליקוטים (תהלים צג) כתב: ד' מלך ג'א'ו'ת' ל'ב'ש' אותיות גואל שבת. הביאו החיד"א בספריו "חומת אנך" ו"יוסף תהלות" על ס' תהלים והוסיף שם: ודברי רבינו הם דברי חז"ל במדרש אין ישראל נגאלין עד שישמרו את השבת שנאמר בשובה ונחת תושעון ואפשר לתת טעם דרך דרש לפי פשוטו דכיון דשומרין את השבת שמירה מעולה א"כ הם מודים שהקב"ה ברא העולם והוא מלך העולם ואין עוד מלבדו ומאחר שכן דכ"ע דיליה יכול למחות לכל עון ולכל חטאת וז"ש ה' מלך גאות לבש גואל שבת וכו'. וראה בנ"י (שבת מאמר ט' אות י') שביאר דבריו.

וע"ד החסידות יש לציין מש"כ בשם החידושי הרי"ם: והיה ביום הששי יש לפרש והי' לשון שמחה כי השיר שהלוים היו אומרים בו ד' מלך גאות לבש כו' הוא

על ענין הארות היום כי ביום הששי גמר השי"ת הבריאה ומלך עליהם וזה ענין יום הששי להיות האדם שמח בהמלוכה שמלך השי"ת על מעשיו וזה הכנה על ש"ק כי ע"י שׂשמח במלכות שמים יכול לבא לשמחת ש"ק כמו שאומרים ישמחו במלכותך שומרי שבת (חידושי הרי"ם עה"ת מהדורת ירושלים תשמ"ו עמ' ש"ה).

ה. הנהגת מקובלי צפת

אחרי שנת ש' לערך[12] הנהיגו חכמי ומקובלי צפת לצאת לשדה ולומר מזמורים (ופיוטים) לכבוד כניסת השבת כן נהגו הרמ"ק וגיסו ורבו - ר"ש הלוי אלקבץ, ותלמידיו האריז"ל ור"א גאלאנטי ועוד, וכפי שמתואר יציאתם לקבלת שבת בהנהגותם 'הנהגות מקובלי צפת', ונשתיירו לנו כמה כתבים מהעתקות תלמידיהם.

ההעתק הראשון הוא משנת של"ז[13], כמה כתות יוצאים ער"ש מבעוד יום לבושים לבנים ומקבלים פני שבת וכך סדר קבלתם מזמור לדוד הבו לה', פזמון לכה דודי ומזמור שיר ליום השבת.

ובנוס"א מכתב[14] שנכתב לא יאוחר משנת של"ט[15] כתוב: כל ער"ש יוצאים לשדה או לעזרת ב"ה ומקבלים שבת, כולם מלובשים בבגדי שבת ואומרים מזמור הבו, ופזמון של שבת, ואח"כ מזמור שיר.

ויותר מפורש הוא בסידור תפילה למשה להרמ"ק, שער י' סימנים א-ד: הנה קדושה ראשונה העולה על כל הקדושות היא קדוש שבת וכו', ואנו צריכים לעשות הכנה ותיקון הגוף וכו' ולזה אמרו על חסידי ישראל שהיו אומרים בואו ונקבל וכיוצא בואו ונצא וכו', עיי"ש בארוכה. היוצא מדברי הרמ"ק שסדר קבלת שבת שלו הוא כזה; בואו ונצא, מזמור הבו, ומזמור שיר ליום השבת.

---

12 עד דור דעה זה בצפת לא מצאתי 'סדר לקבלת שבת', אולם לא מצאנו אינה ראיה, שהרי מצאתי באיגרת רבינו עובדיה מברטנורא משנת רמ"ח, דרכי ציון דף יג שכתב: בכל ארץ ישמעאל ליהודים בער"ש ... באים כולם לביה"כ בלבושים נקיים ומגוהצים, ומתחילים בשירות ותשבחות, ומאריכים בתפילת ערבית עד שתי שעות בלילה, עכ"ל הרע"ב.

13 נדפס מהעתק כת"י עי' רי"מ טולידנו, באוצר הגנזים עמוד 50 . וכ"ה בכת"י (העתק שנכתב בשנת ת"ם בערך) ביהמ"ל מס' 1691, במלכת"י ס' 10789 (נדפס לאחרונה ע"י משה חלמיש בעלי ספר, יד, עמ' 91) וכ"ה בהעתק מנהגים החסידים בצפת שנכתבו ע"י רבי אברהם הלוי, נדפסו בStudies שבהע' 14 עמ' 297.

14 נדפס מתוך כת"י, שנעתק מכתב ר' אברהם גאלאנטי בStudies in Judaism ח"ב עמ' 295 אות ט' ועיי"ש אות כח.

15 שהרי רבי אברהם הלוי ורא"ג מוזכרים בברכת החיים 'נר"ו'.

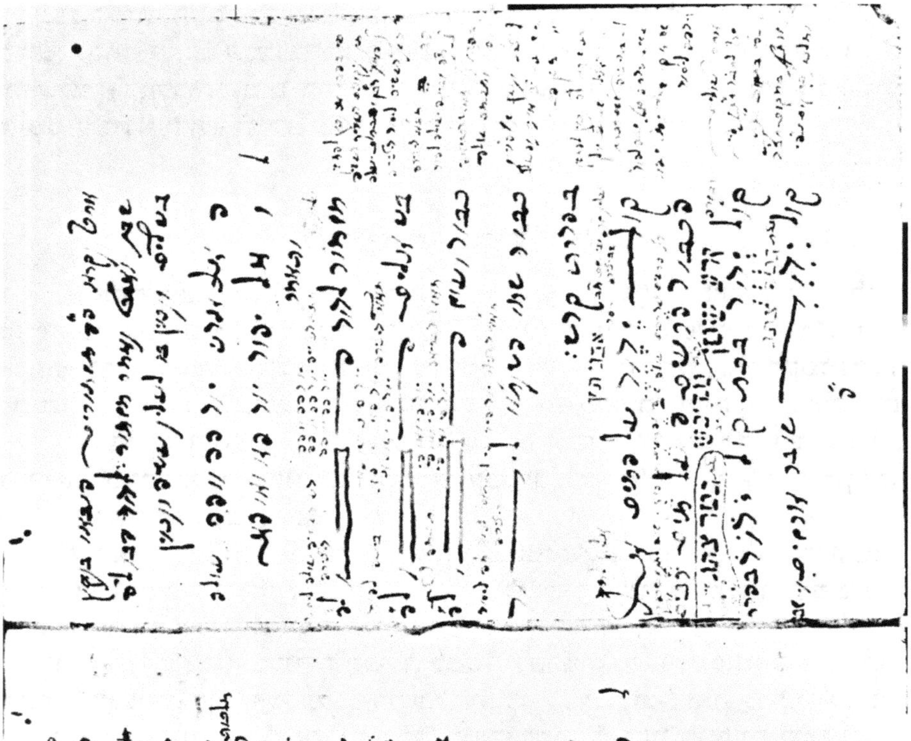

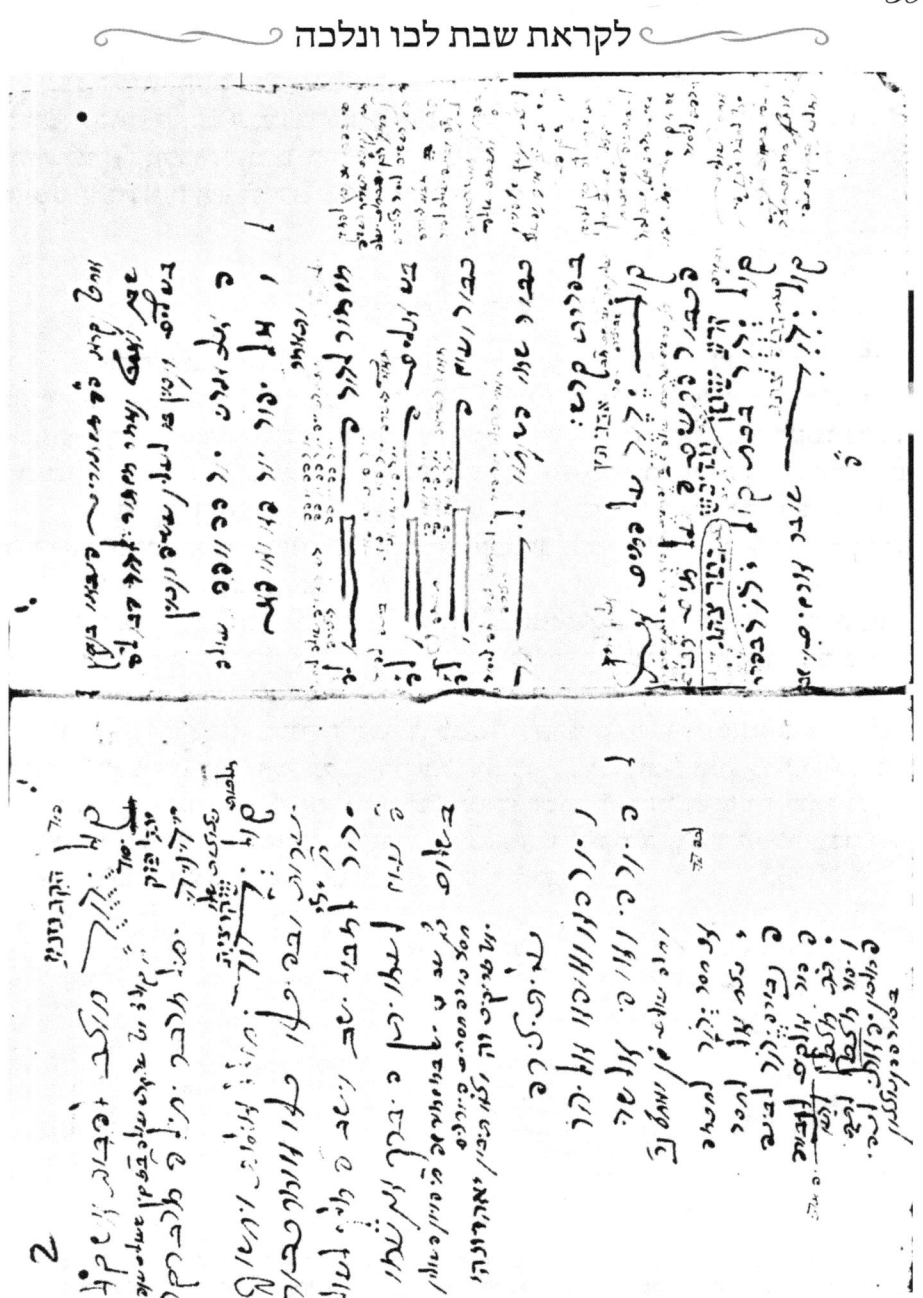

כת"י הרמח"ל, סידורו עם כוונות

סדר קבלת שבת המתחלת עם מזמור הבו (עם הכוונות) ואח"כ לכה דודי.

כת"י אדלר 83 (כ"י ניו יורק JTS 1599)

וביותר מצאנו בכתבי האריז"ל, וז"ל רח"ו, בשעה"כ, ענין קב"ש דף סד: סדר קבלת שבת הוא, שתצא לשדה ותאמר בואו ונצא לקראת שבת מלכתא לחקל תפוחין קדישין, ותעמוד מעומד במקום אחד בשדה, ואם יהיה ע"ג הר הגבוה הוא יותר טוב, ויהיה המקום נקי כפי מה שצריך מלפניו כמלוא עיניו ומאחריו ד' אמות, ותחזור פניך כנגד רוח מערב ששם החמה שוקעת, ובעת שקיעתה ממש אז תסגור עיניך ותשים ידך השמאלית על החזה ויד ימינך ע"ג שמאל ותכוין באימה ויראה כעומד לפני המלך לקבל תוספת קדושת השבת. ותתחיל ותאמר מזמור כט הבו, כולו בנעימה, ואח"כ תאמר ג"פ באי כלה באי כלה שבת מלכתא, ואח"כ תאמר מזמור שיר ליום השבת וכו', ואח"כ תאמר ה' מלך עד לאורך ימים, ואז תפתח עיניך ותבא לביתך, עכ"ל. וכ"ה בכל הספרים שעפ"י כוונות האר"י.[16]

ו. השייכות בין מזמור הבו לה' לשב"ק

וראוי לעמוד על הקשר שבין מזמור הבו לד' עם שבת, אשר, בחרו גדולי המקובלים לקבל בו שבת, והנה ע"ד הפשט, שחז"ל למדו מהז' קולות שכתוב בהמזמור שבשבת מתפללים שבע ברכות - ראה ירושלמי ברכות ד, ג. תענית ב, ב. תנחומא וירא ה'. ובס' המנהיג הל' שבת סי' י"ב כתב כן מד"ע. וראה שו"ת צבי לצדיק (סי' ו') שדן בזה. ועוד שתיקון המזמור הוא בענין קבלת התורה - שהיתה בשבת, ובשבועות היו אומרים בביהמ"ק מזמור כט (מס' סופרים יח, ג). ולכן אומרים אותו בשבת כהחזרת ס"ת לאה"ק, כמוש"כ המנהיג שבת סי' מא, טור או"ח סי' רפד, ותולעת יעקב, קושטא ד"ש, דף מז. ועיי"ש עוד רמזים בהמזמור לשבת. ובספר כתבי הקדש[17] כתב לחדש, שלפי"ז יאמרו בחג השבועות בעת הכנסת ס"ת לאה"ק, מזמור כט-הבו.

וע"ד הרמז, כתב בסידור רוקח, ח"א עמ' קכא, שענין "שבת" נרמז כו"כ פעמים במזמור ז"פ השם, וכנגדם תיקנו ז' ברכות בשבת. ז' בבות במשנה במה מדליקין, ז' ז'כור את יום השבת, וע"ש עוד רמזים. וראה עוד רמזים בספר חזון עובדיד, לרבי עובדיה יהודה דומו"ץ ווארשא, ווארשא תרמ"ט, דף כה.

---

[16] לראשונה בספר כונות, וינציה שע"ה דף ז-ט, ובכל המהדו' שלאחריו, וכן בכנפי יונה ח"א פרקים צר-ח, מיוחס לרמ"ע מפאנו. ואינו אלא לרבי משה יונה - תלמיד מובהק של האריז"ל. (דא"ג שם בח"ב סי' צז כתב: אחר העמידה של מנחה ע"ש יאמר, דא חקל תפוחין קדישין). כנף רננים, לר"א אזולאי, י-ם תשנ"ב, עמוד 31 , וכן בשו"ע האר"י [פראג, ת"כ], דף מב-ג. ובספרי רבי יעקב צמח נגיד ומצוה, אמ"ד תע"ב, דף נב-ג, סידור 'כוונות התפלות בקצרה' י-ם תשמ"א, עמ' פו. ובסידורו כת"י על פי כונת רבי חיים כהן, מלכת"י ס' 1915. משנת חסידים, אמ"ד תפ"ז, מסכת תוס' שבת. מחברת הקודש, מכתבי רבי נתן שפירא - עפ"י הרמ"ע מפאנו, קארעץ תקמ"ג, דף ידכ. רש"ו בסידורו חמדת ישראל מונקאטש, תרס"א, דף קכח. רבי משה חיים לוצאטו, קיצור כוונת רמח"ל, ב"ב תשל"ח עמי לח. ובסידור כתב ידו, (המצ"פ) וכ"ה בסידורים עם כונות, כת"י מלכת"י ס' 8452, 43084.

[17] לרבי אריה לייב אב"ד פוזין - בנו של ר' יוסף הדרשן מפויזן בעל יסוד יוסף - ב"ב תש"ן, עמ' מז.

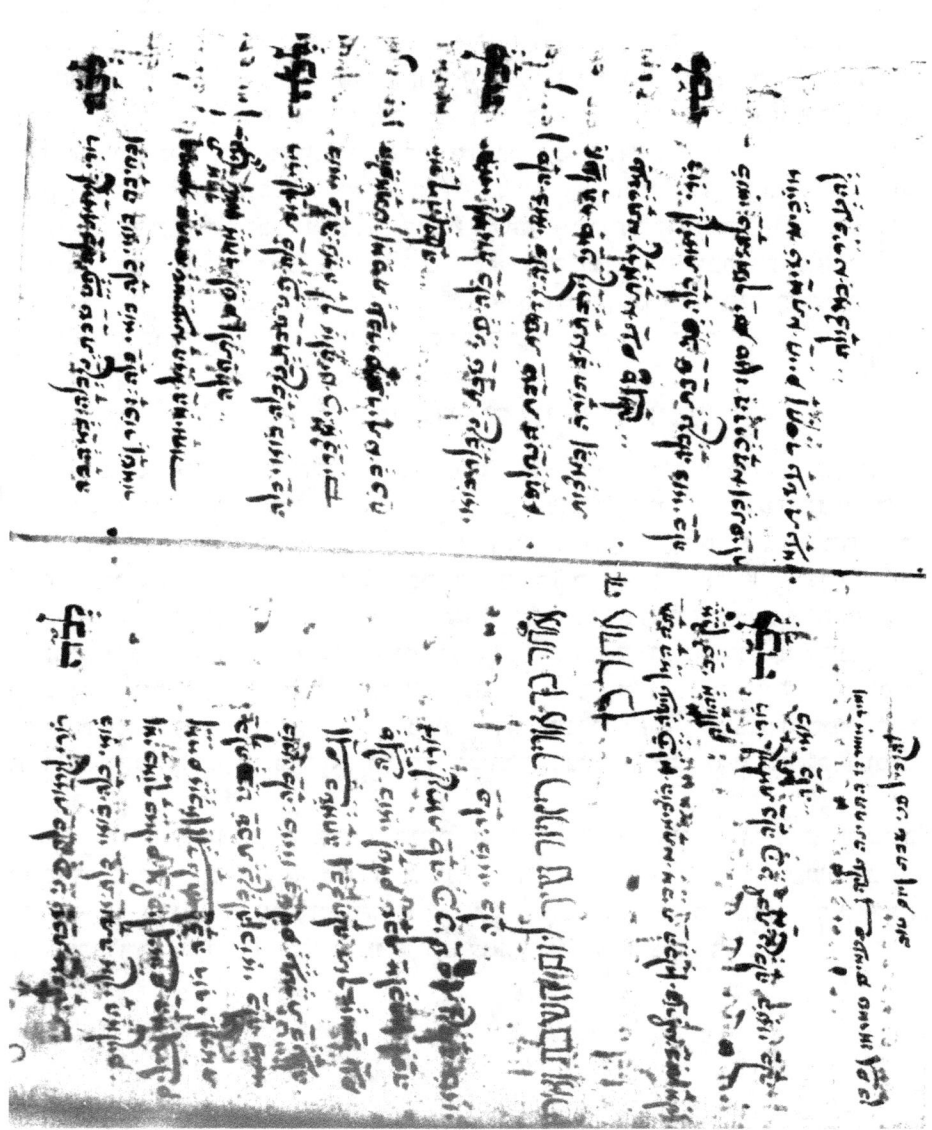

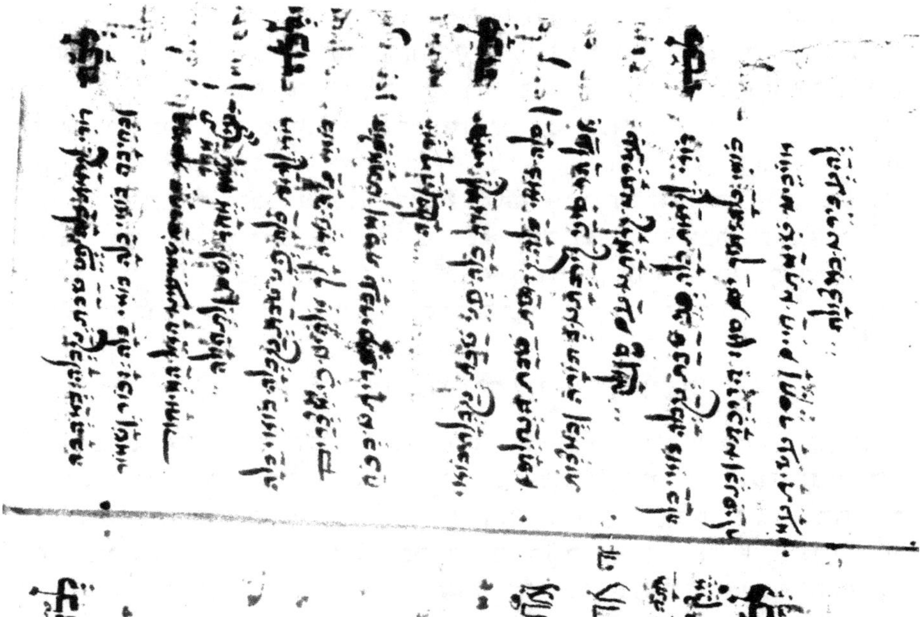

פיוט ה'לכה דודי' של בעל סדר היום. מתוך קובץ תפילות
כת"י ר' אורי שרגא ב"ר אליעזר ז"ק. (נכתב בין השנים ש"ם - ש"צ)
כת"י m.s. op. 761 , מלכת"י ס' S 1665

וע"ד החסידות: ראה מאמרי אדמוה"ז, כתובים, עמוד 1, ד"ה השתחוו לה' בהדרת קדש ר"ת קבלה, המבאר בארוכה ענין קבלת שבת המרומז במזמור. כמו"כ מבאר שהמשכת והתגלות שם הוי"ה ע"י הז' קולות - לקו"ת, פ' פנחס ד"ה הקדש פ"א, (ובפ' בהר ד"ה את שבתותי תשמרו, שעליית בי"ע דאצילות, מרומז במזמור כט).

ז. אמירת המזמורים לכו נרננה - הבו לה' (צה-צט)

הנה נהוג ברוב תפוצות ישראל, כי טרם אמירת מזמור כט הבו לד', אומרים המזמורים לכו נרננה - הבו לד' (צה צט) אף שלא מצאנו להם מקור בדברי האריז"ל, אך בספר סדר היום[18] (לר"מ בן מכיר)[19] כתב: וכשיוצא לקבל שבת אם יש עמו חבר או תלמיד שיצא עמו שיהיו ב' או ג' הוא טוב ויפה וברוב עם הדרת[20] מלך ואם לאו הוא לבדו יעשה אותו ואע"פ שלא הדליקו נרות בבית ויצא לקבל שבת ואח"כ בא לו להדליק אין בכך כלו' איסור כיון שכונתו לכך וההדלק' לכבוד שבת עצמו אין לחוש אבל ענין אחר אין ראוי לעשות אחר ההקבלה וחכמים הראשוני' היו אומרים זה לזה או לתלמידים באו ונצא לקראת כלה וכן ראוי לומר כשיוצא כדי להוציא בשפתיו ובאמרם באו ונצא משמע שהיו יוצאים למקום אחר והענין הוא לצאת נגד ביתם למקום אויר אל הגן או אל החצר מקום פנוי וראוי להקבלה אבל לא שיחוייב לצאת חוץ לעיר והכל לפי האדם ולפי המקו' ומנהגנו כשאנו הולכים לקבל שבת לומר אלו המזמורים צה-צט. עכ"ל הסדה"י[21] [22] הרי דאמירת ו'

---

[18] בדפו"ר וינציה, שנ"ט דף מב: וכ"ה במהדו' המתוקנת, וניציה שס"ה דף מב.

[19] ריש מסיבתא בעין זיתון ע"י צפת, תולדותיו ומי היה רבו אינם ידועים, רק על פי ספרו ניתן לקבוע שעמד בקשרים עם הרמ"ק ובית מדרשו, ונמצא בין החותמים על שטר התקשרות עם חכמי צפת וביניהם תלמידי האר"י, ברכות הארץ, י-ם תוס"ד, דף סא:

[20] על אמירת קב"ש בציבור בקובץ הבא בעז"ה.

[21] בספר תורת חיים (סופר) סי' רס"א אות י"ז כתב: וכפי הנראה מהספרים (?) תיקנו בדורות האחרונים לומר לכו נרננה וכו' יען דהיו מקדימים מאד להתפלל מנחה והעם היו שוהים לבוא, תיקנו מזמורים הנ"ל וכו', עי"ש. וכפי הנראה כאן, אינו.

[22] וממשיך בעל סדר היום, ואח"כ נאמר פזמון א' או ב' ואלו הם לכה דודי לקראת כלה פני שבת נקבלה. זכור ושמור בדיבור אחד :תן לנו המלך המיוח' ה' אחד ושמו אחד לשם ולתפארת ולתהלה. לכה דודי כו'. קדושת שבת הנחלתנו ועל הר סיני קרבתנו כתורה ומצות עטרתנו וקראתנו עם סגולה. לכה דודי: נודה לך אלהינו כי ממצרים הוצאתנו ומבית עבדי' פדיתנו בכח ידך הגדולה. לכה דודי: בתוך ים סוף הדרכתנו ובנפול אויב שמחתנו חיים וחסד עשית עמנו להעבירנו במצולה. לכה דודי: אתה אלהי האלהי' ומי כמוך באלים. משפיל גאים המגדילים ומרים אביון לגדולה. לכה דודי: בואי בשלום עטרת בעלה וגם בשמחה ובצהלה תוך אמוני עם סגולה. בואי כלה בואי בלה בואי כלה בואי לשלום שבת מלכתא ויאמר מזמור שיר ליום השבת וכו' אתה האל עושה מלא הוצאתנו מבי' כלא הורשתנו בית פלא ארץ צבי מהוללת. לכה דודי: ויש מי שאומר שז' פעמים בואי כלה עולה במ"ק כמנין שכינה. ומתפלל שלא יזח שכינתו מעלינו ומעל עמו ישראל ואע"פ שאין אנו כדאים הוא שוכן בתוך עמו ישראל. ואח"כ יבא לב"ה להתפלל ערבית, עכ"ל. העתקתי את הפזמון כיון שאינו ידוע לרבים, ולא הובא בספרים. ונזכר רק בתקוני שבת, קראקא, שע"ג. וכתב שם המו"ל ר' יהודה ב"ר דוד הכהן מבודון, אם ירצה המשורר לשורר עוד לכבוד כלה מלכתא ימצא שיר מחודש, חדש מפני ישן תוציאו. כאשר תמצא ג"כ בספר סדר היום. המנהג של אמירת בואי כלה ז"פ נתפשט רק בתימן (ע"י המהרי"ץ ?) ותו לא. ונזכר ע"י החו"י בספרו מקור חיים ריש סימן רס. וכן נהג המהר"ם אש, זכרון יהודה. אונגואר תרכ"ז. דף כה. (בלקוטי מהרי"ח כתב שבסידור הרמ"ק. הביא את נוסח הלכה דודי של הסדה"י, ואינו...).

המזמורים צה-צט מקורו בסדה"י, אולם שאר חכמי צפת הרמ"ק והאר"י ובית מדרשם התחילו רק במזמור כט וכן נהגו כל הקהילות שהלכו בעקבות האר"י.

הטעם לאמירת ו' מזמורים אלו לא פי' בעל סדה"י, אולם ר' יהודה ב"ר דוד הכהן מבודון - ומקראקא, בעל מגדל דוד על גיטין, בספרו תיקוני שבת מלכתא, דפו"ר קראקא שע"ג[23], שלו חלק רב, בהנהגת הקבלת שבת, בכל תפוצות ישראל - כתב בהקדמתו: לכן תקנו בעל תקוני שבת, הו' מזמורים שכולם מספרים שיר ושבח עוז ותפארת של קוב"ה, ודרך ארץ שכל מי שמקבל פני מלך שמספר תחילה שבח מעלתא ואת יקר תפארת גדולתו וכו' להשלים הששה ימי השבוע בתוך השבת כלא מלכתא כנגד ו"ק כידוע, לכן בעל נפש ידקדק באלו המזמורים שב"ת גימ' נפש וידבק נפש היתירה שבא בשבת בשכינתא א"ס, עכ"ד. הטעם השני שהם כנגד ו' ימי החול הועתק לאחר מכן בהרבה סידורים מסידור נוסח אשכנז, אמ"ד, תמ"א ואילך. היעב"ץ בסידורו[24] ובסידור קול יעקב, וכ"כ בשער הכולל פ' יז, אות ז'. וכ"כ בערוה"ש רסז, ב. אמנם השייכות בין המזמורים לימי השבוע לא מצינו מבואר על נכון, אך מצאתי בספר מאורי אור (ח"ג עמ"ס שבת דף קב.) שנגע בזה, וכתב שהמזמורים אינם ענין לקב"ש. אלא רמזים לימי החול, בשיר של הלוים ביום ראשון לה' הארץ ומלואה ובמזמור צה מוזכר ענין זה, ביום שני גדול ה' ומהולל כו', וכן עזה"ד בכל הימים, עי"ש.

טעמים אחרים למנהג זה מצינו כדלהלן, הערוה"ש שם ביאר בפשטות וז"ל: מפני שאלו המזמורים הם על לעתיד לימות המשיח [וכן פי' הרד"ק ומאירי] והוא יום שכולו שבת לכן אומרים אותו בהכנסת שבת. רבי שמואל מסוכוטשוב מבאר שמחצית יום ו' מתנוצץ מקדושת שבת ואותן ו' שעות עד התחילת שבת וכו' והוא שש במספר שש הכנפים, וזהו הו' מזמורים של קב"ש ואח"כ אומרים שם מ"ב (שם שמואל פ' מסעי עמ' תיב). ורבי שמשון הירש מפפד"מ, בביאור על תהילים, (י-ם, תשכ"ב), מזמור צה, ביאר עפ"י דרכו בקודש, איך שבכל מזמור נותן ביטוי לרעיונות המתעוררים בנפשנו מדי שבת בשבתו, והמובילים אותנו אל מעבר להווה ויהא הרע ביותר, אל חזון העתיד בהופיע מלכות שמים בעולם עיי"ש דבריו הנעימים.

---

23 ראה מש"כ ר' י.י. כהן בקרית ספר כרך ל"ט עמוד 5.

24 בסידורו עמודי שמים, אלטונא תק"ה, ח"א רף שלו:, ותמוה מש"כ שם, שמנהג הקהל לומר ו' מזמורים (משא"כ אביו החכ"צ נהג כהאריז"ל שפתח בהבו) כנגד ו' ימי החול עפ"י הרמ"ק, היתה שומה עכ"ל, והרי בסידור הרמ"ק אין זכר להו' מזמורים וכנ"ל. אולם כד מעיינים היטיב בסידורו, נראה מרהיטת לשונו שהעתיק את קב"ש מסידור שער השמים. עם פירוש השל"ה, אמ"ד, תע"ז. והכותרת שם לקב"ש "הא לך סדר קבלת שבת וביאר המזמורים פ' ב"מ הכל מועתק מדברי הרמ"ק", וכונתו שביאורי המזמורים וענין הקב"ש הוא מהרמ"ק, ובאמת כל הפירוש שם לקב"ש הוא מלה במלה מסידור הרמ"ק, וכידוע שספר השל"ה וסידורו מבוססים על פי תורת הרמ"ק, ורק המו"ל רבי אברהם הורביץ דיין דפוזן, נין השל"ה, הכניס אח ו' המזמורים, ודו"ק. והרבה מחברים העתיקו דברי היעב"ץ, לדוגמא ראה: סידור עבודת ישראל, לקוטי מהרי"ח, נפש חיה, לד' ראובן מרגליות סי' רסז, ובהרבה סידורים.

ובעל תורה תמימה (בנו של בעל ערוה"ש) בספרו ברוך שאמר על התפלה כותב עפ"י דרוש שבמזמורים אלו מרומז בריאת העולם עיי"ש.[25]

טעם עפ"י סוד כתב בספר היכל הקדש, לרבי משה אלבאז, אמ"ד תי"ג, דף ל; יש נוהגין לקרות וכו' כל אלו המזמורים יורו על קבלת השבת ומלכות שמים שנתפשטה ליל שבת בכל העולם וכל הקליפות כלם יתטמרו ויגנזו ויפחדו וכו' ובאלו המזמורים אנו מסייעין בצד הקדושה להמליך את השכינה על כל העולם, עכ"ל.[26]

ועי"ד החסידות יש לציין מש"כ בשפת אמת (פ' תשא, תרס"ב) מבאר בארוכה שייכות משרע"ה לשב"ק, ולכן אומרים בקב"ש המזמורים של משה רבינו עי"ש. עוד יש לציין מה שכתבו רבי מנחם מנדל מבורוסלוב, מגדולי תלמידי מהרי"א מקומרנא, בספרו עתרת שלום, לבוב, דף ל' ואילך וכן בסידור עפ"י נוסח האריז"ל עם פי' מהרי"ד, לרבי יצחק דובער מלאדי - נכד הצ"צ, ברדיטשוב, תרע"ג. שבארו עפ"י סוד וחסידות כל מזמור ומזמור שייכותו לשבת.

ויש לציין מש"כ רבי נתנאל ווייל בעל הק"נ, באזהרותיו אות יד (נדפסו בקובץ מוריה, קמט, עט' ז): בא וראה שתיקנו קדמונינו לעשות ז' השתחויות כל יום בשחרית טרם שמקרב לפני קונו לשאול צרכיו וכו', ולכבוד שבת סדרו ו' מזמורים תמצאו בתוכם ז' השתחויות קודם קבלת ותפילות שבת, וראוי לכל מבין לעשות ההשתחויות כל פעם, עכ"ל.[27] דבר נאה מובא[28] בשם רבי יוסף חיים זוננפלד, מדוע סדרו את אלו המזמורים, מפני שתיבת המזמורים האלו עם מזמורי צב-ג עולים במספרם למנין שבת.[29]

---

25 רבי שלמה צבי שיק אב"ד קארצעג. כתב בסידורו 'הרשב"ן', ווין, תרנ"ד, טעם תמוה - שו' מזמורים אלו תיקנו הגאונים (?) כנגד ו' התקיעות שתיקנו חז"ל לתקוע בכל ע"ש. ופלא מה רמז וקשר בין המזמורים להתקיעות. ותמוה שהביאוהו בעל ס־ור אשי ישראל - עפ"י נוסח הגר"א. וסדור מקור החפלות שבהע' 29 וכן בכתר שם טוב, גאגין ח"א עמ' קפב. ועוד יותר תמוה ומוזר מש"כ בספר המסלות לר' שמחה ראובן עדלמאן, וילנא תרל"ה, ותוכנו לבקר את מבקרי המקרא וחז"ל (והסכימו לספרו ג' מגדולי ירושלים בהסכמות נלהבות ה"ה הרבנים ר' מאיר אויערבך בעל אמ"ב, ר' אברהם אשכנזי, הראשל"צ ור' אברהם שאג אב"ד קב"ס), שמזמורים צ-קא נתייסדו מעת עליית היהודים בימי כורש - והיו פירצות בגדרי שמירה שבת, כמבואר בנחמיה. ולכן חיברו לכו נרננה לה' נלכה בזריזות לירושלים ושאר המזמורים המדברים מפליאות ישועות ה' והשגחתו עליהם והנהגתו עמהם, כדי לעורר את המון עם להיות זהירים וזריזים מקבלת שבת, ויבטחו בה' שיזמין פרנסתם (ועוד שרו שם מזמור קז - ברכת הודאה לאל מושיעם שעברו את המדבר השמם מבבל עד ירושלים) והאריך שם מאוד בראיות לקיים "חידושו" (פרק ב' מדף לא ואילך). והפלא מבואר, כי לדבריו, היו המזמורים נזכרים במשנה ובגמ' וכתקנת אנכה"ג. והביאו ב"סדר תפלת קבלת שבת" (לר' יונה דוד רבינוביץ, מסעמיאטיטש, ווארשא תרמ"ח) [א"ה: לולא ההסכמות הנ"ל לא הייתי מזכיר את כל זה, וד"ל].

26 ר' עקיבא בער ב"ר יוסף, דיין בכמה קהלות בגרמניא, כותב בסידורו עבודת בורא (מהדו"ב, זולצבאך תס"ז) שיש לומר לפני אמירת המזמורים: לש"י וכו' הריני קורא בכתובים ו' מזמורים כנגד ו' ימי שבתא לבטל מעלי הקליפות של ו' ימי החול.

27 תודה וברכה לידידי ר' בנימין שלמה המבורגר יצ"ו, שהעירני לדבר תשוב זה.

28 כתבי רבי משה בלוי, י-ם תשמ"ג עמ' 135.

29 רבי בנימין פרידמן ממישקאלץ בסידורו, מקור התפלות, מישקאלץ, תרפ"ט, כותב עד"ז, כי בראשי אותיות של הו' מזמורים אלו הם ב' תיבות יי משלם, כמ"ש ולוו עלי ואני פורע, ולא ידאג בר ישראל שיהיה לו איזה הפסד ע"י שמירת שבת.

ח. מקום אמירת קבלת שבת

כפי אשר הבאנו היה זה מנהג כל מקובלי צפת לצאת לשדה וכו' לקבלת פני השבת, וכפי שמצאנו, הר"ש אלקבץ[30] והרמ"ק ור' אברהם הלוי והאריז"ל[31] ורבי

---

30 נוסף למה שחיבר בפיוטו, לכה דודי, לקראת שבת לכו ונלכה, יש להעיר מש"כ בספרו אילת אהבים, עה"פ לכה דודי נצא השדה וכו׳: פה ביארה תנאי עצמי לנבואה והוא ההתבודדות הראוי למי שירצה שיחול עליו השפע הנבואיי וז"ש לכה דודי נצא השדה. כי למה שראוי שתתדבק נפשו עם העליונים הרוחניים צריך לבל יטרידוהו טרדות מה. ולזה יצא השדה כי שם מקום ההתבודדות. והאבות הקדושים והנביאים ובראשם משה אדוננו יוכיחו. וכבר נשתמש הוא בדומה לזה אמר כצאתי את העיר אפרוש כפי וכו׳. למה שמכל דבר ודבר יתהוה הויה דקה אוירית טובה ממעשה הטוב וההפך מההפך והיא המלמדת קטיגוריא או סניגוריא על הפועל אותה והן הולכות ומשוטטות בעולם ומקטרגות ולז"א ראוי לצאת השדה. ודומה לזה בדברי רז"ל (עירובין ד׳ כא.) לכה דודי נצא השדה אמר רבא אמרה כנסת ישראל לפני הב"ה, רבש"ע אל תדינני כיושבי כרכים שיש בהם גזל ועריות ושבועת שוא. אלא נצא השדה ואראך ת"ח שיושבים ועוסקין בתורה מתוך הדחק ע"כ. האמנה למה שהיוצא השדה ג"כ לפעמים לא יתבודד כ"כ מפני עוברי דרכים או מחמת מעיקים כקור וחום או אימת חיות רעות וכיוצא. אמר נלינה בכפרים כי אז את הטוב והמנוחה וההשקט נקבל מלבד כי אויר הכפרים זך ושמעתא בעיא צילותא עאכ"ו נבואה. גם כי יושביה בלתי נטרדים כ"כ בהבלי תבל כיושבי הכרכים. ואפשר שירצה נצא השדה כי הוא מקום ההתבודדות ונבא ללין בכפרים כדי שנהיה מוכנים לצאת ממחרת לשדה להתבודד ואת הרע מאימה ומעיקים מחוץ לא נקבל, עכ"ל ר"ש אלקבץ.

מש"כ כי אויר הכפרים זך, יש להשוות מש"כ ידידו, מרן הב"י בספרו מגיד מישרים (לובלין ת"ו, פי׳ ויקהל דף נח:) שבני הכפרים חשובים מבני העיר, שבני הכפרים היו עוסקים במצוות ה׳ יותר מבני הכרכים והעיירות, לפי שאין להם שום מלאכה כי אם בשעת הזרע והקציר בלבד, ושאר כל השנה היו פנוים לעסוק בתורה ובמצות, ואויר הכפרים הוא זך וברור ושמעתא בעיא צלותא וכו׳ וע"כ היו מספיקים שפע וברכה וחיים בכל העולמות, עכ"ל. ובזה מצאנו טעם נוסף לקבל שבת בשדה דוקא.

בנוגע למהר"ש אלקבץ יש להביא סיפור פלאי שכתב רבי אליהו מני אב"ד חברון בספרו קרנות צדיק, פרק ג (בבל חרכ"ו), מנהגו של מהר"ש אלקבץ היה, שיצא כל ערב שבת להשתטח על קברו של ירמיהו הנביא, ואמר כל ספר תהלים, ופע"א התגלה לו זקן לבוש לבנים וכו׳, ומרוב פחד התעלף ר"ש אלקבץ ולאחר זמן גילו לו, שהזקן היה נשמת ירמיהו הנביא, שהיתה אז עת רצון לביאת הגואל מקריאת התהלים שלו על הציון, עיי"ש.

[נלאיתי למצוא מקור הסיפור, וכמו"כ לא ידוע מקום קבורתו של ירמיהו הנביא, אם כי יש איזה מסורת קלושה שהוא בירושלים, וכ"ז מפי השמועה. עוד יש להוסיף, למה השתטח דוקא על ציונו של ירמיהו הנביא. י"ל שהרי הוא חזה את הגלות והוכיח את בנ"י והתאונן על החורבן, ולבסוף שתה את כוס התרעלה יחד עם כלל ישראל. ועוד כשהיה כלוא בחצר המטרה והגזירה נגזרה - דוקא אז חזה ירמיהו את בשורת הגאולה.

וראה תיקוני שבת (לר׳ אברהם הלוי, תקון ג׳): להקביל פני שבת אחרי שרחץ פניו ידיו ורגליו וכו׳ בשמחה ובשירות ותשבחות ובנפש שביעה וכו׳ ויש בהקבלת שבת דוגמא קצת לגאולה העתידה, שיאמר לה, הב"ה לכי התנערי מעפר קומי עיי"ש.

דא"ג, יש לציין שרבי אברהם הלוי ברוכים, בעל תיקוני שבת (שנדפס יחד עם תיקוני תשובה לרמ"ע מפאנו, באסיליאה, ש"ס), "שהיה אפוטרופוס גדול לשבת" - כלשון ס׳ טהרות הקודש, הנהגת שבת פ"ב - היה גלגולו של ירמיהו הנביא, כ"כ באור צדיקים, עמוד העבודה (פ׳ יז), וכ"ז בגדר פטפוטיא דאורייתא]

31 וכן כתב באיגרתו של ר׳ שלמה שלומיל מדרעזניץ מחשון שנת שס"ז, נדפס בס׳ תעלומות חכמה (ליש"ר מקנדיאה, באסיליה, שפ"ט דף מו) וז"ל, גם היה [האריז"ל] יוצא בכל ערב שבת עם החברים לקבלת שבת והיה מעצים עיניו והיה אומר שהסיבה שמעצים עיניו, מפני שראות עיניו מתבלבלין מערבוב נשמות הצדיקים העולים מבית החיים שבאו לבקר את הגוף ולתת לו שפע אור ועתה עולים למעלה, וכן הנשמות היורדות למטה להיות בבחינת נפש יתירה בשבת בבני ישראל. ויום אחד בערב שבת יצא עם החברים לקבל שבת כמנהגו. אמר לחברים נלכה נא עתה לירושלים, ושם אני יודע היכן אפר פרה גנוז ונזה עלינו ונטהר עצמינו מטומאת מת, ונבנה בית המקדש ונקריב קרבן שבת. כי רואה אני ששעה זאת הוא קץ אמיתי לגאולה. מקצת מהחברים אמרו איך נלך לירושלים בשעה זאת והיא רחוקה ממנו יותר משלשים פרסאות, וקצתם אמרו טוב הדבר הננו מוכנים לילך, אלא נלך קודם ונודיע הדבר לנשותינו, שלא ישימו לב עלינו, ואחר כך נלך. אז צעק הרב ובכה ואמר לחברים: איך הועיל קטרוג השטן לבטל גאולתן של ישראל. מעיד אני עלי שמים וארץ שמזמן הרשב"י עד היום לא היתה שעה הגונה לגאולה כשעה הזאת, ואילו הייתם מודים בדבר זה, היה בית המקדש נבנה ונדחי ישראל היו מתכנסי לתוך ירושלים. ועכשיו עברה אותה שעה ונכנסו ישראל בגלות מחדש. וכשמוע החברים דבר זה נתחרטו ממה שעשו ולא הועיל להם, עכ"ל. הובא בדברי יוסף - סמברי, י-ם, תשנ"ד, עמ׳ 338, חמדת ימים דפים נג-ה, עמק המלך בהקדמה דף פה, ועוד ספרים.

וכן באיגרתו מניסן שמ"ט, תעלומות חכמה, שם דף לח: כתב שיצא הרב עם תלמידיו חוץ לעיר צפת לבוש ד׳ בגדי לבן וכו׳ כדי לקבל שבת והתחיל מזמור הבו, ופזמון מיוסד לקבלת שבת, ומזמורים צב-ג.

בקשר להנשמות העולות מהבית הקברות פירט ר׳ שלומיל באיגרת אחרת, נדפס בקובץ על יד כרך יג עמוד קכז, שבכל ע"ש שהלכו חוץ לעיר לקב"ש היה האריז"ל מספר לתלמידיו נוראות ונפלאות מה שראה בכל יום, ותמיד היה מעמיד א"ע על הר א׳ שהיה חוץ לעיר ושם ראה את כל בית החיים של צפת וראה נשמות של חיילות שעלו מן הקברות וכו׳. ורח"ו כותב,

משה מליריאה, כמבואר בהנהגותיהם ראה הערות 13-14 וכן רח"ו.[32] וכ"כ תלמיד הרמ"ק בעל הראשית חכמה בספרו תוצאות חיים, דפו"ר דף טו: "אח"כ ילך לקבל פני שבתא מלכתא לשדה כדפירשו ברע"מ פ' תרומה ובתי'".

והנה העתיקו כן בכל הסידורים עם כוונות האר"י הן בדפוס והן בכת"י הן שנכתבו בארצות המזרח והן בארצות המערב - אולם למעשה א"א ללמוד מכך שכותביהן, או המתפללים בהם נהגו כן, אלא שהעתיקו הנהגה זו כפי שהעתיקו כל שאר הכונות. ואפשר שלא נהגו כן מחמת הקושי הכרוך ביציאה מן העיר, או שהכפור והשלג גרמו לזה וכמו שרמז לזה בהקדמה לתיקוני שבת. ורק לאחדים מגדולי ישראל (שבחו"ל) יש לנו עדות שנהגו לקב"ש חוץ לעיר ואחד מהם ה"ה הרמח"ל[33] ונ"ל שכן נהג מהר"י בעש"ט, עכ"פ לפני התגלותו.[34]

מנהג האריז"ל היה לקב"ש בשדה דייקא, וכן מפורש בשעה"כ, ענין קבלת שבת דרוש א', וכתב שהוא מפורש בגמ' שבת ואין ספק (שכך פי' הגמ'), כי אם הוא כסברה קצת קלי עולם החושבים כי די בקב"ש תוך חצירו של אדם, לא היה אומר בואו ונצא, כנראה כי היו תוך העיר והיו מתחברים לצאת השדה לקראת שבת, אורח הנכבד, וגם שא"כ למה יפטרו את הרץ בע"ש תוך רה"ר מן הנזקים, כיון שאין ריצתו לתכלית יציאתו מחוץ לעיר ובפרט כי עלה דההיא קאמר ההוא עובדא דר' ינאי, עכ"ל רח"ו.[35] וכן נהגו בצפת בדורות שלאחריו ראה אהבת ציון דף לב.[36]

בספר החזיונות שלו [ראה הערה 32] עמ' נב, שבשנת ש"ל ליל שבת חלמתי: והנה אני הולך ויורד מן הכאן של צפת דרך הסולם של אבנים היורד לשוק ובחנות מוכרי הבשר שני דרכים שתי וערב, והנה אבא מארי בא לקראת מהדרך האחד והרמ"ק והרב משה סאגיש שניהם באים מן הדרך הב' שבו עולין מבית הקברות אל הכאן, והרבה אנשים נפטרים וכולן ירדו מן השמים אל הדרך ההוא אם לפני ומשם היו באים לקראת עיי"ש דבריו הנוראים.

32 אפשר להבין כך מתוך מה שכתב בספר חזיונות שלו, י-ם תשי"ד עמ' מב, חלום שחלם ליל שבת ח' טבת שנת שכ"ו וארא עצמי יושב בית הרב שם טוב הלוי ז"ל מתפלל תפלת מנחה הנקראת עת רצון ביום שבת ואחר התפלה הנה עומד לנגדי זקן אחד כדמות הרב חיים הלוי אשכנזי ז"ל שכיני, ויקראני בשמי ויאמר לי: אתה רבי חיים תרצה לצאת עתה לשדה עמי ללוות את שבת מלכתא ביציאתה כדרך שאתה נוהג להקביל פניה בכניסתה, ושם אראך דברים נוראים, ואומר לו: הנני, ונצא, ונלך עד חומת המגדל הישן שבצפת לצד מערב כנגד הכא"ן [מקום חניה לאדם ולבהמה, ראה שו"ת אבקת רוכל סי' קכ"ז], במקום שהיה שם בתחילה פתח החומה, עכ"ל. ועיין שם עמ' סה אות לא, ודו"ק. דא"ג מוכח מכאן שרח"ו יצא לשדה לקבל שבת עוד לפני הגעת רבו האריז"ל לצפת, ושכן נהגו המקובלים דשם.

33 כפי שמסופר שפ"א בא אחד מחכמי פירארה [רנ"ב שהיה מפורסם בפי כל, ושלאח"ז השתמד-] לפאדובה - עירו של הרמח"ל, וביקש לילך עם הרמח"ל בעוד שהיה מתעסק לילך לעשות קב"ש חוץ לעיר ואמרו לו תלמידיו רבי יעקב חזק ורבי משה דוד ואלי וכו', רבינו! יש בחוץ כאן החכם פלוני [רנ"ב הנ"ל] אורח שרוצה לשאול בשלומו ולילך עמנו, והרמח"ל נאנח על זה והשיב להם: ח"ו אל יבוא דכבר אין עוד תקוה לנשמתו, ובעוה"ר אחר זמן נתגלתה חרפתו (תולדות גדולי איטליה, עמוד 922).

34 הנהגת הבעש"ט יבואר בארוכה בנספח א'.

35 דעת רח"ו שאה"נ שהאי שדה מקום משכן הסט"א, אולם ביום השבת נתעלה לחקל תפוחין, ועוד מעלין את כל הניצוצין שם, כמוש"כ בספר הליקוטים, שה"ש, עה"פ לכה דודי נצא השדה, דע כי מלת לכ"ה אותיות כל"ה והוא כי כל ער"ש נעשית המלכות כלה לבעלה, כי ביום השבת יפתח ועולים רגליה מבין החיצונים מימי החול, ובע"ש עולה לנה"י של ז"א שהוא המקום הנקרא שדה תפוחין וכו' לכן ראוי לבעלי מעשה לצאת השדה בכל ער"ש לחקל תפוחין קדישין, להכניס את הכלה העומדת שם בשדה ולהכניסה לבית, עכ"ל. וכעי"ז בספריו שעה"כ ענין קב"ש דרוש א', שער המצות פ' בשלח, דרוש ב', שערי מאמרי חז"ל עמ' ז. מאמר פסיעותיו של א"א ע"ה, נדפס בכתבים חדשים, י"ם תשמ"ח, ראה שם אות כב, כה. וראה מש"כ להעיר ע"ד בס' בן יהוידע ב"ק לב.
ויצויין לדברי החידושי הרי"ם, שיוצאים לשדה דייקא, שהוא מקום זריעה, לרמז שנהיה יכולין לקבל זריעה, הוא אור זרוע לצדיק, כלי לקבל קדושה - (חידושי הרים עה"ת מהדו' י-ם תשמ"ו עמ' ש"ו).

36 וכן שמעתי מהרב זיידיל העליר ז"ל (נכד רבי שמואל העליר אב"ד צפת) שעדיין בימיו היו בתי כנסת ובתוכם של עדת חסידים אשכנזים יוצאים לחוץ לקבל פני שבת.

וכן נהגו בירושלים אחרי דור רח"ו כפי שמעיד בעל ספר חמדת ימים, איזמיר תצ"א, ח"א, דף נו: וכן רבים פה בירושלים מחזיקים במנהג הקדמונים ויוצאים מחוץ לעיר השדה ברוב שושנים ועושים סדר קב"ש שם. וכן מרומז בשו"ת קול גדול. לרבי משה בן חביב, סימן לט: שאלה, מיבעיא לן אם מה שאנו נוהגים עתה להתאסף ולצאת לקראת שבת ואנו אומרים בואי כלה שבת מלכתא וכו', עכ"ל לענינינו. ובדורות שלאחריו אין לנו עדות מפורשת עד מנהגי ק"ק בית אל (שנהגו לקב"ש בתוך בית הכנסת ויבואר בנספח ב' מנהגם ונימוקם), וכן נהגו ברוב הבת"כ[37][38] וכן נהג רבי אברהם מונסון, מרבני מצרים ובסוף ימיו עבר לקושטא, ונפטר בשנת שצ.[39] בספר שבילי דוד סי' רס"ב העיר ע"ד המ"א שם "ובשעה"כ הפליג מאוד בחיוב לצאת לשדה לקב"ש".

לעומת דעת האריז"ל שצריך לקב"ש בשדה דייקא, דעת חכמי צפת, כנראה, היתה שדי בעזרת ביה"כ ובזה מראה שהוא מקבל פני מלך, ראה לשון 'הנהגות' ליד הע' 13-14, וכ"כ באגרת של רבי שלומיל מדרעזניץ, (חסר תאריך, נדפס בקובץ על יד כרך ג' עמוד קכז), המתאר מנהג יהודי צפת בזמנו, וכך תיאורו: ואחר תפלת מנחה בער"ש יוצאין כל הקהל לתוך העזרה[40] ומקבלים את השבת, ואומרים מזמור הבו, בניגון יפה, ומשוררים הפזמון לכה דודי לקראת כלה שעשה מהר"ר שלמה אלקבץ הלוי ז"ל, ומזמורים צב-ג. עכ"ד לענינו. וכ"כ בסדר היום (עי' לעיל אות ז) שיצא לקבל פני הכלה, ואפילו ד' אמות חוץ לביתו סגי ואם אין לו טורח לצאת חוץ לעיר יצא והוא יותר טוב שכן דרך המקבילים לצאת חוצה להקביל וכו' והענין הוא לצאת לנגד ביתם למקום אויר אל הגן או אל החצר מקום פנוי וראוי להקבלה, אבל לא שיחויב לצאת חוץ לעיר והכל לפי האדם ולפי המקום.

עיקר דבריו שלכתחילה יש לצאת חוץ לעיר, ואי קשה די לצאת בעזרה או בגן או מקום פנוי אחר וכן נראה דעת החמדת ימים שכתב: ובימי גרושי כי גרשוני

---

37 אולם יש לציין שהיה מנהג מפורסם בירושלים (שהיו הרבה קהילות התפללו מנחה וקיבלו שבת בנעימה תחת כיפת השמים ע"י כותל המערבי. - כן מצאתי תיאור של נהירת תושבי ים לפני כמאה שנה - ברשימת רבי ישראל מאיר סופר שנכתבו בשנת תרנ"א בספרו מחוה ארץ הקדושה. וכן כתוב במנהגי ירושלים שנדפסו בסו"ס שבט יהודה מהדו' למברג חרט"ו [יו"ל ע"י א.מ. מוהר, עותק נדיר] שהתפללו מנחה וקב"ש ע"י כותל המערבי, ולא ידענא מיהו הכותב ויש לציין שבס' מבשרת ציון שי"ל ג"כ ע"י א.מ. מוהר. למברג תר"ז, הובא מסע של אחד מבני נכר לא"י(?) חסר תאריך, ומופיע שם, בתיאורו עיר ירושלים ומנהגיה (עמי מב) אותו תיאור, אולם שם כתוב שהתפללו מנחה ע"י הכותל המערבי, ואח"כ הלכו לביה"כ וישירו מזמור צב ויתפללו ערבית. ומסופקני אם אפשר להסתמך ולדייק בדבריו. ובאיגרת מרבי יהוסף שווארץ, אגרת א"י עמ' 173, משנת תקצ"ז מתאר את הנהגות קהילת האשכנזים בי-ם, וכותב שם ג"כ, שהתפללו מנחה ע"י הכותל המערבי ואח"כ קב"ש בבית הכנסת.

38 לגבי מנהג חברון נמצאה סתירה בדברי רבי אליהו מני אב"ד חברון בספרו זכרונות אליהו, מע' ק' אות ה', כתב שמקבלים שבת בביהכ"נ, ובספרו שיח יצחק, י-ם תרס"ג עמ' קסג כתב: ויוצאים הקהל חוץ לביה"כ, וצ"ב.

39 כמוש"כ בכנה"ג, סי' רסב: ושמעתי מהחכם השלם גיסי כמה"ר יצחק ששון נר"ו - לא ידוע פרטים עליו ונזכר בכנה"ג פי' רפב, ובשו"ת שער יהושע סי' עט - מתלמידי הרב המובהק כמהר"ר אברהם מונסון זלה"ה שראה לרבו כשהיה בכפר ג'נגיל קייואי היה יוצא חוץ לכפר על פני השדה הרחק כמטחוי קשת.

40 רבי יעקב הלל שליט"א, ראש ישיבת אהבת שלום בספרו האר"י וגוריו, י-ם תשנ"ב, עמי צד, הגיה כאן במקום 'לתוך' העזרה, צ"ל 'מתוך' העזרה, ולענ"ד אינו מדוייק, שהרי לפי דבריו היה צריך ר"ש לנסח מתוך הביה"כ, מהיכן ביאת העזרה כאן, האם התפללו מנחה בעזרה שמתוכו יצאו אח"כ? ועוד הרי מצאנו שחכמי צפת קיבלו את פני השבת בעזרה כמבואר כאן.

היום מהסתפח בנחלת ה'[41] במקומות שעברתי בהם לא הורשתי לעשות כאלה מכח כמה סיבות, ונהגתי לצאת החוצה אל עזרת ביה"כ למקום אויר פנוי וראוי להקבלה לומר סדר קב"ש. (והמעיין בדבריו שם ירגיש שהלך כאן אחרי עקבות הסדה"י).

וכן מנהג קושטא, וכן דעת הכנה"ג, וכמוש"כ בסימן רסב שהנהיג כן בכ"מ, וז"ל: וכן ראיתי המנהג בקושטא יע"א לצאת אל העזרה מקום פנוי ומגולה ובקצת מקומות ראיתי שאינן יוצאין מביה"כ להכנסת כלה אלא מקבלין אותה במקומן תוך ביה"כ, וכן הוה מנהג תיריא מקדמת דנא, ותיכף בבואי לכאן לתיריא [החבי"ב הגיע לכהן בתיר"א, בשנת תי"ג לערך] ערערתי על המנהג והנהגתי לצאת אל חצר העזרה מקום מגולה ויוצא עמי הירא את דבר ה'.[42]

וכן היה המנהג בכל מדינת טורקיה בדורות האחרונים שיצאו לחצר או לעזרה לקב"ש, ראה סידור חסד לאברהם טוביינה, אזמיר תקכ"ד, עולת שבת דף ח, כה"ח (פאלאג'י) סי' כה או"ק ג', וכ"כ דבי חיים שמואל הלוי[43] במכתבו שבשו"ת באר שבע סימן ז' אות ד', נדפס בסו"ס אור החשמ"ל.

וכן היה המנהג באר"צ, כפי שמעיד סופר א', בכת"ע השלח כרך לז, י-ם תר"פ, וכן נהגו יחידי סגולה בלבנון בשנים קדומות - שמעתי מפי רבי יעקב עטייה שליט"א רבה האחרון של לבנון. וכמו"כ היה המנהג אצל קהילות הספרדים שבק"ק פאריז (כתר שם טוב, גאגין ח"א עמ' קפא).

דעה שלישית ויחידאה, היא דעת הרמ"ק, והיא, שאין לצאת כלל, כמוש"כ בסידו־ו תפלה למשה שער י' סימן ד', והועתק בסידור של"ה[44], וז"ל, וענין קבלתו פי' בגמרא ר' חנינא מתעטף וקאי אפניא דמעלי שבתא. אמר באו ונצא לקראת שבת מלכתא ר' ינאי אומר בואי כלה. בואי כלה. והנה יש רבים שדמו מכאן שצריך לצאת החוצה השדה לקבל השבת. ותמיהא לי מלתא טובא שהרי השבת אינו בא מדדך השדה אלא מדרך עליון מלמעלה למטה. ועוד אמר מתעטף וקאי לא קאמר ונפיק אלא שהי' אומר בואו ונצא לא אמר שהי' יוצא בפועל. ועוד ר' ינאי אמר בשלמא אם הראשון כאמירה ניחא דר' ינאי באמירה אלא אם ר' חנינא הי' יוצא ברגליו אין ר' ינאי מתייחס באמירתו. ומיהו כבבא קמא פרק כיצד הרגל נראה דממש באו ונצא שהיו רצים דהיינו דאית ליה רשותא למרהט. לכך נראה לי שלא הי' יוצא כי לאיזה צד יצא. והרי הוא מלמעלה בא עלינו להשרות שכינתו עלינו אלא הכוונה מתעטף וקאי. יאמירתו במקום אמירת ר' ינאי. והי' אומר באו ונצא כלומר לא נמתין עד שהיא תבא מאלי' עלינו ואז נקבל אותה אלא באו ונקדים מחול על הקדש שזו שאנו

---

[41] נמצא תחת ידי ספרי החמ"י, שהיו שייכים להמקובל רבי יהודה משה פאתייה, בעל בית לחם יהודה על ע"ח, וכתב כאן עה"ג שכוונת המחבר הוא. בעת שנתפס לש"ץ, גרשוהו מירושלים.

[42] וכ"כ בחמדת ימים שבת פ"ה: וכן ראוי לכל איש ישראל אשר בידו למחות, ונשמעים דבריו לדבר על לב עם הקדש לנהוג כן בכל בתי כנסיות וב"מ לכבוד הדרה של שכינה שלא יקבלו אותה תוך ביה"כ דנהיג קלנא בשכינתא ח"ו.

[43] אב"ד ואנינא-שביון, נולד בירושלים ואח"כ עבר ליוון, והשאיר אחריו כמה חיבורים בהלכה וקבלה, ועדיין בכת"י.

[44] דברי סידור השל"ה הועתק בפי' עץ יוסף שבעין יעקב, שבת קי"ט. ויש להעיר שהשל"ה עצמו בהמשך דבריו העתיק את דברי רח"ו בשעה"כ שיש לצאת לשדה, וצ"ב. עוד יש להעיר כאן לדעת המהרש"ל במס' שבת שם שכתב כדעת הרמ"ק שאין הכוונה ליציאה בקבל"ש.

יוצאים מהחול לקראתה קודם בואה בענין שאין שבת באה אלא לזמן בואה. אמנם אנו מקדימים מה שמוסיפין מחול על הקדש כמי שמקדים לקראת המלך קודם בואו שמקדימין חייליו לבא. וכך חיילי שבת באים ואנו מקדימין לקראתה. והיינו ונצא לקראת כדפי' ור' ינאי מדקדק אמירתו יותר דסבירא לי' ממש דקדושת שבת מקדמת ובאה. ולכך מיד הי' אומר בואי כלה והרי השבת כעין הכלה המצפה לבעלה לעת שיקרא אותה, וכיון שקורא אותה מיד היא באה, לכך באי כלה מיד, עכ"ל. וכ"ה בהעתק מסידורו בכת"י משנת ת' לערך, מלכת"י ס' 17051, 2259.

והנה תרי תמיהה אתמהה: ראשית וכי מאי איכפת לו שנצא לשדה? ושנית הלא בהנהגת הרמ"ק עצמו כתוב שיצא לחוץ[45] ורבו המובהק - גיסו - רבי שלמה אלקבץ נראה שיצא וכמו ששר בפיוטו לקראת שבת לכו ונלכה ראה הערה 27. וכמו"כ תלמידיו המובהקים רא"ג והאר"י יצאו? ומצאתי את שאהבה נפשי מש"כ הרמ"ק עצמו במק"א בספרו אור יקר (פ' אחרי סי' כח כרך יג עמ' קה) וז"ל שם: עה"פ אשר לא יביאו בנ"י את זבחיהם אשר הם זובחים ע"פ השדה, בהיות השחיטה שם בבחי' ההם יש מונעים הרבה ומקטרגים יעבד הקרבן בענין תפילה וכו' יעכבו השפע וכו' ומי גרם זה בהיותו זבח ע"פ השדה פנים דההוא שדה השולטים האחוזים באותם הבחי' יעכבו עליית הקרבן, וכן דין התפילה חוץ לביה"כ שאין ראוי אלא שתהיה בביה"כ או בביהמ"ד ולא ע"פ השדה שיש מערערים ומקטרגים בדבר, עכ"ל לענינינו.[46] הרי שלדעתו הק' יש להמנע מלהתפלל ע"פ השדה.

ועל השאלה השניה, אין מענה בפי והיא פליאה עצומה ואולי מהדו"ק ומהרו"ב נמצא כאן, והדר ביה.[47]

הרי לך ג' שיטות ביציאה לקבלת שבת: א] דעת האריז"ל שיש לצאת לשדה דייקא - וכן נהג מהר"י בעש"ט - עכ"פ לפני התגלותו, ויבואר הנהגתו הק' לקב"ש בנספח א'. וכן נקטו המכוונים בק"ק בית אל ועוד כמו שיבואר בנספח ב'. ב] דעת

---

[45] וכן מרומז בספרו 'הגירושין' בהתחלה, שבשנת ש"ח י' שבט, יום ששי, נתגרשנו בגרושי המלך והמלכה וכו', ולאחר מכן מבאר כמה פסוקים ממזמור שיר ליום השבת הרי דיצא ביום ו' לקבלת שבת. וכן הערני הרב יעקב קאפל שווארץ שליט"א רו"כ נועם אלימלך נ.י. ל'הנהגת הרמ"ק' שנדפס מכת"י בקובץ אפרתים עמ' יב אות יג, בכל ער"ש ידבר עמו מה שעשה בכל השבוע, ומשם יצא לקבלת שבת.

[46] מבואר בכו"כ ספרים ענין שליטה של הסט"א בשדה, ראה אלשיך עה"פ [בראשית ד, ח] ויהי בהיותם בשדה ויקם קין, מגלה עמוקות פ' ויצא כט, ב. ר"ה והנה באו בשדה, ודבר נחמד כתב רבי יוסף אב"ד ליסקאוה - פאריצק, בספרו תולדות יוסף (שקלאוו, תקנ"ו) שה"ש ז, יב. לכה דודי נצא השדה, ר"ל אף במקום שאינה מקום דירה אלא בחי' סט"א, נשכימ"ה יותר לגאולת הקץ.

[47] ובדומה לזה, כתב רבי גדליה בן הרמ"ק בהק' לס' אור נערב: שבתחילת ימיו הלך אביו - הרמ"ק - בעקבות רבו מהר"ש אלקבץ, ואמר ג"פ 'ובכן' בתפילת ימים נוראים, אולם לאח"כ שינה לד"פ, כפי שנראה לו פשט בד' הזוהר. וראה מש"כ הרמ"ק בפרדס רימונים, שער הכינויים פ' כב ערך שדה, ודו"ק.

שאר חכמי צפת ובתוכם ר"ש אלקבץ, רא"ג ר"א אזולאי ור"מ בן מכיר ועוד, שאפשר לצאת או בשדה או בעזרה.[48] ג] דעת הרמ"ק בסידורו שבביה"כ דייקא[49].

ט. היציאה לקבלת שבת: מקורה וטעמה

בגמרא שבת קט. מסופר: ר' חנינא מיעטף וקאי אפניא דמעלי שבתא אמר בואו ונצא לקראת שבת המלכה, ר' ינאי לביש מאניה במעלי שבת ואמר בואי כלה בואי כלה. בכדי להבין מעשה רב דהני תרי אמוראים יש לברר האם יצאו במציאות או שרק הכינו את עצמם כאילו יוצאים המה וכמשל הוא. ולפשר ספקינו נדייק מאותו סיפור שמובא בשינוי קל במסכת ב"ק לב: דאיתא שם במשנה הרץ ברה"ר והזיק דרך ריצתו פטור. ושואלת הגמרא שאיסי בן יהודה (ראה פסחים קיג: וחסדי דוד על תוספתא פ"ב ה"י) אומר רץ חייב מפני שהוא משונה - ואין לו רשות לרוץ ומשני מודה איסי בן יהודה בערב שבת בין השמשות שהוא פטור מפני שרץ ברשות וכו' מאי ברשות איכא כדר' חנינא, דאמר ר' חנינא בואו ונצא לקראת כלה מלכתא, ואמרי לה לקראת שבת כלה מלכתא, רבי ינאי מתעטף וקאי ואמר בואי כלה בואי כלה, עכ"ל הגמ'.

והנה בביאור פטור הרץ ביהש"מ נחלקו בזה הראשונים והפוסקים אי דוקא ביהש"מ או כל היום, וכמ"כ אי דוקא לכבוד שבת או לכל מצוה - ראה אריכת דברים בשו"ע חו"מ סי' שעח ונו"ב שם ובאוצר מפרשי התלמוד על אתר. אולם עכ"פ מלשון הגמ' חזינן שרבנן יצאו במהירות וריצה על השדות כדי לקבל פני השבת. ובפרט לדעת הראשונים הסוברים דאיירי בבין השמשות דוקא - ה"ה בספר ערכי תנאים ואמוראים, ברוקלין תשנ"ד ח"ב עמוד תמד, וכ"כ המרדכי והנימוקי יוסף. וכן נראה בדעת עוד מהראשונים דאיירי לענין קבלת פני השבת ולא לצרכי שבת; וכ"כ בפירוש ר' יהונתן - הובא בשטמ"ק.

ונימוק להריצה לכבוד שבת ולא די בהיציאה נעוץ במאמרו של ר' יוחנן, ברכות ט: לעולם ישתדל אדם לרוץ לקראת מלכי ישראל וכן יש לציין להמסופר על רשב"י ובנו ר' אלעזר שבצאתם מן המערה ראו בערב שבת ההיא סבא דהא נקיט תרי מדאני (פרש"י חבילות של הדס להריח בשבת) ורהיט בין השמשות - שבת לג. ואפשר שריצתו היתה לכבוד שבת. ובטעם שרץ דוקא עם הדסים יש להטעים כפי מה שמצאנו - כתובות יז. שדרכם של ר' יהודה בר עילאי ורבי שמואל בר יצחק היתה שרקדו עם הדסים לפני הכלה ומה מאוד ימתקו על פי חידושו של העונג יו"ט,

---

[48] וראיתי לחכ"א שכתב שדעה זו - שאפשר לקב"ש גם בעזרה, ושדה ל"ד, מקורו בספר סדר היום. ואינו. ראשית שהרי ראינו בהנהגות חכמי צפת ומוזכר כבר שם שדה או חצר ואפילו א"ת לדחותו, הרי 'סדר קבלת שבת' נתפרסמה לראשונה [בעז"ה בקובץ הבאה אאריך בזה], בשנת שד"מ בדפוס, בסידור תמונות תחינות תפילות ספרד וינציה שד"מ דף קח; ומופיע בכותרת של סדר קבלת שבת "יש מהם שהולכים לבתי כנסיות ויש מהם שהולכים מחוץ לעיר כ"א כפי הכנת מקומו" 'ספר סדה"י נדפס לראשונה בשנת שנ"ט - ראה הע' 18.

[49] וכן נהגו ברוב קהילות ישראל, אולם לא מטעמו של הרמ"ק, והמ"י, לדוגמא ראה ס' נוה שלום, מנהגי מצרים דף י"ח.

חאו"ח סימן ט' שכתב שדווקא רץ בע"ש בה"ש פטור משום שהריצה עצמה מצוה שמצוה לרוץ כאדם המקבל פני מלך, לא כן ברץ לקיים מצוה אחרת אפילו שבאופן אחר לא יוכל להשיג המצוה, חייב משום שהריצה עצמה אינה מצוה.

המהרש"א ביאר שלרבי חנינה ורבי ינאי שתי דרכים בהקבלת שבת - קבלת פני חתן לכלה היו להם, דעת רבי חנינה בע"ש קודם כניסתה לחופה אמר בואו ונצא, דדרך החתן לצאת לקראת הכלה (ראה רש"י דברים לג. ב.. ורש"י מגילה כט. ודרישה וט"ז אה"ע ר"ס סה) קודם כניסתה לחופה ורבי ינאי מדה אחרת היתה לו שלא אמר נצא לקראתה, ואדרבה הוה קאי ועומד במקומו והיינו דבכניסתה אמר בואי כלה, שהכלה תבא אליו כדרך הכלה אחר כניסתה לחופה שתבא מבית אביה לבית בעלה ולזה בכל הענין בואי כלה ב"פ, ר"ל בואי כלה לחופה ואח"כ בואי כלה לבית בעלך עכתו"ד מהרש"א.

[ולהעיר מפירוש אחר לכפל הלשון בואי כלה, שאמרו לב' מלאכים המלווים אותם, ונגד זכור ושמור - עיון יעקב שבת (שם), וכ"כ מדעת עצמו בבן יהוידע ב"ק ר"ה ובאופן אחר עיי"ש].

ולמי אמרו בואו ונצא: כבר הבאנו לעיל לשון הרמב"ם שאמרו כן לתלמידיהם, ובספר סדר היום כתב לחבריהם או לתלמיריהם. ובספר בן יהוידע כתב: ונ"ל שהיה דרכו לקבץ עמו בני אדם דרך הילוכו שהיה הולך לקב"ש, הן כדי לזכות את אחרים, והן כדי שיהיו עמו עשרה, עכ"ל. ולא זכר שם מדברי הרמב"ם.

טעם היציאה

בביאור טעם היציאה פירשו הראשונים שיש להתדמות כמי שיוצא לקבל פני מלך, ובחא"ג למהרש"א כתב: דצריך החתן לצאת לקראת הכלה, וכעי"ז פירש בספר חמ"י, שבת פ"ה. ובספרי רמז ודרוש האריכו בזה, ובגלל קוצר היריעה אביא רק שני מאמרים מב' גדולי ישראל מהדור הקודם.

בחידושי הגרי"ז מבריסק עה"ת פ' יתרו עה"פ ויגד משה וגו' כתב: שאחרי שאמרו בנ"י רצוננו לראות את מלכנו נתחדשו דינים של קבלת פני השכינה והם: כיבוס בגדים, שיהיו נכונים ומזומנים, יציאה מן המחנה לקראת השכינה, וג' דינים אלו יש גם בקבלת פני שבת המלכה, עיי"ש[50].

---

[50] ואעלה על ע"ג הכתב מנהגו הייחודי של הגרי"ז מבריסק, כפי ששמעתי מבניו הגאונים רבי משולם דוד ורבי מאיר שליט"א, מנהגו של הגרי"ז היה לאחר רחיצתו לכבוד שב"ק לבש את הקאפטע (מלבוש מכובד - שהיה לובש ליציאה לרחוב) והתיישב בהמרפסת בכובד ראש ומצפה ומייחל לקבל פני המלך.
וכבוא זמן השקיעה נכנס הביתה ובדק (ע"י השעון) שהגיע עת שקיעת החמה ואז הסתובב לכיוון מערב ואמר בקול רם מתוך שמחה וחדוה (מיט א ברען) בואי בשלום עטרת בעלה גם בשמחה וצהלה תוך אמוני עם סגולה בואי כלה ג"פ. שבת מלכתא. לכה דודי ובו' והתיישב ואמר מזמורים צב צג.
ומצאתי להנהגתו מקור קדום, והוא בספר סדר היום (הנהגת ערב שבת): אחר שעשה כל מעשיו וצרכיו והכין כל עניניו והתפלל מנחה וכבר נטה השמש לערוב, ייחם לו יורה של מים חמים שירחוץ בהם פניו ידיו ורגליו והוא כבוד להדר עצמו כדי להקביל פני הכלה בפנים מאירות ונקיות וטהרה ואם אפשר לו לטבול כל גופו בארבעים סאה בענין שלא יבא לו שום נזק כמה יפה ונעים כאשר היו עושים חסידים הראשונים שהיו יורדין לנהר לטבול ואח"כ יוצאין לקראת כלה

ובספר דעת חכמה ומוסר, לרבי ירוחם ממיר ח"א עמ' קל כתב: "דא"ר חנינא בואו ונצא לקראת שבת מלכתא, וברש"י כאדם המקבל פני המלך, ר' ינאי הוה מתעטף וקאי ואמר בואי כלה בואי כלה", וכל הרשעים הלא יתלוצצו וילעגו למו מהו ענין היציאה אל השדה, וכי משם היא באה, וגם מה שייך בכלל לצאת לקראת שבת, והלא לכאורה יותר נכון שישב בביתו במנוחה ושלוה ובאופן זה יקבל פני שבת. אבל באמת טענתם באה מצד זה שאינם יודעים מהו עולם המעשה. שאילו ידעו והבינו יסוד זה לא היה מקום למחשבתם זו. חז"ל הורונו שבכדי לקבל שבת צריך דוקא ל"ציור", אופן הציור הוא לצאת אל השדה, ורק על ידי ציור זה מקבלים פני שבת, ומי שאינו מודה ביסוד זה, הנהו בור ועם הארץ ב"סוד הציור", ורק הצדיקים ההולכים בדרכי ה' הם יודעים את זה, ולכן ר' ינאי קבל שבת רק ע"י "ציור" שיצא אל השדה ואמר בואי כלה.,

י. ברוב עם הדרת מלך

לעיל הבאנו לשון הבן איש חי בספר בן יהוידע שיש ענין לצאת לקבל את השבת עם עשרה אנשים. מקור לדבריו הוא בשו"ת הלכות קטנות ח"א סי' נב וז"ל: וראיתי בתיקונים שמצריך עשרה לקבלת שבת, וטוב הדבר אם אפשר, וגם מצאתי סמך שאומרים בואי כלה וברכת חתנים בעשרה ואמרו רז"ל כנסת ישראל יהיה בן זוגך [לשבת] עכ"ל[51]. מקום כבודו של התיקו"ז יגעתי בחיפוש אחר חיפוש ולא מצאתי. כמו"כ לא מצאתיו בשום ספר קדום שיש ענין בעשרה.

בספר סדר היום כתב: וכשיוצא לקבל שבת, אם יש עמו חבר או תלמיד שיצא עמו שיהיו ב' או ג' הוא טוב ויפה, וברוב עם הדרת מלך, ואם לאו הוא לבדו עכ"ד. דרי שב' או ג' אנשים הוי בגדר רוב עם. וחזינן מכך ב' חידושים, א] שיש הידור של ריבוי עם בעת קבלת שבת, ב] שדי בב' וג' אנשים וא"צ להדר אחרי מנין, ולעיל חזינן דדעת הלכות קטנות ובן יהוידע דבעי עשרה.

ובהענין של רוב עם בעת קבלת שבת (נוסף למה שיש בכל מצוה שאפשר לעשותה בחבורה, יעשנה בציבור ולא ביחיד) יש להטעים עפ"י דברי הב"ח סימן תכט ד"ה מרימר ומר זוטרא הוי מכתפי להו ומברכי: נראה דרצה לומר שלא היה עומד כל אחד בפני עצמו ומברך, אלא נתחברו יחד כתפיהן להדדי ומברכין יחד

ומקבלי' עליהם אותה נשמה יתירה בטהרה וקדושה... ואם עדיין לא הגיע הזמן להקביל שבת יישב במקום אחד לומד וממתין עד שיגיע הזמן, עכ"ל. ולהעיר ממנהגו של האדמו"ר בעל מנחת אלעזר ממונקאטש בטרם צאתו מפתח ביתו ישב את עצמו מעט על הקאנפע אשר בחדרו וקם ונכנס לבית המדרש בפנים חדשות מאירות והוא כחתן יוצא מחופתו ישיש כגבור לרוץ אורח - דרכי חיים ושלום סימן שסח.

[51] דבריו הועתקו בשלמי חגיגה הלכות שבת סימן ב אות ג בהג"ה וכן בקצות השלחן. בדה"ש סימן עז סק"ט, לקוטי מהרי"ח, סדר קבלת שבת, וציין לדברי הפמ"ג מ"ז סי' רסח דבליל שבת יהדר אחר מנין מטעם ויכולו שצריך בעשרה עדות להקב"ה וכו'.

שזהו דרך חשיבות להקביל פני השכינה[52]. הרי דלהקביל פני השכינה יש לצאת ברוב עם וכן באמת הקפידו במרוצת כל הדורות לקדש את הלבנה - שכפי מאמר תנא דבי ר' ישמעאל, הנאמר בסדר קידוש לבנה, הרי הוא כקבלת פני השכינה - בציבור[53].

גדר רוב עם מצאנו לעיל ב' שיעורים, עשרה, ב' או ג', ונעמוד כאן על ב' השיעורים, א] היכן מצאנו השיעור של עשרה לברוב עם, ב] היכן מצינו ב' וג'. השיעור של עשרה מצינו בהלכות קידוש לבנה שהוא כקבלת פני השכינה, ראה מקור חיים, תכו, ד. בית דוד הנ"ל וא"א בוטשאטש שם. ומדבריהם משמע שעיקר ברוב עם הוא בעשרה. וכ"כ בערוה"ש קכח. ח. דברכת כהנים צריך עשרה משום שצריכה השראת השכינה. וראה תשובות והנהגות ח"א סימן רה[54]. ומצאתי מקור קדום שעשרה הוי שיעור ברוב עם, לחד מקמאי ה"ה המאירי, ר"ה, דף כח סוף ע"א, שלכתחילה ראוי לקיים מצות שופר ומגילה בעשרה.

כמו שמצינו כאן ב' שיעורים עשרה - וב' וג' כן מצינו בכמה מספרי האחרונים שכתבו שלכתחלה יש להדר אחרי עשרה ואי לאו לכה"פ ג', ראה באוה"ל סי' תכו ד"ה אלא, ומ"ב רסח. יט. לגבי עדות.

והנה מש"כ בסדה"י שהשיעור של רוב עם הוא ב' וג', צריך לימוד, שהרי ידועים דברי החי"א שהוכיח מגמ' מנחות סב. שברוב עם הוי מג' ומעלה וכן משמע מרהיטות לשון הפוסקים ראה ט"ז קצג, ג. שו"ע הרב תעט, ו. וראה שו"ת אפרקסתא דעניא סימן ל. ובשו"ת חבצלת השרון ח"א סימן ב' כתב שאין שיעור למטה, כל מקום עם השיעור והחשיבות שלו.

ומצאתי שכן משמע מדברי הרמ"ך, הובא בכ"מ הל' ברכות סוף הי"ב שבב' אנשים לא הוי רוב עם, ודי בהערה זו.

הידור זה לצאת בקהל להקביל פני המלכה, כבר היה נהוג משנים קדמוניות מאז קיים מנהג קבלת שבת בכל צורות אמירתו בציבור, הן המנהג הקדמון - נוסח א"י שאמרוהו בסדר התפלה, והן חכמי צפת שיצאו בחבורתם וכמש"ב בלשון הנהגותיהם[55] כמה כתות יוצאים ער"ש וכו' ומקבלים פני שבת. וכן נהג האריז"ל לצאת עם תלמידיו [על אף שמלשון רח"ו בשער הכוונות אין רמז לזה] וכמו שכתוב בתולדות האר"י[56] שיצא לשדה לקבלת שבת עם תלמידיו החברים. וכן

---

52 וכעי"ז כתב כבר במנורת המאור לר"י אלנקאווה פרק התפלה, עמוד רג, פירוש שהיו נסמכין ידו של זה על כתפיו של זה וידו של זה על כתפיו של זה דרך כבוד. להקביל פני שכינה דרך כבוד.

53 ראה מ"א סימן תכו ס"ק ו' יג, מור וקציעה סימן רכט, בית דוד ח"א או"ח סימן קלב: וראה מה שהעירו על דבריו בבית הוראה, פלורנטין דף כא טו"ג, זכרנו לחיים ח"א חאו"ח אות ב סעיף יט. וע"ע כנסת ישראל, ששון ח"א דף יא. שו"ת שואל ונשאל ח"ד סימן יד.

54 ויש להעיר מתוס' רבינו יונה פ"ק דברכות דף ח. שכשיש י' א"צ יותר לברוב עם, וראה שו"ת צבי תפארת סימן ע, ובשו"ת לבושי מרדכי ח"א או"ח סי' נו חידש שברוב עם שייך רק היכא שאחד מוציא להציבור.

55 ראה לעיל אות ה' ע"י הערה 13-14.

56 דפוס קושטא דף ח. וראה מהדורת מ. בניהו י-ם תשכ"ז עמוד 168 שהביא מקבילות מספרים אחרים.

משמעות הכותרת, שלפני סדר קב"ש בסידור מנהג ספרד, וינציה שמ"ד, [ששם נדפס סדר קב"ש, לראשונה] הולכין לקראת שבת בשמחה ובטוב לבב.

וכן כשנתפשט המנהג בתפוצות ישראל, אמרוהו בצבור; ראה בתיקוני שבת בהקדמה "נוהגים עוד היום באה"ק א"י שהולכים ברוב עם חוץ לעיר לקראת שבת מלכתא".

וכמו כן יש לציין מה שכתבו הני תרי צנתרי דדהבא מגדולי ירושלים בדורם, בשו"ת הלק"ט ח"א סימן נב: מתאספים ואומרים וכו', ורעו בשו"ת קול גדול סימן לט: מה שאנו נוהגים עתה להתאסף ולצאת לקראת שבת. וראה לשון החמ"י לעיל אות ז.

וכן במדינות אירופה כשהמנהג היה בהתחלתו ועדיין לא התפשט בכל הקהילות הקימו 'חברה קבלת שבת'[57] שאמרו ביחד את הסדר כמנין בפני עצמם וכן כתב הריעב"ץ בסידורו עמודי שמים, ח"א דף שלו אחרי הביאו ב' המנהגים לאומרו בפנים או בחוץ סיים: אולם ברוב עם הדרת מלך, אנו מקבלים שבת המלכה בבה"כ בציבור. הרי דהעדיף אמירתו בביה"כ עם מעלת ברוב עם, על פני יציאה לחוץ וביחידות[58]. וכ"כ בן דורו בשו"ט כנסת יחזקאל (שם) רז"ל; אמנם עתה, כל קהלה וקהלה מקבלים ברוב עם הדרת מלך איש לא נכחד והוקבע לחוב.

ואנא זעירא אוסיף נופך קטן. רמז קל לרוב עם מדברי מהר"ש אלקבץ - בלשון זמר לכה דודי - לקראת שבת לכו ונלכה. שאחד קורא לחבירו להתאסף ליציאה.

יא. עמידה

נהגו בני ישראל קדושים לעמוד בעת אמירת סדר קבלת שבת זה בכולו וזה במקצתו הצד השוה שבהם שכולם באימה ויראה ובעמידה כיאה לקבל פני שבת המלכה. בין אלו שנהגו לצאת בחוץ או בעזרה אמרוהו בפשטות בעמידה. ובין אלו שאמרוהו בתוך ביה"כ נהגו ג"כ (עכ"פ במקצת) לעמוד.

ראש וראשון המזכיר (בדממה) ענין 'העמידה' ה"ה האריז"ל בשער הכוונות. ענין קבלת שבת דף סד טו"ג: ותחזור פניך כנגד רוח מערב ששם החמה שוקעת ותכוין באימה וביראה כעומד לפני המלך לקבל תוספת קדושת שבת.

ומפורש יותר בספר תיקוני שבת בהקדמה: ואחר מזמורים אלו (צה-צט) ותפלה הנזכרת יעמדו כל העדה הקדושה לכבוד שבת מלכתא לשורר הפיוט הנאה וכו'. וכ"כ האליהו רבה, סימן רסב אות ה. וז"ל: כתב כ"ג, טוב למקבלי שבת ליצא

---

57 ראה מג"א סי' קלב ס"ק ב, נוהג כצאן יוסף. אות ט"ז, שו"ת כנסת יחזקאל חיו"ד סי' מד ד"ה ולפנים. דברי קהלת עמ' 61.

58 ונראה שמקורו מדברי התקוני שבת. אחרי הביאו את המנהג לקב"ש בשדה כתב שיש כתות שבגלל סבות שונות מקבלים את השבת בתוך ביה"כ וסיים: עכ"פ איך שיהיה אפשר ברוב עם הדרת מלך באיזה סיבה.

לעזרת בית הכנסת, ואנו נוהגין לעמוד ולעשות דוגמא כמו שמקבל פני אדם גדול. ומשם לספרי הפוסקים שם, באה"ט ועוד.

ענין העמידה בקבלת פני המלכה יש להסמיכו לדברי הגמרא לענין קדוש הלבנה סנהדרין מב., אמר אביי הלכך נימרנהו מעומד. פירש"י ויד רמ"ה: הלכך. הואיל ומקבל פני שכינה בעי לברוכי מעומד, מפני כבוד השכינה. וכן פירשו כמה ראשונים בדברי הגמרא שם. מרימר ומר זוטרא מכתפי ומברכי, פירש היד רמ"ה על אתר: זקנים היו ולא היו יכולים לעמוד, והיו עבדיהם מוליכים אותם על כתפיהם ומברכים מעומד, כעין זה פרש"י שם דף ז: ד"ה מכתפי להו.

עוד יש לומר בד"א, טעם למנהג העמידה, שהרי בקבלת השבת עלינו מעידים אנו וביום השביעי שבת ומכריזים על פני כל העולם כי "ששת ימים עשה ה' את השמים והארץ וביום השביעי שבת וינפש" ומהראוי לעמוד בעת הכרזה זו, וכפי שפירש בספר המנוחה לרבנו מנוח על הרמב"ם, פרק י הלכה טז, מהלכות ברכות, בטעם דצריך לברך ברכת קדוש לבנה מעומד "שהרי עדות והודאה היא על השם יתברך שהוא ברא העולם וכל עדות צריכה להיות מעומד".

ומצאתי שכן כתב רבי אפרים מלונטשוץ בעל עוללות אפרים בספרו שפתי דעת, פ' בראשית מאמר ז וז"ל: אמר אביי הלכך צ"ל מעומד, כמו שקבלת שבת צריך לאומרו מעומד, ככל קבלת עדות, כי השבת מעיד על מי שאמר והיה העולם, כך חדוש החודש מעיד ע"ז[59]. ומפורש יותר בדברי הכלבו, סימן מא - הביאו הב"י בסימן רע"א, שיש טעם לומר קידוש בעמידה שה"ה לכבוד המלך שאנו יוצאים לקראתו.

ויש שמצאו סמך לעמידה מלשון הגמרא ר' חנינא מיעטף וקאי[60].

כפי שהבאנו כבר, הנהגת האריז"ל היתה לעמוד בכל סדר קבלת-שבת, היינו ממזמור הבו לד' עד סוף מזמורים צב-ג, ולשונו הועתק בכל הסידורים עם פי' כונות. כמו כן בסידור עמודי שמים להיעב"ץ ח"א דף שלט: וכ"כ בכף החיים (פאלאג'י) סימן כח אות ד וז"ל: ומשיתחיל מזמור לדוד עד אחר ברכו דקודם ברכת מעריב יהיה עומד ועיין ק"ס ע.(?)[61]

---

[59] אם כי נ"ל שכונתו על אמירת ויכולו, עכ"ז השווה הרעיון בין זל"ז.

[60] רבי אליהו פוסק ראב"ד זלאטיפול מח"ס מור ואהלות, בכת"ע בית ועד לחכמים, נ.י. חוברת י שנה ט סימן נט: וכ"כ הגה"ח רבי ישכר תמר בספרו עלי תמר ירושלמי ב"ק פ"ג ה"ז.

[61] ואחר כ"ז תמוה מש"כ בסי' חמ"י, (שבת פ"ה) שאינו זז מד' האריז"ל - אחרי הביאו סדר הכוונות למזמור הבו כתב: ואחר המזמורים האלו יעמדו על רגליהם לומר תפלה רבי נחוניא בן הקנה וכו' משמע מדבריו שלא הקפיד לעמוד באמירת מזמור הבו.

וכן נהגו כל ההולכים בעקבות הרש"ש[62] וכן נהגו בקהילות קדש במדינת תוניס[63] וכן מנהג תימן[64] וכן נהגו במדינת בבל[65] ומדינת פרס - שמעתי מכמה יוצאי המדינה ביניהם בעיירת העמדין [מפי רבי יששכר דוד] בעיר משהד. וכן בעיר שירז [מפי רבי שמעון רושן], וכן שמעתי מכמה יוצאי עיירות שבמדינת כורדיסטאן. וכן היה מנהג אר"צ ולבנון [מפי הרב יעקב עטייה שליט"א רבה האחרון של לבנון]. וכן היה מנהג אזרביזאן [מפי ר' אליעזר בן חיים מקאבול]. וכן מנהג (הספרדים) ירושלים[66] וכל זה לנוהגים להתחיל ממזמור צט, אולם למתחילים במזמור צה לכאורה היה להם לעמוד משם, וכן נוהגים כמה מהמדקדקים וכן נהג בעל מנחת אלעזר ממונקאטש שעמד בכל סדר קבלת-שבת, ראה דרכי חיים ושלום אות שעא. וכן נהגו האדמו"ר בעל חובת התלמידים[67] והאדמו"רים לבית גור. וכן נהג האדמו"ר רבי אהרן מבעלזא גם באחרית ימיו למרות חולשתו[68]. אולם רוב העולם אינם נוהגים כן, אלא עומדים בעת אמירת מזמור צט,[69] וד"ז אמר דרשני. ומצאתי לכמה חכמים שעמדו בזה, יש שכתבו[70] שמזמור צט - הבו מרמז לתפילת העמידה, דהרי י"ח ברכות נתקנו כנגד י"ח הזכרות שבמזמור זה ראה ירושלמי ברכות ד, ג. והשווה לעיל באות ו' עוד מראה מקומות - לכן נכון לעמוד (דייקא) במזמור זה. ויש שכתבו[71] הטעם, שעיקר קבלת-שבת היא במזמור צט וכמש"כ בשעה"כ, ולא הבחין שמנהג המתחילים ממזמור צה, מקורו מס' סדה"י ותקו"ש כמו שהארכנו לעיל אות ז, ואין לו עם מנהג האריז"ל ולא כלום.

---

62 כן שמעתי מכו"כ ממקובלי דורנו ההולכים בתורת הרש"ש, ובמנהגי בית אל אות לו כתב: בקבלת שבת אומרים ב"פ הבו, ובפעם הב' אומרים אותו בעודם מקיפים את התיבה עכ"ד. לא פירש אם בפעם הא' אמרוהו בעמידה, אולם כפי הנראה שהיה בעמידה. עד כמה שידי מגעת לא נשאר בין החיים, מתפלל שהיה בין המכוונים בישיבת בית-אל בירושלים בין החומות, כדי לברר מנהגם.

63 כ"כ במנהגי תוניס - ברית כהונה, או"ח דף פד: ענין שבת אות ג: מנהגינו לומר תחלה מעומד מזמור הבו ואח"כ לכה דודי מעומד ואח"כ במה מדליקין (מיושב), קדיש. ואח"כ מעומד מזמור צב. וכן שמעתי מהג"ר מאיר מאזוז שליט"א ראש ישיבת כסא רחמים שכן נהגו בכל ערי תוניס וכן מנהגם עד היום.

64 ראה הליכות תימן עמוד 5, מצפונות יהודי תימן עמוד 82 , וכן שמעתי מילידי העיירות שרעב וצנעה.

65 כן שמעתי מהרבה מיוצאי בבל (בגדאד) ובתוכם המקובל הרב ר' ששון מזרחי שליט"א.

66 נוה שלום - חזן סימן נו וכן הוא נהג בעצמו, נתיבי עם סי' רסז. ב.. כתר שם טוב, גאגין ח"א עמ' קסב.

67 מפי הרה"ח אלעזר ביין שליט"א.

68 ביתו נאוה קודש - חודש אדר, עמוד עז.

69 ראה קצות השלחן סימן עז בדה"ש ס"ק ט ובספרים המובאים לקמן. וכמדומני שכן נוהגים כל הבתי כנסת נוסח אשכנז, כן ראיתי, וכן שמעתי עדות מכמה זקני ירושלים בבתי נייטין וכן נהג הגאון ר' זעליג ראובן בענגיס - מפי הרב אשר קרישבסקי, ובבתי ברוידא ושערי חסד מפי הג"ר אלעזר יהודה וולדנברג. וכן נהג הגר"מ פיינשטיין זצ"ל - מפי בנו הרב דוד פיינשטיין. וכן ראיתי שנוהג הג"ר יוסף שלום אלישיב. וכן נהג אדמו"ר בעל שומר אמונים מבערגסאס - מפי הרב משה גרשון גוטליב. וכן נהג האדמו"ר בעל דברי יואל מסאטמר - מפי הרב ליפא שווארץ, ואדמו"ר בעל דברי יציב מצאנז-קלויזנבורג - מפי חתנו הג"ר דוב ווייס אב"ד קרית צאנז - ירושלים.

70 האדמו"ר רבי צבי אלימלך מבלוז'וב בשו"ת צבי לצדיק סימן ו, רבי אליהו יצחק מייזל - לא ידועים לי פרטים עליו - בכת"ע הפסגה, י"ל ע"י הרב הלל טריוויש א"ד ווילקי, כרך י שנה תרס"ד עמוד 151 , נפש חיה (מרגליות) סי' רסז סעיף ב, יסודי ישורון ח"ג עמוד קעב.

71 רבי אליהו פוסק בכת"ע בית ועד לחכמים לעיל בהע' 60.

אנא בכח

הרבה (מהנוהגים לאומרו) נוהגים שאחרי אמירת מזמור הבו נשארים בעמידה ואח"כ אומרים בעמידה תפלת אנא בכח ואח"כ מתיישבים לאמירת הפיוט לכה דודי ולא מצאתי בכתובים ביאור לזה ואענה אני את חלקי בזה. א. עפ"י הטעם הראשון של עמידה למזמור הבו, שהוא נגד תפילת העמידה. דהנה המקור לאמירת אנא בכח בקבלת שבת כתב בס' זכירה לחיים, לתיקונים תי' כא דף מג. דאיתא שם ז' קלין אינון בהבו לה' דאזלין על ז' שמהן דאינון אבגית"ץ וכו' שהוא הר"ת והשם של אנא בכח, הרי שהיא באותה בחינה של מזמור הבו ולכן נכון לעמוד בשעת אמירתו. ב. י"ל עפ"י מנהג עתיק בקהילות אשכנז שבעת אמירת פסוק המרומז בו 'שם' אמרוהו בקול רם או בעמידה כדי להדגיש את הרמז שבתוכו[72] וכידוע שתפלת אנא בכח הם צירוף של חילופי אותיות של שם מב, ראה תקו"ז תי' ד דף יט. וכתם פז פ' בראשית, ולכן אומרים לאחריו בשכמל"ו משום שהוא חשוב כהזכרת שם - שער הכוונות.

לכה דודי

הרבה מבני אשכנז נוהגים לעמוד בכל פיוט 'לכה דודי'[73]. המקור לעמידה בפיוט לכה דודי הוא מקדמת דנא ומפורש בתקוני שבת, בהקדמה: ואחר המזמורים (צה-צט) יעמדו כל העדה הקדושה לכבוד שבת מלכתא לשורר הפיוט הנאה והמשובח והמהולל ברוב התשבחות אשר בנאו ויסדו הרב הכולל האלקי כמהר"ר שלמה הלוי אלקבץ עכ"ל, וכ"כ בקיצור של"ה ובהרבה סידורים שיצאו בזמנם.

השר שלום מבעלזא סיפר שכשמהר"ש אלקבץ חיבר את פיוטו לכה דודי, ביקש והתנה כמה דברים בדבר הפזמון: א] לעמוד על הרגליים כל עת השירה. ב] לא לשוחח. ג] לנגן. ועוד י"א בשמו שאילו מהר"ש אלקבץ היה יודע שהיו יושבין בפיוט שלו לא היה מתקנו! ובנו רבי יהושע מבעלזא כשגברה חולשתו בסוף ימיו והיה לו קשה לעמוד הרבה זמן, אמרוהו בלא ניגון ורק בשבתות מיוחדות שררוהו ונכדו רבי ישכר דוב מבעלזא, בעת חוליו ישב באותן שבתות שהיו שרים בהן לכה דודי בעת הניגון, ואילו בזמן אמירתו היה עומד על רגליו (זקני חסידים בבעלזא נימקו את הקפידה לעמידה - שבעל הפיוט כיוון בעת חיבורו זמר זה אותן הכוונות שייחד בתפלת העמידה [כ"ז לקוח מס' ביתו נאוה קודש - חודש אדר עמוד עז. וראה הקדמה לס' שבח אמרי חן י-ם תשמז].

בישיבת טעלז - ארה"ב נהגו כולם לעמוד בלכה-דודי - מפי אאמו"ר שליט"א.

---

[72] ראה ערוגת הבושם ח"א עמ' 216 , א"ר סו"ס תרץ, מקור חיים ר"ס נא, הגהות הגריעב"ץ לסידורו, מהדורת תשכ"ו ח"ב עמ' כח, בשם אביו החכ"צ, מאורי אור, ח"ג שבת דף קד. ואכמ"ל.

[73] ראה כתר שם טוב עמ' קפג, וכן נהג האדמו"ר רבי נחום מרדכי מנובומינסק - מפי נכדו ידידי הרב אהרן פרלוב.

בואי בשלום

אם כי לפי המבואר לעיל יש לעמוד בעת אמירת פיוט לכה דודי. כמדומני שרוב העולם אינם מקפידים ע"כ, אלא בהגיע לבית 'בואי בשלום' כל הקהל עומדים על רגליהם, כן נוהגים הרבה מבני אשכנז[74] וכן מנהג כמה קהילות מבני עדות המזרח[75].

מזמור שיר ליום השבת

כתב החיד"א בספרו מורה באצבע אות קמא: יאמר קבלת שבת בשמחה, מזמור שיר ליום השבת קבלתי שצריך לאומרו מעומד עכ"ל, והודפסה אזהרתו בכמה סידורים נוסח ספרד, והלך בעקבותיו הג"ר חיים פאלאג'י בספרו כף החיים סי' כח אות ד: ויש לי תמיהא רבא על כמה אנשים חשובים מקושטא יע"א דיושבים במזמור שיר ליום השבת, ואיך לא שלטו מאור עיניהם במחזורים שהדפיסו אזהרה זאת שיהיה מעומד ויסודתו מהררי קודש, עי' מורה באצבע ובית מנוחה דף יא. עכ"ל. יהנה הרב יעקב הלל שליט"א ראש ישיבת אהבת שלום תמה על דברי החיד"א[76] היכן מצינו אזהרה מיוחדת לעמוד בעת אמירת מזמור צב, ועוד הלא עפ"י האריז"ל יש לעמוד במשך כל סדר הקב"ש, והניח הקושיא בצריך ביאור. אולם דברי החיד"א עשירים במקום אחר, והוא בהגהותיו לסידור תפילות ישרים, ליוורנו, תק"ס וז"ל שם ע"י מזמור צב: קבלתי מרב גדול שנגלה לו בחלום נורא שיש לאומרו מעומד, מאי"ן. הרי דהגלות נגלה לנו שהיה לו להחיד"א ענין מיוחד לעמוד במזמור צ"ב.

יב. מקום עמידת הש"ץ

בהרבה קהילות שבארצות אירופה נהגו באמירת סדר קבלת שבת שהחזן עמד על הבימה[77] ולאחר אמירת מזמורים צב-צג ירד מהתיבה אל הבימה לתפילת

---

74 וכ"כ בערוה"ש סימן רסב סעיף הי. וכן מנהג אמ"ד ולונדון - כתר שם טוב גאגין, ח"א עמ' קפב, אם כי יש לציין שבמנהגי ביה"כ גולדרס-גרין, לונדון. כתוב שעמדו למזמור צט, ואולי ישבו לאחר אמירת המזמור. וכ"ה משמעות המ"ב ס"ק י. והאדמו"ר בעל שם משמואל מסאכטשוב עמד מהבית 'ימין ושמאל' - מפי בנו הרב אהרן ישראל בורנשטיין, וכן נהג האדמו"ר בעל שומר אמונים - מפי הרב משה גרשון גוטליב.

75 כ"כ בסידור חסד לאברהם, אנקאווה, ליורנו, תרכ"ח "כשאומר בואי בשלום, מנהג נכון לקום בגילה ותודה". וכן היה המנהג במדינת מרוקו שמעתי מהרבה יוצאי מרוקו ומהם מהג"ר יהושע מאמאן ראב"ד האחרון דעיר מארקש, מהרב חנניה ויבגאן יליד מכנאס, ומיוצאי סקורא ופאס.

76 בהערותיו לס' מורה באצבע 'עמודי הוראה' י-ם תש"ם, עמוד מה.

77 מתוך חקרי את מנהג עמידת הש"ץ על הבימה נוכחתי לראות שמנהג פולין ואגפיה היה שנהגו כן מאמירת לכו נרננה (וראה ויעש אברהם - מנהגי הג"ר אברהם מטשעכנוב עמוד תמ), ולעומ"ז מנהג מדינת גרמניה - מאמירת לכה דודי, וכמדומני שהיום כרוב המקומות שנוהגים כך, נוהגים כמנהג פולין.

ערבית, וכן נוהגים רוב קהילות נוסח אשכנז עד ימינו אנו, ונחקור אחרי שורש המנהג מקורו וטעמיו.

לראשונה מצאתי איזכור מנהג זה בספר קרבן שבת[78] פרק יד דף מ: וז"ל זה מקרוב נוהגים קצת קהילות כשמגיע החזן העומד על הבימה לבואי כלה הופך פניו נגד פתח ביה"כ וכו'.

והנה אם נחשב שבשנת ת' לערך התחיל הפצת סדר אמירת קבלת שבת במדינת אשכנז [וע"כ בהמשך המאמר בקובץ הבא] ולקח כמה עשרות שנים עד שנתפשט לגמרי בכל המדינות והקהילות, אפשר לשער שבד בבד עם התפשטות המנהג, נהגו כנ"ל שהחזן עמד על הבימה.

עוד עדות קדומה מצאנו בספר נוהג כצאן יוסף[79] מנהג פפד"מ, "ואח"כ עומד החזן על הבימה ומקבל שבת", לא מצאתי עוד ספרים מאותה תקופה שהזכידו מנהג זה ולכן קשה לחזור אחרי תקופת התפשטות המנהג אם כי מרוב העדים שחקרתי ודרשתי נראה שעד תקופת חורבן יהדות אירופה היה נוהג זה ברוב המדינות וקהילות שהתפללו נוסח אשכנז[80].

בדורות המאוחרים מצאנו עוד שני ספרים המעידים על מנהג זה, והם, בדברי קהלות[81] אומרים לכה דודי על המגדל 'ובלא טלית', וכן במנהגי ביהמ"ד הישן דק"ק בערלין[82] וכן היה נהוג בביהכ"נ של הג"ר אברהם לנדא מטשעכנוב - ויעש אברהם עמוד תמ.

וכן נהגו בקהילות שבעיר פיורדה[83].

ובביה"כ המרכזי דעיר נירנברג[84] עמד הש"ץ מלכה דודי, וכן נהגו בהשבע קהלות שבמדינת אוסטריה[85]. ובשי"ף שוהל בעיר הבירה ווין עמד הש"ץ מלכו נרננה[86] וכן כמה וכמה קהילות באובערלאנד - סלאווקיה ואונגריה ואולי גם בפרעשבורג[87] וכן בביה"כ בעיר ערלויא[88], ק' באלקאן (ע"י קאליב - מפי ר' יהושע ליכטנשטיין) וכן בק' שוראן (הרב יצחק צבי פריי) מלכה דודי, וכן בק' גלאנטה (מפי

---

78 דיהרנפורט, תנ"א, לרבי בצלאל דרשן מסלוצק ופרעמישלא. רבי נפתלי כ"ץ אב"ד פוזן מתארו בהסכמתו בתוארים מופלגים, כמו"כ בס' שירי יהודה (ראה לעיל סוף הערה 8) הוזכר לטובה בדף ב:.

79 האנוי תע"ח, דף לט., מהדו' ת"א עמוד קנו.

80 בקהילות החסידים תלמידי הבעש"ט לא נהגו כן, ולא ידוע לי טעמם ונימוקם, ויש לומר בדרך אפשר, אולי כוונתם היתה שרצו להחשיב את סדר קבלת-שבת, כחלק מסדר התפלה ולכן החמירו בהאיסור של תפילה ע"ג הבימה ודו"ק. וכן בעקבותם הפסיקו לנהוג כן בהרבה קהילות נוסח אשכנז וכמו"כ ברוב הישיבות ובתי מדרשות לא נהגו כן על אף שבבית הכנסת שבאותה עיר כן המשיכו עם המנהג הישן.

81 מנהגי פפד"מ נכתבו עי' ר' זלמן גייגר בשנת תקע"ח, עמוד 62.

82 נכתבו ע"י ר"ח ביברפלד, בערלין תרצו. עמוד ח.

83 מפי משפחת קלרמן, י-ם, יליד פיורדה.

84 מפי ר' אברהם גרינבוים הי"ו יליד נירנברג.

85 מפי מו"ח הרה"צ ר' בונם יואל טויסיג אדמו"ר ממטרסדורף.

86 מפי ר' שלמה שפיצר הי"ו.

87 שו"ת שאילת יצחק, לרבי יצחק אהלבוים אב"ד קהילת טעשין והגלילות, וכעת בטורונטו קנדה, נ.י. תשל"ת. מהדו"ת סימן נז.

88 מפי הגה"צ ר' יוחנן סופר אב"ד ערלויא, אולם בישיבת זקנו בעל התעוררות תשובה לא נהגו כן.

הג"ר אהרן טויסיג) וכן בכמה בתי כנסיות נוסח אשכנז בעיר ווארשא[89]. ובעיר פיעטרקוב[90] מנהגי ביה"כ גולדרס-גרין, לונדון עמו' ח'.

וכן מצאתי תיאור משנת תש"ז של ביה"כ ישועות יעקב - שכונת מאה שערים, שהחזן עלה להבימה עם טלית ללכו נרננה[91].[92]

טעם המנהג

מצאנו כמה טעמים למנהג זה שהש"ץ עמד על הבימה בעת אמירת סדר קבלת שבת.

1. כיון שאינה מעיקר סדר התפלה, אלא הוספה מדורות המאוחרים, לכן ע"י שהש"ץ משנה מקום עמידתו, הבליטו שאינה מסדר התפלה[93], ויש לציין שרוב הפוסקים פסקו שאסור לש"ץ לעמוד על הבימה בעת התפלה וע"כ הוא היכר גמור שאינה מעיקר סדר התפילה[94].
וכעי"ז יש לציין המנהג העתיק באשכנז ופולין, שהש"ץ עמד על הבימה בתפילת שחרית מברוך שאמר עד ישתבח ולישתבח ירד אל התיבה, וכלשון הג"ר שמעון סופר אב"ד מאטרסדורף וקראקא, בשו"ת מכתב סופר סימן ב: מנהג בכל קהלות ישראל שהש"ץ הקבוע יושב בפסוד"ז על הבימה וכשמגיע זמנו לעמוד להתפלל יורד מן הבימה[95], וכל זה כדי להראות ולסמן שפסוד"ז אינו מעיקר סדר התפילה.
2. ויש שכתבו טעם למנהג זה, לקיים במקצת מנהג הקדמונים לצאת בחוץ לקבל את השבת - והבימה היא קרובה יותר אל הפתח, מעמוד התפלה[96].

---

[89] מפי ר' דוב רפל ור' שאול חסידה ילידי ווארשא.

[90] מפי הרב שמאי גינזבורג יליד פיעטרקוב.

[91] יצחק נחום לוי, שבתות בירושלים, ספריית השבת. עמוד נח.

[92] בהרבה קהילות לא עמד הש"ץ על הבימה אלא ע"י העמוד, ואעתיק ממה שקלטו אוזני מיוצאי הקהילות. בקהילת זיבנברגן מפי ר' שלמה זלמן בערנארט, קאלבסאב - ר' אברהם יוסף (ארז) קורליק, ראצפערט (בביה"כ של ר' שלום אליעזר ה"ש מצאנ") - ר' יעקב פאקש, בחוסט - ר' מאיר הרשקוביץ, ר' בן ציון שפיצר. בעיר וילנא בביה"כ שטראסון - מפי ר' קלמן זיו. גראסוורדיין מפי הרב ירמיה פדלמן - בני-ברק.

[93] דברי קהלות שבהע' 81 , כתבי ר' אברהם ברלינר ח"א עמוד 44 , ויש לציין שבמדינות גרמניה, שהיתה ידועה בהקפדתם על שמירת מנהג אבותיהם בלא זיז כ"ש, לא התקבלה מהרה מנהג 'קבלת שבת '.

[94] שו"ת חת"ס או"ח סי' כח, מטעם ממעמקים קראתיך, וגאוה, ולא דוקא ש"ץ אלא ה"ה כל אדם - שו"ת מנחת יצחק ח"ג סי' ח אות ב', וע"ע שו"ת כת"ס או"ח סי' יט, מכתב סופר ח"ב סי' א-ב, מהר"י אסאד סי' ג, ערוה"ב סי' כט, שו"ת הר תבור - לבעל מחולות המחניים אות י'. בשו"ת גורן דוד או"ח סי' ו כתב טעם אחר והוא שהש"ץ צריך לעמוד בימין אה"ק. ובעל פרי השדה כתב בתשו' טעם מחודש - מטעם הכנעה שלא יהא מול אה"ק דאין זה כבוד לעמוד מול המלך. נדפס בשו"ת מצבור יוסף סי' סד (ובתשובות וחידושי רא"ם - ווייס. סי' ו העלה סברה הפוכה), וראה שו"ת מתת ידו סי' יח ובטהרת יו"ט ח"י אסף כעמיר גורנה כל האחרונים ופוסקי זמנינו שדנו בניד"ז. ולאחר כל זה תמוה מש"כ בשו"ת שאילת יצחק (ראה לעיל הערה 87) מהדו"ת סי' נז ראיה ממנהג זה שעמד החזן בעת אמירת קב"ש על הבימה, סברא להתיר תפלה על הבימה, ולאור כל הנ"ל ההיפוך הוא הנכון.

[95] וכ"כ לבוש וא"ר ר"ס נג שהש"ץ עמד על הבימה עיי"ש וע"ע פמ"ג סי' צ א"א ס"ק ג ובמקור חיים סי' נא אות א כתב שמנהג ק"ק פיהם ופולין שחבורה בעלי-בתים שקולם נאה עולים למגדל ומנגנים בנעימה קדושה יחד, ברכת ברוך שאמר.

[96] תולדות מנחם שבהערה 106 וכ"כ מד"ע בטעמי המנהגים אות רסד בקונ"א, ותמוה שלא כתב בשם אומרו בה בשעה שבהערה שלפניו כן הזכירו, וכ"כ בס' מטעמים, פיעטרקוב, תרס"ה דף כה ע"ב; אוצר כל מנהגי ישורון, הירשאוויץ, סימן ל. וראיתי לח' אחד שהוסיף תבלין לפי טעם זה: שהרי באשכנז הוריד הש"ץ טליתו לאחר מנחה ופנה לכיוון הדלת, כאילו שיוצא החוצה לקבל פני המלך.

3. ויש שנתנו סמך לאמירתו על הבימה, מדברי האריז"ל שכתב, טוב לאומרו על הר גבוה[97].

4. טעם אחר כתב רבי יהושע מנחם אהרנברג אב"ד בת"א - יפו [בשו"ת דבר יהושע ח"ג חיו"ד סימן לא אות ו] לפי שפסוקי קבלת שבת אינם בגדר תפלה שיצטרכו להתפלל קצת בעומק לקיים מה שנאמר ממעמקים קראתיך ה', ועיין מג"א סי' צ ס"ק ג דאע"ג דלהשמיע לציבור שרי לעמוד במקום גבוה מ"מ עכשיו נהגו במקום שהש"ץ עומד הוא עמוק משאר ביה"כ משום ממעמקים קראתיך, אבל פסוקי קבלת שבת אינם תפלה רק אומרים אותו לכבוד השבת לקבלו מותר להיות אפילו במקום גבוה, לפיכך עולה הש"ץ על הבימה כדי להשמיע לציבור ממקום גבוה.

5. טעם נוסף כתב בספר שער שמים[98] רמז לחיזוק האמונה בביאת המשיח, שהרי כתבו בספרים שאמירת המזמורים הם על העתיד [ראה לעיל אות ז] ושבת מרמזת לעתיד לבוא, וידוע שהבימה שבביה"כ מרמזת למזבח שבבית המקדש [ראה רמב"ם הל' לולב פ"ז הכ"ג ושו"ת חת"ס סימן כח, שו"ת אמרי אש או"ח סימן ז] ורצו במזמורים אלו בכניסת השבת לרמז שיבא הזמן ויתחדש המקדש והמזבח ותחת התפלה תהא עבודה ממש.

יג. הפיכת הפנים לצד מערב: מקורו וטעמו

מנהג ישראל בהרבה קהילות שבהגיעם לבית 'בואי בשלום' בפיוט 'לכה דודי' מסתובבים לכיוון ההפוך. ואמרתי אחקרה אחרי שורש המנהג ומקורו.

ראש וראשון הלא הוא הנהגת האריז"ל שאמר כל סדר קבלת שבת לצד מערב, "ותחזור פניך כנגד רוח מערב ששם החמה שוקעת"[99]. בדורות שלאחריו על אף שהיו הרבה קהילות שיצאו בחוץ לקב"ש או בחצר ביה"כ לא מצאנו סימוכין שאמרוהו לצד מערב, הן בצפת הן בירושלים והן בארצות טורקיה. ועוד יותר מזה שבמנהגי ק"ק בית אל [נדפסו בריש ספר דברי שלום אות לג] שרוב מנהגיהם היו מבוססים עפ"י הנהגת האריז"ל, הובאו מנהגי סדר קבלת שבת ופירטו כל פרט ופרט, ולא העלו ע"ג הכתב שאמרוהו לצד מערב! איברא דהיום כל הקהילות הנוהגים עפ"י מנהגי בית-אל, נוהגים לאומרו (בפעם הראשונה ראה לעיל) לכיוון מערב. ולא נמצא היום בין החיים אחד מהמתפללים דק"ק בית-אל בעיר העתיקה, כדי לברר את ספקינו. יתירה מזאת: הרי ברוב הקהילות מעדות המזרח לא נהגו כמנהג האריז"ל ולא הקפידו לאומרו לרוח מערבית; כן היה בקהילות ארם צובה [כן שמעתי מהרב יעקב עטייה שליט"א רב האחרון דלבנון]. ובתוניס [כן שמעתי מהרב מאיר מאזוז שליט"א ראש ישיבת כסא רחמים] ותימן [כן שמעתי מהרבנים

---

97 לקוטי מהרי"ח ד"ה מזמור לדוד הבו, וראה טעמי המנהגים שבהערה הקודמת.

98 לרבי מנחם הכהן ריזיקאו, רב בק' קאזאן - רוסיה, ואח"כ בנ.י. תרצ"ז ח"א סימן מו.

99 בכל ההנהגות של שאר מקובלי צפת ראה לעיל אות ה לא מצאנו דבר בנוגע לאיזה רוח כיוונו בעת אמירת קב"ש.

ר' יוסף קאפח ור' יוסף צדוק שליט"א] שהקהל עמד על רגליו וכ"א עמד על מקומו, ואלו שישבו בצד דרום וצפון לא הפנו פניהם לא לצד מזרח ולא למערב. ובמדינות בבל ופרס התפללו לכיוון מערב - שהיתה כלפי א"י.

כמו"כ לא מצאתי נוהג זה של אמירתו לצד מערב באף קהילה בארצות אירופה ואולי אפשר לתת הסבר, שבספרי תקוני שבת וסידורי עבודת בורא וקיצור של"ה שיש להם חלק רב בהפצת מנהג סדר אמירת קב"ש, לא הוזכר כלל מנהג רוח מערבית ועב"פ דבר זה אומר דרשני.

טעם העמידה לכיוון מערב

מה שכתב בשעה"כ ששם החמה שוקעת, מצאנו כמה טעמים לזה.

א. שכוונתו עפ"י מאחז"ל [ב"ב דף כה, זח"ג קיט:, תקו"ז תי' כא דף נו סוף ע"א] 'שכינה במערב', וכן שמעתי מכמה ממקובלי דורנו שליט"א וכ"כ בטעמי המנהגים בהערה לסעיף רסד.

ואם כי אין לנו עסק בנסתרות אעתיק לצורך הסבר מדברי האוה"ח הק', דידוע שיש לכאורה כמה סתירות דבמקום אחד אמרו חז"ל ה' דברים חסרו במקדש ואחד מהם 'שכינה' ובברכות ז. משמע שכן היתה שכינה בבית שני כמו"כ בסנהדרין לט. איתא כל בי עשרה שכינתא שריא, וביבמות סג: אין השכינה שורה על פחות משני אלפים וב' רבבות מישראל ועי' שם תוס' ובב"י ר"ס ג כתב: השכינה שורה אלא על יר"ש וחסיד. אלא צ"ל שהרבה מדרגות ישנם להשראת השכינה וכ"כ באוה"ח הק' דברים לג. ב. והקשר בין מערב לשבת הוא, שהרי שבת היא בחי' כלה שהיא בחי' מלכות[100], וכן צד מערב הוא בחינת מלכות. (ראה בר"ר סה, תענית כט:) והשייכות לכיוון ששם מתפללים ראה כל הסוגיא בגמ' ב"ב וראשונים שם ויש לציין ללשון השל"ה הק' [ח"א סוף שער הגדול]: "הנה מערב נקרא אחור ואחז"ל שכינה במערב, וע"כ מחייבין לשלוח התפילות ולכוון נגד בית קה"ק שהוא במערב".

ועוד יותר יש להטעים דברי שעה"כ לפי דברי הרמ"ק; [בפרדס הרימונים, שער ערכי הכינויים פ' כג] שמלכות נקראת מערב מכמה טעמים א. מפני שבו הערב שמש כי שם ביתו עיי"ש. [א"ה עוד יש להוסיף ששכינה גם בחי' יסוד ראה כוונת הנענועים, וידוע שבשבת היא בחינת יסוד - זח"ג קטו:].

וכ"כ בשו"ת אגרות משה ח"ג או"ח ס' מה "יש שאמרו שהכוונה משום שהשכינה במערב ואף שהיציאה לכבוד שבת, אולי מכיון שאמרינן ביום השביעי התעלה וישב על כסא כבודו שקאי על השבת, א"כ גם הוא במקום השכינה שהוא במערב".

ב. שעם שקיעת השמש ניכרת משם כניסת השבת כן פירש בס' באתי לגני ח"ד עמוד כו למקובל הרב ששון מזרחי שליט"א והוסיף שע"י כך אפשר לבדוק עת

---

[100] ראה פע"ת שער הזמירות פ"ד בכוונת מזמור לתודה, ע"ה שער לה פ"ג.

השקיעה בדיוק - והשווה הנהגת הגרי"ז מבריסק לעיל הערה 50, וכן פירש בשו"ת בצל החכמה ח"ב סימן סה.

ג. פונים לצד מערב לרמז על הנשמות הנידחות לחוץ, שבעת הוא זמן עלייתם[101].

והנה בנוגע למנהגינו מנהג בני אשכנז כהיום בכל תפוצות ישראל שבאמירת בואי בשלום מסתובבים לצד מערב רב הסתום על הגלוי שהרי אחרי חיפוש היטיב בכל ספרי המנהגים ותולדות ישראל וכו' לא מצאתי מי הנהיג מנהג זה ומאיזו קהילה התפשטה, ובאיזו שנים התחיל להתפשט במדינות אירופה, אולם דבר ברור הוא [אחרי חקירה ודרישה אצל עשרות אנשים יוצאי כל יבשת אירופה ממזרחה עד מערבה] שבכל הקהילות בלי יוצא מן הכלל הן בבתי כנסיות והן בבתי מדרשות והישיבות לפני חורבן אירופה נהגו להסתובב בעת אמירת 'בואי בשלום' וכן שמעתי מכמה וכמה זקנים מעדת האשכנזים מעיירות שבא"י שכן היה המנהג פשוט.

לראשונה מצאנו מנהג זה בספר קרבן שבת (דיהרנפורט תנ"א) דף מא. וז"ל: זה מקרוב נוהגים קצת קהלות כשבא החזן העומד על הבימה לבואי כלה, הופך פניו נגד פתח ב"ה העומדת במערב ע"פ הרוב וכל הקהל אחריו. ולאחריו לא מצאתי מי שהזכיר את המנהג עד לאחר כמאה שנה ה"ה רבינו הפמ"ג באשל אברהם סימן רסב: אנו נוהגין שמהפכין פניהם לצד מערב כשאומרים בואי בשלום. [דבריו הועתקו במ"ב סק"ה, ולהעיר שלא הובאו בספר תורת שבת]. וכ"כ במנהגי פפד"מ, דברי קהלות עמ' 61 , שבאמירת בואי בשלום הסתובבו החזן וקהל.

היות שמצאנו את מנהגינו בתקופה הנ"ל רק בג' מקורות קשה לנו לקבוע על פיהם, אם התקבל בכל תפוצות אירופה או רק במקומות מסויימים, אם כי כבר השתרש בין בארצות גרמניה ובין בפולין [שהרי מנהגי הפמ"ג היו עפ"י רוב מנהג פולין, וכן הקהילות שהתכוון בהם הקרבן שבת נראה ג"כ שבארץ פולין כוונתו].

אולם בדורות יותר מאוחרים, מצאנו עדויות למנהגינו זה, בקהילות רבות שבמדינות אירופה, ראה תפארת שלמה פ' חיי שרה ד"ה ויברך הגמלים, ופ' מצורע ד"ה א"י זאת תורת המצורע (ב), שבעת עש"ק בתפילת מנחה אז הוא עליית העולמות למעלה[102], לכן המנהג להפוך לצד מערב בשעה שאומרים בואי בשלום בקבלת שבת לרמז על הנשמות הנדחים לחוץ גם הם יעלו וכ"כ בס' שלחן הטהור (קומרנא) סימן רסג סעיף יא: המנהג שלנו בעת קבלת-שבת להפוך פניו למערב ולילך מעט נגד שבת ונכון[103].

---

101 תפארת שלמה רדומסק - פ' חיי שרה ד"ה ויברך הגמלים, ופ' מצורע ר"ה א"י זאת תורת המצורע (ב).

102 ראה שעה"כ ענף ער"ש. ובפרע"ח שער יח פ"ח, ובס' דעת קדושים מאמר אות שבת פו טעם למה תיקון הבעש"ט לומר מזמור קז בער"ש.

103 וכן היה נוהג הגרי"צ דושינסקי, מנהגי מהרי"צ שבת, אות י"ד: ומעניין שרבי יוסף דוב סולבייציק מבוסטון העיד שראה כן אצל כמה גדולים במדינות אירופה שבשעה שהצבור אמר 'בואי בשלום' בליל שבת, הלכו ברגל ממקומם שבביה"כ עד סמוך לדלת כדי לקבל את פני שבת הנכנסת כאילו דרך הפתח, וכן היה הוא עצמו נוהג (נפש הרב, ירושלים תשנ"ד, עמוד קנז), וכן נוהג הגרא"י וולדנברג - בעל שו"ת ציץ אליעזר - שמעתי מפיו.

וכן נהג מרן רבי אהרן מקארלין בעל 'בית אהרן', כמצ"פ עדות נכדו חורגו רבי ירחמיאל משה מקאזניץ. וכן כתב רבי עזריאל הילדסהיימר מברלין בתשובה משנת תרל"ב שכן נוהגים, וכ"כ רבי יחזקאל בנעט אב"ד קראטשין - ראה שו"ת רע"ז חאו"ח סי' כב. וכ"כ בערוה"ש סי' רסב סע' ה: ובחרוז האחרון עומדים וחוזרים פנינו כלפי הפתח ואומרים בואי בשלום. וכ"כ במנהגי ביה"כ דק"ק ברין, שמסתובבין לכיוון הדלת.[Schabat in der Synagogue von Bern].

וכן מוזכר מנהגינו בשו"ת משים שלום (פייגנבוים) סימן רלא, ובס' מקור התפילות ראה הע' 29 , וכ"כ סופר אחד המתאר בפרוטרוט את מנהגי השבת שבמדינת גליציה, שהופכים את פניהם לכיוון הפתח[104], וכן שמעתי מעשרות אנשים יוצאי יבשת אירופה ממזרחה עד מערבה שכן נהגו בכל מקומות מושבותיהם, וכן נהגו בכמה עיירות במדינת מרוקו[105].

טעמים למנהגינו

עפ"י פשוט י"ל שמנהגינו הוא כנספח למנהג האריז"ל שאמר את כל הסדר לכיוון מערב, וכ"כ בשער הכולל פרק יז ס"ק ז. אולם נוסף לג' הטעמים שהבאנו לעיל מצאנו עוד ב' טעמים למנהגינו אנו שאינם תואמים למנהג האריז"ל. והם:

ד. יש לפנות לכיוון הדלת, ובזה מראים כאילו יוצאים לקבל אורח חשוב[106].

---

104 כת"ע DER JUDE וויען, אגוסט 1917 חוב' 6/5.

105 כן שמעתי מהרב יוסף אבוחצירה שליט"א אב"ד יבנה, מעיר תפילאלאת, וכן שמעתי מיוצאי ראבאט וסקורא.

106 כ"כ רבי שלמה צבי שיק בכמה מספריו, במכתבו לרבי אליעזר זוסמאן סופר בנו של התורת חיים (סופר) רב בדעברצין ואח"כ ראה"ק ורב בפוטנאק, ששאל במכתבו לרשב"ן, כי חפש בספרים טעם שמהפכים לכיוון הדלת ולא מצא, וקשה לו אם ישר והגון הוא לקדם פני השכינה. שהוא במערב, מדוע דוקא ב'בואי בשלום' - נדפס בספרו סדור מנהגים ח"ג, מונקאטש תרמ"ח דף סב ;, ובשו"ת רשב"ן או"ח סימן עח, ובקצרה בספר סדור מנהגים ח"א מונקאטש תרמ"ב, תולדות מנחם אות מו ובסדור רשב"ן, ווין תרנ"ד. וראה משנה ברורה סק"י וכ"כ בספר מטעמים לרבי יצחק ליפשיץ, ווארשא תרמ"ט, ענין שבת אות נד ; כתר שם טוב - גאגין ח"א עמוד קפד, וכ"כ בכת"ע אור המזרח, שנה תשמ"ו חוב' א' עמוד 59 בשם רבי יוסף דוב סולאווייציק מבוסטון.

פיוט לכה דודי, מצוייר על קיר המערבי
של בית הכנסת דקהילת חודרוב - פולין

מתוך ס' ציורי קיר בבתי כנסת בפולין

ה. רמז, או ספיח למנהג הקדום בארצות אירופה, שהרב וחשובי הקהל הלכו בעת כניסת השבת לכיוון דלת ביה"כ כדי להכניס האבלים שישבו שם מלפני כניסת השבת ולהכניסם אל תוך ביה"כ[107] ועוד שהרי כל הקהל הסתובב לכוון הדלת לראות אם נמצאים שם אבלים כדי להכניסם[108] מקור המנהג מיוסד על דברי הפדר"א פרק יז: ראה שלמה שמידת גמ"ח גדולה לפני המקום וכשבנה ביהמ"ק בנה שני שערים אחד לחתנים ואחד לאבלים ומנודים, והיו ישראל הולכים בשבתות ויושבין בין שני שערי הללו וכו' והיו אומרים לו [להאבל] השוכן בבית הזה ינחמך וכו' משחרב ביהמ"ק התקינו שיהיו חתנים ואבלים הולכין לבתי כנסיות ולבתי מדרשות ואנשי המקום וכו' ורואים את האבל ויושבים עמו על הארץ עכ"ל לענייננו. והוא מנהג עתיק בארץ אשכנז ראה רא"ש, מו"ק פ"ג סי' מו; והיה נהוג בכל ארצות אשכנז במרוצת כל השנים ראה: יוסף אומץ, עמוד 330: מה שהולכין פה [פפד"מ] האב"ד ובעלי־בתים בכניסת שבת סמוך לברכו לחצר ב"ה ללוות האבל לב"ה, קבלתי שהוא זכר לשורה שעשו בימיהם אחרי קבורת המת, ושמעתי שבפראג עושין שורה ממש קודם ברכו עכ"ד[109]. ואני הצעיר אומר אם כי טעם זה, אכן הברקה יפה הי׳א, עכ"ז אינו נראה, שהרי היו יוצאים לקראת האבל לאחר סדר אמירת קבלת שבת[110], או לפני קבלת שבת[111] משא"כ לפני אמירת הבית בואי בשלום כמעט שלא מצאנו כזאת בקהילות ישראל[112]. עוד השיג ע"ד רשב"ן בספר משפט צדק[113] בסימן קס, שלפי דבריו היו צריכים להסתובב גם ביו"ט. אולם בזה נראה לי הצעיר, שהשגתו אינה כלום, שהרי לא מצאנו שנהגו לצאת לקראת האבל ביו"ט, וכן

---

107 רבי שלמה צבי שיק בכו"כ ספריו שבהערה 106; וכ"כ בשו"ת שלו סימן קס במכתבו להגאון רבי יואל מארגארטען דומ"ץ בערלויא; וכ"כ מד"ע בס' נפש חיה (מרגליות) סימן רפד.

108 הרב הנ"ל כהערה 107, וטעמו הועתק להרבה ספרי מנהגים, ראה טעמי המנהגים, קונ"א אות רסד, כתר שם טוב ח"א עמוד קפד, אוצר דינים ומנהגים, ערך לכה דודי.

109 מנהג זה הובא בהרבה מספרי האחרונים והמנהגים, ואציין לכמה מהם, ראה ט"ז או"ח סי' תקכו, א"ר סי' תקמח סעיף ו, בנוגע לשבת שאחר הרגל. מנהגים דק"ק וורמייזא סימן לב, באה"ג יו"ד סו"ד שצג, קרבן שבת הנ"ל בהערת הפמ"ג א"א סימן ־פז הובא בשינוי לשון בס' לשון חכמים, לרבי ברוך יהודה ברנדייס דיין בק"ק פראג, פראג תקע"ה, ח"ב סימן כט דף יג; (ואולי כוונתו למק"א בפמ"ג) מנהגי פיורדא דף ב:, מנהג אמסטרדם, סידור תפלת ישראל, אמ"ד תרכ"ב, סידור עבודת ישראל - בער, עמוד 182, מנהגי ביה"כ עדת ישראל - ברלין, ברלין תרנ"ח עמוד ח.

110 ראה שו"ת כנסת יחזקאל חיו"ד סימן מד, לפנים היו חבורת מקבלי שבת בשיר לכה דודי ומזמור צ"ב ולאחר מכן היו נוהגים לקרות לנחם אבלים וכ"ה בספרי המנהגים שבהערה 109 ובבאה"ג, מנהגי פיורדא. אמ"ד, ברלין (משאר הספרים א"א ללמוד, שהרי אינו ברור אם נתפשט כבר בזמנם מנהגינו בסדר קב"ש).

111 וכמוש"כ בספר קרבן שבת דף מא. וז"ל ראיתי בקצת קהילות קדושות שנוהגים להכריז את השמש שילכו לקראת אבל והולך החכם שבעירו וזקני העיר לפני פתח ב"ה ועוברים מבפנים וכו' וכל זה עושין בע"ש קודם קב"ש. ומנהג יפה הוא. וכן ראוי לנהוג ולא כמו בשאר קהילות עושין זה אחר קבלת שבת. וכן דעת הפמ"ג א"א סימן רפ"ז שמנחמים לפני אמירת מזמור צב - לפני שקיבלו שבת - וכן מנהג האשכנזים בא"י - גשר החיים חי"ו פ"כ סעיף ה אות ג.

112 מצאתי בקהילה אחת שמפורש שנהגו כן, והוא במנהגי ווירצבורג, ליקוטי הלוי. ברלין תרס"ז, עמוד 6 וז"ל, ואם יש אבל תוך ז׳ עומד חוץ לביה"כ עד בואי בשלום, ואח"כ קורא אותו הרב לכנוס. ולא מצאתי בעוד קהילה שנהגו כן. איברא שבסידור עבודת ישראל - בער, עמוד 182 כתב: יוצאים לקראת האבל לפני ברכו, ויש קהילות קודם שאומרים בואי בשלום.

113 הערות והשגות על שו"ת רשב"ן מאת רבי משה יהודה קוטנא אב"ד סאבאדקא, פרמישלא תרע"ד.

מפורש בהג' החו"י במנהגי וורמייזא סימן לב, "לאפוקי יו"ט שמפסיק אבילות". וכן בשו"ת אגרות משה ח"ג סימן מה כתב בקיצור 'והטעם בשביל אבלים אינו טעם'[114].

יד. מהיכן מודדים צד מזרח ומערב

לפי דברי האריז"ל שהובאו לעיל בטעם הפיכת הפנים למערב שהוא משום שקיעת החמה וצריך לפנות לכיוון מערב ולא לכיוון הדלת יש לברר מהיכן מודדים צד מזרח ומערב.

לפי מה שהבאנו לעיל מתוס' שהשכינה נמשכת מצד מערבי של בהמ"ק, נמצאת אומר שמשם עד 180 מעלות לכוון מזרח הוי צד מערב, ועפ"י מש"כ חז"ל (תנחומא קדושים ועוד) שביהמ"ק אמצע העולם, (פירוש ירושלים אמצע הישוב ולא אמצע העולם, כ"כ באור החמה זח"ב קפד: וראה שערי זהר שם), מובנים דברי התוס' שמחשבים צד מערב מביהמ"ק שהרי הוא אמצעו של הישוב בעולם.

עוד כתבו תוס' שם בשם רבינו יצחק ב"ר יהודה, דכשעמד אדם הראשון כשנברא היו פניו למזרח ואין נראה שהיה ערפו כלפי השכינה (ויש להעיר מדברי רש"י, חגיגה יב. אדם הראשון מסוף העולם ועד סופו - כשהיה שוכב היה ראשו למזרח ורגליו למערב, ולאור מאמר זה צ"ב אי גופו היה כאורך כל כדור הארץ, האיך מודדים צד מזרח ומערב, אלא לפי"ז צ"ל על כרחך שמנקודת אבן שתיה ולצד מערב הוי צד מזרח ודו"ק, וכעת מצאתי שרבי יוסף סאמיגה מוויניציאה, בספרו 'פירוש דרך ימין' דף טז והלאה, האריך בנדון זה) עכ"ד. וידוע שגיבול וריקום אדם הראשון היה בטבור הארץ, פרקי דר"א פרק יא שהוא מקום המקדש - פירוש מהרז"ו, וכן מפורש בזח"א, רה: וכל זה כשמדברים בכללות מזרח ומערב.

---

[114] י"א שטעם ההסתובבות הוא, בגלל שהיו תולים על קיר מערבי של ביה"כ שלט עם הבית 'בואי בשלום', וכשהחזן שר את הבית היה הקהל הופך את פניו וקורא מעל השלט, כ"כ הרב שמחה באמברגר רבה האחרון של קהילת שטוטגארט, ידע עם כרך א' חוב' ד- ה. והפירכא עולה מאליה, למה תלוהו לכתחילה על קיר המערבי!.

בבית הכנסת דקהילת וישוגרד - פולין
מצוייר מעל הכניסה בקיר המערבי הבית - 'בואי בשלום'
משני צידי הכניסה גרם מדרגות שהובילו למקום עמידת המקהלה.
צוייר בשנת תק"ע

מתוך ס' ציורי-קיר בבתי כנסת בפולין. ד. דוידוביץ, י-ם תשכ"ח

ומצאתי שרבי יוסף חיים מבבל בפירושו בניהו על תיקו"ז ירד לעומקו של דבר ואעתיק מקצת לשונו: תרי חלוקות איכא בצד מערב כי מצד מזרח העולם כותל המערבי של בהמ"ק עד סוף מערב העולם כל זה המערב נקרא אחור, כי הוא אחור של כותל המערבי דבהמ"ק. וכפי הדין המתפלל אחר כותל המערבי של בהמ"ק לא ישיב פניו נגד מערב העולם אלא יהפוך פניו כנגד כותל המערבי, יען כי אותו המערב של העולם שהוא אחר הכותל מערבי, נקרא מערב של אחור וכו' אבל למערב דאיהו פנים שהוא מצד מזרח העולם עד צד הפנים של כותל המערבי שזה נקרא מערב שהוא פנים מתפללים כנגדו וכו' נמצא שכותל מערבי נקרא פנים ואחור עכתו"ד. והנה לאחר כל זה צ"ב שהרי לכאורה עם מחשבינן מכותל המערבי ע"כ היו צריכים להסתובב בעת קבלת שבת מלכה, לכוון ביהמ"ק, אלא על כרחך יש לומר שחשבון הנ"ל הוא בכללות מצד מזרח ומערב. אולם כל אדם בפרטות צריך לדון את צד המערב באותו מקום שהוא עומד, ועל כן יכול להיות כששני בני אדם עומדים אחד אחרי השני והראשון שעומד יותר מזרחה המערב שלו ה"ה במזרח שלאחריו, והסבר לדבר שלכאורה האיך אפשר לקרוצי חומר להודות ולהלל לפניו א"ס ב"ה, אלא כמה שבוכ"ע משפיע עלינו מטובו וחסדו ניתן לנו רשות באותה בחינה לשבחו וכו' (שמעתי מגאון וחסיד אחד שליט"א).

ובדרך אפשר י"ל עפ"י דברי הרדב"ז בתשובה ח"ב סימן תרמח: מי שאנסוהו ליכנס בין הכותל המערבי לבין קה"ק והגיע זמן תפלת מנחה, נראה שיתפלל כנגד בית קה"ק ואחוריו כלפי הכותל המערבי, שאע"פ שאמרו לא זזה שכינה מכותל המערבי הרי ראש הכותל גבוה וכו' ותו דהא דאמרינן שכינה בכל מקום וכו' ומה שארז"ל לא זזה שכינה מכותל מערבי דומה שהכוונה למ"ש שכינה במערב ר"ל במערבו של עולם וצד מערב נקרא כותל מערבי.

שכינה במערב

הואיל וענין 'שכינה במערב' הוא נושא שרב בו הסתום על הגלוי ולא מצאתי מי שביאר את הנושא אמרתי ללקט כמה שידי מגעת ממה שכתבו בספה"ק בנידון זה.

נחלקו חז"ל (ב"ב כה) אי שכינה במערב או שכינה בכל מקום ונפסק להלכה ששכינה במערב וע"כ המפנה א"ע לא יעמוד בין מזרח למערב, ומקום העמדת המטה הוא בין צפון לדרום (שו"ע סימן ג), ודעת רבי עקיבא שעושים בורסקי בכל צדדי העיר חוץ ממערבה, וכן המתפלל לכיוון מערב יצא בדיעבד דסמכינן על מ"ד שכינה במערב - כ"כ הטו"ז ר"ס צד, וכן חכמי הזוהר נקטו בפשיטות ששכינה במערב, זח"ג קיט, תקו"ז תי' כא דף נו:, וכ"ה במדרש שיר השירים זוטא א. ד.

והנה מקור לזה מה"ת מצאנו בפרש"י - לפי מ"ד אחד במדרש עה"פ (בראשית ז. ח.) וישמעו את קול ה"א מתהלך בגן לרוח היום פרש"י צד מערבית[115],

---

115 לד' רש"י, העירני ידידי הרב יוסף יחיאל אלבוים שיחי'.

וכן פירש בתרגום שם וראה מה שכתבו מפרשי רש"י ה"ה: מזרחי וגור אריה נחלת יעקב ובאר בשדה שהאריכו בזה, וכן פירש להדיא המהרש"ל שם, משא"כ רוב המפרשים פירשו בדרכים אחרים. בספר עוללות אפרים, ח"ד עמוד ג מאמר תקטז, הביא מקור לד' חז"ל ששכינה במערב מהפסוק (ישעיה ו נט. יט.) ויראו ממערב את שם ה'.

ההסבר להא דשכינה במערב, כמה דאפשר לסבר את האוזן, נתלבטו בזה גדולי עולם, ראה מה שהאריכו נושאי הכלים לאו"ח סימן ג, הב"י מסתפק אי שכינה במזרח או במערב, פירוש לכיוון ההיכל או כנגד רוח העולם ולכן מחמירים בין מזרח ובין מערב, דעת הב"ח ששכינה במערב מאחר דההיכל במערב א"כ כל המערב דינו כאילו הוא נגד ההיכל, ומקור דבריו הוא בתוס' ב"ב שם, שכוונת חז"ל בצד מערב, בגלל מערב ביהמ"ק ששם שורה השכינה. וראה רמב"ן (במדבר ג. כט.) שצד מזרח עדיף ממערב וראה אבן עזרא שם. ובמקור חיים, סימן ג סעיף ה כתב: שמערב עדיף ממזרח. ועוד שהרי בביהמ"ק, ההיכל היה בצד מערבי, וראה תוספות סוד"ה רוח מערבית ב"ב שם, ולכן אולי י"ל, שאע"פ שקיי"ל ששכינה שורה רק בזמן שביהמ"ק קיים, ברכות סא:, ועשר מסעות נסעה שכינה מהכפורת עד שעלתה וישבה במקומה, כ"ה לא. עכ"ז מעולם לא זזה שכינה מכותל מערבי - אפילו בחורבנה, ראה כלי יקר, (בראשית יג. יז.), שו"ת חת"ס חיו"ד סי' רלו, משום ששם היתה שורש התפשטות השכינה[116].

טו. הפיכת הפנים לכיוון הפתח או לצד מערב

כשפתח ביה"כ אינו בצד מערב, או שכיוון תפילתם אינה לרוח מזרחית לאיזה כיוון יסתובבו.

ביאור הספק הוא אי עיקר הכוונה היא להסתובב לכיוון הדלת ולא לכיוון מערב ולפי"ז כשפתח ביה"כ בצד אחד יפנו לשם, או שהכוונה היא לצד מערבית ולכן תמיד באיזה אופן שיהא יסתובבו לצד מערב וכן במדינות שמתפללים לצד מערב (כגון בבל פרס ואוסטרליה ודרום אפריקה) לא יהא להם להפוך פניהם וישארו עומדים על מקומם.

והנה כד נעיין בלשון הספרים שהביאו המנהג נוכח לכיוון הדלת כ"כ קרבן שבת ערוה"ש, ויש שכתבו לרוח מערבית - כ"כ פמ"ג, תפא"ש, שלחן הטהור ועוד, ולכאורה היה אפשר לתלות ספקינו בב' צדדים הנ"ל אולם באמת א"א ללמוד מלשונם, שהרי יושבי יבשת אירופה כוונו בתפלתם עפ"י רוב לצד מזרח, ודלתות ביה"כ היו עפ"י רוב בכיוון צד מערב וכמו שמפורש בקרבן שבת הנ"ל וכן כתב

---

[116] ולהעיר מגמ' ברכות ו. מנין שהקב"ה מצוי בבה"כ שנאמר אלהים נצב בעדת אל, וראה זח"א פ. בי כנישתא אתר דציור שכינתא ואיתא בספה"ק שאפילו בתי כנסת שבחו"ל נמצאת שם תמיד השכינה, עשרה מאמרות מאמר אם כל חי ח"ב סי' ח. ראשית חכמה שער היראה פ' טו, כלי יקר סוף פ' עקב.

בשו"ת חת"ס חאו"ח סי' כז וראה מש"כ הפוסקים בסימן קנ סעיף ה[117] אלא נצטרך לדרוש כפי הטעמים שהבאנו לעיל, והוא שלפי טעמים א' ב' ג' תמיד יש להסתובב לצד מערבית, ולפי טעמים ד' ה' יש להסתובב לכיוון הדלת. ולולא דמסתפינא הייתי אומר שעל פי סוד יש לפנות לצד מערב, ועל פי פשט - לצד הדלת.

אם כי לטעם ב' כתב בשו"ת בצל החכמה ח"ב סימן סה אות ג שזה שהאריז"ל דייק דווקא במערב, היינו דוקא ביוצא לשדה לשם קבלת שבת ומקבלה בעת השקיעה ממש בזה ראוי להחזיר פניו לצד מערב ששם מקום השקיעה והרי בשקיעה תלוי רגע קבלת תוספת קדושת שבת, וגם כשאינו יוצא לשדה ממש אבל הוא יוצא אל העזרה שהוא מקום פנוי ומגולה נכון שיחזיר פניו לצד מערב, משא"כ כשאמרו בתוך ביה"כ ובפרט בשגם אין מדקדקים לקבל שבת ברגע השקיעה דווקא אין קפידא ברוח מערבית, אדרבה כיוון שבשעת התפילה פניו מכוונות לצד מערב ששם ההיכל קבוע נראה דיותר נכון להפוך פניו בעת אמירת בואי בשלום לצד הכניסה ששם פתח ביה"כ קבוע כדי לעורר המחשבה כי זה עתה בשעת אמירה זו נכנסת אצלינו שב"ק ומתוספת עלינו תוס' קדושת השבת ומראים בנפשותינו שאנחנו מתכוננים ומתכוונים לצאת דרך הפתח לקראת ע"כ תו"ד.

בחיפוש אחרי ספרי השו"ת והמנהגים לא מצאתי שידונו בניד"ד - כשהפתח אינו בצד מעריב, לאיזה צד מכוונים, רק בשו"ת דפוסקי זמנינו ואביאם בקצרה.

בשו"ת אגרות משה ח"ג סימן מה נשאל בנידון זה, ודעתו נוטה שהעיקר הוא לצד מערב - שהשכינה במערב אולם מסיים "ואיך שעושים כיון שהכוונה היא לכבוד שב"ק, הוא טוב, אף שלע"ד אין עניין פתח שום טעם, אם לא מטעם דנראה כמתכוונים לצאת".

בספר מדות דרשב"י, כותב המקובל ריא"ז מרגליות, שהמתפללים במירון יפנו לצד מערב דייקא, עפי"ד האר"י והתפא"ש הנ"ל, ושכן משמע בבא"ח שנה ב' פ' וירא עיי"ש. בשו"ת בצל החכמה ח"ב סימן סה, דן בניד"ז ובראשית דבריו נוטה שיסתובבו לצד מערב וכמנהג האריז"ל, אולם בסיום דבריו מחדש, שכ"ז מתאים כשמקבל שבת בשדה ורואה את השקיעה, או עכ"פ שמקב"ש לפני השקיעה, אזי לכה"פ יוצאין לכיוון מערב לקבלו אולם אנן שמקבלים שבת בפנים ועוד לאחר זמנה יותר טוב לאומרו לכיוון הדלת כמקבל פני מלך. אולם בתוספות שבסוף ספרו העיר, שאח"כ ראה את דברי ריא"ז מרגליות הנ"ל, וכן נודע לו שבעל מנח"א ממונקאטש כשהיה בצפת בשנת תר"ץ והתפלל בביהמ"ד צאנז שם, צידד א"ע לצד מערב[118], וע"כ נ"ל שיפנה לצד מערב, אולם אלו המתפללים לכיוון מערב, ונמצא שעי"ז לא יסתובבו כלל, אם ישאר עומד על עמדו תחסר לו ההתעוררות לתכונה

---

[117] על אף שבהרבה קהילות לא עמד אה"ק ברוח מזרחית עפ"י רוב מסיבות טכניות, אלא העמידום בצד מזרחית - דרומית - כן שמעתי מכו"כ יוצאי אירופה אולם ברובם מכוונים היו לצד מזרח. כמו"כ ידוע מחלוקת הט"ז ולבוש בנידו"ז ואכמ"ל.

[118] ומצאתי שכן מפורש בספר מסעות ירושלים - תיאור נסיעתו של בעל מנחת אלעזר לארץ ישראל, שנכתב ע"י אחד מהנוסעים, ושם מפורש (ביום העשירי) כששבת בצפת הסתובב באמירת בואי בשלום לצד מערב.

וכוונה זו, ע"כ טוב שיהפוך פניו למזרח נגד פתח ביה"כ עיי"ש. וכ"כ בשו"ת תשובות והנהגות ח"א סי' רב, שבדרום אפריקה יש להסתובב לכיון מערב, ולא כפי מה שנוהגים שם כהיום לכוון הדלת שבדרום.

בשו"ת אז נדברו ח"ב סי' ו' מסתפק בניד"ז ורק מעיר שהמתפללים לדרום והופכין הפנים לצפון, ואין הפתח בצפון לכאורה הוא דלא כמר ודלא כמר.

הגאון רבי שריה דבילצקי שליט"א בספרו פתח עיניים החדש, עמוד רכג, מצדד שיפנו לצד מערב וכלשון השעה"כ, אולם הנוהגים בצפון א"י שמסתובבים לאחוריהם אינם טועים אחרי שחקר שהמנהג הקדום בצפת היה כן[119]. וכן הג"ר יוסף צבי דושינסקי אב"ד חוסט - ירושלים כשהתפלל בביה"כ שלו שברחוב שמואל הנביא הסתובב להדלת, שהיתה לכיון צפון (מפי כמה מתלמידיו), וכן נהג האדמו"ר מצאנז-קלויזנבורג ז"ל כששהה בעיה"ק צפת[120].

וכשחקרתי זקני החסידים בצפת, ששם התפללו לצד דרום, שמעתי שכשהגיעו לבואי בשלום הסתובבו לצד מערב (מפי האחים הרה"ח ר' יעקב מאיר והרה"ח ר' ראובן וינגוט). וכן שמעתי מפי הרה"ח ר' דוד מינצברג מטבריה שכן נהגו בכל בתי כנסת האשכנזים בעיר טבריה. וכן נהגו בעיה"ק חברון שכוון תפילתם הוא לצד צפון והסתובבו באמירת בואי בשלום לכיון מערב[121], ומפי הרה"ח ר' אהרן הויזמאן שמעתי מעשה רב, שבזמן שכ"ק מרן האדמו"ר רבי יוחנן מסטולין קרלין שבת בחיפה, שכיוון התפילה שם הוא לצד דרום, הסתובב בעת אמירת בואי בשלום הסתובב מצד ימין רק עד צד מערב. וכמו"כ שמעתי מפי ר' עקיבא זלמן ברילנט, שגם האדמו"ר רבי מרדכי שלמה מבויאן כשהתפלל במירון, שגם שם מתפללים לכיון דרום, הסתובב גם רק עד צד מערב. וכמו"כ שמעתי מהרב המקובל רבי יצחק כדורי שכן צריך לנהוג, להסתובב לצד מערב דוקא.

---

119 כששאלתי פי המחבר אמר לי ששמע כן מפי הרב הישיש ר' יעקב זלץ, אולם ראה מה שהבאתי להלן מפי הרה"ח ר' יעקב מאיר ור' ראובן וייגנוט שהסתובבו לצד מערב, וכן ראיתי נוהגים כיום בהרבה בתי-כנסיות בצפת, אולי לא דק הרב הישיש הנ"ל.

120 מפי הגה"ח רבי אליהו שמואל שמרלר שליט"א, ראש ישיבת צאנז-נתניה.

121 שמעתי מפי ר' אריה הויזמאן שכן נהגו בביהכ"נ של זקנו רבי שמעון מנשה מחברון.

התנערי מעפר קומי. לבשי בגדי תפארתך עמי.
על יד בן ישי בית הלחמי. קרבה אל
נפשי גאלה: לכה
התעוררי התעוררי. כי בא אורך קומי אורי.
עורי עורי שיר דברי. כבוד יהוה
עליך נגלה: לכה
לא תבושי ולא תכלמי. מה תשתוחחי ומה תהמי.
בך יחסו עניי עמי. ונבנתה עיר על תלה: לכה
והיו למשסה שאסיך. ורחקו כל מבלעיך. ישיש
עליך אלהיך כמשוש חתן על כלה: לכה
ימין ושמאל תפרצי. ואת יהוה תעריצי. על יד
איש בן פרצי. ונשמחה ונגילה: לכה
*בואי בשלום עטרת בעלה. גם ברנה (בי"ט בשמחה)
ובצהלה. תוך אמוני עם סגלה: בואי כלה:
בואי כלה: בואי כלה שבת מלכתא: לכה

מזמור שיר ליום השבת: טוב להודות ליהוה ולזמר לשמך עליון: להגיד בבקר חסדך ואמונתך בלילות: עלי עשור ועלי נבל עלי הגיון בכנור: כי שמחתני יהוה בפעלך במעשי ידיך ארנן: מה גדלו מעשיך יהוה מאד עמקו מחשבותיך: איש בער לא ידע וכסיל לא יבין את זאת: בפרח רשעים כמו עשב ויציצו כל פעלי און להשמדם עדי עד: ואתה מרום לעולם יהוה: כי הנה איביך יהוה כי הנה

*[illegible]

ז"ל הרה"ק רבי ירחמיאל משה זצוק"ל מקאזניץ, שכתב בשולי העמוד וציין בכוכבית על בואי בשלום, בזה"ל: חוזרים פניהם דרך צפון למערב ואומרים בואי עד עם סגולה, ואח"כ משתחוים לימין ואומרים בואי כלה... [ומשתחוים לשמאל] ואומרים בואי כלה ומשתחו' לימין ואומרים ב"כ שבת מלכתא וחוזרים פניהם דרך דרום למ..[זרח]

טז. כיוון הפניה לצד מערב

בפירוש הכלל כל פינות שאתה פונה לא יהיו אלא דרך ימין (זבחים דף סב:) נחלקו בו גדולי עולם, דעת הט"ז ולבוש שתמיד צריך להתחיל בימין אף על פי שעל ידי זה פניותיו הבאות יהיו לצד שמאל, לכן נר חנוכה מתחיל להדליק בנר ימיני על אף שממשיך לכיוון שמאל, ובמתנות דמים על גבי קרנות המזבח התחילו בדרומית מזרחית - ימין על אף שהמשיך לצד שמאל וכן דעתם בנשיאת כפים והקפות המזבח ופתיחת הפרוכת[122] לעומתם דעת רוב הפוסקים[123] שצריך להתחיל בצד שמאל כדי להמשיך בצד ימין, ונשתברו קולמוסי הפוסקים מהא שקשה לשיטתם, דרך עליית הכהן לקרנות המזבח שהייתה מתחלת בצד ימין ואח"כ ממשיך לצד שמאל, והנה החת"ס בתשובה, או"ח סימן קפז ישב דבדי השו"ע שלגבי המזבח היה הכהן מקיף ברגלו ומסתובב יחד עם גופו, נמצא שפניו נגד המזבח כל הזמן, הרי הוא פונה כל הזמן לימינו [וראה תפארת ישראל יומא פ"ד מ"ה שתירץ באופן קצת אחר] מה שאין כן אם עומד במקומו ומקיף בידו (כגון בנר חנוכה) על כרחך צריך להתחיל בשמאל כדי שיסיים בימין. הרי לדעת החת"ס עיקר פניה לימין היא בסוף ולא בהתחלה, ולא איפכת לן מה שהתחיל בשמאל, ויש להביא סימוכין לדברי החת"ס ממה שכתבו הקדמונים [תה"ד ח"א סימן צח, ב"י סימן קכח, פרישה שם ודרישה סימן תרנא] שהא דבהקפות והושענות והולכת ס"ת פונים ממזרח לצפון משום שהש"ץ פונה לכיוון הבימה ורק לאחר מכך מתחיל להסתובב ראה בדבריהם, וצ"ע שאין העולם נזהרים בזה.

וכעין דברי החת"ס יש דרך אחרת בספרי האחרונים[124] שאם מסובבים את האמצעי מבחוץ כגון בימה או ים של שלמה, יש להסתובב לכיוון צפון, מה שאין כן מי שעומד באמצע ואין לו מה להסתובב על ידו כגון יהושע שחילק את הארץ ועמד באמצעיתה, אזי צריך להתחיל מן הדרום אחרי כל זה נמצא לרוב מנין ובנין מד' הפוסקים בין להחת"ס וסעייתיה ובין להבאר שבע וסייעתיה יש להסתובב באמירת בואי בשלום דרך דרום וכנשיאת כפים וכדומה.

בעת חקרי את מנהג ההסתובבות שאלתי גם על שאלה הנ"ל, לאיזה צד הסתובבו, ורוב הנשאלים לא זכרו היטב: יש שענו שלא היה מנהג מסויים, וכמו"כ

---

122 ראה לבוש וט"ז סימנים קכח, תרנא, תרם, תרעו. ונ"ל שכן דעת שו"ת זקן אהרן־הלוי סימן קעה וכן דעת רבי שמואל אלגזי, תולדות אדם, וינציה שס, סימן י. וכ"ה בפסקיו של רבינו עובדיה ספורנו ורמ"ע מפאנו במאמר ימין ה' רוממה. וינציה שסה, ושו"ת פנים מאירות ח"א סימן צח.

123 ראה שו"ע ונו"כ בסימנים הנזכרים, ומרדכי פרק ב"מ, תשובת מהרי"ל סימן מ, שו"ת רדב"ז ח"ד סימן א, והאריך בזה רבי יוסף ב"ר בנימין סאמיגה בספרו, "פירוש דרך ימין", וינציה [שסו] שחיבר ספר זה במיוחד לניד"ז ומסקנתו כדעת התה"ד, והסכימו לדבריו כמה מחכמי איטליה, וראה עוד שו"ת מעשה אברהם (אשכנזי) סימן ג. וכן נקטו כל גדולי האחרתים שו"ע הרב, חיי אדם, קיצור שולחן ערוך, וראה שו"ת השיב רבי אליעזר בשיח השדה סימן יג שהביא סימוכין לב' השיטות, וראה דבר נאה בספר נפתלי שבע רצון, פ' בראשית דף ד: שביאר עפ"י דרוש ב' השיטות וכן ביאר בטוטו"ד את ב' השיטות רבי שמואל העליר אב"ד צפת בהקדמה לספר שברי לוחות, צפת תרכ"ד.

124 שו"ת תורת חיים (שבתי), ח"ג סימן ט, באר שבע סוטה טו, תויו"ט סוכה פ"ג מ"ט, פר"ח קכח. יז. ובסימן תרעו.

חזיתי בכמה בתי כנסיות שבתוך קהילה אחת יש נוהגים לצד ימין, ויש מסתובבים לצד שמאל וכל זה בגלל אי שימת לב לכל הנ"ל.

בנוגע למנהגי ישראל הרשומים בספרים לא מצאתי כמעט ספרים שעמדו בנקודה זו אלא בתוך חקירה ודרישה נודע לנו מנהגם של כמה מגדולי ישראל.

אלו שנהגו להסתובב דרך דרום:

האדמו"ר בעל שם משמואל מסוכטשוב (מפי בנו הרב אהרן ישראל בורנשטיין), וכן נהג האדמו"ר רבי אברהם אלימלך מקארלין (מפי הרב חיים אשר לדרמן שיחי') והאדמו"ר רבי יוחנן מסטולין - קארלין (מפי הרב אהרן הויזמאן שיחי'), וכ"כ במנהגי מהריי"ו - סוליצא אות רא. וכן נהג הגאון רבי זעליג ראובן בענגיס, (שמעתי מפי הרב אשר קרישבסקי), והאדמו"ר בעל 'שומרי אמונים' מבערגסאס, (מפי הרב משה גרשון גוטליב) והאדמורים האחרונים לבית גור (מפי המשב"ק רבי חנינא שיף).

ואלו שמסתובבים לכיוון צפון:

כן נהג האדמו"ר הזקן בעל בית-אהרן מקארלין, כמו שכתב במנהגיו שנדפסו בסידור בית אהרן ע"י ר' נפתלי ציילנגולד, וכן כתב נכדו חורגו רבי ירחמיאל משה מקאז'ניץ בגליון סידורו המצורף פה, וכן נהגו אדמור"י בעלזא שהסתובבו דרך צפון, וכן נהג בעל מנח"א ממונקאטש, דרכי חיים ושלום אות תשעו, וכן נהג האדמו"ר בעל דברי יואל מסאטמר - מחזור דברי יואל, יו"כ (קג) עיי"ש בהערות. וכן נהג האדמו"ר מצאנז - קלויזנבורג ז"ל - מפי חתנו הג"ר דוב ווייס רב ק"צ ירושלים.

וצ"ב שזהו נגד דעת רוב הפוסקים כפי שהזכרנו לעיל, ושמעתי שטעמם היה שלא רצו להסתובב בגבם נגד כיוון אה"ק - מפי הגאון רבי שלום ברנדר שליט"א.

ועוד טעם יש לומר שמכיוון שאין הסתובבות מצד הדין אלא מצד המנהג נהגו בזה כדעת הט"ז וסייעתיה שיש להסתובב דרך צפון מכיוון שאין נוהגין כדעתו בעת שמסתובבים מצד הדין.

פרק ב: שמחה שירה וריקוד

ברוב קהילות ישראל נהגו לקבל את פני שבת המלכה, בשמחה וגיל ובשירה וזמרה, ויש שנהגו לרקוד, זה בכה וזה בכה, הצד השווה שבהם שכולם משתוקקים ומחכים לביאת המלכה בכדי לקדשה לכבדה ולשוש אתה משוש כפי הראוי לשבת מלכתא. יסוד ומקור לשמחה זו מצאנו מקדמת דנא כבר מהשבת הראשונה לבריאת העולם, - ששו עולמות עליונים ותחתונים כפי המתואר במדרש חז"ל[125] עה"פ ויברך אלהים את יום השביעי ויקדש אותו - 'קדשו בשמחה', בשביעי ישב הקב"ה על כסא שמחה והעביר לפניו שר של מים בשמחה גדולה, שר של נהרות בשמחה גדולה, (שר של לבנה בשמחה גדולה) שר של הרים בשמחה גדולה, שר של גבעות בשמחה גדולה, שר של תהומות בשמחה גדולה, שר של מדברות בשמחה גדולה, שר של חמה בשמחה גדולה, שר של לבנה בשמחה גדולה, שר של כימה בשמחה גדולה, שר של כסיל בשמחה גדולה, שר של דשאים בשמחה גדולה, שר של גן עדן בשמחה גדולה, שר של גיהנם בשמחה גדולה, שר של אילנות בשמחה גדולה, שר של בהמות[126] בשמחה גדולה, שר של דגים בשמחה גדולה, שר של חגבים בשמחה גדולה, שר של עופות בשמחה גדולה, שר של מלאכים בשמחה גדולה, שר רקיע ורקיע בשמחה גדולה, שר של גדוד וגדוד בשמחה גדולה, שר של חיות הקדש בשמחה גדולה, שר של כרובי הכבוד בשמחה גדולה, שר של אופנים ושאר כל שר ושר נכבד ונורא ונערץ, והיו כולם עומדים בשמחה גדולה במעין של שמחה ומשמחים ומרקדים ומרננים ומקלסים לפניו בכל מיני קלוס וכל מיני זמר שבח והלל והיו מלאכי השרת פותחים את פיהם ואומרים 'יהי כבוד ה' לעולם' וכולם עונים אחריהם 'ישמח ה' במעשיו' והיה רקיע ערבות מלא שמחה וקול הדר ועוז ותוקף וגבורה וגאווה ותפארת וגדולה תהילה ורנה שירה וצהלה נצח ויושר

---

125 מדרש זה הוא קדום ביותר, אולם נדפס רק בדורות האחרונים והם: סדר רבא דבראשית רבא, בתי מדרשות - וורטהיימר - ח"א עמוד כז 'סידור רבא דבראשית רבא' שם, עמוד שסט. בראשית רבתי, ים ת"ש, עמוד 35 דברי המדרש היו לפני הקדמונים: הרוקח העתיק קטע ממנו בסידורו בשם "מעשה בראשית", סידור הרוקח ח"ב עמוד תקכו, ומשם לסידור חסידי אשכנז.

כמו כן, הם יסוד למש"כ הראשונים ביאור על היוצר 'זה שבח של יום השביעי' שהשבת עצמה שרה, אלא שהוסיפו הוספה חשובה: עמדו [השרים] ואמרו שירות ותשבחות לשר של שבת, בא הקב"ה והראה אותה שמחה לאדם הראשון - ספר המחכים, קראקא, תרסט, עמוד 21. ומשם לאורחות חיים, סדר תפלת שבת שחרית אות ג', כלבו סימן לז. וראה מנהגי רבי אברהם חילדיק, קובץ על יד,ט (תש"מ) עמוד 210.

126 הרה"ק רבי משה לייב מסאסוב היה עוסק בפדיון שבויים תמיד, ופעם אחת בעש"ק הוצרך לפדות יהודי אחד ולא היתה לו עצה במה, עד שהוצרך להראות כ"כ תנועה של חיבה לפני הפריץ ונשק לבנו של הפריץ ועי"ז נתרצה הפריץ אליו וכו' ונשתהה עד שלא היה זמן לטבול, ואח"כ כשבא להתפלל היה מבלבל אותו מאד אותו הנשיקה שנשק לדבר טמא ואיך יתפלל ואח"כ כשבא לומר לכו נרננה נזכר במאחז"ל [פרק שירה סוף פ"ו. - פירוש נפלא לשירת הכלבים, ראה בס' מלחמת חובה לרבי מרדכי אליעזר וועבר, י-ם תרמ"ה, עמוד יט] כלבים אומרים שירה לכו נרננה, ושמח מאד והתפלל כדרכו - כתבי רבי משה מידנר, ע' קע"ח, אות תתקע"ז: כתבי רבי יאשע פראגער שו"ב בבריסק, עמוד רא אות יז.

ומענין לענין, מסופר על הרה"ק רבי אברהם מטשכנוב בעל זכותא דאברהם, שפע"א, בעש"ק אחר ההכנה וטבילת מקוה ולבישת בגדי שבת הודיעו לו אשר שר המחוז בא לביתו ורוצה לדבר עמו ע"ד ענין נחוץ וכשבא לפניו הושיט להרב את ידו לברכת שלום כנהוג ודיבר עמו, ואח"ז כשהלך מאתו אמר הרב נתקיים בי מאה"כ ותם לריק כחכם, ושוב הלך לטבילה - וילקט יוסף לר"י מנדלקורן סיפורים מרבי בן ציון אסטראוועער י-ם תשט"ו עמוד לה אות קז. ומכאן אנו למדים על גודל הכנתם ופרישותם של קדושי עליון לקראת קבלת פני שבת מלכתא.

כבוד והודאות באותה שעה, שנאמר הוד והדר לפניו עוז וחדוה ותפארת במקדשו, הוד והדר נגד שבת עוז ותפארת נגד וינפש. באותה שעה הביא הקב"ה שרה של שבת והושיבה על כסא הכבוד והביא לפניה שירה כל שר ושר של כל רקיע ורקיע ושל כל תהום ותהום והיו מרקדים ומשמחים לפניה ואומרים שבת הוא לה' ושאר כל השרים הגדולים אומרים לה' הוא שבת ואף אדם הראשון העלה אותו הקב"ה לשמי מרומים לשמים העליונים לשוש ולשמוח בשמחתה של שבת.

עשה הקב"ה חנוכה של שמים וארץ והכל שמחים בה ואף אדם הראשון שש ושמח בשמחתה של שבת באותה שעה כשראה אדה"ר שבחה של שבת יקר ורבותה של שבת שמחתה וגדולתה של שבת שהכל היו שמחים בה והיא היתה תחלה וראש כל השמחות מיד פתחו[127] פיהם ואמרו מזמור שיר ליום השבת, אמר הקב"ה לשבת אתה אומר מזמור ולי מזמור שאני אלוה השבת, עד שעמדה השבת על רגליה ונפלה על פניה ואמר טוב להודות לה', וכל סדרי בראשית השיבו ולזמר לשמך עליון עכ"ל המדרש.

כעין זה מבואר כמה פעמים בזוהר הקדוש[128] שבני ישראל ופמליא של מעלה שמחים ערב שבת קודש עם קבלת נשמה היתירה ואין בו שום עצבון. ודבר פלא מצאתי כתוב בזו"ח, פרשת אחרי דף ס ע"א אם אינש יעיל לביתיה בחדווה, ויקבל אושפיזין בחדווה ואינשי ואתתיה בחדווה בהאי שעתא שכינתא אמרת זה שלי הוא.

ובעז"ה נבוא במאמר זה להביא לקוטי בתר לקוטי מנהגי ישראל בארצות פזוריהם לכל אופניהם בכל צורותיהם עד כמה שידי מגעת וכן טעמי המנהגים בעניני שמחה ושירה בקבלת פני שבת.

א. שמחה

נוסף לפחד, היראה וכובד הראש, ההשתוקקות והצפייה שיש לכל בני ברית בעת קבלת פניא דמעליא שבתא, כדי לקבל את קדושת נועם הנשמות, מצאנו לרבותינו הקדושים ששו ושמחו לכבוד שבת המלכה, שבת משוש לבנו שהיא מקור הברכות ומעיין הקדושות, שהרי השבת היא שמחת הקב"ה והשכינה, בעולמות עליונים ותחתונים[129], והיא יום גנוסיא שלו[130], ויום שמחות הוא, לו ולבניו אחריו השמחים בשמחתו[131].

---

127 ומדברי חז"ל אלו, מקור טהור להנהגתו הק' של סניגורן של ישראל בעל 'קדושת לוי' מברדיטשוב, שהיה נוהג לומר לפני סדר קבלת-שבת: כל עשב יש מלאך ועל כל מלאך ישנו עוד מלאך וכו' וכולם אומרים שירה, וגם אני עבדך לוי יצחק בן שרה שאשע גם כן אגיד, והתחיל לכו נרננה וכו', סיפורי מרן הרמ"ח מסלונים, בני ברק תשמ"ט, עמוד קיח. כעין זה מצאנו מסורת שהבעש"ט הק' העיד על תלמידו רבי חיים מקרסנא, שבכל קבלת שבת היה מנגן ניגונים חדשים שקיבל ממלאכי מעלה. קובץ כרם החסידות ה, תש"ז עמ' 3 בשם הרה"ק בעל 'חלקת יהושע' מביאלא.

128 ח"א דף מ"ח:, ח"ב דף כד., דף רנו, ח"ג דף צה.

129 זח"ג דף צד:

130 פסיקתא רבתי, פרשה כג פיסקא יח, ד"ה יודוך ה'.

131 הרה"ק רבי חיים אלעזר ממונקאטש במאמר תורת שבת, פ' ואתחנן בתוך 'חמשה מאמרות'.

וכבר הבאנו לעיל דרשת חז"ל עה"פ 'ויקדש אותו' - קדשו בשמחה ששם מתוא־ת בארוכה שמחת כל שרי מעלה עם שב"ק ואף אדם הראשון שש ושמח בשמחת שבת מלכתא. וכן מצאנו במדרש רבי דוד הנגיד[132]: "וצריך שיקבל את השבת בשמחה וששון וטוב לבב כמו שאמרו חז"ל[133] שרבי חייא ע"ה היה כל יום שישי מתרחץ בסופו של יום שישי[134] ואומר בואו ונקבל פני שבת המלכה, בואי כלה בואי כלה. ונקראת השבת כלה משום שנכללו בה מעשה בראשית[135] וכמו שכתוב ויכל אלהים ביום השביעי, ונקראת מלכה על שם מלכותך מלכות כל עולמים [שבה ירגיע הגוף בעוה"ז ותנוח הנפש לעוה"ב]".[136] ומן הראוי להעיר, שחיפשתי בספר אביו וזקנו את ענין השמחה בקבלת-שבת ולא מצאתי, אולם כפי הידוע רוב כתביהם נאבדו[137].

וכן הוא בפיוט הנורא לכה דודי למהר"ש אלקבץ: בואי בשלום עטרת בעלה גם בשמחה ובצהלה. ורבי אברהם הלוי ברוכים תלמידו של האריז"ל, כתב בתקוני שבת שלו[138] לקבל פני שבת וכו' וצריך להקביל פניה בשמחה ובשירות ותשבחות ובנפש שביעה וכמו"כ רבי חיים הכהן מארם צובה[139] בספרו טור פטדה, סימן רסב ס"ק ג' כתב וז"ל ילבש בגדיו הנאים וישמח בביאת שבת כיוצא לקראת המלך, ואיתא בזח"ב דף רנו וז"ל היכלא חמשאה וכו' אילן אתמנון לבדחא עלמא אנון כד נשמתא אתוספת מערב שבת לערב שבת כד איהי נפקת נפקין מלין עמה ומעברי מישראל כל עציבו וכל יגיעה וכל מדירו דנפשא וכל רוגזא דעלמא ואלין אינון בדיחי עלמא וכו', הנה מבואר מדברי המאמר כי האדם צריך לשמוח בכל ערב שבת כיוצא לקראת המלך או לקראת חתן וכלה כההיא דרבי חנניא מתעטף וקאי בפניא דשבתא וכו' ורבי ינאי אומד באי כלה, עב"ל.

---

132 בנו של רבי אברהם בן הרמב"ם. נדפס מכת"י י-ם תשכ"ח, כרך ב, פרשת ויקהל דף כה.

133 בגמרא לפנינו במסכת שבת דף קיט. הגירסא רבי חנינא היה מתעטף וקאי אפניא וכו', וכ"ה הגי' בכל הראשונים ובכת"י ראה דקדו"ס שם. וגי' רבי דוד שהביא זאת לצעין השמחה לא מצאתי, וכן ענין הרחיצה לא מצאתי בדברי חז"ל.

134 מכאן מקור קודש למנהג הצדיקים שהקפידו לטבול לכבוד שב"ק סמוך לכניסת השבת, ראה דברי תורה - מונקאטש - ח"א א־ת יא, וכ"כ מפורש בסדר היום לר"מ בן מכיר, סדר ער"ש שכן נהגו חכמי צפת בדורו, ואכמ"ל.

135 מצאנו בזה פירוש חדש לקריאת השבח בשם 'כלה' וכעי"ז כתוב בכת"י קדום עה"פ ויכלו 'ויכלו גי' ע"ב כי הוא חסר' ועל דרך האמת נכתב חסר כי הוא מלשון כלה, הכלולה מן הכל כמו שארז"ל בואו ונצא לקראת שבת המלכה'. - נדפס בספר פירוש התורה לבעלי התוספות. בראשית עמוד עו. ועי' מש"כ בזה לעיל הערה 1.

136 הוספה זו היא מספר תורת המנחה לרבי יעקב סקילי - תלמיד הרשב"א - י"ל מכת"י, צפת תשנ"א, שבסוף פרשת ויקהל, עמוד 323, העתיק את דברי רבי דוד הנגיד והוסיף קטע זה.

137 היות ודברי הר"ד הנגיד הם חידוש שלא מצאנוהו בראשונים כלל חפשתי בספרו הרבה אולם לא מצאתי שכתב עוד בענין זה, ברם בתוך החיפוש ראיתי שהביא רבות מדברי הזוהר הקדוש והיה לפלא בעיני מאחר ולא היה הזוהר נפוץ עדיין בזמנם, ושוב חזיתי בהקדמת המו"ל שציין זאת וכנראה כבר למד הנגיד בספר הזוהר.

138 פרק א, נדפס בסוף ספר ר"ח הקצר, באסיליאה, ש"ס, ראה לעיל סוף הערה 30.

139 רבי חיים ב"ר אברהם הכהן, תלמידו בנסתר של רבי חיים וויטאל בצפת ובדמשק, משם נתקבל בשנת של"ט כרב באר"ץ, ולאחר מכן התמנה כרב המדינה עד שנת תי"ג. חיבר כו"כ ספרים ע"ד הנסתר - וראה שה"ג בערכו, נפטר בשנת תט"ו.

לקראת שבת לכו ונלכה

לכה דודי וגו'

תווים ל"לכה דודי" מנהג ספרדים באיטליה
נדפסו ע"י Estro Poetica. Armonica, Benedetto Morcelle
וינציה תפ"ד, כרך 4 עמוד 16

תוים למזמור לדוד הבו, מספר 'השירים אשר לשלמה'
לר' שלמה מאדומים (שלמה די ראסו)
מזמורים, שירות ותשבחות אשר הביא בחכמה הניגון והמוסיקה ממנטובה, וינציה שפ"ג (לפני קרוב לארבע מאות שנה), נדפס בהסכמת כל חכמי איטליה.
הספר כולל שלשים ושלשה שירים לסדר התפילה
בדף מב תווים למזמור שיר ליום השבת ובדף לא למזמור הבו.

ובספר חמ"י, שבת פ"ה (ד"ה הנה מבואר) כתב: וצריך כל אדם להכין עצמו לקראת אלהיו בהדרת קדש להתעטף לבנים לכבוד השבת ויגיל וישמח לשמחת הכלה הבאה אלינו ותבא אליו היונה לעת ערב וראוי לשמח אותה בכל דבר הבאה על ידינו[140][141] . וכן מצינו לענין ערבית של שבת שאמרוהו בשיר "וצריך להתפלל ערבית בניגון וקול זמרה לשמחת הכלה הבאה אלינו נפש יתירה וראוי לשמח אותה ואותנו בכל דבר הבא על ידינו"[142].

המוכיח המקובל ר' יהודה לייב פוחאויצער[143] פני השבת וז"ל[144]: ועל שענין שבת הוא השראת השכינה עלינו לכן נקרא השבת בשם כלה ובשם מלכה, כמ"ש בגמרא ר' חנינא הוא מיעטף וכו' ואמר 'בואי כלה' - והוא כינוי השכינה הוא מלכות כידוע, וכן כלה כמ"ש זוהר על מ"ש לא מאסתים ולא געלתים לכלתם חסר כתיב עיי"ש, ולכן מקבלים השבת בשמחה גדולה ובשירות נאים ותשבחות ורננים וכו', והוא על פי מה שאמרו חז"ל אין השכינה שורה אלא מתוך שמחה כמו שאמר דוד ויהי כנגן המנגן ותהי עליו רוח אלהים, עכ"ל[145].

ואביא בזה תיאורו של הגאון הקדוש רבי אלכסנדר זיסקינד מהוראדנא על אופן ההכנה לקבלת פני המלכה[146]: "לעת ערב לעת צאת ידי חובת תפלת מנחה ויהי בעלות המנחה. שבת בעי הכנה להכין האדם עצמו לקראת שבת מלכתא לומר המזמורים של קבלת שבת בשמחה עצומה עד מאוד ובודאי באלו המזמורים התיבה קולטתן ההתלהבות בלב האדם אל עושהו בשמחה עצומה מאוד כשיוציא אותם מפיו ויקרא בכל כחו ובהתלהבות גדול וכן מבואר בזה"ק שצריך האדם לעבוד ליוצרו ובוראו ית"ש ויתעלה בכל כחו דווקא וכבר בא זכרונו לטובה לשונו הקדוש, בפסוקי דזמרה"[147].

---

140 דברי דחמ"י צויינו אצל רבי יצחק פאלאג'י בספרו יפה ללב, אזמיר תרל"ג, ח"ב סימן רסב אות ב. על אף שבעל חמ"י היה אחרי רי"ל פוחאוויצער (והעתיק מספרו קטעים שלמים) עכ"ז הקדמתי את דברי החמדת ימים משום שהרי הרבה מסורות והנהגות מחכמי צפת ספונים בתוכו.

141 בשאר הנהגות קדושות מחכמי צפת מתקופה זוהרת זו לא מצאתי שידגישו עניינו של 'שמחה' בהקבלת שבת.

142 סדר היום לר"מ בן מכיר, סדר תפלת ערבית בשבת.

143 רבי יהודה לייב נולד בפינסק בשנת ש"צ לערך, קיבל תורה מפי הג"ר נפתלי כ"ץ אב"ד פפד"מ, מגיד מישרים בכמה קהילות ולאחר מכן נתקבל למו"צ ומ"מ בעיר מולדתו פינסק. וראה מש"כ ידידי ר' אברהם א. שור במאמרו על דרכי כתיבת והדפסת ספה"ק בית אהרן, קובץ באו"י גליון כב, עמוד קלח, על תולדותיו והשפעתו על הסביבה. ואוסיף רק הערכתו של ג"ע החיד"א על ספריו: "וכל ספריו קדושים ומעוררים יראה וקדושה" (שה"ג מערכת ספרים אות ד - דברי חכמים).

144 דברי חכמים, המבורג תנ"ב, חלק דעת חכמה, שער השבת פ"ט דף י' טו"ד, וכעין זה בספרו כבוד חכמים, וניציה ת"ס, עניני שבת פ"ח דף טו.

145 דבריו הועתקו ב'נוהג כצאן יוסף', שבת אות טז.

146 יסוד ושורש העבודה שער ח' פרק ב.

147 דברי היסוד ושרש העבודה הועתקו ע"י רבי משה ב"ר גרשון מחכמי זאלושין בספרו 'תקון שבת' וארשא תקפ"ו דף סה. שאסף מהרבה ספרים קדושים חידושים ודברי מוסר הנוגעים לשבת קודש, וקטע זה על שמחה והתלהבות לקבלת שבת קנה שביתה בהרבה מאוד סידורים ומייחסים אותו להתקו"ש - זאלושין, ונעלם מהם שמקורו מס' יסוד ושורש העבודה כאמור. ראה סידור נהורא, זולקווא תרט"ו. סידור אור זרוע, למברג תרנ"ז, סדור כנסת הגדולה, ווילנא תרמ"ט, סידור נוסח אשכנז, וארשא תרמ"ד. תפלת ישרים - אשכנז, ווארשא תרנ"ח. ועוד סידורים רבים.

ואח"כ מבאר כל מזמור ופיסקא בלשונו המלהיב לבבות, שצריך בר ישראל לאומרו באש פנימי בהשתוקקות וצמאון עד שיגיע לשמחה תשוקה וחמדה כמשוש חתן על כלה.

ודבר חידוש מצאנו בספר יפה ללב[148] וז"ל ועל כי ענין שבת הוא השראת השכינה עלינו לקבל שבת בשמחה וכו' וכל זה מפני שכל ענין שבת הוא קיבול פני השכינה ואין השכינה שורה אלא מתוך שמחה וכו' וזה טעם נוסף לי"א שלא לעשות נישואין סמוך לערב שבת, ראה או"ח סימן שלט, ואה"ע סימן סד. ונו"כ שם, ואבי (ר"ח פלאג"י) בתוכחת חיים בראשית מאמר ט - משום דאין מערבין שמחה בשמחה! עיי"ש[149].[150]

וכן נהגו בכל תפוצות ישראל שאמירת סדר קבלת-שבת היתה ידועה בנעימתה המיוחדת בקול המשמח אלקים ואנשים ומצאנו סימוכים לכך החל מראשוני הקהלות שהנהיגו לעצמם את סדר קבלת שבת. ובסידורים הראשונים כת"י מצאתי כתוב בהכותרת לפני הסדר ואח"כ הולכים לקראת שבת בשמחה ובטוב לבב[151].

וכתב בהקדמת תיקוני שבת: וילכו אז יחדיו בלב אחד וכו' בשמחה ובטוב לבב לקראת שבת לכבוד ה"א עליונה וה"א תחתונה וכו'. וכמו שדרך העולם שאם בא לו אכסניא נאהב לו מאד כי לא ראהו זמן רב בודאי יצא לקראתו כאהבה וכן כדרך שנוהגים לילך לקראת חתן וכלה וכל שכן שהולכין לקראת פני מלך בשר ודם להקבילו. על אחת כמה וכמה וכו'[152]. ובסגנון דומה לו כתב בספר קרבן שבת[153]: וראוי לכל אדם וכו' ולהכין עצמו בשמחה לקראת שבת הכלה ולבא בבית הכנסת בשמחה ובטוב לבב כמשוש חתן על הכלה. וכו'. וכעי"ז כתב בן דורו רבי יחיאל מיכל אפשטיין בס' קיצור של"ה. דפו"ר, פיורדא תנ"ג דף מז: וז"ל ילך לביהכ"נ בשמחה ויקבל שבת ויאמר הו' מזמורים. לכו נרננה וכו' בשמחה כי המה שיר ושבח גדול להקב"ה, ור"ת של מזמורים אלו גי' נפ"ש ויהיה לו למשיב נפש וכו' ואח"כ יאמר השיר לכה דודי בשמחה גדולה ובשיר ובעמידה. ודבר חידוש מצאנו בספר פלא יועץ, ערך הנאה, שהיו חסידים ואנשי מעשה שעשו פעולה כדי להרבות את שמחתם כהקבלת המלכה, וז"ל: ואם יבקש לאכל איזה דבר מתוק וערב לחכו כדי

---

148 ראה, לעיל הערה 140.

149 ואציין אסכמתא לחידושו של היפל"ל ממה שכתבו כמה פוסקים טעם שאין מקדשין הלבנה בליל שבת ויו"ט מפני שהקידוש הוא שמחה כהקבלת פני השכינה, ואין מערבין שמחה בשמחה - שמחת קיבול שכינה בשמחת יו"ט; לבוש תכו. ד.; שו"ת רמ"ע מפאנו סימן עח; פר"ח סימן תכו.

150 מן הענין להעתיק כאן את המסופר על הרב הצ' ר' יהודה לייב מסלונים, שכשהזמינוהו פעם אחד לחופה בערב שבת, נתן קולו בהתרגשות 'איך האב מיין חתונה' - כי זה הזמן של הכנסת כלה לחופה, בחתונת השבת. אדמו"ר מסלונים שליט"א בספרו נתיבות שלום ח"ב עמוד מב.

151 כן הוא בסידורי תיכלאל משנת ש"צ לערך ואילך כת"י, וכל התיכלאל שלאחריו, וכ"ה בהרבה סידורים נוסח ספרד ואיטליה.

152 לשון התקוני שבת הועתק בעשרות סידורים משנת ת' ואילך ומהם שהעתיקו את כל הסדר של התקו"ש עם הפירוש במלואו ראה סידור נוסח ספרד וינציה ת', ובעקבותיו סדורים הרבה ואכ"מ לפרטם.

153 דף מ: וראה לעיל פ"א הערה 78.

להשכ"ל, את זאת למצוה תחשב, וכן מנהג אנשי מעשה לאכול או לשתות שום דבר שערב לחיכם בקבלת שבת כדי לקבל שבת בשמחה באופן האמור, כי מתענוג ושמחת הגוף יכול לעורר תענוג הנפש ושמחה רבה של מצוה וכו'.

ועד לדורות האחרונים מצאנו שציינו מעתיקי המנהגים לנוסחותיהם וארצות מוצאיהם את נוהג השמחה של מקבלי המלכה[154] וכן נהגו גדולי ישראל לדורותיהם[155].

טעמים לשמחה

בהטעם לשמחה זו בקבלת פני השבת מצאנו בספרים כמה סברות ופירושים ונפרטם בזה. הטעם הפשוט הוא שהיא כשמחת חתן לכלה, וכפי שכתבו הספרים הנ"ל. וכפי שהבאנו לעיל דברי התיקוני שבת שביאר את ענין השמחה בטוב טעם וז"ל: וילכו אז יחדיו כולם כאחד וכו' בשמחה ובטוב לבב לקראת שבת לחבר ה"א עליונה וה"א תחתונה וכו' וכמו שדרך העולם שאם בא לאכסניה נאהב לו מאד כי לא ראהו זמן רב בודאי יצא לקראתו ומקבלו באהבה עיי"ש.

ובספרי דרוש וחסידות מצאנו עוד נימוקים לזה. בסידור עולת תמיד[156] חלק שבת דף א: כותב בזה"ל: המזמורים שאומרים קודם קבלת שבת, נגד ששה ימי השבוע, כי בשבת מקבלין על כל ימי השבוע שפע, וזה לכו נרננה כמ"ש לכו ונלכה באור ה', כי זאת אנו אומרים אל הנשמות שלנו, לכו למעלה ממדרגה למדרגה, כי בליל שבת עולין הנשמות עם העולמות עד האצילות כמבואר בעץ חיים, ואנחנו נרננה בשמחה, ומחמת שמחה מתעוררת רוח העליון אל הנפש כמ"ש והיה כנגן המנגן וכו'.

ונעתיק מילין יקירין מספר שפת אמת להרה"ק מגור[157] וז"ל שמעתי מפי מו"ז ז"ל [הרה"ק בעל חידושי הרי"ם] ויברך אלקים את יום השביעי כו', בשבת כתיב ויברך והי' צריך כל אחד מישראל להרגיש [את] הברכה. רק כל זמן שאין יוצאין

---

[154] ראה לדוגמא בסידור בית עובד לרבי יאודה ש. אשכנזי. חלק שבת דף יד אות ד', ספר אהבת שלום לרמ"מ מקאסוב, ריש פ' מקץ, ועוד.

[155] רבי יצחק מדרוהוביטש זי"ע היה צם במשך כל השבוע משבת לשבת, ובשבת היה אוכל הרבה, כל יום היה עושה קנייטש [קמט] בבטנו ומהדק החגורה עד יום שישי שאז היה לו ששה קנייטשן. בקבלת שבת לכל מזמור מהמזמורים - שהם ששה - היה פותח קנייטש אחד ובסוף קבלת שבת נתמלא בטנו (מרוב שמחה), סיפורי מרן הרמ"ח מסלונים, עמוד קלט. כמו"כ ידוע הפחד והיראה שהיתה שרויה בבית הנועם אלימלך מליזענסק שאימה ופחד גדול נפלה על כל אנשי ביתו, ואף המשרתים והמשרתות בקשו מחילה זמ"ז ממש כעיו"כ, וכולם בכו ואיבריהם דא לדא נקשן עד הדלקת נרות של שב"ק [א.ה. דלק הראשון של עובדא קדישא הדין הובא בכמה ספרים ראה אהל אלימלך אות קצז, אילנא דחיי פ' בשלח, בית אברהם פ' ויגש, ויש לציין מה שסיפר האדמו"ר רבי מרדכי מסלונים. שרבינו בעל נוע"א היה מניח ידיו באש בכל ערב שבת. כיפורי מרן הרמ"ח מסלונים עמוד קסה], אולם משהדליקו נרות שבת קודש שרתה שמחה רבה על כל אחד, וכל בני הבית טעמו שמחת שבת ושמחה גדולה מאד נעלה. הריא"ז מרגליות, אור זרוע לצדיק, עמי נו. עובדא דידן מעוגן בתורת רבינו בספרו הק' נועם אלימלך פר' בשלח ד"ה והיה ביום הששי, ובס' וירא ד"ה או יאמר וכו' דהנה.

[156] פירוש עפ"י סוד על הסידור, 'עולת תמיד', להרב נתן נטע משינאווה, מקובל וקדוש עליון, שחי בדחקות בעיר שינאווה בזמן שביהן שם הרה"ק רבי שמואל שמעלקא זי"ע. ואליהו הנביא התגלה אצלו. ולפני שעבר לרבנות בניקלשבורג בשנת תקל"ח גילה שרבי נטע הוא אחד מל"ו הצדיקים שבדור, ולאחר זמן קצר נסתלק. נערץ ע"י חכמי דורו ובתוכם הנועם אלימלך מליזענסק - ראה אור אלימלך דף עה. וראה הסכמות לסידורו זה שנדפס ע"י נכדו בפשעמישל שנת תרנ"ו, ובס' תיקון עולם ח"ב, וארשא חרצ"ב עמ' 130.

[157] פרשת חיי שרה, שנת תרמו.

מארור אין ארור מדבק בברוך[158]. ויתכן לומר שע"י קבלת שבת בשמחה והוא בחינת תוספות שבת ובמה שמאמינים בקדושת השבת ע"י יוצאין מכלל ארור לברוך[!] עכ"ל.

ב. שירה וזמרה

מזמור צב שבתהלים נדרש במדרש שוחר-טוב לענין קבלת-שבת: 'זכור את יום השבת לקדשו' - והן מכבדין אותו במאכל ובמשתה ובכסות נקיה, ולא עוד אלא כשהוא נכנס מקבלין אותו בשירה ובזמרה, שנאמר מזמור שיר ליום השבת[159].

הנוהג בימינו אנו ברוב קהלות יוצאי ארצות אשכנז הוא שמשוררים את הפיוט לכה דודי דייקא, אולם בדורות הקודמים, מתקופת דור הדעה שבצפת ועד שנת ת' לערך נהגו לשורר את כל סדר הקבלת-שבת, ואם לאו לפחות רובו, וכן נוהגים רובם של הספרדים לעדותיהם עד ימינו אנו.

ובפרט בעת אמירת מזמורים צב-ג שאמרוהו בכל הקהילות בנעימה, ובניגון מיוחד, ויתירה מזאת מצאנו שבכמה וכמה קהילות בישראל ניגנו בכלי-זמר בעת אמירת הסדר! (- ראה להלן).

את השירה בקבלת שבת מצאנו לראשונה עדות מספרד לפני הגירוש אצל מחבר אנונימי[160] מגורשי ספרד – פירוש על ספר תהלים, ושמו כף הקטורת[161] וז"ל בתו"ד על מזמור קמ"א, על הפסוק 'תיכון תפלתי קטורת לפניך', שחיבר פירוש מיוחד לספר תהלים, שהאומר מזמורי תהלים ה"ה כאילו מקטיר קטורת וכו', "מנחת ערב" להודיע כי כאשר מנחת כף אחת עשרה זהב מלאה קטורת היה ערב לפני הקב"ה כך מזמורים הללו [של ספר תהלים] הם ערבים לפני קב"ה ובפרט המזמר אותם בערב שבת, וכן כל מנחה ומנחה שאומרים מזמור אחד מה נחמד ומה נעים שבת אחים גם יחד שהוא המזמור והקדיש, משבח אני גלות אשר בספרד שנוהגים ככה, וכן הם מאריכים במזמורים שהם לדוד."

---

158 נראה שעד כאן מדברי הרי"ם ומכאן ד"ע.

159 ועוד אמרו חז"ל; ר' לוי אמר כשאדם הראשון עבר על ציוויו של הקב"ה, ישב עליו בדין לספק לו וכו' בא יום השבת נעשה לו סניגור ואמר לפני הקב"ה, רבון העולמים בששת ימי המעשה לא נענש אדם מעולם, ובי אתה מתחיל, זו היא קדושתי וזו היא מנוחתי ובשביל השבת ניצול אדם מדינה של גיהנום, כיון שראה אדם כחה של שבת, אמר לא לחנם ברך הקב"ה את השבת וקדש אותו, התחיל משורר ומזמר ליום השבת. - פרקי דרבי אליעזר פ' יט והובא בשינויים בשוח"ט צב וראה הערות ר"ש באבער בשוח"ט שלו סוף אות ג, ופס"ר פרק מו.

160 ראה עליו, על תורתו ועל החכמים שהשתמשו בכתביו, בכת"ע ספונות, יז, עמוד 185, 'על שיטת בעל ספר המשיב', ושם שראשוני חכמי צפת כגון הרמ"ק וחבורתו והרח"ו כבר מעתיקים מדבריו בספריהם.

161 כ"י פריס HEB 845, (סרט 14474) דף 148 ע"א.

ולאחר מכן מצאנו שנהג כן האריז"ל ותלמידיו הקדושים[162] "שאמר פזמון מיוחד לשבת (לכה דודי ?) ומזמורים צב-ג בניגון נאה, ובתוך שהיו משוררים אמר הרב לתלמידיו" וכדו'

וכן כותב תלמידו רבי אברהם הלוי ברוכים[163] בתקוני שבת שלו: להקביל פני שבת וכו' וצריך להקביל פניהם בשמחה ובשירות ותשבחות ובנפש שביעה. ועדות למנהג זה בעיר צפת דור אחרי תקופת האר"י מצאנו, בתיאורו של ר' שלמה שלומיל את עיר צפת וחכמיה ומנהגיה[164].

ובתקוני שבת לרבי יהודה ב"ר דוד מבודן[165] האריך באופן ההכנה ואמירת המזמורים ומבליט ביותר את גודל ענין השירה וזמרה בקבלת המלכה וזה לשונו: ואותו הקבלה צריכה להיות ביתר שאת וביתר עוז ותעצומות בקול נאה בשירות ותשבחות באהבה ובחדוה וברעותא דליבא וזהו מזמור שיר ליום השבת, כי הא דריב"ל בפרק חלק (דף צא:) האומר שירה בעוה"ז זוכה ואומרה לעולם הבא, ומכל שכן בשיר וקול זמרה לכבוד שבת כלה מלכתא שאז כל הקליפות נכרתים ומסולקים[166] וכו' והטעם מבואר בספר הזוהר וכו' שטוב ונאה לזמר שירות ותשבחות והלל וזמירות בהכנסת כלה בסיבות הקליפות החיצוניות מתחבאים אז את עצמם בנוקבא דתהומא רבא כשנכנס שבת, עיי"ש.

ג. אופן השירה

באופן השירה יש לציין את השינויים בקהילות שבארצות השונות.

בארצות המזרח נהגו שכל הקהל אמרו ביחד כאחד את המזמורים בנעימה מיוחדת ואת הפיוט לכה דודי שרו[167], וכך נהוג אצלם עד ימינו אנו.

בארצות אשכנז נהגו מקדמת דנא שהיו משוררים את המזמורים ע"י חזן ומקהלה וכן היה המנהג הפשוט בכל מדינות אירופה בבתי הכנסת הגדולים ששרו קבלת שבת עם מקהלה והחיד"א שלא היה רגיל לכך ציינו בפליאה בספרו מעגל

---

[162] איגרת ר' שלמה שלומיל מדרעזניץ, מניסן שס"ט, תעלומות חכמה באסיליאה שפ"ט דף לז:, והועתק בחמ"י, שבת פ"ה "בסיפור הידוע כשרצה הרב פעם אחת לילך עם התלמידים לירושלים כדי להביא את הגאולה" ולהעיר שבספר תולדות האר"י הובא את כל הסיפור, להוציא ענין הנגינה והמשוררים.
דרך אגב יש להביא דבר חידוש שהובא באמרי פנחס השלם עמוד קסת, בשם סידור מהרי"ל שהביא מהאר"י שאמר "מה שזכה למדרגה עליונה בעבור שהיה ש"ץ ! והיה מנגן יפה ונתקשרו כל הציבור עמו בעבור הנגינה והוא נתקשר אל השי"ת והעלה את כולם להשי"ת" עכ"ד.

[163] תיקון ג. נדפס בסו"ס ראשית חכמה הקצר, באסיליאה ש"ס.

[164] באיגרתו, חסרת תאריך, נדפס בכת"ע קובץ על יד, כרך יג חוברת א [ירושלים תש"א] עמוד קכו.

[165] קראקא, [שע"ג] דף ד.

[166] בפשטות כונתו ש'אז' בעת כניסת השבת נסתמים כל הסט"א וכת דילהון כמבואר בזוה"ק כמה פעמים ואולי אפ"ל שכונתו שע"י השיר, כל הקליפות נכרתים ומסולקים !

[167] כן שמעתי מכו"כ יוצאי המדינות, אר"ץ, פרס, טורקיה. מרוקו, טוניס, ועוד. ובמנהגי הספרדים שבאמסטרדם מופיע כך: בלילי שבתות כל הקהל מנגנים מזמור לדוד ולכה דודי ומזמור שיר - מליץ יושר והוא כולל כל המנהגים, אמשטרדם תקס"ט, דף ב.

טוב (עמ' 142) בהיותו באמסטרדם והתפלל בליל שב"ק בבית הכנסת אשכנזים שם: ליל ש"ק התפללתי שם ערבית והאריכו מאד בניגוניהם תחת שלש רגזה ארש במנהגיהם בג' מיני קול [כונתו שניגנו בשלושה מיני תווים, וביותר בקבלת שבת]. ופירסום הדבר היה רב כ"כ עד שהגיעה השמועה לא"י, וכפי שכתב אחד מרבני טבריה ה"ה הג"ר חיים שמואל הכהן, במכתבו בתוך הסכמתו לשו"ת כרך של יומי סימן א וז"ל שם: ברוב בתי כנסיות של ערי אירופה מנגנים במוזיקא ח' או י' קולות יחדיו ירננו... הוצאות ס"ת וחזרתו ובקבלת שבת. ונוהג זה נמשך בהרבה קהילות עד ימי חורבן אירופה; ומצאנו תיעוד ממקהלה של קבלת שבת מחד מניצולי התופת[168]: "החזן הראשי, מר פייסחוביץ התחיל "לכו נרננה" בניגון מסוים. החזן והקהילה התחלפו בשירה לסירוגין אחר-כך עלה החזן לבימה ושר יחד עם המקהלה "לכה דודי" בניגון יפה מאוד, הזכור לי עוד היום, שמחברו היה ללוואנדובסקי. רק בימי ספירת העומר ובימי בין המצרים לזכר חורבן המקדש שרו ניגון של אבל. וכששרו "בואי בשלום" פנתה כל הקהילה למערב. אחר-כך שרו החזן פייסחוביץ והמקהלה, לסירוגין, "מזמור שיר ליום השבת", בניגון מיוחד". והיו קהילות שהגדילו את השמחה ע"י נגינה בכלי-זמר, כפי שיבואר בגליון הבא, בעזה"י. ובכל תפוצות ישראל היו המשוררים מטיבי נגן מלחינים שירה חדשה בשוררם את לכה דודי לכבוד שבת מלכתא[169].

ד. קטעי התפילה בהם שרו

לכו נרננה

נשארו מכמה וכמה קהלות בין מאשכנז ובין מספרד (רוב קהילות נוסח ספרד התחילו ממזמור הבו, ולא אמרו את שאר המזמורים) התווים של לחניהם על לכו נרננה ושאר מזמורים.

מזמור לדוד הבו

התווים הכי קדומים שנמצאים על מזמור לדוד הבו הם משנת שפ"ג! אולם בדורות האחרונים נכתבו ונדפסו כו"כ תווים של קהילות שונות (בעיקר מנוסח ספרד)[170].

---

168 תיאור קהילות החרדית בפפד"מ ערב פרוץ השואה ה"י, נכתב ע"י ר' הניך זימר, שחי במאה האחרונה, י-ם תשנ"ד, עמוד 27. וכן נהגו בביה"ב 'ברויארס' שוהל' שבפפד"מ - שמעתי מפי ר' מאיו אייזעמאן יליד פ"פ וכהיום בקרית צאנז - נתניה, שבצעירותו היה מחברי הקאהר [מקהלה] שם.

169 לדוגמא אציין מה שכתב רבי מאיר בר יהודה ש"ץ דק"ק אלטונא במכתבו משנת תרל"ג לר' אליעזר פרינס (מאמסטרדם-פרנקפורט): "בשבת הבעל"ט אחנך בע"ה סדור חדש, בשיר חדש על לכה דודי, ובה אפלל, גבורות למלל, להודות ולהלל, עד עת הנה זה בא דודי א"ס". - פרנס לדורו, י-ם חשנ"ב, עמ' 80.

170 מובן מאליו שרובם של התווים מהמזמורים, לחנים של נעימות הם ולא שירה ודו"ק.

לכה דודי

מקדמת דנא כבר מעת התפשטות מנהג אמירת הפיוט לכה דודי שחיבר רבי שלמה אלקבץ[171] נהגו בתפוצות ישראל לשוררו בשירים מיוחדים, היו קהילות ששרו כל בית בלחן אחר והיו ששרו שנים או שלשה לחנים לכל הפיוט, וברוב קהילות ישראל היו לחנים מיוחדים לשבתות מיוחדות[172] בהרבה מסידורי ספרד ותימן מסוף המאה הרביעית ואילך כתוב לפני לכה דודי "משוררים את הפיוט בלחן שובי נפשי למנוחיכי"[173] ובסידורים נוסח אשכנז מופיע לפני לכה דודי כותרת "הש"ץ מנגן בנעימה"[174], כמו"כ מוזכר בהרבה ספרי הלכה ומנהג הניגון של קבלת-שבת[175].

מובן מאליו שעיקר מנהג השירה שבסדר קבלת-שבת נתפס בהפיוט לכה דודי שבולל בתוכו יציאה מן הגלות וכיסופים לגאולה, להקמת בהמ"ק ולקירבת השכינה ולכן נלחנו לו מאות(!) לחנים, ומוצאים אנו בהם ניגון משמח, ניגון מעורר[176] ואפילו בנעימה עצובה קימעא. וברוב קהילות ישראל שרו בימי העומר

ואמרתי להעתיק כאן סיפור נורא שמסר הג"ר יהושע אב"ד קוטנא, על פועל כפרי, שעל אף תמימותו ופשטותו בערה בליבו קדושת השבת והוציאה מכח אל הפועל ע"י ניגון ושירה, וכך הם סיפור הדברים: כשהגיע חצות היום בעש"ק היה הוא וב"ב רוחצים את עצמם לכבוד שב"ק ומתלבשים במלבושי שבת והיה יושב עם ב"ב והיו מנגנים בפיהם ליבער שבת הייליגע שבת קום שוין כי אליך אנו מצפים, והיו מנגנים עד כניסת שבת! - הרב אריה מרדכי רבינוביץ אב"ד קאריב - בני ברק, בספר זכותא דאברהם חלק מ', בתוך ס' שערי אורה י-ם תשי"ח, עמ' יג. והוסיף שם שסיפור זה סיפר הג"ר יהושע וצ"ל אחר שהעיר למתנגד אחד על שספק כפיו בשבת - ראה להלן הערה 232 אות ג המשך הדברים. (ועל בכגון דא דיבר בקדשו מרן מהר"י מסטולין מנו"כ בפפד"מ, בעת היותו פ"א בבית עלמין: מיר האבין נישט קיין השגה און א בעל-הבית פון פאר פופציג יאהר צוריק - מפי עד שמיעה ששמע מפ"ק בנו כ"ק מרן אדמו"ר זיע"א שמנו"כ בטבריה בדברו אודות ירידת הדורות). ולהרה"ק רבי שמואל מליובאויטש היו ניגונים מיוחדים שהיה שר כשלבש בגדי שבת, וכן בעת שפשט אותם במוצאי שבת - לקוטי דיבורים ח"א עמוד קג.

171 אשר כתב בספרו, מנות הלוי, אסתר א.ח. (הוצאת י-ם חשנ"ו עמוד ע) בשבח הניגון בזה"ל: ולמה שהניגון והמוזיקא הוא דבר יערב לנפש לסיבת היותה מורגלת בשמע זה בהיותה במרום בנודע למי שלא יכחיש פשוטן של מקראות, ומלאכי מרום פותחים פיהם ומברכין וכו' ויש אנשים יערב אליהם כל כך עד אשר יתבטלו חושיהם לבל ידעו איפה הם! ונותן כמה דוגמאות מהתבטלות החושים הנגרמת ע"י שירה.

172 ויותר מזה: בקהלת ברלין הלחין החזן המפורסם ר' אהרן בער, בשנת תק"נ לערך, ניגון מיוחד לכל שבת משבתות השנה ונבאר כ"ז בגליון הבא בעזה"י.

173 כ"ה בכל סידור ותיכלאל תימן כת"י משנת שצ ואילך, כת"י אוקס בודלי 2468 [עמוד] 29 , ובדפוס משנת תט"ו ואילך. וכ"ה בהרבה סידורי ספרד ואציין לדוגמא כמה הוצאות, אמ"ד תע"ו. ובמנהג רומה, וניציה, תנ"ט כתוב: יאמר לכה דודי בנעימה.

174 כ"ה בסידורי רוו"ה שפה ברורה. וכן בסידור תפלות ישראל עם דה"ח תר"א, וכנ"ל מנהג פולין ומעהרין. קאניגסבורג, תר"ו, סדור שארית יעקב, אמ"ד תרי"ט, סדור נוסח הולנד, אמ"ד תרכ"ב ועוד.
כן מצאנו קהלות באשכנז, שנהגו לנגן 'חזן וקהל' פסוק בפסוק את כל הסדר, ראה לדוגמא מנהגי בה"כ דקהל עדת ישראל בערלין, ברלין חרצ"ח עמוד ח' "אחר תפלת מנחה הש"ץ מנגן על הבימה לכו נרננה פסוק בפסוק עם הקהל עד סוף מזמור לדוד".

175 ראה לדוגמא: מקור חיים (לבעל חו"י) סימן יח סעיף א. דברי קהלת עמוד 61, מנהגי ברלין שבהערה 31, נהגי מאטערסדורף, בית ישראל ח"ח אות כז ועוד. הג"ר גרשון שטערן, בעמח"ס ילקוט הגרשוני, בקונטרס מסעי בני ישראל, פאקש תר"ע.

176 פעם אחת הגיע חזן אחד להעיר שינאווה וכיבדו לתפלת קב"ש, לאחר התפילה אמר הרה"ק בעל דברי יחזקאל לאנ"ש, העמדתם אצל העמוד אחד שעושה חזנישע תנועות, הוא מחקה את השול חזנים, אבל אין לזה טעם, בשבת צריכים להתפלל עם חיות שיהיה עם טעם שבת, לפני שבועיים היה כאן דער באביוער רבס' זיהן [הרה"ק רבי בן ציון בנו של הרה"ק רבי שלמה מבאבוב] און געדאוינט מיט א טעם שבת. ספר שיח זקנים עמוד רפד בשם האדמו"ר מבאבוב שליט"א. והשווה את הסיפור המובא לקמן בהע' 189 מספר ארזי לבנון.

ובימי בין המצרים ושבת חזון בניגון אחר כמו"כ היו שבתות מיוחדות כגון שבת שחל בחג וכדו' שאף בהם הושר הפזמון בניגונים מיוחדים.

מזמור שיר ליום השבת

בכל תפוצות ישראל נהגו לשיר מזמורים צב וצג בלחן של שירה וזמרה או לכל הפחות בנעימה מתאימה ליום השבת[177], וזכר לדבר הם עשרות התווים שנכתבו למזמורים הנ"ל מקהלות ישראל מן המערב עד המזרח.

כן הוזכר, 'החזנים המשוררים את המזמור' בב' מקורות קדומים, ראה קיצור של"ה, תנ"ג מסכת שבת הנהגת ע"ש, שכתב הנהגות להמשוררים את המזמורים הנ"ל, וכן בסוף ספר שירי יהודה (ראה עליו פ"א סוף הערה 8), שבו מוכיח את החזנים "האומרים את המזמורים צב-ג, במרוצה, שתיקן המקובל האריז"ל שיש בהם סודות גדולות ונוראות עד מאד ואח"כ מאריכין בניגונים, מקולות מים רבים כנחשים ועקרבים בקולות משונים כצפצוף העוף, ומשבח אני "את מנהגם של האשכנזים המשוררים ומנגנים ומזמרים את שני מזמורים הנ"ל" עכ"ל. ותמוה (וחבל) שמנהג עתיק יומין זה נשתכח בימינו אנו בקהילות האשכנזים. משא"כ בקהילות הספרדים שבהם עדיין ממשיכים במנהג זה ראה לדוגמא בסידור בית עובד חלק שבת שם לפני המזמור, 'אמירת מזמור צב הוא עיקר קבלת שבת ולכן ראוי לאומרו בנגינה ושמחה רבה'. וכן בתיאור-הוד של סדר קבלת שבת בבית הכנסת בית יעקב בעיה"ק חברון בראשות האב"ד המקובל הגאון רבי אליהו מני[178] מופיע ששרו שם את המזמורים צב וצג.

ה. מנהגי קהלות חסידים ופרושים

בקהילות החסידים מצינו חצרות שבהם שרו, ומהם שהקפידו ביותר על השירה בקבלת שבת ואף רקדו בשעת שירתם. ומאידך גיסא היו רבים מחצרות החסידים שלא נהגו בשירה כלל, ואפרט בזה המנהגים השונים, עד כמה שידי מגעת.

---

177 וכבר מובא בשנת שמז ! בסידור מנהג רומה, וינציה שמ"ז, 'ואח"כ אומרים בנעימה מזמור צב', ולאחריו בהרבה מהדורות.

178 מ. מני, מאמר קבלת שבת בחברון בס' לכבוד שבת, ב"ב תשל"ו, ח"ב עמוד חקעב.

הרה"ק ר' לייב משפאלע המכונה ה'שפאלער זיידא'[179], המגיד הקדוש מקוז'ניץ[180], היהודי הקדוש מפרשיסחא[181], וחתנו הרה"ק ר' משה מלעלוב[182] נהגו לשיר, וכן נהגו בחצרות פרשיסחא, קוצק, גור, וורקא[183], סוכוטשוב[184] נובומינסק[185]

---

179 ראה להלן הערה 223.

180 כפי המסופר בספר החכמה מאין - עובדות וסיפורים שסיפר הרה"ק רבי יהודה מסטוטשין, בני ברק תשנ"ו, עמ' כב, וז"ל: פעם אחת כיבד המגיד מקאזניץ את רבי אליעזר מדוזקוב להתפלל תפלת קבלת-שבת, ושר לכה דודי, למחרת בעת ס"ג כיבד המגיד את רבי אליעזר לשורר דרור יקרא באומרו: דאס פייגאלע וואס האט אינץ דער קוויקט מיט לכה דודי זאל שפילן דרור יקרא. וכן משמע מהמסופר על הרב בעל נועם מגדים שבצעירותו היה מתנגד לדרך תלמידי הבעש"ט הק' ובליל ש"ק אחד ראה [בחלום] כי המגיד מקאזניץ עומד באנפלאותיו ומתפלל בהתלהבות בעולם העליון, ומזמר לכה ד־די והמלאכים עוזרים לו ואחר זה אמר תורה, ועי"ז נתקרב לחסידות - ספר עשר עטרות, מערכת המגיד מקאזיניץ אות מו, ומשם לספר אהלי שם, אות מ. וכן נהגו האדמורי"ם האחרונים לבית קאזניץ הרה"ק רבי ירחמיאל משה [על אף שעיקר מנהגיו היו מנהגי קארלין] ובנו בעל 'חובת התלמידים' ונכדו רבי אהרן - מפי הרה"ח ר' אלעזרביין שליט"א.

181 על פי סיפור נפלא שהובא בספר 'נפלאות היהודי', פיעטרקוב תרס"ח, עמוד עז: פ"א ראה 'היהודי הקודש' ברוח קדשו שהמגיד הק' מקאזניץ זצ"ל הוא חולה בסכנת נפשות וצוה תיכף לשנים מאנ"ש: א' הנקרא ר' שמואל יעדלינסקער. והשני הנקרא ר' שמואל סקשינער ופקד עליהם שיסעו תיכף לקאזניץ ובאם שיבואו לבית המגיד הק' ויהיה עוד בחיים חיותו אז יקבלו שם שבת לפני המגיד הק' כי הם היו בעלי מנגנים גדולים ויוכלו בהניגונים שלהם לקיימו ולחזור אותו לזה העולם ותיכף פקודתו הק' שמרה רוחם ונסעו לקאזניץ ויבואו לפני המגיד הק' בעודו בחיים. וישאל להם מאין באתם ואמרו שהיהודי הק' שלח אותם לכאן. ור' שמואל יעסלינסקער אמר שהוא יכול לנגן. ואז כיבד אותו המגיד הק' בקבלת שבת. ור' שמואל סקשינער הי' למסייע לו כמשורר. ובעת ששמע המגיד הק' הניגונים של קבלת שבת הוטב לו מחוליו ובכל פעם י־תר ויותר והרגיש בעצמו שהניגונים המה רפואה בדוקה למחלתו. ואמר המגיד הק' שהיהודי הקדוש ראה באספקלריא המאירה שאני הלכתי בכל העולמות. אך בעולם הניגון לא הייתי ושלח לי שני אנשים האלה שיחזירו אותי לזה העולם בנגונים שלהם. צויין בספר תורת היהודי הקדוש, י-ם תשנ"ז, ח"א עמ' פ, ערך שבת. בעריכת ידידי הרב יוסף פישל הגר שליט"א.

182 הניגון המושר כהיום אצל חסידי לעלוב - מקובל בידם שהוא עוד מהרה"ק ר' משה מלעלוב; כן שמעתי מהחסידים הישישים ר' שמואל קאפ, ר' שלמה ויינשטאק, ר' אברהם רוזנבלאט.

הצדיקים הראשונים לבית לעלוב שרו את הלחן הנ"ל, אולם הרה"ק ר' דוד (השני) מירושלים כשנסע לראשונה קרלינה - בשנת תרכ"ה למרן הרה"ק בעל הבית אהרן זצוק"ל אפוף החלטה נחושה ליהפך לחסיד ממש והראה לו רבו אותות הערצד וחיבה יוצאים מן הכלל, [ועל אף שמרן אדמוה"ז לא נהג לעבור לפני התיבה לקבלת שבת אולם בשבת הראשונה שרבי דוד'ל שהה בקרלין, שינה מרן ממנהגו ולכבודו עבר לפני התיבה והתפלל כדרכו בקול אדיר וחזק - תפארת בית דוד עמוד פז].

ומני אז הקפיד מאוד לא לזמר בלכה דודי כמנהג קרלין. ברם בשנת תרמ"ז לאחר הסתלקות דודו אחי אביו הרה"צ ר' יצחק דוד מלעלוב ביקשו ממנו חסידי בית אביו להתפלל בבית מדרשם והוא נעתר להם, והנהיג שם הרבה מנהגי קארלין ובתוכם מנהג זה שלא לשיר בפזמון של לכה דודי, ואמו הרבנית מייטל (בת בנו של החוזה מלובלין) הפצירה בו שלא יוותר ממנהגי בית אבותיו והמשיכו לנגן את הלחן של אבותיו (מפי חסידי לעלוב הנ"ל).

נוסח אחר מצאנו: שר' דוד'ל פישר בין מנהגי בית אביו לבין מנהגי קארלין ומיני אז התחילו לשיר את הלחן ששרו בקרלין על הפ־מון לכה דודי (שהמנהג לשירו כשחל ערש"ק בשמחת תורה ובפורים) ועד היום הזה קיימו וקיבלו עליהם מנהג זה - הרה"ח ר' אהרן הויזמאן שליט"א בספרו פרח מטה אהרן, י"ם תש"ן (חלק חסידי קארלין בירושלים עמוד א').

183 התווים של החזן המפורסם ר' הירש פרצובר ששימש מנגן בחצרות הנ"ל נדפסו בספר השבת, ת"א תרצ"ו עמוד 607. וכן שמעתי מפי אדמו"ר מקאצק - סוקולוב שליט"א שכן נהגו כל האדמורי"ם לבית קאצק (מ. בערנשטיין בספרו 'מוזיאקלישער פנקס' ווילנא תרפ"ז, עמוד 1 הביא תווים של לחן ל'לכה דודי' מחסידי גור בעיר לאדז').

184 שמעתי את הלחן שניגן בעל האבני נזר מסוכטשוב בכל שבתות השנה - מפי ר' ישראל האזה שיחי' ששמעו מאחד מחסידי האבנ"ז.

יש לציין מש"כ בתולדות הג"ר יהושע משה אהרנסון - מאחרוני תלמידי סוכטשוב, בספר עלי מרורות, ב"ב תשנ"ו, עמוד 508, שבערוב ימיו התפלל בבית הכנסת דחסידי סלונים וחסר היה לו הניגון משמח הלב בקטעי 'לכה דודי' - אותו ניגון אליו היה רגיל מילדותו. לכן הקפיד לשיר ולרקוד עמם לאחר התפלה כנהוג שם, כשהוא משלים את ניגון לכה דודי.

185 מפי ידידי הרב אהרן פרלוב שליט"א, נו"נ לאדמור"י נובומינסק.

אלכסנדר[186] וכן הקפידו על כך אדמור"י בית בעלזא[187]. וכן היה מנהג אדמור"י רופשיץ[188], צאנז[189], סיגעט[190], מונקאטש[191], קומרנא[192], ספיקנא[193], ומודז'יץ[194].

---

186 שמעתי מפי האדמו"ר מאלכסנדר שליט"א.

187 ראה לעיל פ"א אות יא בד"ה לכה דודי. בבעלזא נהגו האדמור"ים להתפלל לפני העמוד קבלת-שבת מידי שבת בשבתו, וללכה דודי ניגש בעל מנגן להעמוד, ועמד ע"י האדמו"ר מעוטף בטלית וניגן ל"ד ולאחריו הלך הבעל מנגן אל מקומו והאדמו"ר המשיך - מפי הרב יצחק רוקח שליט"א נכדו של הרה"ק מהרי"ד מבעלזא.

על מנהג הרה"ק ר' יהושע מבעלזא סיפר הגאון ר' יוסף גרינוולד אב"ד פאפא - נ"י, בעמחה"ס ויחי יוסף שמלפנים היה המנהג בבעלזא לשיר באמירת פיוט לכה דודי אולם בסוף ימיו של הרה"ק הנ"ל היה קשה עליו מפאת חולשתו להמשיך במנהג זה מכיון שהקפיד ביותר לעמוד בעת אמירת הפיוט. ולכן הנהיג שלא לזמר אלא ביומא דפגרא או כשהגיע אליו אורח חשוב. [ופעם אחת כשכיבדו את הרב מפאפא להתפלל אצל התיבה בבית מדרשו של הרה"ק ר' אהרן מבעלזא שר לכה דודי, ולאחר התפילה אמר האדמו"ר להרב: יישר כח פאפער רב. איהר האט זייער וואיל גידאווינט - הרב יצחק דוד פרידמן, רו"כ פאפא בנ.י. קונטרס יד כהן אות רב. נדפס בסו"ס יד כהן עה"ת. נ.י. תשנ"ג].

188 ראה מש"כ הסופר החרדי רבי יקותיאל א. קמהלר, דור דעה, עמוד כו.

וכן היה המנהג בדזיקוב כמפורסם. כמו"כ מפורסמים אדמור"י דזיקוב בחיבור ניגוניהם הקבועים לקטעי התפילות, וע"כ התעניינתי אצל כמה נכדים לבית דזיקוב ולא ידעו לענות על שאלתי עם הניגון של לכה דודי נתחבר ע"י אחד מהאדמורי"ם. בידינו נשאר תיאור - הוד, של קבלת-שבת בדז'יקוב, ובתו"ד הוזכר שיר ה'מארש' של לכה דודי ששרו ברוב שמחה והתרוממות. ראה מאמרו של י. פליישר 'על תפילות שבת בדז'יקוב' בספר "לכבוד שבת", ח"א עמוד מג.

וכ"כ במנהגי האדמו"ר רבי יעקב ישראל מסוליצא, מגזע רופשיץ וגלאגוב - מנהגי מהריי"ו אות ר', בתוך ספר אור ישע, נ.י. תשמ"ו.

189 מפי רבי יעקב כץ שיחיה מב"ב שמעתי אח הלחן של ר' אביש מאיר (שהיה ש"ץ קבוע אצל הרה"ק בעל הדברי חיים ואשר ניגוניו מפורסמים בקהל חסידים) ללכה דודי ששרו בצאנז. הנ"ל שמעו מפי סבו שזכה להתפלל אצל הדב"ח.

הג"ר אלימלך א. ארנברג שמע מהרה"ק רבי מענדלי מפרוסטיק שהיה נוכח שבת אחת אצל חותנו בעל דברי יחזקאל משינאוה, ולאותו שבת הגיע הרה"ק רבי שלמה מבאבוב עם בנו הרב הצעיר רבי בן ציון, וכיבדו את רבי בן ציון לתפילת קבלת שבת, והיה כנגן רב"צ את השיר לכה דודי ותהי עליו רוח ה' לומר בהתרגשות עצומה ובהגיעו לחרוז 'לא תבושי' התחיל בניגון של רקידה וכל עדה הקדושה יחד בקול וכאשר בא להחרוז 'בואי בשלום' אז רקדו כאלים מגודל ההתפעלות ועל גביהם השיניווער. ולאחר התפלה באומר רבי בן ציון להשיניווער שבתא טבא, איחל לו הרבי יישר כוחך על התפילה ודיבר בגדול הניגון שלו דברים נפלאים - ארזי לבנון, י-ם תשכ"ז, הובא בספר תהלת חיים, הנהגות ואימרות לבית צאנז, ח"א עמוד רצה. הג"ר נתן דוד הולנדר אב"ד אמסאנא נסע לשבות שבתו אצל רבו הדברי יחזקאל, והשיניווער כיבדהו להתפלל לפני התיבה תפילת קבלת שבת, כשהתחיל לנגן לכה דודי עזב השיניווער את ביה"כ והלך החדרה עם מתפללים והתפלל שם כיון שהרגיש אז שלא טבל במקווה באותו יום מפני חליו וכו' - ס' אהל קדושים לרא"א קאנער מטשחוב, ר' טבת יא"צ בעל הדברי יחזקאל משינאווא.

רבי יקותיאל א. קמהלר מספר בהתרגשות על התקרבותו לצאנז בהתפללו בשנת תרס"ה בהקלויז הגדול דחסידי צאנז בק"ק טרנוב: גדול היה כבוד הבית ביום שב"ק על שש מאות אנשיו המתפללים בנוסח צאנז שכולו התלהבות וקולות, שמחה וזמרה. ובערגה יזכיר ר' יקותיאל לימים את הש"ץ ר' אליהו ברנדסדורפר (אחיו של המנגן ר' אביש מאיר) שהפליא בתפלתו בלוויית מקהלת משוררים מפרחי החסידים, ומי שלא ראה את שמחת הקהל והתלהבותו בשעה שזימרו 'בואי בשלום' - ונדמה שאף כותלי ביהמ"ד רוקדים ומרננים אתם - לא ראה שמחה מימיו, ומי שזכה וראה לא ישכחנה לעולם. ספר הצופה לדורו תולדותיו של הרב קמהלר, י"ל ע"י הרב יהושע מונדשיין הי"ו י-ם תשמ"ז; התודה להרב הנ"ל שהעירני לזה.

190 כן שמעתי מהרב אברהם יוסף וידר תלמיד הרה"ק בעל עצי חיים מסיגעט וכן נהג אחיו הרה"ק בעל דברי יואל מסאטמר אולם לא רקדו אלא אמרו בואי בשלום במקומם. ולכל שנה הלחינו ניגון חדש ללכה דודי, ראה מחזור עפ"י דברי יואל, ר"ה, נ.י. תשמ"ו, עמוד סג.

191 דרכי חיים ושלום אות שעד.

192 ובמקום האדמו"ר שהתפלל אצל העמוד, קבלת-שבת, שרו 'המשוררים' את לכה דודי - מנהגי קומרנא אות קסו.

193 כפי שמופיע במנהגי הרה"ק בעל החקל יצחק; לכה דודי לא שר בעצמו, אלא כיבדו לאחד מן החסידים לשורר - ספר שבת שבתון, נ.י. חשנ"ה, עמוד לה [מפי אדמו"ר מספינקא-ויליאמסבורג שליט"א].

194 אדמור"י מודז'יץ שהיו מטיבי נגן, חיברו כמה לחנים ל'לכה דודי'. בסו"ס אתקינו סעודתא - תורות מבית מודז'יץ על שבת קודש, ים, תשנ"ב, הובאו תווים ללכה דודי מבעל דברי ישראל ממודז'יץ, ותווים לשיר אחד שחיבר הרה"ק רבי שמואל אליהו ממודז'יץ נדפסו ע"י ר' בן ציון שינקר, צלילי מודז'יץ, ניגוני שנות תש"ט תשי"ב [חשומ"ד], עמוד יג. אולם מאדמו"ר ממודז'יץ שליט"א שמעתי שהלחנים הנ"ל לא נתחברו על הפיוט הנ"ל דייקא אלא הותאמו במרוצת הדורות בלא כונה מיוחדת.

ולאידך גיסא נהגו רבים שלא לשיר מהם - חצרות: טשרנוביל[195], קאסוב-ויז'ניץ[196], קרלין סטולין[197], לעכוויטש-סלונים[198], ליובאוויטש[199], ברסלב[200], רוז'ין[201], ליניץ-קנטיקוזיב[202], אליק[203], קרעטשינוף[204], סטריקוב[205], וקופישניץ[206].

---

195 כן היה המנהג בטשרנוביל, אולם ברבות הימים בסיבת התפשטות חסידי טשרנוביל בפולין החילו לנגן ל"ד, וכמו כן אצל הרה"ק ר"מ מקוזמיר שרו.

כידוע שלמגיד מטריסק היו חסידים מפולין [ועל כך שמעתי אימרה מעניינת, כשנפגשו מרן אדמוה"ז בעל בית אהרן עם המגיד מטריסק בעיר לובלין בין השיחי"ם אמר אדמוה"ז לרעו ומחותנו "טריסקער מגיד איך בין אייך מקנא מיט די חסידים, שהם מפולין". שמעתיו מפי הרה"צ ר' חיים מאיר שפירא שליט"א אב"ד נאראל], ולכן שרו אצל חסידי קוזמיר, וכן בהטשרנובילער שטיבל בעיה"ק צפת ובעוד מקומות - כ"ז שמעתי מפי האדמו"ר מטשרנוביל - ב"ב שליט"א.

כאן בירושלים אצל חסידי רחמיסטריווקא כשבראש החסידים עמד הרה"ק ד' נחומצ'ע עדיין לא שרו - מפי אדמו"ר מאלכסנדר שליט"א שהתפלל במחיצתו, ושמעתי ממנו תיאור תפילתו בשב"ק, פניו כלפידים זוהרים כולו אש קודש להתדבק בדביקות עליון, ומחזה קודש זה לא נשכח...

196 ורק מעת שהעתיק הרה"ק בעל אהבת ישראל משכנו מויז'ניץ לעיר גראסוורדיין התחיל להתנהג כפי מנהג המקום ולשיר, קדוש ישראל ח"א עמוד קלה.

לבירור הנושא קיבלתי מכתב מ'מכון לחקר מנהגי רבוה"ק לבית ויזניץ': כאשר רבוה"ק ירדו לפני התיבה, אזי ל'לכה דודי' נהגו לכבד לאחד מהנוכחים לזמר (והתעטף בטלית), דהרי בויזניצא לא נהגו לנגנו כלל, רק אמרוהו 'חזן וקהל', ורק בגרוסוורדיין התחילו לנגן משום מנהג המקום, ע"כ מכבדים לאחר. ובשם הרה"צ ר' יודלה מדזיקוב זצ"ל: שרבינו בעל אמרי חיים ביקש בגרסו"ו מאביו הסב"ק בעל אהבת ישראל שינגנו בלכה דודי כמנהג המקום. ע"כ לשון המכתב.

מסורת מקובלת בקאסוב שאמרו את הפיוט לכה דודי עם נעימה מיוחדת, ונשתכחה ברבות הימים - מפי הרב יוסף פישל הגר שליט"א ששמע את הנעימה מפי חסיד ישיש.

[בוישאווה נהגו כמנהג המקורי ולא שרו, מפי רבי דוד יצחק שפילמאן, תלמיד וישאווה].

197 כן נהגו רבותינו הק' לבית קרלין-סטולין: עברתי על כל כתבי המנהגים לבית קרלין בדפוס ובכת"י ולא מצאתי שיזכירו אם ש"ו או לאו. ובסידור בית אהרן וישראל איתא לפני ל"ד: כשחל שמחת תורה או פורים בעש"ק, מנגנים לכה דודי.

בשבת שבע ברכות של הרה"ק רבי שלום מאפטא בנו של מהרי"ד מבעלזא, וחתנו של מרן אור ישראל מסטאלין זיע"א שהתקיימה בסטאלין שרו ל"ד לכבוד השמחה - מפי הרב יצחק דוד רוקח שהיה נוכח שם. וכן היה בשבת שבע ברכות של הרה"ק ר' שלום מקאמרנא חתן האור ישראל מסטאלין - מפי השמועה.

198 כן שמעתי מכמה מזקני חסידי סלונים. הרה"ח ר' נפתלי פרלוב מסר שאצל אביו רבי נחמיה מבראנוביץ וסבו רבי אהרן מקוידנוב שרו ל"ד, יתרה מזאת הם ג"כ יצאו ברקידה בבואי בשלום - וכידוע שהרה"ק ר' אהרן מקוידנוב שינה בהרבה ממנהגי אבותיו הק' - שמעתי מפי הרה"ח ר' מיכאל ארליך.

199 חסידי חב"ד אינם נוהגים לזמר בניגון את הפיוט לכה דודי, ורק אומרים אותו בנעימה מיוחדת, ספר הניגונים, נח"ת, נ. י. תש"מ, כרך ג עמוד נב. ויש לציין שבכרך א, שם תש"ט, עמוד 4, הובאו תווים מהרה"ק בעל התניא ללכה דודי, ובכרך ב, שם תשי"ח, עמוד 1, הובא הניגון בשינוי קט, ושאלתי לכו"כ מחסידי חב"ד ולא מצאתי מענה אם היה נוהג כך תדיר ששר מידי שבת בשבתו או שלפעמים שר כן בעיתים מיוחדות או ששר כן בנעימה שלא בעת התפילה. (ובכרך ג עמוד 9 הובא תוים של ה'לאמזער לכה דודי' שהביא אחד מחסידי חב"ד לליובאוויטש ששמע את הניגון בעיר לאמזע). [מתוך תיאורו של הג"ר נחום שמריהו ששינקין - מגדולי תלמידי הרש"ב בליובאוויטש, נודע לנו שבהבנה לקבלת שבת שרו וניגנו בהתרוממות הנפש: "ביום שישי, מיד אחרי תפילת מנחה, סידרו את השולחנות, ולאחר שכולם תפסו את מקומותיהם פתחה קבוצת המנגנים בשיר. הניגונים, ניגוני מרירות וניגוני שמחה, רוממו את הנפש, והשומעים הרגישו ביציאתם מן החול אל הקודש. זה היה מחזה נפלא. על כולם חופפת קדושת השבת, פני כולם מאירים, וכולם שומעים את הניגונים שובי-הלב מתוך חרדת-חדוה ונעימות. כשנשמעו פעמי הרבי, אדמו"ר הרש"ב, הושלך הס, והרבי הופיע בהדר גאון עוזו" ואח"כ מתאר את הכנת הרש"ב לאמירת המאמר, וכו', - זכרונותי, י-ם תשמ"ח, עמוד 46].

200 ע"פ מסורת החסידים הישישים רבי לוי יצחק בנדר ור' יוחנן גלאנט ז"ל שמסרו בברסלב ובאומן לא שרו - שמעתי מפי הרב נחמן בורשטיין.

201 מסופר שפעם אחת איקלע חזן אחד לעיר רוז'ין ושבת בה שבתו, בליל שבת כיבדו אותו שיתפלל קבלת שבת והחזן שר את הפיוט לכה דודי (שלא היה נהוג אצל הרוזינער) ובנו הרה"ק רבי אברהם יעקב מסדיגורא היה עדיין ילד, ובשמעו שהחזן שר אמר בצחוק 'הנה החזן שר לכה דודי', שאלו אביו ולצחוק זו מה עושה? ענה הילד: מה! לכה, דודי זה שיר? הרי אני אומרים שמור וזכור בדבור אחד, פירוש דו זאלסט אפהיטן און געדענקן אז יעדער דיבור איז מלובש אחד יחיד ומיוחד, ואצלו זה שיר?! - כתבי רמ"א (ר' מרדכי אהרן פישמן) סטנסיל, קונטרס א', עמוד כד אות מח. (יש לציין שאימרה זו 'שמור וזכור' וכו' מובא בשם המגיד מזלוטשוב בספר דברי שמואל (סלונים) לקוטים עמ' קעה, ובמקום אחר בשם אחד מהמסתופפים בצל הרב בעל התניא - שיחות מהריי"ץ מליובאוויטש, תרצ"ו עמוד 127).

202 קונטרס פר"ח שושנים אות נח, שבסו"ס ערכי יהושע - להרה"ק רבי יהושע העשיל ממאניסטרישצע בנו של רבי יצחק יואל מקאנטקוזיוע, י-ם תשנ"ג.

ולסיכום יש לציין שמכל הנ"ל נראה ברור שבחצרות החסידות שהיו באוקראיינה - רוסיה נהגו שלא לשיר משא"כ בחצרות הצדיקים שמקום מושבם היה בפולין-גליציא בהם שרו וזימרו. ומן הסברא לומר שגם מרן קודש הקדשים הבעש"ט זיע"א נהג שלא לשיר, וכפי מנהג החצירות שברוסיה ופרבריה. רשימה ממנהג הבעש"ט הק' ותלמידיו לא מצאתי בכתב ואף לא בע"פ. ומתושבי מז'יבוז ה"ה עירו של הבעש"ט נותר בין החיים שריד יחיד הוא ר' ישעיה ביק [מתגורר כעת בשכונת בית-וגן, ירושלים] בנו של רבה האחרון של מז'יבוז' ה"ה הג"ר יחיאל מיכל ביק. שלא התפלל בבית הכנסת הבעש"ט הק' [שבו התפללו בנוסח אשכנז!] אלא בבית הכנסת המרכזי ה'שטאט שוהל' הנקרא, דעם ב"ח'ס שוהל' [ע"ש הב"ח שהיה מתפלל שם], ושם לא נהגו לשיר את הפיוט לכה דודי. ובלי ספק כן נהגו במזיבוז בימי הבעש"ט; וכן שמעתי מסורת, כשהעביר בעל אוהב ישראל את אהלו לק' מזיבוז בין המנהגים ששונה היה שהפסיק לשיר את הפיוט ל"ד. (מפי אדמו"ר מטשרנוביל שליט"א).

את מנהג הגר"א ותלמידיו לגבי השירה לא מצאנו (כמו"כ אינו מבורר אם הגר"א נהג לומר את סדר קבלת-שבת - וע"ז בפרקים הבאים) ברם מנהג האשכנזים בליטא היה בוודאי לשיר וכפי שיבוא בגליון הבא בעזה"י שנמצאו תווים לקבלת שבת מהרבה קהלות בליטא.

וכן היה המנהג בהרבה ישיבות - מנהג אשכנזי[207] אולם מנהג הפרושים בעיר העתיקה שבירושלים היה שאמרוהו בנעימה מיוחדת[208] וכן הנהוג היום ברוב הישיבות ובבתי כנסת נוסח אשכנז. ובמדינות אירופא לא מצאתי רק ביהכנ"ס אחת

---

[203] מנהגי אליק אות מב, בספר טל אורות ח"ב, נ.י. תשל"ו.

[204] כן נהגו הרה"ק רבי מאיר מקרעטשניף ובנו הרה"ק רבי איתמר - מפי בנו ונכדו האדמו"ר מזוטשקא שליט"א, כי אם אמרו בנוסח דומה קצת לפיוט אקדמות. וכן כתוב בהנהגות בנו הרה"ק רבי אליעזר זאב מקרטשניף, רזא דעובדא עמוד כו.

[205] מפי אדמו"ר מסטריקוב שליט"א, שכן נהגו אצל אביו ולמעלה בקדש, ורק אמרוהו בנעימה מיוחדת.

[206] כן נהג הרה"ק רבי אברהם יהושע השיל מקופישניץ, בעיר מולדתו אולם בארה"ב כן שרו אצלו - מפי אדמו"ר מקופישניץ שליט"א. (וכשעבר הרה"ק בעל אוהב ישראל למעז'בוז' שינה ממנהגו לשיר לכה דודי כמנהג המקום - מפי אדמו"ר מטשערנוביל - בני ברק).

וכן שמעתי מפי האדמו"ר מזויהל שליט"א שאצל זקנו הרה"ק רבי שלמה מזויהל שרו בעת היותו בירושלים, אולם נוהגו בעיר מולדתו לא ידוע.

[207] כגון ישיבת נייטרא, מפי רבי שמואל מאיר גלבר - ב"ב: ישיבת גאלאנטע, מפי רבי דוד איצקוביץ - י-ם: ישיבת סקהליד- מפי התלמיד רבי פנחס האס; ישיבת ועמרינג - מפי התלמיר רבי שלמה קרויס, וכן שמעתי מפי תלמיד ישיבת בית יוסף - וארשא. וכן נהגו בישיבת צעהלים - מפי התלמיד רבי שלמה שפיצר ז"ל, ובישיבות פאפא וישיבת הקרן לדוד - מפי התלמיד רבי שלום ו. פרנצויז. וישיבת לאמז'ע מפי רבי מיכאל הימלפרב.

[208] כך שמעתי מפי הג"ר אברהם דוד רוזנטל שליט"א (רבה של שכונת שערי חסד - י-ם) שכן היה בבית הכנסת בעיר העתיקה המכונה דער נאייער מדרש ששם גם התפלל הגאון בעל הר צבי, והוסיף שהחזן עמד על הבימה מעוטף בטלית, ולא שר ל"ד, וכל הקהל עמד בעת אמירת מזמורים הבו, ומזמור צב.

וכן היה המנהג בבתי הכנסת החורבה, ובתי מחסה (שם התפלל הגרי"ח זוננפלד ועוד רבנים) וכמו"כ לא שרו בבין המצרים בניגון 'אלי ציון', מפי רבי פנחס הלל ברגמן שי'. וכנראה שכן נהגו בכל שאר בתי הכנסת נוסח אשכנז שבירושלים.

שלא שרו בו היה בהשיעור - שטובן שם פרשבורג מקום ישיבתו של החתם סופר ובניו שמלכו אחריו[209], משא"כ בשאר בתי כנסיות שבעיר פרשבורג בהם כן שרו[210].

ו. טעמים להשירה וזמרה

א. הטעם של השירה על פי פשוטו הוא, כבשמחת חתן וכלה שנהגו מאז ומקדם לשיר ולזמר לכבודם, וכמקור ראשון לכך יש לציין את דברי התיקונים, תי' כד דף סט: הווי נפקי קדמאי לקדמת כלה והוו אמרי תרי ומנא באי כלה באי כלה, בההוא זמנא קול חתן וקול כלה.

ומצאתי שכבר כתב כן רבי יהודה אריה מודינא[211] בתשובה לשאלה אי מותר לומר ולשורר בתפילה ובבית הכנסת, ובתוך תשובתו כותב: כל מי שיש לו מוח בקדקדו [סובר] דלהלל לה' בזמרה בב"ה בשבתות ויום טוב יקרא דבר מצוה כמו לשמח חתן וכלה, כאשר כל שבת קדש, כלה היא אצלינו, וחייבים אנו לקשטה ולשמחה בכל מיני שמחה וכו' ומצוה על הש"ץ להנעים קולו בתפלתו.

וכ"כ בספר ערכי יהושע[212] ערך שבת: עניץ המזמורים שאומרים בקבלת שבת מתחיל מ'לכו נרננה' וגו' מבואר בספה"ק שהוא מפני ששבת וכנס"י הם דוגמת חתן וכלה ובשמחת חו"כ משוררים ומזמרים. שבת נוט' שבת ברינה תקבל.

ב. על פי סוד, מבואר בספרים, שבכל עת שיש עליית העולמות, העלייה נעשית ע"י שירה, ואין לך עליית עולמות גדולה מכניסת השבת וקבלת נשמה יתירה (ראה הערה[213]), ובפרט בשיר לכה דודי כמשוש חתן על כלה וכידוע שכונתו לזיווג בין תפארת למלכות, ושמור וזכור הם בחינת מלכות ויסוד, והייחוד המיוחד הנעשה בשבת, מבואר בספר הגירושין לרמ"ק עמודים כא-כד בשם רבו ר"ש אלקבץ.

---

209 כן שמעתי מכו"כ יוצאי פרשבורג ה"ה: הג"ר שמואל אלכסנדר אונסדרפר שליט"א רב דק' צאנז בפ"ת, ר' יצחק מאנדיל, ר' דוד איצקוביץ ועוד, להפיוט לכה דודי עלה החזן (חזן אחר) על הבימה ואמרו בנעימה.

210 כן נהגו בהגריסע שוהל (שלאש - שוהל) ועוד - מפי ר' ישעיה פליישמאן ור' מרדכי רוזנפלד שיחיו ילידי פרשבורג.

211 בשו"ת זקני יהודה סימן ו. (דרך אגב, לתשובה זו, קיבל הריא"ם הסכמות מכל חכמי אטליה עיי"ש).

212 להרה"ק רבי יהושע העשיל ממונסטריטש ראה לעיל הערה 202מערכת ש' אות יב דף כד. וחידוש שהוא עצמו לא נהג לשורר ראה בהערה הנ"ל.

213 ענין עלית העולמות בע"ש ובשבת מבואר בזוה"ק בכמה מקומות ראה: ח"ב כד. קלו: ובעוד מקומות. וסדר כל ההשתלשלות מפורש ומבואר היטב בעץ חיים שער מ' פ"ה והרה"ק ר' משה יחיאל אלימלך מליעברטב, בנו של הרה"ק רבי נתן דור מפרציבה במאמרו 'מאמר הניגון' בתוך קונטרס אחרי-טל, וורשא תרפ"ח כותב: ענין הניגון הוא ענין התעוררות לעורר דמיון נשגב לנצחון או לשפלות ומעורר גם את עצם האדם ורעיונותיו העמוקים אשר אינם נגלים לו בלי זה ע"י איזה סיבה וכו', גם הניגון הוא ציור המחשבה וציור הדבר ורשימות המחשבות וכו', גם הניגון המשכה כמ"ש בספר שלטי הגבורים פרק נג כי יש חיות כאלו שנשבאים ע"י ניגונים שמנגנים, באים מעצמם לאותן המנגנים אף כי המה בסבכי היערה וכו', ומפני כל הנ"ל מנגנים 'לכה דודי' כמובא שצריכין לנגן לכה דודי לשבח קדש כי זהו לעורר לבבינו ולצייר במחשבותנו ובליבנו ענין אהבת יתברך ולהמשיך לאהבתו יתברך עכ"ל.

מקור לטעם זה מצינו בספר התיקונים[214] תנינא בשיר דא חכמה שר י' ופירש הגר"א שם: שר-י אותיות שיר, והן אותיות 'אשר' שבכתר רק שם אל"ף, שאלף הוא בכתר וכאן י שחכמה י' של השם.

וביארו בארוכה רבי ישראל סרוק בביאורו לשירי רבו האריז"ל[215] וז"ל לכן צריך אתה לדעת שכמו שהיורדים במרכבה צריכין לומר שירה, ומכח אותם השירים היו נפתחים להם שערי המרכבה והיו נכנסים להיכלות, והמלאכים הממונים על כל שער ושער מפתחי היכלות מראים אל היורדים למרכבה המלאכים והחותמות שצריך לכל מלאך ומלאך, ובכח השירה שהם אומרים נפתחים להם השערים, וגם היורדים עצמם נתוסף להם כח בשירות שאומרים, ויהיה להם כה ללכת עד מעלה, שאם לא היו אומרים שירה לא היו יכולים ללכת, כי בעודם משוררים מהלכין, ושמש בגבעון דום יוכיח שאם לא היה משתקן יהושע לא היה יכול להעמידן, נמצא שבכח השירה הוא מהלך בכל יום ממזרח למערב. וגם כריש פרקי היכלות לר' ישמעאל אומר וז"ל: "מה הם אלו השירות שהיו אומרים יורדי המרכבה או מיורדי המרכבה" וכו' וע"ש, הנה לך בפירוש שהשיר נותנת כח לכל דבר רוחני או גרם שמיימי להלך, א"כ גם היודעים החכמה הזאת של הרב האריז"ל הם יודעים לבוץ עליית שבת, ובתיקונים עם תיקוני נשמתו תרד ר"ל כמו יורר לעומקה של הלכה, כלומר תעלה ותיכנס בהיכלות הכלה, כלומר בהיכל הראוי לו כפי כוונתו במקרא ובטבילה ובמנחה, לכן סידר הרב ז"ל לומר אלו השירים והזמירות כדי שיתוקנו גם כל העולמות ויכנסו אלו בתוך אלו ויכנס עמם גם נשמתו עם ניצוצי נשמות ישראל בפתחי היכלות שלה בעולם הבריאה ואח"כ כשיכללו כל העולמות יכללו ג"כ ניצוצי נשמת המתכוין, ויבוא לו שפע גדול והארה גדולה אל נשמתו וידע עתידות ותאיר נשמתו הארה גדולה, ויבוא לו תוספות נשמה יתירה שיותר מעולה מנפש ורוח. ונבוא עתה לבאר השירים, וז"ל: אזמר בשבחין למיעל גו פתחין דבחקל תפוחין דאינון קדישין. פי' כי קודם שיעלו העולמות להיכלל בראש עולם הבריאה צריך לזמר הקליפות הנדבקות עם קליפת נוגה להשליך אותם בנוקבא דתהומא רבא, כמו שאמר הרב בפסוק "בפרוח רשעים וגו'" בשלהובא דאשא היוצאת מרגלי מטטרו"ן הנרמזת ברחיצת רגלים בחמין ערב שבת, וזה נעשה ע"י עסקי שבת והטרחה שמטריחים עצמן בשבילו וע"י הטבילה ומנחה. עכשיו

---

[214] תיקון יג דף כז:

[215] מכת"י שבגליונו כתב הרמ"ע מפאנו הגהותיו, נדפס בספר שבח אמרי חן, י-ם, תשמ"ז.

תמצית מדבריו הק' כתבו הרה"ק רבי חנוך העניך מאלעסק בסידורו לב שמח, לפני הבית 'בואי בשלום'. ענין זה שעלייה נעשית ע"י שירה מצאנו בדור הראשון של מקובלי צפת: בספרי הרמ"ק הובא כמה פעמים, ראה דברים נפלאים בספרו אור יקר על תקו"ז כרך ב' שער ד, סימן ח דף נח: "ומטעם זה נהגו ישראל בסוד תפלתם ניגון תנועות שאותם התנועות ינהגו התפילה, והם טעמים מנהיגים כמקום טעמים להנהיג כדי להפריח תפילתנו להעלותה למעלה בסוד טעמים מן הכתר והיינו סוד ניגוני הטעמים וכו'", וכעי"ז בספרו פרדס רמונים שער טנת"א. התודה והברכה לרב נתן צבי קעניג שיחי' שהעירני למ"מ חשובים אלו.

וכן הוא בספרו שיעור קומה דף טז טו"ג: השיר והתעוררות העליון העולה ממטה למעלה מזדכך ועולה מיצירה אל הבריאה וכו' ויעלה אל הנאת יחוד חו"ב עכ"ד וראה שם דפים כג, לג טו"ג ובעוד כמה מקומות. וכ"כ בראשית חכמה שער אהבה פרק י: כל מציאות השיר בין רנה של תורה בין שאר השירים הכל הוא לתת התעוררות אל השכינה.

שהאדם רוצה הוא עצמו כלומר ניצוץ נשמתו [לעלות, הרמ"ע] כדפרישית [כדי לקבל תוספת נשמה יתירה הכוונה אליו, הרמ"ע], כדי שלא יהי' מעוק צריך לומר המעיקים שהם סטרא אחרא.

וכ"כ רבי משה חיים לוצאטו (הרמח"ל) בספרו אוצרות רמח"ל[216]: מזמור שיר ליום השבת (צב, א־ב). ודאי לא יש הכרתה לקליפות לגמרי אלא ביום השבת, כמ"ש בזוהר - שמשתקעים בנוק' דתה"ר, ולכך "מזמור" שהוא מלשון הכרתה, הכרתת הקליפות אינו אלא ביום שבת. וכיון שנכרתו הקליפות, השכינה עולה אל המלך, בסוד שבת - ש' ב"ת וזאת העליה היא על ידי שיר, כמו שכל העליות הם על ידי שיר, ולכך - "שיר של השבת", להעלות השכינה בסוד שבת צריך השיר. ולכך אנו אומרים שירים כקבלת שבת, ובפרט מזמור שיר ליום השבת - להעלות השכינה בסוד שבת. ולפי ששלימות התיקון הוא שהשכינה תתחבר באבות, ואח"כ שאי' תאיר עליהם, לכך אינו אומר "שבת", אלא "השבת" - ה' שהיא אי', מאירה על האבות והמלכות שהם - שב"ת.

וביום שבת הוא זמן מוכן ועת רצון להודות לה' משא"כ בימי החול. וסוד הענין הוא כמ"ש בזוהר, שהאדם החוטא, הס"א פוגעת בתפלתו ואינה מנחת לעלות. כך בימי החול שהס"א שולטת, אעפ"י שנאמרים ג"כ כמה שירים ותשבחות, מכל מקום אינם עושים פעולתם לגמרי, לפי שהס"א שולטת ואינה מנחת לעלות. אבל בשבת שהס"א נשקעת בנוק' דתה"ר, אז נאמר: "טוב להודות לה'", לפי שאז התשבחות עושים פעולתם[217], עכ"ל.

ג. טעם נוסף כתב בספר מעבר יבק, מאמר שפתי צדק פרק לא: יש היכל למעלה גנוז שאינו נפתח אלא בנגון, וליה כיון אלישע בשלש נגונים שנגן. והנשמה נהנית מהניגון לפי שהיא רגילה בנגונים בשיר של מלאכי השרת ושיר הגלגלים, ובהיותה בגוף ושומעת ניגון נהנית כמו שהייתה רגילה בהיותה דבוקה ביסודה[218], ומרוב הערבות ראויה לשרות עליה רוח אלהים כפי הנהגתה ויסודה הראשון, ולכן

---

216 ב"ב תשמ"ו עמוד קסא, תהלים מזמור צב.

217 וממשיך שם בזה הלשון: ותראה שיש בכאן ב' דברים: הודאה, ושיר - ולזמר לשמך, ותראה שההודאה אומר - "לה'" שהוא הז"א. והשיר - למלכות שהיא השם. וסוד הענין הוא, כי ההודאה היא כשהיה איזה צרה וניצל ממנה, אז צריך להודות למי שהציל, וזה שייך לז"א, לפי שזה כמ"ש: "ביום ההוא אקים את סוכת", שאמרו - שהשכינה אין לה כח לעלות מעצמה מן הקליפות וצריך שהז"א יעלנה. כך בימי החול שהשכינה היא בתוך הקליפות, אין כח לעלות מעצמה מן הקליפות וצריך שהז"א יעלנה, ולכך לו שייך ההודאה, שהוא מעלה השכינה מן הקליפות, ולכך: "להודות לה'", לה' דוקא. אבל השיר הוא שייך אעפ"י שלא היה שום צרה, ולכך השיר אומר - "לשמך" שהיא המלכות, שאחר שעלתה מן הקליפות, שבכח השיר תעלה ותתחבר עם המלך. עכ"ל. ענין זה מבואר בכו"כ ספרי חסידות, לדוגמא ראה: הוספות לס' תורה א־ר
להרב בעל התניא, סוף פ' כי תשא שמבאר את העליה של שבת ע"י שיר. ובנו בס' שערי התשובה, ח"ב דף טו. האריך בזה ובתו"ד כתב: כל עליה מנמוך לגבוה לצאת ממהות לגבוה הנעלם ממנו אינו אלא ע"י הניגון. ונכדו הצ"צ האריך מאוד בזה בספרו אור תורה - תפלה מעמוד של ואילך. וראה רמתים צופים פי' לאליהו רבא, פ"ב אות טז.

218 השווה עם דברי מהר"ש אלקבץ לעיל הערה 171ומצאתי מקור קדום לדבריהם והוא בס' לבנת הספיר המיוחס לרבי דוד ב"ר יהודה החסיד, י־ם תרע"ג. פ' נח דף יב סוף טו"ב: בגין נשמתא אתגזרת מלעילא מצרור החיים ורגילה בניגונים ובשיר של מלאכי השרת ושיר הגלגלים עתה בהיותה בגוף ושומעת ניגון אז מוצאת נחת רוח ונהנית כפי מה שהיתה בהיותה דבקה ביסודה בנועם קול הגלגלים וכו'. דבריו הובאו בספר נפוצות יהודה, לרבי יהודה מוסקאטו מאנקונא, ווינציה, שמ"ט, דרוש ראשון.

דוד דלית ליה מגרמיה הוצרך לעורר עצמו במיני ניגון להמשיך חיים למדתו וכו', וכמו שהאדם מנגן לפני הקב"ה בכמה ניגונים משירות ותשבחות והודאות, כמו כן כשעולה למעלה כל פמליא של מעלה כל החיות וכל המרכבות ומחנות מלאכים קדושים דחיות ואופנים ושרפים פורשים כנפיהם בשמחה ובניגון לקבלו, זהו שכר המתפללים. וכו' ולכן מנהגן של ישראל לנגן בפה בבתי כנסיותיהם בשבתות וימים טובים זמני היחוד, עכ"ל[219].

ז. שירה בתפלה

בענין השירה בהתפלות יש להבהיר (על אף שלא מיציתי את כל החומר בניד"ז) כדבר פשוט. דתרי מיני נגינה יש בתפילה. והם: א) נעימת קול. המעוררת את הלב להשתוקקות ולעבודת השם וכמאמר חז"ל אין עומדים להתפלל אלא מתוך כובד הראש, ולכן לכל קהלה בישראל היו 'נוסח' - וניגונים משלה שהביאו, לפעמים להכנעה ואימה ולפעמים להתרוממות הרוח. ולענ"ד לשיר זה התכוונו הקדמונים: ראה בעל הטורים ר"פ ואתחנן, ואתחנן בגי' שירה שאמר לפניו שירה כדי שישמע תפילתו, ובפענח רזא שם: ואתחנן בגי' תפלה ובגי' שירה שצריך לתפילה ניגון ונעימת קול כענין כבד את ה' מהונך ממה שחננך.

ב) שירה ממש ששרו מנגנים וחזנים ומשוררים בקטעים מיוחדים, כגון קדיש וקדושה, אדון עולם ופיוטים וכדו'. שאינם חלק מהתפלה ממש אלא קטעי שבח והודיה לבורא כל העולמים לפני התפילה, או לענייננו קטעי מזמורים של שבח וכבוד הנאמרים לפני כניסת השבת שבאמצעותם מרוממים ומרנינים את הנשמה השקועה עדיין בעסקי החול, לקרבה אל התפילה ואל השבת קודש ולכן מה נכון הוא לאמרם תוך כדי שירה וזמרה.

ושירים אלו נהגו בהם מקדמת דנא לשוררם באופן הנ"ל - ראה שו"ת ב"ח סו"ס קכז, מעשה רקח על הר"מ פ"ח מהל' תפלה, שו"ת זקני יהודה סימן קלו. וראה 'הסכמת הרבנים' לס' שירים אשר לשלמה, וניציה שפ"ג, המחזקים - ידי הנוהגים כמנהג ק"ק איטליה שנגנו בחגים את פיוטי ותפלות אין כאלהינו, עלינו לשבח, ואדון עולם כמו"כ מצינו להג"ר נתנאל טרבוט כתב תשובה ארוכה להצדיק את מנהג איטליה והסכימו לדבריו הגאונים ר' שמואל קורקוס ורש"י נורצי[220].

ומן הענין להעתיק לשון רש"י ע"ד הגמ', ברכות ו. אין תפלתו של אדם נשמעת אלא בביה"כ שנאמר לשמוע אל הרנה ואל התפלה, במקום רינה שם תהא

---

219 א.ה. ואין לך יחוד גדול מקבלת נשמה יתירה, ובמאמר ענין הקטורת פ"ח כותב: ושליח ציבור המנגן בתפלתו מעלה השכינה לפני המלך העליון מקושטת בשבע רעותיה המובאות לה על ידי התחתונים, ובעלותה כמה מלאכים וכמה מחנות וכמה נשמות עולות עמה שהם נימין דילה, עיי"ש. ב' קטעים אלו מס' מעב"י הובאו בסדור עבודה ומורה דרך, סלאוויטה, תקפז, הקדמה, פרק כו.

220 ראה MGWJ ג' (1895) עמוד 350.

תפילה. פרש"י במקום רנה - בבה"כ ששם אומרים שירות ותשבחות בנעימות קול ערב.

וההבדל בין ב' סוגי נגינה פשוט הוא, שתפלה צריכה להיות עיקרה ביראה ורעד - ערבי נחל פ' תזריע, וראה פתגמין קדישין, וארשא תרמ"ו דף יו, שכתב בשם הבעש"ט שקיבל כן מרבו אחיה השלוני - משא"כ פיוטים ומזמורי שבח שבהם נגנו בשמחה ושירים שהרי אינם מעיקר התפילה[221].

ח. ריקוד בקבלת שבת

מקור לה'ריקוד' בקבלת שבת הוא בגירסת רבינו חננאל במסכת ב"ק לב. ורבי חנינא הוה מרקד ואזיל אמר בואו ונצא לקראת כלה וכו' והגי' בדק"ס שם הערה ס: ר' ינאי מרקיד ואזיל מרקיד ואתי. ומכאן מקור למנהג העתיק בתימן לרקד בעת אמירת 'בואי כלה' ע"י הגבהת העקב[222].

מוצאים אנו כמה מצדיקי הדורות שהלכו בעקבותיו הק' של מרן הבעש"ט הק' שנהגו לרקוד לכבוד שבת המלכה, רבי ארי לייב משפאלע הנקרא דער שפאלער זיידע התפרסם במיוחד ברקודיו הקדושים והנפלאים לכבוד שבת מלכתא והרה"ק שרבי אברהם המלאך הפליא ביותר את רקודיו הקדושים כפי המתואר בארוכה בספר תפארת מהרא"ל[223]. ואף שהספר אינו ידוע כספר מוסמך,

---

[221] לאחר מסירת המאמר לדפוס מצאתי שכיוונתי לדעת גדולים ה"ה הגאון חיים פאלג'י בשו"ת לב חיים ח"ב סי' ט דף ח טו"ג, וששתי.

אולם כל הנ"ל הוא להוציא ממנהג קורפו 'שנהגו לזמר הקרית שמע באמירה נעימה בניגון המוסיקה המפוארה בחגים' - לשון שער הספר 'שפר קרית שמע', שאלוניקי, תקט"ו, שנתחבר 'לאשר ולקיים ההיא מנהגא' וקובצו שם כו"כ תשובות מרבני טורקיה ואיטליה שחיזקו את מנהג קורפו! ולעומתם יצאו כמה רבנים נגד המנהג ראה שו"ת עין משפט לרבי עזרא מלכי אב"ד רודוס, שאלוניקי תק"ל, סימן א. טופס מפסק בי"ד - מרבני וינציה ופיזרו, חמו"ד. שו"ת מכתב לדוד סי' י, עקרי הד"ט או"ח סימן ד סעיף ה, שו"ת לב חיים הנ"ל. ומן הענין לציין מש"כ הג"ר ישכר שלמה טייכטל מפישטיאן בשו"ת משנת שכיר ח"א סימן כ"ד: לקיים מנהג החסידים שמשוררים ומנגנים בתפלה, שיסודתו בהררי קודש וכו' ומבאר שכן דרך העבודה עם חדוותא עפ"י דברי זח"ג דף ח: וממשכן אגב אומר בטעמא דמילתא דצדיקים ואנשי מעשה משוררים ומרקדים בכל שעת הכושר עיי"ש דברים נפלאים, ובהערה שם מעשה רב מהג"ר הערצקע מראצפערט, עיי"ש דברים נוראים. (וראה בצפנת פענח ס"פ בשלח שהצדיקים בגן עדן מתפללים בריקוד ובשמחה).

[222] הרב יוסף קאפח. הליכות תימן עמוד 5.

[223] לר' יהודה רוזנברג תולדות הסבא משפאלע, לודז' תרע"ד: דרכו של הסבא קדישא בעיר שפאלי היה לעשות לפעמים ריקודין נפלאים בהיקוף סביב סביב בהתלהבות נפלאה בליל שבת קודש אחר קבלת שבת. העולם היה מזמרים והוא היה מרקד בהמחאת כף במהירות נפלא. וכל מי שראה זאת הי' מעיד שאין זה כח אנושי. פעם אחת הי' אצלו בשבת קודש הרב הקדוש והנורא הנקרא ר' אברהם המלאך זצוקלה"ה, בנו של הרב הקדוש המגיד הגדול ממעזריטש וכאשר התחיל הסבא קדישא לרקד בקבלת שבת, הי' מסתכל עליו היטב המלאך הקדוש על כל פסיעה וריקור איך שהציג את רגלו על הקרקע. ואחר התפלה נגש המלאך אל הסבא קדישא ואמר "אתם מרקדים היטב, ואמת הדבר שלא ידעתי איך מרקדין לפני הכלה שבת מלכתא, עד עתה שראיתי בכל הצגת הרגל על הקרקע ובכל המחאת הכף יחוד אחר". והשיב לו הסבא קדישא כח זה יש לי מברכת הבעש"ט שברך אותי כי בכל מקום אשר אציג כף רגלי על הארץ תתחבר היטב הרגל שלי עם הארץ, ואמר לו עוד המלאך אבל הלא אתם מרקדים ג"כ יפה בפשטות כפי תנועת הניגון כאותן המלומדים היטב בזה, ומאין לכם זאת? ויענהו הסבא קדישא בשחוק איך לרקד נאה למד אותי היטב אליהו הנביא. ואספר לכם המעשה: והובא שם סיפור ארוך איך שרקד הסב"ק בימי גלותו בתוך עור דוב בהיכל של פריצים ועי"ז הציל יהודי ממות לחיים, ואחר זה הסיפור הסב הסב"ק את פניו אל רבי אברהם המלאך ואמר לו בזה הלשון "נו ר' אברהמ'לי בודאי מבינים אתם מאין אני יכול לרקוד היטב, כי הי' לי מלמד טוב על זה". ויענה המלאך אל הסבא קדישא, "א"כ הריקודין שלכם טובים יותר מן התפילות שלי". [על מעשה תקפו וגבורתו של השפאלער זיידע, והשגותיו הגבוהות בשב"ק, ראה בס' נהרי אש, ד"ת ואמרוה מאת הרה"ק ר' שמעון מזעליכאו, עמוד קפא].

מ"מ רמז להנ"ל מצאנו בכמה מקורות וכגון: בסדר הדורות החדש[224] שכתב שרבי אברהם המלאך היה אצלו בשעת הריקודין בליל שב"ק והיה מסתכל היטיב בעינא פקיחא על מעשי הריקוד, ואמר כי טהר וקדש כל אבריו קודש לה' עד שכל פסיעה ופסיעה שלו הם ע"י כוונת וייחודים. וראה כתבי רבי יאשע פראגער[225], אוצר ישראל[226]. וכן מצאנו שהרה"ק ר' הירש מרימנוב רקד בלכה דודי[227] וכן נהג הרה"ק

---

224 לרמ״מ בודק, לבוב תרכ״ה ח״א דף 36.

225 שו״ב בבריסק מחשובי חסידי סלונים, עמוד עא.

226 לר״י רוזנצוייג, י-ם תשנ״א עמוד 300.

227 כן מובא בהנהגותיו, שכתב תלמידו רבי גרשון קמלהר: ואח״כ התחיל לכו נרננה בהתלהבות גדול ומראה פניו כאש אוכלת, ובהגיעו להפיוט לכה דודי היה מזמר בקול נעים ביחד עם עוזריו המשוררים, וב׳התעוררי התעוררי׳ התחיל לשורר בנגון אחר בשמחת הנפש וב׳בואי בשלום׳ הלך במחול ורקוד לקראת כלה שבת מלכתא כמו רבע שעה, - ספר מבשר טוב, קראקא, תר״ס, עמוד 27.

ובהערה שם כתוב לאמר: סיפר החסיד ר׳ מנחם עקשטיין, שפעם אחת שבת ברימנוב כאשר גם הרה״ק ר׳ שמעון מיערוסלוב היה שם, כשהגיע זמן תפילה כיבד ר׳ הירש את ר׳ שמעון לעבור לפני התיבה מנחה וקבלת שבת. כשהגיעו לחרוז ׳בואי בשלום׳ סילק עצמו מהתיבה, ובקש מרבי הירש שימשיך במקומו רבי הירש התחיל לרקוד ולשורר בצהלה [ומחא בכף אל כף] עד שהכניס שמחה בלב כולם [וכל הקהל הקודש רקדו כאילים מרוב שמחה ועליצת הנפש עד סוף גמר התפלה], לאחר מכן שאלו ר׳ שמעון מיערוסלוב מדוע לא גמר את התפלה, אמר: בידוע כי מלאכי מעלה חכו לשמוע דברי אלוקים חיים מפי כה״ג הררצ״ה, ולזמירותיו שרפי קודש ויחלו, בכן מלאתי חפצם.

ובנו ר׳ יקותיאל א. קמהלר בספרו דור דעה, צדיקים רפג הביא הסיפור בשינויים קטנים וההוספות שבסוגריים - משם.

[וידוע מש״כ בשמו של הרה״ק ר׳ שמעון מיערוסלוב ״שכל שיש ביכלתו לסייע לש״ץ כשמנגן או מתפלל ואינו מסייע, ע״ז מזהיר הכתוב לא תעמוד על דם רעך״ אילה שלוחה, עמוד קעא].

בספר בארות המים חלק באר לחי ראי, פ׳ ואתחנן הובא סיפור נורא מהכהן הגדול מרימנוב, בעת אשר חלתה בתו הצדקנית ונפלה למשכב והיא הייתה גרמא דשמונה עשר ביר אשר נעדרו מעמו רח״ל ובליל ש״ק היה הרה״ק מתפלל בשמחה יתירה וריקודין בלכה דודי כדרכו בקודש ובסעודת ליל ש״ק כאשר היה בהתלהבות גדולה ושמחה יתירה באה לפניו כלתו של הרב ר׳ מ״מ מרימנוב וצעקה לפניו בבכיה יתירה קול מר כי בתו היחידה הנ״ל גוססת ר״ל... ראה שם תשובתו המופלאה.

בעל דברי חיים מצאנז[228] ואחריו הרבה מיוצ"ח ותלמידיו[229], וכן נוהגים כהיום חסידי ויז'ניץ[230] [231].

---

[228] המנהג בצאנז אצל הדברי חיים היה של'הודו' העמיד ש"ץ עד אחרי מנחה, אח"כ העמידו מנגן טוב לקבלת שבת, ולכה דודי היו מנגנים, וכשהגיע לחרוז לא תבושי היו מנגנים בניגון שמח ובחרוז בואי בשלום היה מרקד, וכל העם העמידו עצמם אחד על חבירו לראות איך שהרה"ק מרקד מעוטף בטלית על ראשו וכל העם היו מנגנין ומשמחין בשמחה וחדוה רבה, ונוכל להבין גודל השמחה וההתלהבות שהי' שמה, דרכי חיים אות נה, ובמהדורת י-ם תשכ"ב שיו"ל ע"י ר' צבי מאשקאויטש ציין שם לדברי הר"ח.

[229] ראה לעיל הערה 189 שם הבאנו עובדות מהרה"ק מצאנז ומיוצ"ח, וכן נהגו רוב הצדיקים נכדי הדב"ח שהנהיגו עדה שרקדו בעת אמירת חרוז 'בואי בשלום' - מפי הגאון ר' משה הלברשטם שליט"א דומו"ץ פעיה"ק ירושלים. מבין יוצ"ח ותלמידיו מצאנו שכן נהגו הדברי יחזקאל משינאווה כפי שכתב בקצור שו"ע ע"פ באר יעקב חיים, ח"ב דף סט: סיפר אבי ז"ל, שרבו הצדיק רבי יחזקאלי משינאווה היה שמח ורוקד הרבה בפזמון "לכה דודי". פעם הסביר הצדיק כי לכן צריך לרקוד בפזמון לכה דודי כי כתוב בזח"ב קפד. עבדו את ה' בשמחה: חדוה דבר נש, משיך לגביה חדוה אחוא עלאי. וכך מקובלני מפי רבותי, כי עי"ז ששרין ושמחין בפזמון לכה דודי משמחין את השכינה הקדושה, והשכינה משפיעה לו שמחה כל ימות החול וגם לעתיד לבא. עוד שמע אבי ז"ל מרבו, כי עי"ז שמכין כף אל כף בשעת הנגינה בלכה דודי, יכולין לתקן את החטא כי כף בגימטריא "מאה", ו"כף אל כף" זה "מאתים", וערלה בטלה במאתים.

הרה"ק רבי יצחק משה מפשערוואסק המכונה רבי איציקל היה רגיל לספר העובדה דלהלן מה שראה רוה"ק אצל הרה"ק רי"ח משינאווה: שפעם בליל ש"ק בעת זמירת "לא תבושי" בבית המדרש, עמד שם איש אחד בקצה מערבי על יד התנור וספק כפיו יחד עם כל הקהל, ניגש אליו רבינו ממקומו במזרח ודחפו בידיו באומרו: כשיש מחשבות זרות, צובטין את עצמו ולא סופקים ומבלבלים על ידי זה את אחרים (אז מען האט מחשבות זרות, קנאפט מען זיך, נישט מען פאטשט מען זאל יענעם מבלבל זיין). והשתומם ר' איציקל על זה, שהרי ממזרח ביהמ"ד עד למערב עמדו כמה וכמה אנשים שהם גם כן ספקו, ורבינו ידע במכוון אל מי לגשת. - י"ג אורות, עובדות מהרה"ק בעל הד"ח ומיוצ"ח שהודפסו מסיפורי אדמו"ר מפשעדוארסק שליט"א בעת עריכת השוה"ט - עמוד קמז.

ספר תפארת נפתלי, תולדות הג"ר נפתלי העניג אב"ד שארמאש, נ. תשנ"ב עמוד קג.

אולם מפי אדמו"ר שליט"א מטשרנוביל שמעתי שזקנו הרה"ק ר' יצחק ישעיה מטשחויב בן זקוניו של הדב"ח, לא נהג לרקוד, וידועה אמרתו של אדמו"ר בעל שפע חיים מצאנז - קלויזנבורג, שאצל נכדי בית צאנז היו שינוים הרבה במנהגיהם. כמו"כ ידוע ומפורסם שהאדמורי"ם לבית באבוב רקדו כמנהג הדב"ח.

ובדורנו דור יתום זכינו לחזות את הנהגתו המופלאה של האדמו"ר מקלויזנבורג ז"ל בעת ריקודו בבואי בשלום בנעימתו הקדושה בקול מלבב רווי רגש וסערת רוח שהחדיר בכל השומעים רוח של טהרה ותשובה, וראו עין בעין איך שנפשו יצא בדברו עד כדי התפשטות הגשמיות, והדברים ידועים. ועובדא ידענא שפ"א שכב בחוליו ביסורים גדולים כל ערב שבת, וכהגיע עת שירת לכה דודי קם בגבורת ארי, לקבל בשמחה את פני השבת, ולא השגיח כלל על מכאובי הגוף, ונתדבק בקונו, בריקוד נלהב לכבוד השבת.

הגה"צ רבי משה אריה פריינד זצ"ל גאב"ד העדה החרדית בירושלים סיפר מזקנו הרה"ק רבי אברהם יהושע מנאסויד זצ"ל שנהג לרקוד עם הקפות בכוונות מיוחדות, עם מסירות נפש, אף שבשל הרקידה היו לו מכאובים וייסורים קשים. כמו"ב מסר שבעת הריקוד היה פתוח לפניו הסידור בכוונות של הושענות.

כמו"כ הרה"ק בעל דברי יואל מסאטמר נהג כל ימיו להישאר על עמדו בעת אמירת הפיוט ולעת זקנותו בשנותיו האחרונות היה נוהג מדי שבת לרקוד ולספוק כף אל כף בעת שירת בואי בשלום. וחסידים ברינה יגילו נדחקים לראות צהלת פניו הקדושים. - מחזור ר"ה עם פי' דברי יואל, נ.י. תשמ"ו, עמ' ס"ג.

[230] 'מספרים שרבנו (בעל האמרי-חיים), הנהיג מנהג ריקוד זה, כאשר לאחר המלחמה בעוד הישיבה הק' היתה בת"א, בשבח אחת היו ארבעה חתנים, אזי מרוב שמחה שזכה לראות ב"ה חתנים לאחר חורבן יהדות אירופה, תפס את החתנים ופרץ בריקוד, ומאז המנהג לרקוד' ממכתב ממכון לחקר מנהגי רבוה"ק לבית ויזניץ.

[231] רבי חיים יעקב רוטר מקלויזנבורג יודע לספר על בעל קדושת לוי מבארדיטשוב; שהיה רוקד בשעת אמירת לכה דודי בשמחה רבה, ואח"כ משתטח לארץ ומתרומם ורוקד ופניו הק' היו כ"כ מאירים מתוך שמחה וקדושה שא"א היה להסתכל בפניו, קיצור שו"ע עם פי' באר יעקב חיים, י-ם חשכ"ט עמוד ע. אולם עברתי על כל ספרי תולדות הקדו"ל ולא מצאתי רמז להנ"ל, וכן שאלתי רבים מיודעי קורות אבות החסידות ואמרו שלא שמעו כלל מסיפור זה.

ועובדה נפלאה מהרה"ק מברדיטשוב שמעתי ממקור מהימן, ולרוב החידוש שבו אביאו בזה: בשבת אחת מימות החורף בעת כהונתו של הרה"ק בעל אוהב ישראל מאפטה בא הרה"ק מברדיטשוב לעיר יאס עם בנו הרה"ק ר' ישראל מפיקוב וכן שהה שם הרה"ק בעל באר מים חיים, ובהיות גדולי עולם שרפי עליון אלו בצוותא חדא עבר הרה"ק מברדיטשוב לפני התיבה לקבלת שבת, כשרב העיר הרה"ק מאפטה עומד לימינו והרה"ק בעל באר מים חיים והרה"ק מפיקוב משמאלו, והתפלל ברוב התלהבות ומתיקות כדרכו בקודש וכשהגיע לחרוז 'מקדש מלך' אחר 'והוא יחמול עליך חמלה' התחיל לומר הסליחות כי על רחמיך הרבים אנו בטוחים מרישא עד גמירא [ומי יבוא בסוד קדושים-] שמעתי מפי הרה"ח ר' משה בהרה"ח ר' חיים יצחק כהן, ששמע כן מנכד רבה של יאס ששמעו איש מפי איש עד הרה"ק מפיקוב.

בענין הצדיקים שנהגו לרקוד ולמחות כף אל כף בשבת ראה בהערות[232] [233].

---

[232] הא דהצדיקים וחסידים נהגו לרקוד ולטפוח בשבת וי״ט שלכאורה אסור מטעם גזירת כלי שיר, שו״ע או״ח שלט. ב. מצאנו בהפוסקים כמה דרכים בזה:

א] שיטת תוס׳ ורמ״א של דידן לא שייך למיגזר, דאין אנו בקיאין לעשות כלי שיר. והיש״ש כתב שלצורך מצוה יש לסמוך עד התוס׳ בשופי, ובשו״ת מהרי״א, ריו״ד סימן קעא כתב; שדברי התוס׳ הם היתר גמור, ועל פסקי תוס׳ יש לסמוך הלכה למעשה, ואין כונתו שלא למחות על המקילים.

ב] שאני מי שמתלהב ברשפי אש שלהבת יה בשמחת יו״ט אשר הנחילנו, ולא גרע משמחתה של תורה שהקילו הגאונים, שהמשמח בשבת ויו״ט מתוך אהבת ה׳ שהנחילנו שבתות ומועדים והוי שמחה בהקב״ה ודו״ק. אשל אברהם (בוטשאטש) סימן שלט, שו״ת מנחם אלעזר ח״א סימן כט, ובקונטרס שיירי המנחה בסוף ח״ב, ובנמוקי או״ח סימן שלט. תולדות שמואל (קליין), ח״ג מצוה לב, אב כז דף קכא. [וסיים וברך שכונתי לדעת הפמ״ג שלט. א. [?]]. שו״ת דבר יהושע ח״ב סימן מב אות ד; שו״ת לב אברהם [לר״א וינפלד] סימן מב: וראה שו״ת דור רביעי ח״א סימן לז.

והנה בשו״ת יביע אומר ח״ג סימן כב: העיר ע״ד המנח״א שכתב את דבריו גם לפי דברי רה״ג התיר לרקוד בשמחת תורה. [ומצאתי שכ״כ התורת שבת שלט. ב], שאף אי נאמר דלגבי חסידים הוי כשמחה של מצוה, מ״מ לא עדיף משמחת חתן וכלה, ומבואר בשו״ע הרב ופמ״ג ומ״ב שהיתר הגאונים הוא בשמחת דייקא ולא בשאר מצוה. ואען אני הקטן ואומר, שנעלם לפניו לפי שעה דבריו הברורים של היש״ש, ביצה פ״ה אות ו׳ - שהאריך מאוד בהיתר של ׳זמנינו׳ ובתו״ד כתב אחרי הביאו היתר הגאונים בשמח״ת י׳ ולפי״ז נמי שרי לרקד לנישואין משום כבוד חו״כ והוא כבוד המקום, ונראה בעיני שנהגו להקל בכל אלה לפי ד׳ התוס׳ וכו׳ ואע״פ שכל שאר המחברים לא חילקו בין האידנא לימים ראשונים, מ״מ בצירוף טעמי מצוה יש לחלק עכ״ל לענינו ועיקר דבריו הועתקו בהב״ח וא״ר. [ועוד מקיל שם בשמחה בלא מצוה! עיי״ש] הרי דדבריו ברור מללו שגם בשאר מצות סומכים ע״ד התוס׳ בכל כוחינו, וצירף דברי הגאונים עם דברי התוס׳.

ג] סברת הערוך השולחן (שלח. ה) - שבזמן חז״ל היו מטפחים ומרקדים בשעה שמנגנים בכלי שיר על פי סדר השיר, משא״כ בזה״ז אין טיפוח בעת שמנגנים בכלי שיר, אלא בעת שמשוררים בפה שירי שמחה עי״ש. ובשו״ת יחוה דעת ח״ב סימן נח השיג ע״ד, מנין לו זאת ונראה שכונת הערוה״ש היא שכהיום אין הטיפוח לפי קצב ותוי השיר, ואינו אלא להגביר את השמחה - וכ״כ הג״ר אלעזר בריזל שליט״א בשו״ת זכרון עקידת יצחק. וראה עוד טעם בלקוטי שיחות, ח״א עמוד 230.

עוד יש להאיר שלא החסידים הם שהמציאו את ׳היתר טיפוח׳ אלא כן נהגו האשכנזים לדורותם וכמו שהעיר רבי אברהם לעווינשטיים אב״ד עמדין בספרו ׳צרור החיים׳ (אמ״ד תק״פ) ״והנה אנחנו רואים שבטיפוח וריקוד העולם מקילים בכל מקום מטפחים בידיהם ומרקדים במחולות בשבת ויו״ט.

ומצאתי שכ״כ בגודלו הרמ״א בשו״ת שלו סימן קכה וז״ל ״וכבר פשט היתר הטפוח והרקוד בשבת בכל מקום וכו׳ והכל הוא מטעם דברי התוס׳ דלא שייך גזירה זו בזה״ז״. והוא מקור לדברי רבי יהודה אסאד הנ״ל (ודלא כמוש״כ בשו״ת שבט הלוי ח״ד סימן לז שכונת הרמ״א רק ללמד זכות על המקילים ומצאתי שכ״כ בקונטרס - נדיר ואינו ידוע - תספורת לוליינית, לרבי יעקב יחזקאל הלוי, תלמידם של הישוע״י והשערי תורה, ברלין תרנ״נ, עמוד 82, שדברי תוס׳ הם רק בדיעבד ושאין למחות ביד המקילים) ואתמהה שכל הגאונים הנזכרים בהערה לא הביאו את דבריו.

ואסיים במעשה רב מהג״ר יהושע אב״ד קוטנא כפי שמעיד תלמידו הג״ר ישראל ניסן קופערשטאק, בשו״ת עני בן פחמא סימן ה׳ - ״כאשר למדתי אצלו בילדותי בק״ק קוטנא והייתי יושב בש״ק על שלחנו הק׳ והי׳ דרכו בקודש בכל פעם להתעורר ולצעוק בקול רבונא דעלמא כולא ואח״כ בלשון אשכנז (האר פון דיא גאנצע וועלט) ובשעת התעוררות הי׳ מכה כף על כף והשמיע קול ואז הי׳ איש אחד למדן מופלג וי״א מכת הפרושים מק״ק מעזריטש הי׳ נעצר בק״ק קוטנא על תורה ועבודה והי׳ דרכו לבוא בש״ק אל שולחן מו״ר הרה״ג הנ״ל ובביאתו לביתו ושמע הקולות והספקת כפים הרכין א״ע ולחש לאזניו הק׳ בזה הלשון רבי הלא אין סופקין נאמר והשיב לו הרה״ג זצל״ה בזה הלשון (עי אז פאטש זיך פאטש זיך) ואין בזה שום איסור חלילה והבנתי אח״כ דבריו הקדושים והא דאיתא דאסור להכות וכו׳, ואף שהרמ״א ז״ל כתב שם שנוהגין להקל אבל דברי התוס׳ ידוע שם במקומו דאף דאיך דבטל הטעם לא נתבטל הגזירה אבל כ״ז הוא כשיש שייכות לענין הגזירה דהיינו כשהולך בכוונה להכות כף על כף להשמיע קול אבל באם שלא עשה מחמת שום כוונה לזה רק מחמת התעוררות לבו נתעוררו אבריו בתנועה להכות כע״כ בודאי שלא עשה איסור דרבנן בזה.

[כן יש לציין שהיו בהרבה חצירות דחסידים שהקפידו מאוד באיסור טיפוח בשבת כגון אדמור״י בעלזא - מפי אדמו״ר מבעלזא שליט״א, וראה בס׳ ביתו נאוה קדש חלק אלול - תשרי עמודים שנה-ו שהרה״ק ר׳ אהרן מבעלזא הקפיד מאד ע״ז וחומרו בזה היתה עד כדי כך שכשאנשי חו״ל רקדו בחג שמחת תורה שלהם ציווה שאנשי א״י לא יטפחו כף אל כף במנין החו״ל פן...! ! !. ויש להעיר שעל אף שהדברי יחזקאל משינאוה היה תלמיד מובהק מהשר שלום מבעלזא, כאן נהג להקל כמבואר כאן (וכמנהג אביו בעל דב״ח). וכן הקפיד בעל א״א מבוטשאטש כפי שהעיד תלמידו בברכת אברהם, והקיל רק בס״ש אחרי השקיעה עיי״ש. וכן הקפידו על כך בבאיאן והקילו אחר השקיעה. וכן הקפיד הגאון בעל ארץ צבי מקוז׳קלוב בהיותו ר״י חכמי לובלין - על הבחורים שמחאו כפים בשבת ראה ישיבת חכמי לובלין להרב דוד א. מנדלבוים ה״ב עמוד קטו ובהערה שם מעשה רב!.

[233] לגבי הרקידה שלנו כתב רבני זמנינו שאינו בכלל איסור חז״ל - שהריקוד שאסרו חז״ל הוא באופן שעוקר רגלו אחת ומניח אחת, כמו שמפורש בירושלמי ביצה פ״ה ה״ב, תורת שבת סימן שלט ס״ק ב׳, שו״ת דבר יהושע הנ״ל, שו״ת יחוה דעת ח״ב סימן נח בהערה.

אולם מדברי מהר״י ווייל בשו״ת דינים והלכות אות ז, משמע שגם ריקוד שלנו כלול בהאיסור [בבעלזא הקפידו לא לרקוד כדינא דגמרא - מפי אדמו״ר מבעלזא שליט״א].

פרק ג: כלי זמר

א. שירה בכלי זמר

במדרש חז"ל שהבאנו בריש פרק ב', בתארם את שמחת פמליא של מעלה בעת כניסת השבת נאמר: שמלאכי השרת שרו ורקדו וניגנו בכלי זמר "כולם עומדים, בשמחה גדולה במעון של שמחה ומשמחים ומרקדים ומרננים ומקלסים לפניו בכל מיני קלוס וכל מיני זמר".

ובאבות דרבי נתן סוף פרק א מפורט יותר: "באותה שעה ירדו שלש כתות של מלאכי השרת ובידיהם כינורות ונבלים וכל כלי שיר והיו אומרים שירה עמו, שנאמר מזמור שיר ליום השבת וגו'".

והנה מצאנו שבמשך כמה מאות שנים נהגו לשיר עם כלי זמר לא רק בפמליא של מעלה אלא גם בעולמנו אנו... בקהילות אחרות נהגו לנגן בכלי זמר בעת אמירת סדר קבלת שבת בתוך בית הכנסת, כדי להגדיל את השמחה של מצוה הנכספה ולהנעים זמרם לקונם.

א) בשנות תק"ע ואילך נתגעשה הארץ ורעש העולם, בעטיים של כמה מעוכרי ישראל שהקימו כנופיא דמתקריא 'תנועת הרפורם', ובראשם כמה רעבנ"ים שר"י אשר כל מגמתם היתה לקעקע את עיקרי הדת, וראשית קלקולם היה לשנות בסדר התפילה.

אחד מהשינויים הבולטים היה הכנסת אורגל - עוגב לתוך ביה"כ כדי לנגן במשך התפלה בטענם שכל כוונתם אינה אלא לעורר את רוח המתפללים, שלפי דבריהם היה אז במצב ירוד, ופשוט שכוונתם השפלה והנבזית היתה כדי להידמות לכנסיות הנוצרים, ואכמ"ל[234].

העוגב בפראג שימש תפקיד מרכזי בפולמוס. בכתבי הרפורם הביאו סייעתא לשיטתם 'מפי השמועה' שידוע שהיה עוגב בבית הכנסת שבפראג, ומחכמי ישראל שענו להם היו שהתייחסו 'להעוגב שבפראג' זה בכה וזה בכה אולם אלו כמו אלו כתבו רק מפי השמועה והקבלה, והדברים אינם ברורים דיים.

ואפרט את הספקות העולות מתוך עיון בפרשה זו.

א] כולם דנו בנוגע העוגב שבפראג, ולא בעיירות אחרות. ב] היו שצמצמו את התופעה עוד יותר - שרק בבית כנסת אחר בפראג (אלט-נוי) היה עוגב. ג] מתי התחילה ומתי נפסקה השירה עם עוגב. אולם אנא זעירא, לאחר חיפוש רב מצאתי כמה וכמה רשימות בנידון, וכשמצרפים אחת אל אחת מתקבלת תמונה שלימה.

א) לא רק בפראג נהגו לקבל שבת בכלי זמר ב) כמו כן לא היה אלטנוי ביה"כ היחידי שנהגו בזה ג) אנו מוצאים זאת עוד מקדמת דנא ונמשך עדיין בזמן הפולמוס. וכל זה מעורר פליאה!

---

234 סקירה קצרה על פולמוס העוגב, ודעת גדולי ישראל ע"ו ראה בנספח.

ב) לראשונה מצאנו[235] רמז לכלי זמר משנת שע"ה(!) לערך והוא ברף השער של ס' תקוני שבת, משנת שע"ה-שפ"ח[236] ששם כתב המו"ל בזה"ל: והחזרתי עטרה ליושנה פה עמנו היום בק"ק פראג י"צ המקבלים שבת בזמרה ושירה בב"כ ובבתי מדרשי התורה [!] כי הם [כונתו לקהלת פראג] הראשונים לכל דבר שבקדושה וטהרה, וממנו יראו וכן יעשו לדורות שה פזורה, עכ"ל. ואם השערה זו נכונה היא, שכוונתם לזמרה בכלי-זמר, הרי לנו כאן חידוש היסטורי עצום: ראשית שבשנת שע"ה לערך כבר היה נפוץ בכל בתי-כנסת שבפראג סדר קבלת-שבת! ויתירה מזאת נתחדש, שגם בבתי המדרש נהגו כן[237] והעולה על כולם שנגינת כלי-זמר נתלוותה לכך.

עוד עדות מפורשת מצאנו לנוהג זה לאחר כמה עשרות שנים כאשר בשנת תכ"ח נפטר בפראג אחד מהמנגנים של קבלת-שבת, כפי שמופיע על נוסח מצבתו[238] "יום ו' כב סיון תכ"ח לפרט ק' פה נטמן צנצנת המן היקר כמר אברהם כלי זמר בן הישיש כמר הירש קוביא ז"ל גם הוא היה אחד מכת הכלי זמרים המקדימים לב"ה [לבית הכנסת] בכל עת לקבלת שבת לכן תנצב"ה". כאן נתחדש לנו שהיה שם יותר מכלי אחד, שהרי הוא היה אחד מכת הכלי זמרים.

עדיין לא ידענו באתה סוגי כלי זמר ניגנו, אולם במקור הבא נתוודע גם לזאת. והוא בסוף סידור נוסח אשכנז, [אמ"ד תל"ח[239], נדפס בסוף ספר שפתי ישנים לר' שבתי בס[240]] דף כא: ששם מופיע 'סדר קבלת שבת' ולפני לכה דודי מובא שיר המתחיל: שדי בראשית כל יש ברא והמציאו מאין. שבכותרתו כתוב בזה"ל זמר נאה

---

235 על תגלית זו כבר העיר ר' חיים ליברמן, אהל רחל ח"א עמוד 369.

236 ר' חיים ליברמן במאמרו הנ"ל דן בארוכה על שנת הוצאה זו מסקנתו היא שנדפס בין השנים שעה-שפח.

237 ומצאתי מעשה רב (לא בבית מדרש אלא) בביתו של אחד מגדולי הדור ה"ה הג"ר משה שמשון בכרך אב"ד וורמיזא משנת שפ"ט! והוא בפיוט שתיקן בשנת שפ"ט לקבלת שבת המתחלת, מזמור שיר אנעים ברוב חיבת, וכתב שם בכותרתו: תקנתיו לכבוד אשתי שתנגן אותו בכלי זמר. הובא בכת"ע שומר ציון הנאמן ח"א מכתב 10 דף קלב: כתב ידו של רבי משה שמשון אינו בנמצא (בתוך הרבה כתבים ממנו ומבנו החו"י שנאבדו מאיתנו), אולם עוד העתק מכת"י זה נמצא בהעתקתו של א. כרמולי, תוך קונטרוס מעניינים שונים בנוגע לתולדות יהודי פ"פ, ותואם את הנוסח המובא לעיל, סרט מס' 30277 במכון לכת"י שבבית הספרים הלאומי. התודה והברכה לידידי הרב אהרן אויסאיבל שליט"א שהעירני להכת"י וכאן המקום להודות לו מקרב לב על עזרתו הרבה בעת כתיבת המאמרים.

238 את נוסח המצבה העתקתי מכת"ע להיסטוריה בגרמניה (בגרמנית), כרך 5 (1892) עמוד 371. ובס' מצבות ק"ק פראג שנעתקו ע"י ש. האק, פרשבורג תרנ"ב, עמוד 305 הובא נוסח המצבה בשינויים קטנים.

239 ביבליוגרפיה על סידור זה, ראה מאמרו של ר' חיים ליברמן 'סדור התפלה המצורף לס' שפתי ישנים', אהל רחל ח"א עמוד 370, וראה עוד שו"ת מלמד להועיל עמוד 15.

240 הואיל ור' שבתי בס הידוע לכל כבעל מח"ס שפתי חכמים ומחבר הספר הביבליוגרפי 'שפתי ישנים', ואינו ידוע בכך שהיה מהמשוררים בפראג וקרוב הדבר לומר שהיה ג"כ 'מהמקבלי שבת' שם, אי לכך אציין תולדותיו בקצרה וכמה פרטים הקשורים לעסקיו עם שירה. הוריו של ר' שבתי נהרגו בעיר קאליש בידי הקוזקים ימ"ש בפרעות שערכו ביהודים בשנת תי"ד, לכן ברח לפראג, והיה לעוזר לחזן בית הכנסת אלט-נוי שוהל בשם ר' לייב שיר השירים, ומכאן חניכתו 'בס' שפירושו משורר.
בשנת תמ"ח יסד בית דפוס בעיירה דיהרנפורט והדפיס שם ספרים לרוב עד יום מותו כב תמוז תע"ח.
ודבר מענין יש לציין שבשער החומש שהדפיס בשנת תג"ן. קבע בבסיס תמונת חזן עומד לפני תיבה, ותוים - הפונות כלפי ימין לשמאל - ומתחתיו כתוב 'יודע נגן'. ובראש שער פרקי דר"א שהדפיס באותה שנה, נמצא צורת חזן, מחזיק לפניו מגן ובו תוי נגינה. ראה א. יערי. דגלי המדפיסים העבריים, י-ם תש"ד עמודים 48, 151.
לתולדותיו של ר' שבתי ראה מאמרו של יצחק רפאל ר' שבתי באס הביבליוגראף העברי הראשון 'ס' ראשונים ואחרונים' ת"א תשי"ז, מעמוד 171 ואילך.

מרבי שלמה זינגר שמנגנים בק"ק פראג בב"ה מייזיל[241] בעוגב ובנבלים קודם לכה דודי. והסברא נותנת לומר שגם שאר סדר קבלת שבת ניגנו בכלי זמר וכאן מפורש בעוגב ובנבלים, עד כאן מצאנו וראינו בפראג איזכור של כלי זמר.

והנה במקור הבא (שנת תנ"ב-ת"ס) מצאנו שכן נהגו בעוד קהילות, והוא, בעדות של רבי יהודה לייב פאחאוויצער שכתב בספרו[242] וז"ל: ובכמה קהלות מקבלים השבת בב"ה בכלי זמר עם המנגנים, ומשוררים[243] יחד[244]. הרי לנו עדות שנהגו כן בעוד קהלות, אולם לא פרט באלו קהילות נהגו כן כמו"כ נתחדש לנו שנוסף להכלי זמר, נהגו לשיר במקהלה.

לפני שנביא שמות עוד קהילות שנהגו כן יש להתעכב על נקודה אחת, והיא, שבכל הכתבים והספרים שהזכירו את כלי הזמר בעת קבלת שבת, הן בהפולמוס של העוגב והן היסטוריונים שונים שדנו בנושא זה אינם מזכירים אלא את העיר פראג ותו לא, וזאת על אף שמצאתי שכן נהגו בשתי קהילות מפורסמות בישראל ה"ה פפד"מ וניקלשבורג אמנם אכן לא ידוע מתי פסקו שם מלנגן וכמו"כ לא ידוע באיזה בתי כנסת הונהג לנגן והפירוט המירבי נמצא רק בנוגע לפראג [שהיתה דרך אגב, מפורסמת מאוד בחזניה ומשורריה[245], עד כדי כך שמצאו לנכון לחרוט את זכר המנגנים שלהם על מצבותיהם[246].]

---

[241] בה"כ מייזיל המפורסם בשמו מייזיל-שוהל היה מבה"כ החשובים בפראג ומהמפורסמים בבוהמיה נבנה ע"י הנגיד המפורסם ר' מרדכי מייזיל שהיה מעמודי התווך של יהדות בוהמיה בזמנו (רפ"ח - שס"א). את בית (בתי) הכנסת בנה בסכום עתק ונדב שם כלי קודש יפים ויקרים, ובר"ה שנת שנ"ג חינכו ברוב פאר והדר וראה בספר צמח דוד סוף ח"א לזקני רבי דוד גאנז שתיאר את גודל צדקתו ונדבת לבו שמסר כל הונו למען קהלת פראג ובנה להם מתחם מיוחד של בתי כנסת ובתים. כמו"כ מתאר שם עוד ממעשיו הטובים: כיבוד חכמי העיר, ופיזור מעותיו לאביונים, עיי"ש בארוכה. כמו"כ היה יד ימינם של גדולי ישראל ראה מאמרו של א. כהנא 'תולדות הנדיב ר' מרדכי מייזיל בן דורו של מהר"ל מפראג', הצופה לחכמת ישראל ט (תרפ"ה) עמוד 146. וש. קראוס בספרו קורות בתי התפלה בישראל עמוד 187, והמאמרים שצויינו שם בהערה 314. הנוב"י דרש ברבים בפני אנשי עירו - בנידון הגט מקליווא 'לפני למעלה מאלף איש בבית הכנסת בפראג שנת תקכח', דרושי צל"ח דרוש ל. ונראה שכונתו לביה"כ מייזיל שהיתה גדולה במיוחד.

[242] ראה לעיל פרק ב הערה 135.

[243] בקשר למשוררים יש להביא מש"כ בס' תעודת שלמה לר' שלמה חזן דק"ק מיץ ואח"כ דפראג, בן המופלא המפורסם ספרא רבא דישראל מו' משה חזן דק"ק פיורדא נכד המנוח המשורר הגדול החסיד מו' זלמן חזן מק' פפד"מ - לשון השער - אופיבאך תע"ח, עם הסכמות מחכמי אשכנז. תוכן הספר הוא דינים הנהגות ומוסר לש"ץ ובדף טו כתב: כשם שאי אפשר לעולם בלא רוחות כך א"א לחזן בלא משוררים.

[244] דברי רי"ל העותקו 'בעילום שם' בס' חמ"י שבת פ"ה ד"ה וכמוהו וז"ל: ועל כי ענין שבת הוא השראת השכינה עלינו לכן ראוי לקבל שבת בשמחה בשירים ובכמה מקומות מארצות אשכנז בקבלת שבת מנגנים בכלי זמרים נבלים וכנורות כבמזמורי חתן וכלה, וכל זה מפני שכל ענין קבלת שבת הוא קיבול פני שכינה וכו'. עכ"ד החמ"י, ועל אף שלא ציין מקורו, פשוט הוא לכל רואה שלשון רי"ל מדברת מתוך גרונו, וידוע שספרי רי"ל שימשו כבסיס ומקור לבעמ"ח חמ"י.

[245] בס' תעודת שלמה הנ"ל דף כא: מפאר ומשבח את החזנים דק"ק פראג, שבקיאים בחכמת המוזיקא ושבכל חג וחג עושים נגונים חדשים וכמו"כ שהחזנים עזרו זל"ז בעבודתם 'ובודאי מי שמנגן בלא ידיעת המוסיקא התפלה בלא כוונה, וגם מצינו בכמה דוכתין שהלוים היו מנגנין בביהמ"ק על פי מוסיקא [א.ה. כ"כ בכוזרי מאמר ב אות סד]. וכו' כי המנגן בידיעה המוסיקא ממשיך הניגון על התיבה כמות שהיא קולו נאה וחסודה'.

[246] יהודי פראג ציינו על מצבות של החזנים ומשוררים ובעלי שיר, את אומנתם לשבח ועוד הוסיפו לציין פרטים שונים כגון באיזה בית הכנסת היה וכדומה, ראה 'מצבות ק"ק פראג' פרשבורג תרנ"ב; כתובות מבית העלמין היהודי העתיק בפראג, י-ם תעמ"ח.
ולדוגמא אציין מה שחרטו ע"ג מצבת הרב דוד בן יעקב ש"ץ זצ"ל משנת תפ"ח "דוד היה המנגן בכל מיני שירים ובקול רם, גם היה אחד מחכמי המוסיקה אשר לא היה כמותו בדורינו, ולכן על פטירתו דאבה נפשינו" - נוסח המצבה העתקתי מכת"ע להיסטוריה היהודית (בגרמנית) כרך ה' (1892) עמ' 369.

והנה לאחר חיפוש רב מצאתי בשני תיאורים מופלאים על קבלת שבת ברנה וזמרה ברוב פאר והדר דוקא בכתביו של בן נכר שמתאר בפרוטרוט את המנהג בעיר ואם בישראל פראנקפורט והוא בספר 'קוריוזים אצל היהודים' (בגרמנית)[247] שכתבו הגוי יוהאן שודט, וזה תוכן התיאור: בתחילה כותב ששמע מהרבה יהודים שבאלט נוי שוהל נמצא עוגב, אבל לא השתמשו בו אלא בער"ש כדי לקבל את השבת, ובכל יתר בתי הכנסת - לא רק בפראג אלא אף במקומות אחרים, היו להמשוררים הללו כל מיני כלי זמר, וכ"ז היה כפלא בעיניו שאצל היהודים יש עוגב בבית כנסת שלהם (!) עד שראה בעצמו באלט נוי שוהל בזמן ערב שבת שכאשר הם שרים את השיר המפורסם של שבת (כונתו ללכה דודי) אז יהודי אחד מנגן על העוגב. וכך הוא כותב (בעמוד 284) בהגיעו לפ"פ בשנת תע"ד לערך: מה נורא המחזה של קבלת שבת, באים אנשים ונשים לביה"כ, להפיוט לכה דודי עולה החזן ועוד ג' מהקהל אל הבימה, שלשה אלו היו מקהלה ואחד מהם הבאס, ומאריכים מאוד בנגינה, הלחן הוא מאוד שמח 'פריילאך' שכדאי לשמעו מרוב נעימותו, ומאריכים כשעה (!) את השיר, כמו"כ יש לציין שהמקהלה היתה מורכבת מקולות שונים. ויש הרבה שבאים לשמוע את החזרות (!) של המנגנים הנ"ל. וממשיך: שבאלט נוי שוהל שרו עם העוגב, אולם בבתי כנסת אחרים שרו בכלים אחרים (ואינו מפרט איזה כלים). אחרי סדר קבלת-שבת חוזרים הקהל לבית, הנשים מדליקות נרות שבת והאנשים לובשים בגדי שבת [?!], עכ"ד לענינינו[248]. לאחריו מצאנו עוד תיאור מעניין והוא ביומנו של ר' אברהם הלוי[249], בתיאורו את קבלת שבת בפראג הוא כותב: בפראג ישנם חזנים מפורסמים מאוד ביניהם מצאתי אחד שהוא אומן מפואר ובכל אירופה מפורסם שמו, ר' יאקלי חזן, קולו ושאגתו כשאגת ארי[250], החזנים משתמשים גם במשוררים, וחלילי-אורגל וגם צלצלי שמע וקלפ צימבליש וכנורות, בכל יום ששי לקבלת שבת. בעזרת הכלים הללו המה

עוד יש לציין שקהלת פראג היתה מהראשונים שהיתה לה מקהלת כלי זמרים משלה, חוקר המוסיקה ד"ר פ. נטל בספרו המוסיקה היהודית (גרמנית) פראג, 1923, פירסם חומר ארכיוני חשוב על חברת הכלי-זמרים שבפראג, שנת האישור (הראשון ?) מהמלך ומהאפיפיור הוא משנת ת"א - רשיון שמותר ליהודים לנגן בימות החול, בחתונות ועוד הזדמנויות מסוימות, שמות הכלים לא פורטו שם.

[247] Judishe Merkwurdigeiten פ"פ תע"ז כרך ו עמוד 218, וכרך ב עמוד 284. הכותב התעניין על מנהגי היהודים בכל מדינות אירופה והבלקן, ומתאר בפרוטרוט מנהגיהם תלבשתם ואורח חייהם וכו', וראוי לציין שהספר נדיר ביותר.

[248] דברי שודט הם מופלאים ביותר. ותיאורו הוא בפירוט רב (רשם את הכינוי לכל אחד מהמקהלה ועוד פרטים שאינם חשובים כ"כ ולכן לא העתקתיו), וניכר שהוא מסיח לפי תומו וע"כ צריך ביאור למה לא מצאנו רמז לזה בספרי מנהגי פ"פ שלא חסכו דיו והעלו ע"ג הכתב כל פרט קטן כידוע ומפורסם, ומנהג מעניין כזה בתוך סדר התפלה הזכירו. ותמיהה יתירה נמצאת כאן, והיא שבספר נוהג כצאן יוסף מנהגי פרנקפורט שהעתיק את דברי רי"ל פחאוויצער הנ"ל שנוהגים בכמה קהלות לקבל שבת בכלי זמר, ולא הוסיף שכן היה המנהג בקהלתו - קהלת פ"פ! תמיהה זו שאלתי לכמה וכמה מהמומחים למנהגי אשכנז ואין מענה בפיהם.

[249] הנוסע ר' אברהם הלוי בהתעניינו במנהגי קהלות ישראל באירופה סייר במסע ארוך יומין בהרבה מקהלות שבאירופה ממזרחה ועד מערבה ובסיום מסעי העלה את רשמיו ממנהגיהם ואורח חייהם ע"ג הכתב בשפת האידיש - אשכנז בשנת תע"ט, ונדפס מכת"י בכת"ע Isr. Letterbode כרך 10 (1884). ובדף 21 תיאר את התרשמותו ממה שראה בפראג.

[250] החזן ר' יאקלי היה מפורסם מאוד, ראה זכרונות גליקל מהמלן, פרשבורג תרנ"ב, עמוד 352, ששם מסופר שכשעזב הג"ר גבריאל עשקלאס רבנותו בקהלת מיץ ועבר לכהן כרבה של נ"ש (ראה הערה 256) אירע בעת שהתחיל, החזן המשורר הגדול ר' יעקלא מק"ק רישא במדינת פולין להתפלל תפילת יוצר וניגן בנעימת קולו אירע אסון בעזר"נ וקודם שהתחיל הברכה שמעו רוב אנשים ונשים קול המולה כאילו שוברים את התקרה, עיי"ש המשך תיאור האסון.

מזמרים לא רק לכה דודי בלבד, אלא אחרי גמרם את השיר הזה עוד ממשיכים הם לזמר ולנגן בכל מיני נגונים ערבים משך שעה שלמה[251]. בהמשך היומן[252] בהגיעו להעיר ואם בישראל ניקלשבורג כותב בהתפעלות רבה שאותו סדר שראה בפראג, כך מצא בנ"ש: וכמו שכתבתי ותיארתי את מנהג השירה בפראג כך הנוהג בנ"ש, עם שירה וכלי נגינה מיט שיינע נאכשפיהל וממשיכים עם הזמרה הרבה זמן, החזנים שלהם מאוד מכובדים ובפרט החזן המפורסם ר' 'מרדכי חזן'...

מקור נאמן להעוגב שבפראג מצאנו ממקור מהימן ה"ה בעל החת"ס כפי שסיפר בנו בעל כת"ס, ששמש הקהילה הפעיל את העוגב בעת הנגינה לקבלת שבת בעוד היום גדול[253] ורק אינו מפורש באיזה תקופה זה היה.

עוד מצאנו מפורשות בקשר להעוגב בפראג בספר נדיר ביותר בשם בשרייבונג דעס בעעהרונג... דר גבירט דעס ערצהער צאגס פאן עסטרייך לעאפאלד, מאנטאג דען 26 מאי פאן 4 אוהר נאכמיטאג... געהאלטען אופצוג ברחוב היהודים. פראג, תע"ו, שיהודי פראג ערכו חגיגה ותהלוכה ברוב פאר והדר לכבוד לידת בן הקיסר בשנת תע"ו, ואח"כ הוכנס אורגל חדש שבנה ר' מאיר מאהלער, לבית הכנסת. ומחירו היתה כה רב יותר מד' מאות זהובים...

הרי לנו רצף של עדויות יותר ממאה שנה משנת ש"ע לערך עד שנת תע"ט שנהגו בחבל ארץ בוהמיה בקהילות החשובות ביותר בישראל: פראג[254],

---

251 תואם עם דברי שודט שניגנו שם כשעה!

252 שם כר־ 11 עמוד 165.

253 הג"ר רבי שלמה סופר אב"ד בערגסאז בספרו חוט המשולש, תולדות זקנו החת"ס דף ד. כפי מה ששמע מאביו בעל כת"ס: לפני רבות בשנים בקשו קהל פפד"מ לקבל להם רב אב"ד והיה נהוג בימים ההם לשלוח שלוחים לקהלות גדולות בקריות חוצות אשר ידעו בנפשם כי כאן נמצאו וכאן היו גדולי תורה גאוני הדור וכן עשה פפד"מ ושלח שלשה אנשים גדולי הורה ויקרי ערך ושמו לדרך פעמיהם ובאו לעיר פראג עיר ואם בישראל בעת ההיא וזאת לדעת כי שתי קהלות אלו פראג ופפד"מ הביטו וראו בעין חודרת עין קנאה זו על זו כי פראג חשב א"ע להקהלה הראשית בערך השלימות ופפד"מ שהיתה גדולה בנוי בתורה ועושר אמרה לנפשה כי היא המיוחסת ומפוארה בישראל מזה הטעם הי' קנאה ותחרות ביניהם, ויהי כאשר באו שלשה מטיבי צעד אלו לפראג ושבתו שמה ש"ק ואז הי' הנהוג בביהכ"נ הראשי "אלטנייא" אשר בה קבלו את השבת בעוד היום גדול שבעת קבלת שבת נגנו בכלי זמר אשר המנהל ברגלו ידרוכו וזאת היה מעבודת א' מפחותי העם, והתלוצצו ראשי עם פראג וכבדו להגדול משלוחי פפד"מ לנהג את הכלי לקבלת שבת והוא בתומו בחשבו כי כבוד חכמים ינחילוהו קבל את יתרת הכבוד ועשה מלאכתו באמונה לרצון וחפץ כולם וכל השומע יצחק לו, והנה בש"ק נודע להאנשים את אשר עשו להם אנשי פראג כי ביזו אותם מדעתם ורצונם אבל הם עשו סיג לחכמה ושתקו והלכו לדרכם - ויהי בעבור שנה או שנתים בא איש עובר אורח לפראג וקיבל פני הגאון אב"ד ונכנס עמו בדברי תורה והכיר בו שהוא האורח ת"ח גדול וכבדו לדרוש בש"ק בביהכ"נ ואורח בזמנו בא ודרש כארבע שעות והראה ידו הגדולה בחריפות ובקיאות פלא בעיני שומעיו, כאשר סיים התחיל לנגן זמר אשר בו שומר העיר העומד על המגדל מעורר הישנים שישגיחו שלא יצא אש וקורא להם כמה שעות הוא בלילה כנהוג גם עתה בהרבה עיירות ובשמעם זאת השתוממו כולם מה זאת וכי שגעון נכנס באיש הדורש ההוא ולא ידעו פתר דבר ויהס הדורש אותם ויאמר רבותי! זה לפני זמן זמנים בקשו פפד"מ להם רב, והי' המשולחים פה פראג למצוא את מבוקשם והתלוצצו ראשי העיר מהם וכבדום לדרוך הכלי זמר, ועתה דעו לכם כי אני שומר לילה נאכטוואכטער בפפד"מ ואת הזמר שהשמעתי לכם אני מזמר בכל לילה ולילה ואותי כבדוני בפראג לדרוש בביהכ"נ ותוכלו לשער מי המה שלשה המשולחים אם שומר הלילה כך מה המה הנטורי קרתא באמת ואותי שלחוני לשלם לכם גמולכם, וירד למטה והלך לדרכו לפראנקפורט העירה כי שם ביתו - מזה נראה ונבין מה הי' באותן הימים כי אבן מקיר תזעק תורה בעיירות הללו וחבל על דאבדין.

254 המהר"ל שימש כאב"ד פראג עד שנת שס"ט, בשנת שס"א כיהן שם הג"ר אפרים מלונטשיץ כמגיד מישרים. ובשנת שס"ח נתעלה לשמש גם כאב"ד הקהילה יחד עם בעל השל"ה. בעל הכלי יקר נפטר בשנת שע"ט, והשל"ה בשנת ש"צ.

פרנקפורט[255], וניקלשבורג[256], בתקופות זוהרם, לקבל שבת עם כלי זמר שונים וברוב פאר והדר כנכון לקבל שבת מלכתא. והדעת נותנת שכן נהגו בעוד קהלות אלא שלא מצאנו רישומם ניכר או שלא הועלו ע"ג הכתב ועדיין רב הסתום על הגלוי.

לאחר שנת תע"ט לא מצאנו שום איזכור נגינה, אלא בעבור מאה שנה בדיוק בשנת תקע"ט, בעת מלחמת גדולי ישראל נגד הכנסת העוגב לתוך ביה"כ מצאנו עדות מרבני פראג, ומהג"ר הירץ שייער אב"ד מיץ שעדיין בימיהם "המנגנים בקהלתנו בכלי זמרים בקבלת שבת, המנהג פה [פראג] שמחויבים המזמרים להסיר ולסלק מידם כלי זמר חצי שעה קודם ברכו" ראה בנספח. האיזכור האחרון של כלי השיר הוא ממשמעות הספר צרור החיים[257] לרבי אברהם לוונשטם אב"ד עמדין שכותב: ומה שנהגו בכמה קהלות לקבל שבת בתרועה וקול שיר, המשוררים המה ישראלים ולא נגנו רק עד ברכו שאז מקבלים עלינו השבת, אבל מברכו ואילך שאין ישראל רשאי לנגן, לא שמענו שהיו מנגנים ע"י נכרי, עיי"ש[258].

כמו"כ מוזכר העוגב בפראג בשו"ת מטה לוי, ח"ב סימן ו, בדברו אודות הכנסת העוגב לביה"כ כתב: ובזה אני אומר כיון שברור הדבר שעשו כן בק"ק פראג בהסכמת גדולי עולם בימי קדם, מי יבוא אחריהם להגיד שהוא אסור מדאו'.

לאחר שנת תקע"ט לא מצאנו שום איזכור על הזמרה בפראג או בשאר קהלות, וכנראה שנפסק מנהג זה, והדעת נותנת, שפולמוס העוגב גרם לכך,

---

[255] בפ"פ כיהנו בימים ההם הגאונים ר' נפתלי כץ בעל סמיכת חכמים ועוד, ור' שמואל שאטין בעל כוס ישועות.

[256] רבה של נ"ש היה הג"ר גבריאל עשקלס מקראקא, ששימש כרב במיץ עד שנת תס"ט, ואח"כ נבחר לרבה של נ"ש והמדינה. ובשנת תס"ב נבחר גדול הדור ר' דוד אופנהיים לר"מ ואב"ד בק"ק פראג ובשנת תע"ג נתמנה גם לרב המדינה על חצי בוהמיה ובשנת תע"ה אחרי פטירת גיסו ר' וואלף שפירא - על כל מדינת בוהמיה עד שנת פטירתו תצ"ז בפראג. בתקנות ניקלשבורג, י-ם תשנ"ב. עמוד 10. תקנה ט' כתוב לאמור בנידון השוהל קלאפער, שבשבתות יו"ט במנחה מקדים רבע שעה מימות החול [ראה תקנה א' שם]: גם מחויב השמש בעצמו צו רופן לקבלת שבת בכל עש"ק כמו חצי שעה קודם שקורא למנחה. ואם נאמר שכונתו לסדר קבלת שבת, מה יומתק הדבר שהסדר לקח כשלשת רבעי השעה וכמבואר בפנים, אולם נראה יותר שכונתו 'קבלת שבת' משמעותו - להפסיק את העם מן המלאכה, תאריך מדוייק של התקנה אינו ידוע אולם בדור שהוא לפני שנת תק"כ.

[257] נדפס באמ"ד בשנת תק"פ, מטרת הספר להפריך כל טיעוני הריפורמים. סימן א' מקודש לשאלת העוגב, ובסופו דן בנידון העוגב של פראג.

[258] דבריו הועתקו ע"י הג"ר צבי הירש חיות אב"ד זאלקווא בספרו מנחת קנאות, דפוס י-ם, ח"ב עמוד תתקפט. וכן בשו"ת שו"מ חמישאה סימן ג' 'שוב זכיתי לראות ספר צרור החיים ובחלק קול השיר מאריך בזה ות"ל שכבר הרגשתי בכל מה שכתב'. כמו כן נזכר בשו"ת מהר"ם שיק, או"ח סימן קכז: מנחת אלעזר ח"א סימן כט, שו"ת חינוך בית יצחק סימן ב' וסמכו סמיכה בכל כוחם על דבריו.

שנשכח לגמרי[259][260], משום שאומץ ע"י הרפורמים שר"י וגרם למה שגרם לכן בטלוהו לגמרי.

ואם נרצה יש להסמיך מה שכתב חד מקמאי מחכמי ספרד מגזע גדולים ותרשישים ממשפחת יעב"ץ ה"ה רבי יצחק ב"ר שלמה יעבץ בפירושו תהלת ה' על ספר תהלים, על מזמור צ"ב, וז"ל: ואם תמצא לומר כי יותר טוב הוא להודות לה' בימי החול יוכל המהלל לה' לקחת בידו עשור ונבל וכנור, מה שאין כן ביום השבת, והיה כנגן המנגן ונחה עליו רוח הקודש ויהלל לה' הלול נודא עד מאוד, מה שאין כן הענין בימי השבת, ולזה אומר לך כי מי שהוא מנגן ומשודד בכנור ובכלי הנגון הוא נחשב לאין יען כי או קולו הוא טפל אל כלי הנגון כאשר הוא הענין עלי הגיון בכנור כי ההגיון מהאדם הוא טפל אל קול הברת נגון הכנור, א"כ נמצא לפי זה שיותר טוב הוא קול האדם הנשמע ביום השבת בזמן ובהלול לה' ממה שהוא בימי החול עלי עשור ועלי נבל. ספר תורת חסד - ביאורים על נ"ך בילוידיר, שנ"ז. וכעי"ז כתב רבי חיים סופר בעל מחנה חיים, בספת שערי חיים על תהלים, שם.

ב. טעם נגינה בכלי שיר

הטעם למנהג זה לנגן בכלי שיר פשוט הוא שטעמם היה כעין שמחת חו"כ כמו שכתבנו לעיל אף דלא מצאתי מפורש בדברי חז"ל שנהגו לומד בכלי שיר בנישואין, אם כי בשו"ת תולדות יעקב (להרב זאב כהנא) או"ח סימן כד ד"ה ועוד נ"ל, כותב שסתם נשואין בזמן חז"ל היה עם כלי זמר והביא ראיה מכתובות יז עיי"ש (וזה אחד מסניפיו להתיר כל"ז בסעודת מצוה בחול המועד עייב"ד). וידועים דברי מהרי"ל בהלכות עירובי חצרות, שלא יעשו נישואין בלי כלי זמר דהוא עיקר השמחה של חתן וכלה, הביאו מג"א סימן של"ח סק"ד, וכבר קדמו האבי עזר

---

259 מנהג עתיק זה נשתכח כ"כ, שאפילו רבני פראג האחרונים לא ידעו מזה או שלא שמעו קבלה ומסורת ע"ז, האחד הוא הרב מ־דכי עמרם הירש שכיהן כעשר שנים רבה של פראג ואח"כ עלה לרבנות קהלת המבורג. ובהיותו כרב בהמבורג כתב חשובה נגר הכנסת העוגב בביה"כ ובתו"ד כתב: שמה שמביאים ראיה להתיר - מהעוגב של פראג הדבר אינו נכון ולא שמע שהיה שם עוגב! - על פי מאמרו של י. וולפברג, על אה"ו שבתוך ספר 'ערים ואמהות בישראל' כרך ב' עמוד 39, לפי ספרו של הרב הירש 'יושר דברי אמת'. את הספר עצמו לא מצאתי. וכן המו"ץ האחרון של קהלת פראג הרב אהרן דלוי אפשטיין בספרו שו"ת כפי אהרן, מונקטאש תרצ"ג, סימן כ'. בדברו אודות המנהג באלטנוי שוהל הביא שכ"כ בספרים אלה דברי הברית וצרור החיים ומלמד להועיל שקבלו שבת בכלי שיר, ולא כדבר פשוט וכמסורת ידוע, אלא מפי כתבים.

260 לעומת זה מצאתי מנהג מעניין. בנוגע לכלי זמר לקבלת שבת כפי מה שמוסר א. דרויאנוב על מנהג בפולין שערב שבת שלפני החתונה באים הכלי זמרים לבית הכלה (על פי רוב נערכה החתונה בעיירה של הכלה וכלי זמריה של אותה עיר הם המנגנים גם בשעת החתונה) ומנגנים קבלת שבת! ויש שקוראים לזה 'דאבריצען' - 'שלום'! רשימות, כרך א (תרע"ח) עמוד 360 והוא חידוש. והשווה למנהג מגנצא, לקמן אות ד.

דרך אגב יש לציין שבימים כתיקונם מצאנו בק"ק אמשטרדם חנוכת בית הכנסת עש"ק עם כלי שיר, בתיאור על יהדות אמ"ד לדורותיה מאת דוד פרנקו-מנדס שכתבו בשם 'קול תפלה וקול זמרה' נכתב בשנת תקכ"ט (צילום מהכת"י נדפס בי-ם, תשל"ג) מובא [עמוד 31] שבשנת תל"ה חינכו בית כנסת חדש ובראשם כיהן הגאון ר' יצחק אבוהב ואחרי ברכת שהחיינו פתחו דנערים בשיר בנבל וכנור וחצוצרות התרועה והמשוררים בפה, השירים שחבר האב"ד ר"י אבוהב'.

בראבי"ה סימן תשצו[261], הביאו הטור שם: ואין שמחת חתן וכלה בלא כלי שיר, וכן נהגו בהרבה קהלות ישראל משך מאות בשנים שגוים ניגנו בשב"ק לשמח את החו"כ, ראה הערה 264 עכ"פ ערב שבת לקבלת פני הכלה ודאי שאין לך דבר יותר נאה מזה.

בשו"ת לבושי מרדכי מהדו"ק, חאהע"ז סימן מז דן בענין האיסור שגזרו רבותינו האחרונים לאסור העמדת חופה בתוך בית הכנסת - כפי שהנהיגו אז המחדשים - ובתו"ד כותב דברים מחודשים, שהא דהרפורמים הביאו ראיה לשיטתם ממנהגי מהרי"ל אין הדבר כן: וכבר אמרתי בזה אין ראיה מדברי מהרי"ל מאשר ידוע כי בזמן הנ"ל ע"י מוסרים שגזרו גזירות בכמה דברים כמ"ש אשר בק"ק פראג מזמן קדמונים אשר היתה על תלה עיר ואם בישראל הי' מסירה כי שיר עוגב (ארגעל) תועב' בעיני ישראל יען כי אצל העמים נוהג בבית תפלתם. ולמען הציל נפשות הנהיגו לשיר על כלי זמר הנ"ל כל עש"ק לפני התפילה וכן הי' בזמן המהרי"ל, עכ"ל.

ז"א שכל הנהגת העוגב בפראג היתה בדיעבד בכדי להינצל מצפרני המושל... וד"ז תמוה ביותר, למה דוקא בפראג היתה מסירה כזאת, ומה עם שאר הקהילות ששרו בכלים אחרים... ולא מצאתי שום סייעתיה או אסמכתא לכך, וכן למנהג החופה שבביה"כ בזמן מהרי"ל ודו"ק.

ג. שבתות מיוחדות

מצאנו באחת מהקהילות העתיקות והחשובות שבאשכנז ה"ה מגנצא שנהגו - עד שנת תק"ן לערך - שקבלו שבת בכלי זמר עד בואי בשלום לעת נישואין בני עשירים, בשבת שלפני החתונה או שלאחריה, אולם בדורות המאוחרות מסיבות של צניעות ("תערובת אנשים ונשים, ולפעמים ג"כ פריצים היו מזמרים עם הכלי זמר עד דצריכין לגעור בהן") ביטלו את המנהג, כ"כ הג"ר הירץ שייער אב"ד מגנצא במכתבו משנת תקע"ט, אלה דברי הברית עמוד ה.

אמנם מנהג הנגינה בקבלת שבת פסק כליל, אולם מפי השמועה[262] שמענו אודות מנהג זה שנשאר ממנו זכר בדורותינו האחרונים באחת החצרות החסידים

---

261 שיטת הראבי"ה - הביאו הגהות אשר"י, ביצה פ"ה אות ו' בשם או"ז [ולפנינו באו"ז ליתא]; ריקאנטי בתשובותיו, דיני שבת סימן קכד: שלטי גבורים, סוף עירובין; מהרי"ל הל' עירובי חצירות, מהדו' מכו"י עמוד רל; אגודה ביצה פ"ה אות נה: "וכתבו דלא אסור וכו' אלא לישראל, אבל כותי המנגן בכלי שיר מותר לישראל לומר לו. וראה שו"ת אדמת קודש, ח"א או"ח סו"ס צ.

262 מפי הגה"ח ר' יוסף דוב קסטל ז"ל. משרידי חסידי קוברין - סלונים וכאן המקום להדליק נר זכרון לאותו חסיד ישיש משרידי דור דעה של חסידי לעכוויטש קמאי, שגם בשנותיו האחרונות שהגיעו למעלה מתשעים לא נס ליחו, ופיו היה שופע עובדות וספורים ופניני חכמה חדים ומלובנים כאש החודרות כליות ולב בחובת האדם בעולמו, והיה מבעיר ומעביר את אש הקודש שיצאה מכבשונו של הבעש"ט ותלמידיו זי"ע לדורותיהם. ואגב אזכיר על תיאור שהיה מרגלא בפומיה שזכור לו מימי נעוריו בהיות מתפלל עם זקני חסידי לעכוויטש, והוא עומד בצדו המערבי של ביהכנ"ס ובהגיעם

המקוריים יוצאי רייסין והיא חסידות לעבוויטש שנהגו כהכנה לסדר קבלת שבת בנגינה ובכלי זמר, אך לא בכל שבת אלא בשבת המיוחדת והיא שבת "בהעלותך" בנימוק חסידי שראויה היא השבת בה קוראים "כי ה' דבר טוב על ישראל" לקבלה בנגינה ובזמרה ובקול חלילים ומצילתיים (ובלשון המקורית "אזא גרויסער שבת אויף כלל ישראל פאסט צו גיין צו שבת מיט כלי זמר").

העוגב[263] בפראג מילא תפקיד מרכזי בפולמוס הרבנים והרפורמים כנידון הכנסת העוגב בביה"כ[264]. משנות תק"ע ואילך החלו ראשוני הרפורם לתכנן הכנסת שינוים בסדר המסור לנו מדור דור. אחת מהפירצות היתה להתפלל בלויית זמר האורגל-עוגב.

ל"בואי בשלום" והסתובבו ופניהם כלפי מערב, והנה ראה את צורת פניהם בוערים כלפדי אש ובאצילות מיוחדת כיאה לחסידי קמאי, ובתוך התבוננותו חשב בעצמו: אלע בעלי תאוות שפירן נישט א געשמאק אין זייערע תאוות, ווי זיי (החסידים) שפירן א גישמאק אין שבת.

263 הפירוש המקובל של העוגב המקראי, שהיה כלי נשיפה לשוני (כחליל) וכמו שתרגמו אונקלוס וירושלמי 'אבובא' וראה ערכין י:, וע"ע באורי אונקלוס לבראשית ד. כא. וכן פירש בערוך ערך אבוב.

[דרך אגב מצאנו בספרי קמאי דקמאי על הפצת השימוש בעוגב: ראה תשובת רב האי גאון בענין השמעת כלי זמר בזה"ז, גנזי קדם כרך ז' עמוד 33, שמקיים 'הנהוג במקומינו בבית של חתן וכלה שהנשים משחקות בתפים ובמחולות, ומביאים גויים ומשמחים בכלי נבל וכנור ועוגב'. ורבי יוחנן אלימאן - ממקובלי ופילוסופי פלורנץ, בספרו חשק שלמה כת"י שנכתב בשנת רכ"ה, כותב: 'מעיד אני בהיותי בעיר מנטובה בשמעי בחדר השר את קול עוגב אשר ניגן המנגן העיר מאשכנז וכו' כמעט קראני העילוף ולא נותרה בי נשמה מהעונג הנפשי ונדחהו בנעימותו לקראת מתק קולו. כמה קטעים מספרו זה נדפסו בספר 'שער החשק', הלברשטדט [תר"ך] ומקום קטע זה בדף ד:].

אולם בדורות המאוחרים יותר, ביארו המפרשים את העוגב להאורגן ובלשונם 'אורגיל' ובשם זה הוא מופיע בספרי השו"ת, ומצאתי שכ"כ רבי אברהם משער אריה בספרו שלטי הגבורים, מנטובה שע"ב, בפרק י המוקדש לכלי העוגב וז"ל העוגב כפי דעת יונתן בן עוזיאל ואונקלוס הגר הוא כלי של נגון ששמושו בפה, כי אונקלוס תרגם "רבהון רכל דמ[מנ]ן על פום נבלא וידעי זמר כנוראה ואבובא", ויונתן בן עוזיאל אמר "הוא הוה רבהון דכל דממנן לזמרא בכנורא ואבובא". אמנם אם נרצה אנחנו לרדוף אחרי עקבות משיח ה' שבזכירת כלי הנגון במזמור ק"נ הבדיל כלי הנגון בפה מהכלים שמשתמשים בהם בידו ושתף העוגב עם הכלי' שמנגני' עמהם ביד באמרו "הללוהו בנבל וכנור הללוהו במנים ועוגב", נאמר כי העוגב הוא הכלי הנקרא בלעז ויאוהל דא גאמבה. והוא כלי דומה לעוגב מעוכה חלולה בפנים שיש על גבה גב ולכן נקרא עוגב שהוא כלי דומה כמעט לנבל, ועליו מצד פנים יש שני נקבים לאורך כרס הכלי כדמות אות נצרית נקראת בלשון לעז איסי, להכניס נעימות קולם של מתרים כשיקישו בם לתוך חלל הכלי. וממשיך בתיאור מדוקדק על כל חלק מהעוגב ומסיים אולי בעוגב הזה, במינים - הוא הקלאויקורדו או האורגאנו - במגרפה דערכין, ובכלים אחרים כאלו היו משתמשין בהן בשמחת בית השואבה. ועם הכלים הטובים לשורר עליהן היו משוררים ומנגנים יחד בלילה ההוא על הט"ו מעלות העולות מעזרה נשים לעזרת ישראל, ובכלים האחרים הגרועים בתכונתם או הטובים מצד עצמם ורעים מצד חזקת הקול בזמרה, היו גם כן מקישים בם לבדם מרוב השמחה. אמנם על הדוכן לא היו משתמשים אלא בכנור, בנבל, בחליל, ובצלצל. ועם אלה היו החצוצרות, כאשר אמרתי. עכ"ל.

ומענין לענין, יש להביא שאחד החיצים ששלח החת"ס נגד הרפורם בענין העוגב הוא מהלשון 'עוגב' וז"ל: מ"מ במקדש לא היו מכניסים עוגב אלא טעמא בעי, ואולי מפני שהשם מגונה עגב על שם עגבים ושירי עגבות. דוגמא למה שאמרו חז"ל ואין מכניסים מ"ר במקדש מפני הכבוד. במכתבו שבספר אלה דברי הברית (ראה הערה 106). ומקור טהור לדבריו מצאתי באבן עזרא, דניאל ג.ה. 'גם בלשון כינור ומחול ומינים ועוגב ושמותם לא ידענום אף על פי שעוגב מגזרת ותעגבנה וכו' ואלו סברות בלי ראיה'. ולהעיר ממש"כ הרד"ק, תהלים קנ. ד. הללוהו במינים ועוגב - כלי הניגון לא נודע אצלינו. לעומ"ז מעניין לציין מש"כ בספר כף הקטורת (כת"י) ע"ס תהלים, ונכתב ע"י אחד מחכמי ספרד מדור הגלות, (ראה מש"כ בפ"ב הע' 160) בפירושו למזמור לג עה"פ בנבל עשור זמרו לו כתב "ובנבל עשור זמרו לו הוא כלי זמר עשוי בחכמת בני אדם ונקרא אורגנאס בלעז שמנגן ע"י נפחים ומתמלאים רוח ונשמע קול ניגון זה עד למרחוק וצריך לחכם שיעשה אותו וכן שיזמר אותו לכוון אל העשר ספירות בלימה ולכן נקרא נבל עשור לרמוז על העשר וכאשר יתנועע לזמר כלי זה מתנועעים תמונת כלים הללו בעולם הספירות, אזי והארץ האירה מכבודו של הקב"ה משמחת השירים אשר שמח בהם ונבלים הללו העושה אותם לזמר בהם חוץ מהבית חייב מיתה".

מש"כ וצריך לחכם שיעשה אותו וכן שיזמר אותו, ראה אבן עזרא בראשית ד. כא. עוגב 'והיא חכמה גדולה'.

ומש"כ לכוון אל הי"ס יש לציין מש"כ בסידור רמ"ק שער ג על הפסוק הללוהו במינים ועוגב: שכונתו יחוד מצד הוד שמתעוררים העגבים, והאיר ת"ת ומלכות ויסוד. (ובספר נפוצות יהודה, דרוש ראשון, מייחס את העוגב - להכינור)

264 המחקרים שנכתבו בנושא העוגב בביה"כ ה"ה: ש. קראוס der orgel frage וינה; 1919 כתבי ר' אברהם ברלינר, ח"א עמוד 171; א. מ. הברמן, בעיית העוגב בבית הכנסת, קבוצי יחד י-ם תש"מ; מ. בניהו, דעת חכמי איטליה על הנגינה בעוגב בתפלה, אסופות א, (תשמ"ז) עמוד רס"ה; מ. סמט, השינויים בסדרי בית הכנסת, אסופות, ה. (תשנ"א) עמוד שמה.

הפולמוס הגדול החל, משהוקם ה'היכל' בהמבורג בשנת תקע"ט, וקיבלו הסכמות מרבנים שונים לסדרי ההיכל, אולם מרבני אשכנז לא הסכימו אפילו אחד להעוגב ולשינוי בנוסח התפילה. ולשם כך גייסו שני רעבני"ם א. ליברמן וא. חארינער שר"י וחיברו חבורים - אור נוגה ונגה צדק (דעסוי תקע"ח) להצדיק את דרכם הרעה.

בכדי להצדיק את הכנסת העוגב בביה"ב, נאחזו בכך שבביה"כ אלט נוי שבפראג, ענו בשיר בעוגב את סדר קבלת שבת 'כי בפראג סיפרו על עוגב שהיה

בבית הכנסת והיו מנגנים בה בכל ליל שבת בר"ח וי"ט ועד היום מקבלים שבת בבה"כ הישנה בכלי ניגון בכלי זמר והמנגנים יהודים המה'[265][266] אור נוגה עמוד יז.

---

265 ברוב חוצפתם ובורותם רצו לכתחילה להתיר נגינה ע״י יהודי מטעם שהיום אין חשש של שמא יתקן כלי שיר, וכמו שכתבו כבר התוס׳ ורמ״א סימן של״ט שנוהגים לרקוד ולטפוח, וטפחו הרבנים על פניהם, שתוס׳ התירו טפוח וריקוד שגזרינן אטו כלי שיר אולם כלי שיר עצמם פשוט הוא שאסור. ולכן הביאו הרפורמים ׳ראיה׳ לשיטתם מהעוגב של פראג שניגן בו יהודי [ואמת ונכון הדבר שניגן יהודי, כמו שכתב שודט] ונמשך עד הלילה, וע״ז ענו הרבנים ששקר ענו בזה שלא יתכן לומר שניגנו בשבת וראה עוד שו״ת שו״מ, חמישאה סימן ג׳. והנה על אף שהרבנים כתבו כן מתוך השערה, כעת נתגלה לנו שרבה״ק אמת הם כמו שהבאתי לעיל מעדויות של קהלות פראג ופ״פ שהתחילו לנגן מבעוד יום וגמרו לפני כניסת השבת והאמת יצאה לאור.

לאחר מכן הציעו להתיר שימוש באורגל - בחגים, ראה שו״ת רע״ז הילדסהיימר או״ח סימן נ.

ולאחר מכן רצו להתיר ע״י מנגן גוי מטעם שבות דשבות במקום מצוה כמו שמתירין לגוי לנגן בנישואים שו״ע של״ח, ב. [וכ״כ ילקוט הגרשוני, של״ח, א. ומכאן למדו החדשים היתר לנגן בעוגב בביה״כ בש״ק ע״י עכו״ם עיי״ש].

והכו הרבנים על קדקדם שאה״נ דבנישואין עיקר המצוה היא לשמח החו״כ, משא״כ בתפלה הלא הוא כל כולו יראה ופחד וכראוי להתנהג בבית ה׳ - ראה בתשובת הג״ר מרדכי בנעט באלה דברי הברית עמוד כ (והעתיקו תלמידו בשו״ת מהרי״א ח״א סימן נט - וצויין במ״ב של״ח סק״י) כמו״כ אסרוהו הרבה משום ובחוקותיהם לא תלכו.

[א. ה. כאן המקום לציין, דבר שאינו ידוע לרבים שעל אף שכמה מהאחרונים חלקו על פסקו של המרדכי - שהוא מקור לדברי השו״ע שמותר לגוי לנגן בחופה - ראה שו״ת רדב״ז ח״ד סימן קלב (אלף רב) אחרי הביאו ד׳ הראבי״ה כתב: מה שאומרים שאין שמחה אלא בכלי שיר אפשר שהוא בארצותם, אבל באלו הארצות [ארץ ישראל וסביבותיה] יש שמחה בבשר ויין ושיר בפה לשורר ולשבח את השי״ת בשירים וקרובות שתקנו הראשונים ז״ל, ולכל הפירושים אם בא עכו״ם ונגן מאליו אין מונעין אותו עי״ש. וכן החמיר בערך השלחן של״ח, א. אכן מצאנו שכן נהגו להתיר בין בארצות אשכנז ובין בקהלות ספרד, כן העידו בגודלם מהרש״ל וב״ח שם שכן נהגו בחופות ונשואין, וראה מש״כ הא״ר שם! וכן מפורש בשו״ת

הרמ״א סו״ס קכד, וז״ל וכבר פשט המנהג וכו׳ ואף מצווים לכותים לנגן בכלי שיר והכל הוא מטעם ד׳ התוס׳ דלא שייך גזירה זו בזה״ז. (וצ״ב הרי תוס׳ מיירי בישראל ׳שנהגו לרקוד ולטפח׳ ולא על היתר כלי שיר ואולי יש כאן מקור לשיטת המ״א ראה הערה) ואפילו הובלת החו״כ לביה״כ בשבת הראשונה נערכה בטקס חגיגי בכלי זמר ראה ׳סדר והנהגה של נשואין החתונה בריילפט כמנהג של ק״ק ורנקפורט דמיין׳, פ״פ תס״א, וז״ל באות ה׳: ״ביום השבת בשחרית בהליכה לביה״כ מחויבים כל השושבינים... ולילך עם החתן עד פתח בה״כ. ולפני החתן ילכו כל מיני כלי זמרים לנגן ולשמוח... וכה יעשו הנשים שושבינות והקרובים משני הצדדים להשכים על פתחה של הכלה ולהוליכה לבה״כ על מקום הכלה שבבה״כ עם כלי זמרים כנ״ל״ ובאות י״א כתב לאחר היציאה מבה״כ ילך החתן עם הגאון אב״ד פה ועם כל השושבינים וקרובים וכל הקרואים לס״ת וכל מי שחפץ ביקר של החתן עם כלי זמרים בהליכתו כך חזירתו לבית הכלה״. סדר הברייליפט נדפס לראשונה בכת״ע Geshichte und Litteratur Blaetter fur Judische שנה ב׳. חוב׳ ו, עמ׳ 44. ולאחרונה נדפס מהכת״י בשו״ת נשאל דוד ח״ב בסופו נספח ד׳. ומה שקיצרו בסדר הנישואין האריך בפרוטרוט יוהאן שודט ראה לעיל הערה (247) ח״ב פרק כ״ה עמוד 3 תיאור נפלא מחתונה יהודית בפפד״מ, מהזמנת המנגנים הערלים וסידורם עש״ק להחופה וניגנו לפניהם כמה סוגי מנגינות ומפרט שם את סוגי המנגינות וההולכה של החתן להכלה וכו׳ בארוכה. וע״ע Judaica Synagoge באזל 1603 פרק יא עמ׳ 383.

ומצאתי שהיו מקומות שנהגו כן גם בשבת לפני החתונה, במנהגי ק״ק ורמיזא, ח״ב עמ׳ ז, מתאר את סדר שבת שפינהולץ (שבת לפני החתונה) בהולכת הכלה לבית הכנסת וכל הבתולות אחריה והבדחנים לפניהם עם כלי - זמרים, (ונוהג זה נמשך במקומות מסויימים עד לפני כמה דורות, ראה ׳זכרונות מימי נעורי׳, גוטלובר, ורשא תר״מ, ח״א עמ׳ כט) ובעמ׳ נט כתב שכן נהגו בשבת אחרי הנשואין.

וכן נהגו בקהלוה ספרד כמו שהעיד בגודלו הכנה״ג א״ע סימן סב שכן נהגו בקושטא. ובשו״ת רבי משה פרובינצאלו סימן מז סמך סמיכה גמורה ע״ד הראבי״ה והוסיף בכח דהתירא גם באירועים אחרים! ושו״ת חיים שאל ח״א סימן כא. ובשו״ת שמו משה (פארדו) או״ח סימן ח הוסיף להתיר בהכנסת ס״ת, וכמו״כ מעיד שנהגו במצרים שגוים מנגנים בסעודת ברי״מ. וכן הביא מנהג זה הג״ר חיים פאלאג״י בשו״ת לב חיים ח״ב סימן ט, אם כי אינו מסכים לכך, עיי״ש אריכות דברים.

ושם בח״ג סימן סא כתב שמנהג איזמיר שיהודים הכו בתוף, בשמחת חתונה, ובשמחת תורה!

וכעי״ז בשו״ת מעשה אברהם - אשכנזי, חיו״ד סימן מט ד״ה כי, שיהודים ניגנו בתוף בשבת שבע ברכות לכבוד החו״כ!.

[בתקנות ק״ק ניקלשבורג, ים תשכ״ב, עמוד 182, תקנה רסד: בפורטם את משכורתם של התזמורת בין בימות החול ובין בשבת, משמע שהיהודים ניגנו בכ״ז לחתונה בשבת!?]

ובבן איש חי, פ׳ שופטים, אות יח כתב: ופה עירנו (בגדאד) היה מנהג מקדם קדמתא, כשיצא החתן מביה״כ בשחרית לילך לביתו ילכו גויים לפניו בכ״ז וגם בביתו היו מנגנים כחצי שעה ותהלות לאל יתברך קדם כמה שנים נתבטל מנהג זה לגמרי ולא ידבר ולא יפקד עוד עכ״ל, אולם בשו״ת מים חיים סימן קלג מעיד שעדיין בזמנו רבים מקילים בחתונה ע״י גוי.

לעומת זה מצאנו שהיו קהילות באשכנז שהחמירו בזה כגון בק״ק טריביטש שבמורביה, כפי שמבואר בתקנותיהם (משנת תכז) נדפסו בקובץ על יד, סדרה חדשה, כרך ד (תשו) עמוד קפה וז״ל: בשבת ויו״ט קיינה כלי זמרים אינם נמולים ברחוב היהודים צו הלטין, יהיה מי שיהיה!

בראות גדולי ישראל שהסכנה החלה להתפשט קמו ואזרו חיל וכתבו מכתבים ותשובות (ע"י הפניית בי"ד דק"ק המבורג לרבני אשכנז ואיטליה) מלאים התנגדות לשינוי הרפורם, וסתרו את נימוקיהם. מכתביהם קובצו יחד בספר אלה דברי הברית, המבורג תקע"ט. וכמה מהם מתייחסים להעוגב שבפראג. ביה"ד דק"ק פראג ה"ה הגאונים ר' אליעזר פלעקלש, ר' שמואל לנדא, ר' לייב מעליש כותבים במכתבם, עמוד יז: והמנגנים בקהלתנו בכלי זמרים בקבלת שבת המנהג פה שמחויבים המזמרים להסיר ולסלק מידם כלי זמר חצי שעה קודם ברכו, עכ"ל. הג"ר הירץ שייער כותב, בעמוד ה: בק"ק פראג עיר גדולה לאלקים בתוכה תשעה בתי כנסת ובגדולה שבהם נהגו לומר ולקבל שבת בכלי זמר, עכ"ל. כמו"כ התייחס החת"ס להעוגב של פראג. שם עמוד לא וז"ל הקדוש: ואבותינו ספרו לנו שבימי קדם היה עוגב בפראג בבית הכנסת על תנאי וכו' והזכיר בספר או"ן [אור נוגה] עמוד יז אלא שם העיד שקר שיהודי מנגן בליל שבת עד חצי שעה בלילה ה' יצילנו וכו' גם אנו מקובלים שפסקו נגינתם בפראג טרם אמרם מזמור שיר ליום השבת[267]. ומ"מ אמת שבפראג השיר היה להם בעוגב. גם שינו מהנגון המיוחד להם[268]. אבל בכל

---

266 אה"נ שבשיטת תוס' כתבו כמה אחרונים שכוונתם שהואיל וא"א בקיאין לעשות כלי שיר לא שייך למיגזר, ולכן סותר גם כלי שיר בשבת - כ"כ המ"א על אתר, שו"ת אבן השוהם סי' נ', שבות יעקב ח"א סימן כה וראה מדרש שם ועבר סימן ט אות ב, ועוד. אולם רבו האחרונים החולקים ע"ד המ"א, ודעתם שכונת תוס' דייקא בטיפוח וריקוד ותו לא - כ"כ ט"ז, יו"ד רפב. ב.; שו"ת שער אפרים, סימן לו; שו"ת מהר"ם שיק או"ח סימן קכז; שו"מ ה' סימן ג'; ערוה"ב או"ח סימן סח; שו"ת עמק הלכה (זיטל) או"ח סו"ס קט [ומש"כ לתרץ קושיית המ"א אינו מובן לי]; שו"ת התעוררות חשובה ה"ד סימן ל; שו"ת עולת נח. או"ח סימן ג; ועוד. והנה על אף שתוס' היא דעת יחידאה מבין הראשונים - שלא חילקו בין זמנם לזמנינו, וכמו שהעיר הב"י על אחר.

וראה זכות אבות - לר"י קורייאט סי' כה אות י; ולשון למודים או"ח סימן ב'; לקוטי חבר בן חיים, ח"ה פאגינאציה שניה דף קיא טו"ד; ועוד שהסירו את קושיית הב"י מתוס'.

אולם דעת הרמ"א שהעתיקו, דברי תוס' ברור הוא שכונתו להתיר טפוח וריקוד דייקי. וכן מוכח מדבריו בד"מ, וכן כתב תלמידו בלבוש, וכן יש לדייק מעצם הגהת הרמ"א שלא כתבו בסימן שלח בדיני כלי שיר אלא בסימן שלט גבי דיני ריקוד. וכ"כ כל הגאונים שהשתתפו בפולמוס העוגב. וראה מה שהאריך וקיבץ בשו"ת יביע אומר ח"ג סימן כט בבקיאותו הנפלאה. וראה מגן אבות, להמאירי, ענין עשירי דברים מחודשים.

267 מרהיטות לשון החת"ס נראה שדעתו שמקבלים את השבת (בפראג) בעת אמירת מזמור שיר ליום השבת, אולם הדבר צ"ב שהרי דעת רוב חכמי אשכנז ובפרט רבני פראג, דעתם שקבלת שבת הוי בהתחלת תפלת ערבית וכדעת המ"א סו"ס רסא. ה"ה: שו"ת רבי טיאה וייל או"ח סימן ד, תוס' שבת סו"ס רסב, שלחן עצי שיטים סימן ה' דיני ער"ש, מאמר מרדכי רסא. ז.; ומחכמי פראג: שו"ת שיבת ציון לר"ש לאנדא, סימן ס', תשובה מאהבה ח"ב או"ח סי' רכט אות יח, לשון חכמים ח"א סימן כ' דף נ:, ודייני פראג במכתבם שבאלה דברי הברית כתבו 'קודם ברכו', וכ"כ בעל צרור החיים ראה להלן שאין אנו מקבלים עלינו השבת עד ברכו. והפמ"ג סוף סימן רס"א כתב: ועתה נוהגים שמקבלים שבת עם מזמור שיר. וראה תורת חיים (סופר) רסא. יז. וצ"ב דעת החת"ס אולי גילה דעתו במק"א ואנכי לא ידעתי.

ידוע הסיפור שבלידת החת"ס שהיתה בעש"ק ז' תשרי תקכ"ז סמוך להכנסת השבת ציוה אב"ד פפד"מ ר' אביש חסיד שימתינו בביה"כ בקבלת שבת עד לידתו לבל יחולל ש"ק בלידתו. חוט המשולש דף ב. ולאחרונה יצא לאור תולדות החת"ס שנכתכו ע"י נכדו ר' משה שרייבר בנו של הכת"ס וכותב שם במפורש שהיו צריכים להמתין עם התחלת תפילת ערבית. הרי לנו לכאורה שמנהג פפד"מ בזמן החת"ס היה כשיטת המ"א - ספר זכרונות ומסורות (ע"י ידידי הרב בנימין שלמה המבורגר שליט"א) ב"ב תשנ"ו, עמוד 56 וראה בהקדמה צמוד 22.

268 כונת החת"ס ששינו את השיר, משירי הנוצרים וכל זה כדי להוכיח שאינם מעתיקים מנהגי גוים. ומן הענין לציין שבנידון זה אי מותר לשורר בתפלה שירי קודש בניגוני גוים, נשאו ונתנו בזה הפוסקים, ולאחרונה דנו שנים מרבני דורנו, בשו"ת יחוה דעת ח"ב סימן ה - דעתו להקל; והגאון רבי יעקב הלל שליט"א בכת"ע מקבציאל יט (אב תשנב) עמוד מה - דעתו לאסור - והסכימו לדעתו הגאונים בעל שבט הלוי ובעל להורות נתן שליט"א. ונעלם מעיניהם הבדולחים דברי חת"ס אלו.

שארי בתי כנסיות שבעיר גדולה לאלקים הזה, לא עשו ככה, וגם זו משנתקלקלה שוב לא תקנוהו ובכל מקום מושב בני ישראל לא שמענו ככה[269], עכ"ל לענינינו.

וכן בספר צרור החיים שייחד קונטרס מיוחד להפריך דעת הרפורם בהתירם להעוגב כתב וז"ל ומה שנהגו בכמה קהלות לקבל שבת בתרועה וקול שיר; המשוררים המה ישראלים כמונו, ולכן אינם מנגנים רק בקבלת שבת, שאין אנו מקבלים עלינו השבת עד ברכו, אבל מברכו ואילך שאין ישראל רשאי לנגן, לא שמענו שהיו מנגנים ע"י נכרי. וכן הי' בלתי ספק הארגעל שהי' מלפנים בק"ק פראג שלא נגנו בו רק לקבלת שבת, או בהכנסת י"ט לשמח הלבבות לכנוס בי"ט כשהם שמחי הלבב, וראי' לדבר, שאותן אשר קמו אחריהם וינגנו בכלי שיר אינם מנגנים אלא בקבלת שבת לפי עדות בעל הנוגה עצמו, ומה שהעיד ג"כ שנמשך המוזיקא עד חצי הלילה: שקר ענה, כי מלבד חילול שבת בפומבי לנגן בכלי שיר בשבת על ידי ישראל. לא נחשדו אנשי קריה העלמה בזאת הגדולה לאלקים, להכשיל את הרבים בחילול שבת, אחרי אשר אין אנו מקבלים עלינו השבת עד ברכו. והמה לא יאמרו ברכו עד חצי שעה בלילה, גם לא היו עוברים קדושי עליון האלו על תוספת שבת שהוא דאורייתא, מי יאמן לשמועתו? ואף אם אולי קרה פעם אחת שנמשכה המוזיקא עד חצי שעה כלילה באמת משגה הי', ולא שנו בה. ומה שהביא בעל הנוגה שספרו לו מק"ק פראג שהי' שם מקדם ארגע"ל בביה"כ; אולי נבנתה הבית הכנסת עם הארגע"ל הזה, בעוד שלא הי' מנהג זה בעבודתם, ובאמת כפי ששמענו עמדה בית הכנסת הלזו מזמן בית שני[270], וכאשר נתקנה בהיתר שוב לא הי' איסור חוקת

---

[269] כוונת החת"ס כאן היא לצמצם את תופעת העוגב בבתי כנסת, ודבריו מרפסין איגרא, שהרי כל הג' טיעונים שהביא לאסמכתא לדעתו אינם תואמים עם מה שהבאנו לעיל. א) מש"כ שרק באלט נוי שוהל היה העוגב - הלא ראינו שבכל הבתי כנסת שבפראג נהגו כן. ב) מש"כ שמצאנו כך רק בפראג, הלא מצאנו עוד ב' קהלות חשובות, ורי"ל פוחאויצער העיר על 'כמה וכמה קהלות'. ג) מה שכתב שמשנתקלקל שוב לא תקנוהו, תמוה ביותר הלא דייני פראג מעידים במכתבם (שנכתב באותו זמן שכתב החת"ס מכתבו, שבט תקע"ט) שעדיין ממשיכים עם מנהגם העתיק?! ויש לנו תיאור שהכניסו אורגל חדש בביה"כ אלט נוי לאחר זמן (ואולי היה באמת לאחר שהראשון נתקלקל)? ועוד תמיהה נמצאת כאן, והיא שכל מכתבו של החת"ס נדפס לאחר מכן בשו"ת שלו חלק ליקוטים סימן פו מרישא עד סיפא, וקטע זה נפקד מהשו"ת! והי"ע לקיים את דבריו הקדושים.
(אולי העירו לבני החת"ס שהו"ל את השו"ת מהטיעונים הנ"ל ולכן השמיטוהו, והרציתי את כל הנ"ל לפני הגאון ר' שמואל הלוי וואזנר שליט"א וענה אמן).

[270] שמועה זאת מצאנו בעוד ספרים וכ"כ בגודלו בשו"ת מכתב סופר ח"ב סימן א' - קונטרס מקדש מעט - וז"ל: בבית הכנסת אלט נוי, כפי המורגל בפי הספורים והספרים נבנתה בה"כ ההיא לא זמן כביר אחר חורבן בית מקדשינו, הרבה יותר מאלף שנים עכ"ל לענינו. (יש לציין שקונטרס 'מקדש מעט' נדפס לראשונה בכת"ע תל תלפיות מחברת ג' (תרנ"ה) עמוד 93). דבריו אינם תואמים עם המציאות, אה"נ שביה"כ אלט נוי - לקמן א"נ - הוא ביה"כ העתיק ביותר באירופה אולם נבנה כאלף שנה אחרי חורבן בית מקדשינו. בין החוקרים היו כו"כ דעות מתי נבנה. לאחרונה רווחת הדעה, שבנייתו היתה בין השנים צט-קמט, ראה ש. קראוס 'קורות בית התפלה בישראל' נ. י. תשט"ו עמוד 175. ואולי אפשר שנתחלף לו עם האגדה שבנו את בית הכנסת עם אבני ביהמ"ק! ראה ברכת אברהם, קאלאמע תרמ"ח דף יא: בשם רבו בעל א"א מבוטשאטש, שביה"כ הא"נ היא ישנה מאוד ואומרים שבנאוה הגולים מאבנים של ירושלים או בהמ"ק והתנו שאם מהרה יבנה המקדש יסתרוה ולכן קורין אותה על תנאי בפראג; ומספרים מעשיות נוראות מקדושתה עכ"ל (ראה בס' 'קורות' הנ"ל עמוד 18 והערה 300 ציונים לספרים ומאמרים אודות סיפורים סביב ביה"כ א"נ) וכ"כ ר' ישעיה ציקרניק בספרו סיפורים נחמדים, זיטאמיר תרס"ג, ששמע כהנ"ל מרבו הרה"ק רבי יצחק מסקווירא. ומספר כ"ק אדמו"ר מפשורסק - אנטוורפן שליט"א ה' ישלח לו רפואתו בקרוב: בקראקא היה ביה"כ ישן בההוי"כע - גאס (אמרו שהאבנים היו מביהמ"ק שהובלו מספרד ולקחום בשעת הגירוש לפראג) [?!] ואמר הגה"ק ר' שמחה יששכר דוב מציעשינוב, שהתפלל פעם בבית הכנסת ההוא תפלת י"ח והיתה תפלתו בלי מחשבות זרות: (י"ג אורות עמוד שב). ואולי נשתלשל להם מהמסורת על משפחת 'אלטשולר' כפי שמופיע בהוספות של א. מ. מוהר לסי צמח דוד מהדורת לבוב ת"ר, הוספות דף לט: ערך ר'

העכו"ם חל עלי[271], ולא זזה ממקומה. אבל כאשר נפלה, באמת אין קימה עוד, מפני שבעת נפילתה, כבר הנהיגו כלי שיר זה, ר"ל הארגע"ל בבתי עבודתם, לשם עבודתם דוקא. ואסורה. עכ"ל.

על אף שבשאלת העוגב הרי דנו הרבה מחכמי ישראל נתחברו ספרים שלמים וקונטרסים ותשובות רבות נכתבו בנידון, אולם מלבד בספרים הנ"ל לא מצאנו התייחסות הרבנים להעוגב בפראג.

נספח א: העוגב

בענין הכנסת העוגב בבית הכנסת בעת עסקי בסוגיית ניגון העוגב והשלכותיה לאחר חיפוש וחיטוט בספרי קודש וכתבים ולאחר בירור וליבון הענין עד תומו, חזיתי שפירצה זו התפשטה בקהלות רבות בישראל, קהלות מפורסמות ושאינן מפורסמות בכל ריכוזי יהודים, הלכה והתרחבה והגיעה למקומות רחוקים בכל פזורות ישראל הדבר בא לידי ביטוי במלחמותיהם של גדולי ישראל שיצאו נגד הפירצה, כאשר סיום ומיגור הפירצה חופף לימי מלחמת העולם השניה ועמה חורבן רוב מנין ובנין של עם ה' על פני ערים וארצות רבים מאירופה המזרחית והמערבית הי"ד.

ומני אז לא נשמע יותר מפירצה זו בקרב מחנינו, ועם התחדשות הישוב באמריקה ובאירופה המערבית קמה והיתה פרצה זו לכמין סמל המבדיל בין בית הכנסת לבין טמפל רפורמי, בעוד שבתי כנסיות הנוהגים על טהרת הקודש לא יעלה ולא יבוא העוגב והדומה לו, הרי שבהיכלות הזוהמא של הרפורמים וגרוריהם עומד העוגב במקום מרכזי ובסימן היכר להם.

ישראל יעקבסון שהיה מראשוני פורצי הרפורם, בנה בית כנסת קטן בשנת תק"ע בעיר זיזן שבברונשוויג וטקס חינוכו התנהל בחיקוי מוחלט לתיפלת הכנסיה. ובשנת תקע"ה עבר יעקבסון לברלין ויסד את בית הכנסת הרפורמי בפורמט יותר גדול עם שינויים מדרכי אבותינו: התפלות קוצרו ולוו בנגינת עוגב. (ואכן בנו התנצר והיה לכומר קתולי) כמובן שהרבנים דשם התנגדו בחריפות לדרכו הרעה, והממשלה נענתה לבקשת הרבנים וסגרה את הכנסייה שלו, ולכן נאלץ לעבור למדינה אחרת, ועבר להעיר ואם בישראל המבורג והקים שם 'היכל' רפורמי, והתפלה בהנהגת עוגב, שירים בגרמנית, קריאת התורה בלי טעמים, תפלה במבטא ספרדי ועוד. וכדי להצדיק את דעתו התחבר עם אליעזר ליברמן שהיה קל דעת

יצחק חיות, שהמשפחה המיוחסת אלטשולר בא מפורטוגל, ואחר הגירוש גלו לפראג ונשאו עמם אבנים מהבתי תפלה שלהם ושמו בעצמם לתוך הבנין אשר הביאו אותם, ויען אשר האבנים היו ישנים לכן נתקראו בשם אלט שולר.

271 ועל זה הדרך כתב בשו"ת מהר"י אסאד, או"ח סימן לח בקשר לאיסור העמדת חופה בתוך ביה"כ, שבזמן המהרי"ל עדיין לא היה נהוג אצל הנוצרים טקס הנישואין בכנסיה שלהם, משא"כ כשהחלו לנהוג כן הפסיקו לסדר את החופה בתוך בית הכנסת. וכעי"ז כתבו בשו"ת כתב סופר סימן מו, מהר"ם שיק אהע"ז סימן פז.

ונוכל שקיבל על עצמו לאסוף תשובות מרבנים המתירים שינויים הנ"ל, ובתוכם שימוש בעוגב ובשנת תקע"ח הופיעו בדעסוי שני ספרים, אור נגה, ונגה הצדיק - ועיקר תשובותיו קיבל מרבני איטליה וכמה מחכמי ירושלים - שהוטעו ע"י אחד מחכמי איטליה - שהתירו את העוגב בתנאי שישימוהו בעזרת נשים. וכן התיר רבי יעקב חי ריקאנטי בעל פסקי ריקאנטי האחרונים, דעתם שמותר להשתמש בעוגב בימות החול, וכן בשבת ע"י גוי, וכן דעת הרב משה קוניץ מאויבן (ומדמהו להא דנתפשט המנהג ברוב מושבות בני ישראל להעלות ולבבות נרות ע"י גוי בשבת בבתי התפילות).

הספרים הנ"ל עוררו תגובה חריפה בעולם התורה, ובשנת תקע"ט יצא לאור הספר אלה דברי הברית, פסקיהם של י"ט מגדולי הדור (והמפורסמים שבהם: רבי מרדכי בנעט, רעק"א, חת"ס, חוו"ד) שאסרו בכל תוקף שימוש בעוגב בשבת ע"י גוי.

בעבור שנה, בשנת תק"ס, הוציא רבי אברהם לונשטאם אב"ד עמרן לאור את ספרו בשם צרור החיים ומטרתו להפריך את כל נימוקי הרפורמים, והשאלה הראשונה נקראת קול השיר - בנידון העוגב, ושולל את כל התירם מכל וכל.

וכן נתקבל להלכה ולמעשה ע"י כל גדולי התורה הבאים אחריהם עד ימינו אנו.

לראשונה אעתיק את לשון הרב דוד צבי הופמן בשו"ת מלמד להועיל ח"א סימן טז הדן בנידון העוגב ואסף את דעת גדולי ישראל ושיטתם. דעת משתתפי ספר אלה דברי הברית חילק לשלשה, וז"ל:

א) יש מהם שכתבו סתם שאסור לנגן בשבת וי"ט, ולענין חול לא פסקו כלום, ואפשר דס"ל דבחול שרי, או אפשר דספוקי מספקא להו ולא רצו לחלוט הדין לאיסור או להיתר. ואלה הם: בד"צ דק"ק האמבורג (ריש ספר אלה דברי הברית) ר' משולב זלמן הכהן בעל בגדי כהונה (צד א'), ר' אליעזר בעל שמן רוקח (שם צד כ"ג), ר' אברהם טיקטין ברעסלא (שם צד כ"ה), ר' אהרן יושע ראוויטש (שם צד כ"ט), ב"ד דק"ק פאדובא (שם צד נ'), והגאון ר' עקיבא איגר כתב בפירוש (שם צד כ"ח): גם בחול עדיין אין ההיתר ברור, עיין מ"ש בבאר שבע סי' ע"ד טעם שאין אנו מתפללים בפרישת כפיים ומדמה לאיסור דלא תקים לך מצבה, יע"ש. וזה הטעם שייך גם בארגעל עכ"ל. ובכן אפשר דלכל הגאונים הנ"ל לא היה ההיתר ברור.

ב) ויש מהגאונים שהתירו בפירוש לנגן בחול ואלה הם: ב"ד דק"ק פראג ה"ה ר' אליעזר פלעקלש, ר' שמואל לאנדא, ר' ליב מעליש, וכתבו (שם צד י"ז): ומה שמנגנים בכלי שיר (ארגעל) בשבת קודש איסור גמור הוא לנגן, אפילו ע"י נכרי בשום כלי זמר, והמנגנים בקהלתנו בכלי זמרים בקבלת שבת, המנהג פה שמחוייבים המזמרים להסיר ולסלק מידם כלי זמר חצי שעה קודם ברכו עכ"ל. (ואפשר דלא התירו בחול אלא בשאר כלי זמרים ולא בארגעל) וכן פסקו עשרה רבנים דק"ק ליווארנא החתומים שם (שם צד ס"ז) וז"ל: וכולנו יחד אסרנו איסור לבלתי ינגנו (בארגעל) ביום ש"ק וי"ט ח"ו. ולא התרנו רק בחה"מ (וערב שבת וערב

י"ט קודם שתכנס קדושת שבת וי"ט לצאת ידי כל הדיעות כידוע) וגם את זה לא התרנו כי אם ע"י ישראלים אנשים אשר יראת ד' בלבם וכו' עכ"ל.

ג) ויש מהגאונים הבאים על החתום שאסרו בפירוש לנגן בארגעל בביהכ"נ בין בחול בין בשבת. ואלה הם: ר' הירץ שייעד (צד ה') אפשר נדנוד איסור משום איך נשיר וכו' וגם כן גדר קדושה עיי"ש. הגאון בעל הח"ס (שם צד ט') במכתבו הראשון כתב מדלא תקנו אבותינו כלי שיר בתפלה אע"ג שמאתנו יצא השיר בעבודת בית המקדש ש"מ לא הוי ניחא להו בהא מטעם מיום שחרב ביהמ"ק אין שמחה לפניו וכו' איך נשיר וכו' ובמכתב שני למד איסור חדש מדברי רב ספרדי בס' נוגה צדק (אשר החליט להתיר) והעלה רדסור משום חוקותיהם, ועיין בשו"ת ח"ס חלק ו' סי' פ"ח עד צ"ו ובמה שנרמז שם על שו"ת ח"ס חח"מ, גם הגאון מוהר"ר מרדכי בנעט (שם צד י"ח) כתב דאסור גם בחול משום חוקותיהם וסיים וז"ל ולפענ"ד הספק עצום ויש לאסרו עכ"פ מצד הספק, וכ"כ הגאון מוהר"ר ר' יעקב מליסא בעל חות דעת (שם צד פ"א) שאיסור גמור הוא לשיר בעוגב בבית הכנסת הן בחול והן בשבת ע"י נכרי, וכן פסקו הגאונים מוהר"ר שמואל אב"ד דק"ק אמשטרדם (שם צד ס"א) ומוהר"ר משה טוביה מזונטהיים האנויא (שם צד ע"ו, מפקפוק שלא תתבטל הכונה) ומוהר"ר הירש לקא"ב ווינטצענהיים בעל שו"ת שער נפתלי (שם צד פ"ה). ועיין בספר שו"ת מהר"י אסאד שם מובא תשובה ח' א"ח סי' נ"ט מרבו מהר"ם בנעט שאוסר בשבת לנגן בארגעל ולא הזכיר דאף בחול אסור עיי"ש, ואפשר דכך היה השאלה לענין שבת ומשום דבחול ספוקי מספקא ליה לא הזכיר מזה.

ובשנת ה' תק"פ יצא לאור הספר הנחמד צרור החיים מהרב הגאון ר' אברהם לעוזענשטאמם אב"ד דק"ק עמדען והוא העלה ג"כ דלנגן בארגעל אסור בין בחול בין בשבת משום ובחוקותיהם לא תלכו.

בשנת תרכ"ג חימב הרב הגדול מו"ה דוד דייטש אב"ד דק"ק זאהרויא (אבערשלעזיען) חיבוד נחמד בל"א "דיא ארגעל אין דער זינאגאנגע" ובו האריך בטוב טעם ודעת לברר איסור הארגעל בכל צדדיו, העלה ג"כ דאף בחול אסור לנגן בו משום ובחוקותיהם, ושם הביא ג"כ גוטאכטען לאיסור מדייני בערלין ה"ר הג' ר' אלחנן ראזענשטיין ומהרי"ם זאכס זצ"ל. ובשנת תרכ"ב כבר השמיעו את קולם במ"ע "איזראעליט" נומ. 2, 3, 4 הרב הגדול מוהר"ר מאיר לעהמאנן זצ"ל ולהבדיל בין חיים למתים הרב הגדול מוהר"ר משולם זלמן קאהן נ"י לברר איסור הארגעל בטוב טעם ודעת. וכן נדפס פסק דין מהרב מוהר"ר ישראל שווארץ אב"ד דק"ק קאלן באיזראעליט נומ. 1 שנת 1865. וכולם הסכימו לאסור בין בחול בין בשבת. וכן כתוב בהודעה נאמנה שלנו, אשר אנחנו נותנים לכל תלמיד בית מדרשנו פה ברלין ביחד עם התרת הוראה, איסור הארגעל משום חוקותיהם. וא"כ אסור בין בחול בין בשבת. וכן ראיתי להרה"ג מוהר"ר שמשון רפאל הירש זצ"ל בפירושו לויקרא י"ח ג' שאוסר הארגעל משום חוקותיהם בין בחול בין בשבת עכ"ל בעל מלמד להועיל.

ואלה מוסיף על הראשונים מה שמצאתי - אחרי חיפוש - בספריהם של גדולי ישראל וכתבי עת שונים:

תשובות רבי משה טוביה זוטנהיים אב"ד האנוי והמדינה שנדפסה שם, נדפס לאח"כ בספרו שו"ת אור פני משה, פפא"מ תרפ"ח, עמוד 5.

וכן הוציא לאור רבי מאיר לייב רייניץ מדייני לייפניק קונטרס 'להט החרב המתהפכת' וין תק"פ, לבסס את איסור העוגב.

וראה מש"כ מהר"ץ חיות, בספרו מנחת קנאות, דפו"י עמוד תתקפח - צב: רבי אברהם זוטרא אב"ד מינסטר בספרו מלחמות ה', האנובר תקצ"ו, עמוד 111 "ואין בזה שום מצוה, כי כל מי אשר נגע אלהים בלבו יתפלל בכוונה בלי התעוררות ע"י כלי שיר". ובמהדו"ב, פ"פ תרכ"ב, מונה עוד טעמים, משום לא תתגודדו, מביא לידי תערובות, והוללות: ובמהדו' ג, האנובר תרכ"ג, חזר והזהיר שלא לשמוע לעצת האומרים, אין בזה איסור כי לא ננגן כי אם בח"ה או בערב שבת עד בואי בשלום שכן עצם הכלי הוא אסור מאחר שעשאו אלו חק בבית תפלתם. ובמהדו' רביעית הלברשטט, תרכה, עמוד 6 חיזק את ידו רבי זאב פיילנפעלד אב"ד דיסלדורף, מטעם חוקות העכו"ם. וראה מש"כ בשומר ציון הנאמן ח"ב דף רפז. מחולת המחנים סוף סימן א - צויין בס' לב העיברי ח"א עמוד סג; שו"ת רע"ז הילדסהיימר, חאו"ח סימנים נ, קפז; הגאון רבי חיים פאלאג'י, בשו"ת לב חיים ח"ב סימן ט, ובספרו משא חיים סימן רסו דף סב טו"ד; שו"ת שבט מנשה, להרב מנשה גרוסברג, ברלין תרנ"ו, סימן י אוסר את העוגב בימות החול משום דהתפלה צ"ל ביראה ופחד, ולא מתוך שחוק 'ולי נראה שגם בזמן הבית לא היו מנגנים הלוים אלא בעבודת הקרבנות, ולא בשעת התפלה ובקשה'. וכמו"כ אוסר בשבת ע"י גוי.

שו"ת מלמד להועיל הנ"ל, (ובשו"ת מטה לוי להג"ר מרדכי הורביץ, מרבני פפד"מ, ח"ב סימן ו העיר על פסקו של רד"צ הופמן וכותב: שאף שיראי ה' יש להם להתרחק מן הארגעל, ואף שאין להתיר, גם אין להחליט לאיסור, ובפרט שגם רבנים צדיקים גמורים נוחי נפש וגדולי עולם עשו כך וכו' וידוע שהרב הג' מו"ה אלטמאן זצ"ל מקארלסרוהע היה בעצמו בחול בביה"כ ונגנו בפניו על הארגעל).

שו"ת ישא איש, להרשל"צ רבי יעקב שאול אלישר, בהשמטות לח"א דף צט. הולך בעקבות רבי חיים פאלאג'י שגם לא ינגנו ע"י גוי ותמה תמה קורא ע"ד הכרך של רומי שהתיר להכניס את האורגין בביה"כ. אולם כד מעיין היטיב בתשובתו של הכרך של רומי חזינן שהוא מתיר 'מקהלה' - משוררים בביה"כ להנעיב את התפלה, אבל לא את העוגב, ולאחר זמן מצאתי שכ"כ בשו"ת תעלומות לב ח"ג קונטרס הליקוטים, סימן יא שהציל את ד' הכרך של רומי.

ובשו"ת ויען יצחק לרבי יצחק רפאל אשכנזי אב"ד אנקונה, (נדפס בסוף ספר קצת מכתבי... טירנא, תרצב) עמוד 167 תשובה לרבי יוסף סונינו מו"ץ דק' נאפולי נגד ראה"ק הרוצים לפרוץ הגדר ולהכניס עוגב בביה"כ ושגוי ינגן עליו לקבלת שבת.

וידידו של הישא ברכה - רבי יוסף בורלא - מחכמי ירושלים, בשו"ת וישב יוסף סימנים ב-ג מסתפק בזה והן ולאו רפיא בידיה, ונראה שדעתו בעצם העוגב אפשר להקל, אולם הקאהר (מקהלה) שהיא ע"י גוים אינה נאה שערלים יתעסקו

במלאכת שמים עיי"ש בארוכה (תשובות הרבנים אלישר ובורלא מופנות לביה"כ הספרדי בבוקרשט).

[בכת"ע כנסת ישראל, י"ל ע"י הג"ר אברהם יואל אבעלסון רב בק' אדעסא קונטרס מ (תרנ"ו) סוף סימן קסו שאל המדפיס ר' משה א. בעלינסון שאלה להקוראים 'אם מותר להעריך מערב שבת את האורגיל שינגן מאליו נגונים לקבלת שבת' ומהקוראים השיבו לו ב' רבנים לאיסור בקונטרס ט סימן קפ אות ז השיב רבי חנוך פרידלאנד אב"ד פאריטש, ובסימן ר' ענה כך רבי מרדכי ב"ר בצלאל ואסים].

וכן אוסרים בשו"ת אורח משפט סימן לו, ובהשמטות שם סימן כב, אות ג: שדי חמד מערכת חו"כ אות א': ישכיל עבדי ח"ח או"ח סימן כט; שו"ת מים חיים, לר"י משאש, סימן קמח, ומתאונן על מצב דורו, שבכמה קהלות הכניסו אורגן וניגנו (ע"י גוי) מזמור הבו, ולכה דודי.

וכן כתב בעל משפטי עוזיאל בתשובתו לקהילת עדת ספרדים שבבואניס איריס, ובתו"ד מספר שבהיותו בפאריז נכנס בתומו לביה"כ שהיה בו עוגב, ומחה על זאת בכל תוקף ובתור מחאה יצא משם. נדפסה בכת"ע תלפיות, תש"ז כרך ג-ד עמוד 320.

אגרות משה חאו"ח ח"ב סימן ל; מנחת יצחק ח"ה סימן צז לדרום אמריקה, ואוסר אפילו עוגב קטן, ומונח בעז"נ. בצל החכמה ח"ב סימן פה; שבט הלוי, ח"א סימן כו.

והאיסור הוא בכל מיני כלי זמר, ולא רק בעוגב, ודלא כרב אחד שרצה להתיר שאר כלי זמר, ושהאיסור היה על עוגב דייקא, ואינו כן, ראה שדי חמד הנזכר לעיל.

ולאחר כ"ז תמוה מש"כ בשו"ת שרידי אש, ח"ב סימן יא שלא מצא פסול בכניסה לבית הכנסת שיש שם עוגב.

ונראה לומר שהאיסור (כהיום) הוא בשעת התפילה דייקא, משא"כ בזמנים אחרים מותר וכן נהגו בהרבה בתי כנסיות שבעתות שונים מנגנים עם כלי זמר כידוע. ומהגאון רבי יוסף שלום אלישיב שליט"א שמעתי (כו תמוז) נימוק נוסף לגבי שמחת בית השואבה שהוא זכר למקדש ע"כ עורכים אותו בבית מקדש מעט. ובסעודת סיום, היתר הזמרה הוא מטעם שרוצים לערוך הסעודה במקום הלימוד.

בין הקהלות שהיה דו"ד בין המתפללים אם להכניס עוגב לביה"כ - לקבלת שבת היתה העיר ריגה, שהחזן המפורסם שלה ה. אדלובקר רצה להכניסו, ועד בית הכנסת הסכים אבל המתפללים התנגדו בכל תוקף ואף איימו לעזוב את ביה"כ וע"כ פנו לפני הגאון בעל צפנת פענח והחזן שהיה ת"ח נו"נ עם הגאון כמה שעות! לבסוף פסק לאיסור ולא הכניסוהו - כת"ע הדואר (ל) יג תמוז תשי"ג עמוד 626.

בעיר ואם בישראל וין נעשו נסיונות להנהיג העוגב בעת קבלת שבת, אך הדבר לא יצא לפועל, מתוך כמאה בתי כנסיות היו רק שניים שהשתמשו בעוגב, ואפילו רבה הנאור של וין הרב צבי פ. חיות התנגד נמרצות להנהגת העוגב, נאומים והרצאות. בוסטון תשי"ג, עמוד 15.

לעומ"ז בבית הכנסת 'הברודי' שבאודיסה גברה יד המתקדמים, כפי שמספר עד ראיה: בבית הכנסת הנ"ל שהיתר, מפורסמת מאד בחזניה, בשנת תרס"ט ביקש החזן פנחס מינקובסקי להכניס עוגב אל ההיכל, וחלק גדול מהמתפללים התנגדו - האש התלקחה וכל הקהילה היתה כמרקחה עד שהגיעה ללשכתו של הצאר, פקידי הצאר ביקשו שכל צד ינמק את טיעונו, והרב הראשי לאודסה דאז הרב שמעון יעקב גליקסברג (בסוף ימיו אב"ד בת"א) ניסח את התזכיר בשם כל הרבנים נגד הנהגת העוגב - והוסיף שטועים היוזמים בסברם שמנגינת העוגב תמשוך עוד מתפללים לבית הכנסת. אכן בסופו של דבר הונהג העוגב לביהכנ"ס (אם כי לא שינו בשאר הנהגות בית הכנסת) - חיים גליקסברג (בנו של הרב גליקסברג) בספר שמורים בלב, ת"א תשל"ו עמ' 18.

קטע משיר "לכה דודי" עתיק יומין, ששרו בבית הכנסת אלט-נוי שבפראג
נכתב בפנקס התוים של הקהילה בשנת תקצ"ו.
תוים אלו הם העתקה מהמקורי שנעתקו בשנת תרפ"ו
נמצא בארכיון למוסיקה יהודית - שבאונ' העיברית מס' JMA 4706
(פנקס הקהילה נאבד בשנות הזועם היל"ת)

מתוך הספר
הנהגות
קבליות בשבת

משה חלמיש

ישראל

תשפ"ד

הנהגות קבליות בשבת (עמודים 251-189)

מ. קבלת שבת

המונח ׳קבלת שבת׳ משמש בראשונה במובן הלכי, כמו קבלת תענית. כלומר, אדם מקבל על עצמו מסגרת מסוימת של הלכות או חובות. אך מוצאים אנו חילוקי דעות בדבר האקט הקובע לעניין קבלת שבת. לרוב, מנהג ״תוספת שבת״ נתגבש כהלכה מחייבת עם אמירת מזמור צב. כך לראשונה אצל הרמב״ם, אם כי מקורותיו הספרותיים קדומים יותר[1]. באור זרוע נקבע זמן הדלקת הנרות סמוך לאמירת ברכו. והובא גם בדרכי משה של הרמ״א. לפי הרא״ש, בשבת סוף פ״ב, תפילת ערבית היא הקובעת. וראה טור, סי׳ רסג. דבר ברור יותר נמצא אצל ר״י קארו: ״ולדידן הוי אמירת מזמור שיר ליום השבת כענית ברכו״[2]. ואילו הרמ״א בדרכי משה מסתייג, שכן לפי מנהג אשכנז לא אמרו מזמור צב, ולפיכך ״בענית ברכו הוי קבלת שבת״. אולם מאז האר״י, ״קבלת שבת חלה באמירת באי כלה״[3], שאז ״מקבל תוספת הנפש מבחי׳ קדושת הלילה הוי קבלת שבת״[4]. ההגות הקבלית והנורמה ההלכתית הולכות אפוא שלובות זרוע.

משמעות נוספת למונח ׳קבלת שבת׳ קשורה בקבלת פנים. מסופר על חכמים שנהגו לקדם את פני השבת בכבוד של מלכה או של כלה הנכנסת לחופה. לפי ספרות חז״ל, קרוב להניח שהשירה והריקוד אף הם תפסו מקום במסגרת זו[5]. בשבת קיט ע״א מסופר שרבי חנינא היה מתעטף בערב שבת ואומר: בואו ונצא לקראת שבת המלכה. על יסודות אלה קוראים אנו במקורות שונים בעת החדשה מעין הקטע הבא, שיש בו ביטוי לקבלת פנים, ובמיוחד של כלה-מלכה: ״וילבש בגדי שבת יקבל השבת בשמחה, כמו שהיו נוהגים החסידים הראשונים ... ר׳ ינאי אמר בואי כלה בואי כלה. ויקבלנה בשמחה וחדוה כחתן היוצא לקראת הכלה, כמלך לקראת המלכה, כי כל אחד מישראל הוא מלך, כאמרם כל ישראל בני מלכים הם״, ולכן כל אחד הוא כמלך היוצא לקראת המלכה[6]. המקובלים ראו כל זאת כממשות חיה ולא כמטפורה. ״ואיש התמים יכוין כי אין זה דר׳ [=דרך] השאֵלה אלא כך הוא ודאי. כי הוא יוצא לקראת המלך והמלכה העליון׳ כאמור. וישמח בביאת שבת כיוצא לקראת המלך וכיוצא לקראת חתן וכלה״ (חמדת ימים, מ ע״ד). חשוב להוסיף כי המשפט האחרון שצוטט הוא ממש מובאה מתוך שו״ע, סי׳ רסב ס״ק ג, אלא שחמדת ימים ״ניצל״ אותו לעמדתו, ״כך הוא ודאי״. ובכן, הדימויים הרווחים הם: יציאה לקראת מלך, מלכה, חתן וכלה.

המוטיב של קבלת פנים מתחדד יותר לנוכח ההוראה החוזרת ונשנית במקורות שונים לקבל

---

1 ראה תא-שמע, מנהג, עמ׳ 113. וראה עוד להלן בסעיף: מזמור צב.

2 בית יוסף, סי׳ רסא; שו״ע שם, ס״ק ד.

3 בן איש חי, שנה ב, פר׳ וירא, אות ה. וראה גם גליס, מנהגי, עמ׳ ק, סי׳ יג; ועוד הרבה. וכך כבר במאה הי״ז. למשל, מהר״ם ן׳ חביב (מחצית שנייה של המאה הי״ז), שו״ת קול גדול, סי׳ לט. וראה עוד בסוף סעיף זה.

4 כה״ח, סי׳ רסא אות כז, וכן שם, סי׳ רסג אות סג.

5 וראה גילת, פרקים, עמ׳ 326-327. בבבא קמא לב ע״א-ע״ב נמסר: ״אמר רבי חנינא: בואו ונצא לקראת כלה מלכתא, ואמרי לה לקראת שבת כלה מלכתא. רבי ינאי מתעטף וקאי [=עומד] ואמר: בואי כלה, בואי כלה!״. ולפי גירסת רבנו חננאל, שם לב ע״א: ״כר׳ חנינא דהוה *מקיף* ואזיל ואמר בואו ונצא״ וכו׳.

6 היכל הקדש, סוף סי׳ מח, ל ע״א. אגב, אציין גם את לשונו הקרובה של חכם קדמון, ר׳ מנחם המאירי, אשר בפירושו לשבת קיט ע״א כותב: ״ומתעטפים ומלבישים עצמם בערב שבת כאדם המקוה להיות המלך או החתן נכנס בביתו״. וראה חידושי המאירי, ירושלים תשכ״ה, עמ׳ 461. השווה לעיל ליד הפניה 116.

שבת בשמחה. בזוהר, ח״ב צב ע״ב, איתא: ״ודא כד מתעטרי מעלי שבתא על עמא קדישא כדקא יאות בצלותין ובבעותין ובסדורא דחדוה״. ובניצוצי זהר ציין לשוה״ט סי׳ צב. אכן, במדרש תהלים צב ג, מהדורת באבער עמ׳ 403: ״ולא עוד אלא כשהוא נכנס [שבת] אנו מקבלים אותו בשירה ובזימרה״. אמנם לפי הרמ״ק מדובר באופן כללי על הכנות לשבת שמשרות ״שמחת שבת״. ואצטט מתוך ספר הלכה מאוחר: ״באור החמה שכ׳ בשם הרמ״ק ז״ל וז״ל ובסדורא דחדוה היינו תיקון הסעודה והשלחן והרחקת היגון ושמחת שבת בנר דלוק מטה מוצעת כסא ושולחן, והיינו סדורא דחדוה״[7].

אביא דוגמאות נוספות המעידות על שכיחות ההוראה לשמחה. למשל, ר׳ אברהם הלוי כותב: ״וצריך להקביל פניה בשמחה ובשירות ותושבחות ובנפש שביעה בבגדים לבנים״ (תקוני שבת, תקון ג). תלמידו של ר׳ חיים ויטאל, ר׳ חיים הכהן מארם צובה, כותב: ״ילבש בגדיו הנאים וישמח בביאת שבת כיוצא לקראת המלך״[8]. רי״ל פוחאוויצר מציין: ״ולכן [היות ששבת היא השראת שכינה, הנק׳ כלה ומלכה] מקבלים השבת בשמחה גדולה ובשירות נאים ותושבחות ורננים״. חשוב מאוד הוא נימוקו בהמשך: ״על פי מה שאמרו רז״ל אין שכינה שורה אלא מתוך שמחה״[9]. בדבריו מובלעת התפיסה או החוויה העמוקה שקבלת השבת פירושה ממש השראת השכינה. ובוודאי לכך נתכוון גם ר״ש אלקבץ בשירו: ״בואי בשלום עטרת בעלה ... בשמחה ובצהלה״. מעין ניסוחים אלה תמצא במקורות הרבה. כגון: בבית מנוחה; תקון שבת, ליוורנו תרצ״ב, עמ׳ 27: ״יקבל השבת בשמחה רבה כשמוח חתן עם הכלה, כי בקבלו השבת הכלה דהיא השכינה סוככת עליו, ולכן ראוי לקבלה בשמחה רבה״. וכן בסידור החסידי, עולת תמיד (לר׳ נתן נטע משינאווא), חלק שבת: ״המזמורים שאומרי׳ קודם קבלת שבת נגד ששה ימי השבוע כי בשבת מקבלין כל ימי השבוע שפע. וזה לכו נרננה ... אנו אומרים אל הנשמות שלנו לכו למעלה ממדרגה למדרגה, כי בליל שבת עולין הנשמות עם העולמות עד האצילות ... ואנחנו נרננה בשמחה. ומחמת שמחה מתעוררת רוח העליון אל הנפש כמ״ש והי׳ כנגן המנגן״, והוא הפסוק שהתלמוד משתמש בו כדי לציין את הקשר בין שמחה להשראת שכינה. וכן בספר זמירות ותושבחות, שנ״ט, יג ע״א, בהסבר: ״׳בת שבע לקבלה׳ – שיקבל השבת הנקרא בת שבע כידוע מתוך שמחה בכלי שיר או שיקבלה בלמידת התורה״. וכן בקונטרס של הנהגות וכוונות, מאת אליה אהרן לאטאש, והוא בכ״י איטלקי מן המאה הי״ט, כ״י מילנו-אמברוזיאנה Sup. X 269, דף 2א, סעיף כד: ״יזהר לקבל שבת בשמחה״.

רגליים לדבר שבקהילות שונות נתקיימה גם שירה בציבור. ר׳ אהרן ברכיה ממודינה נתן לכך צליל משלו: ״יש היכל למעלה גנוז שאינו נפתח אלא בנגון ... והנשמה נהנית מהנגון לפי שהיתה רגילה[10] בניגונין בשיר של מ״ה [=מלאכי השרת] ושיר הגלגלים. ובהיותה בגוף

---

7 תפארת צבי, ח״ד, עמ׳ שכג.

8 טור פטדה, סי׳ רסב ס״ק ג, לא ע״ג. ראה גם אגרת ר׳ שלומיל, ההדיר ש׳ אסף, קבץ על יד, ג(יג), ת״ש, עמ׳ קכז.

9 דברי חכמים, שער השבת, פרק ט, עמ׳ סד.

10 נראה לי שהוא רומז לדבריו היפים של ר׳ שלמה אלקבץ על ערך המוסיקה, ובכלל זה: ״לסיבת היותה מורגלת בשמע זה בהיותה במרום״. ואביא הדברים במלואם: ״שהיו הניגון והמושיק״ה דבר יערב לנפש, לסבת היותה מורגלת בשמע זה בהיותה במרו[ם], כנודע למי שלא יכחיש פשוטן של מקראות ואמתתן, ומלאכי מרום פותחים את פיהם מברכין משבחין מפארין וכו׳ בשפה ברורה וכו׳, ואשמע את קול כנפיהן וגו׳, ויש אנשים יערב עליהם כ״כ עד אשר יתבטלו חושיהם לבל

ושומעת נגון נהנית כמו שהיתה רגילה בהיותה דבוקה ביסודה. ומרוב הערבות ראויה לשרות עליה רוח אלוהים כפי הנהגתה ויסודה הראשון ... וש"ץ המנגן בתפלתו מעלה השכינה לפני המלך העליון ... ולכן מנהגן של ישראל לנגן [=לשיר] בפה בבתי כנסיותיהם בשבתות וימים טובים, זמני היחוד"[11]. עדות נוספת בת-הזמן על שירת הצבור נמצאת בשער תקוני שבת, שנדפס בפראג בין השנים שע"ה לשפ"ח[12]: "והחזרתי העטר' לישנ' פה עמנו היום ק"ק פראג י"ץ המקבלים שבת בזמר' ושירה בב"כ ובבתי מדרשי התור' כי הם הראשוני' לכל דבר שבקדוש' וטהר', וממנו יראו וכן יעשו לדורו' שה פזורה". ניתן למצוא עדויות נוספות על עוצמת השירה. כך כותב רבי דוד לידא, רב האשכנזים באמשטרדם בספרו דברי דוד: "'שמור את יום השבת לקדשו', שיש לעטרה בכל מיני עטרות ולזמר בכל מיני זמירות, כי ראשי-תיבות של שבת הם: בהכנסת שבת תזמר, ביום שבת תשורר, במוצאי שבת תנגן, בכניסת שבת תקדם, ביציאת שבת תאחר, במוצאי שבת תאכל". על מנהגם של האשכנזים שם מעיד גם החיד"א, אם כי תוך הבעת תמיהה: "ליל ש"ק התפללתי שם ערבית והאריכו מאד בניגוניהם, תחת שלש רגזה ארש במנהגם בג' מיני קול, וביותר [ב]קבלת שבת"[13]. מנהג דומה נהגו גם הספרדים באמשטרדם, "שבלילי שבתות כל הקהל מנגנים מזמור לדוד ולכה דודי ומזמור שיר [ליום השבת]"[14].

אולם נראה כי התפתחה גם שירת מקהלה שלוותה בכלי נגינה. כך משתמע מדברי רי"ל פוחאוויצר, באמצע המאה הי"ז: "ולכן מקבלים את השבת בשמחה גדולה ובשירות נאים ותושבחות ורננים. ובכמה קהלות מנגנים בכלי זמרים נבלים וכנורים"[15]. וכנראה ממנו הושפע בעל נוהג כצאן יוסף, המתאר בדרך כלל את מנהגי פרנקפורט, ומעיד: "שהשכינה נקראת כלה ... לכן מקבלים השבת בשמחה גדולה ושירות נאים ותשבחות ורננים. ובכמה קהלות מנגנים בכלי זמרים ונבלים וכנורים"[16]. מרי"ל פוחאוויצר הושפע בוודאי גם תיאורו של חמדת ימים: "ראוי לקבל שבת בשמחה ובשירים, ובכמה מקומות מארצות אשכנז בקבלת שבת מנגנים בכלי זמרים, נבלים וכנורות, כבמזמוטי חתן וכלה"[17]. במיוחד, כנראה, בפראג השתמשו בכלי

ידעו איפה הם. ויש מהם תקפוץ עליהם שינה כי תתבודד הנפש לשמוע אל הרנה עד שתנוח הגוף כפגר מת, כי רועה היא אותו, וכשתפרד מהשגיח בו יהיה כלא היה וישן וירדם. כמו בקטנים יונקי שדים כי לא ישנו אם לא ישמעו את קול הרנה, וכשומעם ינוחו על משכבותם וערבה שנתם להיות צלצול הקול והנועם עדיין נקבעת בנפשם למיעוט זמן הפרדם ממנו, וכן יקרה לחולים כי בהחלש הכחות החומריים ינשאו הנפשיים לעומת'" (מנות הלוי, לאסתר א ח, ניו יורק חש"ד, לח ע"ב - לט ע"א). עלי להעיר כי י' גולדהבר (קובץ בית אהרן וישראל, ע [תשנ"ז], עמ' קמב, הע' 93) הראה בצדק מקור קדום לנוסח מעבר יבק בספר לבנת הספיר [נכתב בשנת 1328], לר"י אנג'ליט, ירושלים תרע"ג, יב ע"ב: "בגין נשמתא אתגזרת מלעילא מצרור החיים ורגילה בניגונין בשיר של מ"ה [=מלאכי השרת] ושיר הגלגלים, עתה בהיותה בגוף ושומעת ניגון אז מוצאת נחת רוח ונהנית כפי מה שהיתה רגילה בהיותה דבקה ביסודה בנועם קול הגלגלי'" (ותיקנתי את נוסח המובאה שלו).

11 מעבר יבק, שפתי צדק, פרק לא.

12 ראה ח' ליברמן, אהל רח"ל, א, ניו-יורק תש"מ, עמ' 392.

13 מעגל טוב, עמ' 142.

14 אהרן משה יצחק בן אברהם, מליץ יושר, אמשטרדם תקס"ט, ב ע"ב. עדות על השמעת מוסיקה בקבלת שבת נמסרת בקצרה ולאחר יד אצל ר' ישראל משה חזן, כרך של רומי, סוף סי' א, ליוורנו תרל"ו, ו ע"ב.

15 דברי חכמים, שער השבת, פרק ט, עמ' סד. לאמיתו של דבר, כבר באדר"ן, נו"א, סוף פרק א, כתוב: "באותה שעה ירדו שלוש כתות של מלאכי השרת ובידיהם כנורות ונבלים וכל כלי שיר והיו אומרים שירה עמו, שנאמר מזמור שיר ליום השבת" וכו'.

16 דיני שבת, סעיף טז, עמ' קנו. הספר נדפס בשנת תע"ח, כעשור לפני מות המחבר.

17 חמדת ימים, פרק ה, כט [צ"ל: לח] ע"ג. וראה לעיל הע' 598. על פוחאוויצר כמקור לחמדת ימים עמד תשבי בהרחבה. ראה תשבי, נתיבי, עמ' 110-142.

נגינה. שם נהגו לשיר "זמר נאה מרבי שלמה זינגר שמנגנים בק"ק פראג בב"ה מייזיל בעוגב ובנבלים קודם לכה דודי"[18]. עדות נוספת על פראג, מסוף המאה הי"ח, מתקבלת ממכתבו של רבי הירץ שייאר ממגנצה אל דייני קהילת המבורג: "בק"ק פרג ... תשעה בתי כנסת, ובגדולה שבהם נהגו לזמר ולקבל שבת בכלי זמר, ורק עד בואי בשלום ולא יותר, ומעולם לא עלה על לב אחד לעשות כן בשבת וי"ט"[19].

כיוצא באלה, בשו"ת מלמד להועיל, א, סי' טז, מצטט רד"צ האפפמאנן מתוך פסק-דין של חכמי פראג: "והמנגנים בקהלתנו בכלי זמרים בקבלת שבת המנהג פה [פראג] שמחוייבים המזמרים להסיר ולסלק מידם כלי זמר חצי שעה קודם ברכו"[20]. ההקפדה על כך שהנגינה לא תחלל את השבת עולה גם מדבריו של ר' אברהם לוונשטם מעמדן, בערך בשנת 1800: "ומה שנהגו בכמה קהלות לקבל שבת בתרועה וקול שיר, המשוררים המה ישראלים כמונו ולכן אינם מנגנים רק [=כי אם] בקבלת שבת שאין אנו מקבלים עלינו השבת עד ברכו, אבל מברכו ואילך שאין ישראל רשאי לנגן, לא שמענו שהיו מנגנים ע"י נכרי. וכן הי' בלתי ספק הארגעל שהי' מלפנים בק"ק פראג שלא נגנו בו רק [=אלא] לקבלת שבת"[21]. ברם, עדות סותרת עולה מתוך קטע אחר שם: "אשר ספרו לי כמה זקנים בעת היותי בפראג שזוכרים הארגעל שהי' שם בביה"כ על תנאי, והיו מנגנים בה בכל ליל שבת בר"ה ויו"ט ועוד היום מקבלים שבת בבית הכנסת הישנה בכלי זמר ונמשך המוזיקא עד חצי שעה בלילה. והמנגנים יהודים המה"[22]. ולא נבוא להכריע. מכל מקום, בעקבות ה'תיקונים' הרפורמיים והכנסת העוגב כחלק מפולחן בית הכנסת שקע נוהג זה. בצדק כתב הרב וולדינברג: "כידוע בגלל מכשולים גדולים בטלו זאת מזמן בכל מכל, ונשאר הדבר רק נחלת המשכילים והרפורמים"[23]. לכן, "כיום יש לבטל מנהג זה מכל וכל"[24].

אכן, נושא זה שימש סלע מחלוקת בתקופות שונות, אך בעיקרו הוא נושא הלכתי[25], ולכן נסתפק בכך. ולא עסקנו בנושא אלא מפני שבמקורות שהבאנו עלו רמזים לא מועטים על חלקה של הקבלה ביצירת האווירה המיוחדת.

בציבור החלה רווחת מסורת מפורטת שנבעה ממנהגי צפת הקשורים לערב שבת. הבולט בהם הוא סדר יומו של האר"י בקבלו את השבת. נפתח בשו"ע האר"י (קבלת שבת, סעיף ג): "קבלת

---

18 ראה סידור תפילה שנספח לספר שפתי ישנים, לר' שבתי משורר בס, דף כא. (על סידור זה ראה ח' ליברמן, אהל רח"ל, א, עמ' 370). עדות מעניינת ביותר מפי לא-יהודי מביא י' גולדהבר, 'לקראת שבת לכו ונלכה', קובץ בית אהרן וישראל, גל' עג (תשנ"ח), עמ' קכא-קכב. אולם מן הראוי היה לו להבליט את המשפט: "אחרי סדר קבלת שבת חוזר הקהל לבית, הנשים מדליקות נרות והאנשים לובשים בגדי שבת". כלומר, כל הטקס התבצע סמוך לפני כניסת שבת, בעוד יום, וטרם הדלקת הנרות. וראה עדויות נוספות שהביא גולדהבר, שם, עמ' קכב-קכג.

19 אלה דברי הברית, ירושלים תש"ל (ד"צ), עמ' ה.

20 וראה ח' ליברמן, 'ספר "תקוני שבת"', קרית ספר, לח (תשכ"ג), עמ' 408 הע' 10.

21 צרור הדיים, אמשטרדם תק"פ, ד ע"ד. דבריו הובאו גם בשו"ת מלמד להועיל, שם, עמ' 15. אגב, שאלת הנגינה באמצעות גוי צצה מדי פעם, ולאו דווקא בליל שבת. ראה, למשל, יום טוב ישראל, מנהגי מצרים, ירושלם תרל"ג, סעיף מא; אגרות רבי עקיבא איגר, ירושלים תשנ"ט, עמ' עז.

22 צרור הדיים, שם, א ע"ב.

23 שו"ת ציץ אליעזר, כרך יד סי' לד, ירושלים תשמ"א, עג ע"ב.

24 כך סיכם יצחק פוקס, תפילה כהלכתה, ירושלים תשמ"ט, עמ' שנו.

25 השווה כ' בניהו, 'דעת חכמי איטליה על הנגינה בעוגב בתפילה', אסופות, א (תשמ"ז), עמ' רסב-שיח; ר' ישכר תמר, עלי תמר, לברכות ח ו, גבעתיים תשל"ט, עמ' רסח-רסט. ר"י משאש, שו"ת מים חיים, סי' קמח, נדרש לשאלה והביא גם מחת"ס, ח"ו, סי' פד-צו. וכן באוצר ישראל, ערך עוגב.

שבת תצא לשדה בסוד חקל תפוחין קדישין ... וצריך להיות מעומד ופניו למערב. וטוב אם הוא מקום גבוה. וצריך להיות נקי מאחוריו ארבע ומלפניו מלא עיניו, ויאמר כל הסדר ועיניו סגורים עד ה׳ לאורך ימים ואז יפתח עיניו". וכך בסגנון קרוב ובתוספת קלה במשפט הראשון, הפותח את שער קבלת שבת, בספר פרי עץ חיים (קארעץ תקמ"ב, פא ע"ג): "יעלה על הר גבוה אם איפשר, וצריך להיות נקי מאחוריו ד׳ אמות למזרח ולפניו למערב כמלא עיניו ויאמר כל הסדר בעינים סגורות". יצוין כי הקריאה לעצום את העינים אינה עניין להתעלות רוחנית ולהתרוממות נפשית בלבד[26], אלא יש בכך משום שיתוף והזדהות עם השכינה שאת פניה מקבלים עתה שהיא, לפי הזוהר, כלה יפה שעיניה עצומות מרוב בכי. כלומר, קבלת שבת במובן של קבלת פנים נתייחדה כלפי השכינה שקיבלה משמעות מוחשית, כביכול. אך לא הזדהות עם השכינה בלבד, אלא בד בבד מתרחשת גם חוויה של יראת הרוממות מפני מלך. לא מקרה הוא שבשעה"כ, סד ע"ג, כתוב: "תסגור עיניך ותשים ידך השמאלית על החזה ויד ימינך על גבי שמאל, ותכוין באימה וביראה כעומד לפני המלך לקבל תוס׳ קדושת שבת". יושם לב שבקטעים אלה אין מדובר על שמחה, אולי משום שכאן משתקפת ׳קבלת שבת׳ במלוא משמעותה, כלומר חוויה של התרוממות נפשית המציבה את האדם מצד אחד כמזדהה עם השכינה, ומצד אחר הוא שרוי בריחוק מסוים, בדיסטנץ, מפני המלך. מתח דיאלקטי זה יש בו עומק שאינו יכול להתבטא במונחים של שמחה.

אף ר׳ יוסף חיים עטה זאת במעטה של סוד, עם שהלך לקראת אפשרות אחרת: "ודע שסגירת העינים בעת קבלת שבת הוא צורך גדול ויש בזה סוד. לכן צריך ליזהר בזה. ורק אותם בני אדם שמוכרחים לומר קב"ש [=קבלת שבת] מתוך סידור תפילה הם מוכרחים לפתוח עיניהם לראות בספר שבידם, ואין למחות בידם" (בן איש חי, שנה ב, פר׳ וירא אות ב).

פרט נוסף הועלה בהשפעת מנהג האר"י: " כל סדר קבלת שבת עד ה׳ לאורך ימים יהיה פניו למערב"[27].

יתר על כן, האווירה המיוחדת ששרה בצפת נתנה אותותיה בהערכתו של ר׳ אברהם הלוי, תקוני שבת, תקון ג: "וצריך להקביל פניה׳ בשמחה ובשירו׳ ותושבחו׳ ובנפש שביעה בבגדים לבנים ויכוין לקבל תוספת נפש רוח ונשמה. ויש בהקבלת פני שכינה דוגמה קצת לגאולה העתידה, שיאמר לה הב"ה לכי התנערי מעפר קומי". אולם מימוש חזון הגאולה כרוך בעקירת כוחו של סטרא אחרא מן העולם. לכן, בתיקונים רבים (למשל, קבלת שבת, ליוורנו תקפ"ח, יד ע"ב. המקור לכך הוא בחמדת ימים, מ ע"ד) נמצאת תפילה לפני קבלת שבת, ואצטט כאן מתוך הנוסח של תקון שבת, ליוורנו תקס"א ("ע"פ מהר"ש סרעאבי"): "וטרם קבלת שבת יכנס בכי טוב[28] ויאמר תפילה זו. לייחדא שמא דקב"ה וכו׳ הנני בא לומר מזמורי קבלת שבת מלכתא להאדיר ולהעלו׳ עולמות עליונים למעלה ... וכל החוחים והקוצים הסובבים את השושנה העליונה תעקר ותשבר ותכלם ותצמיתם לחבר את האהל להיות אחד אשת נעורי׳ עם

---

26 כדברי כהן, מקורות, עמ׳ 91. מעין זה הם דבריו, בהקשר אחר, של ר׳ אליהו די-וידאש: "כל דבר הנכנס דרך הראות הוא גשמי, ולכן צריך אדם לסתום עיניו בשעת התפלה כי בהיותו מסלק עיניו מהגשמים יחשוב ברוחניים" (ראשית חכמה, שער הקדושה, פרק ח, קסא ע"ג). ראוי להעלות כאן גם את הסברו היפה של ר׳ אלעזר אזכרי, מילי דשמיא, עמ׳ 117: "טעם לסתימת העינים בעת התפלה, כלומר כאילו נפטר מהעולם והוא לפני המלך" (אותה לשון גם בספר חרדים, פרק דברי כבושין, ויניציאה שס"א, סח ע"א). אך שם מדובר בתפילה בכלל.

27 השווה ר׳ חיים פלאג׳י, כף החיים, סי׳ כח ס"ק ד.

28 לפי רש"י, בבא קמא ס ע"ב, פירושו של ביטוי זה הוא: באור יום.

דודה" וכו' (ב ע"א-ע"ב). שוב, 'קבלת שבת' מתבטאת מינה-ובה בזמירות, והזמירות בקבלה מעלות גם קונוטציה של 'זמיר עריצים', של עקירת קוצים והסרת מכשולים בדרך להכתרת המלכה ולהתייחדותה עם המלך.

ונסיים במה שפתחנו. השפעת הקבלה על המנהג הציבורי עוררה שאלות הלכתיות שונות. ולענייננו, מאחר שחדר המנהג לומר מזמורי תהלים ולכה דודי בקבלת שבת[29], מובא בהלכה: "וכתב בספר דרך חכמה דה"ה [=דהוא הדין] במקומות שנוהגין לומר לכה דודי ומסיימין בואי כלה הוי קבלת שבת ממש"[30], ומאותה שעה ואילך כבר חלה קדושת שבת, ואסורים בעשיית מלאכה. כלומר, קיום המנהג החדש באמצעות אמירת מזמורי תהלים ופזמון חדש, יש בו כדי ליצור הארכת זמן של חלות קדושת השבת, שיש לה השלכה ברורה הלכה למעשה, שכן מקדימים ומוסיפים מחול על הקודש ומקבלים בכך את השבת. "החמרה" זו נראית כדבר מובן מאליו, עם שמקורה נובע ממנהג קבלי[31]. כאמור, אורח חיים נורמטיבי יונק השראתו ממעייני הקבלה.

מא. היציאה לשדה

בסעיף זה מבקשים אנו להתמקד במשמעות הלוריאנית האמורה של קבלת שבת, דהיינו, היציאה לקבל פני שבת. כזכור, בתלמוד (שבת קיט ע"א; בבא קמא לב ע"ב) מסופר על חכמים שהתעטפו בבגדי שבת נאים והכינו עצמם לקבלת פני המלכה, באומרם: "בואו ונצא לקראת שבת מלכתא". בלקוטים ממדרש השכם[32] מוסבר: "השבת דומה לכלה ... ולפיכך חכמים וחסידים הראשונים קוראים לשבת כלה, ורמז לדבר מתפלות השבת. תפלת ליל השבת, אתה קדשת, כנגד הקדושין שמקדש בהן החתן לכלה. תפלת שחרית, ישמח משה, כנגד שמחת החתן עם הכלה. תפלת מוסף ... כנגד סעודת החתן. תפלת מנחה, אתה אחד, כנגד בעילת מצוה שמתייחד החתן עם הכלה. ערבית של מוצאי שבת ... כנגד החתן שחייב לפרש מן הכלה מיד אחר בעילת מצוה". השבת מזדהה אפוא עם מלכה-כלה. ברם, אין אתה שומע מכאן על יציאה פיזית למקום מסוים. אמנם אפשר להסיק על קיום טקס חגיגי במסגרת פנימית כלשהי, כפי העולה מקריאה בספר קבלי מן המאה הי"ד: "ואחר שילבש רוחץ פניו ידיו ורגליו ... ואח"כ מתעטף בטליתו וקורא לחביריו לאשתו וביתו בואו ונצא לקראת כלה, שבת מלכתא"[33].

מן העדויות הרשומות לפי תומן בהנהגות חכמי צפת משתמע שמנהג קבלת שבת בשדה, ואף

---

29 כהן, מקורות, עמ' 106, מנה מספר גורמים להתקבלות המנהג.

30 משנה ברורה, סוף סי' רסא. וכבר לפניו צוטט בקצור של"ה, נז ע"ב. וראה ציץ אליעזר, חי"ג, סי' מב. ראה גם מהר"ם בן חביב, שו"ת קול גדול, ירושלים תרס"ז, סי' לט; בן איש חי, שנה ב, פר' וירא, אות ה.

31 אגב, בשבת שהיא גם יו"ט, או חוה"מ, נוהגים לקצר. ראה דרכי יואל, עמ' סט-ע.

32 נדפסו ב-*HUCA*, כרך 4, 1927, עמ' 327-328.

33 ספר הקנה, דיני שבת וקבלת שבת, סה ע"א-ע"ב. אגב, תשובות שונות ניתנו לשאלה, למי קראו רבי חנינא ודומיו לצאת. לפי רמב"ם (פ"ל הל"ב) – לתלמידיהם; וכן לפי ר' דוד כוכבי, ספר הבתים על הרמב"ם, תשל"ח, עמ' רמח – "מקבצים לתלמידיהם"; לפי סדר היום (כב ע"ב) – "חבר או תלמיד"; על קרואים נוספים כתוב בבן יהוידע (לב"ק לב ע"ב): "נ"ל בס"ד שהיה דרכו לקבץ עמו בני אדם דרך הילוכו כשהיה הולך לקבל שבת, הן כדי לזכות את אחרים והן כדי שיהיו עמו עשרה". [השווה לקמן, הע' 671, 680] אביא כאן קטע יפה מתוך תקוני שבת, אמשטרדם ת"ס, יג ע"ב: "ויאמרו [חכמי התלמוד] איש לרעהו דודי נצא השדה לקראת שבת מלכתא, ויודה לאל אשר נתנה ויפתח פיו לשורר בקול נעים בשבח ותהלה בשיר וזמר לאל מציל ושומר".

בבגדי לבן ובשירה, היה נהוג שם עוד טרם בוא האר״י[34]. למשל, ״כמה כתות **יוצאים** ע״ש מבעוד יום לבושים לבנים ומקבלים פני שבת וקורין מזמור הבו לה׳ בני אלים ופזמון לכה דודי ומזמור שיר ליום השבת ואומ׳ בואי כלה״[35]. ועם התיאור המפורט אין הגדרה סוציולוגית של ״הכתות״ היוצאות. גם סמוך לאחר מכן, בחיבורים שונים מדובר על יציאה להקביל פני השבת. אף חלומו של ר׳ חיים ויטאל, בליל שבת ח׳ בטבת שכ״ו, על הזקן ששאלהו: ״תרצה לצאת לשדה עמי ללוות את שבת מלכתא ביציאתה כדרך שאתה נוהג להקביל פניה בכניסתה?״[36] — מעיד כמאה עדים על קיום המנהג לפני עליית האר״י לצפת. וכנראה גם אז כבר שר ר׳ שלמה אלקבץ: ״לקראת שבת לכו ונלכה״.

יש לציין שאפילו תלמידו של הרמ״ק, ר׳ אליהו די-וידאש, מזכיר רק את היציאה לשדה, והוא מסתמך על רע״מ ותקוני זוהר: ״אחר כך ילך לקבל פני שבתא מלכתא לשדה כדפירשו בר״מ פרשת עקב [ח״ג רעב ע״ב], ויאמר בואי כלה בואי כלה כדפירשו בתיקונים, תקון כד״[37].

אולם לא חלפו שנות דור, ועניין זה נכרך בשמו של האר״י. כך מעיד ר׳ אפרים יאווראבר בקראקא: ״שמעתי שקצת פרושים שבא״י עושים כך. והוגד לי בשם אבי הקבלה מוהר״י אשכנזי נ״ע, שבכל ע״ש יצא מחוץ לעיר שעה אחת קודם שבת כדרך עולם באם בא אדם לאכסניא נאהב לו מאוד, כי לא ראהו בזמן רב, בודאי יוצא לקראתו ומקבלו באהבה״[38]. ובאמת, רבות מסופר על האר״י וגוריו שיצאו לשדה לאחר חצות היום לקבל פיזית, כביכול, את פני המלכה, ספירת המלכות. גם בספר חמדת ימים, מ ע״ג, מספר: ״ורבינו הקדוש האר״י ז״ל דקדק מלשון בואו ונצא דמשמע שהיו יוצאים החוצה אל השדה ... וכן היה מנהגו של הרב מידי ערב שבת בשבתו היה הוא ותלמידיו יוצאים לשוח בשדה לקראת שבת מלכתא״. אף סיפורים שונים קשורים בתופעה זו, כגון הסיפור על התלמידים שהחמיצו את שעת הגאולה[39]. אף הסידור הספרדי הראשון שמזכיר את קבלת שבת (ונציה שמ״ד) כותב: ״ הולכין לקראת שבת בשמחה ובטוב לבב״.

שונה היא עדותו של ר״א גאלנטי, לפיה יש שיצאו לעזרת בית הכנסת בלבד. ״כל ע״ש יוצאים לשדה או לעזרת ב״ה ומקבלים שבת כלם מלובשים בבגדי שבת ואומרים מזמור הבו לה׳ בני אלים ופזמון של שבת ואח״כ מזמור שיר ליום השבת״[40]. נגד עמדה זו יצא רח״ו

---

34 ראה בניהו, תולדות, עמ׳ 328-329 הע׳ 5. על קבלת שבת ויציאה לשדה ראה גם כהן, מקורות, עמ׳ 87-91. אולי מותר לשער, שהמנהג הפומבי לצאת מן הבית למטרת התעלות רוחנית נועד כנגד המנהג המקובל באותו זמן לעסוק אותה שעה בתענוגות גשמיים, כפי שמעיד ר׳ עובדיה מברטנורה בשנת רמ״ח על מראה עיניו ״בכל ארץ ישמעאל״. ראה יערי, אגרות, עמ׳ 115 ; י׳ גולדהבר, בקובץ בית אהרן וישראל, סד (תשנ״ו), עמ׳ קכז הע׳ 12.

35 הנהגות רבי אברהם הלוי, שכטר, עמ׳ 298 סעיף ז. וכן בתקוני שבת לרבי אברהם הלוי.

36 ספר החזיונות, עמ׳ מב.

37 תוצאות חיים, כא ע״ב. אמנם מתבקשת השאלה, כיצד סטה די-וידאש מדרכו של רבו, הרמ״ק, שהתנגד ליציאה לשדה? נראה שהוא הכריע לטובת דרכו של רבו השני, אלקבץ, אך חבל שלא הוסיף הסבר.

38 בכושרות, ז ע״ב. וראה גם אלבוים, פתיחות, עמ׳ 373. והשווה תקון שבת מלכתא, דפו״ר [דף 4א]: ״וכמו שדרך העולם שאם בא לו אכסניא נאהב לו מאד כי לא ראהו זמן רב בודאי יצא לקראתו ומקבלו באהבה. וכן כדרך שנוהגים לילך לקראת חתן וכלה, ומכ״ש שהולכים לקראת פני מלך ב״ו להקבילו, על אחת כמה וכמה שראוי לילך לקראת שבת מלכתא מטרוניתא קדישא להזדוג עם בעלה תפארת ישראל״. הלשון הדומה מאוד מעוררת תמיהה, וקשה לדעת מי שימש מקור למי. התקון נדפס בערך בשע״ג, ובכושרות נדפס כבר בשס״ח, ושניהם בקראקא. וייתכן שהיה קשר חי בין המחברים. מסורת על המקום המדויק בו עמד האר״י נמצאת בתעודה בארכיון בירושלים, והובאה אצל אהרן ארנד, משנָה, עמ׳ 50.

39 ראה, למשל, חמדת ימים, מ ע״א. ובארחות צדיקים, פג ע״ב, נמצא תיאור שהוא ״קיצור ס׳ [=סדר] קבלת שבת״. השווה בניהו, תולדות, עמ׳ 169. ראה גם ד׳ שמעונוביץ, ספר האידיליות, הבלדה קבלת שבת, תל-אביב תש״ד, עמ׳ קסה-קע ; ש׳ שנהוד, ׳לכו נרננה׳, מעריב, כ בניסן תשל״ב, 4.4.72.

40 שכטר, הנהגות, עמ׳ 295, סעיף ט.

בשעה״כ (סד ע״א): ״כי אם הוא כסברת קצת **קלי עולם** החושבים כי די בקבלת שבת תוך חצירו של אדם, לא היו אומ׳ בואו ונצא. כנראה כי היו תוך העיר והיו מתחברים לצאת השדה לקראת שבת, אורח הנכבד״. ועוד, שהרי חז״ל פטרו את הרץ בערב שבת מתשלום נזקים כי היה זה לצורך מצוה, משמע שהריצה היתה אל חוץ לד׳ אמותיו.

אולם דווקא מלשון שער הכונות אפשר להוכיח שלא הכל יצאו לשדה, שכן כך כתוב בו: ״ענין ליל שבת בעצמו ... אחר שעשית כל הסדר הנז׳ תלך לב״ה, ובעוד **שהעם אומרים** מזמור שיר ליום השבת, או קודם שיאמרו הקדיש שקודם ערבית, אז תכוין בתוס׳ שבת יותר מעולה״ (סח ע״ב). הרי אין ספק שכל ״העם״ התפלל בסדר שלו ולא יצא לשדה.

והנה, לבד מן ההתנגדות העקרונית של רמ״ק, שבה נעסוק בהמשך, נמצא גם סמוך לאחר האר״י מגוון של אפשרויות. בסידור תמונות תחינות תפילות, מנהג ספרד, ונציה שמ״ד, דף קח (ובמהדורה מאוחרת, אמשטרדם תי״ג, צא ע״א), כתוב: ״יש מהם שהולכים לבתי כנסיות ויש מהם שהולכים מחוץ לעיר, כ״א [=כל אחד] כפי הכנת מקומו״. שנים אחדות לאחר מכן כותב בצפת ר׳ משה בן מכיר, בסדר היום, כב ע״ב: ״וכשיוצא לקבל שבת אם יש עמו חבר או תלמיד שיצא עמו שיהיו ב׳ או ג׳ הוא טוב ויפה, וברב עם הדרת מלך[41] ... וחכמים הראשוני׳ היו אומרים זה לזה או לתלמידים באו ונצא לקראת כלה ... היו יוצאים למקום אחר ... נגד ביתם, למקום אויר, אל הגן או אל החצר מקום פנוי וראוי להקבלה, אבל לא שיחויב לצאת חוץ לעיר. והכל לפי האדם ולפי המקו׳״. הנוסח במשפט האחרון מצביע על התנגדות לדרישה הדווקנית הרואה בקריאה ״בואו ונצא״ פשוטה כמשמעה כמכוונת אל מחוץ לעיר. יחד עם זאת, מן המובאה עולה מגוון אפשרויות שכולן ראויות הן[42].

אולם מעניינת עדותו של ר׳ שלומיל מדרעזניץ, סמוך מאוד לאחר ר׳ משה בן מכיר: ״אחר תפלת מנחה בערב שבת יוצאין כל הקהל לתוך העזרה ומקבלין את השבת״[43]. יש לראות חשיבות רבה בעדות זו, שכן היא משקפת את המצב בפועל דור אחד לאחר פטירת האר״י. אמנם אין צריך לראות בה השתקפות מלאה ומוסמכת של המתרחש. מכל מקום, עדות זו אינה מדברת על אפשרות של יציאה ממש לשדה. מתברר אפוא שצפת לא נהגה באופן אחיד, וריבוי הקהלים בה נתן אותותיו, כידוע, בתחומים שונים. מכל מקום, ידוע על תקנה, שנתקיימה גם מאוחר יותר לאורך שנים לא מעטות, להתפלל מנחה של ערב שבת בבית-כנסת גריגוס שמצפון לעיר, מקום בו נהג האר״י לקבל שבת[44].

גיוון זה אינו אופייני דווקא לצפת. כיוצא בדבר מצינו בתקון שבת מלכתא, דפו״ר [דף 4א]: ״ויש כיתות מחולפות, יש נוהגים שהולכים לחוץ לעיר כמו שהיו נוהגים בזמן הראשונים, בזמן התנאי׳ והאמוראים, וכמו שנוהגי׳ עוד היום בארץ הקדושה בא״י שהולכים בעם רב חוץ לעיר לקראת שבת מלכתא וזהו סוד חק״ל תפוחים שהשכינה נק[ראת] חקל תפוחים ונק׳ שדה

---

41 דיון הלכתי-דרשני המסתפק אפילו בב׳ או ג׳ נמצא בספר בשבילי המנהג, ח״ג, עמ׳ יט-כ. אולם ר׳ יעקב חאגיז, שו״ת הלכות קטנות, ח״א סי׳ נב, כותב: ״וראיתי בתקונים [כוונתו, כנראה, לתכ״ד, סט ע״א] שמצריך עשרה לקבלת שבת״, והוא ממשיך: ״וטוב הדבר אם אפשר, וגם מצאתי סמך, שאומרים באי כלה וברכת חתנים בעשרה, ואז״ל [=ואמרו זכרונם לברכה] כנסת ישראל יהיה בן זוגך״. רעיון השבת כנישואי הזוג העליון מובע אפוא בפנים שונות. וכן ראה לקמן ליד הפניה 680 מתוך ״זמירות ותושבחות״, וגם בבן יהוידע (ראה לעיל, הע׳ 663) כותב: ״כדי שיהיו עמו עשרה״.

42 דיון על כך לאחרונה בספר האר״י וגוריו לרי״מ הלל, ירושלים תשנ״ב, עמ׳ קצ-קצא; הנ״ל, עמודי הוראה, עמ׳ מו.

43 ראה ש׳ אסף, קבץ על יד, ג(יג), ת״ש, עמ׳ קכז.

44 ראה אדבת ציון, חמוש״ד, עמ׳ לב.

וכל א׳ וא׳ כפי הכנתו ... ויש מן הכיתות שאין להם הכנה מכח סיבו[ת] חיצונו׳ מהגלות ופחד וכדומ׳, ואין לאל ידם לצאת החוצה, אז הולכים לבתי כנסיות ובתי מדרשות ומקבלים שם שבת מלכתא ... והשם יתעלה שמו ברחמיו ... מקבל כולם כאחד״. גם כאן, כמו אצל ר׳ משה בן מכיר, נושבת רוח ״סלחנית״, והקב״ה מקבל את מעשה כולם. שוב, במאה הי״ז כותב רבי חיים בנבנשתי: ״ראיתי המנהג בקושטנדינ״א יע״א לצאת אל העזרה, מקום פנוי ומגולה. **ובקצת מקומות** ראיתי שאינן יוצאין מבית הכנסת להכנסת כלה, אלא מקבלין אותה במקומן תוך בית הכנסת. וכן היה מנהג תירי״א מקדמת דנא. ותכף בואי לכאן [=לתירי״א] ערערתי על המנהג והנהגתי לצאת אל חצר העזרה ... ושמעתי מהחכם השל[ם] גיסי ... שראה לרבו הרב [אברהם מונסון] ... כשהיה בכפר ג׳ינגיל קייואי, היה יוצא חוץ לכפר על פני השדה הרחק כמטחוי קשת״ וכו׳[45]. בשו״ת קול גדול, סי׳ לט, שוב נשאל מהר״ם ן׳ חביב בהקשר לכך ש״נוהגים עתה להתאסף ולצאת לקראת שבת״. משמע, אין מנהג של קבע, ונהרא נהרא ופשטיה. המעניין הוא שאפילו בספר הלכי מובהק, שמושפע רבות מן האר״י, מגן אברהם, סי׳ רסב ס״ק ג, כותב ש״טוב לצאת לשדה, ובקצת מקומות נוהגין לצאת מבה״כ לחצר ואומרים באו ונצא וכו׳״.

אכן, מחברים שונים העמידו על קשיים צפויים, כגון שבעיר גדולה אי אפשר לצאת אל מחוץ לעיר בערב שבת; שלזקנים יקשה לצאת לשדות לטפס בהרים; וכי בבית כנסת המכיל מתפללים רבים לא נוח יהיה שכל הקהל יצא אחר מנחה אל השדה, ויחזור אחר כך לערבית.

גדולה מזו, מקובלי בית המדרש בית אל בירושלים אף הם לא יצאו לשדה, אלא השקיפו מחלונות מדרשם אל הר הזיתים. כך עולה מקונטרס אור החשמ״ל [=ר׳ חיים שמואל הלוי] (מ ע״א), המביא שאלה מדוע אינם יוצאים, ולפחות לחצר בית הכנסת כמנהג בני אישקופייא ההולכים אחר חמדת ימים. בספר קנין פירות, מאת ר׳ ידידיה רפאל אבואלעפייא (ירושלים תשמ״ח, עמ׳ קלג), השיב שאי אפשר לצאת לשדה משום שהיו צריכים לעבור דרך ארוכה והעוברים ושבים מבלבלים. ובכלל, ״מה ענין עזרה לשדה״. עוד התייחס לכך אחד ממקובלי ירושלים באמצע המאה הי״ט: ״לא נהגו פעה״ק ירוש׳ ת״ו ובפרט פה קהלתינו ק״ק בית אל יכב״ץ לצאת חוץ לעיר להיותינו בגלות משום פחד הגוים. ומקום האר״י ז״ל היה בצפת ת״ו, וכן כל בעלי התלמוד לא היו יושבים בעיר מוקפת חומה כירושלם, ולזה היה קל הדבר להם לצאת לשדה״[46].

דברי סדר היום שהזכרנו לפני כן זכו לתשומת לב רבה, וכבר סמוך לאחר הופעתם בדפוס מוצאים אנו באחד מכתבי-היד: ״מחוייב כל בר ישראל להתקבל עליו השבת הנקרא כלה מלכתא כדתנינן במסכת שבת ר׳ ינאי הוה מתעטף וקאי ואמר בואי כלה בואי ומר אמר בואי כלה משמע שהיו הולכים בימי חכמי התלמוד על השדה או בגינה. וכן מצינו בגמרא במקום אחר שהחכמים הקדמונים היו אומרים זה לזה באו ונצא לקראת כלה מלכתא משמע גם כן משם שהיו הולכין למקום אחר ר״ל [=רוצה לומר] שהיו הולכים מביתם אל השדה או אל הגן או אל השדה, ר״ל כנגד אויר השמים שהם המקום פנוי וראוי להקבלה רק שיהיה המקום ההוא

---

45 כנסת הגדולה, או״ח סי׳ רסב. הוא מסתמך על סדר היום, וכותב שכך נהג והנהיג את בני קהילתו. דבריו הובאו גם בשלמי חגיגה, קצב ע״א; במשנה ברורה, סי׳ רסב ס״ק י.

46 ר׳ ששון בן משה, שמן ששון, ירושלם תשכ״ז, ח״ג, פד ע״ב. וראה גם אליהו סלימאן מני, זכרונות אליהו, הלכות שבת, מערכת קוף ס״ק ה; הנ״ל, מנהג ק״ק ״בית יעקב״ בחברון, עמ׳ יב אות לא.

מקום טהור, והכל לפי האדם והמקום. ומאמר גם כן באו ונצא משמע שהיו שנים שני תלמידי חכמים או שני חבירים או רב ותלמידו יחד, שיוכל להיות ביחד תבוא עליהם ברכה כי ברוב עם הדרת מלך. ואם אי אפשר שיהיה לו חבר מכל מקום יזהר הוא [1ב] בעצמו שילך לבדו ולא יבטל המצוה כדין שאר מצות ... וכן מנהיגינון [!] כשאנו הולכין לקבל השבת יאמר הבן אדם אילו המזמורים. מתחלה מזמור לדוד הבו לה׳ בני אלים, סימן כט בתהלים, לכו נרננה ... שירו לי״י ... י״י מלך ... מזמור שיר ליום השבת ... י״י מלך גאות לבש ... [2א] ואחר כך יאמר זה הפזמון שכתוב בו ז׳ פעמים בואי כלה בואי כי ז׳ פעמים בואי כלה בואי כלה עולה במספר קטן במניין שכינה. ומתפללין שלא יזוז השכינה מעלינו ומעל ישראל, ואע״פ שאין אנו כדַי, מכל מקום הוא שוכן בתוכינו. ואח״כ יבא להתפלל ערבית ... וזהו הפזמון ... בשבע חרוזות [2ב] לכה דודי לקראת כלה פני שבת נקבלה באהבה ובחיבה ... זכור ושמור ... נודה לך אלוהינו ... קדושת שבת הנחלת ... תוך ים סוף ... אתה אלוהי האלוהים ... בואי כלה [סוף פזמון]. אחר כך אומר מזמור שיר ליום השבת ואומר זה אחר כך: אתה האל עושה פלא ... לכה דודי ... ומיד אומר זו התחינה עליה ג׳ פעמים שמרמז גם כן להקביל פני שבת ויום טוב [3ב] שלום אליכם [!] מלאכי השלום בבואכם בשלום ... [והיא תפילה ארוכה, מעין ׳רבון העולמים׳, ושונה מ׳שלום עליכם׳ הרגיל]״[47]. ברם, מבחינה עובדתית קשה להסיק מסקנה מכתב-יד זה שכן ברור שדבריו הם פרפרזה לסדר היום.

עדות דומה (סמוך מאוד לפני הדפסת סדר היום) נמצא בסידור ספרדי, ונציה שנ״ח, צ ע״ב[48], ובמקבילותיו, שם קוראים אנו: ״ערב שבת מתפללים מנחה כמו בחול ... ואחר המנחה הזריזים שבישראל חסידים ואנשי מעשה נוהגים ללבוש בגדים נאים כל אחד כפי יכלתו והולכים לקראת שבת בשמחה ובטוב לבב. יש מהם שהולכים לבתי כנסיות ויש מחוץ לעיר, כל אחד כפי הכנת [במקצת סידורים: הנהגת] מקומו כאנשים ההולכים לקראת כלה [במקצת סידורים: שבת] מלכתא״. ובנוסח כמעט זהה בסידור תימני, שהוא אחת ההעתקות הקדומות מסידורו של המקובל התימני ר׳ יצחק ונה, כ״י שטרסבורג 4002[49], דף 4א, שבו כתוב: ״סדר הקבלת שבת. ערב שבת מתפללים תפלת מנחה כמו בחול ואין נופלין על פניהם. ואחר המנחה הזריזים שבישראל חסידים ואנשי מעשה נוהגים ללבוש בגדים נאים כל אחד כפי יכלתו ... יש מהם שהולכים לבתי כנסיות ויש מהם שהולכים חוץ לעיר ... ונוהגי׳ לומר זה הפיוט נאה ומשובח יסדו ובנאו החכם האלוהי כמה״ר שלמה הלוי בן אלקאביץ ז״ל בעיר צפת״ וכו׳. שוב, סידורים אלה מעתיקים איש מרעהו ואין בהם כדי להעיד חד-משמעית על הנהוג בזמנם ובמקומם הלכה למעשה. עם זאת, ברור לגמרי שהמקור הראשוני לסידורים אלה הוא ״תמונות תחינות תפלות ספרד״ (ונציה שמ״ד), שחדר בעקיפין לקהילות שונות, והוא אכן עדות חשובה.

עדות מעניינת, בת הזמן של סדר היום, נמצא בספר זמירות ותושבחות, שנ״ט, יג ע״א, בהסבר: ״׳בת שבע לקבלה׳ – שיקבל השבת הנקרא בת שבע כידוע מתוך שמחה בכלי שיר או שיקבלה בלמידת התורה וזהו אמרו עלי הגיון ... בואי כלה תאמר בחדוה זה בשיר כמבואר

---

47 כ״י אוקספורד 1195, דף 1א , אשכנז, בערך 1600. דברים אלה הם עיבוד של סדר היום, כב ע״ב-ע״ג, ונכתבו סמוך להופעתו.

48 וכן ונציה ת״ב, צא ע״א. נוסח דומה נמצא גם בראשית המאה העשרים, למשל, בסידור זכרון ירושלים.

49 לפי הקטלוג, עמ׳ 697, הועתק כנראה ב-1684.

בתלמוד במסכת בבא קמא ... ועדיין המהדרין שבארץ ישראל עושין כן בכל מעלי יומא דשבתא הולכים עשרה[50] על פני השדה לקראת כלה, וסודו ידוע ליודעי החק [!]".

מסקנה מעניינת נגלה בספר יוסף אומץ (נכתב בשנת ש"ץ), סי' תקפח-ט, שבו משבח המחבר את סדר קבלת שבת שנתקבל בפרנקפורט "מחדשים מקרוב באו", אך הוא מוסיף: "אין מנהגי לומר בקבלת שבת חרוז הראשון דלכה דודי לקראת כלה, מפני שאין אנו נוהגין לצאת ממקום למקום כדי ללכת לקראת שבת, כמו שהמנהג בארץ-ישראל לצאת לפחות לחצר בית הכנסת, וכמו שהאריך בזה בסדר היום. ומפני טעם זה אין אני אומר החרוז דלקראת שבת לכו ונלכה רק אני אומר במקומו 'לבבתני שבת מלכה', כדי למלאות הלמ"ד מחתימתו של המחבר שיר זה". והנה, באותו מקום ואולי גם באותו זמן ישב בפרנקפורט[51] המקובל ר' נפתלי בכרך, וההיסוסים ניכרים היטב בספרו עמק המלך, באומרו: כשם שיהושע הקיף את יריחו ובשבת נלכדה, "וסבובו היה להבריח הקליפות", כך ביום שישי. "ומפני שאין אנו יכולים לצאת השדה ולסבב העיר בקבלת שבת ולזמר המזמורים כראוי מפני שאנו תחת אומה הרשעה וגם בארץ טמאה, אנו משוררים המזמורים והשירות בבית הכנסת"[52]. כמאה שנה לאחריו כבר נמצא עמדות פסקניות יותר, למשל, בסדור שערי שמים, שלו ע"ב – שלז ע"א, כתוב: "חסידים הראשונים היו אומרים זה לזה, בואו ונצא לקראת שבת מלכתא וכן היה נוהג האר"י ז"ל לצאת לשדה ממש והכל לפי מה שיכוין אדם דעתו לשמים. אולם ברוב עם הדרת מלך, אנו מקבלים שבת המלכה בבה"כ בצבור".

אמנם, סמוך לפניו מספר בעל חמדת ימים (מ ע"ד) ש"רבים פה ירושלים תוב"ב מחזיקים במנהג קדמונים ויוצאים מחוץ לעיר השדה ברוב ששוני' ועושים סדר קבלת שבת שם". בבית-כנסת בית יעקב של ר' אליהו מני בחברון, המאה הי"ט, נהגו כדלקמן: "ומתחילין קבלת שבת רביע שעה קודם קריאת המג'ריב. ואומר: לשם יחוד וכו', בואו ונצא לקראת שבת מלכתא לחקל תפוחין קדישין. ויוצאים הקהל חוץ לבית הכנסת"[53]. גם במאה הי"ט מעיד אחד מחוקרי הנגינה בקהילות ישראל כי "עד היום נשאר המנהג הזה להקביל פני שבת בחצר בית הכנסת בדמשק וחלב"[54]. גם ר' אליהו זיתוני מעיד על 'מנהגי ק"ק לבנון', ש"קבלת שבת נאמרת בעזרה מחוץ לבית הכנסת ואומרים מזמור שיר ליום השבת ואח"כ נכנסים לביהכ"נ ואומרים במה מדליקין וחוזרין ואומרים מזמור שיר ליום השבת"[55]. אולם בסידור הקבלי של ר' אברהם טובייאנה, חסד לאברהם (חלק עולת שבת, אזמיר תקכ"ד, ח ע"א), כתוב: "ומי שאינו יכול

---

50 ראה לעיל הע' 663 (לעניין העשרה), 671.

51 כך בוודאי בצעירותו. ר' נפתלי הרבה לנדוד ותולדותיו אינן ברורות דיין. ראה י' ליבס, 'לדמותו, כתביו וקבלתו של בעל עמק המלך', מחקרי ירושלים במחשבת ישראל, יא (תשנ"ג), עמ' 101.

52 עמק המלך, ירושלים תשס"ג, תקוני שבת, עמ' 1070.

53 סלימאן מנחם מני, שיח יצחק, ירושלם תרס"ב, עמ' קסג. עיין שער הכונות (סו ע"ד). ר' אליהו מני, זכרונות אליהו, ירושלם תרצ"ו, הלכות שבת, מערכת ק אות ה, כתב: "עי' כף החיים סי' כה אות ג שכתב וז"ל כשמקבל שבת יצא לחוץ ממקום שמתפללין בו ערבית כחתן היוצא לקראת כלה. יעו"ש. ובבית אל יכב"ץ מקום הרה"ג הרש"ש זיע"א לא ראיתי שעושים זה אלא אדרבה הם נוהגים לסבב התיבה בקבלת שבת וכן פה עיה"ק חבת"ו [=חברון תבנה ותכונן] לא ראיתי שיוצאים לחוץ. ולפקד"ן [=ולפי קוצר דעתי נראה] שהיוצא לחוץ במקום שאין נוהגים יש חשש יוהרא. ויוצאים הקהל חוץ לבית הכנסת ומחזירים פניהם כנגד מערב ומתחיל החזן" מזמור כט. לדעתי, גם הכתוב אצל רמי"ל זק"ש (קונטרס 'מנהגי ארץ ישראל' שצורף בראש ספר זמנים, ירושלים תשכ"ח, פרק כט ס"ק ב) בהסתמכו על ארץ חיים (שהושלמה כתיבתו בשנת תרס"ה), סי' רסא ס"ק ד, בשם בית מנוחה: "נהגו בארץ ישראל לצאת לעזרת בית הכנסת לקבלת השבת" – יש לראותו כהודעה על העבר ("נהגו").

54 א"צ אידלזון, השלח, לז, עמ' כח, הע' ב (ע"פ כהן, מקורות, עמ' 89).

55 קובץ תורני זכור לאברהם, תש"ן, עמ' רצט.

לצאת מחמת אונס יוצא לעזרת בית הכנסת למקום אויר נקי או יעלה לגג ושם יאמרו סדר קבלת שבת". על כל פנים, רבים נוהגים עד היום לומר לפני המזמור "הבו לה' בני אלים": "בואו ונצא השדה לקראת שבת מלכתא לחקל תפוחין קדישין". כפי שנאמר: "תחלת הכל תצא לשדה ותאמר באו ונצא השדה לקראת שבת מלכתא לחקל תפוחין קדישין"[56].

ברם, יש שהביעו התנגדות עקרונית ליציאה לשדה. ראש להם הוא הרמ"ק[57], שהתנגד לכך, בעיקר, מטעם קבלי ש"חוץ" הוא סמל של כוחות הרע. מפליא מאוד שגיסו, ר' שלמה אלקבץ, ותלמידו, ר' אליהו די-וידאש, לא קיבלו דעתו. כנגדם, מן הרמ"ק הושפע, למשל, ר' ישעיה הורוויץ, אשר בסידורו שער השמים כתוב: "והנה יש רבים שדמו מכאן [מדברי ר' ינאי] שצריך לצאת החוצה השדה לקבל השבת, ותמיהא לי מלתא טובא, שהרי השבת אינו בא מדרך השדה אלא מ־רך עליון מלמעלה למטה" (קנח ע"ג). ובהמשך: "וכלל הדברים הנראה אלי, שהיוצא לחוץ לקבל שבת אינו מהחסידים אלא מן המתמיהין ... ויותר טוב לקבלו בבה"כ ולומר בא ונצא ומיד בואי כלה, לקיים דברי שניה[ם]"[58]. מכל מקום, נמצינו למדים שהתנהל ויכוח חריף מאוד, שהרי רמ"ק ור' חיים ויטל משתמשים בביטויים בלתי רגילים: קלי עולם, אינו מהחסידים, מתמיהין.

נראה כי בשל טענת הרמ"ק נמצא מפורש בסידורים שונים מעין המשפט הבא: "עוד ילך לשדה ויכוין שאין המקום ההוא מדבר מקום לקליפות אלא שדה ראוי הזריעה"

(סידור ר' שבתי, ח"ב, נב ע"ב; ולפניו בסידור הפרד"ס לר' אריה ליב עפשטיין, ירושלים תשמ"ו, עמ' ריב).

אכן, יש מקורות שגם אחרי האר"י דרשו לומר את קבלת שבת בשדה. אך לאט לאט נשתקע הדבר[59]. וכך נמצא, למשל, אצל ר' אליהו חזן, נוה שלום, נא אמון תר"צ, יח ע"א: "ופה [מצריב] המנהג לאומרו בבהכ"נ".

עם זאת יש לקבוע כי הגם שברבות הימים חדלו לצאת לשדה, הרי בשל המעמד המיוחד של קבלת שבת "לעשות דוגמה כמו שמקבל אדם גדול", כדברי באר היטב סי' רסב, יש נוהגים לעמוד במשך כל קבלת שבת (לפחות ממזמור כט ואילך).

מב. בואי כלה

בסעיף זה אנו מבקשים לייחד דיון לשתי מלים שנזכרו רבות בעמודים האחרונים. ההזמנה 'בואי כלה' נזכרת בתלמוד ומופיעה רבות בספרי קבלה. כזכור, כבר במקורות חז"ל מוצא

---

56 כנף רננים, עמ' צא, התחלת סדר קבלת שבת.

57 אור יקר, כרך יג, פר' אחרי, קה ע"א. ראה ב' זק, 'על סדור תפלה למשה', דעת, 44 (תש"ס), עמ' 80-82, המפרטת את סיבות ההתנגדות. וראה ההערה הבאה.

58 אמשטרדם תע"ז, קנט ע"ב-ע"ג. ודברים אלה מבוססים על דברי הרמ"ק, כפי שהובאו בסידור תפלה למשה, שער עשירי סי' רביעי, קצג ע"א; ומובא בצלותא דאברהם, שבת, ח"ב, ירושלים תשנ"א, עמ' מג. אגב, סידור השל"ה נערך ע"י נכדו, ר' אברהם הורוביץ, ויש בו הרבה הוספות שאינן משל השל"ה. ולכן חשוב לציין, שלא מן השל"ה היא ההג"ה, שם, בה כתוב: "אבל בקונטר' דהאר"י מצאתי וז"ל: ויצ' השדה כדי להקביל שבת ויאמר לכה דודי נצא השדה" וכו' (קנח ע"ג), אך היא מלמדת על עוצמת השפעתו של האר"י.

59 "מפני פחד הגוים והגלות, וגם מפני הטורח". וראה גם ר' יעקב הלל, עמודי הוראה, עמ' מו.

אתה את היחס אל השבת כאל אשה. כגון: בבא קמא לב ע״ב: ״בואו ונצא לקראת כלה מלכתא, ואמרי לה לקראת שבת כלה מלכתא. רבי ינאי מתעטף וקאי ואמר בואי כלה בואי כלה״; וכן: ״רבי חנינא מיעטף [לפי רש״י – בבגדים נאים] וקאי אפניא דמעלי שבתא, אמר בואו ונצא לקראת שבת המלכה. רבי ינאי לביש מאניה מעלי שבת ואמר בואי כלה בואי כלה״ (שבת קיט ע״א), ובמיוחד מופיע מוטיב זה בתיאור השגור של השבת כבת זוג של כנסת ישראל (בר״ר יא ח). גם רמב״ן (בפירושו לשמות כ ח) כתב: ״ובמדרשו של רבי נחוניא בן הקנה [=ספר הבהיר] הזכירו עוד סוד גדול בזכור ושמור, ועל הכלל תהיה הזכירה ביום והשמירה בלילה, וזה מאמר חכמים שאומרים בערב שבת בואי כלה בואי כלה ונצא לקראת שבת מלכה״. וכן בזוהר, ח״ג רעב ע״ב: ״שבתא איהי מלכתא ואיהי כלה ובגין דא הוו נפקי מארי מתניתין ע״ש לאקדמוהי לארחא, והוו אמרי באי כלה באי כלה [=שבת היא מלכה והיא כלה, ומשום כך היו יוצאים בעלי המשנה בערב שבת לקדם פניה בדרך, והיו אומרים באי כלה באי כלה]״. יתר על כן, ״ואומרים בואי כלה בואי כלה כדי להראות **שמחה** שהם נכונים למול אדוניהם״[60].

על פי המסופר בגמרא, כדלעיל, ניתנה חשיבות אצל המקובלים לומר במפורש ״בואי כלה״. על כך יכתוב, למשל, רבי אברהם הלוי, בסוף תקוני שבת: ״אם לא יאמר בואי כלה לא תבא לו נפש יתירה עד שיאמר ברוך מקדש השבת״. וכבר יותר ממאתיים שנה לפניו יצא ר׳ יצחק דמן עכו בביקורת כלפי ״עמי הארץ שאין יודעין סוד השבת על דרך האמת ואין בהם חכמה לומ׳ באי כלה באי כלה מבעוד יום עם כונת האמת״[61]. כלומר, אין זו אמירה המבטאת חוויה או נימוס בלבד, אלא יש בה ממד של עומק בקבלת שבת כבחינת קבלת עול מלכות או הקבלת פני השכינה, והיא חלק אינטגרלי מן הפעילות המאפיינת את ההכנות לשבת, ואחת מיעדיהן – קבלת הנשמה היתרה. (וראה גם בסמוך).

אולם השאלה היא: כמה פעמים יש לומר זאת? בתקוני זוהר, תכ״ד סט ע״א: ״והוו אמרי תרי זמני באי כלה״. כלומר, אמרו פעמיים בואי כלה. אכן, לרוב מדובר על שתיים (כמו במקורות התלמודיים) או על שלוש פעמים, אך גם יותר מכך. הנה, רבי אברהם הלוי כותב בסוף תקוני שבת: ״בערב שבת טוב לאמרו ג״פ ולכוין בכל פעם שם י״ה והוא שם מלאך״ וכו׳. וכן בספרים אחרים, כגון: פתורא דאבא, ירושלים תרס״ה, לג ע״ג: ״תאמר ג״פ בואי כלה״. אולם לפי שעה״כ, סו ע״א, פעמיים ראשונות אומר בקול רם, ו״באי כלה שבת מלכתא צריך לאמרה בלחש״. ובמפורט בספר כנף רננים: ״בצאתך לשדה תכוין ... ואח״כ תתחיל לומר מזמור לדוד הבו [עמ׳ צב] ... ותכוין באומרך באי כלה שני פעמים כנגד נצח והוד ואח״כ תאמר באי שבת מלכתא כנגד היסוד ... ואח״כ באי הג׳ בלחש״ (עמ׳ צה). ובהדגשה: ״אבל גורי האר״י ז״ל כתבו כפי הסוד על פי דברי הרב ז״ל דאין לומר בואי כלה רק [=אלא] ג״פ דווקא **וכל המוסיף גורע**. והב׳ פעמים ראשונים בואי כלה בואי כלה יאמר אותם בקול רם, אמנם הפעם הג׳ יאמר בלחש״[62].

---

60 ספר הרמון, עמ׳ 118.
61 מאירת עינים, עמ׳ קח.
62 שלמי חגיגה, קצב ע״ב. בהתנגדותו לתוספת (״כל המוסיף גורע״) הוא רומז לדברי חמדת ימים, המובאים בסמוך, לאחר הפניה 695.

כך גם בסידורים שהושפעו מן הקבלה, כגון ישועות ישראל (לובלין תרנ"ד[63]), קכא ע"א; סידור נזר הקודש "לפי מנהגי הספרדים ועדות המזרח" (ירושלים תדש"ן), עמ' רעט: "כשיאמר בואי כלה פעם שלישית יכוין לקבל תוספת הנפש, ויאמר אותה בלחש". כזכור, אף חיבורים אחרים מדגישים שהפעם השלישית תיאמר בלחש[64]. אולם בדרך כלל בנוסח אשכנז אומרים פעמיים (אולי בהסתמך על המהרש"א, חדושי אגדות, בבא קמא לב ע"ב).

ויש מוסיפים שב'בואי כלה' הראשון "נוהגים העולם" לצדד פנים לצד ימין, בשני – לשמאל, ובשלישי – "זקופים כלפי מערב ואומרים פעם ג' בלחש"[65]. ואילו בחמדת ימים, מב ע"ב, מודגש ומפורט: "השוח[ה] עצמו בבאי כלה גוערין בו שלא ישח' רק יטה ראשו מעט לצד דרום [=ימין] ואח"כ לצפון [=שמאל] ואח"כ למזרח ולמעלה ולמט' ואח"כ למערב. או הכל למער'". בספר המנהגים של חב"ד (ברוקלין תשכ"ז, עמ' 26) כתוב: "באמירת בואי כלה בואי כלה מנהגנו לשוח באמירת בואי כלה הא' לימין, הב' לשמאל, הג' לאמצע כשפניו למזרח".

ברם, לפי הנוסח השוטף שבדברי סדר היום אפשר למנות אמירת בואי כלה חמש פעמים. אם כי בהמשך נאמר שם (כב ע"ג): "ויש מי שאומר שז' פעמים בואי כלה עולה במ"ק [=במספר קטן] כמנין שכינה, ומתפלל שלא יזוז שכינתו מעלינו ומעל עמו ישראל ואע"פ שאין אנו כדאים, הוא שוכן בתוך עמו ישראל". ולעיל ראינו את השפעתו של סדר היום על סידור כ"י אוקספורד 1195 (אשכנז, בערך 1600). גם המהרי"ץ בעץ-חיים (תכלאל, קא ע"ב) הסתמך עליו וסיכם: "ומנהגינו לומר ז"פ". כמו כן, בסידור תפלות כל השנה כמנהג צנעא, שנכתב בירושלים תרמ"ט, וצולם, והוא נוסח בלדי, נאמר בבית האחרון כי יש לומר ז' פעמים "בואי כלה". כן גם בתכלאל שיבת ציון, שנערך בידי הרב י' קאפח, ירושלים תשי"ב. אף באשכנז תמצא את עקבות סדר היום אצל ר' יאיר בכרך, מקור חיים, ריש סימן רס: "ז"פ כלה בגימטרי' שכינה". וכן מסופר על ר' מאיר אייזנשטאט ש"נהג לומר בואי כלה ז' פעמים, ובאחרונה בואי כלה שבת מלכתא"[66]. אמנם חובה לציין את עמדתו הנוגדת של חמדת ימים, מב ע"ב: "והאומרים ז' פ' באי כלה הוא בכלל כל המוסיף גורע".

לאחרונה, "בעת אמירת 'בואי כלה' נהגו 'לרקד', בדרך הגבהת עקבי רגליהם עד פרקי האצבעות ... מנהג זה מבוסס על [המסופר בתלמוד על ר' חנינא] ... ואף על פי שכל הפיוט לכה דודי חדש הוא, בפרט בתימן, מנהג עתיק הוא לרקד בערב שבת ולומר בואי כלה"[67].

מג. מזמורי קבלת שבת

הסדר של אמירת מזמורי תהלים, ואף הפיוט לכה דודי, הקודמים לתפילת ערבית (או לבמה מדליקין ולמזמור צב – בהתאם לחילופי המנהגים) לא נתקבל במהרה. יש סידורים בהם מפורש: "מתחיל החזן בנועם ברכו", וכפי שנראה בפרוטרוט להלן (בסעיף 'והוא רחום').

---

63 אמנם לפי הכיתוב הלועזי בשער: 1927.

64 כגון דברי שלום, סעיף לג: "ואחר המזמור [כט] אומרים ב' פעמים בואי כלה בקו"ר [=בקול רם] ופעם ג' בלחש, ואומרים בקו"ר שבת מלכתא"; וכן סידור עמודי שמים, שלט ע"א; תקון תפלה, בבל תר"ל, לב ע"ב.

65 בן איש חי, שנה ב, פר' וירא, אות ב.

66 זכרון יהודה, ירושלים תשנ"ז, עמ' נב.

67 הליכות תימן, עמ' 23.

סדר קבלת שבת נדפס בפולין במסגרת "תיקוני שבת" (קראקא [שע"ג ?]), אבל נראה שהוא חדר לסידורי אשכנז ופולין רק אחרי שנת ת', ועד אז היה מצוי בכתבי-יד וב"תיקוני שבת". יושם לב, שספר ההלכה מטה משה, שנכתב בפרעמישלא (גליציה) בשנת שמ"ה, בידי אחד מתלמידי המהרש"ל, אינו מזכיר את סדר קבלת שבת. וכך, למשל, לא נדפס בסידור אשכנזי, בקראקא של"ח; גם לא ויניציאה שמ"ז; ויניציאה שנ"ה; ואפילו לא בתקוני שבת, "עם פירוש בלשון אשכנז", אמשטרדם תס"ה, שם ערבית מתחילה בברכו (נ ע"א). במיוחד מעניינת העובדה שר' יוסף קארו, שחי בצפת באותה עת, ממלא פיו מים לכל הנושא של מזמורי קבלת שבת (פרט למזמור צב, על מעמדו ההלכתי).

מתי החלו להנהיג סדר קבלת שבת באיטליה? ייתכן שבפועל נהג בהרבה קהילות באיטליה גם לפני הדפסתו, ואולי אף העתיקו מתוך כתבי-יד שעברו מיד ליד[68]. לראשונה נדפס במנטובה ת"ס. ויש לזכור את התנגדותם העקרונית של חכמי הלכה באיטליה, כגון ר' שמשון מורפורגו שהתנגד לכך נחרצות (שו"ת שמש צדקה, סי' יא, יז ע"ג).

אציין כמה פרטים על יהודי אשכנז, כפי שהעלה י"י כהן במחקרו: "היום ו כ"ז סיון שצ"א [=1631] מתחילין פה ק"ק וורמישא קבלת שבת"[69]. זהו תאריך מדויק ומעניין. גם בפרנקפורט דמיין הונהג בערך באותו זמן, שכן יוסף אומץ שנכתב בשנת ש"ץ כתוב בו: "סדר קבלת שבת שנהוגין בו פה **מחדשים מקרוב באו** הוא מנהג יפה וטוב. ומי שיאריך לו הזמן לקבלו בקהל בנעימות שיר הלא יוכל להקדים עצמו זמן קטן ללכת לבית הכנסת ולומר המזמורים והשיר בבית הכנסת ביחיד"[70]. יושם לב, יש הערכה רבה לאמירת המזמורים, אך זו אינה מושמעת בציבור אלא ביחיד. מכל מקום, מדברי נכדו עולה כי "בבה"כ הישנה" כן קיבלו שבת, ובחדשה – לא[71]. גם כחלוף כמאתיים שנה מעיד שלמה זלמן גייגר: "סדר קבלת שבת הנ"ל לא קבלו זקני פ"פ [=פרנקפורט] למנהג הקהלה [וע"כ לא נאמר לכה דודי וכו' לפני התבה כ"א על המגדל בלי עטוף טלית] רק יחידים נהגו לאמרו, וכמ"ש יוסף אומץ סי' תקפח 'סדר קבלת שבת שנהוגי' פה מחדשים מקרוב באו'"[72]. אולם בעוד שבוורמס ובפרנקפורט לא אמרו אלא יחידי סגולה, הרי בקהילות אחרות קיבלו הכל לאחר שנהגו בכך. כנראה שבתע"ח פסקו, ובמחצית המאה הי"ט הנהיג הרב מרדכי יאסטרוב לפתוח בחרוז בואי בשלום. כך נאמר: "ואין מקבלים השבת [בוירמיזא] במזמורים ובפיוט לכה דודי כנהוג במדינת אשכנז ופולין. אבל האידנא מתחיל שם תפילת מעריב של שבת בחרוז בואי בשלום"[73]. בספרי המנהג של קהילות פיורדא[74], ווירצבורג[75], ברלין[76] – אומרים קבלת שבת, אם כי בכל קהילה בנוסח ובסדר מיוחדים לה.

---

68 ראה כהן, מקורות, עמ' 84 הע' 54.

69 עבודת ישראל, עמ' XII. לפי העתקת אהרן פולד מספר מנהגים כ"י של וורמשא. ראה כהן, מקורות, עמ' 78.

70 יוסף אומץ, סי' תקפח, עמ' 125.

71 נוהג כצאן יוסף, תל-אביב תשכ"ט, עמ' קנו.

72 דברי קהלת (נכתב בתקע"ח), פפא"מ תרכ"ב, עמ' 62.

73 ישורון, חוב' 6/5, עמ' נב (ע"פ כהן, מקורות, עמ' 78 הע' 24).

74 "בשבת של כל השנה מתפללים בכניסתו מנחה ואחר קדיש תתקבל אומר החזן לכו נרננה וכו' ושאר המזמורים לכה דודי עד גמירא". ראה כהן, מקורות, עמ' 80.

75 כהן, שם. לקוטי הלוי, עמ' 6: "בערב שבת אומרים אחר מנחה לכו נרננה לכה דודי מזמור שיר ליום השבת".

76 כהן, שם, הע' 33: "אחרי תפלת מנחה הש"ץ מנגן על הבימה לכו נרננה פסוק בפסוק עם הקהל עד סוף מזמור לדוד, ק"י, לכה דודי".

בדרך כלל גרמניה היא זו שבה נתקבלה פשרה שלא יאמר החזן את מזמורי התהלים לפני העמוד אלא על המגדל (הבימה)[77]. כך מעיד ר' יוסף קאשמן בשנת תע"ח על מנהג חלק מקהילת פרנקפורט: "ואח"כ עומד החזן על הבימה ומקבל שבת"[78]. אתה מוצא גם אצל ש"י עגנון תיאור של המתרחש בגליציה: "שלמה שמיר קיבל את השבת על הבימה, ולתפילת ערבית ירד לפני התיבה ואמר ברכו וכו'. זה מנהג ישן בבית הכנסת הגדול בשבוש [=בוטשאטש], וכן בכמה קהלות עתיקות, שמקבלים את השבת על הבימה ... שכן ששת מזמורים שבקבלת שבת וכן לכה דודי אינם מן התפילה אלא מנהג אחרונים, לפיכך התקינו לאמרם על הבימה"[79]. עדות נוספת אפשר למצוא אצל רבי בצלאל מקוברין[80], הכותב: "זה מקרוב[!] נוהגים קצת קהילות כשמגיע החזן העומד על הבימה לבואי כלה הופך פניו נגד פתח בית הכנסת" (קרבן שבת, פרק יד). אכן, ר' ישראל חיים פרידמן, לקוטי המהרי"ח, יח ע"א, לא הכיר את ההשתלשלות והעלה רעיון מעניין כי המקור לכך הוא לוריאני, אשר לפיו יש לעמוד על הר גבוה, והבימה נמצאה מתאימה וכשרה למשימה זו.

עדות נוספת ללבטים של יהודי אשכנז אפשר לראות בכך שהחזן לא התעטף בטלית בקבלת שבת[81], או שילד מתחת לגיל בר-מצוה קרא את המזמורים, או שהחזן קרא מתוך כתב-יד[82]. ומעניין ש"פתרונות" אלה נתקבלו בקהילות רבות, ובלא ידיעת השתלשלות הדברים.

מד. סדר המזמורים

מנהג קדום בארץ ישראל התחיל, כנראה, את סדר תפילת ערבית במזמור צב. וכך משתמע גם מהרמב"ם. באגרת משנת רמ"ח כתב רבינו עובדיה מברטנורא ש"המנהג בכל ארץ ישמעאל ליהודים בערב שבת ... באים כולם לבית הכנסת בלבושים נקיים ומגוהצים, ומתחילים בשירות ותושבחות, ומאריכין בתפלת ערבית עד שתי שעות בלילה"[83]. לפי סגנון הדברים אין הכרח להניח ששרו דווקא מזמורי תהלים. אמנם אפשר שהמנהג לשורר מזמורי תהלים יונק השראתו מנוהג מקובל בספרד, עליו מדווח מחברו האנונימי של כף הקטורת: "המזמר אותם [את מזמורי תהלים] בערב שבת ... משבח אני גלות אשר בספרד שנוהגים ככה, וכן הם מאריכים במזמורים שהם לדוד"[84]. דא עקא, חכמים אלה לא ציינו מזמורים מסוימים. כמותם גם ר' מאיר אבן גבאי, ממגורשי ספרד, העיד באופן סתמי על המנהג "להכניסו בשירות ותשבחות כשבא, וללוותו גם כן בשירות ותשבחות כשיצא"[85]. להלן (בסעיף מזמור צב) נראה כי בספרד יש שפתחו במזמור צב. זאת ועוד, ר' משה פוריית מפראג, שביקר בארץ-ישראל בשנת ת"י, מעיד בספר מסעותיו כי אחרי מנחה אמרו החזן והקהל במה מדליקין(!), ולאחר מכן "ששת

---

77 ראה ברלינר, כתבים, עמ' 44.

78 נוהג כצאן יוסף, תל-אביב תשכ"ט, עמ' קנו. וראה מנהג ברלין (לעיל, הע' 706); מנהגי אמסטרדם, עמ' כה.

79 אורח נטה ללון, תשכ"ד, עמ' 296.

80 חי במאה הי"ז, ושימש ברבנות בקהילות סלוצק, מורביה ופשמישל.

81 ראה י' יעקבסון, נתיב בינה, ח"ב, עמ' 33, המציין כך את מנהג פרנקפורט. ראה גם יחיאל גולדהבר, 'לקראת שבת לכו ונלכה'. קובץ בית אהרן וישראל, ו (סו), תשנ"ו, עמ' צח-ק.

82 ראה כהן, מקורות, עמ' 79. וראה גם עגנון, עיר ומלואה, עמ' 40-41: 'ונוטל את הסידור של קלף שכתובים בו כל הדברים שהוסיפו החכמים האחרונים על הסידור הישן'. וכן בהמשך.

83 ראה יעדי, אגרות, עמ' 115; גולדהבר, שם (הע' 711), ניסן תשנ"ו, עמ' קכז; קימלמן, לכה דודי, עמ' 13.

84 כ"י פריס 845, דף 147ב. על מזמור כג בקטעי גניזה ראה להלן, הפניה 992.

85 תולעת יעקב, מוצאי שבת, כט ע"ד.

המזמורים של קבלת שבת", פסוק בפסוק[86].

בספרים שונים נרשמו הסברים לבחירת ששת המזמורים (צה-צט, כט או ק). רבי משה אלבאז, בסוף המאה השש-עשרה בדרום מארוקו, כותב "כי אלו המזמורים יורו על קבלת השבת ומלכות השמים שנתפשטה ליל שבת בכל העולם וכל הקליפות כלם יתטמרו ויגנזו ... כי באלו המזמורים אנו מסייעין צד הקדוש' להמליך את השכינ' על כל העול'"[87]. הסבר זה בנוי על המוטיב הידוע ששבת יורדת לעולם ומלכות ה' שולטת ואילו כוחות הרע "נעלמים" מאליהם[88]. אמירת המזמורים מסייעת לתהליך זה.

הסבר אחר מבליט יותר את הצד האקטיבי של המלחמה נגד כוחות הסט"א. למשל, "ומתחילין ואומרים אלו הששה מזמורים קודם כל [במקצת תקונים נוסף: בכוונה], וכל מזמור ומזמור כנגד יום א' מימי החול, ויכוין כי בכל מזמו' דבר יום ביומו הוא כורת ומסלק הקליפו' ששלטו וגברו באותו היום בסוד שיח שפתותינו"[89]. נוסח דומה נמצא בתקוני שבת, ויניציאה תקנ"א (וכן תקון שלמה, אמשטרדם תקע"ה): "ואח"כ ילך לבה"כ בשמחה ויקבל שבת ויאמר ו' מזמורים בשמחה כי המה שיר ושבח גדול להקב"ה. וכל מזמור כנגד יום אחד מימו' החול. ויכוין כי בכל מזמור דבר יום ביומו הוא כורת ומסלק הקליפות ששלטו וגברו באותו היום". לתפיסה זו נתכוון, כנראה, גם יעב"ץ, הכותב בסידורו בקצרה: "ו' מזמורים כנגד ו' ימי החול"[90].

חשוב לציין, שגם חמדת ימים, שהעמיד, כדלקמן, סדר מזמורים שונה, מדגיש ביותר את עניין הכנעת הקליפות. ומן העניין להזכיר כי בתפילה שנאמרת לפני קבלת שבת, נאמר בין היתר: "ליקבה"ו [=לשם יחוד קודשא בריך הוא ושכינתיה] הנה אנכי בא לומר מזמורי קבלת שבת מלכתא להאדיר ולהיגלות עולמות עליונים למעלה, ויהרמאו"א [=ויהי רצון מלפניך אלוהינו ואלוהי אבותינו] שתפן ברחמים אל קריאת מזמורים אלו לזמר עריצי' ולהכרית הקליפות ששלטו וגברו בעשיה יצירה בריאה"[91]. כיוצא בכך תמצא בתיקונים שונים שיש לומר לפני אמירת המזמורים: "לש"י [=לשם יחוד] וכו' הריני קורא בכתובים ו' מזמורים כנגד ו' ימי שבתא לבטל מעלי הקליפות של ו' ימי החול".

הסבר נוסף מבליט את הצד החיובי של ירידת הנשמה היתרה. למשל, בסידור רבי קאפיל (קול יעקב, ו ע"ב) מוסבר כי ראשי תיבות של ששת המזמורים עולים בגימטריא כמניין נפש, "כי על ידי קבלת שבת הוא מקבל תוספות נפש מקדושת שבת" (ועיין בסמוך).

הסבר אחר, שהוא יותר פשטני-דרשני, ניתן למצוא אצל ערוך השלחן, סי' רסז ס"ק ב, המנמק כי צה-צט הם מזמורים "לימות המשיח, והוא יום שכולו שבת, לכן אומרים אותו בהכנסת שבת". נראה לי שעל יסוד דברים אלה האריך במקצת אליהו מונק: "ששת מזמורים הללו הם כנגד ששת ימי החול המסתימים עם כניסת השבת. מזמורים אלה מתארים את בואה וגדלתה של מלכות שמים עלי אדמות בימי המשיח, התכלית הכללית שהיא אותו היום שכלו

---

86 ראה א' יערי, מסעות ארץ-ישראל, ירושלים תש"ו, עמ' 288.

87 היכל הקדש, ל ע"ב.

88 ראה, למשל, חלמיש, הקבלה, עמ' 552.

89 תקון שבת מלכתא, דפו"ר [דף 4ב]. וכן תקון שבת מלכתא, פראג שפ"ח, ד ע"א; קבלת שבת, ליוורנו 1828, טו ע"א. נוסח זה נמצא גם בסידורים רבים נוספים. וראה קימלמן, לכה דודי, עמ' 26-27.

90 עמודי שמים, שלז ע"א. דבריו הקצרים הועתקו רבות מאוד.

91 סידור חסד לאברהם, לר"א טובייאנה, צו ע"ב. וכן קבלת שבת, ליוורנו 1828, מ ע"ד.

שבת ומנוחה לחיי העולמים, ושיש להכינו ע"י העבודה בששת ימי המעשה"[92].

הסבר אחר מציין מתן ביטוי של שבח לקב"ה. בסדר תיקוני שבת עם פירוש מנחת יעקב (פראג [תי"א[93]]) נמצא: "לכן תקנו בעלי תקוני שבת הששה מזמורים שכולם מספרים שיר ושבח עוז ותפארת של קודשא בריך הוא. ודרך ארץ שכל מי שמקבל פני מלך בשר ודם שמספר תחלה שבחו ומעלתו ואת יקר תפארת גדולתו וק"ו בנו של ק"ו שאנחנו באי' לקבל פני השכינה באמרינו בואי ונצא לקראת כלה מלכתא שצריכין לספר תחלה השבח שנרמזו בששה המזמורים להשלים הששה ימי השבועה בתוך השבת כלה מלכתא כנגד ו' קצוות כידוע. לכן כל בעל נפש ידקד' בלב ונפש באלו המזמורים שר"ת נפש וידבק נפש היתירה שבא בשבת בשכינתא כלה מלכתא, אמן סלה". נוסח יפה זה מופיע בפרפרזה קלה גם בהקדמת סדר תיקוני שבת, דיהרן פארט תנ"ב, ב ע"ד.

באופן כללי, מסוף המאה הט"ז והלאה יש סידורים שמתחילים במזמור צה ואילך, ויש שמתחילים במזמור כט. מיעוטם מתחילים במזמור צט[94], ויש שגם כללו את מזמור ק לאחר צט כמזמור שישי. בחמדת ימים[95] הסדר הוא: כד, קמח, מה, מח, פז, קלג, קכב, כט. "ויש נוהגים לומר מזמורים אלו סי' כד ... קכו ... מה" וכו'[96]. לאחריהם הפיוט בר-יוחאי. בקצת קהילות במארוקו פותחים במזמור צה א-ז, ואח"כ מזמור כט. ולהלן נראה אפשרויות נוספות. מכל מקום, שתי המגמות הראשיות הן לפתוח במזמור כט או במזמור צה. מה אפוא מקורן?

בכתבי האר"י נמצא מפורשות כי מתחילים במזמור כט. ואילו לרמ"ק מייחסים את קביעת המזמורים צה-צט. ייתכן שהמקור לייחוס זה הוא ר' יעקב עמדן, אשר בסידורו עמודי שמים, שלז ע"א, כתב: "ופותחין בארצות הללו לכו נרננה, וגומרים ו' מזמורים כנגד ו' ימי החול צ"ה עד צ"ט וכ"ט ע"פ מהרמ"ק ז"ל היתה שומה. אמנם האר"י ז"ל, וכן אמ"ה [=אבי מורי הרב] ז"ל פתח במזמור לדוד [=כט]". מכל מקום, חכמים רבים העתיקו את דבריו[97]. למעשה, עדיין אין בידינו הוכחה חד-משמעית למנהגו של הרמ"ק באשר לששת המזמורים[98]. אדרבה,

---

92 אליהו מונק, עולם התפילות, ח"ב, ירושלים תשמ"ו, עמ' י-יא. הובא גם בסדור כונת הלב, בעריכת רונן דורון, פתח-תקוה תשס"א, עמ' 332.

93 על תאריך ההדפסה ראה ח' ליברמן, אהל רח"ל, א, עמ' 382-386; ותגובתו של י"י כהן, 'ספר "תיקוני שבת"', קרית ספר, לט (תשכ"ד) עמ' 539. לפי צדנר, בקטלוג הספרייה הבריטית: ת"ג. ואילו לפי הקטלוג של קאולי: [1641]. הפתרון לתסבוכת מצוי בשאלה "לְמה להאמין"? שכן בסוף ההקדמה מופיע התאריך (באותיות גדולות): ליושנה (=ת"א), ואילו בסוף הקולופון כתוב: תב"א (=ת"ג). ברם, שתי הסכמות מתוארכות לתי"א. לפיכך נראה לקבל תאריך זה.

94 לפי השערתי, שמא לא חפצו לקבל את כולם משום החידוש שבדבר והסתפקו באחרון. אמנם השערה זו אינה עולה בקנה אחד עם הסידורים שהמשיכו במזמור ק. אפשר שהדברים נבנו קומה על קומה בלא להתעמק, וכבר היו דברים מעולם.

95 מ ע"ד - מא ע"א, ובעקבותיו בתקוני שבת שונים, וכן בסידור חסד לאברהם (טובייאנה); סידור שפת אמת, כמנהג ק"ק ספרדים, צפת תקצ"ב. אם כי בסידור זה נדפסו אח"כ ששת מזמורי צה-ק, כט, אנא בכח וכו'. למעשה, גם חמדת ימים (כט [צ"ל: לח] ע"ג) מזכיר, כאילו בהבלעה, את "מזמורי לכו נרננה לה' וכו'".

96 שפר תקון שבת, והוא על-פי "מהר"ש סרעאבי [=הרש"ש]", ליוורנו תקס"א, ג ע"ב. וכן, למשל, בסידור בית מנוחה, יד ע"א.

97 כגון; סידור עבודת ישראל; לקוטי מהרי"ח, יז ע"ב; ערוך השלחן, סי' רסז; שער הכולל, פרק יז, אות ז; ר' ראובן מרגליות, נפש חיה, תל-אביב תשי"ד, סי' רסז. וראה גם גוטליב, מחקרים, עמ' 561.

98 וראה זלמיש, הקבלה, עמ' 319 הע' 208; קימלמן, לכה דודי, עמ' 19-20. {אגב, קימלמן, בעמ' 23 הע' 144, ציין לדברים שכתבתי בספרו של שפרבר, מנהגי, ג, עמ' רי, והתעלם ממה שכתבתי מאוחר יותר בספרי, הקבלה, עמ' 319 הע' 208. שמא תאמר, לא היה לפניו נוסח אחרון זה, אינך יכול לומר כן, שהרי הוא ציטט מתוכו בסמוך, בעמ' 21 הע' 134. ותמה אני אם משובת נעורים (שכתבתיה למעשה מתוך מיטת חוליי [ראה גם שפרבר, שם, בפתח דבר לספרו]) אינה נדחית מפני תשובת זקונים? האם מנהג חדש בא למדינה – להתכבד בקלונו, המדומה, של הזולת?}. ראוי לציין שי' גולדהבר, בקובץ בית אהרן וישראל, סד (תשנ"ו), עמ' קכט, כותב במשפט אחד כי "סדר קבלת שבת של רמ"ק הוא: בואו ונצא", מזמור כט, מזמור צב.

נראה לי שיש להתייחס ברצינות לפרט שנזכר מפורשות (והתעלם מן העין) בדבריו של ר״י עמדן שגם מזמור כט הוא על פי הרמ״ק. וראיה לדבר, שכן סידורו תפלה למשה מתחיל לפרש את מזמור כט **ולא** את המזמורים שלפניו. יתרה מזו, בראש הפירוש כתוב: ״ופותחין ראשונה במזמור הבו לה׳ בני אלים״[99]. דומה שאין לך הוכחה חותכת מזו שמזמור כט נכלל בסדר התפילה והפרשנות שלו, והוא הוא ראשון. ברם, גם עתה לא נוכל לטעון בוודאות (למרות דברי יעב״ץ) שהוא היוזם שכן ראינו שברשימות של ההנהגות של צפת מדובר על כך באופן סתמי. דבר אחד ברור, בשל הטקסיות בהנהגת האר״י שהטיל כובד משקלו על כך ובשל הפרסום של הנהגתו, זכה שנקבע על שמו[100]. זאת ועוד, תיקון שבת מלכתא, דפו״ר, שנדפס כארבעים שנה בלבד אחר פטירת הרמ״ק אינו מייחס לו מזמורים אלה אלא ל״בעלי תקוני שבת״, כפי שנראה בסמוך. מעתה יש להרהר שנית אם הרשום בהנהגות צפת[101] אינו משקף מצב שקדם לאר״י. האם אפשר להתעלם מעובדות אלה?

משמע, מזמור כט נקבע בצפת, בלא שנדע את מקורו הראשוני (כמו שיר השירים). הרמ״ק והאר״י אימצוהו. סמוך לאחריהם ולפני שנת שנ״ט (מועד הדפסתו של סדר היום מזה, והשלמתו של היכל הקדש מזה) צורפו מזמורי צה ואילך. אף באלה לא נדע בידי מי. מכל מקום, הפעם הראשונה, כמדומה, שנזכרו ששת המזמורים היא בהיכל הקדש, שנכתב בין השנים של״ה-שנ״ט, ובו כתוב (ל ע״ב): ״ויש נוהגין לקרות לכו נרננה מזמור צ״ה וצ״ו וצ״ז וצ״ח [אכן, מזמור צט אינו נזכר שם! ואולי הוא שיבוש המדפיס] ומזמור הבו לה׳ בני אלים״. אין ספק שמידע זה הגיע אליו מצפת, שהרי באותו זמן נשלחו משם למארוקו רשימות של הנהגות קבליות[102]. חבל שהמידע לא כלל (שמא לא נמסר לנו) את זהות קובעי המנהג. גם בסדר היום (כב ע״ב-ע״ג), שנדפס בשנ״ט, כתוב: ״ומנהגנו כשאנו הולכים לקבל שבת לומר אלו המזמורי׳ לכו נרננה״, וכן צו-צט, כט (ובדומה לו סידור כ״י אוקספורד 1195, שסדרו: כט, צה, צו וכו׳). משמע, סדר משולב זה כבר היה קיים בצפת לפני שנת שנ״ט, ונתפרסם תוך זמן קצר, עד כי בתקון שבת מלכתא, דפו״ר [5 ע״ב], כתוב: ״ושמעתי מי שלא יאמר ששה מזמורים אלו אז אינו מאי׳[ר] בו נפש יתירה״ (וכן תקוני שבת, אמשטרדם ת״ס, כא ע״ב, ועוד). משמע, ששת המזמורים נכרכו כאחד במקומות מרוחקים זה מזה ובסמיכות זמן.

בהקשר זה אזכיר גם את החיבורים הקטנים בעלי הכותר הזהה: ״קבלת שבת״, האחד נדפס בקראקא 1650? וחברו בפראג 1650?, בהם הסדר הוא: צה-צט, כט, לכה דודי, צב, צג. אגב, הטקסט אינו מופיע שם אלא תרגומו לאידיש, וכן נוספו הוראות שונות, וכולן כתובות אידיש. משמע שהשילוב נתקבל כבר בשלב מוקדם גם בחוגי ״עמך״. אולם בסידור שנדפס באמשטרדם ת״ד (ובדיוק כמוהו בוירונה ת״ח) מופיע בסוף הסידור, בדף קסה ע״ב: ״לכו נרננה תמצא בתהילים סימן צה״. לאחר מכן לכה דודי. בדף קסו ע״א מופיעה כותרת: ״תיקון שבת״, ולאחר לכה דודי: ״ואחר כך אומרים מזמור שיר ליום השבת, י״י מלך גאות לבש״.

---

99 וראיה נוספת לדבר: בסידור שער השמים של השל״ה, דפו״ר (אמשטרדם תע״ז), שבעניין קבלת שבת העתיק מן הרמ״ק, כידוע, כותב מפורשות: ״וצריך לעמוד בעמיד׳ ולכבודו בתקוני התפלה ועתה נכנס המזמור ראשונה וכוונתין הבו לה׳ בני אלים״ (קנט ע״ג).

100 כיוצא בכך לגבי תורות עיוניות, כמו צמצום וכדומה, כפי שהעלה המחקר בשנים האחרונות.

101 ראה לעיל, ליד הפניה 657, מתוך דברי ר׳ אברהם הלוי, וכן מדברי ר׳ אברהם גאלנטי (שכטר, הנהגות, עמ׳ 295, סעיף ט).

102 הרשימות נשלחו כבר בשנת של״ז. וראה חלמיש, הקבלה, עמ׳ 347-348, שם מובאים דברי טולידנו.

משמע שבאמצע המאה הי״ז הסדר עדיין אינו מגובש לגמרי ואינו מקובל על הכל.

כאן עלי להעמיד על תופעה מעניינת. בעוד אשר ב״תמונות תחינות תפלות ספרד״, ויניציאה שמ״א, קיא ע״ב, נמצא: ״ערבית של שבת״, הכולל: כט, במה, צב, צג, חצי קדיש וברכו, הרי סמוך לאחר מכן, בסידור (קרוע בראשו [ויניציאה שמ״ג-ד], קח ע״ב) אנו מוצאים: ״סדר קבלת שבת״: כט, לכה, צב, קדיש. ״נשלם קבלת שבת״. ומיד בסמוך שער חדש: ״שלש תפלות לשבת״: צט, ק, כט, במה, צב, צג, ״ואומר קדיש וברכו״. בסידור אחר שנדפס בונציה שמ״ד, קי ע״א, כתוב: ״נשלם קבלת שבת״, ואח״כ מתחיל שער חדש: ״שלש תפלות לשבת״, ובדף קיא ע״ב כתוב: ״ליל שבת מתחיל שליח צבור י״י מלך ירגזו עמים ומזמור לתודה ומזמור לדוד הבו לה׳ בני אלים ואחר כך אומר במה מדליקין״. אולם בדף קיב ע״א נדפסו רק מזמור י״י מלך, מזמור לתודה, במה מדליקין (בלא מזמור כט). כיוצא בכך, בהבדלים קלילים, ב״סדור תמונות תחנות תפלות ספרד״, ויניציאה שנ״ח, צ ע״ב; שם שפ״ד, צב ע״ב. בדומה לכך, בסידור ספרדי, ונציה ת״ב, ולאחריו אמשטירדם תכ״א; וכן ״סדר תפלות תחנונים ופזמונים ... כמנהג ק״ק ספרד״, אמשטרדם תי״ג, מופיע במסגרת ״סדר קבלת שבת״: כט, לכה דודי, צב, קדיש, ״נשלם קבלת שבת״ (צב ע״ב). ואז מתחיל ״ערבית של שבת״, הכולל: צט, ק, במה, צב, צג, ברכו (ללא והוא רחום). סדר כפול זה, ובאותה מתכונת (פרט לכתיב: לך דודי), מופיע גם בכ״י בהמ״ל בניו-יורק 4525, בסידור שמוצאו מבוכרה, במאה הט״ז, ככל הנראה. אפשר לשער שכפילות זו מצביעה על מבוכה כלשהי באשר לסיגול הישן והחדש, וגם אם נענים לחדש משום שגדולי מקובלי צפת, כמו הרמ״ק והאר״י, קשורים בכך, הרי עדיין חסרה הסמכות שתורה את הדרך לרבים. לפי שעה, בשנים הסמוכות למקובלי צפת קיימים מעין גישושים.

מכל מקום, על השפעה קדומה של המנהג לקרוא ממזמור צה ואילך, אפשר ללמוד גם מכך שאחד הבתים בפיוטו המפורסם של ר׳ מרדכי דאטו[103] מתחיל: ״נלכה נא נרננה שבת לנפשנו עדנה״.

והנה, כבר במקורות שנזכרו נמצא שמשלבים גם מנהגו של האר״י שפתח במזמור כט, וקוראים אותו לאחר מזמורי צה ואילך. למעשה, הסדר המשולב הזה הוא המקובל לרוב כיום, ובוודאי נלקח מסדר היום, שהיה מוכר היטב, או מתקוני שבת, קראקא דפו״ר, או מכח כוחם, שהעתקות מהם נפוצו בסידורים הרבה או בתקוני שבת מיוחדים[104]. המעניין הוא ש״תקוני שבת״ אלה, שלכאורה נקבעו על פי האר״י, אף הם מביאים את מזמורי צה-צט. המאחדים לא שמו לב לכותרת, שמקורה בעצם בכתבי האר״י, ועדיין תמצא את הנוסח הבא לפני מזמור כט: ״ואח״כ יתחיל [!] זה המזמור״[105].

מן הראוי להזכיר גם את סידורו של רבי יצחק ונה, שבנוסח קצת מאוחר, משנת שצ״ז, כ״י מכון בן-צבי 1219, דף 124א[106], מופיע הסדר: צה-צט, כט, אנא בכח, לכה דודי, פסוקי יעק״ב

---

103 ראה להלן בסעיף שבת בת כבבת.

104 כמו: תקוני שבת: אמשטרדם ת״ז, שם תס״ה. סידורים: מנהג פולין, שם תמ״א (הכולל את: צה-צט, אנא בכח, לכה דודי, בר יוחאי, צב, צג), שם תס״ח, שם תע״ז, פרנקפורט תמ״ז, ברלין ת״ס, וכיוצא באלו.

105 שפר תקוני שבת מלכתא, ליוורנו תקנ״ד. ורבים כמוהו.

106 לפי י׳ טובי (עמ׳ 85): ״ונראה שכל הסידור אינו אלא אחת ההעתקות הראשונות שהעתיק ר׳ יצחק ונה ... ככל הנראה ההעתקה הקדומה ביותר של תכלאל פעמון זהב הידועה לנו״. וראה חלמיש, הקבלה, עמ׳ 211.

משיר השירים [=ישקני, עורי צפון, קול דודי, באתי לגני], בר יוחאי. וכן בסידור תימני אחר, מן המאה הי"ח, כ"י ליהמן 156 (=ס' 24498): "נהגו להקביל פני שבת בנוסח זה ומתחילין בזה המזמור", כלומר צה, וההמשך כנ"ל. וכמוהו בכ"י ליהמן 157 (=ס' 24499), ממאה י"ח-י"ט; מעין זה בסידור בכ"י גינצבורג 1527, מאה י"ח, מנהג צנעא; כ"י מנצ'סטר-גסטר 2021 (=ס' 16064), תימן 1814: צה-צט, כט, אנא, אנקת"ם, לכה דודי, בר יוחאי (95ב — 96א). במה מדליקין.

מעניין לשים לב למנהג תימני מסוים, שיש בו מעין פשרה: חמשת המזמורים, החל במזמור צה, אומרים לפני תפילת המנחה, ומזמור כט אומרים לאחר תפילת המנחה. כלומר, נוצרת הפרדה מעניינת בין שני המנהגים[107].

נעבור לצפון אפריקה: בסידור בכ"י הספרייה הבריטית 702, אלג'יר מאה י"ז, דף 50א, במסגרת "תפלת ערב פסח" מתחיל מזמור קז [שהוא "שיר של יום"], צה-צט, כט, קדיש, "פיוט" לכה דודי, פסוקי יעק"ב, "פזמון" בר יוחאי, צב, צג. בסידור אהבת הקדמונים, שהוא נוסח פאס, ירושלים תרמ"ט, הסדר הוא: במה, צה-ק, כט, לכה דודי, צב. אמנם הסידור, בעריכת ר' רפאל אהרן בן שמעון, מתיימר לשמר ולייצג את מנהגי פאס הקדמונים, אך במקרה זה, כמדומה, אין פני הדברים כך. שכן בכ"י ירושלים 5353°8, שהוא מחזור מארוקאי משנת ש"ס, אין מאומה לפני "ברכו". אמנם צריך לציין, שבכ"י ליידן 94 ("מחזור למנהג התושבים כאן פאס", מאה ט"ז), נאמר כי החזן פותח במזמור צב ואח"כ יעלה ויאמר ברכו. ואילו בסידור קדום אחר מפאס, כ"י ירושלים אוסף יהודה 180, דף 252ב, מתחיל "קבלת שבת" במזמור כט, ולאחריו צב וְצג בלבד. אולם ר' יעקב בן צור, שחי במאה הי"ח במארוקו, כבר מזכיר את מנהגו של אביו שהחל בקריאת לכו נרננה (שו"ת משפט וצדקה ביעקב, סי' קח). לעומתם, ר' אליהו לביא (מחכמי טריפולי) כותב: "הגם שלא בכל בתי הכנסת נהגו לקרותם [מזמורי צה-ק] במקום שאפשר ויש עדיין זמן לשקיעת החמה טוב להנהיג לקרותם"[108].

אזכיר מקצת סידורים מאשכנז בהם שני הסדרים משולבים. למשל, תקוני שבת, פראג ת"א[ג?]; סדר תפלות כמנהג אשכנז ופולין, אמשטרדם ת"כ: צה-צט, כט, לכה דודי, צב, צג; אמשטרדם תכ"ז: צה-צט, לכה דודי, צב, צג; אמשטרדם תמ"א; מנהג אשכנז ופולין, [פראג] תמ"ז; פפד"מ תנ"ו, פפד"מ תנ"ז (ובו כותרת: קבלת שבת); וכן: סדר תפלה ודרך ישרה, פפד"מ תנ"ז; כנ"ל, פפד"א תס"ג; "סדר תפלות ... אשכנז ופולין", ברלין תנ"ט; שער השמים של השל"ה, אמשטרדם תע"ז; שם תפ"ה. השילוב מופיע גם בכ"י בהמ"ל 4532, שהוא סידור עם פירוש דמשק אליעזר, הותחלה כתיבתו בר"ח אלול תנ"ה במגענצא (מח ע"א); וכן בסידורי ויניציאה תק"ט (אשכנזי) (צה-צט, כט, לכה, צב); מנטובה תק"ן.

ראוי לציין את הסידור הספרדי, ויניציאה תצ"ח: "וטוב לומר ששה מזמורים אלו צה, צו, צז, צח, צט, כט, ויקבל השבת בשמחה וטוב לבב". אך, למעשה, נדפס רק כט, במה, לכה, צב, צג. בסידורים ספרדיים מאוחרים יותר נדפס כל סדר קבלת שבת. כגון: ירושלים תר"ב, וין תרי"ב, ליוורנו תרכ"ה, ירושלים תרס"ד. מעין ההשפעה המאוחרת נמצא בסידור תפלה לדוד, קזבלנקה תשי"א, שבו הסדר: צה-ק, במה, כט, אנא בכח, לכה דודי, צב, צג. סידור תפלת

107 הליכות תימן, עמ' 23. השווה יהודה לוי נחום, מצפונות יהודי תימן, תל-אביב תשכ"ב, עמ' 82.
108 הובא בסידור עוד אבינו חי, תשנ"ד, מתוך הספר מנוחה לחיים.

החדש, כמנהג קהל קדוש ספרדים ומדינות מזרח ומערב תימן, ירושלים תשכ״ט: צה-ק, כט, אנא, במה, לכה, צב, צג. יש לציין כי במשמרת הקודש, כלכתא תר״ג, נדפסו המזמורים צה-ק בלא ניקוד ובאותיות קטנות. לאחריהם נדפס מזמור כט מנוקד ובאותיות רגילות. בוודאי ביקשו לשקף שתי מגמות, תוך העדפה ברורה.

ובאמת, כבר בשלבים מוקדמים איחדו גם התיקונים את שני הסדרים האמורים. למשל, תקוני שבת, פראג שפ״ד(?). ונציה תל״ז (אשכנזי), קושטנטינא תק״ח, אלעקסינץ תקכ״ז, ויניציאה תקנ״א, ליוורנו תקנ״ד, פיסא תק״ע, ליוורנו תר״ג. תיקון שבת, ווארשא תקפ״ז (אגב, בסוף, כג ע״א: ״ואלה מוסיף על הראשונים״, מתוך תקוני שבת של ר׳ אברהם הלוי שנדפסו בראשית חכמה הקצר) וכן ויניציאה ת. בסידורים שונים נדפס ״תקון שבת מלכתא״ כצורתו, כגון: סידור ״תפלה מכל השנה כמנהג פיהם פולין מערהרין וליטא״, ברלין ת״ס; נראה לי שגם המובא בסידור אמשטרדם תקע״ו, בנוי על תיקון זה. בסידור אמשטרדם ת״ב הוא הועתק כולו לאחר התפילה. ואילו באמשטרדם ת״ז כבר הועתק במקומו. יצוין סידור תאמי צביה בעריכת ר׳ איצק סטנאב (ומתורגם לאשכנזית), ברלין 1798, ולפיו: צה-צט, כט, לכה דודי.

מעתה אזכיר מקצת חריגים, ומתברר שהתמונה בכללותה היא חד-גונית. אמנם אפשר שסידורים העתיקו מקודמיהם ואינם משקפים בהכרח את מנהג מקומם.

בסידור תימני[109], כ״י שטרסבורג 4002, הסדר הוא: אחרי לכה דודי, מזמור צט, כט, במה. תפלת ליל שבת מתחילה במזמור צב. (בהמשך גם מובא פיוט האר״י). בסידור שנדפס בויניציאה שע״ד: צט, ק, במה מדליקין, צב, צג, מעריב. ועוד, בסידור סינסינטי 1889 נדפס רק צה-צט, צב.

סידור שנדפס כנראה בבגדאד, מתחיל במזמור צט, מזמור ק, במה, לכה, צב, צג. כאן נשמט מזמור כט, אולם הוחזר בסידור ״תפלה / בית ישראל״, ליוורנו תרצ״ד, ״כמנהג בגדאד״: לפני לכה דודי, ואחרי במה[110]. וכן בסידור מנחת ירושלים, כמנהג בגדאד, ליוורנו תרצ״ה, דפים לח-מה: צט, ק, במה, כט, לכה, צב, צג. כמוהו בסידור עבודת התמיד שנדפס בבמביי תרמ״ט (ובשבת ר״ח מוסיפים: קד, ובשבת ר״ח טבת: ל). כדאי לזכור שהיו קשרי מסחר הדוקים בין בגדאד לבומביי, ויהודים גם היגרו מהכא להתם, ובוודאי הביאו עמהם את סידוריהם כמנהגם מקדם.

בסידור מנחה וערבית, מצרים תרע״ז: צה, פסוק ראשון ממזמור צו, כט, לכה, במה, צב, צג. סידור מנחה חדשה נדפס במצרים תש״ג, והסדר כמו בתרע״ז, אלא שאחרי כט נוסף אנא בכח, והוסיפו בסוגריים: ״יש נוהגים שלא לאומרו״. חריג נוסף הוא סידור וירונה תקפ״ח שנרשם בו ״קבלת שבת״, אך נדפס רק לכה דודי. וכך בזמן סמוך לפניו ולמקומו בכ״י בהמ״ל בניו-יורק 3691, שהוא מנהג אשכנזים, מנטובה תקס״א.

בסידור שנדפס בברסלאו 1896, תחת הכותרת ״קבלת שבת״ מופיעים: מזמור צה, כט, לכה דודי (הכולל רק את הבתים: לכה, שמור, לקראת, התעוררי, בואי בשלום), צב, צג. בסידור כ״י אוקספורד 1195, שברגיל הוא עומד תחת השפעת סדר היום, מתחילים מזמור כט ואח״כ

---

109 לפי הקטלוג בשטרסבורג, עמ׳ 697, הועתק כנראה בשנת 1684.
110 וכך גם לפי א׳ בן-יעקב, מנהגי יהדות בבל, א, עמ׳ 107.

לכו נרננה, שירו לה׳, שירו לה׳, ה׳ מלך הושיעה לו ימינו וזרוע קדשו, צב, צג.

בסידור נזר הקודש ״לפי מנהגי הספרדים ועדות המזרח״ (ירושלים תדש״ן), עמ׳ רעב: ״יש נוהגים לומר מזמורים אלו לפני קבלת שבת״, וההתחלה היא במזמור צה. ובהמשך: ״ויש נוהגים להתחיל מכאן״, כלומר ממזמור צט. ולאחר מכן מזמור ק.

אולם נמצא גם השפעה של חמדת ימים. ״ספר קבלת שבת נדפס לתשוקת יחידי סגולה לשם ותהלה חברת חצי יום ... אשר בעיר פיראה. בחשקם לקבל קדושת שבת מבעוד יום בעשרים ושנים שעות וחצי ביום הששי בכנסיה לשם שמים״. נדפס שנית בליוורנו 1828. קבלת שבת: צה-ק. ״ואחר כך אומרים מזמור זה כ״ד, וסודו מבואר בזוהר פ׳ בראשית דף כ״ג ע״ב וכמ״ש הרח״י [=הרב חמדת ימים] דף מ״ה ע״א״. ואח״כ מזמור קמח (״שבו רמוז כללות העולמות אבי״ע וכמ״ש הח״י ז״ל שם״), מה, מח, פז ... כט (ויש הסבר לכל קבוצת מזמורים). אנא בכח. ״ואח״כ יעמדו כל העדה קדושה לכבוד שבת מלכתא לשורר הפיוט אשר לפניך״ (לכה דודי) וכו׳. ״פזמון נאה שמסדרים בכל ערב שבת״ – בר יוחאי (כא ע״א – כב ע״א). ״ומושך עצמו ואחר עמו בקול זמרה ונעימה שני מזמורים אלו״: צב, צג, אמר רבי אלעזר, קדיש (כב ע״ב).

בדומה לו הסדר הנזכר ב״שפר תקון שבת״, ליוורנו תקס״א, לפיו מתחיל בצה-צט: אך ״ויש נוהגים לומר מזמורים אלו. סי׳ כד ... קנו [צ״ל: קמו] ... מה ... מח ... פז ... קלג ... קכב ... ואחר כך אומרים מזמור לדוד כמו שכתוב בערבית של שבת״ (ג ע״ב). בסידור בית מנוחה מציין כי יש נוהגים לקרוא את המזמורים: כד, קמח, מה, מח, מז, קלג וקכב. בסידור שפת אמת כמנהג ק״ק ספרדים, צפת תקצ״ב, שולבו כמעט כל הנוסחאות, והסדר הוא: כד, קמח, מה, מח, פ, קלג, קכד, צה-ק, כט, אנא בכח, במה, לכה דודי, צב, צג.

אני רוצה לציין סדר מיוחד שנרשם ב״סדר קבלת שבת״, כ״י ניו-יורק בהמ״ל 4082 (איטליה, מאה י״ח), והוא: [דף 1א] רבש״ע אתה יודע ... ליחדא שמא דקבה״ו ... [1ב] ומתחילין הששה מזמורים ואלו הן לכו נרננה [עד צט, כט] וקודם שיר השירים יאמר ליחדא שמא ... ויאמר שיר השירים בניגון״. לאחר מכן מופיע קטע ארוך [1ב - 5א] מתקוני זוהר, ״תיקון שתיתאה״, מזמורים כד, קמח, מה, מח, פ, קלג, קכב, צב, אנא בכח, פיוטו של מרדכי דאטו, ידיד נפש. בכך מסתיים הקונטרס כולו.

בסידור מינכן תקפ״ז נרשם פסוק חזן ופסוק קהל. וכן רעדעלהיים תר״ד, הנובר תר״ה. וכן מנהג קהלת עדת ישראל בברלין. בדרך כלל החזן החל והוא גם סיים. וכן בסידור קלף, ״ספר שיר ושבחה, והוא קונטרס לבית הכנסת, כמנהג אשכנז ופולין, כולל סדר הברכות שירות ותשבחות לשלוחי צבור נערכות בעמדם על המגדל יגידו נכוחות״ וכו׳, רעדעלהיים תרס״ו/ 1905. משמע, הסדר הזה נקבע מלכתחילה בגרמניה. אך נראה שמהגרים הביאוהו גם לארה״ב, שכן כך נדפס בפילדלפיה תר״ח.

עמדתו של הגר״א אינה ברורה די צורכה. בסידור אשי ישראל מופיע כל סדר קבלת שבת, ובכללו הפיוט לכה דודי. אולם בספר מעשה רב כתוב: ״ערבית בשבת מתחילין ברכו״[111], ואין שום דבר על סדר קבלת שבת.

---

111 ר׳ שריה דבליצקי, מעשה רב, סי׳ קטז. וראה זה השלחן, ח״ג, עמ׳ יז הע׳ 98; סידור אזור אליהו, ירושלים תשס״ד, עמ׳ קס בהערה.

אעיר כי בעוד שבדרך כלל יושב הקהל בעת אמירת חמשת המזמורים, הרי מקצת חכמים, בעיקר אדמו״רים, נהגו לעמוד. כך מסופר, למשל, על ר׳ חיים אלעזר שפירא (דרכי חיים ושלום, סי׳ שעא).

נדון עתה באלה המתחילים במזמור כט, עם שמבחינת סדר התפילה צריכים היינו להקדים לדון במזמור ק, אך מפאת חשיבות הרציפות העקרונית נקטנו סדר אחר.

מה. מזמור כט (הבו לה׳)

מזמור כט נזכר במסכת ברכות כח ע״ב (בהקשר לתפילת עמידה) ושם כט ע״א (בהקשר לשבת). בחזון המיסטיקן הוא נאמר בין יתר שירי המלאכים[112]. מאוחר יותר המזמור מופיע גם בהחזרת ספר תורה לארון הקודש בשחרית של שבת (המנהיג, עמ׳ קסח, כמנהג ספרד), כנראה משום שהמזמור נדרש על מתן תורה. במחזור פאס, כ״י ליידן 94, דף 249ב, מופיע מזמור זה בחול, בין השכיבנו ליראו עינינו. בשפר תקוני שבת מלכתא, ליוורנו תקנ״ד, מצינו הסבר קצר: ״שיש בו ז׳ קולות שאמר דהע״ה [=דוד המלך עליו השלום] כנגד ז׳ ימי בראשית״. יאה היה אפוא לפתוח את סדר קבלת שבת במזמור זה.

לאור האמור כאן ולאור מה שהעלינו בראשית סעיף שיר השירים, בתוספת הידוע לנו על האווירה המיוחדת ששררה בצפת הפלורליסטית[113] והמתקדשת, אין תימה שאמירת מזמור זה צפה, כביכול, מאליה.

לפי כתבי האר״י[114], מזמור כט פתח את סדר קבלת שבת. למשל, ״ותעמוד מעומד במקו׳ א׳ בשדה ... ויהיה המקום נקי ... ותחזור פניך כנגד רוח מערב ששם החמה שוקעת. ובעת שקיעתה ממש אז תסגור עיניך ותשים ידך השמאלית על החזה ויד ימינך על גבי שמאל ותכוין באימה וביראה כעומד לפני המלך לקבל תוספת קדושת שבת ותתחיל ותאמר מזמור הבו [מזמור כט] ... כולו בנעימה, ואח״כ תאמר שלוש פעמים באי כלה באי כלה שבת מלכתא ... עד לארך ימים, ואז תפתח עיניך ותבא לביתך״[115]. וכך כותב ר׳ אברהם אזולאי: ״בצאתך לשדה תכוין כי הוא חיצוניות ד׳ עולמות ... וחיצוניותם היא שאנו מעלים אותה בקבלת שבת בשדה ... ואח״כ תתחיל לומר מזמור לדוד הבו״ (כנף רננים, עמ׳ צב). לפיכך גם כאשר חדלו לצאת לשדה עמדו באמירת מזמור זה, אם כי בגרמניה, כנראה, לא עמדו. בקצת קהילות הספרדים, מזמור כט נאמר בעמידה וכלפי מערב.

במקורות שונים מופיע משפט מסוים לפני אמירת מזמור כט. למשל, בספר הכונות ומעשה נסים: ״ויאמ׳ לכה דודי נצא השדה ... ויאמר מזמור לדוד הבו״ וכו׳[116]. ברם, רווח יותר הוא הנוסח המופיע, למשל, בשערי רחמים (שאלוניקי תק״א, קט ע״א): ״קבלת שבת יצא לשדה

---

112 ש׳ מוסאיוב, מרכבה שלמה, שעור קומה, ירושלים תרפ״א, מ ע״ב. וראה גם Gruenwald I., *Apocalyptic and Merkavah Mysticism*, Leiden, 1980, p. 216.

113 וראה חלמיש, הקבלה, פרק טו, ובמיוחד עמ׳ 332-334.

114 כאמור לעיל, המסורת על האר״י ברורה, אך לדעתנו, לא האר״י הוא שהתקין זאת (כדלעיל), אך הוא החל במזמור זה, ועל עום פרסומו נקבע על שמו. ומה עוד שכך כתוב בכל כתבי האר״י.

115 שעה״כ, ענין קבלת שבת, סד ע״ג.

116 קושטאנטינא ת״פ, יט ע״א. וראה גם שעה״כ, סד ע״ג. וכן עיין פרי עץ חיים, ראש פרק ח, עט ע״ג; סידור הרש״ש, ירושלים תרע״ו, חלק שלישי, א ע״ב.

ויאמר בואו ונצא לקראת שבת מלכתא לחקל תפוחין קדישין, ומתחיל מזמור הבו״. בהתאם לכך אנו מוצאים במקורות רבים ובסידורים שונים כמין כותרת: ״בואו ונצא לקראת שבת מלכתא לקראת חקל תפוחין קדישין״. ומעניין הכתוב בכ״י אוקספורד 1935, סידור ספרדי מהמאה הי״ז, דף 366ב: ״סדר קבלת שבת בשדה ובבית ארוכה מאוד, אבל אנו שאין אנו נוהגים אלא בב״ה [=בבית הכנסת] הוא באופן זה. תחלת הכל תאמר לכה דודי לקראת שבת מלכתא לקראת חקל תפוחין קדישין, מזמור לדוד הבו ... אח״כ יאמר לכה דודי [ואין הפיוט נרשם] באי כלה ... מזמור שיר ... ה׳ מלך ... ברכו״. ולצד כל אלה כוונות קבליות מפורטות.

בסידורים שונים ניתנות הוראות לגבי מזמור זה, שהן נשענות בעצם על שער הכונות. למשל, כ״י ביה״ד בלונדון 100, דף 66ב: ״קבלת שבת בשדה, לכה דודי נצא השדה ... תעמוד על הר גבוה ... תסגור עיניך ... ותאמר כל הסדר בעינים סגורים עד ה׳ לאורך ימים. ופניך יהיה למערב כי השכינה במערב״[117]. מזמור כט מועתק. ובדף 67ב ״זמר נאה לקבלת שבת״, והכוונה ללכה דודי, ואח״כ צב, צג. וכן בסידור נזר הקודש ״לפי מנהגי הספרדים ועדות המזרח״ (ירושלים תדש״ן), עמ׳ רעה: ״יעמוד באימה ויראה לקבל תוספת קדושת שבת, ויחזיר פניו לצד מערב, וישים ידו השמאלית על החזה, ויד ימין על השמאל, ויסגור עיניו ויאמר: מזמור לדוד הבו״ וכו׳. ובכן, המתפלל נדרש לעמוד באימה ויראה. אך כבר בשער הכונות ממשיך: ״כולו בנעימה״. פרט זה לא נתעלם מעיני המקובלים, ותמצא לשונות כמו: ״וישיש בשמחה ויתחיל ויאמר מזמור לדוד הבו״ (תפלה זכה, ליוורנו תקמ״ט, קב ע״א), או באגרת של ר׳ שלומיל (ראה בסמוך): ״בניגון יפה״, וכיוצא באלה.

מעתה נמנה את סידורי התפילות וספרי המנהגים המתחילים במזמור כט, שנקבע על שם האר״י:

הנהגות רבי אברהם גאלנטי (שכטר, עמ׳ 295, סעיף ט); אגרת של ר׳ שלומיל מדרעזניץ[118]; נגיד ומצוה, עמ׳ קכב; פתורא דאבא, לג ע״ב-ע״ג; כ״י ירושלים, אוסף יהודה 180, דף 252ב; סידור מבין פתיים, בעריכת משה אדהאן, מארוקו, כ״י בהמ״ל 4220, מתחיל במזמור כט (וללא לכה דודי). וכן שתיל פורח, מאת ר׳ אהרן ברכיה ממודינה, כ״י בהמ״ל 1540, דף 261ב (=ס׳ 10864, תצלומו קשה לקריאה).

בכ״י אוקספורד 2555, שהוא לקט תפילות, נכתב בקאשטילפראנקו בשנת 1597, כתוב בדף 2א: ״ערב שבת אחר המנחה אומרים זה המזמור [כט], ואח״כ זה השיר אשר חברו החכם כמהר״ר שלמה אלקבץ הלוי זצ״ל מצפת תוב״ב ושמו בקרבו״ [לכה דודי], צב; ומעין זה בסידורים רבים. במחזור ונציה שנ״ח מתחיל במזמור כט, ״ואחר כך אומרים זה הפיוט נאה ומשובח יסדו ובנאו ... אלקאביץ ז״ל בעיר צפת״, צב, קדיש; ב״סדר תפלות״, ספרדי, אמשטרדם תי״ח, מתחיל כט. וכן בסדר תפילה כל השנה כפי ק״ק ספרדים, ויניזיאה תס״ג;

---

117 יושם לב לנימוק הפשוט המובא לבחירת צד מערב, וכן הוא במקורות הלוריאניים הקודמים. על אי-הבהירות בקשר למקור המנהג הזה, ומציאת טעמים ואפילו דחוקים, ראה ידע עם, ניסן תשי״ג, עמ׳ 92. אך ההסבר שלפנינו ממקם את הנוהג בהתאם למקורו הטבעי-הקבלי. התעלמות מוזרה מן המשמעות הקבלית תוך הצגת הסבר מפוקפק עולה גם בספר הלכה בן-דורנו: ״ויש מבארים שהפניה לכיוון שקיעת החמה, מפני שבסיומה – נכנסת השבת. ומדברי השו״ע שהביא מנהג יחידים, משמע שכך ינהג כל מתפלל. ואף שבכה״ח רסב, לב-לג שהופכים הפנים למערב, בשו״ת בצל החכמה ג, סה שבמקומות שמתפללים למערב, מסתובבים לפתח שבמזרח. ראה גם אז נדברו ב, ו״ (יצחק פוקס, תפילה כהלכתה, ירושלים תשמ״ט, עמ׳ שנו).

118 ראה ש׳ אסף, קבץ על יד, ג(יג), ת״ש, עמ׳ קכז: ״אחר תפלת מנחה בערב שבת יוצאין כל הקהל לתוך העזרה ומקבלין את השבת ואומרים מזמור הבו לה׳ בני אלים *בניגון יפה*״.

סידור ויניציאה שע״ד (ספרדי), (חלק זה נאמר כנראה בשדה). וכן הוא במגילת סדרים, מאת בנימין הכהן מריג׳יו, כ״י אוניברסיטת חיפה 9 (=ס׳ 35851), דף 6א [נדפס בירושלים תשס״ב]: ״ילך המזמר[119] על הדוכן ויאמר מזמור לדוד הבו וכו׳ לכה דודי וכו׳״.

וכן בסידורים ספרדיים נוספים, כגון סדר תפלות, נדפס באמשטילרדאם, ״נשלם יג טבת שפ״ד״, [כט, לכה, צב, צג]; זה השער לה׳, שאלוניקי תק״א; שפתי צדיקים, פילאדלפיא תקצ״ז (כנ״ל). בסידור כמנהג ק״ק כפא וק״ק קראסוב, שנדפס בקלעא תצ״ה (מב ע״א), וכן בסידור מנהג כפא שנדפס במעזירואוב תקנ״ג (עו ע״ב) – ״סדר ערבית של שבת״ מתחיל בְּכט ולאחריו לכה דודי, במה מדליקין, צב, צג, ועוד פסוקים.

יש סידורים ספרדיים בהם הסדר הוא: כט, במה, לכה דודי, צב, צג. אלה נדפסו בונציה שמ״ד; אמשטרדם שפ״ו; אמשטרדם שצ״ה; אמשטרדם ת״ב; אמשטרדם ת״ג; ונציה תי״ז; אמשטר־ם תי״ח; אמשטרדם ת״ל; ויניציאה תל״ח, ״מנהג בני ספרד״; פירנצי תע״ה (״סדר תפלות לחדשים ולמועדים ... כמנהג ק״ק ספרדים״); וכן בית תפלה, ספרדי, אמשטרדם תע״ב; סידור בית תפלה, קושטא תצ״ה; אמשטרדם תצ״ט (מיניאטורי); קושטאנדינא ת״ק; אמשטר־ם ת״ק; ליוורנו ת״ק; שם תק״כ; שם תקכ״ה; שבתות ה׳ (ליוורנו תקמ״ה); משמרת הקדש, פיסא תקע״ה (וליוורנו תר״ז, תרל״ג ועוד). וכן בסידורים הבאים: ספניולי תקס״ב; לונדון תק״ע; שם תקע״ב; וין תקפ״א; פאריש תקפ״א; ריג׳יו תקפ״ב; וירונה תקפ״ז; לונדון תקצ״ו; קאניגסבערג תר״י; אליהו לביא, מנוחה לחיים [מנהג לוב], ליוורנו תר״ם, קסג ע״ב. בכ״י ביה״ד בלונדון 99, דף 384ב: ״קבלת שבת בשדה״ מתחיל בְּכט עם כוונות, ״לכה דודי נדפס בקבלת שבת״, צב, צג. ויש סידורים שכותבים בסדר הנ״ל, אך בלא לכה דודי. כלומר, כט, במה מדליקין, צב, צג. למשל, סידור ספרדי, ונציה שס״א, קכד ע״ב; ונציה (ספרדי), בערך ש״ע (מספרו בבית הספרים הלאומי בירושלים: R 0 75 A 566); סידור ויניציאה שפ״ב, דף רט; ונציה שפ״ו, קלה ע״א; ״סדר תפלות כמנהג ק״ק ספרדי״, ויניזיא תנ״ט; וכן פיסא תקנ״ה, ספרדי; אמשטרדם שצ״ה, נו ע״א; שם ת״ב, ספרדי; ונציה תי״ז.

וכן במאות הי״ט והכ׳: סידור ליוורנו תרנ״ב מתחיל מכט. וכן סידור זכרון ירושלים, תרמ״ז, תרנ״ב; סידור זכרון שי״ש, ירושלים תרס״ה (כט, לכה דודי, צב, צג); וכמוהו בספר ישיר משה (למשה דיין מאר״ץ), ליוורנו תרל״ט, צט ע״א. בבית הכנסת בחלב גם בימינו מתחילים במזמור כט (שמעתי מפי מר אהרן נחמד), וכן ראיתי בקהילה תוניסאית. וכן בספר שאו מנחה, גרבה חש״ד. וביתר פירוט: ״מנהגינו פה בליל שבת לומר תחילה מעומד מזמור לדוד ... ואח״כ לכה דודי וגו׳ מעומד ואח״כ במה מדליקין וגו׳ מיושב או מעומד ואח״כ קדיש דרבנן ואח״כ מעומד מזמור שיר ליום השבת. אך בסידורים כתוב מזמור לדוד וגו׳ ואח״כ במה מדליקין ואח״כ לכה דודי וגו׳ מזמור שיר ... וע׳ להי׳ השומר אמת דף ס״ז סי׳ ל״ד אות א׳ דבעירם טריפולי נוהגים כמנהגינו״[120]. וכך מחזור איטלקי, רומא תשי״ג; מנהג חבאן; ועוד. ובסידור מנחה וערבית, מצרים [=קהיר] תרצ״ה: כט, אנא בכח, במה, לכה דודי, צב, צג.

ברור אפוא שההכללה של כתר שם טוב, ח״ג, עמ׳ קפ, שבא״י, סוריה ומצרים נהגו לפי

---

119 כינוי באיטליה לחזן מקצועי, שנוטל שכר. שונה ממנו הוא שליח הציבור שהוא ׳תפקיד׳ פתוח לכל.

120 ר׳ משה כלפון הכהן, ברית כהונה, שבת, אות ג (ח״א, ג׳רבא תש״א, פד ע״ב. במהד׳ ג׳רבה תשכ״ז, נב ע״ב). וראה ר׳ אברהם אדאדי, השומר אמת, ליגורנה תר״ט, סז ע״א-ע״ב; הנ״ל, תל-אביב תשל״ו, עמ׳ קכ. ושם: כט, לכה דודי, במה מדליק׳ן.

הסדר: כט, במה, קדיש, לכה דודי, צב – אינה מדויקת. והוא הדין לדבריו לעניין לונדון ואמשטרדם.

חריג נוסף בסדר תפלות לשבת, *Prières pour la Sabbat*, אקס 1855, שבו מופיע סדר זה: במה, לכה דודי, צב, צג, כט. ובדיוק כך גם בסדר התמיד, אויגניון תקכ"ז. מעין זה בסידור קול יעקב, "כמנהג ארם צובה", ניו יורק תש"נ, שבו מתחיל בכט, לכה דודי, צב, במה, צב, צג, ברכו. חריג נוסף: סדור תפילה עם פירוש קצר, מבין פתיים, בעריכת משה בר מימון אדהאן, מעיר מכנאסא, מארוקו, משנת תקל"ח, בכ"י בהמ"ל 4220, ערבית של שבת (23א - 37א) כולל: כט, קמה, צב, צג, ברכו. בסוף: כג, יגדל.

אולם יש סידורים שכלל אין בהם כט. למשל, ונציה שמ"ד (האשכנזי), שם שנ"ח, שם שפ"ד. בסידור ונציה (מספרו: R 53 A 433): במה, צב, צג. סידור מנהג איטלקי, ויניציאה תק"מ, כולל את במה מדליקין, לכה דודי, מזמור צב בלבד.

בספרות עלתה שאלה "לענין אמירת לכו נרננה ולכה דודי בי"ט שחל להיות בע"ש או בשבת". ואנו למדים כי "בפראנקפורט דמאין אומרין לכו נרננה ולכה דודי כבשאר שבתות"[121]. וכבר לפי הרמ"ז יש לומר את לכה דודי אפילו בערב שבת שחל במועד[122]. לעומת זה, לפי קיצור של"ה, דיני י"ט (זאלקווי תפ"ה, סח ע"ג), "כשחל יום טוב בערב שבת לא יאמר הששה מזמורים לכו נרננה". ותוספת חשובה יש שם, שמדלגים על אמירת הבית "התנערי", "והטעם מבואר למבין". גם בסידור עמודי שמים, שלט ע"א: "מנהגנו ע"פ אמ"ה ז"ל וכמנהג האר"י ז"ל לאמרו גם בשבת וי"ט, אך אין אומרים התנערי". כיוצא בכך בסידור כפא (קרים)[123], עו (נדפס: סו) ע"ב: "וכשחל יום טוב בשבת אין אומרים פסוק התנערי אלא מדלג". אפשר להבין זאת משום שנזכר בו "לבשי בגדי תפארתך", ואילו כאשר קדם החג לשבת הרי יש בכך פגיעה. דבר זה מפורש, בהקשר קרוב מאוד, בשלמי חגיגה שכתב בשם בית דוד: "שמעתי שאין אומרים לכה דודי [בי"ט שחל בשבת], משום דנראה כביוש לי"ט שאומרים פני שבת נקבלה, דמשמע ולא פני י"ט". אך הוא מנמק מדוע אין להקפיד בכך.

לפי רש"ז מליאדי, אומרים מזמור כט וכל לכה דודי (ספר המנהגים, עמ' 26). בחצרות חסידים אחרות נקטו כמין פשרה, בכך שאמרו רק שני בתים מן ההתחלה ושניים מן הסוף. ויש חילופים נוספים. טעם המקצרים הוא שלא ישתהו יתר על המידה בבית הכנסת ביו"ט, שכן הודגש בו צד השמחה גם בהקשרים הלכתיים אחרים.

מו. מזמור ק

למעשה, מזמור זה הוא המזמור השישי ממזמור צה, והוא חותם אפוא את המקבילה לששת

121 ראה ר' דוד צבי האפפמאנן, שו"ת מלמד להועיל, ח"א, סי' מח, פרנקפורט ענ"מ תרפ"ו, עמ' 62. שם צויינו מנהגים שונים. לעניין לכה דודי, "נראה דיש לאומרו בהשמטת התנערי מעפר, וכנראה מנהג זה הוא מנהג שאר קהלות אשכנז. אמנם במחזור דפוס וויען נרשם שמשמיטין התנערי" וכו'.

122 ראה אגרות רמ"ז, ליוורנו תק"מ, סימן י. דעות שונות הובאו בלקוטי מהרי"ח, יח ע"ב - יט ע"א.

123 נמצא בבודליאנה באוקספורד, ומספרו Opp. add. 4° iv 115. חמוש"ד. וראה קאולי, עמ' 554.

ימי המעשה[124]. והנה מתברר שהמזמור מופיע בסידורים כמנהג רומניא עוד לפני קבלת צפת, ולמעשה, כך נהג גם רבנו אליהו חברו של רבנו תם. למשל, תיאור חשוב נשמר במחזור רומניא, קושטא ר״ע (חסר בראשו), וכן קושטאנדינא של״ד (אחרי מזמור צג!): ״ויש שאומרי׳ זה המזמור ואינו מתחיל [במלים] מזמו׳ לתודה, שאין מביאין מנחת תודה בשבת. אך החזן מתחיל כך: שירו לאלוהים זמרו שמו ... והעם עונין הריעו לה׳ כל הארץ״ [ומסיימים את כל מזמור ק]. אחר כך מופיע לקט פסוקים ובסופו: ״ועובר שליח ציבור ומתחיל ה׳ הושיעה המלך יעננו ביום קראנו. ברכו״ (דף 11א-ב). ובסגנון שונה במקצת אך לפי אותו סדר במנהג רומניא תקפ״ז. במחזור רומניא, ויניציאה שמ״ו, ״תפלת ערבית של שבת״ (סט ע״א) מתחילה בפסוק ברוך ה׳ אשר נתן מנוחה[125], מזמור צב, צג, ״ומתחיל החזן שירו לאלוהים ... והעם עתין הריעו לה׳ [מזמור ק] ... ועומד שליח צבור ומתחיל ואומר ה׳ הושיעה״ וכו׳, ברכו.

לאחר קבלת צפת אנו מוצאים את מזמור ק בעיקר בסידורים של הספרדים. למשל, בסידור בית מנוחה, ליוורנו תר״ג, וד״צ ירושלים תשכ״ז, הסדר הוא: צה-צט, ק (״כנגד יום הששי״), כט, אנא בכח, במה, לכה דודי, צב, צג. אולם יושם לב שבדף כט ע״א, שם, נאמר: ״בשבת ויום טוב אין אומרים מזמור לתודה״. והכוונה לשחרית יום שבת ויום-טוב. אותו סדר גם בסידורים: אמשטירדם תכ״א; משמרת הקודש, כלכתא תר״ג; משאת בנימין, לר׳ בנימין הכהן, והוא מתורגם לפרסית, ח״ב, ירושלים תרס״ט; אהבת הקדמונים, ירושלים תרמ״ט, שהוא בנוסח פאס. וכמוהו תפלת החדש כמנהג קהל קדש ספרדים, ליוורנו תרפ״א; תפלה לדוד, קזבלנקה תשי״א; סדור כנסת ישראל, מנהג מארוקו, [נתיבות] תשנ״ז, ועוד.

וכן הוא נזכר בסידור, שככל הנראה נדפס בבגדאד (והוא בספרייה הלאומית בירושלים), למרות שאין בו כל יתר המזמורים שלפניו.

מז. אנא בכח

כיום ידועה מאוד תפילה זו, אך ערפל כבד שורר סביב מקורה. אמנם ברור שהיא קשורה לשם בן מ״ב אותיות, הנזכר באופן כללי בקדושין עא ע״א, ולפי עדותו של רב האי גאון, אותיותיו

---

124 על הכנסת מזמור זה לסדר קבלת שבת עמד ד׳ שפרבר, בספר הזכרון לרב יצחק נסים, סדר א, עמ׳ קנג-קנה. וכן בספרו מנהגי ישראל, א, עמ׳ סז-ע. על החלפת מזמור ק במזמור כט עמד, לפי דרכו, יוסף רוט-רותם, ׳מזמור כ״ט בתהלים׳, מחקרי חג, 5 (תשנ״ד), עמ׳ 46-60.

125 וכך גם במהד׳ ויניציאה רפ״ג; וכן סדר ערבית של סוכות (כשחל בשבת), מנהג קורפו, כ״י ניו-יורק בהמ״ל 4317.

ידועות אך אין מסורת על הגייתו וקריאתו[126]. סביבו נתחברו פיוטים וסליחות לא מעטים[127], המצויים, למשל, אצל חסידי אשכנז ומקובלי קשטיליה במאה הי״ג.

והנה, בתקוני זוהר[128] מדובר על שבעת הקולות שבמזמור כט, ובין היתר כתוב: ״שבע אינון דאזלין על שבע שמהן דאינון אבגית״ץ״. לדעת ר׳ חיים פאלאג׳י[129], זהו המקור לאמירת אנא בכח (שראשי תיבות השורה הראשונה שבו הם: אבגית״ץ) בליל שבת לאחר מזמור כט. בלשונו שם: ״ובכן מה נהדר דבקבלת שבת אנו אומרים אנא בכח אחר מזמור זה [כט] דהוא מכוון יפה כאחלמה קשורה בעטרת״. ואילו הרב ר׳ מרגליות מסיק זאת מדברי התלמוד במסכת פסחים[130].

רעיון שילוב התפילה הזאת נובע מכך שתפילת אנא בכח, שזכתה במרוצת הדורות להיכלל גם במסגרת של סגולות וקבלה מעשית, מתבטאת אף בהקשר של שבת. וכך כתוב בתקון שבת מלכתא (דפו״ר, [5 ע״ב], וכן פראג שפ״ח, ב ע״א; קראקא [1650?], ב ע״ב ועוד): ״ואח״כ [אחרי מזמור כט] יאמר תפלת ר׳ נחוניא בן הקנה הנזכרת למעלה [2ב] אנא בכח גדולת ימינך כו׳ ... ועם תפלת ר׳ נחוניא הנזכרת יהיו נכרתים כל הקליפות וכל סטרא אחרא ולא יהיה להם עוד כח ורשות להיות מסך מבדיל בהשפעת יפעת שפעת נשמה יתירה אשר יצאה מהיכלי המלך מלכו של עולם לכל א׳ וא׳ מישראל כפי מקורו ואורו וכפי עבודתו ומלאכתו מלאכת שמים וארץ״. כלומר, המלחמה הכוללת המתנהלת נגד הסט״א מתבצעת גם בשעה זו ובאמצעים שונים.

---

126 ראה אוצר הגאונים, חגיגה, ד, עמ׳ 23-24; שם, ט, עמ׳ 176. גם בתקוני זוהר, ת״ד יט ע״א, נזכרים רק ראשי התבות של מ״ב האותיות. עדות מעניינת בשו״ת הרשב״א, סי׳ רכ: ״על הקריאה נחלקו בארצות. יש קורין אותו בארבע עשר תיבות שלש שלש אותיות בכל התיבות. ויש קורין אותו בשבע תיבות שש ושש אותיות. וחכמי ארצנו ורבניה כן דעתם לקרותן בשבע תיבות, לפי מה ששמענו. וכן הקבלה מן הגאון רב האיי ז״ל. ושמעתי שחכמי אשכנז אומרין אותן בארבעה עשר תיבות שלש שלש אותיות. גם יש חלוף קצת אותיות בין המקובל ביד חכמי ארצנו ומקובל ביד חכמי אשכנז״. באשר לסדר הקריאה אצטט אפשרות נוספת הנזכרת, למשל, במשנת חסידים, תפילת העשיה, פרק ז משנה א, סא ע״ב: ״ואח״כ [אמנם מדובר בתפילת שחרית של חול, אך איני סבור שבשבת ישתנה המצב] יאמר בנגון אנא בכח ויתן ריוח בין כל שני תיבות ממנו״. הובא גם בדרך ישרה, יד ע״א. ומצינו בסידור עבודת התמיד, במבי תרמ״ט: ״ועומד ויכוין בשמות הקודש היוצאים מר״ת ולא יזכירם בפה, ויתן ריוח מעט בין שתי תיבות עד כלות״. אגב, על שם אבגית״ץ שסודו מופלא ומופלג ראה ספר הפליאה, נה ע״ג.

על ערכו של שם זה כמצטרף לתפילה כלשהי, ראה א׳ גרינולד, ׳הכתב, המכתב והשם המפורש – מאגיה, רוחניות ומיסטיקה׳, משואות, ספר זכרון לא׳ גוטליב, ירושלים תשנ״ד, עמ׳ 87-88. וראה גם מ׳ אידל, ׳על כוונת שמונה עשרה אצל ר׳ יצחק סגי נהור׳, משואות, שם, עמ׳ 32; הנ״ל, ׳עיונים בשיטתו של בעל ״ספר המשיב״׳, ספונות, יז (תשמ״ג), עמ׳ 257. פרטים נוספים אפשר למצוא במאמרו של שלמה טל, ׳אנא בכח׳, סיני, צב (תשמ״ג), עמ׳ רפז-רפח.

127 על שם של מ״ב נוסדו כמה פיוטים. ראה א׳ לנדסהוטה, סדר בקור חולים, בערלין תרכ״ז, הקדמה, עמ׳ כה-כו (ובעמ׳ 74 הביא בתוך התפילה את נוסח אנא בכח). על תפוצת אנא בכח ראה י׳ דודזון, אוצר השירה והפיוט, א, עמ׳ 285 מס׳ 6242. על גימטריאות שונות הכרוכות באבגית״ץ וכו׳ ראה ש׳ מוסאיוב, מרכבה שלמה, ירושלים תרפ״א, כז ע״ב - לא ע״א.

בפרדס רמונים, שער כא פרק יב, רמ״ק מונה כמה ראשי תיבות של שם בן מ״ב (כולל זה שבספר הקנה). וראה ספר הפליאה, נד ע״א - נה ע״ב (והשווה ספר הקנה, פז ע״א - פח ע״ב); של״ה, מסכת פסחים, קמה ע״ב - קמז ע״א (= ח״ב ד ע״ג - ה ע״ד); דרכי חיים ושלום, סי׳ שעג. בכ״י רומא 2 (וראה שמואל ר׳ די סיניי, רשימת כתבי היד שבספרית בית המדרש לרבנים האיטלקי, רומא, נדפסה בעלי ספר, מוסף, תש״ן, עמ׳ 120), מופיע פיוט זה: ״אל ברוך גדול ידיעה תשעה צעקתי / קול רנה עתרתי שעה טהר נשמתי / ... שמע קולי ודמעתי / שמע קולי ורנה צהלי יחידתי תמתי / שמע קולי ורנתי צדיק יסוד תמתי״. עיין עוד בסמוך (ליד הפניות 763-764 ובהערות). ראשי התבות ׳אנא בכח׳ מצויות בראשית חכמה, שער הקדושה, פרק ז, קנד ע״ב. אגב, ראשי תבות אלה בלבד נרשמו גם בספר הקמיע העברי, מאת עלי דייויס ודוד א׳ פרנקל, ירושלים תשנ״ה, עמ׳ 43. ולא נוכל להאריך במסגרת זו. וראה מ׳ קדוש, הפסיקה הקבלית בספרות השו״ת מהמאה הי״ג עד ראשית המאה הי״ז, חיבור לשם קבלת תואר דוקטור, בר-אילן תשס״ד, עמ׳ 354-371.

128 תקון כא, מז ע״א; ומעין זה: תס״ט, קד ע״ב.

129 זכירה לחיים, א, אזמיר תרמ״ה, מז ע״ד.

130 ראה שערי זהר, ירושלים תשט״ז, מב ע״ב-ע״ג.

אולם יש גם כיוון חיובי. כך נמסר על מנהגו של נתן העזתי: "בקבלת שבת צ"ל אחר מזמור לדוד קודם לכה דודי אנא בכח כיון שבקבלת שבת עולים העולמות צריך לתקן להם כח בשם זה, ויש כוונה ולא זכיתי ליה"[131]. למדנו כאן את מעשה ההעלאה. אותו כיוון מחשבה נמצא גם בחמדת ימים (מא ע"ג): "ואחר המזמורים האלה יעמדו על רגליהם לאמר תפלת רבי נחוניא בן הקנה אבגית"ץ ... להעלות העשיה". במובאה זו נוסף פרט חשוב, שיש לעמוד[132] בעת אמירת אנא בכח.

סדר אחר, שאף הוא פותח באבגית"ץ, אך ראשי התיבות הן: אלהים בישראל גדול יחודך תשגבני צדקתך וכו', נמצא בכ"י מינכן 209, דף 100א, משנת 1289, בתוך 'תפלת הערער'[133]. וכן בספר הפליאה, נג ע"ד. בשושן סודות, מא ע"א, מובא כ"תפלת ר' אליעזר [!] רוקח". וכך גם בסוף פירוש ספר יצירה לר' אלעזר מוורמס, ובנדפס אף הוסיפו בראשו: "תפלה נאה וחשובה, אשרי האומרה בכל יום"[134]. גם נדפס בשערי ציון, דפו"ר, שער ג; וכן בתקוני שבת עם פירוש מנחת יעקב, פראג תי"א, לאחר אנא בכח הרגיל כתוב: "עוד שיר ושבח ע"פ סדר של שם מ"ב: אלהים בישראל גדול יחודך", עד סופו[135].

בתכלאל (ק ע"ב) נדפס אנא בכח הרגיל (ומיד אחריו פסוקי אנקת"ם, הידועים כשם בן כ"ב[136]). בפירוש שבשוליים נאמר רק: "כמפורש בס' הפליאה ושאר ספרי קבלה". גם בסידור, כ"י מנצ'סטר-גסטר 2021 (=ס' 16064), תימן 1814, מופיע: אנא בכח, אנקת"ם, לכה דודי, בר יוחאי (95ב - 96א). גם ב"סידור תפלות כל השנה כמנהג צנעא", תצלום מכ"י שנכתב בירושלים תרמ"ט, מופיע אנא בכח, אנקת"ם, לכה דודי וכו'. משמע, נוהג זה מקובל היה בתימן.

למעשה, בקבלת שבת – תפילת אנא בכח אינה נמצאת בכל הסידורים הקבליים, כגון בסידור השל"ה (דפו"ר), סידור האר"י (זלקווא תקמ"א), שערי רחמים (המיוחס לר' חיים הכהן), סידור רבי אשר, ולא בסידורים נוסח ספרד (כגון ונציה שנ"ח, שם תט"ו). גם בסדר היום, בשעה"כ ובמשנת חסידים אינה נזכרת. מוזר שיצחק סטנאב הביאו במהדורת ויעתר

---

131 כ"י בזמ"ל 2052 (=ס' 11150), דף 46ב. וראה גם בניהו, ספונות, עמ' רצט, סעיף 17.

132 בעיקר בגלל הקשר לשם של מ"ב. כך דרש הרמ"ז (ראה בניהו, דור אחד בארץ, עמ' רעב). ובכנסת הגדולה, על טור סי' נא, ס"ק א, כתוב: "ויש נוהגים לעמוד כשאומרי' אנא בכח". וכך מקובל, למשל, גם בתימן. ראה יהודה לוי נחום, מצפונות יהודי הימן, תל-אביב תשכ"ב, עמ' 82. בתוניס עומדים ממילא בכל קבלת שבת.

133 יצוין כי יש כמה ביטויים שווים בשתי הנוסחאות של אבגית"ץ. למשל, [חסיד-חסין] קדוש ברוב טובך; זכור קדושתך. אגב, בסידור איטלקי, כ"י פפד"מ 18, ג בתמוז שנ"א, יש בקשה מיוסדת על שם של מ"ב: אלקים בישראל גדול (6א), ואפילו כריעה המיוסדת על שם של מ"ב: אהיה אשר אהיה וכו' (6א-ב).

134 ראה על כך ג' שלום, קרית ספר, א (תרפ"ד), עמ' 206.

135 בשערי ציון, אמשטרדם תל"א (ואין בדפו"ר !), יט ע"ב, נדפסה תפילה של אבגית"ץ: "אנא באש גבורתך ידך תלהט צרי". על סליחה שמתחילה "אלהים בישראל גדול ישועתך", ראה לקט יושר, עמ' 132. על פענוחים נוספים של אבגית"ץ ראה דודזון, אוצר השירה והפיוט, א, עמ' 215 מס' 4682, 4683, 4684. (אגב, מפליא שהוא לא הביא את הכתוב בשערי ציון, למרות שהכירו). פתיחות נוספות ראה לעיל, הע' 757. פירוש כללי לראשי-התיבות של אבגית"ץ תמצא ב'פירוש שם בן ארבעים ושתים', שהוהדר בידי ג' שלום, 'לחקר קבלת ר' יצחק הכהן', תרביץ, ה (תרצ"ד), עמ' 320-322. וראה מ' אידל, במאמרו הנ"ל בסוף הע' 756.

136 הקשר בין כ"ב אותיות וברכת כהנים מצוי בזוהר, ח"ג קמז ע"א, אך לא אנקת"ם! אציין כי הרב י"י צוברי התנגד לומר זאת בליל שבת. ראה סדור כנסת הגדולה, א, עמ' שנ. על חשיבות שם זה ראוי להביא מהכתוב בסידור טיהינגן, ביחס לשלוש רגלים: "קבלה בידינו, חזן המזכיר שם של כ"ב בטהרה בעזרת השם שלא יהיה גזירה באותו שנה". אגב, גם לגבי אנקת"ם יש פתיחות שונות. הנפוץ (והוא בקצור של"ה): "אל נא קרב תשועת מצפיך". אך יש גם: "אנא נורא קדוש תרבה מחילתך". ויש: "אל נא קראתיך תענני ממרום". שני האחרונים מופיעים בשער ג של שערי ציון, דפו"ר (כולם נזכרו בערכם אצל דודזון).

יצחק (ברלין תקמ"ה) אך השמיט בתאמי צביה (ברלין תקנ"ז). אולם מובאת בקיצור של"ה (פפד"מ תק"ה, נ ע"ג), בסידור ר' שבתי, בסידור אדמו"ר הזקן ועוד. וכן בפרי עץ חיים (דובראוונא תקס"ג, צד ע"ב-ע"ג), המשלב בין ז' הקולות של מזמור כט לפסוקי אנא בכח. לא מקרה הוא שמסופר על כמה ממורי החסידות שלא אמרו אנא בכח[137]. גם בסידור קלף, "ספר שיר ושבחה, והוא קונטרס לבית הכנסת, כמנהג אשכנז ופולין", רעדעלהיים תרס"ו/1905, אין בו אנא בכח. לעומתם אציין משורר מודרני שכתב שיר בשם אנא בכח, ושיבץ בו ביטויים מן התפילה הזו[138].

אציין עוד את דברי סדר היום (כו ע"ג, אמנם בהקשר לשחרית של חול): "ויש שנוהגים לומר אחר נוסח זה בשכמל"ו **בלחש** מפני קדושת ה' שרומז בראשי תיבותיו, **וראוי הוא**". וכן הוא בסידור כנסת הגדולה, עמ' שנ.

מח. לכה דודי

פיוט מפורסם זה, נתחבר בידי ר' שלמה אלקבץ[139], והוא נזכר כבר בפלח הרמון של רמ"ע מפאנו, שנכתב בשנת שמ"ב[140]. לראשונה נדפס בסידור ספרדי בונציה שמ"ד: "ואח"כ [אחרי כט] אומרים זה הפיוט נאה ומשובח יסדו ובנאו החכם האלוקי כמהר"ר שלמה הלוי אלקבץ ז"ל בעיר צפת תבנה ותכונן במהרה בימינו אמן". משפט זה הועתק בסידורים ובתיקוני שבת רבים. יש לציין עובדה זו, שכן סדר קבלת שבת המורכב ממזמורי תהלים לא היה מן הנמנע שיידפס, אך היה יחס מיוחד ליצירות חדשות, ואין נוהגים בקלות לשלב פיוט של מחבר בן-הזמן בסדר העבודה המקובל. כך דרכה של מסורת – שמרנית היא. אף מעניינת ההערה בסידור קול יעקב, למברג תרי"ט: "זמר נאה לקבלת שבת מן הרב רבינו שלמה הלוי ואינו מכתבי האר"י ז"ל אך עכ"ז יש לאומרו".

אכן, הפיוט לא נדפס בכל סידורי הספרדים סמוך לחיבורו. יצויינו אפוא מקצת מקורות קדומים שכן הזכירוהו. בכ"י אוקספורד 2555, שהוא לקט תפילות, נכתב בקאשטילפראנקו בשנת 1597 (שנ"ז), כתוב בדף 2א: "ערב שבת אחר המנחה אומרים זה המזמור [כט], ואח"כ זה השיר אשר חברו החכם כמהר"ר שלמה אלקבץ הלוי זצ"ל מצפת תוב"ב ושמו בקרבו"; מחזור ונציה שנ"ח מתחיל במזמור כט, "ואחר כך אומרים זה הפיוט נאה ומשובח יסדו ובנאו ... אלקאביץ ז"ל בעיר צפת". אף בכ"י איטלקי, בן שני דפים (מספרו בספרייה הלאומית בירושלים: 978 °8), מופיע לכה דודי, תחת הכותרת: 'קבלת שבת להרשב"א'. כתב-היד נכתב לפני שע"ב, מועד חתימת הצנזור. משמע, כבר סמוך לאחר מותו של המחבר מוצאים אנו את הפיוט באיטליה. אף זאת, בסידור כמנהג ספרד, ויניציאה תי"ז, מופיעים רק במה מדליקין

137 למשל, ר' יצחק אייזיק מזידיטשוב (ילקוט מהרי"א, ירושלים תשמ"ט, עמ' קעד); ר' יצחק יחיאל ספרין (מנהגי קומרנא, עמ' מ); ר' חיים אלעזר שפירא (דרכי חיים ושלום, סי' שעג, עמ' קי). המשותף לאישים אלה הוא היותם נמנים עם הפלג הקבלי יותר בתנועת החסידות, ואפשר שהעדר התפילה בכתבי האר"י הראשוניים גרם להתעלמותם ממנו.

138 אמיר גלבע, כחלים ואדמים, תל-אביב תשכ"ג, עמ' 350-351.

139 וראה ש"א הורודצקי, המסתורין בישראל, תל-אביב תשכ"א, ג, עמ' 32-34; י' בזק, 'עיונים ב"לכה דודי"', סיני, קב (תשמ"ח), עמ' קפג-קצו; י' רצהבי, '"לכה דודי" של המקובל רבי שלמה אלקבץ ומקורותיו', מחניים, 6 (תשנ"ד), עמ' 162-169; קימלמן, לכה דודי, עמ' 33.

140 ראה תצלום אצל כהן, מקורות, עמ' 103.

ולכה דודי.

אמנם אלצ׳אהרי, שמסעו בארץ ישראל אירע בשנת שכ״ז, לא הזכיר הפיוט. לעומתו, יש סידורים תימניים שמתחילים את סדר קבלת שבת בלכה דודי. למשל, תכלאל פעמון וזהב של מהרי״ו, כ״י מכון בן-צבי 1219 הועתק: לכה, בר יוחאי, בתוספת שני בתים של אלצ׳הארי, ולפי טובי: ״נראה שכל הסידור אינו אלא אחת ההעתקות הראשונות שהעתיק ר׳ יצחק ונה ... ככל הנראה ההעתקה הקדומה ביותר של תכלאל פעמון וזהב הידועה לנו״ (טובי, מס׳ 153, עמ׳ 85), והיא משנת שצ״ז. וכן בתכלאל תימני משנת תרכ״ז, כ״י מכון בן-צבי 3259 (=ס׳ 36364; טובי, מס׳ 178): לכה, בר יוחאי, יגדל.

ברם, ספק הוא אם האר״י אמר פיוט זה, והזכרנו לפני שורות אחדות את ההערה בסידור קול יעקב. הנה, במקורות מוקדמים שמדברים על יציאה לשדה נפתח הטקס בקריאת מזמור כט, ובהמשכו הפיוט האמור. למשל, בהנהגות רבי אברהם הלוי: ״כמה כתות יוצאים ע״ש מבעוד יום לבושים לבנים ומקבלים פני שבת וקורין מזמור הבו לה׳ בני אלים ופזמון לכה דודי ומזמור שיר ליום השבת ואו׳ בואי כלה״[141]. אך אין ידוע לנו תאריכה המדויק של הנהגה זו, ואם תיאור זה אמנם משקף את מנהג האר״י. באגרות ר׳ שלומיל מדרעזניץ, שעלה לצפת בשנת שס״ב, נמצא באגרת א (שבחי האר״י, פשמישל תרכ״ט, ג ע״א; ארם צובא תרל״ב, י ע״א), שהאר״י התחיל מזמור כט ו״פזמון מיוסד לקבלת השבת ומזמור ליום השבת וי״י מלך בניגון נאה״. ובדיוק כך מסופר בעמק המלך (קט ע״ג) על האר״י: ״והתחיל מזמור לדוד הבו לי״י בני אלים ופזמון מיוסד לקבלת שבת ומזמור שיר ליום השבת ומזמור ה׳ מלך בניגון נאה״. ואמנם כאן כתוב בסתם: ״פזמון מיוסד לקבלת השבת״, אך באגרת אחרת מפורש: ״ומשוררים הפיזמון **לכה דודי** לקראת כלה שעשה מהר״ר שלמה אלקבץ הלוי ז״ל ומזמור שיר ליום השבת וה׳ מלך גאות לבש״[142]. אך אין מדובר שם על האר״י (״משוררים״). כל המקורות הללו עשויים ללמד שהפיוט אכן נתפשט תוך זמן קצר, אך ערפל עדיין עוטה את מנהג האר״י.

והנה, לצד העדויות ההגיוגרפיות קיימת העובדה שהפיוט לא נזכר בשער הכונות בסדר קבלת שבת, לפיכך מקובלים עצמם העלו ספק אם האר״י אמרו, ומכל מקום היו שהסתייגו ממנו. וכן הוא מנהג בית-אל שלא לאומרו, גם לא נזכר בדברי שלום. אף בספר שמן ששון, בפתח עינים, דף סא סוף ע״ד, כתוב: ״אין אנו נוהגים לומר לכה דודי. ומנהגינו לאומרו בבה״כ ולא בשדה מפני הגלות פחד הגוים״. לא מקרה הוא שבספר בן איש חי (שנה ב, פר׳ וירא אות ב) נכתב בסוגריים: ״(ואח״כ פיוט לכה דודי כפי מנהג ישראל)״, כנראה כיון שלא נזכר בדברי האר״י[143]. לפעמים שרו תחתיו את הפיוט בר יוחאי, כמו בשפר תקון שבת, ליוורנו תקס״א, שהוא על-פי הרש״ש[144].

---

141 שכטר, הנהגות, עמ׳ 297, סעיף ז.

142 ראה ש׳ אסף, קבץ על יד, ג(יג), ת״ש, עמ׳ קכז. ראה גם בספר האר״י וגוריו באספקלרית כל אגרות הרב שלמה שלומל ז״ל, בעריכת הגרי״מ הלל, ירושלים תשנ״ב, עמ׳ קמו.

143 מנהגי ק״ק בית יעקב בחברון, עמ׳ יג הע׳ 23.

144 בשער כתוב: ״מסודר ומתוקן באופן היותר נאות ... עם מזמורי קבלת שבת ותפלה המסו׳ מפי איש אלוהים קדוש הוא הרב מהר״ש סרעאבי״. אגב, למרות ההשפעה הקבלית הרחבה של הרש״ש, הספר פותח בתפילה הידועה (ראה חלמיש, הקבלה, עמ׳ 91-93; ולעיל, בסעיף רבונו של עולם): ״רבונו של עולם אתה יודע כי לא בינת אדם לנו״ וכו׳. וראה בצלאל

אמנם בידינו עדויות אחדות של ר״י צמח ביחס לרח״ו, וכולן לדבר אחד נתכוונו: ״ואח״כ יאמר שיר לכה דודי לקראת כלה כלו, שכך היה נוהג הרב ר׳ חיים זלה״ה עד באי כלה באי כלה״[145]. גם במקומות אחרים חייב ר״י צמח את אמירת לכה דודי[146]. וראה הגהת ר״י צמח בפרי עץ חיים, שער השבת, פרק ח, תקמ״ה, פ ע״ד: ״צמח. אח״כ יאמר לכה דודי ... זה היה נוהג הרח״ו ז״ל וכן אמרו [בדובראוונא תקס״ד, צד ע״ג: העידו] לי החברים״.

אפשר שיש מקום לעיין ביחס אל הפיוט תוך בדיקת נוסח פרי עץ חיים. בדפוס הראשון, קארעץ תקמ״ב, פב ע״ד, סוף פרק ג, מופיע משפט אחד בלבד: ״כאן יאמר הפזמון של לכה דודי וכו׳״ – אשר, מצד אחד, מלמד כי הפזמון נפוץ ומפורסם, אך מצד שני, אין לו כביכול שום מעמד מבחינה מיסטית ואין מיוחסות לו שום כוונות. וכך הוא גם בדפוס השני, קארעץ תקמ״ה, שבו מובאת הערת סוגריים בשם ר״י צמח: ״אח״כ יאמר לכה דודי״. ושוב בלא כל הסבר פרט לתיקוני לשון, כדלהלן. ניסוחים אלה עשויים ללמד על העדר מסורת מוסמכת ביחס לנוהגו של האר״י. משום כך עולה חשיבות האמור בחמדת ימים, והוא, ככל הנראה, המקור לידיעה הנפוצה על יחסו החיובי של האר״י: ״והוא ז״ל היה אומר פיוט נאה ומשובח אשר חבר ויסד החכ׳ החסיד שלמה הלוי ז״ל אלקבץ ושמו חתו׳ בראשו. ואמר הרב כי רוב דבריו מסכימים אל האמת, והוא לכה דודי״[147].

הרמ״ז אף הוא נהג לאומרו, כמו שעולה מאגרותיו אגרת י, ז ע״א. למעשה, רמ״ז הוא שהנהיג אמירת פיוט זה במנטובה, אך לא הכל בסביבתו קיבלו את מרותו. יתר על כן, בבית הכנסת שלו הוא מנע את האמירה, שכן ר׳ שמשון מורפורגו, שהיה רב באנקונא וחי בערך בשנים תמ״א-ת״ק, התנגד לפיוט זה, ובדבריו הוא מזכיר את ״הגאון המפורסם מהררי״ב [=מורי הרב ר׳ יהודה בריאל] מיחידי בה״כ א׳ שבקק״י [=שבקהילת קודש ישראל] קאסלי״, אשר ״הוא בעצמו מסר לי פה אל פה שבזמן שהנהיג מהרמ״ז זצוק״ל ק״ק מנטובה אשר היה עומד עליהם לראש ולקצין לומר פיוט לכה דודי בליל שבת, לא הניח בני הב״כ שלו לאומרו. ועוד היום כמדומה לי שאינן אומרים אותו״[148].

לעומת זה, הפיוט מופיע בספר ארחות חיים, פראג שע״ב, בסופו, ללא שום קשר לתוכן הספר: ״שבח לקבל פני שבת כלה ומלכה לכה דודי לקראת כלה״. בספר המפטיר של אורבינו, שנכתב בשנת תס״ד, אנו מוצאים את הפיוט של ר׳ מרדכי דאטו ״לאל עולם״[149], אחריו במה מדליקין, ואחריו לכה דודי. לאחר הפיוט כתוב רק ״מזמור שיר ליום השבת״. יש לראות זאת כהוראה לומר מזמור זה, ואך משום שגירותו לא הועתק לפנינו. כן נדפס בסידורים ספרדיים כמו: אמשטרדם שפ״ו, אמשטרדם תי״ח, תכ״א, ת״ל, ויניציא תל״ט[150], פירנצי תע״ה ועוד. בסידור וירונה תקפ״ח, נרשם ״קבלת שבת״, אך מופיע רק לכה דודי. גם בוין תר״ז כתוב:

לנדוי, מסע מירון, ירושלים תשכ״ו, עמ׳ קו. אגב, בכתבי-יד שונים, כגון ניו-יורק בהמ״ל 4082, ״סדר קבלת שבת״, פותח בתפילה זו, ולאחריה ״לייחדא שמא דקבה״ו הנה אנחנו באים לומר מזמורים קבלת שבת מלכתא להאדיר ולהעלות״ וכו״.

145 סידור כוונות התפילות בקצרה, ירושלים תשמ״ו, עמ׳ פח.

146 נגיד ומצוה, עמ׳ קכב; לחם מן השמים, כו ע״א.

147 חמדת ימים, מא ע״ג.

148 שמש צדקה, שאלה יא, ויניציאה תק״ג, יז ע״ג.

149 דאטו היה, כידוע, מקובל, וגם בפיוט זה מופיעים בחלקו האחרון מוטיבים קבליים שונים. משום-מה לא נדפס בסידור מברכה, מנטובה תי״ג.

150 מכאן שיש להקדים את האמור אצל כהן, מקורות, עמ׳ 84, לפיו נדפס לראשונה באיטליה במנטובה שנת ת״ס.

"וטוב לומר הששה מזמורים סימן ... כט". אך למעשה נדפס רק לכה דודי, כנראה משום שהוא פחות שגור או מצוי ממזמורי התהלים.

אציין עתה סידורים שונים שהפיוט אינו מופיע בהם: מחזור רומניא[151]; כ"י ירושלים, אוסף יהודה 180; כ"י בהמ"ל 4220; סידור ספרדי, ונציה שס"א, קכד ע"ב; ונציה שפ"ב, דף רט; ונציה שפ"ו, קלה ע"א; "סדר תפלות כמנהג ק"ק ספרדי", ויניזיא תנ"ט; פיסא תקנ"ה (ספרדי); סידור הגיון לב, עמ' 52; מקור ברכה של לנדסהוטה; סידור סינסינטי 1889. וכן הושמט בתיקון ענג שבת, ליוורנו תקס"ה.

בסיכומו של דבר, קשה למצוא מכנה משותף למדפיסים או למשמיטים.

יש שאמרו את הפיוט כולו בישיבה, יש שאמרוהו בעמידה ויש שהפיוט בחלקו נאמר מעומד. מתוך הסגנון של באר היטב, סי' רסב ס"ק ה, נראה כי יש לומר כל קבלת שבת בעמידה, "כמו שיקבל פני כל אדם גדול". אין ספק שבגלל שגב המעמד והתחושה המיוחדת של קבלת שבת כמעט באופן מוחשי עלתה מאליה חובת העמידה בלכה דודי. יפה היא ההוראה: "יאמר השיר לכה דודי בשמחה גדולה ובשיר ובעמידה"[152]. יצוין אפוא משפט הפתיחה המופיע בתיקונים ובסידורים רבים, שמקורו הראשון הוא בתקון שבת מלכתא, דפו"ר [דף 5ב]: "ואחר המזמורים ותפלה הנזכר [אנא בכח] יעמדו על רגליהם כל העדה כולם קדושים לכבוד שבת מלכתא וישוררו הפיוט הנאה והמשובח המהולל ברוב התשבחות"[153]. אך יש שעלתה גם תכלית תיאורגית. וכך קוראים אנו בחמדת ימים, מא ע"ג: "ואחר זה [אנא בכח] יעמדו על עמדם ופניהם למערב לומר שירות ותושבחו' הלל וזמירות לכבוד הדרה של שבת לעורר חבצלת השרון למעלה ולהכין אותה ולסעדה יחד עם דודה ... והוא לכה דודי". וכן מקובל כיום אצל עדות מזרחיות רבות. למשל, ברית כהונה, מנהגי ג'רבה[154]. וכן הוא מנהג חבאן ותימן[155]. בכ"י ששון 634, עמ' 73, נמסר בהגהות שוליים בשם מהרי"ו: "ומפני כבוד השבת ראוי לעמוד בעת שפותח פיו בשירת לכה דודי עד סיום בואי כלה כשהוא מקבל בבית הכנסת". כלומר, חובת העמידה נזכרת בתימן כבר במחצית הראשונה של המאה הי"ז. אף בכ"י גינצבורג 1527, מאה י"ח, מנהג צנעא: לעמוד בלכה דודי. וכן בכתב-יד תימני משנת תרכ"ז, כ"י מכון בן-צבי 3259, כתוב: "הקבלת שבת מעומד", ומופיע גם לכה דודי. וכן בסידור כמנהג צנעא שנכתב בירושלים תרמ"ט (וכיום בדפוס-צילום), והוא נוסח בלדי: "יעמדו כל העדה הקדושה לכבוד שבת מלכתא". וכן סידור כנסת הגדולה, עמ' שנא. ועל מנהג חברון נמסר: "משמתחילין מזמור לדוד בקבלת שבת עד אמירת ברכו נשארים מעומד"[156].

יש שאמרו רק בית אחרון בעמידה. כך, למשל, ב"סדר תפלת כל השנה כמנהג ק"ק ספרד", ויניציאה תי"ז, קיט ע"ב: "מנהג נכון לקום כאן בגילה ורעדה לקבל נפש יתירה הבאה: בואי

---

151 כך ציין כבר אלבוגן, עמ' 83.
152 קצור של"ה, פיורדא תנ"ג, מז (פפד"מ תק"ה, נ ע"ג).
153 במנחה יעקב שנדפס בפראג [תי"א. ראה לעיל, הע' 723]), בדף 4א, מופיע בנוסח רחב יותר ושונה קמעא מתקון שבת מלכתא, דפו"ר; וכן תקוני שבת שנדפסו באמשטרדאם תמ"א; קושטנדינא תק"ח, ח ע"ב; אמשטרדם תקכ"ה; אלעקסינץ תקכ"ז; סידור ונציה תקכ"ח, יג ע"ב; ויניציאה תקנ"א ועוד.
154 ח"א, ג'רבא תש"א, דף פד. וראה גם כהן, מקורות, עמ' 81.
155 השווה יהודה לוי נחום, מצפונות יהודי תימן, תל-אביב תשכ"ב, עמ' 82; מ' צדוק, יהודי תימן, תל-אביב תשמ"ג, עמ' 183, הכותב: "כל הקהל בעמידה בניגון מיוחד".
156 זכרונות אליהו, ח"א, שבת, מערכת ק אות ו.

בשלום" וכו'; וכן בסידור ספרדי, בית תפלה, אמשטרדם תע"ב. גם בסידור כמנהג ספרד, ליוורנו ת"ק, עז ע"א: "כשאומר בואי בשלום מנהג נכון לקום בגילה יתירה". ובלשון זה גם בסידור כמנהג ספרד, שפת אמת, צפת תקצ"ב, סט ע"א; וכן בסידור חסד לאברהם, בעריכת ר' אברהם ב"ר מרדכי אנקאווא (ליוורנו תר"ה, קנד ע"א). ולכך התכוון, כנראה, גם בעל תקוני שבת, ליוורנו תרמ"ד, כאשר הורה לעמוד בבואי כלה בלבד. וכך נהוג במארוקו. קימה זו היא אפוא לכבוד הנפש היתרה היורדת לאדם עם אמירת בית זה, לפי האר"י. אך קיים גם הסבר "פשטני": "נוהגין לעמוד אז ולעשות דוגמה כמו שמקבל פני אדם גדול" (משנה ברורה, סי' רסב ס"ק י). אצל החסידים, שהחזן הקדים וקרא כל בית לפני הקהל, נהוג שכבר בבית שלפני האחרון כלם קמים.

יושם לב שהמקורות הללו אינם מזכירים את הסבת הפנים. גם בני תימן אינם הופכים פניהם באמירת "בואי בשלום". אכן, שאלה היא אימתי החלו להפוך פנים. כללית אפשר להניח, שמאחר שנשתגרה ההוראה הקצרה: "קבלת שבת בשדה וצריך להיות מעומד ופניו למערב", הרי למן הזמן שחדלו לקבל שבת בשדה אך עושים כן בבית הכנסת, נהגו להחזיר את הפנים לצד מערב (ולאו דווקא אחורנית!) לפחות בבית הקורא מפורשות: "בואי בשלום" וכו'. לכך התכוון גם ר' יוסף חיים, באומרו שאע"פ שהאר"י דיבר על קבלת שבת בשדה, "נוהגים לעשות כן גם כשמקבלים שבת בבית הכנסת" (בן איש חי, פר' וירא אות ב. הוא מסתמך על פמ"ג ס"ס רסב). מעניינת התוספת באשר למנהגו של רי"א מקאמרנא: "המנהג שלנו בעת קבלת שבת להפוך פניו למערב ולילך מעט נגד [=לקראת] שבת, ונכון"[157]. לפי הרב גאגין, כתר שם טוב, ח"א, עמ' קפד, מנהג ספרדים להפוך פניהם פעם למזרח ופעם למערב.

אך אימתי החלו בכך? אין לי מקור מפורש, אולם עדות מעניינת אפשר למצוא אצל אחד מחכמי גליציה במאה הי"ז, רבי בצלאל מקוברין, הכותב: "זה מקרוב[!] נוהגים קצת קהלות כשבא החזן העומד על הבימה לבואי כלה הופך פניו נגד פתח ב"ה [=בית הכנסת] העומדת במערב ע"פ הרוב וכל הקהל אחריו" (קרבן שבת, פרק יד). באשל אברהם, סוף סי' רסב: "ואנו נוהגין שמהפכין פניהם לצד מערב כשאומרים בואי בשלום". וכן במנהגי פפד"מ, דברי קהלת (שנכתב ע"י זלמן גייגר בשנת תקע"ח), עמ' 61: "וכשמגיע למאמר בואי בשלום וכו' פונה למערב, וכן ק' [=קהל] עומדים ופניהם למערב ומנגנים עמו". ואילו בערוך השלחן, סי' רסב ס"ק ה, כתוב: "ובחרוז האחרון עומדים וחוזרים פנינו **כלפי הפתח** ואומרים בואי בשלום".

בשו"ת של אחד מגדולי פוסקי דורנו[158] נערך דיון אם לקבל הטעם של משנה ברורה, סי' רסב ס"ק י, שהופכים פנים לצד מערב כי השכינה במערב ו"אנו קוראים לשכינה הקדושה בואי בשלום ... שתשרה עלינו עם קדוש", או לקבל דברי ערוך השלחן, סי' רסב אות ה, שסובבים פנים כלפי הפתח, ובלא נימוק. משמע, לאו דווקא למערב. ויש טעם נוסף של תולדות מנחם, כי לצד הפתח שבמערב יושבים האבלים כדי שידעו לנחמם[159]. והשאלה היא

157 שלחן הטהור, סי' רסב ס"ק יא. השווה לקמן הערה 803.

158 הרב ב' זילבר, אז נדברו, ח"ב סי' ו.

159 ראה טעמי המנהגים ומקורי הדינים, סעיף רסד, בקונטרס אחרון, שם, עמ' קכז. וראה גם יעקבסון, נתיב, ח"ב, עמ' 66; סידור עבודת ישראל, עמ' 182. אולם טעם זה נדחה בשתי ידיים ע"י ר' משה פינשטיין: "והטעם בשביל האבלים אינו כלום" (שו"ת אגרות משה, או"ח ח"ג, סי' מה). ולדעתו, "ואיך שעושים, כיון שהכוונה לכבוד שבת קדש הוא טוב, אף שלע"ד אין ענין פתח שום טעם, אם לא מטעם דנראה כמתכוונים לצאת". כלומר, במתכונת הקדומה של יציאה לשדה.

למעשה, כיצד יש להתייחס אל המתפללים לכיוון דרום, למשל. ובתשובתו נראה שאינו מבדיל כי באופן מעשי התפללו למזרח והפכו פניהם למערב. אך הוא נזקק לכף החיים שהדגיש את צד מערב. לכן, למשל, הצפוניים בארץ-ישראל המתפללים לדרום חייבים לצדד למערב, "וכמדומה שאין המנהג כן". באופן עקרוני סבור אפוא הרב זילבר שטעם הפנייה היא לקבל פני המלך, "והעיקר הוא הכנת הלב לקבל תוספת וקדושת שב"ק והכנה לנשמה היתירה שאדם זוכה בשבת". אך עם שהוא משתמש במוטיבים הקבליים הרלבנטיים הרי טעם המערב נעלם, ובכך נתפוגגה המשמעות הקבלית של צד מערב. כך הוא גם בהסברו של י"ד בית הלוי, הכותב: "ולי נראה שמנהג זה מקורו מצפת ... נוהגים בצפת בביהכ"נ של הספרדים לצאת לחצר בעת אמירת לכה דודי ... בבתי הכנסת שבארצות הגולה היה זה מן הנמנע מכמה בחינות, לצאת לחצר, ולכן נתקבל המנהג להפוך את פניהם לצד מערב בעת אמירת 'בואי בשלום', שהוא כעין קבלת פנים לאורח"[160]. אין ספק שהטעם המקורי לפנייה לצד מערב הוא הסימבוליקה: מערב הוא סמל לשכינה[161]. והרי בכך אות לקבלת פני השכינה, כפי שנהג האר"י בצאתו לשדה.

ממילא עלתה שאלה הלכתית, אם אין משום גנאי בהחזרת אחוריהם לארון הקודש. תשובתו של הרב זילבר היתה, שספר תורה גבוה מן הארץ עשרה טפחים. וכן הביא מן הלבוש, סי' קנ, שהאיסור הוא להפוך פנים כנגד חבר, שנראה כמשתחוה לו. אך כאשר כולם הופכים פניהם למערב אין איסור בדבר[162].

לפני שנעבור לדיון בסעיף אחר, מוצא אני לנחוץ להביא, כעין סיכום, מדבריו של ר' משה ב"ר גרשון מזאלשין בסידור תיקון שבת, ווארשא תקפ"ז: "בואי בשלום כו' חרוז זה יאמר האדם בשמחה עצומה עד מאוד כי בחרוז זה מקבל האדם נפש יתירה בליל שב' קודש ואנו קוראים לשכינה הק' בואי בשלום עטרת בעלה כו' תוך אמוני עם סגולה, פי' שתשרה עלינו עם קדוש הישראלי שנקראים עם סגולה בסוד נפש יתירה" (סו ע"א). אח"כ אומר שלוש פעמים בואי כלה, והפעם השלישית בלחש, ואח"כ "ימשיך ע"ע [=על עצמו] במחשבתו ג"כ בזה"ל [=בזה הלשון] בשמחה עצומה: הריני ממשיך עלי ועל כל ישראל נפש יתירה קדישא של ליל שבת" (סו ע"א-ע"ב). בפיסקה זו, וכן במקצת מובאות דלעיל, עולה ההערכה הכפולה המלווה טקסים או פעולות שונות בערב שבת, דהיינו, קבלת פני השכינה כשלעצמה וכרמז לייחודה, וקבלת פני השכינה המורידה ומעניקה לאדם התחתון נשמה יתרה.

ברם, בסדר היום (כב ע"ג) מופיע נוסח אחר של לכה דודי (וכמוהו בכ"י אוקספורד 1195, הצועד בעקבותיו). המשותף לשני הפיוטים הוא הביטויים: כלה, לכה דודי, בואי, שמור וזכור. הבית האחרון מזכיר את השיר של אלקבץ. לשני הפיוטים מקורות משותפים: רוב הפסוקים הם מהתנ"ך ועיקרם מישעיה; דימויים וצירופי לשון המופיעים בשבת קיט ע"א; בבא קמא לב ע"א; זוהר, ח"ג רעב ע"ב; תקוני זוהר, תכ"ד. המבנה[163] מקביל בכך שבתחילה מדובר על

---

160 ידע עם, י (ניסן תשי"ג), עמ' 92. ושם, חוב' ט (שבט תשי"ב), עמ' 3, השערות נוספות. וכולן רופפות.

161 ראה חלמיש, מבוא, עמ' 110, 117.

162 דברי הלבוש נזכרו גם בשו"ת רבי עזריאל הילדסהיימער, תל-אביב תשכ"ט, או"ח סי' כב.

163 לאחרונה הופיע ספרו של ר' קימלמן, 'לכה דודי' וקבלת שבת, ירושלים תשס"ג, ובו דיון מפורט על מבנהו של לכה דודי ועל תוכנו. וראה גם ש' טל, הסידור בהשתלשלותו, ירושלים תשמ"ה, עמ' סט-ע.

שבת ולאחר מכן על הגאולה. אולם יש גם הבדלים, והבולט בהם הוא ההרחבה בסדר היום.

נחלקו הדעות בשאלה איזה פיוט קדום יותר. לפי ברלינר, סדר היום הוא ששימש דוגמה לאלקבץ[164]. אך לפי כהן[165], אלקבץ קדם, שכן: א) סדר היום נדפס בויניציאה בשנת שנ"ט[166], כעשרים ושתיים שנה לאחר פטירת אלקבץ. ואילו הנוסח של אלקבץ כבר נדפס בונציה בשמ"ד, וחובר בערך בש"ח; ב) תקון שבת מלכתא, דפו"ר [6 ע"א], נותן אפשרות "וחדש מפני ישן תוציאו" ומזכיר את הנוסח שבסדר היום, כך שהוא נתפס סמוך להופעתו שהוא "המחדש". אכן, רי"מ טולידאנו[167] משער "שעוד בחיי ר"ש אלקבץ ... נהגו לשורר אותו בערבי שבתות".

יתר על כן, קימלמן הראה בספרו[168] כי משוררים שונים, שהיו כנראה בחבורת ר"ש אלקבץ ורמ"ק, או שהושפעו מהם, חיברו שירים לעת כניסת השבת. ובמסגרת זו יש לראות גם את השיר המאוחר יותר הנמצא בספר סדר היום.

לבד מדברי ההערכה הממצים המיוחסים לאר"י בחמדת ימים, כפי שהוזכר לעיל, נמצא דברים בשבח הפזמון כבר בתקון שבת מלכתא, דפו"ר [5 ע"ב]: "ואחר המזמורים ותפלה הנזכר יעמדו על רגליהם כל העדה כולם קדושים לכבוד שבת מלכתא וישוררו הפיוט הנאה והמשובח המהולל ברוב התושבחות אשר בנאו ויסדו" וכו'. וכן בסידור תאמי צביה בעריכת ר' איצק סטנאב[169], ברלין תקנ"ז, פד ע"א: "זה השיר יושר כליל התקדש שבת בשבתו מרבינו שלמה הלוי תוכו רצוף אהבה תפארת ומלכות".

גם ברלינר כותב בהתלהבות, כי "השיר לכה דודי השיג – אם אפשר לומר כך – שם עולם יהודי"[170]. הרדר והיינה תירגמוהו לגרמנית, וזה האחרון אף ייחס אותו לריה"ל. אף בסידור תאמי צביה הנזכר לעיל תורגם לאשכנזית (אך עדיין לא במהדורתו הקודמת, ויעתר יצחק).

לא ייפלא שנתחברו לשיר פירושים שונים. למשל, בחיבור קצר בשם קבלת שבת (קראקא 1650?) שראיתיו באוקספורד מצוי תרגום ופירוש בגרמנית. סמוך לפני כן נתפרש בתקוני שבת, פראג תי"א[171]; ולאחר מכן בחמדת ימים, מט ע"א ואילך; ולכך מוקדש ספר

ערוגת הבושם, זאלקווא תק"ה, לר' משה מזאמושטש. פירוש קבלי קצר תמצא גם במאמרי אדמו"ר הזקן למארז"ל, ברוקלין תשמ"ד, עמ' תנה-תנח.

לכה דודי זכה להשפעה על המקובל ר' מרדכי דאטו וגם על הנוסע התימני ר' זכריה

---

164 כתבים, עמ' 43. וכך סבור גם י' רצהבי, '"לכה דודי" של המקובל רבי שלמה אלקבץ ומקורותיו', מחניים, 6 (תשנ"ד), עמ' 163.

165 כהן, מקורות, עמ' 98-99.

166 ש"א הורודצקי, המסתורין בישראל, תל-אביב תשכ"א, ג, עמ' 33 הע' 57, מציין גם צפת שמ"ו. האמנם ראה מהדורה זו?

167 אוצר גנזים, תש"ך, עמ' 50.

168 קימלמן, לכה דודי, עמ' 23-26.

169 הדברים מופיעים בלשון שונה במקצת במהדורה קודמת של ר' יצחק, ויעתר יצחק, ברלין תקמ"ה, נד ע"א. על ר' יצחק סטנוב וזיקתו לקבלה ראה רבקה הורביץ, יהדות רבת פנים, ירושלים תשס"ג/2002, עמ' 20-23.

170 כתבים, עמ' 44. וראה הברמן, תולדות הפיוט והשירה, רמת-גן תש"ל, עמ' 242.

171 מנחת יעקב, לרבי יעקב בר רפאל הלוי מפוזנא. השיר עצמו נדפס בדף 12א, והפירוש בנפרד, שם, דפים 30א - 33א. על תאריך ההדפסה ראה לעיל, הע' 723.

אלצ׳אהרי, שייתכן מאוד שהכיר את השיר עוד בכתב-יד[172]. מסופר על ר׳ חיים אלעזר שפירא ממונקאטש, ש״הי׳ עומד באש לוהט ועשה איזה ריקודין לקראת כלה לכבוד שבת מלכתא, וכן באמירת בואי כלה כשעמד כלפי צד מערב בפניו המאירים והי׳ מטפס ועולה מטפס ויורד הלוך ושוב ברנה וקול זמיר. אשרי עין ראתה״[173].

המנהג לשיר אותו בנעימה[174] נזכר במקורות שונים. דור אחד אחר האר״י סיפרו עליו שהתחיל מזמור כט ו״פזמון מיוסד לקבלת השבת [שהוא בוודאי לכה דודי] ומזמור ליום השבת וי״י מלך בניגון נאה״[175]. וסמוך מאוד לאחר מכן בתקון שבת מלכתא, דפו״ר [5 ע״ב], כתוב: ״וישוררו הפיוט הנאה והמשובח המהולל ברוב התושבחות״. וכן תקוני שבת, אמשטרדם שפ״ו, קושטא תצ״ה, ושם ציינו לפי איזו נעימה ישירו[176]. לפי עדותו של סידור איטאלייאני, ויניציאה תק״מ: ״בהרבה מקומות נוהגים לומר קודם המעריב פרק במה מדליקין ואחר כך אומרים בנעימה לכה דודי״.

שירה התרחשה גם בפפד״מ, לפי עדותו של שלמה זלמן גייגר, המתאר את מנהגי הקהילה: ״א׳ מחזני הקהלה העולה בערבית מנגן על המגדל שקוראים שם בתורה בלי טלית להורות שאין זה מעיקר התפלה לכה דודי וכו׳ בנ״נ [=בניגון נאה] ... וכשמגיע למאמר בואי בשלום וכו׳ פונה למערב ... ובמלות בואי כלה הראשונו׳ פונים לדרום ובשנית למזרח ... ואם מנגן מהתעוררי והלאה בנגון אחר, שב לנגן מן בואי בשלום ע״ס [=עד סוף] בנגון הראשון שלפני התעוררי״[177].

בסידורים ספרדיים, כגון ויניציאה תצ״ח, אמשטרדם ת״ק, תק״ך ועוד, כתוב: ״כופל תוך אמוני פעם אחרת״. למעשה, נוהג זה מצוי בסביבה גאוגרפית רחבה יותר. למשל, בסדר התמיד, אויגניון תקכ״ז, ח״ב ג ע״א, כתוב: ״בואי בשלום ... עם סגלה בואי כלה בואי כלה, תוך אמוני עם סגלה בואי כלה שבת מלכתא״. וכך שגור בסידורי ספרדים, כגון סידור שבתות ה׳, ליוורנו תקמ״ה, יא ע״א. עדות מעניינת עולה מתיאורו של א׳ ברלינר[178], המספר ״רשמי סיור משנת 1873״ באיטליה: ״בסיום השיר, אחרי ׳בואי כלה׳, השתתפו כל המתפללים בשירה, ובקול חזק וחגיגי פתח עוד פעם זקן נכבד וחזר על השורה האחרונה ... תוך אמוני עם סגולה בואי כלה שבת מלכתא״.

נציין עתה כמה שינויים ותיקונים שחלו בפיוט זה:

בתימן גרסו: נקבילה. וראה הסברו הפשוט של המהרי״ץ, תכלאל עץ חיים, קא ע״א, כי

---

172 ראה ספר המוסר, מהדורת י׳ רצהבי, ירושלים תשכ״ה, עמ׳ 41 הע׳ 11.

173 דרכי חיים ושלום, סי׳ שעד. על דרכו של רח״א שפירא בריקוד ראה יוסף פנטון, ׳ריקוד הקודש ברוחניות היהודית – הריקוד החסידי׳, דעת, 45 (תש״ס), עמ׳ 143-145. והשווה לעיל, הע׳ 787.

174 להבנת הרקע הרעיוני להשמעת שירה בפה, עיין מ׳ אידל, ׳הפירוש המאגי והתיאורגי מהרנסנס ועד החסידות׳, יובל, ד (תשמ״ב), עמ׳ מה-נז.

175 שבחי האר״י, פשמישל תרכ״ט, ג ע״א; וכן בעמק המלך. וראה לעיל, אחרי הפניה 747.

176 ראה ברלינר, כתבים, סוף עמ׳ 44; כהן, מקורות, עמ׳ 99-100.

177 דברי קהלת, עמ׳ 61. בהמשך, שם, מוסבר כי ד׳ ראשונים בניגון פשוט, והאחרונים ״בנגון שמחה ומצהלה, אבל בואי בשלום שהוא רק לקבל שבת מנגני׳ בנגון הראשון הפשוט״. וראה אהרן ארנד, ׳החלפת הניגון בפיוט ״לכה דודי״׳, סיני, קיא (תשנ״ג), עמ׳ צג-צה. רוב החסידים מחליפים את הניגון בלא תבושי, ויש בוהיו למשסה. וראה דרכי חיים ושלום, סי׳ שעד.

178 במאמר ׳בתי-כנסת וסדרי תפלה באיטליה׳, נדפס לפני כשישים שנה בבטאון ״בית הכנסת״ מטעם בית הכנסת הגדול בתל-אביב.

נקבלה פירושו דבר ממשי שאפשר לקבלו. אך נקבילה פירושו הקבלת פנים, לעמוד נוכח. כמובן, דבר זה נכון לגבי פן אחד של רעיון 'קבלת' שבת[179]. מעניין שגם בפיוט של רבי מרדכי דאטו נכתב: "ילכו כלם לקביל שבת". ראה סידור מברכה, עמ' כג.

בספר יוסף אומץ, סי' תקפט, משנה את פתיחת הבית "לקראת שבת": "לבבתני אחותי כלה", כי בחו"ל אין יוצאים לשדה לקבל. וכבר עמדנו על כך.

ר"י צמח מתייחס אל כמה מהשינויים בכתבו: "גם צ"ל כבוד ה' עליך נגלה מראש מקדם נסוכה, כי באלפא ביתות האותיות הקודמין אל אותיות ראש הם שב"ת. ובשבת עולה המל' הנק' שבת במקום הראש. והוא יחמול עליך חמלה. גם ברנה ובצהלה, ובשבת ויו"ט יאמר גם בשמחה. וכל זה היה נוהג הרח"ו ז"ל וכן אמרו לי החבירים". כל זה מובא בהערת סוגריים בשמו של צמח, בפרי עץ חיים, שער השבת, פרק ח, פ ע"ד. ואילו במשנת חסידים, מס' תוספת שבת פ"ח משנה א, צ ע"ב, גרס: "ולא חמל עליך חמלה". בסידור ספרדי, שפת אמת (צפת תקצ"ב), נרשם בהערת שוליים באותיות קטנות: "נ"א ולא חמל".

במחזור "תפלות מכל השנה", פראג תפ"ה, שינו את "והיו למשיסה שוסיך" לנוסח: "והיו לששון תוגיך ולשמחה אבליך".

חילופים רבים יש לגבי ברנה/בשמחה/בצהלה בבית האחרון. לפי סדר היום, כב ע"ג: "בשמחה ובצהלה"; שער השמים לשל"ה: "ברנה (ביו"ט: בשמחה) ובצהלה"; באגרות הרמ"ז, סי' י, כותב שמצא שבשבת אומרים "ובצהלה", ובמועד ושבת אומרים "בשמחה ובצהלה"[180]. במחברת הקודש, כ ע"ב, כתב שרח"ו נהג לומר בשבת "ברנה", ובשבת של יו"ט – "בשמחה".

לפי רע"ח ריקי, משנת חסידים, מס' תוספת שבת פ"ח משנה א, צ ע"ב, יש לומר "ברנה". ואילו במשנת חסידים, ק ע"ב (מסכת ליל יום טוב פ"א משנה ב), ציין שביו"ט שחל בשבת יאמר "בשמחה" במקום "ברנה". וכך גם המגיה בשלמי חגיגה, קצב ע"ב. לפי רח"א שפירא, חמשה מאמרות, נוסח התפלה, אות יז, יש לומר גם בשבת "בשמחה". וכן בכ"י בהמ"ל 4532, שהוא סידור עם פירוש דמשק אליעזר, הותחל בר"ח אלול תנ"ה במגענצא, נכתב ברגיל: "בשמחה ובצהלה". וכן בסידור אמשטרדם תמ"ז, קסב ע"ב: "גם בשמחה ובצהלה". ואילו בסידור קול יעקב, בחלק הסידור כתוב: "גם ברנה [בשמחה] ובצהלה", בעוד הפירוש מדבר רק על "בשמחה ובצהלה". וכן בסידור רבינו אשר ובסידור הרב: "ברנה (ביו"ט בשמחה) ובצהלה". שינוי קל יש בסידור רבי שבתי, וכן בכתר נהורא: "גם ברנה ובשמחה". בסידור שבתות ה', ליוורנו תקמ"ה, יא ע"א, וכן בסידור בית מנוחה: "בשמחה ברנה ובצהלה".

בסידור מנהג כפא וקראסוב (קלעא תצ"ה, מב ע"ב; מעזירואוב תקנ"ג, עז ע"א) מורחב הנוסח של הבית האחרון, והוא:

בואי בשלום עטרת בעלה	גם בשמחה ובצהלה
תוך אמוני עם סגולה	בואי כלה בואי כלה
יראו עיני אורי כלה	צאי לך עורי כלה

---

179 יש לציין כי ר' משה בן מכיר, בדברו על היציאה לשדה, משתמש בביטוי "כן דרך המקבילים לצאת חוצה להקביל" (סדר היום, כב ע"ב).

180 וראה גם יערי, תעלומת, עמ' 74.

הפיחי גני מורי כלה קשט אני והוא כלה
קשט אני והוא כלה ישמח חתן עם הכלה
תוך אמוני עם סגלה בואי כלה בואי כלה
לכה דודי לקראת כלה פני שבת נקבלה

ברם, יש שינויים שהם מגמתיים. כגון:

בספר חמדת ימים כתוב: "אין לאדם לזכור שום עצב ודאגה של עצמו כל שכן של אהובת נפש שבינה קדישא". והוא שינה אפוא: "ואני נהגתי לומר בנוסח זה והוא הנכון, מקדש מלך עיר מלוכה מאז היתה ראש ממלכה והיא עתה תתעטר במלכה והוא יחמול עליך חמלה. התקשטי כלה קומי צאי לבשי בגדי תפארתך עמי על ידי בן ישי בית הלחמי" וכו'[181]. ברור שביסוד השינוי עמדה האמונה המשיחית בשבתי צבי שגאולתו קרובה לבוא, ולא מקרה שהמחבר מוסיף שם כי "רזא דא לחכימי לבא אתמסר".

גם בסידור קבלי, כ"י קולומביה 558 x 893 j, מצפון אפריקה, מופיע בדיוק אותו נוסח, ובשולים אף נכתב מפורשות: "כך צריך לקרות, ועיין בח"י". הנחיה זו אינה מתמיהה, שכן חמדת ימים זכה להשפעה חזקה בצפון-אפריקה. השינוי של חמדת ימים נתקבל אפילו בחיבורים שאינם שבתאיים. למשל, באחד הסידורים שהושפע עמוקות מהאר"י ועם זאת לא משך ידו מחמדת ימים, הוא סידור חסד לאברהם, בעריכת ר' אברהם טובייאנה[182], אזמיר תקכ"ד (ומנטובה תקמ"ג), ח ע"ב.

כי על כן יש פה צד שבתאי ניווכח גם מן העובדה שבאחד הטקסטים השבתאיים ("סוד אמונת אדוננו יר"ה [=ירום הודו] מפי מהר"ן [=נתן העזתי]", שהעתיק ר' בנימין הכהן מריג'יו) נקבע: "בלכה דודי במקום קומי צאי צ"ל קומי הוציאי מתוך ההפכה ליושבי בעמק הבכא והוא חמל עליך חמלה. במקום התנערי צ"ל התקשטי כלה קומי לבשי בגדי תפארתך עמי"[183]. למעשה, הסידורים והמחזורים שנדפסו בשאלוניקי לאחר הדפסת חמדת ימים (וכולם הושפעו ממנו) קיבלו תיקונים אלה, ואחרים. כך, למשל, מחזור לימים נוראים, שאלוניקי תקל"ט; סידור בית תפלה, שאלוניקי תקס"ז. גם ה"מתקנים" השמיטו את חרוזי הגאולה, כמו במקומות אחרים בסידור.

בסידור שערי רחמים (שאלוניקי תק"א, קט ע"ב) שהוהדר בידי ר' שלמה עבאדי ויוחס לר' חיים הכהן, ולמעשה בנוי על חמדת ימים, נרשם פיוט זה בחלקו הראשון בלבד, דהיינו תיבות שלמ"ה [=שמור, לקראת, מקדש, התעוררי] ו"בואי בשלום עטרת בעלה וגם בשמחה ובצהלה ובתוך אמוני עם סגולה בואי כלה בואי כלה". כיוצא בכך אתה למד מאגרת של יהוסף שווארץ, מכ"ג באייר תקצ"ז, שהספרדים בירושלים אמרו רק את ארבעת הבתים הראשונים, דילגו על "התנערי מעפר", אמרו "התעוררי", ושוב דילגו עד הבית האחרון[184]. וכך בסידור קול יעקב

181 פרק ה, מא ע"ד. ראוי לציין את דברי יערי, תעלומת, עמ' 78 הע' 75, כי "במהדורות זאלקווא [של חמדת ימים] נשמט קטע זה מתוך חמדת ימים". במיוחד עיין שם, עמ' 90.

182 על ר"א טובייאנה ראה מ' חלמיש, הקבלה בצפון אפריקה, תל-אביב תשס"א, לפי המפתח, עמ' 219. על שינויים שבתאיים נוספים ביגדל בערב שבת, ואליהו בהבדלה, ראה שלום, שבתי צבי, א, תשי"ז, עמ' 442.

183 ראה פריימאנן, שבתי צבי, עמ' 94; בניהו, ספונות, עמ' רצט-ש; יערי, תעלומת, עמ' 78. וכן בכ"י בהמ"ל 2052 (=ס' 11150), דף 46ב.

184 ראה יערי, אגרות, עמ' 371. וראה גם י' ברטל, בקתדרה, 31 (תשמ"ד), עמ' 164. מנהג זה נוהג גם בימינו כפי שכותב בעל נתיבי עם, עמ' קמז.

"כמנהג ארם צובה", ניו יורק תש"נ; וכך מציין הרב מרדכי אליהו כ"יש נוהגים" (סידור קול יעקב, ירושלים תשנ"ג).

הסופר יעקב יהושע כותב כי בבית הכנסת יש"א ברכה בירושלים נהגו דורות רבים "לדלג על מספר בתים שלא תאמו זמנים שבהם שלטון זרים על א"י"[185]. אך הוא לא ציין אילו בתים. סתם ולא פירש.

מעניין שגם תלמידי הגר"א, שציפו לגאולה בשנת ת"ר, השמיטו את החרוז "התנערי מעפר"[186]. גם לפי מנהג חבאן נאמר שהיו שהשמיטו את "התנערי" על פי חמדת ימים, כי אין נכון לזכור עצב בשבת. אולם ברור שזו סיבה חיצונית, והאמת הפנימית היא זו השבתאית, ויש להניח שבחבאן לא עמדו על כך. עניין זה ניכר גם מתוך המדווח על מנהג חלב:

> בפיוט "לכה דודי" נוהגים בארם צובה לדלג כמה בתים; וסימנם הלו"י – והם: (א) התנערי – ["התעוררי" אומרים]. (ב) לא תבושי. (ג) והיו למשסה. (ד) ימין ושמאל (הרב יעקב עטייה שליט"א, ור' חיים דאיה נ"י). אודות מנהג זה נאמרו כמה טעמים: (א) משום שבבתים אלו יש ענינים שמעוררים עצבות – הרב יעקב עטייה הנ"ל. (ב) משום שיש בהם מענין הגאולה – וכבר "נכוו" מזה יהודי חלב בפרשת שבתי צבי, אשר רבים האמינו בו בחלב; וזה התחיל עם הוכחות לגאולה קרובה כידוע – ר' חיים דאיה נ"י[187].

מט. לכבוד שבת בת כבבת

חיקוי חלקי לפזמון לכה דודי נעשה כבר בתקופה קדומה ע"י המקובל מאיטליה, רבי מרדכי דאטו[188], אולי במסגרת שכבר הזכרנו (לעיל, ליד הפניה 798) כי נתחברו שירים שונים לעת כניסת השבת. פיוטו, הפותח במלים "לכבוד שבת בת כבבת", נפוץ באיטליה. בכ"י קזנטנזה 116, דף 3א, הקדים בנו של דאטו תיאור מפורט על מבנהו של הפיוט ועל אופן אמירתו. וזה חלקו הראשון של התיאור: "פייט שחבר אותו מעלת א"א יצ"ו לומר אותו ערב שבת אחר המנחה עת הכנסת כלה כדי להקביל פני השבת הנקראת כלה בשיר ושבחה. והפייט הזה נחלק לשני חלקים. החלק הראשון מן 'לכבוד שבת' עד 'באי כלה' כלו בשבח השבת עצמה ר"ל את יום השביעי עצמו, וקורא בני אדם ומזרזם להקביל פני שבת. החלק השני מן 'באי כלה' עד סוף הפייט, וכלו מיוסד על סוד השבת העליונה והתפילה לאל חיינו על שביתת ובטול עול גלותינו בשביתה ומנוחה לאומה כולה על ארצה ועל נחלתה. החלק השני אומרים אותו מעומד להיותו מדבר עם הכלה עצמה שכבר נתרצתה ובאה לשכון עמנו"[189].

הנה בסידור מברכה, ויניציאה שע"ח, לא מובא סדר התפילה, אך אחר ברכת המזון כתוב: "פזמון [במנטובה תי"ג, י ע"א (על קלף), וכן בפיררה תנ"ג, עמ' כ-כד, כתוב: פיוט] לומ'

185 בין מסורת להווי, ירושלים תשל"ט, עמ' 225.

186 דיון רחב על כך בקתדרה, 24 (תשמ"ב), עמ' 52 ואילך. א' מורגנשטרן הצביע על החשיבות של השמטה זו (בתוספת השמטת תיקון חצות), ותמכו בו יעקב כ"ץ וישעיה תשבי, אם כי מנקודות מבט שונות. וראה לאחרונה, י' ליבס, 'תלמידי הגר"א, השבתאות והנקודה היהודית', דעת, 50 -52 (תשס"ג), עמ' 256. וראה ספר הזכרון למאיר בניהו, תשע"ט, 880.

187 ר' אברהם עדס, דרך אר"ץ, חלק אורח חיים, [בני-ברק] תש"ן, עמ' נ.

188 על פיוטיו של דאטו ראה יעקבסון, בנתיבי, עמ' 40-46. הפיוט של דאטו נדפס לראשונה בסדור מברכה כמנהג ק"ק בני רומא, ויניציאה שמ"ד, דפים יא-יו.

189 על פי יעקבסון, בנתיבי, עמ' 311, הע' 339.

אותו בכל ערב שבת בעת הכנסת כלה ואחריו אומר מזמור שיר ליו׳ השבת, חברתיו אני הצעיר מרדכי בכמ״ר יהודה דאטו ז״ל, ומתחילים ואומרים [בתנ״ג: ומזמרים] בנעימה: לכבוד שבת בת כבבת / חביבת נורא עלילה לכבוד שבת״ וכו׳. הפזמון החוזר: לכבוד שבת. בפיוט זה, הנמשך עד עמ׳ לא [בתי״ג, עד טו ע״ב], נזכרים יותר מטטרון, שמות הוי״ה וכו׳, וכן שיבוצים מן לכה דודי. אגב, בהמשך מופיע גם ״פיוט לשבת ... חברו החכם השלם כמהר״ר שמואל מארלי יצ״ו לכבוד שכינה [כותרת] /לכבוד שכינה ושבת עדינה בזמרה ענו נא בשרות ושרים״. אך לכרות האיזכור של מקצת סמלים קבליים לא הייתי מגדירו כפיוט קבלי[190].

יצוין כי השיר מסתיים בנוסח קרוב לבית האחרון של לכה דודי (אם כי גם במהלך השיר עצמו אפשר למצוא ביטויים המזכירים את לכה דודי). וכה נאמר בסיומו: ״ועומדין על רגליהם ואומרים בקול נעים:

בואי כלה בואי כלה | כלילת יופי כלולה
בואי את שבת מלכתה/א | אלי עמך לך סגולה״. (והפזמון: באי כלה).

הפיוט מצוי גם בספר ״שירים ותשבחות ברכות והודאות״, המשקף את מנהגי פירנצה (פירינצי תקט״ו). וכן הועתק בכ״י כי״ח (בפריס) 190, שהוא סידור איטלקי, כנראה מן המאה הי״ח, ושם, דף 75א: ״ואח״כ יאריך בשירות ותושבחות ופיוטי׳ הנוהג׳ כמו השירי׳ שחבר כמהר״ר מרדכי דאטו זצ״ל״. ועוד כיוצא באלה.

אציין עוד ׳מזמור שיר ליום השבת׳, מאת ׳מאיר בן מהר״ר שמואל מק״ק שעברשין במדינת רוסיאה ואומרי[ם] בהכנסת כלה בנגון אקדמות׳ (שער). ויניציאה שצ״ט. כולל שיר אחד: ׳אזמר שירתא ברב חדותא קדם מטרוניתא שבת מלכתא, אלהא דעמיה שרי נהורא ישדר לביתו מטרוניתא׳ וכו׳.

נ. במה מדליקין

אמירת משנה זו נזכרה לראשונה בסדר רב עמרם גאון[191], ואיננה בסידור רב סעדיה גאון. טעמים שונים ניתנו לאמירה זו – אם להורות את העם דיני הדלקה (כגון מחזור ויטרי, עמ׳ 84), ואם בגלל המאחרים לבוא שכרוכה סכנה בהישארותם לבדם[192], ואם כפולמוס נגד הקראים[193] וכיוצא באלה[194].

מועד אמירת הפרק אינו קבוע[195]. במידה רבה הדבר תלוי בטעם האמירה. אם כדי ללמד

190 ראה י׳ יעקבסון, תורת הגאולה של רבי מרדכי דאטו, ירושלים תשמ״ב (עבודת דוקטור), עמ׳ 81 הע׳ 2, ועמ׳ 486.

191 מהד׳ קורוניל, ח״ב, ווארשא תרכ״ה, עמ׳ כו = מהד׳ גולדשמידט, עמ׳ סה.

192 כגון בסדור רש״י, סי׳ תפב; מחזור ויטרי, שם; ספר כלבו, סי׳ לה.

193 כפי שהעיר המו״ל של ספר העתים. וראה ש׳ דבליצקי, ׳חמישה מנהגים לעדות הספרדים – למקום אמירתו של פרק במה מדליקין בליל שבת׳, מוריה, שנה יט, גל׳ ג-ד (אלול תשנ״ג), עמ׳ צז.

194 על הוימוקים השונים ועל ברכה מעניינת שנמצאה בגניזה ונאמרה לפני קריאת הפרק, ראה וידר, התגבשות, א, עמ׳ 350-323; גילת, פרקים, עמ׳ 346-344. לדעת וידר, שם, עמ׳ 335, ברכה זו היא ״הוכחה ניצחת״ שהאמירה ״קשורה בויכוח הקראי-רבני״.

195 וראה ר׳ שריה דבליצקי (לעיל הע׳ 823), עמ׳ צה-צח. דברים חשובים הוסיף י״ד גילת, מוריה, שם, גליון ה-ו, כסלו תשנ״ד עמ׳ צג-צד.

דיני הדלקה – יש לאומרו בתחילה[196]. אם משום סכנה – יש לאומרו בסוף. מכל מקום, לפי רב עמרם גאון – אחר הקידוש בבית הכנסת; וכן בסידור קדמון מתוך הגניזה, שפירסם הרב ש׳ אסף, מספרות הגאונים, ירושלים תרצ״ג, עמ׳ 78; מחזור ויטרי, עמ׳ 84; ר״י כלץ בספר המוסר, עמ׳ קי ועוד. ויש שדוחים לסיום התפילה, כמו בכ״י קורפוס קריסטי קולג׳ 133; סידור שלמה בן נתן מסג׳למסה, עמ׳ לב. עדות מעניינת עולה מדברי אבודרהם, עמ׳ קנג: ״לאחר הקידוש נהגו לומר משנת פרק במה מדליקין״. אך בהמשך: ״שמעתי שיש מקומות שאומרי׳ פרק זה בין המנחה לערבית. וישר בעיני״. ואילו הטור, סי׳ ער, הזכירו בלא לציין את מקומו בסדר התפילה. גם בפירוש הרוקח לסדר התפילה, עמ׳ תפח, נאמר באופן כללי: בבית הכנסת.

ברם, משעה שהוחל סדר קבלת שבת באמירת מזמורי תהלים השתנה שוב מקומו של פרק זה. בספר ארץ חיים, סי׳ ד (בשם שומר אמת, סז ע״א), כותב שמנהג ארץ ישראל לומר זאת בין מזמור כט ולכה דודי. החיד״א, בפירושו ברית עולם לספר חסידים, סי׳ קנד, ציין שלמנהג אשכנז – אחרי התפילה, ולמנהג ספרד – בין כט ללכה דודי. אולם בספרים רבים אחרים – אחר לכה דודי. אצל מקצת קהילות תימן – לפני מזמור צב שהוא עיקר קבלת שבת. וכן במחזור רומה (ונציה שפ״ו): ״בהרבה מקומות נוהגים לומר קודם מעריב פרק במה מדליקין ואח״כ אומרים בנעימה מזמור שיר ליום השבת״. ויש שאחרי צב וצג, כמו במנהג הגר״א[197].

לא נרבה דברים בעניין פרק זה, כי הוא שגור בסידורים רבים, ודומה שאין לו משמעות קבלית מיוחדת[198] ולא ערכנו דיון קצר זה אלא בשל החילופים שנתעוררו עקב הנוהג הקבלי. אמנם מעניינים דברי החת״ם סופר כי נשמה יתרה באה בשבת והנשמה נקראת נר. נוסף לכך, משנה הן אותיות נשמה. ומכאן הקשר לאמירת משנה זו[199].

נזכיר עוד זאת, שאם לפי האר״י יש לקרוא ארבעה פרקים ראשונים של משנת שבת אחרי קבלת שבת, ממילא נמצאת למד גם על במה מדליקין שנכלל בקריאה זו. אכן, בחסידות השמיעו טעם זה להשמטת הפרק בתפילה.

נא. בר יוחאי

דיון בפיוט זה ראה להלן, לאחר סעיף ׳אשת חיל׳.

נב. מזמור צב

דרשות שונות נכרכו בספרות התלמודית והמדרשית סביב הקשר בין אדם הראשון ומזמור צב.

---

196 וכן כתבו שו״ע, סי׳ רע; השל״ה; מנהגי ארץ ישראל; סידור יעב״ץ. אוסיף כי אלצ׳אהרי שביקר בא״י בין שכ״ב לשכ״ח עשה שבת אחת בטבריה, וביקר בליל שבת בבית הכנסת הספרדי. שם פתחו בבמה מדליקין ופרשו על שמע וללא קבלת שבת או מזמורים (עמ׳ 261-262).

197 ראה מי״ל זקש, לקראת שבת, עמ׳ כח-כט; מ״י ווינשטאק, סידור הגאונים והמקובלים, ה, עמ׳ כג-כו; מנהגי החיד״א, עמ׳ קפג-קפה. בסדור החדש של הגר״א, אזור אליהו, ירושלים תשס״ד, עמ׳ קנח: ״דעת הגר״א שאמירת במה מדליקין צריכה להיות קודם שמקבלין שבת״. ובסוגריים נרשם: ״גר״א סי׳ ער סק״א״. אך המעיין בביאור הגר״א לשו״ע, שם, נוכח שהגר״א סבור כמו השו״ע, דהיינו: ״הספרדים אומרים אותו קודם תפלת ערבית״. לפיכך יש להבין את המלים ״קודם שמקבלין שבת״ במובן ההלכתי, ולא בהקשר למנהג הקבלי של מזמורי קבלת שבת.

198 אף אינו נזכר בשער הכונות ועוד. אמנם בסידור תפלה למשה מצוי פירושו הקבלי של רמ״ק למשנה זו.

199 בחידושיו על התורה, פר׳ וילך. וראה עוד שו״ת ציץ אליעזר, חלק יג, סי׳ נ. ושם נזכרה גם דעתו החיובית של החת״ס בעניין אמירת הפרק בבית האבל.

במיוחד יאה לצטט את האמור בספרות ההיכלות: "בשביעי ישב הקב"ה על כסא שמחה והעביר לפניו שר של מים בשמחה גדולה, שר של נהרות בשמחה גדולה, שר של הרים בשמחה גדולה, שר של גבעות בשמחה גדולה, שר של תהומות בשמחה גדולה, שר של מדברות בשמחה גדולה ... חמה ... לבנה ... כימה ... כסיל ... דשאים ... אילנות ... רמשים ... חיות ... בהמות ... מלאכים ... רקיע ורקיע ... כרובי הכבוד ... שר של אופנים ושאר כל שר ושר נכבד נורא ונערץ. והיו כולם עומדים בשמחה גדולה במעין של שמחה ומשמחים ומרקדים ומרננים ומקלסים לפניו בכל מיני קלוס וכל מיני זמר שבח והלל. והיו מלאכי השרת פותחים את פיהם ואומרים: 'יהי כבוד ה' לעולם'. וכולם עונים אחריהם: 'ישמח ה' במעשיו' ... באותה שעה הביא הקב"ה שרה של שבת והושיבה על כסא הכבוד והביא לפניה שירה. כל שר ושר של כל רקיע ורקיע ושל כל תהום ותהום והיו מרקדין ומשמחין לפניה ואומרים: 'שבת היא לה''. ושאר כל השרים הגדולים אומרים לה' הוא שבת. ואף אדם הראשון, העלה אותו הקב"ה לשמי מרומים לשמים העליונים לשוש ולשמוח בשמחתה של שבת ... והכל שמחים בה ... באותה שעה כשראה אדה"ר שבחה של שבת ... שהכל היו שמחים בה והיא היתה תחלה וראש כל השמחות, מיד פתחו פיהם ואמר מזמור שיר ליום השבת"[200].

בשלב מסוים היה מזמור זה חלק מן הליטורגיה של שבת. אפשר שהעדויות הקדומות ביותר הן מתקופת הגניזה או זו המובאת במדרש שוחר טוב, סי' צב (בובר, רב ע"א), לפיו: "וכשהוא נכנס אנו מקבלים אותו בשירה ובזמרה, שנאמר מזמור שיר ליום השבת". אם כי אין צורך לפרש בהכרח שאמרו מזמור זה באותה שעה[201]. רב עמרם בסידורו אינו מזכיר זאת וגם בסידור רב סעדיה גאון לא נזכר כלל. אולם לפי שאלה המובאת בשו"ת הרמב"ם (פאר הדור, סי' קטז) עולה כי מנהג קדום הוא לפתוח במזמור צב, כדברי השואלים: " ... בקהל גדול ... אשר היה מנהגם מימות עולם וכשנים קדמוניות לומר בליל שבת אחרי שיאמרו מזמור שיר ליום השבת" וכו'. בתשובתו, שאינה מענייננו כאן, אין הרמב"ם סותר ידיעה זו. ידיעה נוספת סמוך לאותו זמן יש בסידור ר' שלמה בן נתן מסג'למסה[202], בכ"י אוקספורד 896, והוא העתק מסידור תפילה בערבית משנת 1203 (שנתיים לפני פטירת הרמב"ם), שבו כתוב במפורש שמקדימים לפני ערבית מזמורים קכא[203], צב, צג.

המנהג כנראה נשתכח, וכמעט אינו נזכר בסידורים, גם לא אצל אבודרהם. אולם לא נוכל להתעלם מהופעותיו בכמה סידורים ספרדיים, כגון בסידור (ספרד, מאה י"ג) כ"י פריס 591, דף 269ב, הכותרת: תקון שבת, והוא מתחיל ממזמור צב; כתב-יד מן המאה הי"ד; כ"י ספרדי

200 סדר רבה דבראשית דמרכבה, לפי ורטהימר, בתי מדרשות, א, עמ' כו-כז.

201 על שימושו הקדום בליטורגיה של שבת, ראה ע' פליישר, תפילה ומנהגי תפילה ארץ-ישראליים בתקופת הגניזה, ירושלים תשמ"ח, עמ' 163-164, 173, 213 ובהערות. על שימושו של ר' יום טוב מיהלהויזן במזמור זה נגד הנצרות, ראה ספר הנצחון, ירושלים תשמ"ד, עמ' 158.

202 במהד' ירושלים תשנ"ה, עמ' ל-לא. על הסידור ראה י' טובי, 'סידורו של ר' שלמה בן נתן מסג'למסה – עיונים ראשונים', יד להימן, לוד 1984, עמ' 345-360. וראה *REJ*, 1907, עמ' 202; כהן, מקורות, עמ' 105 והע' 143. וראה בקורתו של ש' צוקר, 'מוצאו המזרחי של סידור ר' שלמה בר' נתן וייחוסו המוטעה לצפון אפריקה', קרית ספר, סד (תשנ"ב-ג), עמ' 737-746. מ"ע פרידמן ערער על "ההוכחה" של צוקר במאמרו באסופת קרית ספר, מוסף לקרית ספר, סח (תשנ"ח), עמ' 151-154.

203 יש לציין כי מזמור זה שכבר נזכר בקטעי הגניזה (כדברי פליישר, שם, עמ' 177) נשאר במרוצת הימים בעיקר במחזור רומניא (אם כי לא בכל הסידורים), אך גם במחזור אר"ץ (ויניציאה רפ"ז).

ממאה ט״ו (ערבית מתחיל שם: במה, צב, ברכו)[204]; סידור נפולי ר״ן[205]. וכן בונציה רפ״ד, שם ש״ו, שהתחיל במה מדליקין, מזמורי צב-צג, ולאחר מכן קדיש וברכו. ובסידור כמנהג ק״ק ספרדים, אמשטירדם תכ״א: לכה דודי, במה, צב.

אף זאת, במנהג סיציליה, כפי שמופיע בכ״י פריס 616 שנכתב בידי אביו של רח״ו בשנת רפ״ד, הסדר הוא: מזמורי צב-צג, קכא; וירא בצר להם[206], מזמור קנ, ערבית. גם כתבי-יד פריס 606 והספרייה הבריטית 11669, המייצגים את מנהג סיציליה, פותחים במזמור צב. מזמור זה נזכר גם בהיכל הקדש (סי׳ נא, ל ע״ב), וכן בב״י סי׳ רסא, ושו״ע שם ס״ק ד, וכן שם, סי׳ רסג ס״ק י.

כן נזכר בנוסח התפילה של יהודי פרס, וכן בסידורי רומניא ותימן. למשל, בסידור רומנייא, בערך 1510, יש מזמור צב, צג, פסוקים שונים ומעריב. במחזור רומה, ויניציאה שפ״ו, נזכר ש״בהרבה מקומות נוהגים לומר קודם מעריב פ[רק] במה מדליקין ואחר כך אומרים בנעימה מזמור שיר ליום השבת״[207]. לפי גולדשמידט (מחקרי, עמ׳ 132), במחזור רומניא הסדר הוא: צג, קכא, פסוקים, קנ, ה׳ הושיעה, ברכו.

ובאשר לתימן – כתב-יד קדמון של תכלאל שצולם ונדפס בשנת תשכ״ד פותח במזמור צב. ואילו באחד התכלאלים (תכאליל, בלשונם) בתימן מצינו: ״נהגו במקצת מקומות לקרוא בליל שבת מזמור זה והוא מזמור שיר ליום השבת״[208]. ידיעה זו מעניינת כי בדרך כלל הלכו בתימן אחר דעת הרמב״ם, אלא אם כן נאמר שהדבר נזכר בשו״ת שלו (ולא כפסק הלכה) ולא בסדר התפילה שלו, ועל כן לא היה ידוע בציבור אלא ״במקצת מקומות״. מכל מקום, אין לקבל ידיעה זו באורח חד-משמעי, שכן ספר אגודת אזוב (תחילת המאה הט״ז), עמ׳ קנח, פותח: ״ליל שבת נכנסין לבית הכנסת ומתחיל שליח צבור ואומר מזמור שיר ליום השבת. ואומר קדיש וברכו״. כמו כן, כ״י שטרסבורג 4001, והוא סידור תימני שהועתק[209] כנראה בשנת 1655, דף 9א, בליל שבת מתחיל במזמור צב; וכן כ״י פריס 1330, דף 17א.

עם זאת, נראה כי אמירת המזמור אינה נפוצה עדיין בצפון איטליה בסוף המאה הט״ז: ״למעריב בשבת נוהגין קצת בתי כנסיות להוסיף ולומר קודם ברכו מזמור שיר ליום השבת״ (סידור הדרת קדש, שכה ע״ד).

במאה הי״ז מתפשטת והולכת אמירתו. בסידור ״כפי מנהג קהל קדוש איטליאני״, מנטובה תל״ו: ״בהרבה מקומות נוהגי׳ לומר קוד׳ המעריב פ׳ במה מדליקין ואחר כך אומרים בנעימה מזמור שיר ליום השבת״. משפט זה מעניין, כי בסידור מנהג רומה, ויניציאה תנ״ט, נג ע״א, כתוב: ״סדר ערבית של שבת. בהרבה מקומות נוהגים לומר קודם מעריב פרק במה מדליקין ואחר כך אומרים בנעימה לכה דודי ... ואומר מזמור שיר ליום השבת״. כאן כבר נוסף לכה דודי, וכך בדיוק בסידורי ונציה תק״י; ליוורנו תרט״ז. ומעין זה בסידור איטליאני, ויניציאה

---

204 ראה גולדשמידט, מחקרי, עמ׳ 293.

205 וראה גולדשמידט, מחקרי, עמ׳ 307.

206 מתוך תהל׳ קו מד ואילך. פסוקים אלה נרשמו גם בנוסח רומניא שהיה נהוג בקורפו, בכ״י ניו-יורק בהמ״ל 4317, מן המאה הי״ח, וכן בהמ״ל 4578, א ע״א - ב ע״ב, מן המאה הי״ח או י״ט.

207 המזמור עצמו לא נדפס. ראה כהן, מקורות, עמ׳ 84-85. גם בסידור ונציה תפ״ה לערך, מנהג רומניא, אין כלום לבד מציון למזמור זה. ראה כהן, שם, עמ׳ 81 הע׳ 38.

208 בהמ״ל 4185, ממאה י״ז (כך לפי תרגומו של רצהבי, עלי ספר, ט, עמ׳ 102).

209 לפי הקטלוג בשטרסבורג, עמ׳ 697.

תק"מ: "בהרבה מקומות נוהגים לומר קודם המעריב פרק במה מדליקין, ואחר כך אומרים בנעימה" לכה דודי, מזמור צב, ברכו.

כיוצא בכך באשכנז. באמצע המאה הט"ז, הרמ"א בדרכי משה (סי' רסא ס"ק ב) כותב במפורש: "ובמדינות אלו אין נוהגין לומר מזמור בכניסת השבת" וכו'[210]. אמנם כשני דורות מאוחר יותר כבר מסכם המג"א (סי' רסא ס"ק יג): " ועתה נוהגין לומר מזמור שיר". משמע, שאט אט המזמור מתקבל גם במזרח אירופה. אכן, במאה הי"ז הוא חודר יותר. למשל, בסדר תפלות ותחנונים ופזמונים, ויניציאה שע"ד: לכה דודי, במה מדליקין, צב.

ר' חיים הכהן, תלמיד רח"ו, נימק את אמירת המזמור בטעם מוסרי-קבלי: "כשאומר מזמור שיר ליום השבת זכור יזכור אשר חטא אדם הראשון והיה חייב מיתה ... והשבת הגין עליו ונתקבל בתשובה[211]. וכן יהיה לגבי דידיה. וכל זה הוא להועיל לאדם כי כאשר יעזוב רשע דרכו וישוב אל ה' ויחשוב בזמן העתיד כי כל המלאכו' הגשמיים שהם לצורך הגוף הם בטלים והגוף עצמו כלא היה אז יקנה תוספ' קדושה בלי ספק ויזכה לנשמה יתירה לטוב לו"[212]. מכל מקום, מקובלים ייחסו חשיבות למזמור זה, ונקרא מדברי תקוני שבת, קראקא, דפו"ר [דף 7א] (וכן, למשל, אמשטירדאם תנ"א, כט ע"א): "וסודם של ב' מזמורים אלו [צב-צג] הם ראוים וגלויים לבני עליה ... ואין הרשות נתונה לגלות טמירין דכל טמירין דאית בהון כי אם פה אל פה למשמע אוזן ישמח לבו ויגל כבודו" וכו'.

האר"י הורה לומר את מזמורי כט, צב וצג בעיניים עצומות. וכל כך למה? באשר למזמור צב אפשר להעלות את ההשערה הבאה: כבר בספרות ההלכה[213], כאמור, נודע מקום חשוב למזמור זה בעצם הקבלה (מבחינה הלכתית) של קדושת השבת. והיות שהמקובלים זיהו את השבת והשכינה, הרי רגע זה שקיבלו עליהם את השבת, כביכול נזדהו גם עם השכינה, זו המתוארת בזוהר כ"עולימתא שפירתא דלית לה עיינין [=עלמה יפה כבוית עיניים]", מרוב בכי וצער על גלותה, קרי: גלות ישראל. ולכן, כאות הזדהות עם השכינה כבוית העיניים, יש לעצום את העיניים. אולם מה באשר למזמור כט? נראה שיש לשים לב לכתוב: "ותחזור פניך כנגד רוח מערב ששם החמה שוקעת, **ובעת שקיעתה ממש** אז תסגור עיניך ותשים ידך השמאלית על החזה ויד ימינך על גבי שמאל ותכוין באימה וביראה כעומד לפני המלך לקבל תוס' קדושת שבת. ותתחיל ותאמר" וכו'[214]. אין ספק שנוסף לקשר האמור עם השכינה, המתפלל אמור לחוש חוויה מיסטית מיוחדת, ברגע השקיעה וחילוף הזמנים, ולכן הוא עוצם את עיניו כבר מתחילה[215]. אמנם במקורות הקבליים אפשר למצוא גם כיוון הפוך מן הבכי,

---

210 וראה לבוש התכלת, סי' רסא ס"ק ג.

211 וראה לעיל בסעיף תשובה. הסבר אחר הקושר למשה רבנו ראה בשעה"כ, סו ע"א. אגב, מעין דברי שעה"כ על משה אפשר למצוא אח"כ בחמדת ימים (מבלי להזכיר את המקור), כט [צ"ל: לח] ע"ג (ונרמז גם בדף מב ע"ב-ע"ג).

212 טור פטדה, סי' רסא ס"ק ג, ל ע"ב.

213 למשל שו"ע או"ח סי' רסא ס"ק ד, סי' רסג ס"ק י.

214 שער הכונות, סד ע"ג. השווה נגיד ומצוה, עמ' קכב; פתורא דאבא, ירושלים תרס"ה, לג ע"ב-ע"ג. וראה בניהו, תולדות, עמ' 328, ושם מקורות נוספים.

215 על עצימת עיניים בהקשר לחוויה מיסטית, ראה חלמיש, מבוא, עמ' 84-86; Wolfson, Eliot, “Forms in Visionary Ascent as Esoteric Experience in the Zoharic Literature”, in: P. Schafer & J. Dan (eds.), *Gershom Scholem's Major Trends in Jewish Mysticism – 50 Years After,* Tübingen 1993, p. 224 n. 71. אם כי יש להבחין משמעויות שונות בעצימת עיניים. וראה גם Fishbane, Eitan, ‘Tears of

שמשקף כנראה תקופה מאוחרת יותר כשלא יצאו אל השדה. "זה המזמור [צב] ראוי לומר בשמחה עצומה עד מאוד, כי היא ג"כ מתקוני התפלה עתה בעולמות העליונים הקדושים"[216]. בכך מובעת התעלות אישית נפשית לצד פעילות תיאורגית. ואולי זהו היסוד לתופעה שמזמור זה, לפחות בחלקו, מושר בבתי-כנסת רבים עד היום.

על-פי האר"י נאמר המזמור פעמיים, כמו כל קבלת שבת. תחילה בשדה, שם היו אומרים מזמור כט, ג' פעמים בואי כלה שבת מלכתא, ואח"כ מזמורי צב וצג. בשובם לביתם התעטפו בטלית מצויצת והקיפו השולחן הערוך עם החלות כמה פעמים, וחזרו לומר את שאמרו בשדה, "כי שם בשדה לא נתקן רק [=אלא] בחי' חיצוניות בבחי' א"פ [=אור פנימי] שבו, ועתה נתקן לעלות גם בחי' אור מקיף של בחי' החיצו"[217]. גם לאחר שנמנעו מן היציאה לשדה והסתפקו ביציאה לעזרה בלבד, נהגו בצפת: "ומתחילין מזמור הבו לכה דודי ... ומזמור שיר ליום השבת, קדיש יתום, במה מדליקין, קדיש דרבנן וחוזרין [לבית הכנסת] ואומרים מזמור שיר ליום השבת. והחזן מנגן ח"ק [=חצי קדיש] ואומר ברכו"[218].

מנהג דומה נמצא בארם צובה: "שמעתי מפי ר' אברהם דוויק, וח' אדמון כהן נ"י, שנוהגים בחלב לומר 'מזמור שיר' בפעם השניה — בישיבה וממשיכים לשבת גם בקדיש שלפני ברכו". ולפני כן כתב: "בליל שבת אומרים: מזמור לדוד, לכה דודי, מזמור שיר ליום השבת, כל ישראל, במה מדליקין, ר' חנניא בן עקשיא ... וקדיש על ישראל וחוזרים לומר 'מזמור שיר'"[219]. וכן סיפר לי מר אהרן נחמד, שעלה מחלב, שנהגו בקהילתו לומר: צב, במה, צב. מכל מקום, העובדה שפעם שנייה נאמרה בישיבה עשויה ללמד על התפיסה שעמדה ביסוד קביעה זו. לאמור, פעם ראשונה מקבילה למנהג האר"י בשדה, ואילו פעם שנייה היא חלק מתפילת ערבית בבית הכנסת.

אציין כאן ידיעה המופיעה ב"קונטרס בצאת ישראל לירושלים" מאת ר' שלמה שיק (נדפס כנספח לשו"ת שלו, שו"ת רשב"ן), שסייר בארץ בשנת תרס"ה, ובסי' רסא הוא מעיד שביקר בבית-כנסת של תימנים בירושלים ושם הכפילו את המזמור[220].

השאלה, מהו ההסבר להכפלה כיום? לכאורה, ההסבר הפשוט הוא שכך נהג האר"י[221], שכן פעם אחת אמר בשדה ופעם שנייה בבואו לביתו. אך אין בכך כדי ליישב באופן מלא, שהרי אין חוזרים על מזמור כט שאף הוא נאמר פעמיים באותה מסגרת. על דרך ההשערה ניתן לומר, כי מאחר שברבות הימים לא תכפו את מזמור צב לכט, אלא הפסיקו ביניהם באנא בכח ובלכה דודי, ממילא חלו נהגים שונים לגבי מזמורים אלה, ומזמור צב הרי מקובל מקדמת דנא כ"קבלת שבת".

Disclosure: The Role of Weeping in Zoharic Narrative', *The Journal of Jewish Thought and Philosophy*, 2002, Vol. 11, pp. 25-47. וראה גם הערת שפרבר, מנהגי, ג, עמ' רח הערה 165*.

216 יסוד ושרש העבודה, שער ח פרק ב.

217 ראה שעה"כ, סו ע"ד (שאלוניקי תרי"ב, צז ע"ב); פרי עץ חיים, שער יח פרק ח, פא ע"ג-ע"ד; משנת חסידים, מסכת תוספת שבת, פרק ט משנה י, צא ע"ב. וכן פתורא דאבא, לג ע"ג.

218 שמחה ב"ר יהושע, אהבת ציון, חמוש"ד, עמ' לב. וראה יערי, מסעות ארץ-ישראל, רמת-גן תש"ו, עמ' 412. הובא גם בארץ חיים סי' רסא; וראה רמי"ל זק"ש, 'מנהגי ארץ ישראל', סורא, א (תשי"ד), עמ' 472.

219 ר' אברהם עדס, דרך אר"ץ [חלק אורח חיים], [בני-ברק] תש"ן, עמ' נ.

220 הובא גם אצל שמואל הכהן וינגרטן, 'מנהג ישראל', נרות שבת, ג, עמ' קעה.

221 וראה שפרבר, מנהגי, א, עמ' טו בהערה 11.

אב״א כאן מדבריו של דניאל שפרבר: ״נראה הדבר שכל עוד שיצאו, ולו רק לחצר בית הכנסת, יכלו לנהוג בשתי קבלות שבת, כמצות האריז״ל. ואילו במקום שלא יצאו מפתח בית הכנסת, שם נתבטל מנהגו של האר״י. אמנם יש מקומות אשר בהם היו אומרים מזמור שיר ליום השבת בעזרת ביהכ״נ, ואחר כך נכנסו ואמרו במה מדליקין ומזמור שיר ליוה״ש פעם שנית (ראה ארץ חיים לר׳ חיים סתהון, ירושלים תשמ״ב, עמ׳ 54). ובכך אף קיצרו את ה׳קבלת שבת׳ השניה, ולא חזרו עליה בשלימות כפי שהומלץ לעשות בספר הכוונות כדלעיל. (ועוד שלפי דברי ספר הכוונות היתה קבלת שבת בנוסח קצר מ׳הבו לה׳ בני אלים׳ ועד למזמור שיר ליו״ש, וחזרה כזאת אינה טירחא יתירה לציבור. ואילו באותן הקהילות שנהגו להתחיל קבלת שבת מ׳לכו נרננה׳, והאריכו בקבלת שבת, קשה היה לחזור על כל זה פעם שניה, וקיצורה של החזרה מובנת מאליה״[222]. הסבר מעניין נוסף הביא שפרבר במקום אחר, שם, ואביא אותו כלשונו למרות האריכות, כי יש בו דברים של טעם. על פי ״שו״ת כפי אהרן, לר׳ אהרן אפשטיין (שהיה דומ״ץ בעיר פראג), מונקאטש תרצ״ג, סי׳ כ סעיף א, שכתב בזה״ל: ׳על דבר מה שאומרים פה בבית הכנסת הקדושה ״אלטנייא שוהל״ בקבלת שבת שני פעמים מזמור שיר ליום שבת זה אחר זה בהפסק קדיש ביניהם, נראה לי טעם פשוט על פי ההלכה. והוא, דהנה ראיתי בספר צרור החיים להגאון ר׳ אברהם עמדין ובספר דברי אלה הברית [צ״ל: אלה דברי הברית, אלטונא תקע״ט] ובספר מלמד להועיל [לר׳ דוד צבי האפפמאנן, ניו-יורק, תשי״ד, ח״א, סי׳ טז, עמ׳ 14-15] אשר בבית הכנסת הקדושה הנ״ל היו מזמרים לכה דודי בכלי שיר, עיין שם. ואפשר דגם מזמור שיר ליום השבת זמרו בכלי שיר. אלא לכאורה איך עשו כן? הלא איתא בשו״ע או״ח סי׳ רסג סעיף ד דלדידן הוה באמירת מזמור שיר ליום השבת קבלת שבת כמו עניית ברכו לדידהו עכ״ל. א״כ איך זמרו בכלי שיר מזמור זה שבו קבלו השבת? ואשר על כן נראה שקבעו לומר מזמור זה ב׳ פעמים, פעם ראשונה שלא לשם קבלת שבת רק כמזמור שיר בעלמא להלהיב לבבות בני ישראל לקדושת השבת בהתעוררות שמחה לקראת כלה ומלכתא. ואחר כך אמרו מזמור שיר ליום השבת לשם קבלת שבת בלא כלי שיר. ומאז, אף על גב שבטל כלי השיר ובטל הטעם, מ״מ נשאר המנהג לומר ב׳ פעמים מזמור שיר הנ״ל״[223]. דא עקא, הסבר יפה זה אינו מתאים לרוב קהילות התפוצה היהודית בהן לא קיימו נגינה בכלי שיר.

נג. מזמור צב בשמחה ובעמידה

בשל שגב המעמד, ובשל העובדה שהאר״י אמר מזמור זה (כאמור, גם מזמור כט) מעומד, תמצא הוראה בסידורים רבים לומר המזמור בעמידה. כך, למשל, מעיד השל״ה[224]: ״ועכשיו נהגו לומר מזמור שיר ליום השבת ועומדים בעמידה לכבוד שבת מלכתא״. ואצטט גם מתוך כ״י איטלקי מן המאה הי״ט, מאת אליה אהרן לאטאש, שהוא קונטרס של הנהגות וכוונות, והוא כ״י מילנו-אמברוזיאנה Sup. x 269 (=ס׳ 34381), דף 2א, סעיף כה: ״יאמר מזמור שיר ליום השבת בקבלת שבת מעומד״. לצד מקורות אלה אציין כי נוהג זה כמעט נשתכח מן

---

222 שפרבר, מנהגי, ד, עמ׳ ו.
223 שם, ד, עמ׳ א.
224 סידור שער השמים, אמשטרדם תע״ז, קנט ע״ג. אפשר שמקורו בסידור הרמ״ק, תפלה למשה, שער י סי׳ ד, קצג ע״א.

האשכנזים והוא מקובל בעיקר אצל עדות המזרח. אך היו גם חריגים, ולפיכך עלתה תרעומת בפי ר׳ חיים פאלאג׳י: ״יש לי תמיהא רבא על כמה אנשים חשובים מקושטא יע״א דיושבים במזמור שיר ... ואיך לא שלטו מאור עיניהם במחזורי׳ שהדפיסו אזהרה זאת שיהיה מעומד, ויסודתו בהררי קדש״[225]. נראה שמחזורים אלה הלכו בעקבות החיד״א, הכותב: ״יאמר קבלת שבת בשמחה, ומזמור שיר ליום השבת קבלתי שצריך לאומרו מעומד״[226]. נראה אפוא כי, לדעתו, צריך לומר את מזמור צב (הכלול בקבלת שבת) בשמחה ובעמידה. אמנם בסדור תפלת ישרים (ליוורנו תק״ס) כתוב: ״קבלתי מרב גדול שנגלה לו בחלום נורא שיש לאומרו מעומד, מאי״ן [=מהצעיר אזולאי יוסף נר״ו]״. מדובר פה אפוא על עמידה בלבד. נוסח זה מובא גם בסידור כנסת ישראל, עמ׳ 351. על כל פנים, נראה כי העניין תלוי ועומד ומנהגים משתנים. יש שכתוב: ״אמירת מזמור שיר ליום השבת היא עיקר קבלת שבת ולכן ראוי לאומרו מעומד בנגינה ושמחה רבה״[227]. אך יש גם גישות אחרות[228].

סדר מעניין נרשם במגילת סדרים מאת ר׳ בנימין הכהן מריג׳יו: ״וכשסיים לכה דודי יעמוד מע׳ [=מעלת] הרב על רגליו ויאמר בקול רם מזמור שיר ליום השבת ויחזור המזמר [=החזן] לאומרו ויגמור כל המזמור״[229]. אין ספק שיש פה עניין טקסי, להדגשת האופי החגיגי וההצהרתי.

נד. מזמור צג

אמירת מזמור צג לאחר מזמור צב מוכרת כבר מקדמת דנא[230]. לפי פשוטם של דברים אפשר להניח שעצם הסמיכות בספר תהלים היא ש״הלבישה״ על מזמור צג את לבוש המלכות של יום השבת. וכך מוסבר בתלמוד (ראש השנה לא ע״א) מדוע שיר של יום ו׳ הוא מזמור צג – ״על שם שגמר מלאכתו ומלך עליהן״. בנוסח קרוב מאוד נמצא בסידור הקבלי תפלה זכה, ליוורנו תקמ״ט, קה ע״ב: ״על ידי שמירת שבת הנה אנחנו באים אל אמונת חידוש העולם שהוא יתברך עוז התאזר והכין תבל יש מאין, ולכן נהגו לומר ה׳ מלך אחר מזמור שיר ליום השבת. וכן סדרם דהע״ה [=דוד המלך עליו השלום]״.

טעמים נוספים ניתנו לאמירת המזמור[231]: במסורת חסידי אשכנז נמצא בסידור ר׳ שלמה ב״ר שמשון מגרמייזא, ירושלים תשל״ב, עמ׳ נד: ״מזמור זה אומ׳ בשבת לפי שרוב הקהל עוסקי׳ בפרנסתם כל ימות השבוע ואינם באים לבית התפילה אלא בשבת, ואז משמיעים להם מזמור זה שיש בו פורענות רשעים והצלחת הצדיקים, כדי שלא ישעו בדברי רשע כל השבוע

---

225 ר׳ חיים פאלאג׳י, כף החיים, סי׳ כח ס״ק ד.

226 מורה באצבע, סי׳ ד אות קמא. הובא גם בסידור בית מנוחה, ליוורנו תר״ג; וכן אצל מאיר בנעט, לקוטי מנהגים, ח ע״א; ח״ד הלוי, מקור חיים, ג, עמ׳ 58. וראה גם סדור קול יעקב, על פי פסקי הרב מרדכי אליהו, ירושלים תשנ״ג, עמ׳ רסז: ״המנהג לחזור ולומר שנית מזמור שיר ליום השבת. יעמוד ויאמר״. ויש לתמוה על כך, כי בסידור קול אליהו, שעל פי פסקי הרב מרדכי אליהו, ירושלים תש״ס, עמ׳ שסב, החזכר עניין ההכפלה אך הושמט עניין העמידה.

227 סידור עבודת התמיד, ״כמנהג ספרדים ומתורגם בלשון פרסית״, ירושלים תרס״ח, ח״ב, לד ע״א. השווה סידור בית מנוחה, ירושלים תשנ״א, עמ׳ 32. בסידור כתר נהורא: ״ויאמר ... בכוונה רבה ובעמידה״. בתקוני שבת, אמשטרדם ת״ס, כז ע״א, נאמר: ״בקול זמרה ונעימה״, אך לא נזכר בעמידה.

228 ראה, למשל, ר׳ שלום משאש, שו״ת שמ״ש ומגן, ד, או״ח סי׳ יח ס״ק א.

229 כ״י אוניברסיטת חיפה 9 (=ס׳ 35851), דף 6א. ולאחרונה נדפס בירושלים תשס״ב.

230 ראה ע׳ פליישר, תפילה ומנהגי תפילה ארץ-ישראליים בתקופת הגניזה, ירושלים תשמ״ח, עמ׳ 177-178.

231 ראה שפרבר, מנהגי, ז, עמ׳ קלד-קלט; קימלמן, לכה דודי, עמ׳ 9.

ויהא עמלו בצדק ובמשפט". הסבר אחר מופיע שם (אמנם בהקשר לבוקר), עמ' קנ, כי שני המזמורים מדברים על העתיד לבוא. טעם אחר, הקשור בגאולה, כתב ר"ח פאלאג'י, כה"ח, סי' כח אות ט.

בשער הכונות, ענין קבלת שבת, סד ע"ג, מופיע כדבר מובן מאליו: "ואח"כ תאמר ג' פעמים באי כלה ... ואח"כ תאמר מזמור שיר ליום השבת וכו' כולו, ואח"כ תאמר ה' מלך גאות לבש" וכו'. יתר על כן, "ולכן האיש האלהי האר"י ז"ל היה נוהג כשהחזן היה אומר

מזמור ה' מלך גאות לבש אף שהוא עדיין לא היה מגיע לשם היה עומד ואומר המזמור עם החזן כי אמר שיש בו שבח גדול להשם ב"ה"[232].

לפי מנהג צנעא לא אמרו מזמור צג בליל שבת (תכלאל תשכ"ד, יו ע"ב), אך יש בתימן שנהגו לומר[233]. ואילו בנוסח פרס הקדום כן נאמר.

אזכיר כי לפי שיטה מסוימת, שגם נתקבלה בקהילות שונות: "ואחר כן יקרא ד' פרקים ראשונים ממסכת שבת" (אור צדיקים, סי' כט ס"ק ד).

נה. כגונא

המעיין[234] בסידורים נוסח ספרד, שמוצאם במזרח אירופה ועומדים תחת השפעת החסידות, ימצא בסוף קבלת שבת ולפני "ברכו" קטע מן הזוהר[235] הידוע על שם ראשו: "כגונא". קטע זה אינו נמצא במנהג אשכנז ולא אצל עדות המזרח לגווניהן. הספרים העוסקים בחקר תולדות התפילה[236] אינם מייחדים לכך דיון, אולי משום שרב הנסתר על הנגלה.

כבר נוכחנו לדעת כי הניגוד בין חול לשבת והמעבר משלטון הגיהנם וכוחותיו לשלטון השלום, הם מאוד משמעותיים בעולמם של המקובלים. כאשר נכנסת השבת יורדת לעולם אווירה מיוחדת, כוחות הרע מסתתרים בעמקי נקבת תהום רבה (זוהר, ח"א מח ע"א), ואת מקומם יורשת השכינה, המשרה שלום בעולם. "תיאורים רבים של הזוהר הם פרקי שירה על

---

232 עבודה בורא, פרק ד (בדפו"ר אין עימוד. ווארשא תר"ס, יא ע"ד). אמנם זה אמור בוודאי לגבי שחרית, אך ההערכה נשארת בעינה. זאת ועוד, מתבקש דיון קצר בהבנת המלים "היה עומד ואומר". האם הכוונה שהיה עוצר את תפילתו ומשתלב בסדר החזן או שהתפלל מיושב ומשהגיע למזמור זה עמד על רגליו? דיון זה חשוב גם מבחינה נוספת, שהרי לפנינו עדות הרדב"ז: "עתה נתחדש מנהג ברוב קהלות אשר שמענו שמעם שעומדים בשעה שאומרים ה' מלך" (מצודת דוד, זאלקווא תרכ"ב, יב ע"א [ובניגוד לעמדת ספר הקנה]). קשה אפוא להכריע בשאלה, מי קדם – האר"י (לפי הפירוש השני) או המנהג המתחדש? אגב, יצוין כי בסידור הרמ"ק לא נתפרש מזמור צג במסגרת קבלת שבת. האם הוא לא נכלל בסדר התפילה שלו?

233 וראה סידור כנסת הגדולה, עמ' שס-שסא. הרב צובירי טוען: "כן מנהגנו מוחזק בידינו מאבותינו מימי קדם", וגם לפי האר"י.

234 סעיף זה הופיע בספרי, הקבלה, פרק כה, והוא מופיע כאן מחדש בשינויים ובהוספות.

235 ח"ב קלה ע"א-ע"ב.

236 חוקרי תפילה כמו אלבוגן וברלינר לא דנו בנושא. כמו כן לא נידון בספרים: טעמי המנהגים; נתיב בינה, מאת הרב י' יעקבסון; אנציקלופדיה מאיר נתיב ועוד. במיוחד מעניין שהרב משה יאיר וויינשטאק, עורך הסדרה הרחבה "סידור הגאונים והמקובלים", לא מצא לנכון לדון בתפילה זו אף לא באחד מכל ארבעת הכרכים שייחד לשבת. עם זאת, תמוה שהרב ע' שטינזלץ (הסידור והתפילה, תל-אביב תשנ"ד, ב, עמ' 77) מציין את המקור בסידור השל"ה, ולא שם לב שמדובר בהדפסה מאוחרת, שהרי אין על כך דבר בדפוס ראשון!

מעמד העולמות בשבת", כותב א' גוטליב[237], ומוסיף: "קטע אופיני נמצא בזהר ח"ב קלה ע"א-ע"ב. הוא נמצא בסדורי התפלה של החסידים ונאמר בזמן קבלת שבת בהתלהבות רבה". תיאור פתטי זה היה בו כדי להביע את רחשי לבם[238].

השאלה היא, אם נוכל לגלות את המקור הראשוני להכללתו הליטורגית של הקטע בתפילת ליל שבת. ובכן, ר' ישראל אהרן יפה, כותב: "אחר קבלת שבת מתחילין להתפלל ברכו". אמנם מיד הוא מצטט מן הזוהר את הקטע כגונא, אך גם קטע ארוך נוסף מן ההמשך. כך שחשובה האווירה המיוחדת שבוודאי הושפעו בתיאורה בעקבות הזוהר, אולם יש לשים לב שאין שם הוראה לקרוא קטע זה בעת התפילה[239]. והנה, ב"סדר קבלת שבת", כ"י בהמ"ל בניו יורק 4567, מן המאה הי"ח, איטליה, אנו מוצאים סדר מיוחד במינו, הכולל (דף 4ב) פיוט של שמואל באר, הפותח: 'שבת מלכה אקבלה עורו עורו בשירה תוך עמי עם סגולה באי כלה באי כלה', לאחריו פסוקים משמות ומירמיה, ולאחריהם שורה של שבעה קטעים שונים מזוהר ח"ב – ובכללם רזא דשבת (דף 217ב), אך ללא כגונא! – ולאחר מכן צה-צט, כט. מותר לשער, שקטעים אלה נקראו כחלק מן הסדר הליטורגי, הגם שאין לקבוע חד-משמעית.

דומה שאי-אפשר לפסוח על מקור נוסף, הלוא הוא הספר יסוד ושרש העבודה, מאת ר' אלכסנדר זיסקינד מהורואדנא. מחבר זה נפטר בשנת תקנ"ד[240], וספרו האמור ראה אור לראשונה כבר בנאווידוואהר תקמ"ב. בשער ח, ראש פרק ד, הוא כותב: "בתפלת ערבית דשבת יכין האדם עצמו בהכנה גדולה לענות אחר הש"ץ ברוך ה' המבורך לעולם ועד בשמחה עצומה עד מאוד ביתר שאת ויתר עוז מבערבית דחול, כמבואר בזוה"ק פ' תרומה דף קל"ה ע"ב. וז"ל, כד עיל שבתא כו' כלהו מתעטרן" וכו'. משמע, גם כאן יש הסתמכות ברורה על דברי הזוהר הנ"ל כדי לחייב את השמחה, אך לא נזכר מפורשות לומר קטע זה (הגם שאפשר אולי להניח שהנוהג המעשי שימש רקע).

מכל מקום נראה ששעה זו נתעטפה באווירה מיוחדת. אופייניים הם דבריו של רבי עמנואל חי ריקי, הכותב: "ובעוד שהקהל אומרים מזמור שיר ליום השבת קודם שיאמרו קדיש דברכו ראשון יכוין שעתה שהוא שבת ממש יורדים הארות מעולות מעולם לעולם"[241] וכו'. מתברר אפוא שאותה עת שעומדים קודם ברכו מתחולל מהפך בעולם, הכוחות החומריים נעלמים ואת מקומם תופסות "הארות מעולות". למעשה, באופן עקרוני גם רע"ח ריקי חוזר על עמדת הזוהר, אך מבלי להביאו. על שעה זו כותב סמוך לאחר מכן בעל חמדת ימים, מה ע"ד: "וראוי לכל איש התמים להתלבש בעת ההיא בגילה וברעדה ... ובזוהר תרומה דף קל"ה כדין שירותא דצלותא לברכא לה בחדוא בנהירו דאנפין ולומר ברכו ... ולפיכך צריך לענות בשמחה רבה

---

237 מחקרים, עמ' 560. וראה גם דוד ניימרק, תולדות הפילוסופיה בישראל, ד"צ ירושלים תשל"א, ח"א, עמ' 239, 241; תשבי, מה"ז, עמ' תפט ואילך.

238 ראה, למשל, מנהגי קרלין, ירושלים תשכ"ב, עמ' רטו: "כגוונא בקול אדיר וחזק". וראה עדותו של רי"א סאפרין, לקמן ליד הפניה 886. כמו כן ראה את דברי "החסיד בין המתנגדים" (ראה לקמן, הע' 870), ביסוד ושרש העבודה, שער שמיני פרק ב.

239 אור ישראל, שקלאב תס"ב, קכג ע"ג. תודתי לר' משה בלוי שהביא ספר זה לידיעתי. עוד אציין כי קטע זה מן הזוהר משך את עינם של מקובלים בהקשרים אחרים. ראה, למשל, רבי משה אלבאז, המסתמך על קטע זה (היכל הקדש, ל ע"ב) אך אינו מזכירו כחלק מן התפילה.

240 ראה מאמרו של יוסף קלוזנר, 'ר' אלכסנדר זיסקינד מהורואדנא – החסיד בין המתנגדים', ספר אסף, ירושלים תשי"ג, עמ' 427-432.

241 משנת חסידים, מסכת ערבית דשבת, פרק א משנה ג, צא ע"ב.

ברוך ה׳ המבורך״.

המחברים הנזכרים, וכל אחד מייצג אזור גיאוגרפי שונה, מתארים אפוא מעמד חגיגי מיוחד המתרחש באותה שעה. הדבר בולט על רקע העובדה, שבצפת, ובמיוחד אצל האר״י, ניתנה תשומת-לב רבה למעבר מהחול אל הקודש, ולשלטונה של השכינה.

אפשר להניח שהאווירה המיוחדת בעת כניסת השבת עם תחילת תפילת ערבית, בתוספת דברי רע״ח ריקי וחמדת ימים, שהיו בעלי השפעה רבה בעולם הליטורגי, הם שגרמו לקביעת הנוהג לומר את כל הקטע מן הזוהר, שבו מתואר המעבר בפרטי פרטים ובצבעים מרשימים. על קביעה זו, ככל הנראה, הקלה העובדה שכבר האר״י הכניס לסדר התפילה פיסקה מן הזוהר, הידועה בפתיחתה ״בריך שמיה״. אמנם שם רשב״י כתב שצריך לומר זאת, והאר״י הוא שנהג כך הלכה למעשה, מה שאין כן ב״כגונא״. מכל מקום, האווירה המיוחדת עשתה את שלה.

עם זאת, בדיקה מראה שהקטע אינו נזכר בסידורי אר״י שונים, כגון זה שנדפס בזאלקווא תקמ״א. אף לא נכלל בכתבי-יד של סידורים לוריאניים, כמו בהמ״ל 4331 או 8419, ששניהם נכתבו באשכנז במאה הי״ח. גם בשלב מאוחר יותר לא נכלל בכל הסידורים הקבליים ממזרח-אירופה. למשל: ווילנא והוראדנא תקפ״ט (1828); עקבי שלום, לר׳ עקיבא שלום, נכד המקובל ר׳ צבי חיות, לובלין תרנ״ו. הקטע אינו מופיע גם בסידור ר׳ שבתי[242], שהיה לנגד עיני הבעש״ט. גם בסידור כ״י של ר׳ אברהם שמשון מראשקוב, בנו של ר׳ יעקב יוסף מפולנאה, שנכתב בשנים תקי״ט-תק״כ, אין הקטע נזכר[243]. חשוב לציין שאין הקטע נזכר גם בספר שרף פרי עץ חיים, והוא פירוש לעץ חיים שנכתב בידי ר׳ משה מדאלינא, מתלמידי הבעש״ט. משמע שבחוגי החסידות, בראשיתה, לא ידוע על הכללת הקטע בתפילה, וגם לא בסידורים אחרים כמנהג אשכנז ופולין שראו אור הדפוס באותה תקופה[244].

כנגד אלה, הקטע מצוי בחוגים הקרובים לחסידות. לראשונה נדפס, כמדומה, בסידור רבי אשר מבראד (לבוב תקמ״ח)[245]. כעבור דור, ר׳ אפרים זלמן מרגליות, שהיה מגדולי חכמי דורו, מעיד פעמיים על מנהג כזה. בספרו מטה אפרים, הלכות ראש השנה, סי׳ תקפב ס״ק ב, הוא כותב: ״אם חל [ראש השנה] בשבת ... והנוהגין לומר בשבת קודם תפלת ערבית כגוונא כו׳ גם עכשיו יאמרו אותו״. וכן נזכר בהלכות סוכה[246], סי׳ תרכה ס״ק מא: ״אם חל יום ראשון של סוכות בשבת ... והנוהגים לומר קודם ברכו כגוונא א״א [=אין אומרים] אותו היום״. הספר אמנם נדפס לראשונה בזאלקווא תקצ״ה, אך מחברו חי בשנים תקכ״ב-תקפ״ח, והוא כבר מדבר על ״הנוהגים״. הווה אומר, בתוך פחות מארבעים שנה כבר נתפשט המנהג במידה מרשימה, ולפחות בסביבות בראד, עירם של ר׳ אשר ושל ר׳ אפרים זלמן מרגליות. עדות

---

242 קארעץ תקנ״ד. רק במהדורה השנייה, למברג תרכ״ו, ח״ב, מו ע״א, הכניסו זאת המדפיסים, כשם שלמרבה האירוניה הוכנס הקטע במהדורה החדשה של ׳סידור שער הרחמים עם פירוש מגיד צדק׳ מאת תלמיד הגר״א.

243 ראה י׳ אלפסי, ׳מקור חדש ל״נוסח האר״י״ של החסידים׳, טמירין, א (תשל״ב), עמ׳ רפט-רצ, רצז.

244 כגון: זולצבאך תקנ״ה, קארלסרוא תקס״ה, ווין תקס״ו, קארלסרוא תקע״ו, פיורדא תקע״ו, מיץ תקע״ח, מיץ תק״פ וכן הלאה. גם איננו בסידור יעב״ץ, עמודי שמים.

245 לאחר השלמת ספרי הופיע מאמר מאת ר׳ משה בלוי בירחון משפחה, אלול תשס״ד, עמ׳ 25-29, ושם הוא מציין כי לראשונה נדפס ב״משנת חסידים ... תפלה מכל השנה״, אמשטרדם תקמ״ה. ועיין עוד שם.

246 בסידור רבי שניאור זלמן מליאדי, ברוקלין תשכ״ה, בהערות שבסופו, בעמ׳ 733, נזכר מטה אפרים, הלכות רה״ש בלבד. בהזדמנות זו אציין, שבספרים מאוחרים יותר מדובר על יום-טוב בכלל (שחל בשבת). למשל, שלחן הטהור, לר׳ יצחק אייזיק מקאמרנא, בעריכת א׳ זיס, ח״ב, תל-אביב תשכ״ה, עמ׳ קעט. וראה שם בהערות. ועיין גם בדיון של ר׳ שמחה רבינוביץ, פסקי תשובות, ח״ה, ירושלים תשנ״ה, עמ׳ רסו.

להתפשטות מחוץ לבראד נראה בכך שאף לפני ספר מטה אפרים כבר נדפסה התפילה בסידור האר״י שבעריכת ר׳ שניאור זלמן מליאדי[247], כגון: קאפוסט תקע״ו, ברדיטשוב תקע״ח, וסידורי תורה אור.

יתר על כן, כבר ציינתי כי בספר בית חכמה (פאדגורזע אצל קראקא תרנ״ח), לר׳ ישעיה יעקב הלוי, מחכמי הקלויז של ר׳ חיים צאנזער בבראד, והוא פירוש לשיר השירים, נוספו בסופו פירושים למזמור קז ול״מאמר כגונא״, בשם ״שער האחד״. העובדה ששלושה פירושים אלה מופיעים יחדיו עשויה להצביע על החידוש ההיסטורי שבהנהגות אלה, שמוצאן כנראה בבית-המדרש בבראד, ובוודאי בראיית השלושה כביטוי רעיוני משותף לייחודה החד-פעמי של שעה נעלה זו.

לפיכך משער אני שהתפילה נקבעה בחוג המקובלים של הקלויז בבראד[248]. פה להם שימשו ר׳ אשר, ר׳ אפרים זלמן ור׳ ישעיה הלוי, ושם היו כנראה ״**הנוהגים**״ הראשונים, ומהם למדו אחרים[249], ואולי גם חוגי החסידים מתלמידי המגיד ממעזריטש שעמהם נמנה גם רש״ז מליאדי, שכן קשה להניח שהוא היה משלב קטע זה על דעת עצמו.

וראוי להעיר על תופעה מעניינת. דרוש שלם שמשולב בו נושא השבת, נמצא ביושר דברי אמת[250], ובמקביל בלקוטים יקרים[251]. אותם דברים, אך בנוסח קצת שונה, נמצאים בכתר שם טוב[252], ועל-פיו גם בבעל שם טוב[253], ובשני האחרונים נוסף קטע הפותח: ״וז״ש בזוהר רזא דשבת איהו שבת״ וכו׳. השאלה היא, אם עורך כתר שם טוב, ר׳ אהרן הכהן מאפטא, הוא שהוסיף זאת, או שנשמט מן הנוסח שביושר דברי אמת. למעשה, באשר לנושא שלנו אין הבדל רב, שהרי החיבורים הללו הם פרי הדור השני או השלישי של החסידות, ומבחינת הזמן אין התשובה מעלה ולא מורידה. חשוב יותר לציין שלא ברור מן הניסוח אם קטע זה אמנם נאמר כחלק מן התפילה ולכן הובא, או שהובא בשל תוכנו בלא כל קשר למנהג, ואין ללמוד הימנו דבר. האפשרות הראשונה נראית לי סבירה יותר. וכל כך למה? כי אכן יש משמעות מעשית לקטע זה, אפשר ללמוד גם מכך שדווקא פירושו של קטע זוהרי זה שימש מוקד ללעג של ה׳מתנגדים׳[254].

והנה, העובדה שלעג זה הופיע בקונטרס זמיר עריצים וחרבות צורים, שנדפס באלעקסניץ

---

247 וראה גם שער הכולל, פרק יז אות י.

248 קלויז זה זכה לשבח גם מפי ה׳מתנגדים׳, מתוך ידיעה ברורה שלומדים ומתפללים שם על-פי הקבלה. ראה מרדכי וילנסקי, חסידים ומתנגדים, ירושלים תש״ל, ח״א, עמ׳ 47. אגב, בעובדה שאנו מוצאים את ראשית המנהג בבראד יש לראות ביטוי נוסף להשפעה הידועה של ספר משנת חסידים (ראה לעיל ליד הפניה 871) על אנשי הקלויז, שבמקרה דנן אף עמדו ועשו מעשה.

249 הקטע נכלל בסידורים שנדפסו ב: סלאוויטא תקפ״ה, [שם ?] תקצ״ב, שם תקצ״ד, יאס תר״ג, זיטאמיר תר״י, שם תרי״א; תקוני שבת (עם דרך החיים), זיטאמיר תרי״ט; ועוד. ולא מניתי אלא מן הדור הסמוך. חשוב להוסיף ולציין כאן עדות על מקומו של סידור רבי אשר. בכ״י אמרי פנחס, שנדפס לראשונה בתל-אביב תשל״ד, והוא מכיל מתורתו של ר׳ פינחס מקארעץ ועליו, נאמר כך: ״סידורים שלהם היה סידור האריז״ל דפוס לבוב [והוא סידור רבי אשר, שנדפס בלבוב תקמ״ח], ולא רצו להתפלל בסידור אחר, כי גם הרב [ר׳ פינחס] התפלל בסידור הנ״ל והיה חשוב מאד אצלו. ושמעתי מרב״ז, שבתחילה כשנדפס סידור [האר״י] דפוס זאלקאווי [תקמ״א] לא חשקו בו ולא יכלו לסבלו כל הצדיקים, וכשנדפס סידור הנ״ל [של רבי אשר] חיפשוהו כאבן טוב ונחשב אצלם מאד״. ראה עמ׳ קעח, אות תתקפד.

250 קונטרס ב, אות יט, מונקאטש תרס״ה, ל ע״ג-ע״ד.

251 לבוב תרל״ב, לח ע״א.

252 פאדגורזע-קראקא תרנ״ח, ח״ב, כ ע״ב.

253 לאדז׳ תרח״צ, וד״צ ירושלים תשכ״ב, ח״א, עמ׳ ע.

254 ראה מ׳ וילנסקי, (לעיל, הע׳ 878), ח״א, עמ׳ 64 והע׳ 4; ח״ב, עמ׳ 236.

תקל״ב, מצביעה על כך שאותה שעה, כלומר בסוף ימי המגיד, כבר היה המנהג ידוע במידה מסוימת בחוגי החסידות. ואם כך, אין זה מקרה שהדיון הדרשני-החסידי בקטע זה, שהזכרנו לעיל, עולה בערך באותן שנים. ויש אפוא רגליים להשערתנו שהקטע שימש חלק מן התפילה. וכך דוכנס, כאמור, לסידור רש״ז. נזכור גם כי חכמי בראד, שמהם יצאו הדברים שבזמיר עריצים, נטלו, כידוע, חלק פעיל ביותר במאבק ובחרמות נגד החסידים. כביכול רצו לומר: אנו שיש בידינו מסורת של לימוד קבלה, יש בידינו גם כח לקבוע אמירת קטע זוהרי בתפילה, אך מה לחסידים קלי הדעת לחקות אותנו. המסקנה העולה היא, שסמוך לשנת תקל״ב ידוע המנהג בבראד. הנחה זו מחזקת את השערתנו לפני כן, בהסתמך על שלושה תלמידי חכמים ידועים, שמקורו של המנהג בבראד.

אפשר לסכם אפוא שמקור המנהג הוא בקלויז שבבראד, עוד לפני שנות השבעים של המאה הי״ח. בחסידות החל להתפשט רק בדור השני, אצל תלמידי המגיד ועדיין בחייו (שכן הוא נפטר בכסלו תקל״ג), אך לא אצל הכל. אמנם קשה, כמדומה, למצוא מכנה משותף לאלה שקיבלו את המנהג. הוכחות מפורשות וראשונות מפי סידורים נדפסים יש לנו מתקמ״ח, תקע״ו ותקע״ח. מכל מקום, בחסידות פשט והלך המנהג, ואין לך ״חצר״ חסידית שאינה אומרת אותו.

אנו מוצאים על כך דברים גם בספרי דרוש[255] ואחרים. למשל, ר׳ יצחק אייזיק יהודה יחיאל ספרין מקאמארנא, מספר: ״כשהייתי בלובלין עם אבי זצ״ל ילד בן תשע הייתי, וראיתי פניו כלפידים, ובעת שפתח הדלת לומר כגונא ראיתי אש מלהטות(!) על ראשו ואור נפלא״[256].

יש סידורים קבליים שהקטע מופיע שם, אך כנראה שלא בצורה מקורית. למשל, בסידור של ר׳ שמואל ויטאל, חמדת ישראל, מונקאטש תרס״א, אך בוודאי שלא יצא מאת רש״ו, שהרי אין אנו שומעים על כך דבר בשער הכונות[257]. הוא הדין לסידורו של ר׳ משה קורדוברו, תפלה למשה, שנדפס בסמוך (פרעמישלא תרנ״ב). אפשר שגם בסידור קול יעקב של ר׳ יעקב קאפיל ממעזריטש, סלאוויטא תקס״ד, ח״ב, טו ע״א, נדפס הקטע שלא על דעת המחבר, מכיוון שאין שם שום כוונה המתייחסת לכך. לא כן בסידור רבי אשר, שלמרות שגם שם, דף רלד ע״א, כתובות מלים אחדות בלבד: ״יש לומר קודם ברכו. מאמר זה הוא בזהר תרומה דף קל״ה ע״א״ – הרי הכוונות שנזכרו בסמוך לפני כן מזכירות את דברי משנת חסידים וחמדת ימים שהזכרנו לעיל. ואפשר שהצעד הבא התבקש מאליו.

אגב, אעיר על טעות נפוצה בסידורים, כולל ׳רנת ישראל׳ המתוקן. אלה מנקדים את המלה שבסוף הפיסקה ״כדין [שירותא דצלותא]״ בכ״ף שוואית – שלא כדין. דין הוא שתנוקד הכ״ף בפתח, והדל״ת דגושה וצרויה. [תרגום מלה זוהרית זו: אז].

---

255 האמה היא, שיש ספרי דרוש שמדברים על הזוהר אך אינם מצביעים על היותו חלק מן התפילה. ודומה שבשלב מאוחר יותר, היינו לאחר הדור השלישי, אין להביא מכך ראיה לסתור. ראה, למשל, בני יששכר, מאמרי השבתות, מאמר ד אות ד; מאמר ו אות ו; מאמר ט אות א; וכדומה.

256 מגלת סתרים, ירושלים תשכ״ח, עמ׳ לז. ראה גם לעיל, הע׳ 868.

257 ולא במחברת הקודש, טהרות הקודש, פתורא דאבא ועוד.

תמונות תחנות
תפלות ספרד

ויניציאה

שמ"ד

תכון תפלתי קטרת לפניך

תמונות תחנות תפלות ספרד
ערוכות בשולחן הלא כגל מוזמן
ופיוט וזמון בתוכו מפורד
בסופו תחפש ותמצא מסומן

על ידי זואן די גארה בבתו
והכו באותיות סבומבירגו
שנת שלום שלום
לרחוק ולקרוב
אמר ה'

פה ויניציאה

קבלת שבת

שמים וארץ: אל יתן למוט רגלך אל ינום שמרך:
הנה לא ינום ולא יישן שומר ישראל: יי שמרך
יי צלך על יד ימינך: יומם השמש לא יככה וירח
בלילה: יי ישמרך מכל רע ישמור את נפשך:
יי ישמר צאתך ובואך מעתה ועד עולם: לך בשמחה
אכל לחמך ושתה בלב טוב יינך כי כבר רצה האלהים
את מעשיך:

וטוב לו סידור לחם לעניים כפי נדבת לבו:

סדר קבלת שבת:

ערב שבת מתפללין מנחת ערב כמו בחול ואין נופלים על פניה׳ ואחר המנחה הזריזים שבישראל חסידים ואנשי מעשה נוהגים ללבוש בגדים נאים כל אחד כפי יכלתו והולכים לקראת שבת בשמחה ובטוב לבב׳ יש מהם שהולכים לבתי כנסיות ויש מהם שהולכים מחוץ לעיר כל אחד כפי הכנת מקומו כאנשים ההולכים לקראת כלה מלכתא׳ ונוהגים לומר זה הסדר:

מזמור לדוד הבו ליי בני אלים הבו ליי כבוד ועוז:
הבו ליי כבוד שמו השתחוו ליי בהדרת קדש:
קול יי על המים אל הכבוד הרעים יי על מים רבים:
קול יי בכח קול יי בהדר: קול יי שבר ארזים וישבר
יי את ארזי הלבנון: וירקידם כמו עגל לבנון ושריון

כמא

כמו בן ראמים: קול יי חוצב להבות אש: קול
יהוה יחיל מדבר יחיל יהוה מדבר קדש: קול יי
יחולל אילות ויחשף יערות ובהיכלו כלו אמר כבוד:
יי למבול ישב וישב יי מלך לעולם: יי עוז לעמו יתן
יי יברך את עמו בשלום:

ואחר כך אומרים זה הפיוט נאה ומשובח יסדו וכננו החכם האלהי כמהרר שלמה הלוי ן' אלקאבין ז"ל בעיר צפת תבנה ותכונן במהרה בימינו אמן: לחן שובי נפשי למנוחיכי:

לכה דודי לקראת כלה: פני שבת נקבלה:
שמור וזכור בדבור אחד: השמיענו אל המיוחד:
יי אחד ושמו אחד: לשם ולתפארת ולתהלה:

לכה:

לקראת שבת לכו ונלכה: כי היא מקור הברכה:
מראש מקדם נסוכה: סוף מעשה במחשבה תחלה:

לכה:

מקדש מלך עיר מלוכה: קומי צאי מתוך ההפיכה
רב לך שבת בעמק הבכה: והוא יחמול עליך חמלה:

לכה:

התנערי מעפר קומי: לבשי בגדי תפארתך עמי:
על יד בן ישי בית הלחמי: קרבה אל נפשי גאלה:

לכה:

התעוררי התעוררי: כי בא אורך קומי אורי:
עורי

קבלת שבת

עורי עורי שיר דברי : כבוד יי עליך נגלה :

לכה :

לא תבושי ולא תכלמי : מה תשתוחחי ומה תהמי :
בך יחסו עניי עמי : ונבנתה עיר על תלה :

לכה :

והיו למשסה שוסיך : ורחקו כל מבלעיך :
ישיש עליך אלהיך : כמשוש חתן על כלה :

לכה :

ימין ושמאל תפרוצי : ואת יי תעריצי :
על יד איש בן פרצי : ונשמחה ונגילה :

לכה :

בואי בשלום עטרת בעלה : גם בשמחה ובצהלה :
תוך אמוני עם סגולה : בואי כלה בואי כלה :

לכה דודי :

מזמור שיר ליום השבת : טוב להודות ליי
ולזמר לשמך עליון : להגיד בבקר חסדך
ואמונתך בלילות : עלי עשור ועלי נבל עלי הגיון
בכנור : כי שמחתני יי בפעליך במעשה ידיך ארנן :
מה גדלו מעשיך יי מאד עמקו מחשבתיך : איש בער
לא ידע וכסיל לא יבין את זאת : בפרח רשעים
כמו עשב ויציצו כל פעלי און להשמדם עדי עד :
ואתה

וְאַתָּה מָרוֹם לְעוֹלָם יְיָ׃ כִּי הִנֵּה אֹיְבֶיךָ יְיָ כִּי הִנֵּה
אֹיְבֶיךָ יֹאבֵדוּ יִתְפָּרְדוּ כָּל פֹּעֲלֵי אָוֶן׃ וַתָּרֶם כִּרְאֵים
קַרְנִי בַּלֹּתִי בְּשֶׁמֶן רַעֲנָן׃ וַתַּבֵּט עֵינִי בְּשׁוּרָי בַּקָּמִים
עָלַי מְרֵעִים תִּשְׁמַעְנָה אָזְנָי׃ צַדִּיק כַּתָּמָר יִפְרָח כְּאֶרֶז
בַּלְּבָנוֹן יִשְׂגֶּה׃ שְׁתוּלִים בְּבֵית יְיָ בְּחַצְרוֹת אֱלֹהֵינוּ
יַפְרִיחוּ׃ עוֹד יְנוּבוּן בְּשֵׂיבָה דְּשֵׁנִים וְרַעֲנַנִּים יִהְיוּ׃
לְהַגִּיד כִּי יָשָׁר יְיָ צוּרִי וְלֹא עַוְלָתָה בּוֹ׃

יִתְגַּדַּל וְיִתְקַדַּשׁ שְׁמֵיהּ רַבָּא בְּעָלְמָא דִּי בְרָא
כִּרְעוּתֵיהּ · וְיַמְלִיךְ מַלְכוּתֵיהּ · וְיַצְמַח
פּוּרְקָנֵיהּ · וִיקָרֵב מְשִׁיחֵיהּ בְּחַיֵּיכוֹן וּבְיוֹמֵיכוֹן · וּבְחַיֵּי
דְכָל בֵּית יִשְׂרָאֵל בַּעֲגָלָא וּבִזְמַן קָרִיב וְאִמְרוּ אָמֵן׃
יְהֵא שְׁמֵיהּ רַבָּא מְבָרַךְ לְעָלַם לְעָלְמֵי עָלְמַיָּא יִתְבָּרַךְ׃
וְיִשְׁתַּבַּח וְיִתְפָּאַר וְיִתְרוֹמַם וְיִתְנַשֵּׂא וְיִתְהַדַּר וְיִתְעַלֶּה
וְיִתְהַלָּל שְׁמֵיהּ דְּקוּדְשָׁא בְּרִיךְ הוּא׃ לְעֵילָּא מִכָּל
בִּרְכָתָא · שִׁירָתָא · תּוּשְׁבְּחָתָא · וְנֶחָמָתָא ·
דַּאֲמִירָן בְּעָלְמָא וְאִמְרוּ אָמֵן׃
יְהֵא שְׁלָמָא רַבָּא מִן שְׁמַיָּא חַיִּים וְשָׂבָע וִישׁוּעָה
וְנֶחָמָה וְשֵׁיזָבָא וּרְפוּאָה וּגְאוּלָה וּסְלִיחָה וְכַפָּרָה וְרֵיוַח
וְהַצָּלָה לָנוּ וּלְכָל יִשְׂרָאֵל וְאִמְרוּ אָמֵן׃ עוֹשֶׂה שָׁלוֹם
בִּמְרוֹמָיו הוּא בְּרַחֲמָיו יַעֲשֶׂה שָׁלוֹם עָלֵינוּ וְעַל כָּל
יִשְׂרָאֵל וְאִמְרוּ אָמֵן׃ נשלם קבלת שבת

תכון תפלתי קטרת לפניך

שלש
תפלות לשבת
ערבית ושחרית
ומנחה

ליל שבת

מתחיל שליח צבור יי' מלך ירגזו עמים ומזמור לתודה ומזמור
לדוד הבו ליי' בני אלים ואחר כך אומר במה מדליקין: ויום
טוב שחל להיות בע"ש אין אומרים אותו מפני שיש בזאת
המשנה עשרתן ואין מעשרין ביום טוב אלא
מתחיל מזמור שיר ליום השבת ואחר
כך מזמור המועד · ויש שנוהגין
לאומרו :

ערבית של שבת

יי מלך ירגזו עמים ישב כרובים תנוט הארץ : יי בציון גדול ורם הוא על כל העמים : יודו שמך גדול ונורא קדוש הוא : ועוז מלך משפט אהב אתה כוננת מישרים משפט וצדקה ביעקב אתה עשית : רוממו יי אלהינו והשתחוו להדום רגליו קדוש הוא : משה ואהרן בכהניו ושמואל בקוראי שמו קוראים אל יי והוא יענם : בעמוד ענן ידבר אליהם שמרו עדותיו וחוק נתן למו : יי אלהינו אתה עניתם אל נשא היית להם ונוקם על עלילותם : רוממו יהוה אלהינו והשתחוו להר קדשו כי קדוש יהוה אלהינו :

מזמור לתודה הריעו ליי כל הארץ : עבדו את יי בשמחה באו לפניו ברננה : דעו כי יי הוא האלהים הוא עשנו ולא אנחנו עמו וצאן מרעיתו : באו שעריו בתודה חצרותיו בתהלה הודו לו ברכו שמו : כי טוב יהוה לעולם חסדו ועד דור ודור אמונתו :

במה מדליקין ובמה אין מדליקין : אין מדליקין לא בלכש ולא בחוסן ולא בכלך ולא

כפתילת

ליל שבת

בִּפְתִילַת הָאִידָן· וְלֹא בִּפְתִילַת הַמִּדְבָּר· וְלֹא בִּירוֹקָה
שֶׁעַל פְּנֵי הַמַּיִם לֹא בְזֶפֶת· וְלֹא בְשַׁעֲוָה· וְלֹא בְשֶׁמֶן
קִיק· וְלֹא בְשֶׁמֶן שְׂרֵיפָה· וְלֹא בְאַלְיָה· וְלֹא בְחֵלֶב: נַחוּם
הַמָּדִי אוֹמֵר· מַדְלִיקִין בְּחֵלֶב מְבוּשָּׁל: וַחֲכָמִים אוֹמְרִים
אֶחָד מְבוּשָּׁל· וְאֶחָד שֶׁאֵינוֹ מְבוּשָּׁל· אֵין מַדְלִיקִין בּוֹ:
אֵין מַדְלִיקִין בְּשֶׁמֶן שְׂרֵפָה בְּיוֹם טוֹב: רַבִּי יִשְׁמָעֵאל
אוֹמֵר· אֵין מַדְלִיקִין בְּעִטְרָן· מִפְּנֵי כְבוֹד הַשַּׁבָּת:
וַחֲכָמִים מַתִּירִין בְּכָל הַשְּׁמָנִים: בְּשֶׁמֶן שׁוּמְשְׁמִין·
בְּשֶׁמֶן אֱגוֹזִים· בְּשֶׁמֶן צְנוֹנוֹת· בְּשֶׁמֶן דָּגִים בְּשֶׁמֶן
פַּקּוּעוֹת· בְּעִטְרָן· וּבְנֵפְטְ: רַבִּי טַרְפוֹן אוֹמֵר אֵין
מַדְלִיקִין אֶלָּא בְשֶׁמֶן זַיִת בִּלְבַד כָּל הַיּוֹצֵא מִן הָעֵץ אֵין
מַדְלִיקִין בּוֹ אֶלָּא פִּשְׁתָּן· וְכָל הַיּוֹצֵא מִן הָעֵץ אֵינוֹ
מְטַמֵּא טוּמְאַת אֹהָלִים אֶלָּא פִשְׁתָּן: פְּתִילַת הַבֶּגֶד
שֶׁקִּפְּלָהּ וְלֹא הִבְהֲבָהּ· רַבִּי אֱלִיעֶזֶר אוֹמֵר טְמֵאָה הִיא·
וְאֵין מַדְלִיקִין בָּהּ: רַבִּי עֲקִיבָא אוֹמֵר טְהוֹרָה הִיא·
וּמַדְלִיקִין בָּהּ: לֹא יִקּוֹב אָדָם שְׁפוֹפֶרֶת שֶׁל בֵּיצָה·
וִימַלְּאֶנָּה שֶׁמֶן· וְיִתְּנֶנָּה עַל פִּי הַנֵּר· בִּשְׁבִיל שֶׁתְּהֵא
מְנַטֶּפֶת· וַאֲפִלּוּ הִיא שֶׁל חֶרֶס וְרַבִּי יְהוּדָה מַתִּיר:
אֲבָל אִם חִבְּרָהּ הַיּוֹצֵר מִתְּחִלָּה מוּתָּר· מִפְּנֵי שֶׁהוּא
כְּלִי אֶחָד: לֹא יְמַלֵּא אָדָם קְעָרָה שֶׁמֶן· וְיִתְּנֶנָּה בְּצַד
הַנֵּר וְיִתֵּן רֹאשׁ הַפְּתִילָה בְּתוֹכָהּ· בִּשְׁבִיל שֶׁתְּהֵא

שואבת

ד"ל שבת קיג

שׁוֹאֶבֶת׳ וְרַבִּי יְהוּדָה מַתִּיר ׃ הַמְכַבֶּה אֶת הַנֵּר׳ מִפְּנֵי שֶׁהוּא מִתְיָרֵא מִפְּנֵי גוֹיִם׳ מִפְּנֵי לִסְטִים׳ מִפְּנֵי רוּחַ רָעָה׳ מִפְּנֵי הַחוֹלֶה שֶׁיִּישַׁן פָּטוּר ׃ כְּחָס עַל הַנֵּר׳ כְּחָס עַל הַשֶּׁמֶן׳ כְּחָס עַל הַפְּתִילָה חַיָּב רַבִּי יוֹסֵי פּוֹטֵר בְּכֻלָּן חוּץ מִן הַפְּתִילָה׳ מִפְּנֵי שֶׁהוּא עוֹשָׂה פֶּחָם ׃ עַל שָׁלֹשׁ עֲבֵירוֹת נָשִׁים מֵתוֹת בִּשְׁעַת לֵדָתָן עַל שֶׁאֵינָן זְהִירוֹת בַּנִּדָּה׳ וּבַחַלָּה׳ וּבְהַדְלָקַת הַנֵּר ׃ שְׁלֹשָׁה דְבָרִים צָרִיךְ אָדָם לוֹמַר בְּתוֹךְ בֵּיתוֹ עֶרֶב שַׁבָּת עִם חֲשֵׁכָה׳ עִשַּׂרְתֶּן׳ עֵרַבְתֶּן הַדְלִיקוּ אֶת הַנֵּר ׃ סָפֵק חֲשֵׁכָה׳ סָפֵק אֵינָהּ חֲשֵׁכָה׳ אֵין מְעַשְּׂרִין אֶת הַוַּדַּאי׳ וְאֵין מַטְבִּילִין אֶת הַכֵּלִים׳ וְאֵין מַדְלִיקִין אֶת הַנֵּרוֹת ׃ אֲבָל מְעַשְּׂרִין אֶת הַדְּמַאי׳ וּמְעָרְבִין׳

וְטוֹמְנִין אֶת הַחַמִּין ׃

אָמַר רַבִּי אֶלְעָזָר אָמַר רַבִּי חֲנִינָא תַּלְמִידֵי חֲכָמִים מַרְבִּים שָׁלוֹם בָּעוֹלָם שֶׁנֶּאֱמַר וְכָל בָּנַיִךְ לִמּוּדֵי יְיָ וְרַב שְׁלוֹם בָּנָיִךְ ׃ אַל תִּקְרֵי בָּנָיִךְ׳ אֶלָּא בּוֹנָיִךְ ׃ יְהִי שָׁלוֹם בְּחֵילֵךְ׳ שַׁלְוָה בְּאַרְמְנוֹתָיִךְ ׃ לְמַעַן אַחַי וְרֵעָי אֲדַבְּרָה נָּא שָׁלוֹם בָּךְ ׃ לְמַעַן בֵּית יְיָ אֱלֹהֵינוּ אֲבַקְשָׁה טוֹב לָךְ׳ וּרְאֵה בָנִים לְבָנֶיךָ שָׁלוֹם עַל יִשְׂרָאֵל ׃ שָׁלוֹם רָב לְאֹהֲבֵי תוֹרָתֶךָ וְאֵין לָמוֹ מִכְשׁוֹל ׃ יְיָ עֹז לְעַמּוֹ יִתֵּן יְיָ יְבָרֵךְ אֶת עַמּוֹ בַשָּׁלוֹם ׃

ליל שבת

יתגדל ויתקדש שמיה רבא בעלמא די ברא
כרעותיה · וימליך מלכותיה ·
ויצמח פורקניה · ויקרב משיחיה בחייכון וביומיכון ·
ובחיי דכל בית ישראל בעגלא ובזמן קריב
ואמרו אמן ׃ יהא שמיה רבא מברך לעלם
לעלמי עלמיא יתברך ׃ וישתבח ויתפאר
ויתרומם ויתנשא ויתהדר ויתעלה ויתהלל שמיה
דקודשא בריך הוא לעילא מכל ברכתא·
שירתא· תושבחתא· ונחמתא· דאמירן בעלמא·
ואמרו אמן ׃

על ישראל · ועל רבנן · ועל תלמידיהון ·
ועל כל תלמידי תלמידיהון דעסקין
באורייתא קדישתא די באתרא הדין ודי בכל אתר
ואתר ׃ יהא לנא ולהון ולכון חנא· וחסדא · ורחמי ·
מן קדם מארי שמיא וארעא ואמרו אמן ׃
יהא שלמא רבא מן שמיא חיים ושבע וישועה
ונחמה ושיזבא ורפואה וגאולה וסליחה וכפרה וריוח
והצלה לנו ולכל ישראל ואמרו אמן ׃ **עושה** שלום
במרומיו הוא ברחמיו יעשה שלום עלינו ועל כל
ישראל ואמרו אמן ׃

מזמור

ליל שבת קיד

מזמור שיר ליום השבת: טוב להודות ליי
ולזמר לשמך עליון: להגיד בבקר חסדך
ואמונתך בלילות: עלי עשור ועלי נבל עלי הגיון
בכנור: כי שמחתני יי בפעלך במעשה ידיך ארנן:
מה גדלו מעשיך יי מאד עמקו מחשבתיך: איש בער
לא ידע וכסיל לא יבין את זאת: בפרח רשעים
כמו עשב ויציצו כל פעלי און להשמדם עדי עד:
ואתה מרום לעולם יי: כי הנה איביך יי כי הנה
איביך יאבדו יתפרדו כל פעלי און: ותרם כראים
קרני בלתי בשמן רענן: ותבט עיני בשורי בקמים
עלי מרעים תשמענה אזני: צדיק כתמר יפרח כארז
בלבנון ישגה: שתולים בבית יי בחצרות אלהינו
יפריחו: עוד ינובון בשיבה דשנים ורעננים יהיו:
להגיד כי ישר יי צורי ולא עולתה בו:

יי מלך גאות לבש לבש יי עז התאזר אף תכון
תבל בל תמוט: נכון כסאך מאז מעולם
אתה: נשאו נהרות יי נשאו נהרות קולם ישאו
נהרות דכים: מקולות מים רבים אדירים משברי
ים אדיר במרום יי: עדתיך נאמנו מאד לביתך
נאוה קדש יי לארך ימים:

טו ב יתגדל

ליל שבת

יתגדל ויתקדש שמיה רבא בעלמא די ברא כרעותיה · וימליך מלכותיה ·
ויצמח פורקניה · ויקרב משיחיה בחייכון וביומיכון ובחיי דכל בית ישראל בעגלא ובזמן קריב ואמרו אמן ׃ יהא שמיה רבא מברך לעלם לעלמי עלמיא יתברך ׃ וישתבח ויתפאר ויתרומם ויתנשא ויתהדר ויתעלה ויתהלל שמיה דקודשא בריך הוא ׃ לעילא מכל ברכתא · שירתא · תושבחתא · ונחמתא · דאמירן בעלמא ואמרו אמן ׃

ברכו את יי המבורך ׃ ברוך יי המבורך לעולם ועד ׃

ברוך אתה יי אלהינו מלך העולם אשר בדברו מעריב ערבים בחכמה פותח שערים · בתבונה משנה עתים ומחליף את הזמנים · ומסדר את הכוכבים במשמרותיהם ברקיע · כרצונו ׃ בורא יומם ולילה · גולל אור מפני חשך · וחשך מפני אור ׃ המעביר יום ומביא לילה · ומבדיל בין יום ובין לילה · יי צבאות שמו ׃ ברוך אתה יי המעריב ערבים ׃

אהבת עולם · בית ישראל עמך אהבת ׃ תורה · ומצות · חקים · ומשפטים אותנו למדת ׃
על כן יי אלהינו · בשכבינו · ובקומנו · נשיח בחקיך ׃

ונשמח

וְנִשְׂמַח וְנַעֲלוֹז בְּדִבְרֵי תַלְמוּד תּוֹרָתֶךָ וּמִצְוֹתֶיךָ
וְחֻקּוֹתֶךָ לְעוֹלָם וָעֶד: כִּי הֵם חַיֵּינוּ וְאוֹרֶךְ יָמֵינוּ
וּבָהֶם נֶהְגֶּה יוֹמָם וָלַיְלָה: וְאַהֲבָתְךָ לֹא תָסוּר מִמֶּנּוּ
לְעוֹלָמִים בָּרוּךְ אַתָּה יְיָ אוֹהֵב אֶת עַמּוֹ יִשְׂרָאֵל:

שְׁמַע יִשְׂרָאֵל יְיָ אֱלֹהֵינוּ יְיָ אֶחָד: בָּרוּךְ שֵׁם כְּבוֹד
מַלְכוּתוֹ לְעוֹלָם וָעֶד: וְאָהַבְתָּ אֵת יְיָ אֱלֹהֶיךָ
בְּכָל לְבָבְךָ וּבְכָל נַפְשְׁךָ וּבְכָל מְאֹדֶךָ: וְהָיוּ הַדְּבָרִים
הָאֵלֶּה אֲשֶׁר אָנֹכִי מְצַוְּךָ הַיּוֹם עַל לְבָבֶךָ: וְשִׁנַּנְתָּם
לְבָנֶיךָ וְדִבַּרְתָּ בָּם בְּשִׁבְתְּךָ בְּבֵיתֶךָ וּבְלֶכְתְּךָ בַדֶּרֶךְ
וּבְשָׁכְבְּךָ וּבְקוּמֶךָ: וּקְשַׁרְתָּם לְאוֹת עַל יָדֶךָ וְהָיוּ
לְטֹטָפֹת בֵּין עֵינֶיךָ: וּכְתַבְתָּם עַל מְזוּזוֹת בֵּיתֶךָ
וּבִשְׁעָרֶיךָ:

וְהָיָה אִם שָׁמֹעַ תִּשְׁמְעוּ אֶל מִצְוֹתַי אֲשֶׁר אָנֹכִי
מְצַוֶּה אֶתְכֶם הַיּוֹם לְאַהֲבָה אֶת יְיָ אֱלֹהֵיכֶם
וּלְעָבְדוֹ בְּכָל לְבַבְכֶם וּבְכָל נַפְשְׁכֶם: וְנָתַתִּי מְטַר
אַרְצְכֶם בְּעִתּוֹ יוֹרֶה וּמַלְקוֹשׁ וְאָסַפְתָּ דְגָנֶךָ וְתִירֹשְׁךָ
וְיִצְהָרֶךָ: וְנָתַתִּי עֵשֶׂב בְּשָׂדְךָ לִבְהֶמְתֶּךָ וְאָכַלְתָּ
וְשָׂבָעְתָּ: הִשָּׁמְרוּ לָכֶם פֶּן יִפְתֶּה לְבַבְכֶם וְסַרְתֶּם
וַעֲבַדְתֶּם אֱלֹהִים אֲחֵרִים וְהִשְׁתַּחֲוִיתֶם לָהֶם: וְחָרָה
אַף יְיָ בָּכֶם וְעָצַר אֶת הַשָּׁמַיִם וְלֹא יִהְיֶה מָטָר וְהָאֲדָמָה
לֹא תִתֵּן אֶת יְבוּלָהּ וַאֲבַדְתֶּם מְהֵרָה מֵעַל הָאָרֶץ

ליל שבת

הַטּוֹבָה אֲשֶׁר יְיָ נֹתֵן לָכֶם׃ וְשַׂמְתֶּם אֶת דְּבָרַי אֵלֶּה עַל לְבַבְכֶם וְעַל נַפְשְׁכֶם וּקְשַׁרְתֶּם אֹתָם לְאוֹת עַל יֶדְכֶם וְהָיוּ לְטוֹטָפוֹת בֵּין עֵינֵיכֶם׃ וְלִמַּדְתֶּם אֹתָם אֶת בְּנֵיכֶם לְדַבֵּר בָּם בְּשִׁבְתְּךָ בְּבֵיתֶךָ וּבְלֶכְתְּךָ בַדֶּרֶךְ וּבְשָׁכְבְּךָ וּבְקוּמֶךָ׃ וּכְתַבְתָּם עַל מְזוּזוֹת בֵּיתֶךָ וּבִשְׁעָרֶיךָ׃ לְמַעַן יִרְבּוּ יְמֵיכֶם וִימֵי בְנֵיכֶם עַל הָאֲדָמָה אֲשֶׁר נִשְׁבַּע יְיָ לַאֲבוֹתֵיכֶם לָתֵת לָהֶם כִּימֵי הַשָּׁמַיִם עַל הָאָרֶץ׃

וַיֹּאמֶר יְיָ אֶל מֹשֶׁה לֵּאמֹר׃ דַּבֵּר אֶל בְּנֵי יִשְׂרָאֵל וְאָמַרְתָּ אֲלֵיהֶם וְעָשׂוּ לָהֶם צִיצִת עַל כַּנְפֵי בִגְדֵיהֶם לְדֹרֹתָם וְנָתְנוּ עַל צִיצִת הַכָּנָף פְּתִיל תְּכֵלֶת׃ וְהָיָה לָכֶם לְצִיצִת וּרְאִיתֶם אֹתוֹ וּזְכַרְתֶּם אֶת כָּל מִצְוֹת יְיָ וַעֲשִׂיתֶם אֹתָם וְלֹא תָתוּרוּ אַחֲרֵי לְבַבְכֶם וְאַחֲרֵי עֵינֵיכֶם אֲשֶׁר אַתֶּם זֹנִים אַחֲרֵיהֶם׃ לְמַעַן תִּזְכְּרוּ וַעֲשִׂיתֶם אֶת כָּל מִצְוֹתָי וִהְיִיתֶם קְדֹשִׁים לֵאלֹהֵיכֶם׃ אֲנִי יְיָ אֱלֹהֵיכֶם אֲשֶׁר הוֹצֵאתִי אֶתְכֶם מֵאֶרֶץ מִצְרַיִם לִהְיוֹת לָכֶם לֵאלֹהִים אֲנִי יְיָ אֱלֹהֵיכֶם אֱמֶת׃

וֶאֱמוּנָה כָּל זֹאת קַיָּם עָלֵינוּ כִּי הוּא יְיָ אֱלֹהֵינוּ וְאֵין זוּלָתוֹ· וַאֲנַחְנוּ יִשְׂרָאֵל עַמּוֹ׃ הַפּוֹדֵנוּ מִיַּד מְלָכִים· הַגּוֹאֲלֵנוּ מַלְכֵּנוּ מִכַּף כָּל עָרִיצִים׃ הָאֵל הַנִּפְרָע לָנוּ מִצָּרֵינוּ· הַמְשַׁלֵּם גְּמוּל לְכָל אוֹיְבֵי נַפְשֵׁנוּ׃

השם

השם נפשנו בחיים · ולא נתן למוט רגלינו: המדריכנו
על במות אויבנו · וירם קרננו על כל שונאנו: האל
העושה לנו נקמה בפרעה · באותות ובמופתים
באדמת בני חם: המכה בעברתו כל בכורי מצרים ·
ויוציא את עמו ישראל מתוכם לחירות עולם:
המעביר בניו בין גזרי ים סוף · ואת רודפיהם ואת
שונאיהם בתהומות טבע: ראו בנים את גבורתו ·
שבחו והודו לשמו · ומלכותו ברצון קבלו עליהם:
משה ובני ישראל לך ענו שירה · בשמחה רבה ואמרו
כלם: מי כמוכה באלים יי מי כמוכה נאדר בקדש
נורא תהלות עשה פלא: מלכותך יי אלהינו ראו
בניך על הים יחד כלם הודו · והמליכו · ואמרו: יי
ימלך לעולם ועד: ונאמר כי פדה יי את יעקב וגאלו
מיד חזק ממנו: ברוך אתה יי גאל ישראל:

השכיבנו אבינו לשלום · והעמידנו מלכנו לחיים
ולשלום: ופרוש עלינו סוכת שלומך:
ותקננו בעצה טובה מלפניך · והושיענו מהרה
למען שמך: והגן בעדנו · ופרוש עלינו סוכת רחמים
ושלום ברוך אתה יי הפורש סכת שלום עלינו ועל
עמו ישראל · ועל ירושלם אמן:

ליל שבת

וְשָׁמְרוּ בְנֵי יִשְׂרָאֵל אֶת הַשַּׁבָּת לַעֲשׂוֹת אֶת הַשַּׁבָּת לְדֹרֹתָם בְּרִית עוֹלָם: בֵּינִי וּבֵין בְּנֵי יִשְׂרָאֵל אוֹת הִיא לְעֹלָם כִּי שֵׁשֶׁת יָמִים עָשָׂה יְיָ אֶת הַשָּׁמַיִם וְאֶת הָאָרֶץ וּבַיּוֹם הַשְּׁבִיעִי שָׁבַת וַיִּנָּפַשׁ:

יִתְגַּדַּל וְיִתְקַדַּשׁ שְׁמֵיהּ רַבָּא בְּעָלְמָא דִּי בְרָא כִּרְעוּתֵיהּ· וְיַמְלִיךְ מַלְכוּתֵיהּ· וְיַצְמַח פּוּרְקָנֵיהּ· וִיקָרֵב מְשִׁיחֵיהּ בְּחַיֵּיכוֹן וּבְיוֹמֵיכוֹן· וּבְחַיֵּי דְכָל בֵּית יִשְׂרָאֵל בַּעֲגָלָא וּבִזְמַן קָרִיב וְאִמְרוּ אָמֵן: יְהֵא שְׁמֵיהּ רַבָּא מְבָרַךְ לְעָלַם לְעָלְמֵי עָלְמַיָּא יִתְבָּרַךְ: וְיִשְׁתַּבַּח וְיִתְפָּאַר וְיִתְרוֹמַם וְיִתְנַשֵּׂא וְיִתְהַדַּר וְיִתְעַלֶּה וְיִתְהַלָּל שְׁמֵיהּ דְּקוּדְשָׁא בְּרִיךְ הוּא: לְעֵילָּא מִכָּל בִּרְכָתָא· שִׁירָתָא· תּוּשְׁבְּחָתָא· וְנֶחָמָתָא· דַּאֲמִירָן בְּעָלְמָא וְאִמְרוּ אָמֵן:

אֲדֹנָי שְׂפָתַי תִּפְתָּח וּפִי יַגִּיד תְּהִלָּתֶךָ: בָּרוּךְ אַתָּה יְיָ· אֱלֹהֵינוּ וֵאלֹהֵי אֲבוֹתֵינוּ· אֱלֹהֵי אַבְרָהָם· אֱלֹהֵי יִצְחָק· וֵאלֹהֵי יַעֲקֹב: הָאֵל הַגָּדוֹל הַגִּבּוֹר· וְהַנּוֹרָא אֵל עֶלְיוֹן גּוֹמֵל חֲסָדִים· קוֹנֵה הַכֹּל· וְזוֹכֵר חַסְדֵי אָבוֹת· וּמֵבִיא גוֹאֵל לִבְנֵי בְנֵיהֶם לְמַעַן שְׁמוֹ בְּאַהֲבָה:

כי' ימי התשובה אומרים זכרינו

מֶלֶךְ עוֹזֵר וּמוֹשִׁיעַ וּמָגֵן· בָּרוּךְ אַתָּה יְיָ מָגֵן אַבְרָהָם:

אתה

אתה גִּבּוֹר לְעוֹלָם יְיָ׳ מְחַיֶּה מֵתִים אַתָּה׳ רַב לְהוֹשִׁיעַ מוֹרִיד הַטַּל ׃ ובחורף מַשִּׁיב הָרוּחַ וּמוֹרִיד הַגֶּשֶׁם ׃ מְכַלְכֵּל חַיִּים בְּחֶסֶד׳ מְחַיֶּה מֵתִים בְּרַחֲמִים רַבִּים׳ סוֹמֵךְ נוֹפְלִים׳ וְרוֹפֵא חוֹלִים׳ וּמַתִּיר אֲסוּרִים׳ וּמְקַיֵּם אֱמוּנָתוֹ לִישֵׁנֵי עָפָר ׃ מִי כָמוֹךָ בַּעַל גְּבוּרוֹת וּמִי דוֹמֶה לָךְ מֶלֶךְ מֵמִית וּמְחַיֶּה וּמַצְמִיחַ יְשׁוּעָה ׃ בי׳ ימי תשובה אומרים מי כמוכה וְנֶאֱמָן אַתָּה לְהַחֲיוֹת מֵתִים בָּרוּךְ אַתָּה יְיָ מְחַיֵּה הַמֵּתִים ׃

אתה קָדוֹשׁ׳ וְשִׁמְךָ קָדוֹשׁ׳ וּקְדוֹשִׁים בְּכָל יוֹם יְהַלְלוּךָ סֶלָה׳ בָּרוּךְ אַתָּה יְיָ הָאֵל הַקָּדוֹשׁ ׃

בי׳ תשובה חותם המלך הקדוש

אתה קִדַּשְׁתָּ אֶת יוֹם הַשְּׁבִיעִי לִשְׁמֶךָ׳ תַּכְלִית מַעֲשֵׂה שָׁמַיִם וָאָרֶץ׳ וּבֵרַכְתּוֹ מִכָּל הַיָּמִים׳ וְקִדַּשְׁתּוֹ מִכָּל הַזְּמַנִּים וְכֵן כָּתוּב בְּתוֹרָתָךְ ׃ וַיְכֻלּוּ הַשָּׁמַיִם וְהָאָרֶץ וְכָל צְבָאָם ׃ וַיְכַל אֱלֹהִים בַּיּוֹם הַשְּׁבִיעִי מְלַאכְתּוֹ אֲשֶׁר עָשָׂה וַיִּשְׁבּוֹת בַּיּוֹם הַשְּׁבִיעִי מִכָּל מְלַאכְתּוֹ אֲשֶׁר עָשָׂה ׃ וַיְבָרֶךְ אֱלֹהִים אֶת יוֹם הַשְּׁבִיעִי וַיְקַדֵּשׁ אֹתוֹ כִּי בוֹ שָׁבַת מִכָּל מְלַאכְתּוֹ אֲשֶׁר בָּרָא אֱלֹהִים לַעֲשׂוֹת ׃ יִשְׂמְחוּ בְמַלְכוּתְךָ שׁוֹמְרֵי שַׁבָּת וְקוֹרְאֵי עוֹנֶג עַם מְקַדְּשֵׁי שְׁבִיעִי׳ כֻּלָּם יִשְׂבְּעוּ וְיִתְעַנְּגוּ מִטּוּבֶךָ׳ וּבַשְּׁבִיעִי רָצִיתָ בּוֹ וְקִדַּשְׁתּוֹ׳ חֶמְדַּת יָמִים אוֹתוֹ

קראת׳

דול שבת

קראת · זכר למעשה בראשית ׃

אלהינו ואלהי אבותינו · רצה נא במנוחתנו · קדשנו במצותיך · שים חלקנו בתורתך · שבענו מטובך · שמח נפשנו בישועתך · וטהר לבנו לעבדך באמת · והנחילנו יי אלהינו · באהבה וברצון שבת קדשך · וינוחו בה כל ישראל מקדשי שמך · ברוך אתה יי מקדש השבת ׃

רצה יי אלהינו בעמך ישראל · ולתפלתם שעה · והשב העבודה לדביר ביתך · ואשי ישראל ותפלתם מהרה באהבה תקבל ברצון · ותהי לרצון תמיד עבודת ישראל עמך · ואתה ברחמיך הרבים

בר"ח וכחה"מ אומרים כאן יעלה ויבא :

תחפוץ בנו · ותרצנו · ותחזינה עינינו בשובך לציון ברחמים · ברוך אתה יי המחזיר שכינתו לציון ׃

מודים אנחנו לך שאתה הוא יי אלהינו · ואלהי אבותינו לעולם ועד · צורנו צור חיינו ומגן ישענו אתה הוא · לדור ודור נודה לך ונספר תהלתך על חיינו המסורים בידך · ועל נשמותינו הפקודות לך · ועל נסיך שבכל יום עמנו · ועל נפלאותיך · וטובותיך שבכל עת · ערב ובוקר · וצהרים ׃ הטוב כי לא כלו רחמיך · המרחם

כי

ליל שבת   קיח

כי לא תמו חסדיך · כי מעולם קוינו לך :
בחנוכה ופורים אומרים על הניסים   ועל כלם יתברך ·
ויתרומם ויתנשא · תמיד שמך מלכנו לעולם ועד · וכל
החיים יודוך סלה ויהללו ·   בי׳ ימי תשובה אומרים
ויברכו את שמך הגדול ·   כאן וכתוב לחיים :
באמת לעולם כי טוב · האל ישועתנו ועזרתנו סלה
האל הטוב · בא״י · הטוב שמך · ולך נאה להודות :
שים שלום · טובה · וברכה חיים חן וחסד ·
ורחמים · עלינו ועל כל ישראל עמך :
וברכנו אבינו כלנו יחד באור פניך · כי באור פניך נתת
לנו יי אלהינו · תורה · וחיים · אהבה · וחסד
צדקה · ורחמים · ברכה · ושלום · וטוב יהיה בעיניך
לברכנו ולברך את עמך ישראל ברב עז ושלום :

בי׳ ימי תשובה אומרים כאן בספר חיים :

ברוך אתה יי המברך את עמו ישראל בשלום אמן :
יהיו לרצון אמרי פי והגיון לבי לפניך יי צורי וגואלי :

ואומר שליח צבור :

ויכלו השמים והארץ וכל צבאם : ויכל אלהים
ביום השביעי מלאכתו אשר עשה וישבות
ביום השביעי מכל מלאכתו אשר עשה : ויברך
אלהים את יום השביעי ויקדש אתו כי בו שבת מכל
מלאכתו

ליל שבת

מְלַאכְתּוֹ אֲשֶׁר בָּרָא אֱלֹהִים לַעֲשׂוֹת׃

בָּרוּךְ אַתָּה יְיָ אֱלֹהֵינוּ וֵאלֹהֵי אֲבוֹתֵינוּ· אֱלֹהֵי אַבְרָהָם· אֱלֹהֵי יִצְחָק· וֵאלֹהֵי יַעֲקֹב׃

הָאֵל· הַגָּדוֹל · הַגִּבּוֹר וְהַנּוֹרָא· אֵל עֶלְיוֹן קוֹנֵה בְּרַחֲמָיו שָׁמַיִם וָאָרֶץ׃ מָגֵן אָבוֹת בִּדְבָרוֹ· מְחַיֵּה מֵתִים בְּמַאֲמָרוֹ· הָאֵל הַקָּדוֹשׁ שֶׁאֵין כָּמוֹהוּ· הַמֵּנִיחַ לְעַמּוֹ בְּשַׁבַּת קָדְשׁוֹ· כִּי בָם רָצָה לְהָנִיחַ לָהֶם· לְפָנָיו נַעֲבוֹד בְּיִרְאָה וָפַחַד׃ וְנוֹדֶה לִשְׁמוֹ בְּכָל יוֹם תָּמִיד מֵעֵין הַבְּרָכוֹת· וְרוֹב הַהוֹדָאוֹת· לַאֲדוֹן הַשָּׁלוֹם· מְקַדֵּשׁ הַשַּׁבָּת· וּמְבָרֵךְ הַשְּׁבִיעִי׃ וּמֵנִיחַ בִּקְדוּשָּׁה לְעַם מְדֻשְּׁנֵי עוֹנֶג· זֵכֶר לְמַעֲשֵׂה בְרֵאשִׁית׃

אֱלֹהֵינוּ וֵאלֹהֵי אֲבוֹתֵינוּ· רְצֵה נָא בִמְנוּחָתֵנוּ· קַדְּשֵׁנוּ בְּמִצְוֹתֶיךָ· שִׂים חֶלְקֵנוּ בְּתוֹרָתֶךָ· שַׂבְּעֵנוּ מִטּוּבָךְ· שַׂמַּח נַפְשֵׁנוּ בִּישׁוּעָתָךְ· וְטַהֵר לִבֵּנוּ לְעָבְדְּךָ בֶּאֱמֶת· וְהַנְחִילֵנוּ יְיָ אֱלֹהֵינוּ· בְּאַהֲבָה וּבְרָצוֹן· שַׁבַּת קָדְשֶׁךָ· וְיָנוּחוּ בָהּ כָּל יִשְׂרָאֵל מְקַדְּשֵׁי שְׁמֶךָ· בָּרוּךְ אַתָּה יְיָ מְקַדֵּשׁ הַשַּׁבָּת׃

ויחותס מקדם הסבת אפילו חל יום טוב בסבת׃

יתגדל וְיִתְקַדַּשׁ שְׁמֵיהּ רַבָּא בְּעָלְמָא דִי בְרָא כִּרְעוּתֵיהּ· וְיַמְלִיךְ מַלְכוּתֵיהּ· וְיַצְמַח פּוּרְקָנֵיהּ· וִיקָרֵב מְשִׁיחֵיהּ בְּחַיֵּיכוֹן וּבְיוֹמֵיכוֹן

ובחיי

ליל שבת קיט

וּבְחַיֵּי דְכָל בֵּית יִשְׂרָאֵל בַּעֲגָלָא וּבִזְמַן קָרִיב וְאִמְרוּ
אָמֵן ׃ יְהֵא שְׁמֵיהּ רַבָּא מְבָרַךְ לְעָלַם
לְעָלְמֵי עָלְמַיָּא יִתְבָּרַךְ ׃ וְיִשְׁתַּבַּח וְיִתְפָּאַר
וְיִתְרוֹמַם וְיִתְנַשֵּׂא וְיִתְהַדַּר וְיִתְעַלֶּה וְיִתְהַלָּל שְׁמֵיהּ
דְקוּדְשָׁא בְּרִיךְ הוּא ׃ לְעֵילָא מִכָּל בִּרְכָתָא
שִׁירָתָא תּוּשְׁבְּחָתָא וְנֶחָמָתָא דַּאֲמִירָן בְּעָלְמָא
וְאִמְרוּ אָמֵן ׃

תִּתְקַבַּל צְלוֹתְהוֹן וּבָעוּתְהוֹן דְּכָל יִשְׂרָאֵל קֳדָם
אֲבוּהוֹן דְּבִשְׁמַיָּא וְאִמְרוּ אָמֵן ׃
יְהֵא שְׁלָמָא רַבָּא מִן שְׁמַיָּא חַיִּים וְשָׂבָע וִישׁוּעָה
וְנֶחָמָה וְשֵׁיזָבָא וּרְפוּאָה וּגְאוּלָּה וּסְלִיחָה וְכַפָּרָה וְרֶיוַח
וְהַצָּלָה לָנוּ וּלְכָל יִשְׂרָאֵל וְאִמְרוּ אָמֵן ׃ עוֹשֶׂה שָׁלוֹם
בִּמְרוֹמָיו הוּא בְּרַחֲמָיו יַעֲשֶׂה שָׁלוֹם עָלֵינוּ וְעַל כָּל
יִשְׂרָאֵל וְאִמְרוּ אָמֵן ׃ ומקדש על היין ואומר :

מִזְמוֹר לְדָוִד יְיָ רוֹעִי לֹא אֶחְסָר ׃ בִּנְאוֹת דֶּשֶׁא
יַרְבִּיצֵנִי עַל מֵי מְנוּחוֹת יְנַהֲלֵנִי ׃ נַפְשִׁי
יְשׁוֹבֵב יַנְחֵנִי בְמַעְגְּלֵי צֶדֶק לְמַעַן שְׁמוֹ ׃ גַּם כִּי אֵלֵךְ
בְּגֵיא צַלְמָוֶת לֹא אִירָא רָע כִּי אַתָּה עִמָּדִי שִׁבְטְךָ
וּמִשְׁעַנְתֶּךָ הֵמָּה יְנַחֲמֻנִי ׃ תַּעֲרוֹךְ לְפָנַי שֻׁלְחָן נֶגֶד
צוֹרְרָי דִּשַּׁנְתָּ בַשֶּׁמֶן רֹאשִׁי כּוֹסִי רְוָיָה ׃ אַךְ טוֹב וָחֶסֶד
יִרְדְּפוּנִי כָּל יְמֵי חַיָּי וְשַׁבְתִּי בְּבֵית יְיָ לְאוֹרֶךְ יָמִים ׃

יתגדל

ליל שבת

יתגדל ויתקדש שמיה רבא בעלמא די ברא כרעותיה · וימליך מלכותיה · ויצמח פורקניה · ויקרב משיחיה בחייכון וביומיכון · ובחיי דכל בית ישראל בעגלא ובזמן קריב ואמרו אמן ׃ יהא שמיה רבא מברך לעלם לעלמי עלמיא. יתברך ׃ וישתבח ויתפאר ויתרומם ויתנשא ויתהדר ויתעלה ויתהלל שמיה דקודשא בריך הוא ׃ לעילא מכל ברכתא · שירתא · תושבחתא · ונחמתא דאמירן בעלמא ואמרו אמן ׃

יהא שלמא רבא מן שמיא חיים ושבע וישועה ונחמה ושיזבא ורפואה וגאולה וסליחה וכפרה וריוח והצלה לנו ולכל ישראל ואמרו אמן ׃ עושה שלום במרומיו הוא ברחמיו יעשה שלום עלינו ועל כל ישראל ואמרו אמן ׃

ברכו את יי המבורך ׃ ברוך יי המבורך לעולם ועד ׃

עלינו לשבח לאדון הכל · לתת גדולה ליוצר בראשית ׃ שלא עשאנו · כגויי הארצות · ולא שמנו כמשפחות האדמה ׃ שלא שם חלקנו כהם · וגורלינו ככל המונם ׃

ואנחנו משתחוים לפני מלך מלכי המלכים הקדוש ברוך הוא ׃ שהוא נוטה

שמים

שָׁמַיִם׃ וְיוֹסֵד אָרֶץ׃ וּמוֹשַׁב יְקָרוֹ׃ בַּשָּׁמַיִם מִמַּעַל וּשְׁכִינַת עֻזּוֹ בְּגָבְהֵי מְרוֹמִים׃

הוּא אֱלֹהֵינוּ׃ וְאֵין עוֹד אַחֵר׃ אֱמֶת מַלְכֵּנוּ׃ וְאֶפֶס זוּלָתוֹ׃ כַּכָּתוּב בְּתוֹרָתוֹ וְיָדַעְתָּ הַיּוֹם וַהֲשֵׁבֹתָ אֶל לְבָבֶךָ כִּי יְיָ הוּא הָאֱלֹהִים בַּשָּׁמַיִם מִמַּעַל וְעַל הָאָרֶץ מִתָּחַת אֵין עוֹד׃

יִגְדַּל אֱלֹהִים חַי וְיִשְׁתַּבַּח׃ נִמְצָא וְאֵין עֵת אֶל מְצִיאוּתוֹ׃ אֶחָד וְאֵין יָחִיד כְּיִחוּדוֹ׃ נֶעְלָם וְאֵין סוֹף לְאַחְדוּתוֹ׃ אֵין לוֹ דְמוּת הַגּוּף וְאֵינוֹ גוּף׃ לֹא נַעֲרוֹךְ אֵלָיו קְדֻשָּׁתוֹ׃ קַדְמוֹן לְכָל דָּבָר אֲשֶׁר נִבְרָא׃ רִאשׁוֹן וְאֵין רֵאשִׁית לְרֵאשִׁיתוֹ׃ הִנּוֹ אֲדוֹן עוֹלָם לְכָל נוֹצָר׃ יוֹרֶה גְדֻלָּתוֹ וּמַלְכוּתוֹ׃ שֶׁפַע נְבוּאָתוֹ נְתָנָהּ אֶל׃ אַנְשֵׁי סְגֻלָּתוֹ וְתִפְאַרְתּוֹ׃ לֹא קָם בְּיִשְׂרָאֵל כְּמֹשֶׁה עוֹד׃ נָבִיא וּמַבִּיט אֶל תְּמוּנָתוֹ׃ תּוֹרַת אֱמֶת נָתַן לְעַמּוֹ אֵל׃ עַל יַד נְבִיאוֹ נֶאֱמַן בֵּיתוֹ׃ לֹא יַחֲלִיף הָאֵל וְלֹא יָמִיר׃ דָּתוֹ לְעוֹלָמִים לְזוּלָתוֹ׃ צוֹפֶה וְיוֹדֵעַ סְתָרֵינוּ׃ מַבִּיט לְסוֹף דָּבָר בְּקַדְמוּתוֹ׃ גּוֹמֵל לְאִישׁ חֶסֶד כְּמִפְעָלוֹ׃ נוֹתֵן לְרָשָׁע רַע כְּרִשְׁעָתוֹ׃ יִשְׁלַח לְקֵץ יָמִים מְשִׁיחֵנוּ׃ לִפְדּוֹת מְחַכֵּי קֵץ יְשׁוּעָתוֹ׃ מֵתִים יְחַיֶּה אֵל בְּרוֹב חַסְדּוֹ׃ בָּרוּךְ עֲדֵי עַד שֵׁם תְּהִלָּתוֹ׃

אלה

ליל שבת

אֵלֶּה שְׁלֹשׁ עֶשְׂרֵה הֵם עִיקָּרִים · יְסוֹד תּוֹרַת מֹשֶׁה וּנְבוּאָתוֹ :

כצאתו מבית הכנסת אומר יְיָ נְחֵנִי בְצִדְקָתֶךָ לְמַעַן שׁוֹרְרַי הַיְשַׁר לְפָנַי דַּרְכֶּךָ : והולכים לבתיהם לשלום :

קידוש לשבת לבעל הבית

וַיְכֻלּוּ הַשָּׁמַיִם וְהָאָרֶץ וְכָל צְבָאָם : וַיְכַל אֱלֹהִים בַּיּוֹם הַשְּׁבִיעִי מְלַאכְתּוֹ אֲשֶׁר עָשָׂה וַיִּשְׁבּוֹת בַּיּוֹם הַשְּׁבִיעִי מִכָּל מְלַאכְתּוֹ אֲשֶׁר עָשָׂה : וַיְבָרֶךְ אֱלֹהִים אֶת יוֹם הַשְּׁבִיעִי וַיְקַדֵּשׁ אֹתוֹ כִּי בוֹ שָׁבַת מִכָּל מְלַאכְתּוֹ אֲשֶׁר בָּרָא אֱלֹהִים לַעֲשׂוֹת :

סַבְרִי מָרָנָן בָּרוּךְ אַתָּה יְיָ אֱלֹהֵינוּ מֶלֶךְ הָעוֹלָם · בּוֹרֵא פְּרִי הַגֶּפֶן : בָּרוּךְ אַתָּה יְיָ אֱלֹהֵינוּ מֶלֶךְ הָעוֹלָם · אֲשֶׁר קִדְּשָׁנוּ בְּמִצְוֹתָיו וְרָצָה בָנוּ : וְשַׁבַּת קָדְשׁוֹ בְּאַהֲבָה וּבְרָצוֹן הִנְחִילָנוּ · זִכָּרוֹן לְמַעֲשֵׂה בְרֵאשִׁית : כִּי הוּא יוֹם תְּחִלָּה לְמִקְרָאֵי קֹדֶשׁ · זֵכֶר לִיצִיאַת מִצְרָיִם : כִּי בָנוּ בָחַרְתָּ · וְאוֹתָנוּ קִדַּשְׁתָּ · מִכָּל הָעַמִּים : וְשַׁבַּת קָדְשְׁךָ בְּאַהֲבָה וּבְרָצוֹן הִנְחַלְתָּנוּ · בָּרוּךְ אַתָּה יְיָ מְקַדֵּשׁ הַשַּׁבָּת :

שחרית

סידור כוונות
ר' יעקב צמח

אוסף הלל

בסביבות
שנת הת'

קבלת שבת

בשדה אז אנו משלים את הכוונות העולמות ומכל שכן צ"ח
המדות שעולה ממעלתן אלא על ידינו אך עם כל זה //
צריך לכוין בכ"ת הוי"ה לחבול שגב בשם אלהי"ם ולא להעלות
הנשמות כי ממעלתן עולות רק שיקבלו אור הגדול שלהם
שנכללו למעלה ואחר שנכללו ממעלתן אז אנו מעמידים =
להסתכל אל אותו המקום אשר שם עלו על ידינו בתוך שאנו
מכוונים בשם אלהי"ם:

אחר כך יאמר שיר זה כמנהג הרב ר' חיים זלה"ה:

לכה דודי לקראת כלה פני שבת נקבלה
שמור וזכור בדבור אחד השמיענו
האל המיוחד: ה' אחד ושמו אחד לשם
ולתפארת ולתהלה:
לקראת כלה לכו ונלכה כי היא מקור הברכה:
מראש מקדם נסוכה
סוף מעשה במחשבה
תחלה: מקדש מלך עיר מלוכה;
קומי צאי מתוך ההפכה: רב לך שבת //
בעמק הבכא ולא חמל עליך חמלה:
התעוררי התעוררי כי בא אורך קומי אורי:
עורי עורי שיר דברי כי כבוד ה' עליך נגלה:
בואי בשלום עטרת בעלה
וגם ברינה ובצהלה.

פותח אותיות הקודמים לראש השבת:

שבת המועד יאמר וגם בשמחה:

קבלת שבת

ובתוך אמוני עם סגולה באי כלה באי כלה:

יהוה אל יהוה אלהים
חסד נצח גבורה הוד

מצפץ מצפץ יאהדונהי
ת"ת יסוד מלכות

יכוין בשם מצ"ץ זה והוא בסדר הקוים בגורל וכו' והאמצעיים הם תחמד עם תפארת:

באי כלה באי כוונתו לשם מ"ה שהוא בינה אשר מאורותיה להעלותה כי מן [illegible] מ"ה יוצאים יאהדונהי כמנין באי ויכוון להעלות כלי חכמה דיצירה ומלביש לאור נצח דבריאה:

באי כלה יכוין כי יאהדונהי דשם מ"ה בג' באי ויכוון להעלות כלי בינה דיצירה ומלביש לאור הוד דבריאה:

באי כלה
שבת מלכתא

באמירה יאמר תוך לבו כי הוא כנגד הדעת והדעת אינו בכלל עשר ספירות: [illegible] ולכן לא נזכר בהי קוים

על ידי באי זה שהוא בג' יאהדונהי תז"ל עלה כלי דעת דיצירה ומלביש לאור יסוד דבריאה:

דק

תכלאל שע"ב

הופעה ראשונה של "לכה דודי" בתכלאל

סינסינטי

HUC 765

142

בכל מעשה ידינו וברך את שנותינו בטללי רצון ברכה
ונדבה כשנים הטובות ברוך אתה יי מברך השנים.
ואמא הדא אלמוצע אלדי נחן פיהא יגיבו בטללי רצון
מן אלפסח אלי תמאם סתין יום מן תקופת תשרי ומן יום
אחד וסתין מן תקופת תשרי יגיבו ותן טל בברכת השנים
אלי אלפסח. ובאקי צלוה אליחיד כסביל אלמאעה בערבית
ושחרית ומנחה לכנה ליס יקול אלה זה בזות על ולא יגיב
אלקדושה משולשת פי אליחיד ולא פי סדר היום ולא יגיב
קדיש ולא יגיב עליה פי אכר כל צלוה הכלא.
בריך שמיה דקודשא בריך הוא לעלא לעלא
מכל ברכתא שירתא תשבחתא ונחמתא די אמירן
בעלמא ואמרו אמן. תתקבל צלותכון ותתעביד
בעותכון עם צלותהון ובעותהון דכל בית ישראל קדם
אבונא דבשמיא יהא שלמא רבא מן שמיא וגו'.
כמא מכדעה פוק. ויגלס בעד כל צלוה קליל ויעתק.

סדר הקבלת שבת

ערב שבת
מתפללים תפלת מנחה כמו בחול. ואין נופלים על
פניהם. ואחר המנחה הזריזים שבישראל חסידים
ואנשי מעשה נהגים ללבוש בגדים נאים כל אחד
כפי יכלתו והולכים לקראת שבת בשמחה ובטוב

ליבב׳ יש מהם שהולכים לבתי כנסיות׳ ויש מהם שהולכים
מחוץ לעיר כל אחד כפי הכנת מקומו כאנשים ההולכים
לקראת כלה מלכתא׳ ונוהגים לומר זה הסדר׳

מזמור לדוד הבו ליי׳ בני אלים הבו ליי׳
כבוד ועוז הבו ליי׳ כבוד שמו השתחוו
ליי׳ בהדרת קדש קול יי׳ על המים אל הכבוד הרעים
יי׳ על מים רבים קול יי׳ בכח קול יי׳ בהדר קול יי׳ שובר
ארזים וישבר יי׳ את ארזי הלבנון וירקידם כמו עגל
לבנון ושריון כמו בן ראמים קול יי׳ חוצב להבות אש קול
יי׳ יחיל מדבר יחיל יי׳ מדבר קדש קול יי׳ יחולל איילות
ויחשוף יערות ובהיכלו כולו אומר כבוד יי׳ למבול
ישב וישב יי׳ מלך לעולם יי׳ עוז לעמו יתן יי׳ יברך את עמו
בשלום׳ ואחר כך אומרין זה הפיוט נאה לו
ומשובח יסדו ובנאו החכם האלהי כמהר״ר שלמה הלוי
בן אלקבץ ז״ל בעיר צפת תבנה ותכונן במהרה בימינו׳

לכה דודי לחן שובי נפשי למנוחיכי׳
לקראת כלה פני שבת נקבלה׳ שמור
וזכור בדבור אחד השמיענו אל המיוחד יי׳ אחד
ושמו אחד לשם ולתפארת ולתהלה׳ לכה דודי׳
לקראת שבת לכו ונלכה׳ כי היא מקור הברכה׳
מראש מקדם נסוכה׳ סוף מעשה במחשבה תחלה׳

לכה דודי · מקדש מלך עיר מלוכה קומי צאי
מתוך ההפכה · רב לך שבת בעמק הבכה · והוא יחמול
עליך חמלה · לכה דודי · התנערי מעפר קומי
לבשי בגדי תפארתך עמי · על יד בן ישי בית הלחמי ·
קרבה אל נפשי גאלה · לכה דודי · התעוררי התעוררי
כי בא אורך קומי אורי · עורי עורי שיר דברי · כבוד יי
עליך נגלה · לכה · לא תבושי ולא תכלמי מה
תשתוחחי ומה תהמי · בך יחסו עניי עמי ונבנתה עיר
על תלה · לכה דודי · והיו למשסה שוסיך ורחקו
כל מבלעיך · ישיש עליך אלהיך כמשוש חתן על כלה ·
לכה דודי · ימין ושמאל תפרוצי · ואת יי תעריצי · על
יד איש בן פרצי · ונשמחה ונגילה · לכה · בואי
בשלום עטרת בעלה גם בשמחה ובצהלה · תוך אמוני
עם סגולה · בואי כלה בואי כלה · לכה דודי

יי מלך ירגזו עמים יושב כרובים תנוט הארץ יי
בציון גדול ורם הוא על כל העמים יודו שמך גדול
ונורא קדוש הוא ועוז מלך משפט אהב אתה כוננת
מישרים משפט וצדקה ביעקב אתה עשית רוממו יי
אלהינו והשתחוו להדום רגליו קדוש הוא · משה
ואהרן בכהניו ושמואל בקוראי שמו קוראים אל יי
והוא יענם בעמוד ענן ידבר אליהם שמרו עדותיו

וחק נתן למו׳ יי׳ אלהינו אתה עניתם אל נושא היית להם ונוקם
על עלילותם רוממו יי׳ אלהינו והשתחוו להר קדשו כי קדוש
יי׳ אלהינו׃ מזמור לתודה הריעו ליי׳ כל הארץ עבדו
את יי׳ בשמחה באו לפניו ברננה דעו כי יי׳ הוא אלהים
הוא עשנו ולא אנחנו עמו וצאן מרעיתו באו שעריו
בתודה חצרותיו בתהלה הודו לו ברכו שמו כי טוב יי׳
לעולם חסדו ועד דור ודור אמונתו׃ ואומרי׳

במה מדליקין

ובמה אין מדליקין אין מדליקין
לא בלכש ולא בחוסן ולא בכלך ולא בפתילת האידן ולא
בפתילת המדבר ולא בירוקה שעל פני המים לא בזפת
ולא בשעוה ולא בשמן קיק ולא בשמן שריפה לא באליה
ולא בחלב נחום המדי אומר מדליקין בחלב מבושל
וחכמים אומרים אחד מבושל ואחד שאינו מבושל
אין מדליקין בו׃ אין מדליקין בשמן שריפה ביום טוב
רבי ישמעאל אומר אין מדליקין בעטרן מפני כבוד
השבת וחכמים מתירים בכל השמנים בשמן שומשמין
בשמן אגוזים בשמן צנוברות בשמן דגים בשמן פקועות
בעטרן ובנפט רבי טרפון אומר אין מדליקין אלא בשמן
זית בלבד׃ כל היוצא מן העץ אין מדליקין בו אלא פשתן
וכל היוצא מן העץ אינו מטמא טומאת אוהלין. אלא

בשמן· פתילת הבגד שקיפלה ולא הבהבה ר' אליעזר
אומ' טמאה היא ואין מדליקין בה ר' עקיבה אומ' טהורה
היא ומדליקין בה· לא יקוב אדם שפופרת שלביצה
וימלאינה שמן ויתננה בפי הנר בשביל שתהא מנטפת
ואפלו היא שלחרס· ורבי יהודה מתיר· אבל אם חיברה
היוצר מתחלה מותר מפני שהוא כלי אחד לא ימלא
אדם קערה שמן ויתננה בצד הנר ויתן ראש הפתילה
בתוכה בשביל שתהא ~~מנטפת~~ שואבת ורבי יהודה
מתיר· המכבה את הנר מפני שהוא מתירא מפני
גוים מפני לסטים מפני רוח רעה ואם בשביל החולה
שיישן פטור כחס על הנר כחס על השמן כחס על
הפתילה חייב ר' יוסי פוטר בכולן חוץ מן הפתילה מפני
שהיא עושה פחם· על שלש עבירות נשים מיתות
בשעת לדתן על שאינן זהירות בנדה ובחלה ובהדלקת
הנר· שלשה דברים צריך אדם לומר בתוך ביתו ערב
שבת עם חשיכה עשרתן ערבתן הדליקו את הנר
ספק חשיכה ספק אינה חשיכה אין מעשרין את הודאי
ואין מטבילין את הכלים ואין מדליקין את הערות אבל
מעשרין את הדמאי ומערבין וטומנין את החמין· אמר
רבי אליעזר אמר ר' חנינא תלמידי חכמים מרבים שלום

בשלום שנ' וכל בניך למודי יי ורב שלום בניך אל תקרי
בניך אלא בוניך יהי שלום בחילך שלוה בארמנותיך למען
אחי ורעי אדברה נא שלום בך למען בית יי אלהינו אבקשה
טוב לך וראה בנים לבניך שלום על ישראל. שלום רב
לאהבי תורתך ואין למו מכשול יי עוז לעמו יתן יי
יברך את עמו בשלום.

תפלת לילי שבת

יבתדי חזן הכנסת יקול.

מזמור שיר ליום השבת טוב להודות ליי ולזמר לשמך
עליון להגיד בבקר חסדיך ואמונתך בלילות עלי עשור
ועלי נבל עלי הגיון בכנור כי שמחתני יי בפעליך במעשה
ידיך ארנן מה גדלו מעשיך יי מאד עמקו מחשבתיך
איש בער לא ידע וכסיל לא יבין את זאת בפרוח רשעים
כמו עשב ויציצו כל פועלי און להשמדם עדי עד ואתה
מרום לעולם יי כי הנה איביך יי כי הנה איביך יאבדו
יתפרדו כל פועלי און ותרם כראם קרני בלותי בשמן
רענן ותבט עיני בשורי בקמים עלי מרעים תשמענה
אזני צדיק כתמר יפרח ישגה שתולים בבית יי בחצרות
אלהינו יפריחו עוד ינובון בשיבה דשנים ורעננים יהיו
להגיד כי ישר יי צורי ולא עולתה בו. ויקול

ברכו את יי המבורך · ועונה הוא והעם · ברוך
יי המבורך לעולם ועד · ויקול · ברוך אתה יי א׳מ׳ ה׳
אשר בדברו מעריב ערבים בחכמה פותח שערים וג׳
וקרית שמע · ואמת ואמונה · והשכיבנו · וכיון
שיגיע להגן בעדינו · אומ׳ ופרוש עלינו סוכת
רחמים ושלום ברוך אתה יי הפורס סוכת שלום עלינו
על עמו ישראל ועל ירושלים שלו ונקרי באמן · ושמרו
בני ישראל את השבת לעשות את השבת לדורותם ברית
עולם ביני ובין בני ישראל אות היא לעולם כי ששת ימים
עשה יי את השמים ואת הארץ וביום השביעי שבת וינפש ·
ברוך יי לעולם אמן ואמן · וכשגומ׳ אומ׳ קדיש
ומתפללין מגן ומחיה והאל הקדוש · וברכה אמצעית בו
היא · אתה קדשת את יום השביעי לשמך
תכלית מעשה שמים וארץ וברכתו מכל הימים וקדשתו
מכל הזמנים כאמור ויכלו השמים והארץ וכל צבאם ויכל
אלהים ביום השביעי מלאכתו אשר עשה ויברך אלהים את
יום השביעי ויקדש אותו כי בו שבת מכל מלאכתו אשר
ברא אלהים לעשות · אלהינו ואלהי אבותינו רצה נא במנוחתינו
קדשינו במצותך ותן חלקינו בתורתך ושמח נפשינו ה
משועתך ושבענו מטובך וטהר לבינו לעבדך באמת
והנחילינו באהבה וברצון יומי שבתות קדשך וינוחו בם

וישבת ביום השביעי מכל מלאכתו אשר עשה וידבר

כל ישראל מקדשי שמך ברוך אתה יי מקדש השבת׃
רצה ומודים ושים שלום׃ ויהיו לרצון אמרי וג׳
אחרי פרקו מן התפלה יקרו פרשת ויכלו והו מנהג׃ ואחר כך
מתפלל שליח צבור בקול רם ברכה אחת מעין שבע וזו היא׃
ברוך אתה יי אלהינו ואלהי אבותינו אלהי אברהם
אלהי יצחק ואלהי יעקב האל הגדול הגבור והנורא אל עליון קונה
ברחמיו שמים וארץ גומל חסדים וקונה הכל מגן אבות
בדברו מחיה מתים במאמרו האל הקדוש שאין כמוהו ואין
אלהינו המניח לעמו ישראל ביום שבת קדשו כי בם רצה
להניח להם לפניו נעבוד ביראה ופחד ונודה לשמו בכל
יום תמיד מעין הברכות אב ההודאות אדון השלום מקדש
השביעי ומקדש השבת ומניח בקדושה לעם מדושני ענג
זכר למעשה בראשית׃ אלהינו ואלהי אבותינו רצה נא
במנוחתנו קדשנו במצותיך וגו׳׃ לי ברוך מקדש
השבת׃ ויחיד לא יאמר ברכה מעין שבע כלל שלא תקנה
לא בעבור כדי שיהא המתאחר עמהן שלא יבא לידי סכנה
ולפיכך בבית חתנים או בבית אבל אין אומרין אותה שהרי
אין שם מתאחרין׃ ואם חל יום טוב או ראש חדש להיות
בשבת אינו מזכיר ענין היום בברכה זו ולא חותם מקדש
השבת בלבד׃ לפי שלא נתחייב היום בברכה זו׃ ואומ׳
קדיש תתקבל׃ ואחר כך אומרים׃ מזמור לדוד יי׳

דנעי לא אחסר וג׳ עד לאורך ימים׳ ואומ׳ קדיש על ישראל ויהא
שלמא׳ ועלמ לשביח׳ וישבין ואחר כך אומרין זה השיר
מיוסד על שלש עשרה עיקרים׳ וזה הוא׳

יגדל אלהים חי וישתבח׳ נמצא ואין עת אל מציאותו׳
פ״ז אחד ואין יחיד כיחודו׳ נעלם ואין סוף לאחדותו׳
פ״ז אין לו דמות הגוף ואינו גוף לא נערוך אליו קדושתו׳
פ״ז קדמון לכל דבר אשר נברא׳ ראשון ואין ראשית
לראשיתו׳ פ״ז הנו אדון עולם לכל נוצר׳ יורה גדולתו
ומלכותו׳ פ״ז שפע נבואתו נתנו אל אנשי סגולתו
ותפארתו׳ פ״ז לא קם בישראל כמשה עוד נביא ומביט
אל תמונתו׳ פ״ז תורת אמת נתן לעמו אל׳ על יד
נביאו נאמן ביתו׳ פ״ז לא יחליף האל ולא ימיר
דתו לעולמים לזולתו׳ פ״ז צופה ויודע סתרינו׳
מביט לסוף דבר בקדמותו׳ פ״ז גומל לאיש חסד
כמפעלו׳ נותן לרשע רע כרשעתו׳ פ״ז ישלח לקץ
ימים משיחינו׳ לפדות מחכי קץ ישועתו׳ פ״ז מתים
יחיה אל ברוב חסדו׳ ברוך עדי עד שם תהלתו׳ פ״ז אלה
שלש עשרה הם עיקרים׳ יסוד תורת משה אמת ונבואתו׳

תם ההולכים בתמים לשמור דרך יי׳ ישישו
וישמחו לעשות קונם וינעמו נעים להודות ולזמר לשם יי׳
בנעימות קול בקול לו׳ קול אל יכל אחד ואחד לכבד את יי׳

מהוגן יותר להקדים מהוגנו את מחינו ובפרט בשבתות וימים טובים
וראשי חדשים וסימנם שיר על כן ביום שבת ימרו וישוררו
בשירים מעולים כספירים ואשר שר החכם החסיד הא-להי
כמוהר"ר יצחק האשכנזי ז"ל לכבוד השבת בשלש סעודות
שלו זהו לליל שבת ומפני השכחה משמט והרוצה לאומרן
שבכלו הרבה. מאד׳ לם שדה ראשונה שנשבת לעוקבה דצער
חנכין לסעודה בסוד מטה מוצעת ושלחן ערוך ונר דלוק וקידוש על היין ורמזם
כלדו ואומר קודם הקידוש נוסח זה · לחן האזהרות·

אזמר בשבחין למיעל גו פתחין דבחקל
תפוחין דאינון קדישין· פ"ז נזמין לה השתא·
בפתורא חדתא· ובמנרתא טבתא· דנהרא על רישין· פ"ז
ימינא ושמאלא· וביניהו כלה· בקשוטין אזלא ומנין ולבושין·
פ"ז יחבק לה בעלה· וביסודא דילה· דעביד ניחא לה·
יהא כתיש כתישין· פ"ז צווחין אף עקתין· בטילין
ושביתין· ברם אנפין חדתין· ורוחין עם נפשין· פ"ז
חדו סגי ייתי ועל חדא תרתי· נהורא לה ימטי וברכן דנפישין·
פ"ז קריבו שושבינין· עבידו תקונין· לאפשא זינין·
ונונין עם רחשין· פ"ז למעבד נשמתין· ורוחין חדתין·
בתרתין ותלתין· ובתלתא שבשין· פ"ז ועטורין
שבעין לה· ומלכא דלעילא· דיתעטר כלא בקודש קדישין·
פ"ז רשימין וסתימין· בגוה כל עלמין· ברם עתיק

יומין הלא בטייש בטשין. פז יהי רעוא קמיה
דתשרי על עמיה דיתענג לשמיה במתקין ודובשין. פז
אסדר לדרומא מנרתא דסתימא ושלחן עם נהמא בצפונא
ארשין. פז בחמרא גו כסא ומדאני אסא לארוס
וארוסה להתקפא חלשין. פז נעביד להו כתרין
במלין יקירין בשבעין עטורין דעל גבי חמשין. פז
שכינתא תתעטר בשית נהמי לסטר בוון יתקטר וזינין
דכנישין. תם ומקדש מעומד מתחיל ואומר
מזמור לדוד יי' רועי לא אחסר בנאות דשא ירביצני על מי
מנוחות ינהלני נפשי ישובב ינחני במעגלי צדק למען שמו גם
כי אלך בגיא צלמות לא אירא רע כי אתה עמדי שבטך ומשענתך
המה ינחמוני תערוך לפני שלחן נגד צוררי דשנת בשמן ראשי
כוסי רויה אך טוב וחסד ירדפוני כל ימי חיי ושבתי בבית יי'
לאורך ימים. ואומר יום הששי ויכלו השמים והארץ
וכל צבאם ויכל אלהים ביום השביעי מלאכתו אשר עשה וישבת
ביום השביעי מכל מלאכתו אשר עשה ויברך אלהים את יום
השביעי ויקדש אותו כי בו שבת מכל מלאכתו אשר ברא
אלהים לעשות. ברוך אתה יי' אלהינו מלך העולם בורא פרי
הגפן. ברוך אתה יי' אלהינו מלך העולם אשר קדשנו
במצותיו ורצה בנו ושבת קדשו באהבה וברצון הנחילנו
זכרון למעשה בראשית תחלה למקראי קדש זכר ליציאת

מנחלים · כי בנו בחרת ואותנו קדשת מכל העמים ושבת
קדשך באהבה וברצון הנחלתנו ברוך אתה יי מקדש השבת ·
ושותה הכוס ואחר כך נוטל ידיו ומברך על נטילת ידים ·
וקודם שיברך ברכת המוציא · יאמר פיוטים אלו ·
שמדברים בסוד המוציא ומה טוב שיאמרם על לחם
משנה שיקחם בידו ויאמר · למבצע על
ריפתא · כזיתא וכביעתא תרין יודין נקטוח ·
סתימין ופרישין · פ"ג משח זיתא דכיא · דטחנין
ריחיא · ונגדין נחליא · בגוה בלחישין · פ"ג הלא נימא ·
דזך ומלכין דמעין · דליתהון מתחזיין · טמירין וכבישין ·
פ"ג אעטור יתכלא · בדשא ולעילא · בהאי הלולא ·
דעירין קדישין · ומברך המוציא ·
וקודם שיברך בוצע בככר מעט ממקום שנאפה
היטב ולא יפרידנה אלא כדי שאם יאחוז בפרוסה יעלה
שאר הככר עמו ויתחיל לברך ואחר שיסיים הברכה
יפרידנה · כדי שתכלה הברכה בעוד שהפת שלם ·
ולא יבצע פרוסה קטנה מפני שנראה כצר עין ולא יותר
מכביצה מפני שנראה כרעבתן אלא מה שאמרו חכמ׳
כזית וכביצה זה הוא השיעור בחול · אבל בשבת
עושה פרוסה גדולה אפלו כדי לאכול
ממנה כל הסעודה ·

מתוך הספר
הסידור
ממקורותיו

משה צבי וידר

ישראל

תשפ"ה

קבלת שבת

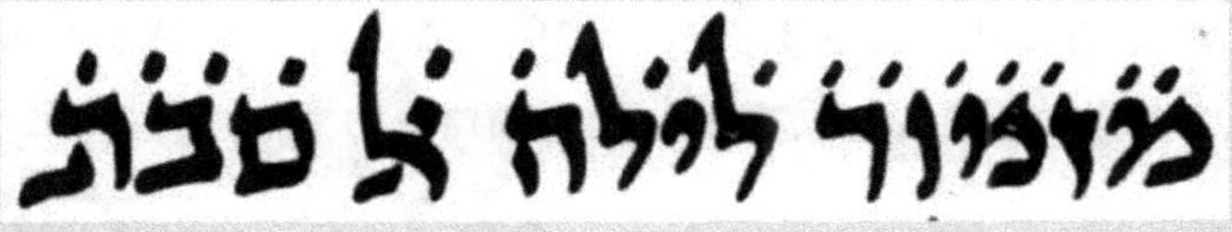

"וְלָזֶה צָרִיךְ שֶׁיַּקְדִּים אֲלֵיהֶם קַבָּלַת הַשַּׁבָּת
שֶׁבְּקַבָּלַת הַשַּׁבָּת מְקַבֵּל הַנְּשָׁמָה
וְלָזֶה מַתְחִילִין מִזְמוֹר שִׁיר לְיוֹם הַשַּׁבָּת
וְעוֹמְדִין בַּעֲמִידָה לְקַבֵּל כְּבוֹד מְנוּחַת שַׁבָּת וְתוֹסֶפֶת נְשָׁמָה
כְּמִי שֶׁקָּם לִפְנֵי תַּלְמִיד חָכָם."
-אור החמה ב:קלו

ידיד נפש

הופיע בסידור: הופיע לפני קבלת שבת בסידורים בתחילת המאה ה-19[63].
מקור הטקסט: ר' אלעזר אזכרי במאה ה-16[64].

יְדִיד נֶפֶשׁ, אָב הָרַחְמָן, מְשֹׁךְ עַבְדָּךְ אֶל־רְצוֹנָךְ, יָרוּץ עַבְדָּךְ כְּמוֹ אַיָּל, יִשְׁתַּחֲוֶה מוּל הֲדָרָךְ, כִּי יֶעֱרַב־לוֹ יְדִידוּתָךְ מִנֹּפֶת צוּף וְכָל־טָעַם[1].

הָדוּר, נָאֶה זִיו הָעוֹלָם, נַפְשִׁי חוֹלַת אַהֲבָתָךְ, אָנָּא, אֵל, נָא רְפָא־נָא לָהּ בְּהַרְאוֹת לָהּ[2] נֹעַם זִיוָךְ, אָז תִּתְחַזֵּק וְתִתְרַפֵּא, וְהָיְתָה לָךְ שִׁפְחַת עוֹלָם.

וָתִיק, יֶהֱמוּ רַחֲמֶיךָ, וְחוּס־נָא עַל־בֵּן אוֹהֲבָךְ[3], כִּי זֶה כַּמֶּה נִכְסֹף נִכְסַף לִרְאוֹת בְּתִפְאֶרֶת עֻזָּךְ, אָנָּא, אֵלִי, מַחְמַד לִבִּי, חוּשָׁה[4]־נָּא וְאַל תִּתְעַלָּם.

הִגָּלֶה־נָא וּפְרֹשׂ, חָבִיב, עָלַי אֶת־סֻכַּת שְׁלוֹמָךְ, תָּאִיר אֶרֶץ מִכְּבוֹדָךְ, נָגִילָה וְנִשְׂמְחָה בָּךְ, מַהֵר, אָהוּב, כִּי בָא מוֹעֵד, וְחָנֵּנִי[5] כִּימֵי עוֹלָם.

שינויי נוסחאות

הדפסתי כאן את הנוסח כפי שמופיע בנוסח ספרד היות וזה קרוב לנוסח המקורי.

1 רואים בכ"י שלפנינו (וגם בספר חרדים) שכוונת המחבר היה שהקהל יחזרו על השורה האחרונה של כל בית פעם שנית.

2 בספר חרדים יש "לך" במקום "לה".

3 בספר חרדים יש "אהובך" במקום "אוהבך".

4 בכ"י מוסקבה 320 יש "חוסה" במקום "חושה".

5 בכל עדי הנוסח יש "וחונני" במקום "וחנני".

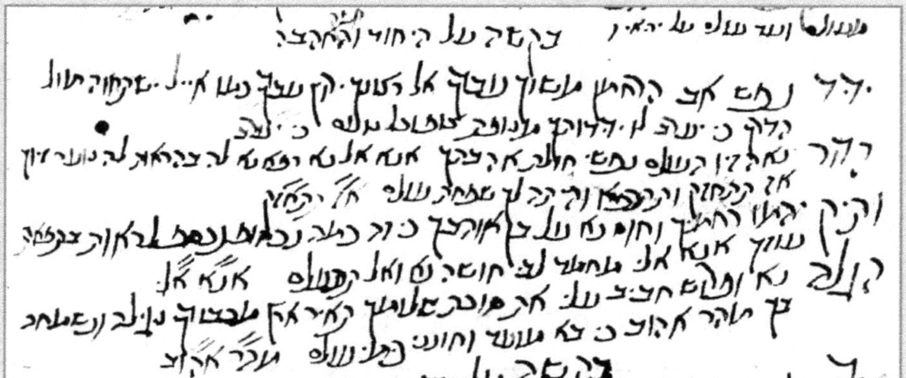

כתבי ר' אלעזר אזכרי כ"י ניו יורק 3541 המתוארך לסוף המאה ה-16

[63] סידור "בעל התניא" נוסח אר"י שקלאוו תקס"ג (1803) וסידור קול יעקב סלאוויטא תקס"ד (1804). ברם, אמירתו אחרי מזמור ק"ז לפני מנחה כבר הוזכר בסידור תפילה ע"פ משנת חסידים קארעץ תקמ"ה (1785).

[64] הפיוט נמצא לראשונה בכ"י של ר' אלעזר אזכרי (הובא למעלה). ביומן האישי שלו (באותו כ"י 205a) הוא כותב (י"ד אב שמ"ה) "חָזֵי הֲוֵית אֲנִי מְלַמֵּד יֶלֶד יֻוָּלֵד לִי... וְשִׁיר שֶׁלִּי יְדִיד נֶפֶשׁ אָב הָרַחֲמָן מְשׁוֹךְ עַבְדָּךְ אֶל רְצוֹנָךְ יָרוּץ׳." הפיוט מוזכר גם בכ"י מוסקבה גינצבורג 320 המתוארך למאה ה-16 בו כתב הסופר "ד׳ בָּתִּים שֶׁל שֵׁם בֶּן ד׳ ב"ה שֶׁשָּׁמַעְנוּ מִפִּי קָדוֹשׁ מִכְּבוֹד הֶחָכָם הַשָּׁלֵם מהר"ר גְּדַלְיָה בֶּן לְגָאוֹן הַמּוּשְׁלָם הַמְקוּבָּל אֱלֹקִי כמהר"ר מֹשֶׁה קוֹרְדוֹבָרוֹ זצק"ל" ורב גדליה הגיע מאיטליה לפני שנת שמ"ג (1583). הפיוט הודפס לראשונה בתוך ספר חרדים של ר' אזכרי בשנת שס"א (1601). להמשך עיון ראו *הנהגות קבליות בשבת* של חלמיש.

תהלים צה-צט

הופיע בסידור: אמירת חמשה/ששה מזמורי תהלים בערב שבת מאזור יוון במאה ה-14/13[65]. אמירת המזמורים הללו מחוג קבלי באזור צפת בסוף המאה ה-16[66].
מקור הטקסט: פרקים בתהלים.

לְכוּ נְרַנְּנָה לַיהֹוָה נָרִיעָה לְצוּר יִשְׁעֵנוּ: נְקַדְּמָה פָנָיו בְּתוֹדָה בִּזְמִרוֹת נָרִיעַ לוֹ: כִּי אֵל גָּדוֹל יְהֹוָה וּמֶלֶךְ גָּדוֹל עַל כָּל אֱלֹהִים: אֲשֶׁר בְּיָדוֹ מֶחְקְרֵי אָרֶץ וְתוֹעֲפוֹת הָרִים לוֹ: אֲשֶׁר לוֹ הַיָּם וְהוּא עָשָׂהוּ וְיַבֶּשֶׁת יָדָיו יָצָרוּ: בֹּאוּ נִשְׁתַּחֲוֶה וְנִכְרָעָה נִבְרְכָה לִפְנֵי יְהֹוָה עֹשֵׂנוּ: כִּי הוּא אֱלֹהֵינוּ וַאֲנַחְנוּ עַם מַרְעִיתוֹ וְצֹאן יָדוֹ הַיּוֹם אִם בְּקֹלוֹ תִשְׁמָעוּ: אַל תַּקְשׁוּ לְבַבְכֶם כִּמְרִיבָה כְּיוֹם מַסָּה בַּמִּדְבָּר: אֲשֶׁר נִסּוּנִי אֲבוֹתֵיכֶם בְּחָנוּנִי גַּם רָאוּ פָעֳלִי: אַרְבָּעִים שָׁנָה אָקוּט בְּדוֹר וָאֹמַר עַם תֹּעֵי לֵבָב הֵם וְהֵם לֹא יָדְעוּ דְרָכָי: אֲשֶׁר נִשְׁבַּעְתִּי בְאַפִּי אִם יְבֹאוּן אֶל מְנוּחָתִי:

שִׁירוּ לַיהֹוָה שִׁיר חָדָשׁ שִׁירוּ לַיהֹוָה כָּל הָאָרֶץ: שִׁירוּ לַיהֹוָה בָּרְכוּ שְׁמוֹ בַּשְּׂרוּ מִיּוֹם לְיוֹם יְשׁוּעָתוֹ: סַפְּרוּ בַגּוֹיִם כְּבוֹדוֹ בְּכָל הָעַמִּים נִפְלְאוֹתָיו: כִּי גָדוֹל יְהֹוָה וּמְהֻלָּל מְאֹד נוֹרָא הוּא עַל כָּל אֱלֹהִים: כִּי כָּל אֱלֹהֵי הָעַמִּים אֱלִילִים וַיהֹוָה שָׁמַיִם עָשָׂה: הוֹד וְהָדָר לְפָנָיו עֹז וְתִפְאֶרֶת בְּמִקְדָּשׁוֹ: הָבוּ לַיהֹוָה מִשְׁפְּחוֹת עַמִּים הָבוּ לַיהֹוָה כָּבוֹד וָעֹז: הָבוּ לַיהֹוָה כְּבוֹד שְׁמוֹ שְׂאוּ מִנְחָה וּבֹאוּ לְחַצְרוֹתָיו: הִשְׁתַּחֲווּ לַיהֹוָה בְּהַדְרַת קֹדֶשׁ חִילוּ מִפָּנָיו כָּל הָאָרֶץ: אִמְרוּ בַגּוֹיִם יְהֹוָה מָלָךְ אַף תִּכּוֹן תֵּבֵל בַּל תִּמּוֹט יָדִין עַמִּים בְּמֵישָׁרִים: יִשְׂמְחוּ הַשָּׁמַיִם וְתָגֵל הָאָרֶץ יִרְעַם הַיָּם וּמְלֹאוֹ: יַעֲלֹז שָׂדַי וְכָל אֲשֶׁר בּוֹ אָז יְרַנְּנוּ כָּל עֲצֵי יָעַר: לִפְנֵי יְהֹוָה כִּי בָא כִּי בָא לִשְׁפֹּט הָאָרֶץ יִשְׁפֹּט תֵּבֵל בְּצֶדֶק וְעַמִּים בֶּאֱמוּנָתוֹ:

יְהֹוָה מָלָךְ תָּגֵל הָאָרֶץ יִשְׂמְחוּ אִיִּים רַבִּים: עָנָן וַעֲרָפֶל סְבִיבָיו צֶדֶק וּמִשְׁפָּט מְכוֹן כִּסְאוֹ: אֵשׁ לְפָנָיו תֵּלֵךְ וּתְלַהֵט סָבִיב צָרָיו: הֵאִירוּ בְרָקָיו תֵּבֵל רָאֲתָה וַתָּחֵל הָאָרֶץ: הָרִים כַּדּוֹנַג נָמַסּוּ מִלִּפְנֵי יְהֹוָה

---

[65] ראו הערות למזמור ק בהמשך. יש גם לציין שבנוסף למזמורי צ״ב וצ״ג, בקטעי הגניזה גם נמצאים דוגמאות של מזמורים אחרים שאמרו קודם ערבית של ערב שבת, לדוגמא בכ״י פילדלפיה 182 המתוארך למאה ה-11, שם אומרים גם מזמור קכ״א.

[66] סדר היום דפוס ויניציאה שנ״ט (1599) לר׳ משה בן מכיר.
אמירת המזמורים האלו נזכרת בהיכל הקדש (אמשטרדם תי״ג) לר׳ משה אלבז שחי במאה ה-16 ״וְיֵשׁ נוֹהֲגִין לִקְרוֹת ׳לְכוּ נְרַנְּנָה׳ מִזְמוֹר צ״ה וצ״ו וצ״ז וצ״ח וּמִזְמוֹר ׳הָבוּ לַיְיָ בְּנֵי אֵלִים׳ כִּי כָּל אֵלּוּ הַמִּזְמוֹרִים יוֹרוּ עַל קַבָּלַת הַשַּׁבָּת וּמַלְכוּת שָׁמַיִם שֶׁנִּתְפַּשְּׁטָה לֵיל שַׁבָּת בְּכָל הָעוֹלָם וְכָל הַקְּלִיפּוֹת כֻּלָּם יִתְגַּמְּרוּ וְיִגָּנְזוּ וְיִפְחֲדוּ וְרָגְזוּ וְחָלוּ מִפָּנֶיהָ... כִּי בְּאֵלּוּ הַמִּזְמוֹרִים אָנוּ מְסַיְּיעִין צַד הַקְּדוּשָּׁה לְהַמְלִיךְ אֶת הַשְּׁכִינָה עַל כָּל הָעוֹלָם.״ להשערת חלמיש ב*הנהגות קבליות בשבת* ר׳ אלבז כתב את ספרו בין 1575-1599.
במדור מוסף השבת של סידור פלטין ביה אל (ר׳ יעקב עמדין) דפוס אלטונה תק״ה (1745) ״וּפוֹתְחִין בַּאֲרָצוֹת הַלָּלוּ ׳לְכוּ נְרַנְּנָה׳ וְגוֹמְרִים ו׳ מִזְמוֹרִים כְּנֶגֶד ו׳ יְמֵי הַחוֹל מִן צ״ה עַד צ״ט וכ״ט עַל פִּי מוֹרֵנוּ הָרַב מֹשֶׁה קוֹרְדוֹבִירוֹ זַ״ל הָיְתָה שׁוּמָה. אָמְנָם הָאֲרִ״י זַ״ל וְכֵן אָבִי מוֹרִי הַגָּאוֹן (החכם צבי) זַ״ל פָּתַר בְּמִזְמוֹר לְדָוִד.״ זה העדות הראשונה שככה נהג רמ״ק, מאה שבעים וחמש שנים אחר פטירתו. זאת ועוד, בסידור תפלה למשה יקורדובירו) אמירת המזמורים האלה לא נזכרת. לפי ר׳ יחיאל גולדהבר ב*לקראת שבת לכו ונלכה* (שהתפרסם בבית אהרן וישראל) היעב״ץ טעה כשקרא בסידור שער השמים (סידור השל״ה) ש״הֵא לְךָ סֵדֶר קַבָּלַת שַׁבָּת וּבֵיאוּר הַמִּזְמוֹרִים פֶּרֶק בַּמֶּה מַדְלִיקִין הַכֹּל מוּעְתָּק מִדִּבְרֵי מהרמ״ק״ וחשב שזה גם התייחס לאמירת המזמורים עצמן.

מִלִּפְנֵי אֲדוֹן כָּל הָאָרֶץ: הִגִּידוּ הַשָּׁמַיִם צִדְקוֹ וְרָאוּ כָל הָעַמִּים כְּבוֹדוֹ: יֵבֹשׁוּ כָּל עֹבְדֵי פֶסֶל הַמִּתְהַלְלִים בָּאֱלִילִים הִשְׁתַּחֲווּ לוֹ כָּל אֱלֹהִים: שָׁמְעָה וַתִּשְׂמַח צִיּוֹן וַתָּגֵלְנָה בְּנוֹת יְהוּדָה לְמַעַן מִשְׁפָּטֶיךָ יְהֹוָה: כִּי אַתָּה יְהֹוָה עֶלְיוֹן עַל כָּל הָאָרֶץ מְאֹד נַעֲלֵיתָ עַל כָּל אֱלֹהִים: אֹהֲבֵי יְהֹוָה שִׂנְאוּ רָע שֹׁמֵר נַפְשׁוֹת חֲסִידָיו מִיַּד רְשָׁעִים יַצִּילֵם: אוֹר זָרֻעַ לַצַּדִּיק וּלְיִשְׁרֵי לֵב שִׂמְחָה: שִׂמְחוּ צַדִּיקִים בַּיהֹוָה וְהוֹדוּ לְזֵכֶר קָדְשׁוֹ:

מִזְמוֹר שִׁירוּ לַיהֹוָה שִׁיר חָדָשׁ כִּי נִפְלָאוֹת עָשָׂה הוֹשִׁיעָה לוֹ יְמִינוֹ וּזְרוֹעַ קָדְשׁוֹ: הוֹדִיעַ יְהֹוָה יְשׁוּעָתוֹ לְעֵינֵי הַגּוֹיִם גִּלָּה צִדְקָתוֹ: זָכַר חַסְדּוֹ וֶאֱמוּנָתוֹ לְבֵית יִשְׂרָאֵל רָאוּ כָל אַפְסֵי אָרֶץ אֵת יְשׁוּעַת אֱלֹהֵינוּ: הָרִיעוּ לַיהֹוָה כָּל הָאָרֶץ פִּצְחוּ וְרַנְּנוּ וְזַמֵּרוּ: זַמְּרוּ לַיהֹוָה בְּכִנּוֹר בְּכִנּוֹר וְקוֹל זִמְרָה: בַּחֲצֹצְרוֹת וְקוֹל שׁוֹפָר הָרִיעוּ לִפְנֵי הַמֶּלֶךְ יְהֹוָה: יִרְעַם הַיָּם וּמְלֹאוֹ תֵּבֵל וְיֹשְׁבֵי בָהּ: נְהָרוֹת יִמְחֲאוּ כָף יַחַד הָרִים יְרַנֵּנוּ: לִפְנֵי יְהֹוָה כִּי בָא לִשְׁפֹּט הָאָרֶץ יִשְׁפֹּט תֵּבֵל בְּצֶדֶק וְעַמִּים בְּמֵישָׁרִים:

יְהֹוָה מָלָךְ יִרְגְּזוּ עַמִּים יֹשֵׁב כְּרוּבִים תָּנוּט הָאָרֶץ: יְהֹוָה בְּצִיּוֹן גָּדוֹל וְרָם הוּא עַל כָּל הָעַמִּים: יוֹדוּ שִׁמְךָ גָּדוֹל וְנוֹרָא קָדוֹשׁ הוּא: וְעֹז מֶלֶךְ מִשְׁפָּט אָהֵב אַתָּה כּוֹנַנְתָּ מֵישָׁרִים מִשְׁפָּט וּצְדָקָה בְּיַעֲקֹב אַתָּה עָשִׂיתָ: רוֹמְמוּ יְהֹוָה אֱלֹהֵינוּ וְהִשְׁתַּחֲווּ לַהֲדֹם רַגְלָיו קָדוֹשׁ הוּא: מֹשֶׁה וְאַהֲרֹן בְּכֹהֲנָיו וּשְׁמוּאֵל בְּקֹרְאֵי שְׁמוֹ קֹרְאִים אֶל יְהֹוָה וְהוּא יַעֲנֵם: בְּעַמּוּד עָנָן יְדַבֵּר אֲלֵיהֶם שָׁמְרוּ עֵדֹתָיו וְחֹק נָתַן לָמוֹ: יְהֹוָה אֱלֹהֵינוּ אַתָּה עֲנִיתָם אֵל נֹשֵׂא הָיִיתָ לָהֶם וְנֹקֵם עַל עֲלִילוֹתָם: רוֹמְמוּ יְהֹוָה אֱלֹהֵינוּ וְהִשְׁתַּחֲווּ לְהַר קָדְשׁוֹ כִּי קָדוֹשׁ יְהֹוָה אֱלֹהֵינוּ:

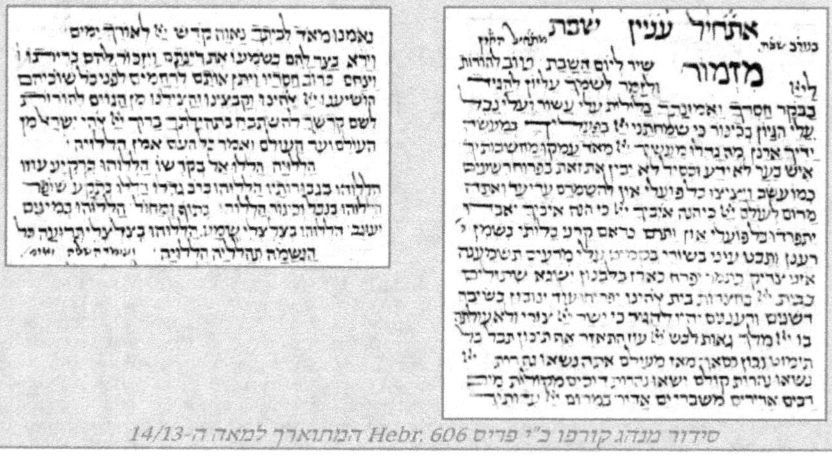

סידור מנהג קורפו כ"י פריס Hebr. 606 המתוארך למאה ה-14/13

תהלים ק (ע"מ)

הופיע בסידור: סידורים מאזור יוון במאה ה-15/14.[67]
מקור הטקסט: מזמור בתהלים.

מִזְמוֹר לְתוֹדָה הָרִיעוּ לַיהֹוָה כָּל־הָאָרֶץ: עִבְדוּ אֶת־יְהֹוָה בְּשִׂמְחָה בֹּאוּ לְפָנָיו בִּרְנָנָה: דְּעוּ כִּי־יְהֹוָה הוּא אֱלֹהִים הוּא־עָשָׂנוּ (ולא) [וְלוֹ] אֲנַחְנוּ עַמּוֹ וְצֹאן מַרְעִיתוֹ: בֹּאוּ שְׁעָרָיו בְּתוֹדָה חֲצֵרֹתָיו בִּתְהִלָּה הוֹדוּ־לוֹ בָּרְכוּ שְׁמוֹ: כִּי־טוֹב יְהֹוָה לְעוֹלָם חַסְדּוֹ וְעַד־דֹּר וָדֹר אֱמוּנָתוֹ:

סידור מנהג קנדיא כ"י לונדון Or. 9150 המתוארך למאה ה-14

[67] בסידור מנהג קנדיא כ"י לונדון Or. 9150 המתוארך למאה ה-14 יש את הסדר הזה: "מזמור שיר ליום השבת" (תהלים צב), "יי' מלך" (תהלים צג), פסוק "שירו לאלהים זמרו שמו" (תהלים סח:ה), "מזמור לתודה" (תהלים ק), "וירא בצר להם" (תהלים קו:מד-מח), "הללויה הללו אל בקדשו" (תהלים קמ) ואז "ועומד שליח ציבור ומתחיל בנועם: והוא רחום..." וממשיך עם ערבית לשבת. יש אותו סדר בתוספת מזמור קכא (אחרי מזמור ק) בסידור מנהג קורפו כ"י פריס Hebr. 596 המתוארך למאה ה-15/14. דומה לזה יש בסידורי מנהג רומניא המתוארכים למאה ה-15: כ"י מוסקבה גינזבורג 746, כ"י פארמא 1803 ו כ"י פריס H 58 A. יש לציין שאותו רצף מזמורים לפני ערבית של שבת כבר מופיע בסידור מנהג קורפו כ"י פריס Hebr. 606 המתוארך למאה ה-14/13 אמנם בלי מזמור ק.

תהלים כט

הופיע בסידור: מחוג קבלי באזור צפת במאה ה-16[68] מבוסס על תלמוד ירושלמי[69].
מקור הטקסט: מזמור כט בתהלים.

מִזְמוֹר לְדָוִד הָבוּ לַיהֹוָה בְּנֵי אֵלִים הָבוּ לַיהֹוָה כָּבוֹד וָעֹז: הָבוּ לַיהֹוָה כְּבוֹד שְׁמוֹ הִשְׁתַּחֲווּ לַיהֹוָה בְּהַדְרַת קֹדֶשׁ: קוֹל יְהֹוָה עַל הַמָּיִם אֵל הַכָּבוֹד הִרְעִים יְהֹוָה עַל מַיִם רַבִּים: קוֹל יְהֹוָה בַּכֹּחַ קוֹל יְהֹוָה בֶּהָדָר: קוֹל יְהֹוָה שֹׁבֵר אֲרָזִים וַיְשַׁבֵּר יְהֹוָה אֶת אַרְזֵי הַלְּבָנוֹן: וַיַּרְקִידֵם כְּמוֹ עֵגֶל לְבָנוֹן וְשִׂרְיֹן כְּמוֹ בֶן רְאֵמִים: קוֹל יְהֹוָה חֹצֵב לַהֲבוֹת אֵשׁ: קוֹל יְהֹוָה יָחִיל מִדְבָּר יָחִיל יְהֹוָה מִדְבַּר קָדֵשׁ: קוֹל יְהֹוָה יְחוֹלֵל אַיָּלוֹת וַיֶּחֱשֹׂף יְעָרוֹת וּבְהֵיכָלוֹ כֻּלּוֹ אֹמֵר כָּבוֹד: יְהֹוָה לַמַּבּוּל יָשָׁב וַיֵּשֶׁב יְהֹוָה מֶלֶךְ לְעוֹלָם: יְהֹוָה עֹז לְעַמּוֹ יִתֵּן יְהֹוָה יְבָרֵךְ אֶת עַמּוֹ בַשָּׁלוֹם:

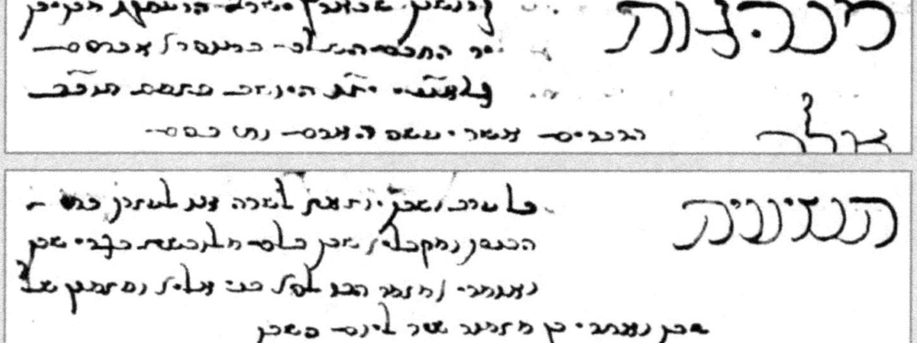

רשימת הנהגות של אברהם גאלאנטי כ״י מוסקבה גינזבורג 249 משנת 1582[70]

[68] בכ״י מוסקבה גינזבורג 249 משנת 1582 (רשימת הנהגות של אברהם גאלאנטי) ״כָּל עֶרֶב שַׁבָּת יוֹצְאִים לַשָּׂדֶה אוֹ לְעֶזְרַת בֵּית הַכְּנֶסֶת וּמְקַבְּלִים שַׁבָּת כֻּלָּם מַלְבּוּשִׁים בְּבִגְדֵי שַׁבָּת וְאוֹמְרִים ׳מִזְמוֹר הָבוּ לַה׳ בְּנֵי אֵלִים׳ וּפִזְמוֹן שֶׁל שַׁבָּת וְאַחַר כָּךְ ׳מִזְמוֹר שִׁיר לְיוֹם הַשַּׁבָּת׳.״ר׳ גאלאנטי נפטר בשנת 1560.
אמירתו נזכרת על ידי ר׳ יצחק לוריא בעץ חיים (כ״י ווייס/שורץ מסוף המאה ה-16) שער הכוונות דרוש קבלת שבת ״וְזֶה סֵדֶר עֲלִיָּיתָם הִנֵּה קִיצּוּר סֵדֶר קַבָּלַת שַׁבָּת הוּא שֶׁתֵּצֵא לַשָּׂדֶה וְתֹאמַר בּוֹאוּ וְנֵצֵא לִקְרַאת שַׁבָּת מַלְכְּתָא לחק״ל תַּפּוּחִין קַדִּישִׁין... וְתַעֲמוֹד מְעוּמָּד בְּמָקוֹם אֶחָד בַּשָּׂדֶה וְאִם יִהְיֶה עַל גַּב הַר אֶחָד גָּבוֹהַּ הוּא יוֹתֵר טוֹב... וְתַחֲזוֹר פָּנֶיךָ כְּנֶגֶד רוּחַ מַעֲרָב שֶׁשָּׁם הַחַמָּה שׁוֹקַעַת וּבְעֵת שְׁקִיעָתָהּ מַמָּשׁ אָז תִּסְגּוֹר עֵינֶיךָ וְתָשִׂים יָדְךָ הַשְּׂמָאלִית עַל הֶחָזֶה וְיַד יְמִינְךָ עַל גַּבֵּי שְׂמֹאלֶךָ וּתְכַוֵּין בְּאֵימָה בְּיִרְאָה כְּעוֹמֵד לִפְנֵי הַמֶּלֶךְ לְקַבֵּל תּוֹסֶפֶת קְדוּשַּׁת הַשַּׁבָּת. וְתַתְחִיל וְתֹאמַר ׳מִזְמוֹר הָבוּ לַה׳ בְּנֵי אֵלִ״ים וְכוּ׳״ כֻּלּוֹ בִּנְעִימָה וְאַחַר כָּךְ תֹּאמַר ג׳ פְּעָמִים בֹּאִי כַלָּה בֹּאִי כַלָּה בּוֹאִי שַׁבָּת מַלְכְּתָא וְאַחַר כָּךְ תֹּאמַר ׳מִזְמוֹר שִׁיר לְיוֹם הַשַּׁבָּת וְכוּ׳״ כֻּלּוֹ ׳ה׳ מָלָךְ גֵּאוּת לָבֵשׁ וְכוּ׳״ עַד ׳ה׳ לְאוֹרֶךְ יָמִים׳ וְאָז תִּפְתַּח עֵינֶיךָ.... אַחַר כָּךְ תֵּלֵךְ לְבֵיתְךָ וְתִכָּנֵס וְתִתְעַטֵּף בְּטַלִּית... עַד שֶׁתַּחֲזוֹר לוֹמַר כָּל מַה שֶּׁאָמַרְתָּ בִּהְיוֹתְךָ בַּשָּׂדֶה שֶׁהוּא ׳מִזְמוֹר לְדָוִד הָבוּ לַה׳ בְּנֵי אֵלִ״ים וְכוּ׳״ וג״פ בֹּאִי כַלָּה וְכוּ׳ וּמִזְמוֹר שִׁיר לְיוֹם הַשַּׁבָּת וְכוּ׳ וְהַכַּוָּנָה שֶׁתְּכַוֵּין בָּזֶה הוּא... לְהַעֲלוֹת גַּם בְּחִינַת אוֹר מַקִּיף שֶׁל בְּחִינַת הַחִיצוֹנִיּוֹת.״
מופיע לראשונה בדפוס בתמונות תפלות ותחנות ספרד דפוס ויניציאה שמ״א (1581). גם מופיע בסידור תפילה למשה (קורדובירו) כ״י ציריך ברגנסקי 30 משנת רצ״ה (1615).

[69] ירושלמי ברכות ד :ג ״שֶׁבַע שֶׁל שַׁבָּת מְנַיִין? אָמַר רַבִּי יִצְחָק: כְּנֶגֶד ז׳ קוֹלוֹת שֶׁכָּתוּב בְּ׳הָבוּ לַה׳ בְּנֵי אֵלִים׳.״

[70] בתחילת הדף כתוב ״מִנְהָגוֹת קְדוֹשׁוֹת שֶׁבְּאֶרֶץ יִשְׂרָאֵל הוּעְתְּקוּ מִכְּתִיבַת יַד הֶחָכָם הַשָּׁלֵם כמוה״ר אַבְרָהָם גַּלַּאנְטִי יצ״ו הַיּוֹשֵׁב בִּצְפַת תוב״ב הַדְּבָרִים אֲשֶׁר יַעֲשֶׂה הָאָדָם וָחַי בָּהֶם.״ אחר זה יש רשימה של 28 מנהגים ממוספרים שנהגו בצפת.

אנא בכח

הופיע בסידור: תיקון שבת מלכתא ב-1613[71] כנראה מבוסס על תקוני זוהר[72].
מקור הטקסט: סידורי נוסח כפרד במאה ה-15[73].

אָנָּא בְּכֹחַ, גְּדוּלַּת יְמִינְךָ, תַּתִּיר צְרוּרָה:
קַבֵּל רִנַּת, עַמְּךָ. שַׂגְּבֵנוּ, טַהֲרֵנוּ נוֹרָא:
נָא גִבּוֹר, דּוֹרְשֵׁי יִחוּדֶךָ, כְּבָבַת שָׁמְרֵם:
בָּרְכֵם טַהֲרֵם, רַחֲמֵי צִדְקָתְךָ, תָּמִיד גָּמְלֵם:
חֲסִין קָדוֹשׁ, בְּרֹב טוּבְךָ, נַהֵל עֲדָתֶךָ:
יָחִיד גֵּאֶה, לְעַמְּךָ פְּנֵה, זוֹכְרֵי קְדֻשָּׁתֶךָ:
שַׁוְעָתֵנוּ קַבֵּל, וּשְׁמַע צַעֲקָתֵנוּ, יוֹדֵעַ תַּעֲלוּמוֹת:
בָּרוּךְ, שֵׁם כְּבוֹד מַלְכוּתוֹ, לְעוֹלָם וָעֶד:

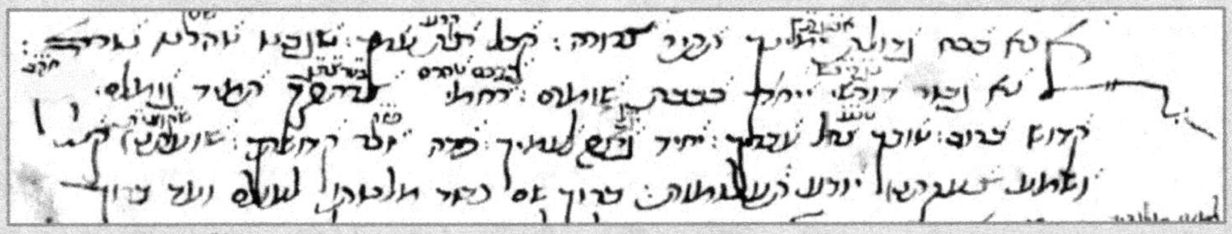

תוספת בסוף סידור מנהג קורפו כ"י פריס 596 המתוארך למאה ה-15[74]

---

[71] תקון שבת מלכתא דפוס קראקא שע"ג [1613] מיד אחרי מזמור כט "וְאַחַר כָּךְ יֹאמַר תְּפִלַּת ר' נְחוּנְיָא בֶּן הַקָּנָה הַנִּזְכֶּרֶת לְמַעְלָה 'אָנָּא בְּכֹחַ גְּדוּלַּת יְמִינְךָ כ"ו'... וְעִם תְּפִלַּת ר' נְחוּנְיָא הַנִּזְכֶּרֶת יִהְיוּ נִכְרָתִים כָּל הַקְּלִיפּוֹת וְכָל סִטְרָא אַחְרָא וְלֹא יִהְיֶה לָהֶם עוֹד כֹּחַ וּרְשׁוּת לִהְיוֹת מָסָךְ מַבְדִּיל בְּהַשְׁפָּעַת יִפְעַת שִׁפְעַת נְשָׁמָה יְתֵירָה אֲשֶׁר יָצְאָה מֵהֵיכְלֵי הַמֶּלֶךְ מַלְכּוֹ שֶׁל עוֹלָם." לעיל, כשהוא הביא את הפיוט בשלימותו, הוא מסיים עם "ברוך שם ..." וכן בסדר היום דפוס ויניציאה 1599 (בהקשר של שחרית) מסיים עם בשכמל"ו.

[72] תקוני זוהר מז. "מִקּוֹלוֹת מַיִם רַבִּים אַדִּין שֶׁבַע שְׁמָהָן דְּמִתְפַּלְּגִין לְשִׁבְעָה נְהָרוֹת וְכֻלְּהוֹן מִתְפַּלְּגִין בְּהַהוּא נָהָר דְּנָפִיק מֵעֵדֶן וְאִינּוּן בְּהַבוֹ ליהו"ה שֶׁבַע אִינּוּן דְּאָזְלִין עַל שֶׁבַע שְׁמָהָן דְּאִינּוּן אבגית"ץ."

[73] ראו ערך 'סיום קרבנות' בהמל"ה. להמשך עיון ראו מה שכתב חלמיש ב*לקט פתגמים וילקוט מאמרים*.

[74] יש חור בדף על המילה "חסין" בסוף שורה השניה ועוד אחד באמצע המילה "קבל" מתחתיו. בסוף הפיוט, אחר "ברוך שם כבוד מלכותו לעולם ועד" יש גם "ברוך כבוד יי' ממקומו".

לכה דודי

הופיע בסידור: מר' שלמה אלקבץ במאה ה-16[75]. השינוי בבית האחרון (ספרד ועדות המזרח) מר' יעקב צמח במאה ה-17[76].
מקור הטקסט: מקורי מר' שלמה אלקבץ מבוסס על פסוקים[77] מדרש[78] וגמרא[79].

לְכָה דוֹדִי לִקְרַאת כַּלָּה, פְּנֵי שַׁבָּת נְקַבְּלָה:
לְכָה[1] דוֹדִי לִקְרַאת כַּלָּה, פְּנֵי שַׁבָּת נְקַבְּלָה:

שָׁמוֹר וְזָכוֹר בְּדִבּוּר אֶחָד, הִשְׁמִיעָנוּ אֵל[2] הַמְּיֻחָד, יְהֹוָה אֶחָד וּשְׁמוֹ אֶחָד, לְשֵׁם וּלְתִפְאֶרֶת וְלִתְהִלָּה:
לְכָה דוֹדִי לִקְרַאת כַּלָּה, פְּנֵי שַׁבָּת נְקַבְּלָה:

לִקְרַאת שַׁבָּת[3] לְכוּ וְנֵלְכָה, כִּי הִיא מְקוֹר הַבְּרָכָה, מֵרֹאשׁ מִקֶּדֶם נְסוּכָה, סוֹף מַעֲשֶׂה[4] בְּמַחֲשָׁבָה תְּחִלָּה:
לְכָה דוֹדִי לִקְרַאת כַּלָּה, פְּנֵי שַׁבָּת נְקַבְּלָה:

מִקְדַּשׁ מֶלֶךְ עִיר מְלוּכָה, קוּמִי צְאִי מִתּוֹךְ הַהֲפֵכָה[5], רַב לָךְ שֶׁבֶת בְּעֵמֶק הַבָּכָא, וְהוּא יַחְמוֹל[6] עָלַיִךְ חֶמְלָה:
לְכָה דוֹדִי לִקְרַאת כַּלָּה, פְּנֵי שַׁבָּת נְקַבְּלָה:

שינויי נוסחאות

1 בכ"י ציריך 168 ותמונות תחינות תפילות ספרד אין כופלין את הפזמון בהתחלה.
2 בכ"י גינזבורג 249 וכ"י ציריך יש "האל" במקום "אל".
3. בכ"י ציריך יש "כלה" במקום "שבת".
4 בכ"י ציריך יש "המעשה" במקום "מעשה".
5 בכ"י ציריך יש "מהפכה" במקום "ההפכה".
6 במקום "והוא חמל" בכ"י 249 יש "ולא תחמול".
7 בכ"י ציריך ליתא "בן".
8 בכ"י גינזבורג יש "גלה" במקום "נגלה".
9 בכ"י ציריך ליתא "בן".
10 בכ"י גינזבורג יש "וגם" במקום "גם".
11 בכל עדי הנוסח ליתא "ברנה".

---

[75] ספר פלח הרימון לרמ"ע מפאנו כ"י מוסקבה גינזבורג 249 משנת שמ"ב (1582). נדפס לראשונה בתמונות תחנות תפילות ספרד דפוס ויניציאה שמ"ד (1584) ושם כתוב "וְאַחַר כָּךְ (אחרי מזמור כ"ט) אוֹמְרִים זֶה הַפִּיּוּט נָאֶה וּמְשׁוּבָּח יְסָדוֹ וּבְנָאוֹ הֶחָכָם הָאֱלוֹקִי כמהר"ר שְׁלֹמֹה אַלְקַבֵּץ ז"ל בְּעִיר צְפַת תִּבָּנֶה וְתִכּוֹנֵן בִּמְהֵרָה בְּיָמֵינוּ אָמֵן. לַחַן 'שׁוּבִי נַפְשִׁי לִמְנוּחָיְכִי'." הפיוט גם מופיע בספר תפוחי זהב כ"י ציריך Heid. 168 משנת 1595.
יש שרצו לטעון שאלקבץ ביסס את הגרסה שלו על גרסה אחרת (מופיע לראשונה בספר סדר היום) אבל אין כל הוכחה שהגירסא ההיא קדמה לזה שלנו. להיפך, מהערה בתיקוני שבת דפוס קראקא שע"ג, משמע שהגרסה של אלקבץ היתה ראשונה.

[76] נגיד ומצוה כ"י לונדון Or. 10638 משנת שצ"ח (1635) "וְאַחַר כָּךְ יֹאמַר 'לְכָה דוֹדִי לִקְרַאת כַּלָּה'... 'מֵרֹאשׁ מִקֶּדֶם' צֶמַח: כִּי בְּאַלְפָא בֵּיתָא אוֹתִיּוֹת הַקּוֹדְמִים לְרא"שׁ הֵם שב"ת וּבְשַׁבָּת עוֹלֶה הַמַּלְכוּת הַנִּקְרָא שַׁבָּת בִּמְקוֹם הָרֹאשׁ... 'וְגַם בְּרִינָּה' וּבְמוֹעֵד וְשַׁבָּת יֹאמְרוּ 'וְגַם בְּשִׂמְחָה' וְכָל זֶה הוּא שֶׁהָיָה נוֹהֵג הָרַב ר' חַיִּים (ויטאל) זלה"ה וְכֵן אָמְרוּ לִי צֶמַח הַחֲבֵרִים הֵי'."
הערת ר' יעקב צמח גם נמצאת בסידור כוונות ר' יעקב הלל בו בבית האחרון של הפיוט הוא מסמן על המילה 'ברינה' וכותב בצד (כתב ידו) "שבת במועד יאמר 'וגם בשמחה'".

[77] שיר השירים ז:יב "**לְכָה דוֹדִי** נֵצֵא הַשָּׂדֶה נָלִינָה בַּכְּפָרִים."
זכריה יד:ט "וְהָיָה יְהֹוָה לְמֶלֶךְ עַל־כָּל־הָאָרֶץ בַּיּוֹם הַהוּא יִהְיֶה **יְהֹוָה אֶחָד וּשְׁמוֹ אֶחָד**."
דברים כו:יט "וּלְתִתְּךָ עֶלְיוֹן עַל כָּל־הַגּוֹיִם אֲשֶׁר עָשָׂה **לִתְהִלָּה וּלְשֵׁם וּלְתִפְאָרֶת** וְלִהְיֹתְךָ עַם־קָדֹשׁ לַיהֹוָה אֱלֹהֶיךָ כַּאֲשֶׁר דִּבֵּר."
ישעיה נב:א-ב " עוּרִי עוּרִי לִבְשִׁי עֻזֵּךְ צִיּוֹן **לִבְשִׁי בִּגְדֵי תִפְאַרְתֵּךְ** יְרוּשָׁלַ͏ִם עִיר הַקֹּדֶשׁ כִּי לֹא יוֹסִיף יָבֹא־בָךְ עוֹד עָרֵל וְטָמֵא. **הִתְנַעֲרִי מֵעָפָר קוּמִי** שְׁבִי יְרוּשָׁלָ͏ִם התפתחו [הִתְפַּתְּחִי] מוֹסְרֵי צַוָּארֵךְ שְׁבִיָּה בַּת־צִיּוֹן."
תהלים סט:יט "**קָרְבָה אֶל־נַפְשִׁי גְאָלָהּ** לְמַעַן אֹיְבַי פְּדֵנִי."
ישעיה נא:יז "**הִתְעוֹרְרִי הִתְעוֹרְרִי קוּמִי** יְרוּשָׁלַ͏ִם אֲשֶׁר שָׁתִית מִיַּד יְהֹוָה אֶת־כּוֹס חֲמָתוֹ אֶת־קֻבַּעַת כּוֹס הַתַּרְעֵלָה שָׁתִית מָצִית."
ישעיה ס:א "**קוּמִי אוֹרִי כִּי בָא אוֹרֵךְ** וּכְבוֹד יְהֹוָה עָלַיִךְ זָרָח."
שופטים ה:יב " עוּרִי עוּרִי דְּבוֹרָה **עוּרִי עוּרִי דַּבְּרִי־שִׁיר** קוּם בָּרָק וּשֲׁבֵה שֶׁבְיְךָ בֶּן־אֲבִינֹעַם."
ישעיה נד:ג-ד "כִּי־**יָמִין וּשְׂמֹאול תִּפְרֹצִי** וְזַרְעֵךְ גּוֹיִם יִירָשׁ וְעָרִים נְשַׁמּוֹת יוֹשִׁיבוּ. אַל־תִּירְאִי כִּי־**לֹא תֵבוֹשִׁי וְאַל־תִּכָּלְמִי** כִּי לֹא תַחְפִּירִי כִּי בֹשֶׁת עֲלוּמַיִךְ תִּשְׁכָּחִי וְחֶרְפַּת אַלְמְנוּתַיִךְ לֹא תִזְכְּרִי־עוֹד."
תהלים מב:יב "**מַה־תִּשְׁתּוֹחֲחִי** נַפְשִׁי **וּמַה־תֶּהֱמִי** עָלָי הוֹחִילִי לֵאלֹהִים כִּי־עוֹד אוֹדֶנּוּ יְשׁוּעֹת פָּנַי וֵאלֹהָי."
ישעיה יד:לב "וּמַה־יַּעֲנֶה מַלְאֲכֵי־גוֹי כִּי יְהֹוָה יִסַּד צִיּוֹן **וּבָהּ יֶחֱסוּ עֲנִיֵּי עַמּוֹ**."
ירמיה ל:יח "כֹּה אָמַר יְהֹוָה הִנְנִי־שָׁב שְׁבוּת אָהֳלֵי יַעֲקוֹב וּמִשְׁכְּנֹתָיו אֲרַחֵם **וְנִבְנְתָה עִיר עַל־תִּלָּהּ** וְאַרְמוֹן עַל־מִשְׁפָּטוֹ יֵשֵׁב."
ירמיה ל:טז "לָכֵן כָּל־אֹכְלַיִךְ יֵאָכֵלוּ וְכָל־צָרַיִךְ כֻּלָּם בַּשְּׁבִי יֵלֵכוּ **וְהָיוּ שֹׁאסַיִךְ לִמְשִׁסָּה** וְכָל־בֹּזְזַיִךְ אֶתֵּן לָבַז."
ישעיה מט:יט "כִּי חָרְבֹתַיִךְ וְשֹׁמְמֹתַיִךְ וְאֶרֶץ הֲרִסֻתֵךְ כִּי עַתָּה תֵּצְרִי מִיּוֹשֵׁב **וְרָחֲקוּ מְבַלְּעָיִךְ**."

[78] בראשית רבה יא:ח "תָּנֵי רַבִּי שִׁמְעוֹן בֶּן יוֹחַאי, אָמְרָה שַׁבָּת לִפְנֵי הַקָּדוֹשׁ בָּרוּךְ הוּא, רִבּוֹנוֹ שֶׁל עוֹלָם לְכֻלָּן יֵשׁ בֶּן זוּג, וְלִי אֵין בֶּן זוּג. אָמַר לָהּ הַקָּדוֹשׁ בָּרוּךְ הוּא כְּנֶסֶת יִשְׂרָאֵל הִיא בֶּן זוּגֵךְ. וְכֵיוָן שֶׁעָמְדוּ יִשְׂרָאֵל לִפְנֵי הַר סִינַי אָמַר לָהֶם הַקָּדוֹשׁ בָּרוּךְ הוּא זִכְרוּ הַדָּבָר שֶׁאָמַרְתִּי לַשַּׁבָּת, כְּנֶסֶת יִשְׂרָאֵל הִיא בֶּן זוּגֵךְ, הַיְנוּ דִּבּוּר: זָכוֹר אֶת יוֹם הַשַּׁבָּת לְקַדְּשׁוֹ.

[79] בבלי שבת קיט: "רַבִּי חֲנִינָא מִיעַטֵּף וְקָאֵי אַפַּנְיָא דְּמַעֲלֵי שַׁבְּתָא אָמַר 'בּוֹאִי וְנֵצֵא לִקְרַאת שַׁבָּת הַמַּלְכָּה' וְאָמַר '**בּוֹאִי כַלָּה בּוֹאִי כַלָּה**'."

הִתְנַעֲרִי מֵעָפָר קוּמִי, לִבְשִׁי בִּגְדֵי תִפְאַרְתֵּךְ עַמִּי, עַל יַד בֶּן[7] יִשַׁי בֵּית הַלַּחְמִי, קָרְבָה אֶל נַפְשִׁי גְאָלָהּ:

לְכָה דוֹדִי לִקְרַאת כַּלָּה, פְּנֵי שַׁבָּת נְקַבְּלָה:

הִתְעוֹרְרִי, הִתְעוֹרְרִי, כִּי בָא אוֹרֵךְ קוּמִי אוֹרִי, עוּרִי עוּרִי שִׁיר דַּבֵּרִי, כְּבוֹד יְהוָה עָלַיִךְ נִגְלָה[8]:

לְכָה דוֹדִי לִקְרַאת כַּלָּה, פְּנֵי שַׁבָּת נְקַבְּלָה:

לֹא תֵבוֹשִׁי וְלֹא תִכָּלְמִי, מַה תִּשְׁתּוֹחֲחִי וּמַה תֶּהֱמִי, בָּךְ יֶחֱסוּ עֲנִיֵּי עַמִּי, וְנִבְנְתָה עִיר עַל תִּלָּהּ:

לְכָה דוֹדִי לִקְרַאת כַּלָּה, פְּנֵי שַׁבָּת נְקַבְּלָה:

וְהָיוּ לִמְשִׁסָּה שׁוֹסָיִךְ, וְרָחֲקוּ כָּל מְבַלְּעָיִךְ, יָשִׂישׂ עָלַיִךְ אֱלֹהָיִךְ, כִּמְשׂוֹשׂ חָתָן עַל כַּלָּה:

לְכָה דוֹדִי לִקְרַאת כַּלָּה, פְּנֵי שַׁבָּת נְקַבְּלָה:

יָמִין וּשְׂמֹאל תִּפְרוֹצִי, וְאֶת יְהוָה תַּעֲרִיצִי, עַל יַד אִישׁ בֶּן[9] פַּרְצִי, וְנִשְׂמְחָה וְנָגִילָה:

לְכָה דוֹדִי לִקְרַאת כַּלָּה, פְּנֵי שַׁבָּת נְקַבְּלָה:

בֹּאִי בְשָׁלוֹם עֲטֶרֶת בַּעְלָהּ, גַּם[10] בְּשִׂמְחָה (ס\ע"מ: בְּרִנָּה[11]) וּבְצָהֳלָה, תּוֹךְ אֱמוּנֵי עַם סְגֻלָּה: בֹּאִי כַלָּה, בֹּאִי כַלָּה:

לְכָה דוֹדִי לִקְרַאת כַּלָּה, פְּנֵי שַׁבָּת נְקַבְּלָה:

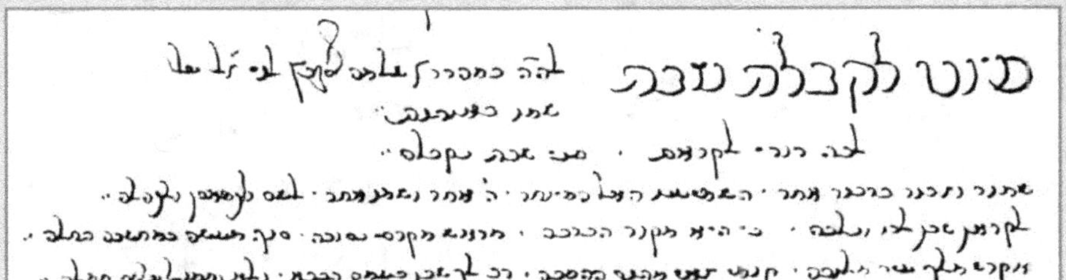

פלח הרימון כ"י מוסקבה גינזבורג 249 משנת שמ"ב (1582)

תהלים צ"ב

הופיע בסידור: קטעי גניזה מהמאה ה-11/10[80] מבוסס על מדרשים קדומים[81].
מקור הטקסט: מזמור בתהלים.

מִזְמוֹר שִׁיר לְיוֹם הַשַּׁבָּת: טוֹב לְהֹדוֹת לַיהֹוָה וּלְזַמֵּר לְשִׁמְךָ עֶלְיוֹן: לְהַגִּיד בַּבֹּקֶר חַסְדֶּךָ וֶאֱמוּנָתְךָ בַּלֵּילוֹת: עֲלֵי עָשׂוֹר וַעֲלֵי נָבֶל עֲלֵי הִגָּיוֹן בְּכִנּוֹר: כִּי שִׂמַּחְתַּנִי יְהֹוָה בְּפָעֳלֶךָ בְּמַעֲשֵׂי יָדֶיךָ אֲרַנֵּן: מַה גָּדְלוּ מַעֲשֶׂיךָ יְהֹוָה מְאֹד עָמְקוּ מַחְשְׁבֹתֶיךָ: אִישׁ בַּעַר לֹא יֵדָע וּכְסִיל לֹא יָבִין אֶת זֹאת: בִּפְרֹחַ רְשָׁעִים כְּמוֹ עֵשֶׂב וַיָּצִיצוּ כָּל פֹּעֲלֵי אָוֶן לְהִשָּׁמְדָם עֲדֵי עַד: וְאַתָּה מָרוֹם לְעֹלָם יְהֹוָה: כִּי הִנֵּה אֹיְבֶיךָ יְהֹוָה כִּי הִנֵּה אֹיְבֶיךָ יֹאבֵדוּ יִתְפָּרְדוּ כָּל פֹּעֲלֵי אָוֶן: וַתָּרֶם כִּרְאֵים קַרְנִי בַּלֹּתִי בְּשֶׁמֶן רַעֲנָן: וַתַּבֵּט עֵינִי בְּשׁוּרָי בַּקָּמִים עָלַי מְרֵעִים תִּשְׁמַעְנָה אָזְנָי: צַדִּיק כַּתָּמָר יִפְרָח כְּאֶרֶז בַּלְּבָנוֹן יִשְׂגֶּה: שְׁתוּלִים בְּבֵית יְהֹוָה בְּחַצְרוֹת אֱלֹהֵינוּ יַפְרִיחוּ: עוֹד יְנוּבוּן בְּשֵׂיבָה דְּשֵׁנִים וְרַעֲנַנִּים יִהְיוּ: לְהַגִּיד כִּי יָשָׁר יְהֹוָה צוּרִי וְלֹא עַוְלָתָה בּוֹ:

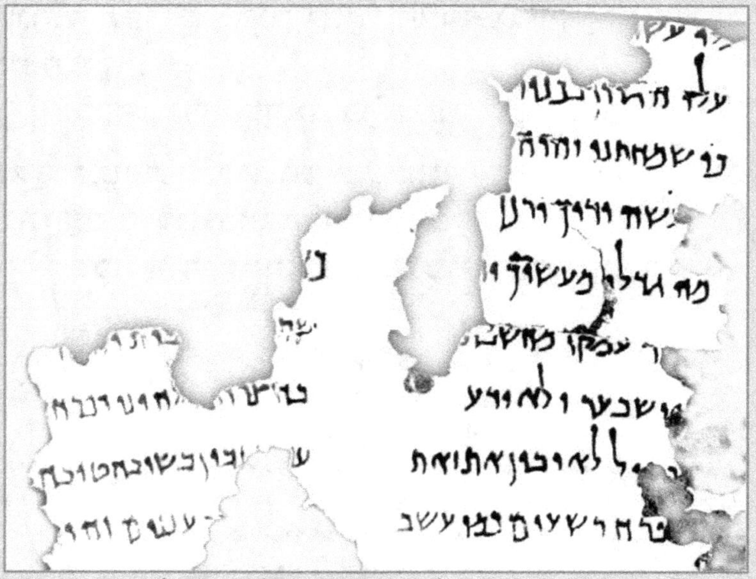

מגילות מדבר יהודה QPsB4 לוח 383 המתוארך למאה ה-2 לפני הספירה

[80] לדוגמא כ"י קיימברידג' T-S Misc. 24.137.10a וכ"י קיימברידג' Or. 1081 2.77 שניהם מתוארכים למאה ה-11/10.

[81] בראשית רבה כב :יג "וַיֵּצֵא קַיִן מִלִּפְנֵי ה' ... פָּגַע בּוֹ אָדָם הָרִאשׁוֹן אָמַר לוֹ מַה נַּעֲשָׂה בְּדִינְךָ, אָמַר לוֹ עָשִׂיתִי תְּשׁוּבָה וְנִתְפַּשַּׁרְתִּי. הִתְחִיל אָדָם הָרִאשׁוֹן מְטַפֵּחַ עַל פָּנָיו, אָמַר 'כָּךְ הִיא כֹּחָהּ שֶׁל תְּשׁוּבָה וַאֲנִי לֹא הָיִיתִי יוֹדֵעַ!' מִיָּד עָמַד אָדָם הָרִאשׁוֹן וְאָמַר: 'מִזְמוֹר שִׁיר לְיוֹם הַשַּׁבָּת וגו''. אָמַר רַבִּי לֵוִי הַמִּזְמוֹר הַזֶּה אָדָם הָרִאשׁוֹן אֲמָרוֹ וְנִשְׁתַּכַּח מִדּוֹרוֹ וּבָא מֹשֶׁה וְחִדְּשׁוֹ עַל שְׁמוֹ 'מִזְמוֹר שִׁיר לְיוֹם הַשַּׁבָּת טוֹב לְהוֹדוֹת לַה' וגו''."
סדור רבה דבראשית דמרכבה דרבי ישמעאל כהן גדול זצ"ל (כ"י ירולשים 381=8 מהמאה ה-16) "וְאַף אָדָם הָרִאשׁוֹן הֶעֱלָה אוֹתוֹ הקב"ה לִשְׁמֵי מְרוֹמִים לַשָּׁמַיִם הָעֶלְיוֹנִים לָשׂוּשׂ וְלִשְׂמוֹחַ בְּשִׂמְחָתָהּ שֶׁל שַׁבָּת... בְּאוֹתָהּ שָׁעָה כְּשֶׁרָאָה אָדָם הָרִאשׁוֹן שִׁבְחָהּ שֶׁל שַׁבָּת... וְהִיא הָיְתָה תְּחִלַּת וְרֹאשׁ כָּל הַשְּׂמָחוֹת מִיָּד פָּתְחוּ פִּיהֶם וְאָמַר 'מִזְמוֹר שִׁיר לְיוֹם הַשַּׁבָּת'... עַד שֶׁעָמְדָה הַשַּׁבָּת עַל רַגְלֶיהָ וְנָפְלָה עַל פָּנֶיהָ וְאָמְרָה 'טוֹב לְהוֹדוֹת לַיְיָ', וְכָל סֵדֶר בְּרֵאשִׁית הֱשִׁיבוֹ 'וּלְזַמֵּר לְשִׁמְךָ עֶלְיוֹן'."
ספר המנהיג כ"י ניו יורק 6361 משנת 1381 "מִנְהַג אֲלֶכְּסַנְדְּרִיָּא שֶׁל מִצְרַיִם וְכָל אֶרֶץ מִצְרַיִם שֶׁאוֹמְרִים לִפְנֵי תְּפִלַּת הָעֶרֶב שֶׁל שַׁבָּת 'מִזְמוֹר שִׁיר לְיוֹם הַשַּׁבָּת' כָּל הַמִּזְמוֹר וְיֵשׁ לִי סָמֵךְ מִדְּאָמַר בִּבְרֵאשִׁית רַבָּא וַיְכַל אֱלֹהִים בַּיּוֹם הַשְּׁבִיעִי מָה הָעוֹלָם חָסֵר מְנוּחָה בָּאת שַׁבָּת בָּאת מְנוּחָה בָּאת שַׁבָּת אָמַר הקב"ה בּוֹאוּ וְאָמְרוּ שִׁירָה פָּנִים חֲדָשׁוֹת בָּאוּ לְכָאן."

תהלים צ"ג

הופיע בסידור: אמירת מזמור "ה' מלך" בקטעי הגניזה מהמאה ה-11/10.[82] קדיש יתום אחריו מר' אברהם גומבינר במאה ה-17.[83]
מקיר הטקסט: מזמור בתהלים.

יְהֹוָה מָלָךְ גֵּאוּת לָבֵשׁ לָבֵשׁ יְהֹוָה עֹז הִתְאַזָּר אַף תִּכּוֹן תֵּבֵל בַּל תִּמּוֹט: נָכוֹן כִּסְאֲךָ מֵאָז מֵעוֹלָם אָתָּה: נָשְׂאוּ נְהָרוֹת יְהֹוָה נָשְׂאוּ נְהָרוֹת קוֹלָם יִשְׂאוּ נְהָרוֹת דָּכְיָם: מִקֹּלוֹת מַיִם רַבִּים אַדִּירִים מִשְׁבְּרֵי יָם אַדִּיר בַּמָּרוֹם יְהֹוָה: עֵדֹתֶיךָ נֶאֶמְנוּ מְאֹד לְבֵיתְךָ נַאֲוָה קֹדֶשׁ יְהֹוָה לְאֹרֶךְ יָמִים:

יִתְגַּדַּל וְיִתְקַדַּשׁ שְׁמֵהּ רַבָּא (אמן) בְּעָלְמָא דִּי בְרָא כִרְעוּתֵהּ | וְיַמְלִיךְ מַלְכוּתֵהּ, וְיַצְמַח פֻּרְקָנֵהּ, וִיקָרֵב מְשִׁיחֵהּ. בְּחַיֵּיכוֹן וּבְיוֹמֵיכוֹן וּבְחַיֵּי דְכָל בֵּית יִשְׂרָאֵל, בַּעֲגָלָא וּבִזְמַן קָרִיב, וְאִמְרוּ אָמֵן. יְהֵא שְׁמֵהּ רַבָּא מְבָרַךְ לְעָלַם וּלְעָלְמֵי עָלְמַיָּא יִתְבָּרַךְ. וְיִשְׁתַּבַּח. וְיִתְפָּאַר. וְיִתְרוֹמַם. וְיִתְנַשֵּׂא. וְיִתְהַדָּר. וְיִתְעַלֶּה. וְיִתְהַלָּל שְׁמֵהּ דְּקֻדְשָׁא, בְּרִיךְ הוּא. לְעֵלָּא מִן כָּל (בעשי"ת: לְעֵלָּא לְעֵלָּא מִכָּל) בִּרְכָתָא וְשִׁירָתָא, תֻּשְׁבְּחָתָא וְנֶחֱמָתָא, דַּאֲמִירָן בְּעָלְמָא, וְאִמְרוּ אָמֵן:
יְהֵא שְׁלָמָא רַבָּא מִן שְׁמַיָּא וְחַיִּים טוֹבִים עָלֵינוּ וְעַל כָּל יִשְׂרָאֵל וְאִמְרוּ אָמֵן:
עֹשֶׂה שָׁלוֹם (בעשי"ת: הַשָּׁלוֹם) בִּמְרוֹמָיו הוּא יַעֲשֶׂה שָׁלוֹם עָלֵינוּ וְעַל כָּל יִשְׂרָאֵל וְאִמְרוּ אָמֵן:

ורעננים יהיו להגיד כי ישר יי צורי ולא עולתה
בו יי מלך גאות לבש לבש יי עז התאזר אף
תכון תבל בל תמוט נכון כסאך מאז מעולם אתה
נשאו נהרות יי נשאו נהרות קולם ישאו נהרות
דכים מקולות מים רבים אדירים משברי
ים אדיר במרום יי עדותיך נאמנו מאד
לביתך נאוה קדש יי לארך ימים תם יצלי
מעריב כמא כתבנא

כ"י קיימברידג' Or. 1081 2.77 המתוארך למאה ה-11/10[84]

[82] לדוגמא כ"י קיימברידג' Or. 1081 2.77 המתוארך למאה ה-11/10 וכ"י קיימברידג' T-S NS 120.113 המתוארך למאה ה-11.
[83] מג"א אברהם או"ח קלב:ב "וְקַדִּישׁ שֶׁאוֹמְרִים בְּעֶרֶב שַׁבָּת אַחַר 'מִזְמוֹר שִׁיר לְיוֹם הַשַּׁבָּת' הוּא לַאֲבֵלִים אִם לֹא שֶׁהַיָּארְצַייְט הוּא בְּחֶבְרָה שֶׁל קַבָּלַת שַׁבָּת וְהַכֹּל לְפִי הַמִּנְהָג." כנראה מבוסס על דברי אורחות חיים דין קדיש "דֶּרֶךְ קַדִּישׁ לָבֹא אַחַר קְרִיאַת פְּסוּקִים." בעץ חיים שער התפלה ליל שבת כתוב "קדיש הראשון של קודם ערבית". אמנם כידוע, האר"י התפלל עם סידור מנהג ספרד רפ"ד (524-). שם אחרי אמירת "במה מדליקין" יש קדיש דרבנן, אמירת שני מזמורים אלו ואז חצי קדיש לפני ברכו ולכן זה לא המקור לקדיש יתום כאן.
[84] בקטע שלפנינו יש את סוף מזמור צ"ב ואז ממשיך עם מזמור צ"ג ברצף אחת. אחרי סיום מזמור צ"ג כתוב "תם יצלי מעריב כמא כתבנא" שתרגומו "ועוד יתפלל מעריב כאשר כתבנו." אחר כך מופיע תפילת ערבית לשבת.

בַּמֶּה מַדְלִיקִין

הופיע בסידור: אמירת המשניות והגמרא בברכות אחרי ערבית מסדר ר' עמרם גאון, מחזור ויטרי, וקטעים מהגניזה[85]. תוספת אמירת הגמרא בשבת מר' משה בן יוסף במאה ה-12[86]. אמירת הטקסט כאן ממנהג קטלוניא במאה ה-13[87].
מקור הטקסט: משניות[88] וגמרא במסכת שבת[89] וגמרא במסכת ברכות[90].

משנה א: בַּמֶּה מַדְלִיקִין וּבַמֶּה אֵין מַדְלִיקִין. אֵין מַדְלִיקִין[1] לֹא בְלֶכֶשׁ[2], וְלֹא בְחֹסֶן, וְלֹא בְכָלָךְ[3], וְלֹא בִפְתִילַת הָאִידָן[4], וְלֹא בִפְתִילַת הַמִּדְבָּר, וְלֹא בִירוֹקָה שֶׁעַל פְּנֵי הַמָּיִם. לֹא בְזֶפֶת, וְלֹא בְשַׁעֲוָה[5], וְלֹא בְשֶׁמֶן קִיק, וְלֹא בְשֶׁמֶן שְׂרֵפָה[6], וְלֹא בְאַלְיָה, וְלֹא בְחֵלֶב. נַחוּם הַמָּדִי אוֹמֵר, מַדְלִיקִין בְּחֵלֶב מְבֻשָּׁל. וַחֲכָמִים אוֹמְרִים, אֶחָד מְבֻשָּׁל וְאֶחָד שֶׁאֵינוֹ מְבֻשָּׁל, אֵין מַדְלִיקִין בּוֹ:

משנה ב: אֵין מַדְלִיקִין בְּשֶׁמֶן שְׂרֵפָה בְּיוֹם טוֹב. רַבִּי יִשְׁמָעֵאל אוֹמֵר, אֵין מַדְלִיקִין בְּעִטְרָן, מִפְּנֵי כְבוֹד הַשַּׁבָּת. וַחֲכָמִים מַתִּירִין בְּכָל הַשְּׁמָנִים, בְּשֶׁמֶן שֻׁמְשְׁמִין, בְּשֶׁמֶן אֱגוֹזִים, בְּשֶׁמֶן צְנוֹנוֹת, בְּשֶׁמֶן דָּגִים, בְּשֶׁמֶן פַּקּוּעוֹת, בְּעִטְרָן וּבְנֵפְט. רַבִּי טַרְפוֹן אוֹמֵר, אֵין מַדְלִיקִין אֶלָּא בְּשֶׁמֶן זַיִת בִּלְבָד:

משנה ג: כָּל הַיּוֹצֵא מִן הָעֵץ אֵין מַדְלִיקִין בּוֹ אֶלָּא פִשְׁתָּן[7]. וְכָל הַיּוֹצֵא[8] מִן הָעֵץ אֵינוֹ מִטַּמֵּא טֻמְאַת אֹהָלִים אֶלָּא פִשְׁתָּן. פְּתִילַת הַבֶּגֶד שֶׁקִּפְּלָהּ וְלֹא הִבְהֲבָהּ, רַבִּי אֱלִיעֶזֶר אוֹמֵר, טְמֵאָה, וְאֵין מַדְלִיקִין בָּהּ. רַבִּי עֲקִיבָא אוֹמֵר, טְהוֹרָה[9], וּמַדְלִיקִין בָּהּ:

משנה ד: לֹא יִקֹּב אָדָם שְׁפוֹפֶרֶת שֶׁל בֵּיצָה וִימַלְּאֶנָּה שֶׁמֶן וְיִתְּנֶנָּה עַל פִּי הַנֵּר בִּשְׁבִיל שֶׁתְּהֵא מְנַטֶּפֶת, אֲפִלּוּ הִיא שֶׁל חֶרֶס. וְרַבִּי יְהוּדָה מַתִּיר. אֲבָל[10] אִם חִבְּרָהּ הַיּוֹצֵר מִתְּחִלָּה, מֻתָּר, מִפְּנֵי שֶׁהוּא כְלִי אֶחָד. לֹא יְמַלֵּא אָדָם[11] קְעָרָה שֶׁל[12] שֶׁמֶן וְיִתְּנֶנָּה בְּצַד הַנֵּר וְיִתֵּן רֹאשׁ הַפְּתִילָה בְתוֹכָהּ, בִּשְׁבִיל שֶׁתְּהֵא[13] שׁוֹאֶבֶת. וְרַבִּי יְהוּדָה מַתִּיר:

שינויי נוסחאות

1 בכ"י 122 ליתא "אין מדליקין" (כנראה ט"ס).
2 בכ"י 122 ובכ"י A50 יש "בלגש" במקום "בלכש".
3 בכ"י 325.211 יש "בכולך" במקום "בכלך".
4 בכ"י 122 ובכ"י A50 יש "העידן" במקום "האידן".
5 בכ"י 325.211 ליתא "ולא בשעוה".
6 בכ"י 122 ליתא "ולא בשמן שרפה".
7 בכ"י 120.103 יש "בפשתן" במקום "פשתן".
8 בכ"י 120.103 ובכ"י 325.211 יש "והיוצא" בצמקום "וכל היוצא".
9 בכ"י 120.103 יש כאן "היא".
10 בכל עדי הנוסח ליתא "אבל".
11 בכ"י 325.211 ליתא "אדם". בכ"י A50 יש "אדם את" במקום "אדם".
12 בכל עדי הנוסח ליתא "של".
13 בכ"י 122 ליתא "שתהא".

---

[85] לדוגמא כ"י קיימברידג' T-S NS 120.103 המתוארך למאה ה-11/10, כ"י קיימברידג' 8H 9.2 + T-S NS 325.211 המתוארך לתחילת המאה ה-11 וכ"י סנקט פטרבורג Evr. III B 122 המתוארך למאה ה-11/10 "ואחר שמקדישין בבית הכנסת אומרים פרק ממסכת שבת. במה מדליקין..." לשינויי נוסחאות השתמשתי בכל אלו והוספנו עליהם כ"י קאופמן A50 של המשנה מהמאה ה-11.
היה מנהג לקרוא פרק משניות של ענייני דיומא לא רק בשבת אלא גם בימים טובים. ראו מאמר של פליישר *שרידים נוספים מקובצי תפילה* לדוגמאות.

[86] ספר המנהגות "וְהָרַב ר' מֹשֶׁה בַּר' יוֹסֵף הָיָה אוֹמֵר 'בַּמֶּה מַדְלִיקִין' 'תַּנְיָא חֲנַנְיָא אוֹמֵר חַיָּיב אָדָם לְמַשְׁמֵשׁ...'" וכן באורחות חיים הלכות שבת.

[87] סידור מנהג ספרד כ"י פריס 591 המתוארך למאה ה-13.
אורחות חיים תפילת ערב שבת "וְאַחַר כָּךְ אוֹמְרִים בַּמֶּה מַדְלִיקִין וְכָךְ כָּתַב ר' עַמְרָם ז"ל. וְיֵשׁ מְקוֹמוֹת אוֹמְרִים אוֹתוֹ קוֹדֶם תְּפִלַּת הַמִּנְחָה וְיֵשׁ מְקוֹמוֹת אוֹמְרִים אוֹתוֹ בֵּין תְּפִלַּת מִנְחָה לִתְפִלַּת עַרְבִית וְהַכֹּל הוֹלֵךְ אַחַר הַמִּנְהָג. וְאָמְרוּ הַגְּאוֹנִים דְּתִקִּינוּ לְאָמְרוֹ כְּדֵי לְהַמְתִּין מַאן שֶׁלֹּא מַצְלֵי מִשּׁוּם סַכַּנְתָּא דְּבֵי שְׁמְשֵׁי דִּשְׁכִיחִי מַזִּיקִין."

[88] משניות שבת כל פרק ב.

[89] בבלי שבת יב. "תַּנְיָא, אָמַר רַבִּי חֲנִינָא: חַיָּב אָדָם לְמַשְׁמֵשׁ..."

[90] ברכות סד. להמשך עיון על הברייתא הזו ראו המל"ה סוף תפילת שחרית.

משנה ה: הַמְכַבֶּה אֶת הַנֵּר מִפְּנֵי שֶׁהוּא מִתְיָרֵא מִפְּנֵי גוֹיִם, מִפְּנֵי לִסְטִים, מִפְּנֵי רוּחַ רָעָה, וְאִם בִּשְׁבִיל הַחוֹלֶה שֶׁיִּישַׁן, פָּטוּר. כְּחָס עַל הַנֵּר, כְּחָס עַל הַשֶּׁמֶן, כְּחָס עַל הַפְּתִילָה, חַיָּב. וְרַבִּי יוֹסֵי[1] פּוֹטֵר בְּכֻלָּן חוּץ מִן הַפְּתִילָה, מִפְּנֵי שֶׁהוּא עוֹשָׂהּ פֶּחָם:

משנה ו: עַל שָׁלֹשׁ עֲבֵרוֹת נָשִׁים מֵתוֹת בִּשְׁעַת לֵדָתָן, עַל שֶׁאֵינָן זְהִירוֹת בַּנִּדָּה וּבַחַלָּה וּבְהַדְלָקַת הַנֵּר:

משנה ז: שְׁלֹשָׁה דְבָרִים צָרִיךְ אָדָם לוֹמַר בְּתוֹךְ בֵּיתוֹ עֶרֶב שַׁבָּת עִם חֲשֵׁכָה. עִשַּׂרְתֶּם. עֵרַבְתֶּם. הַדְלִיקוּ אֶת הַנֵּר. סָפֵק חֲשֵׁכָה סָפֵק אֵין[2] חֲשֵׁכָה, אֵין מְעַשְּׂרִין אֶת הַוַּדַּאי, וְאֵין מַטְבִּילִין[3] אֶת הַכֵּלִים, וְאֵין מַדְלִיקִין אֶת הַנֵּרוֹת, אֲבָל מְעַשְּׂרִין אֶת הַדְּמַאי, וּמְעָרְבִין, וְטוֹמְנִין אֶת הַחַמִּין:

תַּנְיָא, אָמַר רַבִּי חֲנִינָא: חַיָּב אָדָם לְמַשְׁמֵשׁ בִּגְדָיו עֶרֶב שַׁבָּת עִם חֲשֵׁכָה, שֶׁמָּא יִשְׁכַּח וְיֵצֵא. אָמַר רַב יוֹסֵף: הִלְכְתָא רַבְּתָא לְשַׁבַּתָּא:

אָמַר רַבִּי אֶלְעָזָר אָמַר רַבִּי חֲנִינָא: תַּלְמִידֵי חֲכָמִים מַרְבִּים שָׁלוֹם בָּעוֹלָם. שֶׁנֶּאֱמַר: "וְכָל בָּנַיִךְ לִמּוּדֵי יְהֹוָה וְרַב שְׁלוֹם בָּנָיִךְ" אַל תִּקְרֵי בָּנָיִךְ. אֶלָּא בּוֹנָיִךְ: שָׁלוֹם[4] רָב לְאֹהֲבֵי תוֹרָתֶךָ וְאֵין לָמוֹ מִכְשׁוֹל: יְהִי שָׁלוֹם בְּחֵילֵךְ שַׁלְוָה בְּאַרְמְנוֹתָיִךְ: לְמַעַן אַחַי וְרֵעָי אֲדַבְּרָה נָּא שָׁלוֹם בָּךְ: לְמַעַן בֵּית יְהֹוָה אֱלֹהֵינוּ אֲבַקְשָׁה טוֹב לָךְ: יְהֹוָה[5] עֹז לְעַמּוֹ יִתֵּן. יְהֹוָה יְבָרֵךְ אֶת עַמּוֹ בַשָּׁלוֹם:

שינויי נוסחאות

1 בכ"י A50 יש "יוסה" במקום "יוסי".
2 בכ"י A50 יש "לא" במקום "אין".
3 בכ"י 122 יש "מדליקין" במקום "מטבילין" (ט"ס).
4 כמו בחלק הכ"י של הגמרא כאן, בכ"י 122 ליתא המשפט הזה.
5 **כמו בכל עדי הנוסח של הגמרא,** בכ"י 122 יש "וראה בנים לבניך שלום על ישראל" במקום המשפט האחרון.

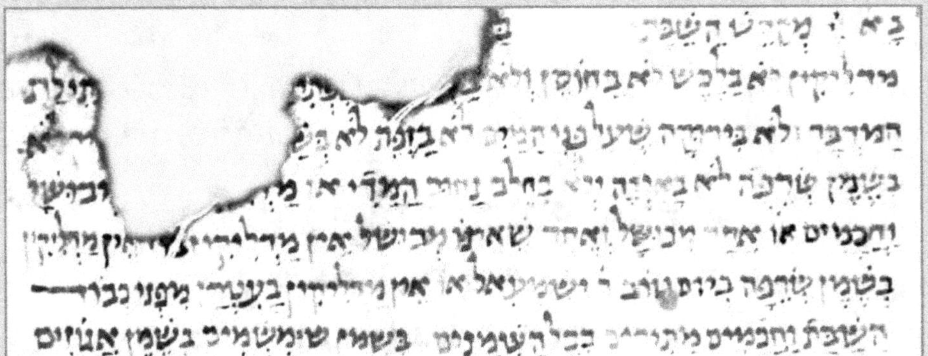

כ"י קיימברידג' T-S NS 120.103 המתוארך למאה ה-10/11

קדיש דרבנן

הופיע בסידור: אמירתו אחר 'במה מדליקין' בסוף התפילה בקטע מהגניזה[91], סדר ר' עמרם גאון[92] ומחזור ויטרי[93]. אמירתו כאן ממנהג קטלוניא במאה ה-13[94].

יִתְגַּדַּל וְיִתְקַדַּשׁ שְׁמֵהּ רַבָּא (אמן) בְּעָלְמָא דִּי בְרָא כִרְעוּתֵהּ | וְיַמְלִיךְ מַלְכוּתֵהּ בְּחַיֵּיכוֹן וּבְיוֹמֵיכוֹן וּבְחַיֵּי דְכָל בֵּית יִשְׂרָאֵל בַּעֲגָלָא וּבִזְמַן קָרִיב, וְאִמְרוּ אָמֵן.

יְהֵא שְׁמֵהּ רַבָּא מְבָרַךְ לְעָלַם וּלְעָלְמֵי עָלְמַיָּא:

יִתְבָּרַךְ וְיִשְׁתַּבַּח וְיִתְפָּאַר וְיִתְרוֹמַם וְיִתְנַשֵּׂא וְיִתְהַדָּר וְיִתְעַלֶּה וְיִתְהַלָּל שְׁמֵהּ דְּקֻדְשָׁא. בְּרִיךְ הוּא. בריך הוא.

לְעֵלָּא מִן כָּל (בעשי"ת: לְעֵלָּא לְעֵלָּא מִכָּל) בִּרְכָתָא וְשִׁירָתָא תֻּשְׁבְּחָתָא וְנֶחֱמָתָא דַּאֲמִירָן בְּעָלְמָא. וְאִמְרוּ אָמֵן.

עַל יִשְׂרָאֵל וְעַל רַבָּנָן. וְעַל תַּלְמִידֵיהוֹן וְעַל כָּל תַּלְמִידֵי תַלְמִידֵיהוֹן. וְעַל כָּל מַאן דְּעָסְקִין בְּאוֹרַיְתָא. דִּי בְאַתְרָא קַדִּישָׁא הָדֵין וְדִי בְכָל אֲתַר וַאֲתַר. יְהֵא לְהוֹן וּלְכוֹן שְׁלָמָא רַבָּא חִנָּא וְחִסְדָּא וְרַחֲמִין וְחַיִּין אֲרִיכִין וּמְזוֹנֵי רְוִיחֵי וּפֻרְקָנָא מִן קֳדָם אֲבוּהוֹן דְּבִשְׁמַיָּא וְאַרְעָא וְאִמְרוּ אָמֵן.

יְהֵא שְׁלָמָא רַבָּא מִן שְׁמַיָּא וְחַיִּים עָלֵינוּ וְעַל כָּל יִשְׂרָאֵל. וְאִמְרוּ אָמֵן.

עוֹשֶׂה (בעשי"ת: השלום) שָׁלוֹם בִּמְרוֹמָיו הוּא יַעֲשֶׂה שָׁלוֹם עָלֵינוּ וְעַל כָּל יִשְׂרָאֵל וְאִמְרוּ אָמֵן.

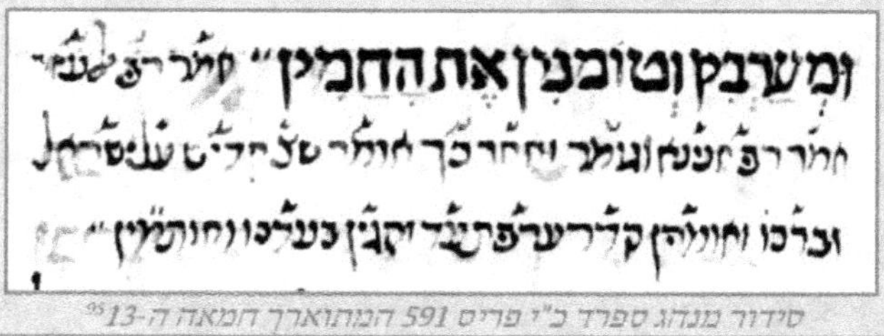

סידור מנהג ספרד כ"י פריס 591 המתוארך חמאה ה-13[95]

[91] כ"י סנקט פטרבורג Evr. III B 122 המתוארך למאה ה-11/10 "וְאַחַר שֶׁמְּקַדְּשִׁין בְּבֵית הַכְּנֶסֶת אוֹמְרִים פֶּרֶק מִמַּסֶּכֶת שַׁבָּת. בַּמֶּה מַדְלִיקִין... וְאוֹמְרִים קַדִּישׁ. וְהָא קְדוּשְׁתָּא תִּיקְנוּ רַבָּנָן מִשּׁוּם סַכָּנָה דְּבֵי שִׁמְשֵׁי דִּשְׁכִיחִי מַזִּיקִין דִּילְמָא אָתֵי מַן דְּלָא צָלֵי וְעַד דִּמְצַלֵּי נָפֵיק צִיבּוּרָא וּפָיֵישׁ הוּא לְחוּדֵיהּ וּמִיסְתַּכֵּן."

[92] סדר רע"ג תפלת שבת "וּלְאַחַר שֶׁמְּקַדְּשִׁין בְּבֵית הַכְּנֶסֶת אוֹמְרִים פֶּרֶק מִמַּסֶּכֶת שַׁבָּת... וּרְאֵה בָנִים לְבָנֶיךָ שָׁלוֹם עַל יִשְׂרָאֵל. וְאוֹמְרִים קַדִּישׁ וְאוֹמֵר עַל יִשְׂרָאֵל וְעַל רַבָּנָן וְעַל תַּלְמִידֵיהוֹן."

[93] מחזור ויטרי הלכות שבת קידוש וסעודה "וּלְאַחַר שֶׁמְּקַדְּשִׁין בְּבֵית הַכְּנֶסֶת אוֹמֵר פֶּרֶק בַּמֶּה מַדְלִיקִין... וְאוֹמֵר קִידִּישׁ. דְּהוּא קִידּוּשָׁא דְּתַקִּינוּ רַבָּנָן מִשּׁוּם סַכָּנָה דְּבֵי שִׁמְשֵׁי דִּשְׁכִיחֵי מַזִּיקִין דִּילְמָא אִיכָּא דְּעָיֵיל וְלָא מְצַלֵּי וְעַד דִּמְצַלֵּי נָפֵיק צִיבּוּרָא וּפָיֵישׁ וּמִסְתַּכֵּן וְתַקִּינוּ רַבָּנָן דְּמֵאַתְחָרֵי צִיבּוּרָא אַחַר תְּפִילָּה כִּי הֵיכִי דְּגָמִיר צְלוֹתֵיהּ וְנָפֵיק בַּהֲדֵי צִיבּוּרָא."
מנהג מרשלייאה בסוף תפילת ערבית לשבת (תחילת המאה ה-13) "וְיוֹשְׁבִים וְהוּא וְהֵם אוֹמְרִים בְּקוֹל רָם פֶּרֶק 'בַּמֶּה מַדְלִיקִין'... וְאַחַר כָּךְ עוֹמֵד וְאוֹמֵר קַדִּישׁ קָצָר וּמִפְּנֵי שֶׁשָּׁנָה דִּבְרֵי רַבּוֹתֵינוּ זַ"ל אוֹמְרִים בִּמְקוֹם 'תִּתְקַבַּל' 'עַל יִשְׂרָאֵל וְעַל רַבָּנָן' וְכוּ', וִ'יְהֵא שְׁלָמָא'."

[94] סידור מנהג ספרד כ"י פריס 591 המתוארך חמאה ה-13.

[95] בכתב היד אחרי סוף "במה מדליקין" יש "אָמַר רַבִּי אֶלְעָזָר אָמַר רַבִּי חֲנִינָא וְגוֹמֵר וְאַחַר כָּךְ אוֹמֵר ש"ץ קַדִּישׁ 'עַל יִשְׂרָאֵל' וּבָרְכוּ וְאוֹמְרִין סֵדֶר עַרְבִית עַד 'וְהַגֵּין בַּעֲדֵנוּ' וְחוֹתְמִין..."

כגונא (ס)

הופיע בסידור: סידורים קבלי־ים במאה ה-18[96].
מקור הטקסט: זוהר[97].

כְּגַוְנָא דְאִנּוּן מִתְיַחֲדִין[1] לְעֵלָּא בְּאֶחָד. אוּף הָכִי[2] אִיהִי אִתְיַחֲדַת לְתַתָּא בְּרָזָא דְאֶחָד[3] לְמֶהֱוֵי עִמְּהוֹן לְעֵלָּא חָד[4] לָקֳבֵל חָד. קוּדְשָׁא בְּרִיךְ הוּא אֶחָד[3]. לְעֵלָּא לֹא יָתִיב עַל כּוּרְסַיָּא דִיקָרֵיהּ[5] עַד דְאִתְעֲבִידַת אִיהִי בְּרָזָא דְאֶחָד. כְּגַוְנָא דִילֵיהּ לְמֶהֱוֵי אֶחָד בְּאֶחָד. וְהָא[6] אוּקִימְנָא רָזָא דַיהֹוָה אֶחָד וּשְׁמוֹ אֶחָד:

רָזָא דְשַׁבָּת אִיהִי שַׁבָּת דְאִתְאַחֲדַת בְּרָזָא דְאֶחָד[7]. לְמִשְׁרֵי עֲלָהּ רָזָא דְאֶחָד. צְלוֹתָא דְמַעֲלֵי שַׁבְּתָא דְהָא אִתְאַחֲדַת כּוּרְסַיָּא יַקִּירָא[8] קַדִּישָׁא בְּרָזָא דְאֶחָד. וְאִתְתַּקָּנַת לְמִשְׁרֵי עֲלָהּ מַלְכָּא קַדִּישָׁא עִלָּאָה[9]. כַּד עַיִּל[10] שַׁבְּתָא אִיהִי[11] אִתְיַחֲדַת וְאִתְפַּרְשַׁת מִסִּטְרָא אַחֲרָא. וְכָל דִּינִין מִתְעַבְּרִין מִנָּהּ וְאִיהִי אִשְׁתְּאָרַת בְּיִחוּדָא דִנְהִירוּ קַדִּישָׁא. וְאִתְעַטְּרַת בְּכַמָּה עִטְרִין לְגַבֵּי מַלְכָּא קַדִּישָׁא. וְכָל שׁוּלְטָנֵי[12] רוּגְזִין וּמָארֵי דְדִינָא כֻּלְּהוּ עַרְקִין וְאִתְעַבְרוּ מִנָּהּ[13]. וְלֵית שׁוּלְטָנָא[14] אַחֲרָא בְּכֻלְּהוּ[15] עָלְמִין. וְאַנְפָּהָא נְהִירִין בִּנְהִירוּ עִלָּאָה[16] וְאִתְעַטְּרַת לְתַתָּא בְּעַמָּא קַדִּישָׁא. וְכֻלְּהוֹן מִתְעַטְּרִין בְּנִשְׁמָתִין חַדְתִּין כַּדֵּין שֵׁירוּתָא דִצְלוֹתָא[17]. לְבָרְכָא לָהּ[18] בְּחֶדְוָה בִּנְהִירוּ דְאַנְפִּין. וְלוֹמַר:

שינויי נוסחאות

1 בכ״י אוקספורד ובכ״י ניו יורק יש ״אתייחדן״ במקום ״מתיחדין״.
2 בעדי הנוסח יש ״הכא״ במקום ״הכי״.
3 בכ״י אוקספורד יש ״אחיד״ במקום ״אחד״.
4 בכ״י ניו יורק יש ״אחד״ במקום ״חד״.
5 בכ״י אוקספורד ובכ״י ניו יורק יש ״כורסי יקריה״ במקום ״כורסיא דיקריה״.
6 ליתא את המשפט הזה בכ״י אוקספורד ובכ״י ניו יורק.
7 בכ״י אוקספורד ובכ״י ניו יורק יש ״אחד״ במקום ״דאחד״.
8 בכ״י אוקספורד ובכ״י ניו יורק ליתא ״יקיראי״.
9 בכ״י אוקספורד ליתא ״עלאה״.
10 בכ״י ניו יורק יש ״נטיל״ במקום ״עייל״.
11 במקום ״שבתא איהי״ בכ״י ניו יורק יש שבתא היא״. בכ״י אוקספורד יש ״שבת איהי״.
12 בכ״י ניו יורק יש ״שולטנוי״ במקום ״שולטני״.
13 בכ״י ניו יורק ובכ״י אוקספורד ליתא ״ערקין ואתעברו מנה״. בדפוס מנטובה ליתא ״ואתעברו מנה״.
14 בעדי הנוסח יש ״שולטנו״ במקום ״שולטנא״.
15 בכ״י ניו יורק ובכ״י אוקספורד יש ״בכל״ במקום ״בכלהו״.
16 בכ״י ניו יורק ליתא ״עלאה״.
17 בכ״י אוקספורד יש ״בצלותא״ במקום ״דצלותא״.
18 בכ״י אוקספורד יש ״ליה״ במקום ״לה״.

96 סידור משנת חסידים דפוס קארעץ תקמ״ה (1785) ״גַּם נוֹהֲגִין לוֹמַר זֶה הַמַּאֲמַר בְּלֵיל שַׁבָּת קוֹדֶם בָּרְכוּ וְהוּא מִזּוֹהַר פָּרָשַׁת תְּרוּמָה״. בשער הספר יש ״גַּם הוֹסַפְנוּ סְלִיחוֹת בה״ב וְרָזָא דְשַׁבָּת וְקַפִּיטַל ק״ז מִתְּהִלִּים.״. גם בסדר תפלה מכל השנה עם כוונת האר״י לבוב תקמ״ח (1787). ברם הקטע מופיע בספר אור ישראל של ר׳ ישראל אהרן יפה (דפוס פרנקפורט תס״ב 1702) שמשלב קטעי זהר עם תפילות, בין קבלת שבת וברכו, אבל ללא הוראה לאומרו.

97 זוהר תרומה קלה. נמצא לראשונה בכתבי היד של הזוהר מהמאה ה-16. כ״י ניו יורק 1930 משנת 1554 קידם את דפוס הראשון במנטובה בשנת ש״כ (1560). בנוסף, השרמשתי בכ״י אוקספורד Opp. Add. 61 שלפחות חלק ממנו נכתב ע״י ר׳ אברהם גלאנטי בצפת לפני פטירתו בשנת 1560.

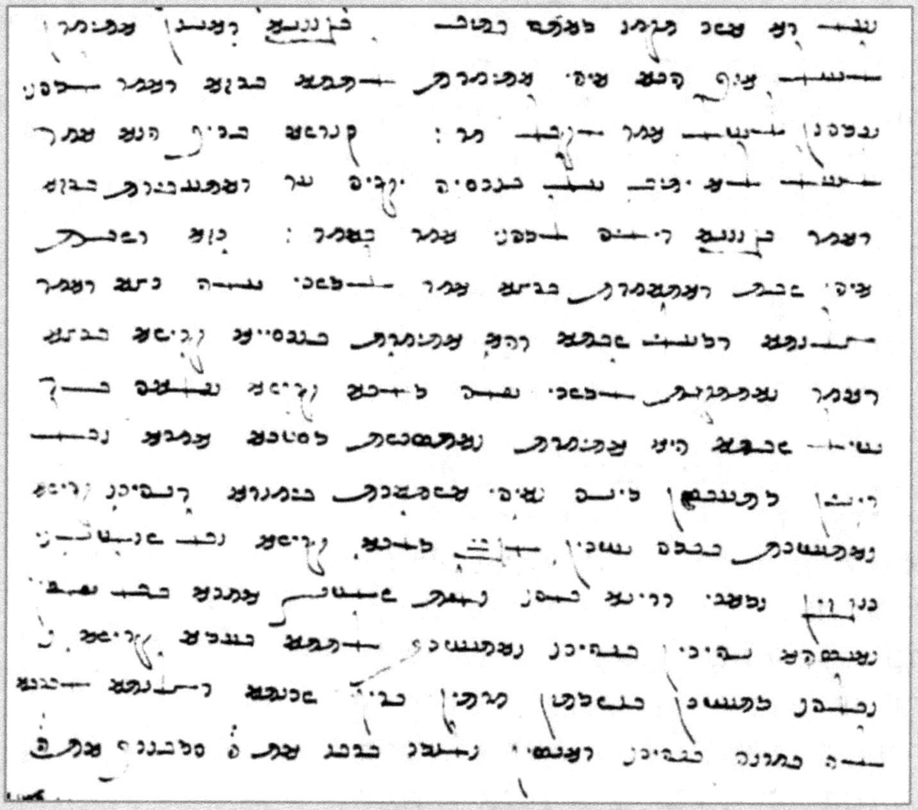

זוהר כ"י ניו יורק 1930 משנת 1554

ערבית

"כָּל טוֹרַח שֶׁאַתָּה טוֹרֵחַ בַּחֲרִישָׁה וּבִזְרִיעָה
הוּא כְּדֵי לְהוֹצִיא מִמֶּנָּה פֵּירוֹת.
כֵּן, כָּל מַה שֶּׁאָדָם טוֹרֵחַ בְּעִנְיְנֵי גוּפוֹ
הוּא כְּדֵי לְקַיֵּים הַנְּשָׁמָה.
וּפְרִי מַעֲשֵׂה כָּל הַיּוֹם עֵת הַתְּפִילָּה
וּפְרִי מַעֲשֵׂה כָּל הַשָּׁבוּעַ יוֹם הַשַּׁבָּת."

-תוכחת ר' יעקב בעל הטורים לבנו

ברכו

מקור הטקסט: משנה במסכת ברכות[98]. בשבת ערבית לא אומרים 'והוא רחום'[99].

בָּרְכוּ אֶת יְהֹוָה הַמְבֹרָךְ:
בָּרוּךְ יְהֹוָה הַמְבֹרָךְ לְעוֹלָם וָעֶד:

סידור מנהג צרפת כ״י פארמה 3006 משנת 1304[100]

[98] ברכות ז:ג. למקורות נוספים ראו בהסידור ממקורותיו לימות החול לפני שחרית.

[99] רבני בחיי שמות כ:ח "שְׁלוֹשָׁה מַלְאָכִים וְהֵם מַשְׁחִית, אַף וְחֵמָה, שֶׁהֵם מְמוּנִּים עַל הָרְשָׁעִים בְּיִסּוּרֵי גֵיהִנָּם, אֵין לָהֶם רְשׁוּת בְּשַׁבָּת, וּכְדֵי לִקְבּוֹעַ בַּלֵּב שֶׁהָרְשָׁעִים יֵשׁ לָהֶם מְנוּחָה בְּשַׁבָּת, וְאֵין אוֹתָם מְמוּנִּים שׁוֹלְטִים עֲלֵיהֶם בְּשַׁבָּת, וּשְׁלָשְׁתָּם רְשׁוּמִים בְּפָסוּק 'וְהוּא רַחוּם', וְלָכֵן אֵין אוֹמְרִים אוֹתוֹ."
ספר המנהיג פג "וְהוּא רַחוּם קִיבַּלְתִּי מֵרַבּוֹתַי בְּצָרְפַת לְפִי שֶׁפּוֹשְׁעִים הֵם לוֹקִים בֵּין מִנְחָה לְעַרְבִית וְאוֹמְרִים עַל הַמַּלְקוּת שָׁלֹשׁ פְּעָמִים 'וְהוּא רַחוּם', עַל כֵּן מַכְרִיז הַחַזָּן 'וְהוּא רַחוּם יְכַפֵּר עָוֹן', וּמִכָּאן יֵשׁ לִי תְּשׁוּבָה לְמִנְהַג סְפָרַד שֶׁאוֹמְרִים אוֹתוֹ בְּשַׁבָּתוֹת וְיָמִים טוֹבִים... וּבְצָרְפַת וּבִפְרוֹבִינְצִיָּה אֵין מִנְהָג לְאוֹמְרוֹ בְּשַׁבָּתוֹת וְיָמִים טוֹבִים." וכן מובא בסדר חיבור ברכות ובזוהר (ח״ב קלה:). יש לציין שהרעיון נמצא גם בתשובות הגאונים שערי תשובה פ בשם ר' האי גאון אבל כבר הוכיחו שזה מהתשובות המזויפות בספר (וכן בספר האשכול ובשו״ת מן השמים). להעמקה ראו במאמרו של דנציג *תשובות הגאונים 'שערי תשובה'* ומאמרו של תבורי *מקורותיו של ספר שו״ת הגאונים "שערי תשובה"*.
אמנם, בקטעי גניזה, כן נמצא "והוא רחום" לפני ברכו גם בשבת, לדוגמא כ״י קיימברידג' T-S NS 272.12 המתוארך למאה ה-11/10 וכ״י קיימברידג' T-S NS 123.92 המתוארך למאה ה-11.

[100] בכתב היד, רואים בשולי הדף שבמקביל לאמירת "ברכו" של השליח צבור הייתה אמירה אחרת לציבור. "וְהַצִּיבּוּר אוֹמְרִים בְּלַחַשׁ: יִתְבָּרַךְ וְיִשְׁתַּבַּח וְיִתְפָּאַר וְיִתְרוֹמַם וְיִתְנַשֵּׂא וְיִתְהַדֵּר וְיִתְעַלֶּה וְיִתְהַלָּל שְׁמוֹ שֶׁל מֶלֶךְ מַלְכֵי הַמְּלָכִים הקב״ה. שֶׁהוּא רִאשׁוֹן וְהוּא אַחֲרוֹן מְשׁוּבָּח וּמְפוֹאָר וּמְרוֹמָם עַל כָּל בְּרָכָה וּתְהִילָּה סוֹלּוּ לָרוֹכֵב בָּעֲרָבוֹת בְּיָהּ שְׁמוֹ וְעִילְזוּ לְפָנָיו. יְהִי שֵׁם יְיָ מְבוֹרָךְ מֵעַתָּה וְעַד עוֹלָם הַלְלוּיָהּ. וְאַחַר עוֹנִין הַצִּיבּוּר וִיבָרֵךְ: בָּרוּךְ יְיָ וְכוּ'." אותו תפילה גם הובא במחזור ויטרי.
כנראה, יש איור של בן-ים (חצי דג חצי אדם) בראש הדף. ייצור זה נזכר במקורות קדומים, כולל ספרא (שמיני ג) ורש״י (בכורות ח. ד״ה בני ימא). להרחבה ראו את ספרו של סליפקין, *יצורי הפלא במדרש ובמדע*.

ברכת ערבים

מקור הטקסט: מקורי[101].

בָּרוּךְ אַתָּה יְהֹוָה אֱלֹהֵינוּ מֶלֶךְ הָעוֹלָם, אֲשֶׁר בִּדְבָרוֹ מַעֲרִיב עֲרָבִים, בְּחָכְמָה פּוֹתֵחַ שְׁעָרִים, וּבִתְבוּנָה מְשַׁנֶּה עִתִּים וּמַחֲלִיף אֶת הַזְּמַנִּים, וּמְסַדֵּר אֶת הַכּוֹכָבִים בְּמִשְׁמְרוֹתֵיהֶם בָּרָקִיעַ כִּרְצוֹנוֹ. בּוֹרֵא יוֹם וָלָיְלָה, גּוֹלֵל אוֹר מִפְּנֵי חֹשֶׁךְ וְחֹשֶׁךְ מִפְּנֵי אוֹר. וּמַעֲבִיר יוֹם וּמֵבִיא לָיְלָה, וּמַבְדִּיל בֵּין יוֹם וּבֵין לָיְלָה, יְהֹוָה צְבָאוֹת שְׁמוֹ. אֵל חַי וְקַיָּם תָּמִיד יִמְלֹךְ עָלֵינוּ לְעוֹלָם וָעֶד. בָּרוּךְ אַתָּה יְהֹוָה, הַמַּעֲרִיב עֲרָבִים.

שינויי נוסחאות

רס"ג: "ברוך אתה יי אלהינו מלך העולם אשר כלה מעשיו בי"ם השביעי, ויקראהו עונג שבת קדשו, מערב עד ערב התקין מנוחה לעמו ישראל כרצונו, גולל אור מפני חשך וחשך מפני אור. ברוך אתה יי המעריב ערבים."

T-S NS 272.12: "ברוך אתה יי אלהינו מלך העולם אשר כילה מעשיו ביום השביעי ויקראהו שבת למנוחה משנה עתים ומחליף את הזמנים ומסדר את הכוכבים במשמרותיהם ברקיע כרצונו גולל אור מפני חשך וחשך מפני יום המעביר יום ומביא לילה המבדיל בין יום ובין לילה יי צבאות שמו ושמו חי וקיים תמיד ימלוך עלינו לעולם ועד ברוך אתה יי המעריב ערבים."

Evr. III B 122: "ברוך אתה יי אלהינו מלך העולם אשר כילה מעשיו ביום השביעי ויקראהו שבת למנוחה משנה עיתים מחליף את הזמנים מסדר את הכוכבים במשמרותיהם ברקיע כרצונו גולל אור מפני חשך וחשך מכני אור המעביר יום ומביא לילה המבדיל בין יום ובין לילה יי צבאות שמו ושמו חי וקיים תמיד הוא ימלוך עלינו לעולם ועד ברוך אתה יי המעריב ערבים."

T-S NS 325.211: "...ביום השביעי ויקראהו שבת קדשו... ועד ערב התקין מנוחה לעמו ישראל באהבה כקדושתו וכמנוחתו בורא יומם ולילה וגולל אור מפני חשך וחשך מפני אור ומעביר יום ומביא לילה ומבדיל בין יום ללילה יי צבאות שמו ושמו חי וקים תמיד ימלוך לעולם ועד ברוך אתה יי מעריב ערבים."

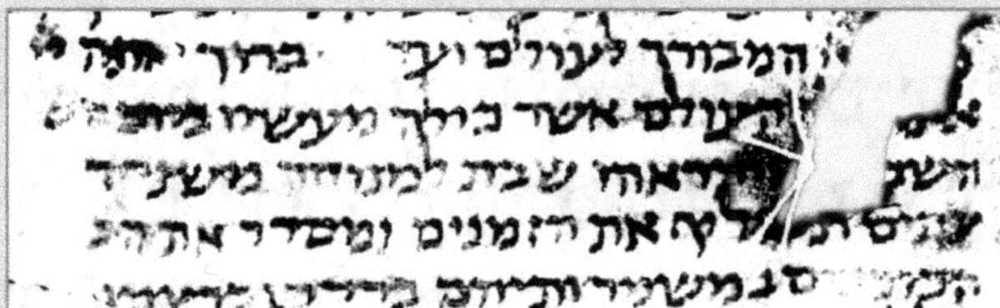

כ"י קיימבריד'ג T-S NS 272.12 המתוארך למאה ה-11/10

[101] למקורות של כל חלקי ערבית הרגילים ראו בערבית לימות החול בהמל"ה.
בתקופת הגאונים בליל שבת היה נוסח מיוחד לברכה ראשונה. בסדר רס"ג הביא את הנוסח המיוחד (המובא למעלה בשינויי נוסחאות) וכתב "ויש אנשים שמכניסים את זכר השבת בברכות" אף על פי שזה לא "בסדר התפילה המקורי". הנוסח גם נמצא בין היתר בכמה קטעי גניזה (לדוגמא כ"י סנקט פטרבורג Evr. III B 122 המתוארך למאה ה-11/10, כ"י קיימברידג' T-S NS 272.12 המתוארך למאה ה-11/10 וכ"י קיימברידג' T-S NS 325.211 המתוארך לתחילת המאה ה-11) ונזכר בתשובת ר' נטרונאי גאון עא "וְשֶׁשְּׁאַלְתֶּם נוֹהֲגִין לְמֵימַר בְּשַׁבָּת 'אֲשֶׁר כִּלָּה מַעֲשָׂיו' יֵשׁ לְמִנְהָג זֶה אוֹ לֹא? אֲנַחְנוּ בִּישִׁיבָה שֶׁלָּנוּ אֵין אוֹמֵר לְפָנֵינוּ, בֵּין בְּשַׁבָּת בֵּין בְּיוֹם טוֹב בֵּין בְּחוֹל אֶלָּא 'אֲשֶׁר בִּדְבָרוֹ מַעֲרִיב עֲרָבִים'." לעיון נוסף ראו במאמרו של ארליך *לנוסחתה הקדום של ברכת המעריב ערבים*.
סדר ר' עמרם גאון תפלת שבת "וּמַתְחִיל הַחַזָּן אֲשֶׁר 'בִּדְבָרוֹ מַעֲרִיב עֲרָבִים וְכוּ'". וּמַאן דְּאָמַר 'אֲשֶׁר כִּלָּה מַעֲשָׂיו' טָעוּת הִיא בְּיָדוֹ, דִּשְׁאֵלוּ מִקַּמֵּי רַב נַטְרוֹנַאי, מַהוּ לוֹמַר 'אֲשֶׁר כִּלָּה מַעֲשָׂיו' בְּעֶרֶב שַׁבָּת, וְהֵשִׁיב כָּךְ מִנְהָג בִּשְׁתֵּי יְשִׁיבוֹת: שֶׁבֵּין בְּחוֹל בֵּין בְּשַׁבָּת אֵין אוֹמְרִים אֶלָּא 'אֲשֶׁר בִּדְבָרוֹ'."
שו"ת הרמב"ם כ"ח "יְתוֹרֵינוּ בַּמֶּה שֶׁנָּהֲגוּ בְּאַלֶכְּסַנְדְּרִיָּה בְּלֵילֵי שַׁבָּתוֹת וּבְמוֹצָאֵיהֶן בְּמַעֲרִיב לוֹמַר בְּרָכוֹת שֶׁנִּתְחַבְּרוּ וּמְצָאנוּם קְבוּעוֹת בְּסִדּוּר ר' סְעַדְיָה גָּאוֹן ז"ל וְהִתִּיר לְאָמְרָן... וְשָׁמַעְנוּ מִן הַנּוֹסְעִים וְהַבָּאִים אֵלֵינוּ שֶׁרוֹב תּוֹשְׁבֵי הָ'עִרַאקְ' וְהַ'שַּׁאם' וְאַרְצוֹת הָ'רוּם' נוֹהֲגִים וְאוֹמְרִים אוֹתָן... הַתְּשׁוּבָה: אוֹתָן הַבְּרָכוֹת כּוּלָּן יֵשׁ בָּהֶן שִׁינּוּי מִמַּטְבֵּעַ בְּרָכוֹת וְהֵן מִמִּינֵי הַחַזָּנוּת הַמְּפוּרְסָמִים בְּכָל הָאֲרָצוֹת וְעִיקַּר זֶה מִנְהָג שֶׁיִּדָּבֵק בּוֹ הַדָּבֵק לְפִי קְבִיעַת הַחַזָּנִים לֹא לְפִי קְבִיעַת תַּלְמִידֵי הַחֲכָמִים."

ברכת האהבה

מקור הטקסט: מקורי[102].

אַהֲבַת עוֹלָם בֵּית יִשְׂרָאֵל עַמְּךָ אָהָבְתָּ; תּוֹרָה וּמִצְוֹת, חֻקִּים וּמִשְׁפָּטִים אוֹתָנוּ לִמַּדְתָּ. עַל כֵּן יְהֹוָה אֱלֹהֵינוּ, בְּשָׁכְבֵנוּ וּבְקוּמֵנוּ נָשִׂיחַ בְּחֻקֶּיךָ, וְנִשְׂמַח בְּדִבְרֵי תוֹרָתֶךָ וּבְמִצְוֹתֶיךָ לְעוֹלָם וָעֶד. כִּי הֵם חַיֵּינוּ וְאֹרֶךְ יָמֵינוּ, וּבָהֶם נֶהְגֶּה יוֹמָם וָלָיְלָה. וְאַהֲבָתְךָ אַל תָּסִיר מִמֶּנּוּ לְעוֹלָמִים. בָּרוּךְ אַתָּה יְהֹוָה, אוֹהֵב עַמּוֹ יִשְׂרָאֵל.

שינויי נוסחאות

רס״ג: ״למען אהבת עמוסים נטעת עץ חיים שבת קדשת מימים ואותה הנחלת לתמימים ואהבתך לא תסור ממנו כי היא עטרת ראשנו נצח נצחים. ברוך אתה יי אוהב את עמו ישראל אמן.״

Evr. III B 122: ״למען כהונת עמוסיך נטעת עץ חיים שמירת שבת מימים על כן נהגה בו יומם ולילה ואהבתך אל תסר ממנו עד נצח נצחים ברוך אתה יי אוהב עמו ישראל.״

T-S NS 325.211: ״למען כהנת עמוסים נטעתה עץ חיים שמירות שבת מימים אותה הנחלתה לשבים על כן נהגה בו יומם ולילה לא נסור ממנה לנצח נצחים ברוך אתה יי אוהב עמו ישראל.״

T-S NS 272.12: ״אתנו קידשתה להיות לך לעם כי אהבתנו ערבה לפניך על כן יי אלהינו בשכבינו ובקומנו תן בלבינו ונשיח בחוקי רצונך ונעלוז ונשמח בדברי תורתיך כי הם חיינו ואורך ימנו ובהם נהגה יומם ולילה ואהבתך לא תסור ממנו עד נצח נצחים בא״י אוהב עמו ישראל.״

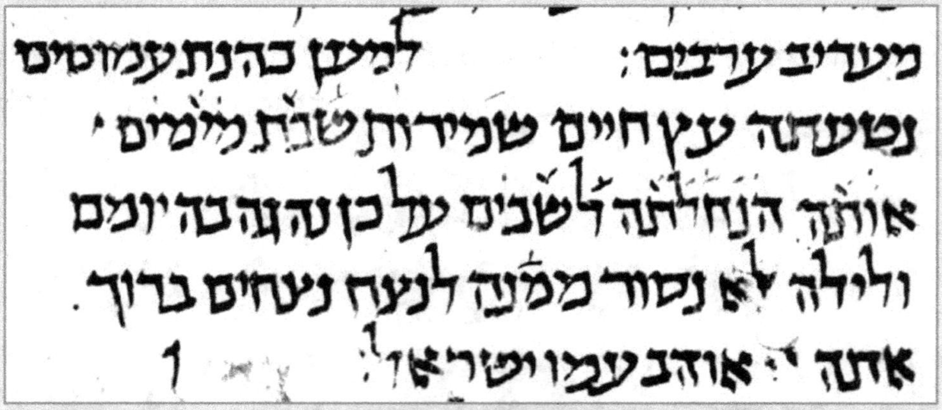
מעריב ערבים: למען כהנת עמוסים
נטעתה עץ חיים שמירות שבת מימים
אותה הנחלתה לשבים על כן נהגה בה יומם
ולילה לא נסור ממנה לנצח נצחים ברוך
אתה יי אוהב עמו ישראל

כ״י קיימברידג׳ T-S NS 325.211 המתוארך לתחילת המאה ה-11

[102] לברכה שניה שלפני קריאת שמע בליל שבת, היו שתי נוסחאות מיוחדות בתקופת הגאונים. אחד התחיל ״למען כהנת/אהבת עמוסיך״ והובא בסדר רס״ג וכמה קטעים מהגניזה. בין היתר הנוסח נמצא בכ״י קיימברידג׳ T-S NS 325.211 המתוארך לתחילת המאה ה-11 וכ״י סנקט פטרבורג Evr. III B 122 המתוארך למאה ה-11/10. הנוסח השני התחיל ״אותנו קידשתה״ והיה פחות נפוץ. הוא נמצא בכ״י קיימברידג׳ T-S NS 272.12 המתוארך למאה ה-11/10. הנוסח השני דומה לנוסח מיוחד שנביא לתפילת ערבית במוצאי שבת, עם החלפת המילה ״קידשתה״ עם המילה ״הבדלתה״. הבאתי אותם למעלה במדור שינויי הנוסחאות.

קריאת שמע

מקור הטקסט: פרשיות בתורה[103].

אֵל מֶלֶךְ נֶאֱמָן:
שְׁמַע יִשְׂרָאֵל יְהוָה אֱלֹהֵינוּ יְהוָה ׀ אֶחָד:
בָּרוּךְ שֵׁם כְּבוֹד מַלְכוּתוֹ לְעוֹלָם וָעֶד:

וְאָהַבְתָּ אֵת יְהוָה אֱלֹהֶיךָ בְּכָל־|לְבָבְךָ וּבְכָל־נַפְשְׁךָ וּבְכָל־מְאֹדֶךָ: וְהָיוּ הַדְּבָרִים | הָאֵלֶּה אֲשֶׁר אָנֹכִי מְצַוְּךָ הַיּוֹם | עַל־|לְבָבֶךָ: וְשִׁנַּנְתָּם לְבָנֶיךָ וְדִבַּרְתָּ בָּם בְּשִׁבְתְּךָ בְּבֵיתֶךָ וּבְלֶכְתְּךָ בַדֶּרֶךְ וּבְשָׁכְבְּךָ וּבְקוּמֶךָ: וּקְשַׁרְתָּם לְאוֹת עַל־יָדֶךָ וְהָיוּ לְטֹטָפֹת בֵּין עֵינֶיךָ: וּכְתַבְתָּם | עַל־מְזֻזוֹת בֵּיתֶךָ וּבִשְׁעָרֶיךָ:

וְהָיָה אִם־שָׁמֹעַ תִּשְׁמְעוּ אֶל־מִצְוֹתַי אֲשֶׁר | אָנֹכִי מְצַוֶּה אֶתְכֶם | הַיּוֹם | לְאַהֲבָה אֶת־יְהוָה אֱלֹהֵיכֶם וּלְעָבְדוֹ בְּכָל־|לְבַבְכֶם וּבְכָל־נַפְשְׁכֶם: וְנָתַתִּי מְטַר־|אַרְצְכֶם בְּעִתּוֹ יוֹרֶה וּמַלְקוֹשׁ וְאָסַפְתָּ דְגָנֶךָ וְתִירֹשְׁךָ וְיִצְהָרֶךָ: וְנָתַתִּי עֵשֶׂב | בְּשָׂדְךָ לִבְהֶמְתֶּךָ וְאָכַלְתָּ וְשָׂבָעְתָּ: הִשָּׁמְרוּ לָכֶם פֶּן יִפְתֶּה לְבַבְכֶם וְסַרְתֶּם וַעֲבַדְתֶּם | אֱלֹהִים | אֲחֵרִים וְהִשְׁתַּחֲוִיתֶם לָהֶם: וְחָרָה | אַף־יְהוָה בָּכֶם וְעָצַר| אֶת־הַשָּׁמַיִם וְלֹא־יִהְיֶה מָטָר וְהָאֲדָמָה לֹא תִתֵּן אֶת־יְבוּלָהּ וַאֲבַדְתֶּם | מְהֵרָה מֵעַל הָאָרֶץ הַטֹּבָה אֲשֶׁר | יְהוָה נֹתֵן לָכֶם: וְשַׂמְתֶּם | אֶת־דְּבָרַי | אֵלֶּה עַל־|לְבַבְכֶם וְעַל־נַפְשְׁכֶם וּקְשַׁרְתֶּם | אֹתָם לְאוֹת עַל־יֶדְכֶם וְהָיוּ לְטוֹטָפֹת בֵּין עֵינֵיכֶם: וְלִמַּדְתֶּם אֹתָם | אֶת־בְּנֵיכֶם לְדַבֵּר בָּם בְּשִׁבְתְּךָ בְּבֵיתֶךָ וּבְלֶכְתְּךָ בַדֶּרֶךְ וּבְשָׁכְבְּךָ וּבְקוּמֶךָ: וּכְתַבְתָּם עַל־מְזוּזוֹת בֵּיתֶךָ וּבִשְׁעָרֶיךָ: לְמַעַן יִרְבּוּ יְמֵיכֶם וִימֵי בְנֵיכֶם | עַל הָאֲדָמָה אֲשֶׁר נִשְׁבַּע | יְהוָה לַאֲבֹתֵיכֶם לָתֵת לָהֶם כִּימֵי הַשָּׁמַיִם עַל־הָאָרֶץ:

וַיֹּאמֶר | יְהוָה אֶל־מֹשֶׁה לֵּאמֹר: דַּבֵּר | אֶל־בְּנֵי יִשְׂרָאֵל וְאָמַרְתָּ אֲלֵהֶם וְעָשׂוּ לָהֶם צִיצִת עַל־כַּנְפֵי בִגְדֵיהֶם לְדֹרֹתָם וְנָתְנוּ עַל־צִיצִת הַכָּנָף פְּתִיל תְּכֵלֶת: וְהָיָה לָכֶם לְצִיצִת וּרְאִיתֶם | אֹתוֹ וּזְכַרְתֶּם | אֶת־כָּל־מִצְוֹת | יְהוָה וַעֲשִׂיתֶם | אֹתָם וְלֹא־תָתֻרוּ אַחֲרֵי לְבַבְכֶם וְאַחֲרֵי עֵינֵיכֶם | אֲשֶׁר־|אַתֶּם זֹנִים | אַחֲרֵיהֶם: לְמַעַן תִּזְכְּרוּ וַעֲשִׂיתֶם | אֶת־כָּל־מִצְוֹתָי וִהְיִיתֶם קְדֹשִׁים לֵאלֹהֵיכֶם: אֲנִי יְהוָה אֱלֹהֵיכֶם | אֲשֶׁר הוֹצֵאתִי אֶתְכֶם | מֵאֶרֶץ מִצְרַיִם לִהְיוֹת לָכֶם לֵאלֹהִים | אֲנִי יְהוָה אֱלֹהֵיכֶם:

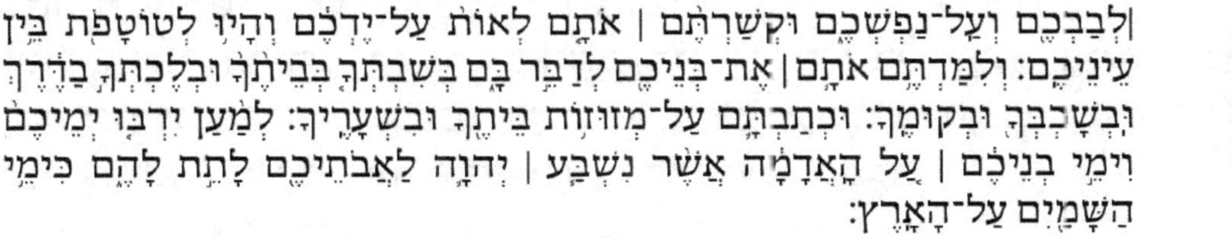

כ"י קיימברידג' T-S 8H 11.4 המתוארך למאה ה-12/11

[103] ראו בקריאת שמע של שחרית בהמלי"ז.

אמת ואמונה

מקור הטקסט: מקורי[104].

אֱמֶת וֶאֱמוּנָה כָּל זֹאת וְקַיָּם עָלֵינוּ. כִּי הוּא יְהֹוָה אֱלֹהֵינוּ וְאֵין זוּלָתוֹ. וַאֲנַחְנוּ יִשְׂרָאֵל עַמּוֹ. הַפּוֹדֵנוּ מִיַּד מְלָכִים. מַלְכֵּנוּ הַגּוֹאֲלֵנוּ מִכַּף כָּל הֶעָרִיצִים. הָאֵל הַנִּפְרָע לָנוּ מִצָּרֵינוּ. וְהַמְשַׁלֵּם גְּמוּל לְכָל אוֹיְבֵי נַפְשֵׁנוּ. הָעוֹשֶׂה גְדוֹלוֹת עַד אֵין חֵקֶר. וְנִפְלָאוֹת עַד אֵין מִסְפָּר. הַשָּׂם נַפְשֵׁנוּ בַּחַיִּים. וְלֹא נָתַן לַמּוֹט רַגְלֵנוּ. הַמַּדְרִיכֵנוּ עַל בָּמוֹת אוֹיְבֵינוּ. וַיָּרֶם קַרְנֵנוּ עַל כָּל שׂוֹנְאֵינוּ: הָעוֹשֶׂה לָּנוּ נִסִּים וּנְקָמָה בְּפַרְעֹה. אוֹתוֹת וּמוֹפְתִים בְּאַדְמַת בְּנֵי חָם. הַמַּכֶּה בְעֶבְרָתוֹ כָּל בְּכוֹרֵי מִצְרָיִם. וַיּוֹצֵא אֶת עַמּוֹ יִשְׂרָאֵל מִתּוֹכָם לְחֵרוּת עוֹלָם: הַמַּעֲבִיר בָּנָיו בֵּין גִּזְרֵי יַם סוּף. אֶת רוֹדְפֵיהֶם וְאֶת שׂוֹנְאֵיהֶם בִּתְהוֹמוֹת טִבַּע. וְרָאוּ בָנָיו גְּבוּרָתוֹ: שִׁבְּחוּ וְהוֹדוּ לִשְׁמוֹ. וּמַלְכוּתוֹ בְּרָצוֹן קִבְּלוּ עֲלֵיהֶם. מֹשֶׁה וּבְנֵי יִשְׂרָאֵל לְךָ עָנוּ שִׁירָה בְּשִׂמְחָה רַבָּה. וְאָמְרוּ כֻלָּם:

מִי כָמֹכָה בָּאֵלִם יְהֹוָה מִי כָּמֹכָה נֶאְדָּר בַּקֹּדֶשׁ נוֹרָא תְהִלֹּת עֹשֵׂה פֶלֶא:

מַלְכוּתְךָ רָאוּ בָנֶיךָ. בּוֹקֵעַ יָם לִפְנֵי מֹשֶׁה. 'זֶה אֵלִי' עָנוּ.

וְאָמְרוּ: יְהֹוָה יִמְלֹךְ לְעֹלָם וָעֶד.

וְנֶאֱמַר. כִּי פָדָה יְהֹוָה אֶת יַעֲקֹב וּגְאָלוֹ מִיַּד חָזָק מִמֶּנּוּ. בָּרוּךְ אַתָּה יְהֹוָה גָּאַל יִשְׂרָאֵל:

שינויי נוסחאות

רס"ג: "אמת אמונתך בשביעי קיימת גזרת דברת הקשבנו ושמענו זכור חמדת טהורים ירשוה כתובה היא לראש ארבעה משעת נתינתה שמח בה לב ישורון עדה פדיתה צדקה קניתה רוממת שבת תמיד בינך לבינינו כי בששת ימים עולמך תכנת ובשביעי נחתה למען שתניח לעמך ישראל אבות ובנים כעלו מן הים בגילה ברנה בשמחה רבה אמרו כלם מי כמכה באילם וגו'. שמרי שביעי ראו את גבורתך על הים יחד כלם הודו והמליכו ואמרו יי ימלוך לעולם. בגלל אבות הושעת בנים ותביא גאלה לבני בניהם ב' א' יי גאל ישראל."

Evr. III B 122: "אמת ואמונה בשביעי קיימתה גזרתה דיברתה הקשבנו ושמענו זכור חמדתה טהורים יירשוה כתובה היא לראש ארבעה משה נתנה שמה בלב ישורון עדה פדיתה צדקה קניתה רוממתה שבת תמיד בינך ובינינו אות היא לעולם כי ששת ימים עולמך תיקנתה ובשביעי נחתה למען שתנוח לעמך ישראל ולכבוד שמך תמיד שיבחו וזימרו ברוך הוא משה ובני ישראל..."

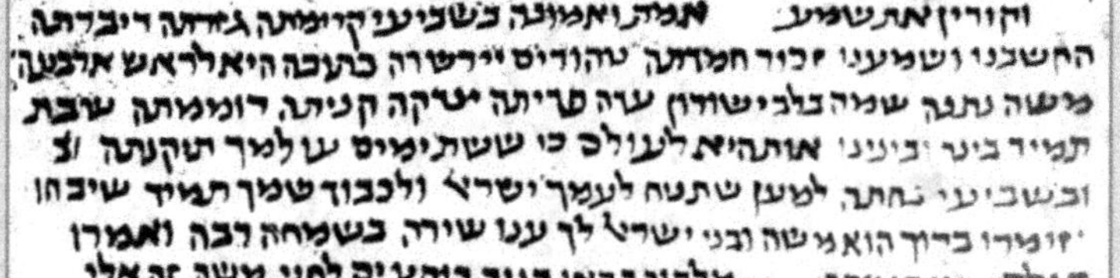
וקורין את שמע אמת ואמונה בשביעי קיימתה גזרתה דיברתה
הקשבנו ושמענו זכור חמדתה טהורים יירשוה כתובה היא לראש ארבעה
משה נתנה שמה בלב ישורון עדה פדיתה צדקה קניתה רוממתה שבת
תמיד בינך ובינינו אות היא לעולם כי ששת ימים עולמך תיקנתה וב
ובשביעי נחתה למען שתנוח לעמך ישרא' ולכבוד שמך תמיד שיבחו
וזימרו ברוך הוא משה ובני ישרא' לך ענו שירה בשמחה רבה ואמרו
כולם מי כמוכה מלכותך ראו בניך בוקעים לפני משה זה אלי
ענו ואמרו ייי ימלוך ונ' כי פדה ייי את יעקב וגאלו מיד חזק ממנו
בא' ייי גאל ישרא' נשכבה בחסדך ונקיצה ונשבעה באמונתך

כ"י סנקט פטרבורג Evr. III B 122 המתוארך למאה ה-11/10

[104] גם ל"אמת ואמונה" היה גרסה מפויטת לערב שבת שהובא בסדר רס"ג. בנוסף הוא נמצא בכמה קטעי גניזה, לדוגמא: כ"י קיימברידג' T-S NS 325.211 המתוארך לתחילת המאה ה-11 וכ"י סנקט פטרבורג Evr. III B 122 המתוארך למאה ה-11/10.

השכיבנו

הופיע בסידור: שינוי החתימה מר' סעדיה גאון, ר' נטרונאי גאון[105], ר' שר שלום גאון[106] וקטעים מהגניזה.

מקור הטקסט: מדרש[107] ותלמוד ירושלמי[108]. 'עלינו ועל כל ישראל' לחתימה מהמאה ה-11/10[109].

שינויי נוסחאות

1 ברס״ג ליתא ״מלכנו״.
2 ברס״ג יש ״ולשלום״.
3 ברס״ג יש ״שלום כדבר שנאמר וישב עמי בנוה שלום ובמנוחות שאננות״ במקום ״שלומך״ ואז רותם.
4 במ״ו יש ״ועל ירושלים עירך״.
5 במ״ו ובקטע שלפנינו יש ״פורש״ במקום ״הפורש״.
6 בקטע שלפנינו יש כאן ״עדת״. ברס״ג יש ״עלי״ במקום ״עלינו ועל כלי״.
7 ברס״ג ליתא ״ועל ירושלים״.

הַשְׁכִּיבֵנוּ יְהֹוָה אֱלֹהֵינוּ לְשָׁלוֹם, וְהַעֲמִידֵנוּ מַלְכֵּנוּ[1] לְחַיִּים[2]. וּפְרוֹשׂ עָלֵינוּ סֻכַּת שְׁלוֹמֶךָ[3]. וְתַקְּנֵנוּ בְּעֵצָה טוֹבָה מִלְּפָנֶיךָ. וְהוֹשִׁיעֵנוּ לְמַעַן שְׁמֶךָ. וְהָגֵן בַּעֲדֵנוּ. וְהָסֵר מֵעָלֵינוּ אוֹיֵב דֶּבֶר וְחֶרֶב וְרָעָב וְיָגוֹן. וְהָסֵר שָׂטָן מִלְּפָנֵינוּ וּמֵאַחֲרֵינוּ. וּבְצֵל כְּנָפֶיךָ תַּסְתִּירֵנוּ. כִּי אֵל שׁוֹמְרֵנוּ וּמַצִּילֵנוּ אָתָּה. כִּי אֵל מֶלֶךְ חַנּוּן וְרַחוּם אָתָּה. וּשְׁמוֹר צֵאתֵנוּ וּבוֹאֵנוּ לְחַיִּים וּלְשָׁלוֹם מֵעַתָּה וְעַד עוֹלָם[4]: וּפְרוֹשׂ עָלֵינוּ סֻכַּת שְׁלוֹמֶךָ. בָּרוּךְ אַתָּה יְהֹוָה, הַפּוֹרֵשׂ[5] סֻכַּת שָׁלוֹם עָלֵינוּ וְעַל כָּל[6] עַמּוֹ יִשְׂרָאֵל וְעַל יְרוּשָׁלָיִם[7]:

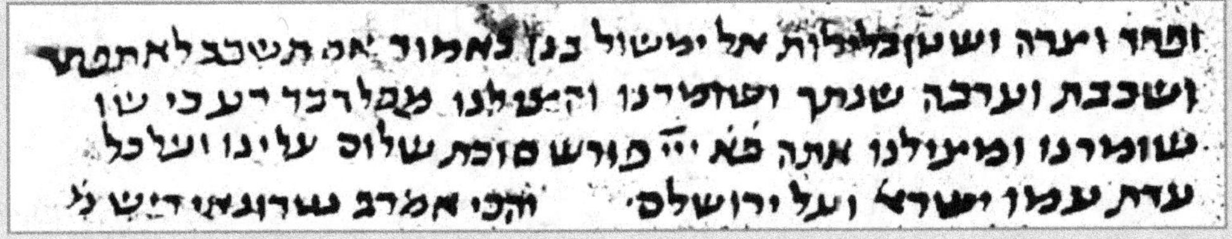
ופחד ויראה ושע[illegible] אל ימשול בנו כאמור אם תשכב לא תפחד
ושכבת וערבה שנתך ושמרנו והצילנו מכל דבר רע כי שו
שומרנו ומצילנו אתה בא״י פורש סוכת שלום עלינו ועל כל
עדת עמו ישראל ועל ירושלם והכי אמר רב נטרונאי [illegible]

כ״י סנקט פטרבורג Evr. III B 122 המתוארך למאה ה-11/10[110]

---

[105] תשובות ר' נטרונאי קמב, ושערי תשובה פ ״כָּךְ אָמַר רַב נַטְרוֹנַאי גָּאוֹן: בְּלֵילֵי יָמִים טוֹבִים שֶׁחוֹתְמִין בָּרוּךְ 'פּוֹרֵשׂ סוּכַּת שָׁלוֹם עָלֵינוּ וְעַל עַמּוֹ יִשְׂרָאֵל מְנַחֵם צִיּוֹן וּבוֹנֵה יְרוּשָׁלַיִם' אָסוּר לַחְתּוֹם כָּךְ שֶׁכָּךְ אָמְרוּ חֲכָמִים: רַבִּי אוֹמֵר אֵין חוֹתְמִין בִּשְׁתַּיִם.״
סדר רע״ג ״שֶׁאֵילוּ מִקַּמֵּי דְּרַב נַטְרוֹנַאי בְּלֵילֵי שַׁבָּתוֹת בִּבְרָכוֹת אַחֲרוֹנוֹת שֶׁבִּקְרִיאַת שְׁמַע אוֹמְרִים בָּרוּךְ ה' לְעוֹלָם כִּשְׁאָר יְמוֹת הַחוֹל אוֹ אוֹמְרִים וְשָׁמְרוּ?... וְשַׁדַּר הָכִי... וְכֵיוָן דְּאָמְרִינַן פְּסוּקֵי תַּקִּינוּ בְּתַרַיְיהוּ בְּרָכָה. דָּבָר זֶה בְּחוֹל אֲבָל בְּשַׁבָּת כֵּיוָן דִּשְׁכִיחֵי מַזִּיקִין וּצְרִיכִין יִשְׂרָאֵל לְמֵיעַל לְבָתֵּיהֶן מִיקַּמְיָה דְּלֵיחְשַׁךְ מִשּׁוּם סַכָּנַת שְׁעִירִין אִי נַמֵּי מִקַּמֵּי אִיעַקּוֹרֵי שְׁרָגָא סִילְקוּהָ... וְכָךְ הַמִּנְהָג בִּישִׁיבָה שֶׁלָּנוּ וּבְבֵית רַבֵּינוּ שֶׁבְּבָבֶל.״

[106] ספר העיתים סימן קלז (ובדומה בסדר רע״ג) ״וּבְסוֹף הַשְׁכִּיבֵנוּ וּמִנְהָג לְמִיחְתַּם בִּמְקוֹם 'שׁוֹמֵר עַמּוֹ יִשְׂרָאֵל' 'וּפְרוֹס עָלֵינוּ סוּכַּת שְׁלוֹמֶךָ בא״י הַפּוֹרֵס סוּכַּת שָׁלוֹם עָלֵינוּ וְעַל עַמּוֹ יִשְׂרָאֵל וְעַל יְרוּשָׁלַיִם'... וְאָמַר מַר רַב שָׁלוֹם גָּאוֹן ז״ל בְּלֵילֵי שַׁבָּתוֹת וּבְלֵילֵי יָמִים טוֹבִים נַמֵּי בְּמַעֲרִיב נָהֲגוּ לוֹמַר 'שׁוֹמֵר עַמּוֹ יִשְׂרָאֵל' וּבִישִׁיבָה וּבְבֵית רַבֵּינוּ שֶׁבְּבָבֶל אֵין מִנְהָג כֵּן אֶלָּא תַּחַת 'שׁוֹמֵר עַמּוֹ יִשְׂרָאֵל' חוֹתְמִין בָּרוּךְ 'פּוֹרֵס סוּכַּת שָׁלוֹם עַל עַמּוֹ יִשְׂרָאֵל וְעַל יְרוּשָׁלַיִם' וְאֵין אוֹמֵר אַחֲרֶיהָ כָּל עִיקָּר אֶלָּא קַדִּישָׁא לְאַלְתַּר. וּבִשְׁאָר כְּנֵסִיּוֹת יִשְׂרָאֵל אוֹ בִּשְׁאָר מְקוֹמוֹת יִשְׂרָאֵל אוֹמֵר 'שׁוֹמֵר עַמּוֹ יִשְׂרָאֵל לָעַד' וְאוֹמֵר 'וְשָׁמְרוּ בְנֵי יִשְׂרָאֵל אֶת הַשַּׁבָּת' אֲבָל 'בָּרוּךְ ד' לְעוֹלָם' אֵינָם אוֹמְרִים... וּשְׁמִיעַ לָן נַמֵּי דְּהָאִידָּנָא נָהֲגוּ בְּכָל הַמְּקוֹמוֹת לוֹמַר 'וְשָׁמְרוּ בְנֵי יִשְׂרָאֵל אֶת הַשַּׁבָּת וְגוֹ'' 'יִשְׂמְחוּ הַשָּׁמַיִם וְתָגֵל הָאָרֶץ וְיֹאמְרוּ בַגּוֹיִם ד' מָלָךְ' וְחוֹתְמִין עַל הָנֵי פְּסוּקִין 'הַמּוֹלֵךְ בִּכְבוֹדוֹ תָּמִיד', וּמִנְהָגָא דִּכְתַב גָּאוֹן טְפֵי עָדִיף וּמִיסְתַּבֵּר.״
כ״י סנקט פטרבורג Evr. III B 122 המתוארך למאה ה-11/10 ״והכי אמר רב שר שלום ראש ישיבת גאון ישראל בשומר עמו ישראל לעד בישיבה ובבית רבינו שבבבל אין מנהג לומר אלא חותמין פורש סוכת שלום ועונין ושמרו... ומיד אומר קדיש ועומדין בתפילה.״
המנהיג הלכות שבת ״וְיֵרָאֶה לְפִי מַה שֶּׁשָּׁנִינוּ חֲכָמִים אִם יִשְׁמְרוּ יִשְׂרָאֵל שְׁתֵּי שַׁבָּתוֹת כְּהִלְכָתָן מִיָּד נִגְאָלִין... יָתָּכֵן לוֹמַר 'פּוֹרֵשׂ סוּכַּת שָׁלוֹם' שֶׁהִיא גְּאוּלָּה שֶׁנֶּאֱמַר וְאֶפְרוֹשׂ כְּפַי עָלֶיךָ וּכְתִיב וּפָרַשְׂתָּ כְנָפֶיךָ עַל אֲמָתְךָ כִּי גוֹאֵל אָתָּה וְאֵין צְרִיכִין שְׁמִירָה אִם יִשְׁמְרוּ שַׁבָּת דִּכְתִיב מִזְמוֹר שִׁיר לְיוֹם הַשַּׁבָּת לְיוֹם שֶׁשּׁוֹבְתִים מַזִּיקִין בָּעוֹלָם עַל כֵּן אֵין לַחְתּוֹם בְּ'שׁוֹמֵר עַמּוֹ יִשְׂרָאֵל'.״

[107] בראשית רבה ט:ט ״רַבִּי מָנֵי דִּשְׁאַב וְרַבִּי יְהוֹשֻׁעַ דְּסִכְנִין בְּשֵׁם רַבִּי לֵוִי, גָּדוֹל שָׁלוֹם שֶׁכָּל הַבְּרָכוֹת וְטוֹבוֹת וְנֶחָמוֹת שֶׁהַקָּדוֹשׁ בָּרוּךְ הוּא מְבִיאָן עַל יִשְׂרָאֵל, חוֹתְמִין בְּשָׁלוֹם, בִּקְרִיאַת שְׁמַע **פּוֹרֵס סֻכַּת שָׁלוֹם**, בַּתְּפִלָּה עוֹשֶׂה שָׁלוֹם, בְּבִרְכַּת כֹּהֲנִים וְיָשֵׂם לְךָ שָׁלוֹם.״

[108] ירושלמי ברכות ד:ה ״אָמַר רַבִּי יְהוֹשֻׁעַ בֶּן לֵוִי הוּא הַהֵיכָל לִפְנֵי לְפָנִים. הֵיכָל שֶׁכָּל־הַפָּנִים פּוֹנִין לוֹ. עַד כָּאן בְּבִנְיָנוֹ. בְּחוּרְבָּנוֹ מְנַיִין. אָמַר רַבִּי אָבוּן בָּנוּי לְתַלְפִּיּוֹת. תֵּל שֶׁכָּל־הַפִּיּוֹת מִתְפַּלְּלִין עָלָיו. בִּבְרָכָה בִּקְרִיַּת שְׁמַע וּבִתְפִילָּה. בִּבְרָכָה בּוֹנֵה יְרוּשָׁלַיִם. בִּתְפִילָּה אֱלֹהֵי דָוִד וּבוֹנֵה יְרוּשָׁלַיִם. בִּקְרִיַּת שְׁמַע **פּוֹרֵשׂ סוּכַּת שָׁלוֹם עָלֵינוּ וְעַל עַמּוֹ יִשְׂרָאֵל** [כ״י וטיקן ebr. 133 מהאמה ה-14: מְנַחֵם צִיּוֹן וּבוֹנֵה / כ״י ליידן מהמאה ה-13: **וְעַל] יְרוּשָׁלַיִם**.״

[109] סידור מנהג צרפת כ״י לונדון Add. 27200 מהמאה ה-13 ״ר' מֵאִיר בֵּ״ר יִצְחָק שְׁלִיחַ צִיבּוּר מִוּוֹרְמַיְיזָא דִּקְדֵּק שֶׁצָּרִיךְ לוֹמַר 'עָלֵינוּ וְעַל כָּל עַמּוֹ יִשְׂרָאֵל' שֶׁאָז כּוֹלְלֵינוּ עִם כָּל עַמּוֹ יִשְׂרָאֵל... וְכֵן נִיהַג לוֹמַר בְּצִיבּוּרוֹ בְּוּוֹרְמַיְיזָא וְרַשִׁ״י אָמַר יִישַׁר וְכֵן עִיקָּר.״ אמנם, בכ״י שלפנינו מהמאה ה-11/10 כבר יש ״עלינו ועל כל עדת ישראל״.

[110] בכ״י שלפנינו נוסח הברכה הוא זה של ״נשכבה בחסדך״. לעיון נוסף ראו בהמל״ה ברכת השכיבנו.

ושמרו

הופיע בסידור: ר' סעדיה גאון[111], ר' נטרונאי גאון[112], מחזור ויטרי[113] וקטעים מהגניזה[114].
מקור הטקסט: שני פסוקים מספר שמות[115].

וְשָׁמְרוּ בְנֵי יִשְׂרָאֵל אֶת הַשַּׁבָּת, לַעֲשׂוֹת אֶת הַשַּׁבָּת לְדֹרֹתָם בְּרִית עוֹלָם. בֵּינִי וּבֵין בְּנֵי יִשְׂרָאֵל אוֹת הִיא לְעֹלָם, כִּי שֵׁשֶׁת יָמִים עָשָׂה יְהוָה אֶת הַשָּׁמַיִם וְאֶת הָאָרֶץ, וּבַיּוֹם הַשְּׁבִיעִי שָׁבַת וַיִּנָּפַשׁ:

יִתְגַּדַּל וְיִתְקַדַּשׁ שְׁמֵהּ רַבָּא (אמן) בְּעָלְמָא דִּי בְרָא כִרְעוּתֵהּ | וְיַמְלִיךְ מַלְכוּתֵהּ בְּחַיֵּיכוֹן וּבְיוֹמֵיכוֹן וּבְחַיֵּי דְכָל בֵּית יִשְׂרָאֵל בַּעֲגָלָא וּבִזְמַן קָרִיב, וְאִמְרוּ אָמֵן:
יְהֵא שְׁמֵהּ רַבָּא מְבָרַךְ לְעָלַם וּלְעָלְמֵי עָלְמַיָּא:
יִתְבָּרַךְ וְיִשְׁתַּבַּח וְיִתְפָּאַר וְיִתְרוֹמַם וְיִתְנַשֵּׂא וְיִתְהַדָּר וְיִתְעַלֶּה וְיִתְהַלָּל שְׁמֵהּ דְּקֻדְשָׁא. בְּרִיךְ הוּא.
לְעֵלָּא מִן כָּל (בעשי"ת: לְעֵלָּא לְעֵלָּא מִכָּל) בִּרְכָתָא וְשִׁירָתָא תֻּשְׁבְּחָתָא וְנֶחֱמָתָא דַּאֲמִירָן בְּעָלְמָא. וְאִמְרוּ אָמֵן:

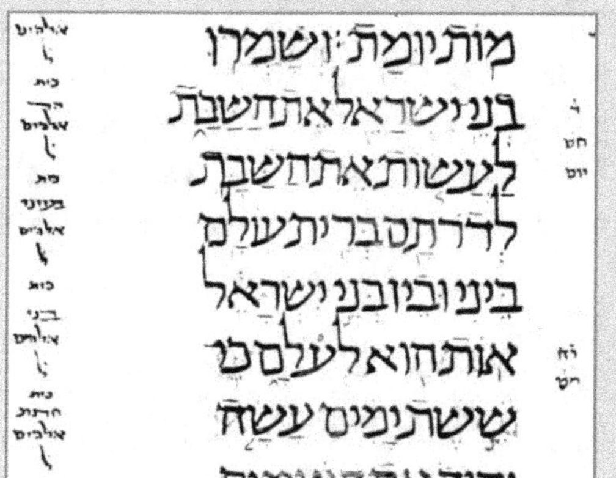
מות יומת ושמרו
בני ישראל את השבת
לעשות את השבת
לדרתם ברית עלם
ביני ובין בני ישראל
אות הוא לעלם כי
ששת ימים עשה
יהוה את השמים
ואת הארץ וביום
השביעי שבת וינפש

חומש כ"י לונדון Or. 4445 המתוארך לתחילת המאה ה-10[116]

---

111 בסדר ר' סעדיה גאון, אחרי ושמרו ולפני קדיש יש את סוף ברכת הפסוקים מ"יראו עינינו" כולל החתימה.

112 מחזור ויטרי הלכות שבת "דִּשְׁאֵלוּ מִקַּמֵּי רַב נַטְרוֹנַאי גָּאוֹן זצ"ל בְּלֵילֵי שַׁבָּתוֹת בִּבְרָכוֹת אַחֲרוֹנוֹת שֶׁבִּקְרִיַּת שְׁמַע אוֹמְרִים בָּרוּךְ יְיָ לְעוֹלָם כְּשְׁאָר יְמוֹת הַחוֹל אוֹ אוֹמְרִים 'וְשָׁמְרוּ בְנֵי יִשְׂרָאֵל אֶת הַשַּׁבָּת...' בְּשַׁבָּת דִּשְׁכִיחֵי מַזִּיקִין וּצְרִיכֵי לְמֵיעַל לְבָתֵּיהוֹן מִקַּמֵּי דְּלֵיחְשַׁךְ מִפְּנֵי סַכָּנַת שְׂעִירִים אִי נָמֵי מִקַּמֵּי אִיעַקּוֹרֵי שְׁרָגָא. סִילְּקוּהָ וְהֶעֱמִידוּהָ אַדִּתְּנַן בָּעֶרֶב מְבָרֵךְ שְׁתַּיִם לְפָנֶיהָ וּשְׁתַּיִם לְאַחֲרֶיהָ. וְכָךְ מִנְהַג בִּישִׁיבָה שֶׁלָּנוּ וּבְבֵית רַבֵּינוּ שֶׁבְּבָבֶל."

113 מחזור ויטרי תפילת שבת "ואומר בלחש: ושמרו בני ישראל..."

114 לדוגמא כ"י סנקט פטרבורג Evr. III B 122 המתוארך למאה ה-11/10 וכ"י קייבמברידג' T-S NS 325.211 המתוארך לתחילת המאה ה-11.

115 שמות לא:טז-יז.

116 סופר החומש, ניסי בן דניאל, כתב בשוליים של הטקסט כמה סוגי מסורת. מטרת המסורת היה לספור ולשמור על חסרות ויתרות מילים וביטוים מיוחדים ככה שתמיד יהיה אפשר לבדוק את הכתב לוודא שהוא זהה לתורת משה. בכ"י זו יש יותר הערות מסורת מכל שאר כתבי היד שהם בני אותו דור. לעיון נוסף ראו ב*The Vocalization, Accentuation and Masora of Codex 4445* של ליונס.

ג' ראשונות

מקור הטקסט: הטקסט מקורי[117]

שינויי נוסחאות

1 בסדר רע"ג יש כאן "ורצה והנחיל לבני ישראל שבתות למנוחה". בקטע שלפנינו יש "ו"צא (ט"ס) הנחיל לבניהם שבתת למנוחה".

אֲדֹנָי שְׂפָתַי תִּפְתָּח וּפִי יַגִּיד תְּהִלָּתֶךָ:
בָּרוּךְ אַתָּה יְהוָֹה אֱלֹהֵינוּ וֵאלֹהֵי אֲבוֹתֵינוּ אֱלֹהֵי אַבְרָהָם אֱלֹהֵי יִצְחָק וֵאלֹהֵי יַעֲקֹב הָאֵל הַגָּדוֹל הַגִּבּוֹר וְהַנּוֹרָא אֵל עֶלְיוֹן גּוֹמֵל חֲסָדִים טוֹבִים וְקוֹנֵה הַכֹּל וְזוֹכֵר חַסְדֵי אָבוֹת וּמֵבִיא גוֹאֵל לִבְנֵי בְנֵיהֶם[1] לְמַעַן שְׁמוֹ בְּאַהֲבָה:
בעשי"ת: זָכְרֵנוּ לְחַיִּים מֶלֶךְ חָפֵץ בַּחַיִּים וְכָתְבֵנוּ בְּסֵפֶר הַחַיִּים לְמַעַנְךָ אֱלֹהִים חַיִּים:
מֶלֶךְ עוֹזֵר וּמוֹשִׁיעַ וּמָגֵן: בָּרוּךְ אַתָּה יְהוָֹה מָגֵן אַבְרָהָם:

אַתָּה גִּבּוֹר לְעוֹלָם אֲדֹנָי מְחַיֵּה מֵתִים אַתָּה רַב לְהוֹשִׁיעַ:
בקיץ: מוֹרִיד הַטָּל
בחורף: מַשִּׁיב הָרוּחַ וּמוֹרִיד הַגֶּשֶׁם:
מְכַלְכֵּל חַיִּים בְּחֶסֶד מְחַיֵּה מֵתִים בְּרַחֲמִים רַבִּים סוֹמֵךְ נוֹפְלִים וְרוֹפֵא חוֹלִים וּמַתִּיר אֲסוּרִים וּמְקַיֵּם אֱמוּנָתוֹ לִישֵׁנֵי עָפָר, מִי כָמוֹךָ בַּעַל גְּבוּרוֹת וּמִי דּוֹמֶה לָּךְ מֶלֶךְ מֵמִית וּמְחַיֶּה וּמַצְמִיחַ יְשׁוּעָה:
בעשי"ת: מִי כָמוֹךָ אַב הָרַחֲמִים זוֹכֵר יְצוּרָיו לְחַיִּים בְּרַחֲמִים:
וְנֶאֱמָן אַתָּה לְהַחֲיוֹת מֵתִים: בָּרוּךְ אַתָּה יְהוָֹה מְחַיֵּה הַמֵּתִים:

אַתָּה קָדוֹשׁ וְשִׁמְךָ קָדוֹשׁ וּקְדוֹשִׁים בְּכָל־יוֹם יְהַלְלוּךָ סֶּלָה.
בָּרוּךְ אַתָּה יְהוָֹה הָאֵל הַקָּדוֹשׁ: (בעשי"ת מסיים: הַמֶּלֶךְ הַקָּדוֹשׁ:)

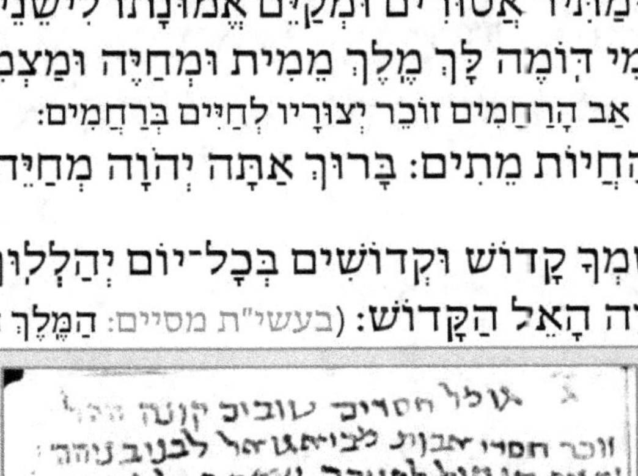

כ"י אוקספורד heb. e. 25.66 המתוארך למאה ה-11/10

[117] סדר ר' עמרם גאון תפלת שבת "וּבֵין בְּעַרְבִית וּבֵין בְּשַׁחֲרִית וּבֵין בְּמוּסָף וּבֵין בְּמִנְחָה מַזְכִּיר בְּמָגֵן כָּךְ: 'וְרָצָה וְהִנְחִיל לִבְנֵי יִשְׂרָאֵל שַׁבָּתוֹת לִמְנוּחָה לְמַעַן שְׁמוֹ בְּאַהֲבָה מֶלֶךְ ע־זֵר וּמוֹשִׁיעַ וּמָגֵן בא"י מָגֵן אַבְרָהָם'." הפסקה גם מובא בשמו בספר העתים, וספר המנהיג עם "לבניהם" במקום "לבני ישראל".

תוספת זאת גם נמצאת בשאלת פרקוי בן באבוי מתחילת המאה ה-9 ("ואם אתה מזכיר שבת או יו"ט במגן אברהם כדרך שנאמר ורצה והנחיל לבניהם שבתות למנוחה.") וגם נמצא בקטעי גניזה לדוגמא כ"י קיימברידג' T-S NS 325.211 המתוארך בין השנים 950-1100, כ"י אוקספורד heb. e. 25.66 המתוארך למאה ה-11/10 וכ"י סינסינטי 1299 המתוארך בין השנים 1000-1150.

אתה קדשת

הופיע בסידור: נוסח 'אתה קידשת'[118] נמצא במחזור ויטרי, וקטעי הגניזה.
מקור הטקסט: אמירת ברכה אמצעית מיוחדת לשבת מהתוספתא[119]. אמירת נוסח ברכה שונה לכל תפילות השבת מתקופת הגאונים[120].

אַתָּה קִדַּשְׁתָּ אֶת יוֹם הַשְּׁבִיעִי לִשְׁמֶךָ, תַּכְלִית מַעֲשֵׂה שָׁמַיִם וָאָרֶץ וּבֵרַכְתּוֹ[1] מִכָּל הַיָּמִים[2], וְקִדַּשְׁתּוֹ[3] מִכָּל הַזְּמַנִּים[4], וְכֵן כָּתוּב[5] בְּתוֹרָתֶךָ[6]:

שינויי נוסחאות

1 בכ"י 8H 10.2 יש "קדשתו" במקום "וברכתו".
2 בקטע שלפנינו יש "ורציתה בו".
3 בכ"י 8H 10.2 יש "וחמדתו" במקום "וקדשתו".
4 בכ"י 8H 10.2 וברמב"ם כאן יש "כאמור" ומדלג לפסוק האחרון של ויכלו.
5 בקטע שלפנינו יש "ככתוב" במקום "וכן כתוב".
6 בקטע שלפנינו מדלג לפסוק האחרון של ויכלו.

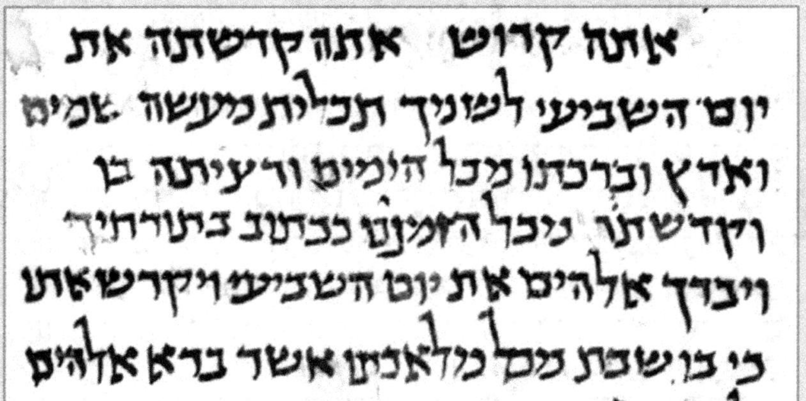
אתה קדוש אתה קדשתה את
יום השביעי לשמיך תכלית מעשה שמים
וארץ וברכתו מכל הימים ורציתה בו
וקדשתו מכל הזמנים ככתוב בתורתיך
ויברך אלהים את יום השביעי ויקדש אתו
כי בו שבת מכל מלאכתו אשר ברא אלהים
לעשות ובשביעי רציתה וקדשתה אתו
[illegible] ימים אתו קראתה [illegible] ישמחו במלכותך
כל [illegible] שבת קוראי ענג [illegible]
[illegible] ויתענגו [illegible] מטובך [illegible]

כ"י קיימבריג' T-S NS 325.211 המתוארך בין השנים 950-1100

[118] לפני כן היה יותר נפוץ נוסח "ומאהבתך" וראו בנספח בסוף הספר להערות עליו.

[119] תוספתא ברכות ג:יב "בְּשַׁבָּת, וּבְיוֹם טוֹב, וּבְיוֹם הַכִּפּוּרִים מִתְפַּלֵּל שֶׁבַע, וְאוֹמֵר קְדוּשַּׁת הַיּוֹם בָּאֶמְצַע." ומשנה ראש השנה ד:ה.
ירושלמי ברכות ד:ג "שֶׁבַע שֶׁל שַׁבָּת מְנַיִין. אָמַר רִבִּי יִצְחָק כְּנֶגֶד שֶׁבַע קוֹלוֹת שֶׁכָּתוּב בְּ'הָבוּ לַיי בְּנֵי אֵלִים'. אָמַר רִבִּי יוּדָן עֲנָתוֹרַיָא כְּנֶגֶד שֶׁבַע אַזְכָּרוֹת שֶׁכָּתוּב בְּ'מִזְמוֹר שִׁיר לְיוֹם הַשַּׁבָּת'."
ירושלמי שבת טו:ג "תַּנֵּי. אָסוּר לִתְבּוֹעַ צְרָכָיו בַּשַּׁבָּת. רִבִּי זְעוּרָה שְׁאַל לְרִבִּי חִייָה בַּר בָּא. מָהוּ מֵימַר. רְעֵינוּ פַּרְנְסֵינוּ. אֲמַר לֵיהּ. טוֹפוּס בְּרָכוֹת כָּךְ הֵן."
בבלי ברכות כא. "אָמַר רַב נַחְמָן: כִּי הֲוֵינַן בֵּי רַבָּה בַּר אֲבוּהּ, בְּעַן מִינֵּיהּ: הָנֵי בְּנֵי בֵּי רַב דְּטָעוּ וּמַדְכְּרִי דְּחוֹל בְּשַׁבָּת, מַהוּ שֶׁיִּגְמְרוּ? וַאֲמַר לַן: גּוֹמְרִין כָּל אוֹתָהּ בְּרָכָה!! הָכִי הַשְׁתָּא! הָתָם גַּבְרָא בַּר חִיּוּבָא הוּא, וְרַבָּנַן הוּא דְּלָא אַטְרְחוּהוּ מִשּׁוּם כְּבוֹד שַׁבָּת, אֲבָל הָכָא הָא צַלִּי לֵיהּ."

[120] סדר ר' סעדיה גאון (תרגום נפתלי וידר) "וּמָצָאתִי אֶת הַמִּנְהָג שֶׁהַבְּרָכָה הָאֶמְצָעִית שֶׁל אַרְבַּע תְּפִילּוֹת הַשַּׁבָּת אֵינָהּ שָׁוָה בֵּין תְּפִילָּה לַחֲבֶרְתָּהּ." מלשונו משמע שהיה כעין חידוש בתקופת הגאונים וראו בנספח בסוף הספר להמשך עיון.
תשובות ר' נטרונאי גאון עג "וּבִשְׁאֵלוֹת לְמַר רַב נַטְרוֹנַאי נָמֵי וְשֶׁשְּׁאַלְתֶּם תְּפִילַּת שֶׁל שַׁבָּת שֶׁל עַרְבִית וְשֶׁל שַׁחֲרִית וְשֶׁל מִנְחָה אִם אוֹמְרָן תְּפִלָּה אַחַת כְּשֵׁם שֶׁאָנוּ מִתְפַּלְּלִין בְּיוֹם הַכִּפּוּרִים וּבְיָמִים טוֹבִים יָצָא יְדֵי חוֹבָתוֹ אוֹ לָאו? כָּךְ מִנְהָג (זֶה) בִּשְׁתֵּי יְשִׁיבוֹת וּבְבֵית רַבֵּינוּ שֶׁבְּבָבֶל: בְּעַרְבִית אוֹמֵר 'וּמֵאַהֲבָתְךָ' וּבְשַׁחֲרִית אוֹמֵר 'יִשְׂמַח מֹשֶׁה' וּבְמִנְחָה 'אַתָּה אֶחָד וְשִׁמְךָ אֶחָד'."

ויכלו (בתפילת לחש)

הופיע בסידור: 'ויכלו' בתפילת לחש מר' מאיר ש"ץ מגרמייזא במאה ה-11[121].
מקור הטקסט: פסוקים מספר בראשית[122].

וַיְכֻלּוּ הַשָּׁמַיִם וְהָאָרֶץ וְכָל צְבָאָם: וַיְכַל אֱלֹהִים בַּיּוֹם הַשְּׁבִיעִי מְלַאכְתּוֹ אֲשֶׁר עָשָׂה וַיִּשְׁבֹּת בַּיּוֹם הַשְּׁבִיעִי מִכָּל מְלַאכְתּוֹ אֲשֶׁר עָשָׂה: וַיְבָרֶךְ אֱלֹהִים אֶת יוֹם הַשְּׁבִיעִי וַיְקַדֵּשׁ אֹתוֹ, כִּי בוֹ שָׁבַת מִכָּל מְלַאכְתּוֹ אֲשֶׁר בָּרָא אֱלֹהִים לַעֲשׂוֹת[1]:

שינויי נוסחאות
1 בכ"י NS 325.211 ממשיך "ובשביעי רציתה וקדשת אתו חמדת ימים אתו קראתה ישמחו במלכותך...". בכ"י 8 H 10.2 ממשיך "ישמחו במלכותך".

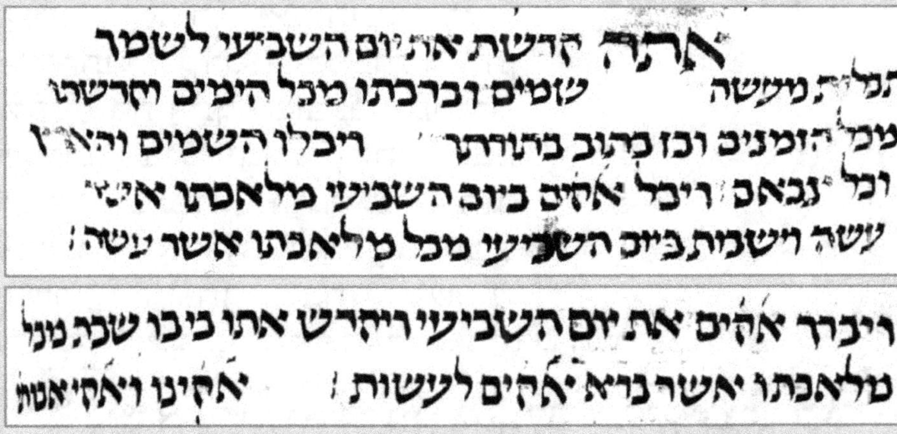
אתה קדשת את יום השביעי לשמר
תכלית מעשה שמים וברכתו מכל הימים וקדשתו
מכל הזמנים וכן כתוב בתורתך ויכלו השמים והארץ
וכל צבאם ויכל אהים ביום השביעי מלאכתו אשר
עשה וישבות ביום השביעי מכל מלאכתו אשר עשה:
ויברך אהים את יום השביעי ויקדש אתו כי בו שבת מכל
מלאכתו אשר ברא אהים לעשות: אהינו ואהי אבות

מחזור ויטרי כ"י ששון 535 המתוארך בין השנים 1124-1154

---

[121] מנהגי מגנצא וגרמיישא כ"י פארמה 3057 מתחילת המאה ה-14 "ר' מֵאִיר חַזָּן הָיָה אוֹמֵר... וְגַם הוּא מִתְפַּלֵּל הָיָה כָּךְ: 'אַתָּה קִדַּשְׁתָּ אֶת יוֹם הַשְּׁבִיעִי לִשְׁמֶךָ תַּכְלִית מַעֲשֵׂה שָׁמַיִם וָאָרֶץ וְקִדַּשְׁתּוֹ מִכָּל הַיָּמִים וּבֵרַכְתּוֹ מִכָּל הַזְּמַנִּים וּמֵאַהֲבָתְךָ יְיָ' אֱלֹהֵינוּ שֶׁאָהַבְתָּ אֶת יִשְׂרָאֵל עַמְּךָ נָתַתָּ לָנוּ אֶת יוֹם הַמָּנוֹחַ הַזֶּה לִשְׁבּוֹת בּוֹ וְלָנוּחַ בּוֹ בְּאַהֲבָה לִשְׁבּוֹת בּוֹ מִכָּל מְלָאכָה וְלָנוּחַ בּוֹ מִכָּל פּוֹעַל כִּי בוֹ נַחְתָּ מִכָּל פּוֹעַל מְלַאכְתְּךָ וְכִילִּיתָ כָּל מַעֲשֶׂיךָ כָּאָמוּר וַיְכוּלּוּ הַשָּׁמַיִם וְהָאָרֶץ וְכָל צְבָאָם כו' עַד לַעֲשׂוֹת' יִשְׂמְחוּ בְמַלְכוּתְךָ שׁוֹמְרֵי שַׁבָּת וְכוּ'." בנוסח מפתיע זה נמצא גם את "אתה קדשת" וגם את "מאהבתך".
רש"י היה מתלמידיו (מביא מדבריו בתשובותיו) ולכן לא מפתיע שבמחזור ויטרי יש את 'ויכולו' כחלק מתפילה בלחש. במחזור ויטרי הלכות שבת "וּלְאַחַר סִיּוּם תְּפִלַּת לַחַשׁ הַחַזָּן פּוֹתֵחַ וְאוֹמֵר 'וַיְכוּלּוּ' אַף עַל פִּי שֶׁאֵינוֹ צָרִיךְ שֶׁכְּבָר נִפְטַר בְּ'וַיְכוּלּוּ' שֶׁאָמַר בְּלַחַשׁ." להמשך עיון בנושא ראו במאמר של זימר: *לגלגו של נוסח התפילה בעמידה בליל שבת*.
בסדר חיבור ברכות (עותק מכ"י טורין 51 מהמאה ה-12) "וְיֵשׁ שֶׁמַּתְחִילִין 'וַיְכוּלּוּ' אַחֲרֵי 'הָאֵל הַקָּדוֹשׁ' כְּשֶׁמִּתְפַּלְּלִין בְּלַחַשׁ וְאוֹמְרִים 'וַיְכוּלּוּ' כּוּלּוֹ עַד 'אֲשֶׁר בָּרָא אֱלֹהִים לַעֲשׂוֹת'. 'וּמֵאַהֲבָתְךָ' כּוּלּוֹ עַד 'מְקַדֵּשׁ הַשַּׁבָּת. רְצֵה ה'"..."
בכתבי יד מהגניזה (לדוגמא הקטע בעמוד הקודם וכ"י קיימברידג' T-S 8H 10.2 המתוארך למאה ה-11) כבר יש את הפסוק האחרון "כאמור: ויברך אלהים את יום השביעי ויקדש אתו כי בו שבת מכל מלאכתו אשר ברא אלהים לעשות. ישמחו במלכותך..." גם בסדר התפילה של הרמב"ם נמצא הפסוק האחרון.
אבי העזרי (ראבי"ה) קצ"ו "וְיֵשׁ תְּפִלּוֹת שֶׁכָּתוּב בָּהֶם 'וְכֵן כָּתוּב בְּתוֹרָתְךָ וַיְבָרֶךְ אֱלֹהִים וְגוֹ'", וְלֵיתָא, דְּאִם כֵּן הָעִיקָּר חָסֵר, אֶלָּא עִיקָּר כְּמוֹ שֶׁכָּתוּב בְּסֵדֶר רַב עַמְרָם 'וְכֵן כָּתוּב בְּתוֹרָתְךָ וַיְכוּלּוּ וְגוֹ'" וְקָאֵי אַרֵישָׁא 'אַתָּה קִדַּשְׁתָּ' 'לִשְׁמֶךָ תַּכְלִית שָׁמַיִם וָאָרֶץ וְכוּ' 'וַיְכוּלּוּ הַשָּׁמַיִם וְהָאָרֶץ' 'וּבֵרַכְתּוֹ מִכָּל הַיָּמִים' 'וַיְבָרֶךְ אֱלֹהִים אֶת יוֹם הַשְּׁבִיעִי'... הָעָם נָהֲגוּ לוֹמַר 'וַיְכוּלּוּ...' שֶׁסָּמְכוּ עַל הָאַגָּדָה שֶׁחַיָּיב לוֹמַר ג' פְּעָמִים 'וַיְכוּלּוּ' בְּשַׁבָּת." מה שהוא הביא בשם רע"ג ליתא לפנינו בשום כ"י. הוא גם הביא את אמירת 'ויכולו' ג' פעמים בשם מדרש שוחר טוב וגם זה ליתא לפנינו. וראו הערה נפלאה בנושא משרגא אברמסון פרק רביעי אמ' 206 הערה 8 *ברב נסים גאון*.
המנהיג הלכות שבת "וְעוֹמְדִין בִּתְפִלָּה וְאוֹמְרִים אָבוֹת וּגְבוּרוֹת וּקְדוּשַּׁת ה', 'וּמֵאַהֲבָתְךָ...' וְיָתֵר מִנְהַג צָרְפַת וּפְרוֹבִנְצְיָה לוֹמַר 'אַתָּה קִדַּשְׁתָּ'... וּדְאָמְרִינַן בְּפֶרֶק כָּל כִּתְבֵי הַקֹּדֶשׁ 'כָּל הַמִּתְפַּלֵּל בְּעֶרֶב שַׁבָּת וְאוֹמֵר וַיְכוּלּוּ מֵעִיד עַל מַעֲשֵׂה בְּרֵאשִׁית' לָמַדְנוּ שֶׁבַּתְּפִלָּה צָרִיךְ לְאוֹמְרוֹ 'וַיְכוּלּוּ'. וְזֶה שֶׁאָנוּ חוֹזְרִין לְאוֹמְרָן בְּקוֹל רָם לְהוֹצִיא אֶת מִי שֶׁאֵינוֹ בָּקִי לְפִי שֶׁהוּא עֵדוּת גְּדוֹלָה וְעוֹד שֶׁלֹּא תְּחַלֵּק בְּיוֹם טוֹב שֶׁחָל לִהְיוֹת בְּשַׁבָּת."
[122] בראשית ב:א-ג.

קדושת היום

הופיע בסידור: ר' עמרם גאון, ר' סעדיה גאון, ר' נטרונאי גאון[123], מחזור ויטרי וקטעי הגניזה[124].
מקור הטקסט: אנשי כנסת הגדולה[125]. נוסח הברכה מבוסס על תוספתא[126] וגמרא[127].

[ס/ע"מ: יִשְׂמְחוּ בְמַלְכוּתְךָ שׁוֹמְרֵי שַׁבָּת וְקוֹרְאֵי עֹנֶג, עַם מְקַדְּשֵׁי שְׁבִיעִי, כֻּלָּם יִשְׂבְּעוּ וְיִתְעַנְּגוּ מִטּוּבֶךָ; וּבַשְּׁבִיעִי רָצִיתָ בּוֹ וְקִדַּשְׁתּוֹ, חֶמְדַּת יָמִים אוֹתוֹ קָרָאתָ, זֵכֶר לְמַעֲשֵׂה בְרֵאשִׁית.]

אֱלֹהֵינוּ וֵאלֹהֵי אֲבוֹתֵינוּ, רְצֵה[1] בִמְנוּחָתֵנוּ[2], קַדְּשֵׁנוּ בְּמִצְוֹתֶיךָ וְתֵן חֶלְקֵנוּ בְּתוֹרָתֶךָ, שַׂבְּעֵנוּ מִטּוּבֶךָ[3] וְשַׂמְּחֵנוּ[4] בִּישׁוּעָתֶךָ[5], וְטַהֵר לִבֵּנוּ לְעָבְדְּךָ בֶּאֱמֶת, וְהַנְחִילֵנוּ יְהֹוָה אֱלֹהֵינוּ[6] בְּאַהֲבָה וּבְרָצוֹן[7] שַׁבַּת[8] קָדְשֶׁךָ[9], וְיָנוּחוּ[10] בָהּ[11] יִשְׂרָאֵל מְקַדְּשֵׁי[12] שְׁמֶךָ. בָּרוּךְ אַתָּה יְהֹוָה, מְקַדֵּשׁ הַשַּׁבָּת:

שינויי נוסחאות

שינויי נוסח לגבי "ישמחו" יופיעו בתפילת מוסף.

1 ברע"ג וברמב"ם יש כאן "נא".
2. ברנ"ג ליתא "רצה במנוחתנו".
3 ברס"ג וברמב"ם ליתא "שבענו מטובך". ברמב"ם הביטוי מופיע אחרי "בישועתך".
4 במקום "ושמחנו" ברע"ג ובקטע שלפנינו יש "ושמח לבנו". ברס"ג וברמב"ם יש "ושמח נפשנו".
5 ברנ"ג ליתא "ושמחנו בישועתך".
6 ברס"ג, ברנ"ג וברמב"ם ליתא "ה' אלהינו".
7 ברס"ג יש "ורצון" במקום "וברצון".
8 ברס"ג, ברנ"ג, ברמב"ם ובקטע שלפנינו יש "שבתות" במקום "שבת".
9 ברס"ג, ברנ"ג ובקטע שלפנינו מדלג מכאן עד החתימה.
10 ברע"ג ובמ"ו יש "וישמחו" במקום "וינוחו".
11 במקום "בה" ברע"ג ובמ"ו יש "בך". ברמב"ם יש "בם". בכל עדי נוסח הרלונטיים (עיין לעיל הערה 9) יש תוספת של "כל".
12 בכל עדי נוסח הרלונטיים יש "אוהבי" במקום "מקדשי".

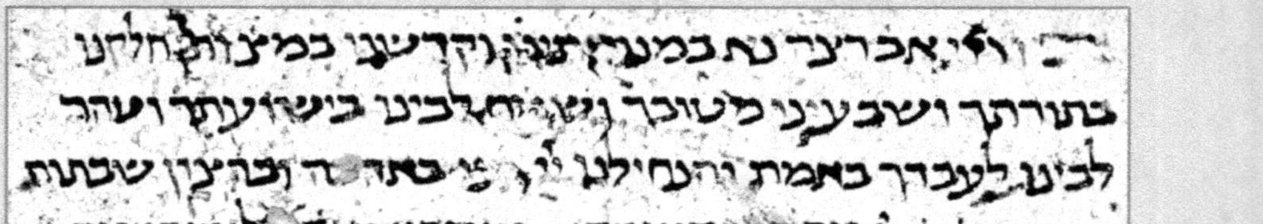

כ"י קיימברידג' T-S NS 123.31 המתוארך למאה ה-10[128]

[123] תשובות רב נטרונאי גאון עד "עִינְיָן מֵעֵין שֶׁבַע כָּךְ הוּא:... אֱלֹהֵינוּ וֵאלֹהֵי אֲבוֹתֵינוּ קַדְּשֵׁינוּ בְּמִצְוֹתֶיךָ וְתֵן חֶלְקֵנוּ בְּתוֹרָתֶךָ וְשַׂבְּעֵינוּ מִטּוּבֶיךָ וְטַהֵר לִבֵּינוּ לְעָבְדְּךָ בֶּאֱמֶת וְהַנְחִילֵנוּ בְּאַהֲבָה וּבְרָצוֹן שַׁבְּתוֹת קָדְשֶׁךָ בָּרוּךְ אַתָּה יי מְקַדֵּשׁ הַשַּׁבָּת." היות וברכת קדושת היום זהה כאן ובסוף ברכת מעין שבע, הבאתי את גירסתו כאן במדור שינויי הנוסחאות.

[124] לדוגמא הקטע שלפנינו. בכ"י קיימברידג' T-S 8H 10.2 המתוארך למאה ה-11 יש דוגמא לאמירת "ישמחו במלכותך" בתפילת ערבית.

[125] בבלי ברכות לג. "אֲמַר לֵיהּ רַב שֶׁמֶן בַּר אַבָּא לְרַבִּי יוֹחָנָן: מִכְּדֵי אַנְשֵׁי כְּנֶסֶת הַגְּדוֹלָה תִּקְּנוּ לָהֶם לְיִשְׂרָאֵל בְּרָכוֹת וּתְפִלּוֹת, קְדוּשּׁוֹת וְהַבְדָּלוֹת. נֶחֱזֵי הֵיכָן תַּקּוּן. אֲמַר לֵיהּ: בַּתְּחִילָּה קְבָעוּהָ בַּתְּפִלָּה. הֶעֱשִׁירוּ קְבָעוּהָ עַל הַכּוֹס. הֶעֱנוּ חָזְרוּ וּקְבָעוּהָ בַּתְּפִלָּה."

[126] תוספתא ברכות ג:יד-טו "שַׁבָּת וְיוֹם הַכִּפּוּרִים מִתְפַּלֵּל שֶׁבַע וְאוֹמֵר קְדוּשַּׁת הַיּוֹם בָּאֶמְצַע... יוֹם טוֹב שֶׁחָל לִהְיוֹת... ר' נָתָן אוֹמֵר אַף חוֹתֵם 'בָּרוּךְ מְקַדֵּשׁ אֶת הַשַּׁבָּת וְיִשְׂרָאֵל וְהַזְּמַנִּים'."
ירושלמי ברכות ח:א (ופסחים י:ב) "אָמַר רִבִּי יוֹסֵי בְּרִיבִּי נְהִיגִין תַּמָּן בְּמָקוֹם שֶׁאֵין יַיִן שְׁלִיחַ צִיבּוּר עוֹבֵר לִפְנֵי הַתֵּיבָה וְאוֹמֵר בְּרָכָה אַחַת מֵעֵין שֶׁבַע וְחוֹתֵם בִּ'מְקַדֵּשׁ יִשְׂרָאֵל וְ[במסכת פסחים: אֶת] יוֹם הַשַּׁבָּת'."
ספר חלוקים שבין בני ארץ ישראל לבני בבל (כ"י סנקט פטרבורג Evr. Arab I המתוארך למאה ה-11) "בְּנֵי בָּבֶל אוֹמְרִין 'מְקַדֵּשׁ הַשַּׁבָּת' בְּנֵי אֶרֶץ יִשְׂרָאֵל אוֹמְרִין 'מְקַדֵּשׁ יִשְׂרָאֵל וְאֶת יוֹם הַשַּׁבָּת'."

[127] בבלי פסחים קיז: "דְּקִידּוּשָׁא 'אֲשֶׁר קִדְּשָׁנוּ בְּמִצְוֹתָיו וְצִוָּנוּ'. דִּצְלוֹתָא 'קַדְּשֵׁנוּ בְּמִצְוֹתֶיךָ'. מַאי טַעְמָא דְּרַחֲמֵי נִינְהוּ.... אָמַר רָבָא: אַשְׁכַּחְתִּינָא לְסָבֵי דְּפוּמְבְּדִיתָא דְּיָתְבִי וְקָאָמְרִי: בְּשַׁבְּתָא בֵּין בִּצְלוֹתָא בֵּין בְּקִידּוּשָׁא: 'מְקַדֵּשׁ הַשַּׁבָּת'." ראו במאמרו של זימר *גלגולו של נוסח התפלה בעמידה בליל שבת* להמשך עיון.
אורחות חיים תפלת ערב שבת "וְאוֹמֵר 'יָנוּחוּ בוֹ כָּל זֶרַע יִשְׂרָאֵל' וְיֵשׁ אוֹמְרִים 'וְיָנוּחוּ בָהּ' וּשְׁנֵיהֶם נְכוֹנִים כִּי יִמָּצֵא שַׁבָּת לְשׁוֹן זָכָר וּלְשׁוֹן נְקֵבָה."

[128] הקטע שלפנינו נלקח מתפילת מוסף של שבת היות ובסידורים קדומים ברכת קדושת היום היה זהה בין כל ד' תפילות של שבת.

ג' אחרונות

הופיע בסידור: אמירת 'אלהי נצור' בשבת נזכרת מר' אפרים מרגנסבורג במאה ה-12.[129]

רְצֵה יְהֹוָה אֱלֹהֵינוּ בְּעַמְּךָ יִשְׂרָאֵל וּבִתְפִלָּתָם וְהָשֵׁב אֶת הָעֲבוֹדָה לִדְבִיר בֵּיתֶךָ וְאִשֵּׁי יִשְׂרָאֵל וּתְפִלָּתָם בְּאַהֲבָה תְקַבֵּל בְּרָצוֹן וּתְהִי לְרָצוֹן תָּמִיד עֲבוֹדַת יִשְׂרָאֵל עַמֶּךָ:

אֱלֹהֵינוּ וֵאלֹהֵי אֲבוֹתֵינוּ יַעֲלֶה וְיָבֹא וְיַגִּיעַ וְיֵרָאֶה וְיֵרָצֶה וְיִשָּׁמַע וְיִפָּקֵד וְיִזָּכֵר זִכְרוֹנֵנוּ וּפִקְדוֹנֵנוּ וְזִכְרוֹן אֲבוֹתֵינוּ. וְזִכְרוֹן מָשִׁיחַ בֶּן דָּוִד עַבְדֶּךָ. וְזִכְרוֹן יְרוּשָׁלַיִם עִיר קָדְשֶׁךָ. וְזִכְרוֹן כָּל עַמְּךָ בֵּית יִשְׂרָאֵל לְפָנֶיךָ. לִפְלֵיטָה לְטוֹבָה לְחֵן וּלְחֶסֶד וּלְרַחֲמִים לְחַיִּים וּלְשָׁלוֹם. בְּיוֹם
לר"ח: רֹאשׁ הַחֹדֶשׁ הַזֶּה: לפסח: חַג הַמַּצּוֹת הַזֶּה: לסכות: חַג הַסֻּכּוֹת הַזֶּה:
זָכְרֵנוּ יְהֹוָה אֱלֹהֵינוּ בּוֹ לְטוֹבָה. וּפָקְדֵנוּ בוֹ לִבְרָכָה. וְהוֹשִׁיעֵנוּ בוֹ לְחַיִּים. וּבִדְבַר יְשׁוּעָה וְרַחֲמִים חוּס וְחָנֵּנוּ וְרַחֵם עָלֵינוּ וְהוֹשִׁיעֵנוּ. כִּי אֵלֶיךָ עֵינֵינוּ כִּי אֵל מֶלֶךְ חַנּוּן וְרַחוּם אָתָּה:

וְתֶחֱזֶינָה עֵינֵינוּ בְּשׁוּבְךָ לְצִיּוֹן בְּרַחֲמִים: בָּרוּךְ אַתָּה יְהֹוָה הַמַּחֲזִיר שְׁכִינָתוֹ לְצִיּוֹן:

מוֹדִים אֲנַחְנוּ לָךְ שָׁאַתָּה הוּא יְהֹוָה אֱלֹהֵינוּ וֵאלֹהֵי אֲבוֹתֵינוּ לְעוֹלָם וָעֶד צוּר חַיֵּינוּ מָגֵן יִשְׁעֵנוּ אַתָּה הוּא לְדוֹר וָדוֹר נוֹדֶה לְּךָ וּנְסַפֵּר תְּהִלָּתֶךָ עַל־חַיֵּינוּ הַמְּסוּרִים בְּיָדֶךָ וְעַל נִשְׁמוֹתֵינוּ הַפְּקוּדוֹת לָךְ וְעַל נִסֶּיךָ שֶׁבְּכָל יוֹם עִמָּנוּ וְעַל נִפְלְאוֹתֶיךָ וְטוֹבוֹתֶיךָ שֶׁבְּכָל עֵת עֶרֶב וָבֹקֶר וְצָהֳרָיִם הַטּוֹב כִּי לֹא כָלוּ רַחֲמֶיךָ וְהַמְרַחֵם כִּי לֹא תַמּוּ חֲסָדֶיךָ מֵעוֹלָם קִוִּינוּ לָךְ:

עַל הַנִּסִּים וְעַל הַפֻּרְקָן וְעַל הַגְּבוּרוֹת וְעַל הַתְּשׁוּעוֹת וְעַל הַמִּלְחָמוֹת שֶׁעָשִׂיתָ לַאֲבוֹתֵינוּ בַּיָּמִים הָהֵם בִּזְּמַן הַזֶּה:
בחנוכה: בִּימֵי מַתִּתְיָהוּ בֶּן יוֹחָנָן כֹּהֵן גָּדוֹל חַשְׁמוֹנָאִי וּבָנָיו כְּשֶׁעָמְדָה מַלְכוּת יָוָן הָרְשָׁעָה עַל־עַמְּךָ יִשְׂרָאֵל לְהַשְׁכִּיחָם תּוֹרָתֶךָ וּלְהַעֲבִירָם מֵחֻקֵּי רְצוֹנֶךָ, וְאַתָּה בְּרַחֲמֶיךָ הָרַבִּים עָמַדְתָּ לָהֶם בְּעֵת צָרָתָם רַבְתָּ אֶת־רִיבָם דַּנְתָּ אֶת־דִּינָם נָקַמְתָּ אֶת־נִקְמָתָם מָסַרְתָּ גִבּוֹרִים בְּיַד חַלָּשִׁים וְרַבִּים בְּיַד מְעַטִּים וּטְמֵאִים בְּיַד טְהוֹרִים וּרְשָׁעִים בְּיַד צַדִּיקִים וְזֵדִים בְּיַד עוֹסְקֵי תוֹרָתֶךָ וּלְךָ עָשִׂיתָ שֵׁם גָּדוֹל וְקָדוֹשׁ בְּעוֹלָמֶךָ וּלְעַמְּךָ יִשְׂרָאֵל עָשִׂיתָ תְּשׁוּעָה גְדוֹלָה וּפֻרְקָן כְּהַיּוֹם הַזֶּה וְאַחַר־כֵּן בָּאוּ בָנֶיךָ לִדְבִיר בֵּיתֶךָ וּפִנּוּ אֶת־הֵיכָלֶךָ וְטִהֲרוּ אֶת־מִקְדָּשֶׁךָ וְהִדְלִיקוּ נֵרוֹת בְּחַצְרוֹת קָדְשֶׁךָ וְקָבְעוּ שְׁמוֹנַת יְמֵי חֲנֻכָּה אֵלּוּ לְהוֹדוֹת וּלְהַלֵּל לְשִׁמְךָ הַגָּדוֹל:
בפורים: בִּימֵי מָרְדְּכַי וְאֶסְתֵּר בְּשׁוּשַׁן הַבִּירָה כְּשֶׁעָמַד עֲלֵיהֶם הָמָן הָרָשָׁע בִּקֵּשׁ לְהַשְׁמִיד לַהֲרוֹג וּלְאַבֵּד אֶת־כָּל־הַיְּהוּדִים מִנַּעַר וְעַד־זָקֵן טַף וְנָשִׁים בְּיוֹם אֶחָד בִּשְׁלוֹשָׁה עָשָׂר לְחֹדֶשׁ שְׁנֵים־עָשָׂר הוּא־חֹדֶשׁ אֲדָר וּשְׁלָלָם לָבוֹז: וְאַתָּה בְּרַחֲמֶיךָ הָרַבִּים הֵפַרְתָּ אֶת־עֲצָתוֹ וְקִלְקַלְתָּ אֶת־מַחֲשַׁבְתּוֹ וַהֲשֵׁבוֹתָ לּוֹ גְּמוּלוֹ בְּרֹאשׁוֹ וְתָלוּ אוֹתוֹ וְאֶת־בָּנָיו עַל־הָעֵץ:

[129] אור זרוע ב:פט "וְשׁוּב רָאִיתִי שֶׁשָּׁלַח רַבֵּינוּ יְהוּדָה בַּר' קָלוֹנִימוּס בַּר' מֹשֶׁה לְרַבֵּינוּ אֶפְרַיִם בר"י: הוֹדִיעֵנִי אֵיךְ מִתְפַּלְּלִים בְּשַׁבָּת 'אֱלֹהַי נְצוֹר לְשׁוֹנִי מֵרָע' דְּאָסוּר לְאָדָם שֶׁיִּשְׁאַל צְרָכָיו... וְהֵשִׁיב לוֹ ... הוֹאִיל וְתִקְּנוּ וְהִנְהִיגוּ הָעוֹלָם לֵאמֹר וְאֵין כָּאן בֵּית מֵיחוֹשׁ." שו"ת רבינו אברהם אב"ד קא "לְפִי דְּאָמַר אָסוּר לִתְבּוֹעַ צְרָכָיו בְּשַׁבָּת אֵיךְ אָנוּ אוֹמְרִים בְּשַׁבָּת... אֱלֹהַי נְצוֹר... אֶלָּא שֶׁיֵּשׁ לוֹמַר כְּשֵׁם שֶׁהִתִּיר לוֹמַר 'רְעֵנוּ פַּרְנְסֵנוּ' מִפְּנֵי שֶׁהוּא טוֹפֶס בְּרָכוֹת כְּלוֹמַר אֵינוֹ מֵעִיקַּר הַבְּרָכָה וְלֹא נִקְבְּעָה הַבְּרָכָה עַל כֵּן אֶלָּא שֶׁמַּאֲרִיךְ הָכִי נָמֵי."

וְעַל־כֻּלָּם יִתְבָּרַךְ וְיִתְרוֹמַם שִׁמְךָ מַלְכֵּנוּ תָּמִיד לְעוֹלָם וָעֶד:
בעשי"ת: וּכְתוֹב לְחַיִּים טוֹבִים כָּל בְּנֵי בְרִיתֶךָ:
וְכֹל הַחַיִּים יוֹדוּךָ סֶּלָה וִיהַלְלוּ אֶת־שִׁמְךָ בֶּאֱמֶת הָאֵל יְשׁוּעָתֵנוּ וְעֶזְרָתֵנוּ סֶלָה: בָּרוּךְ אַתָּה יְהֹוָה הַטּוֹב שִׁמְךָ וּלְךָ נָאֶה לְהוֹדוֹת:

שָׁלוֹם רָב עַל יִשְׂרָאֵל עַמְּךָ תָּשִׂים לְעוֹלָם כִּי אַתָּה הוּא מֶלֶךְ אָדוֹן לְכָל־הַשָּׁלוֹם וְטוֹב בְּעֵינֶיךָ לְבָרֵךְ אֶת־עַמְּךָ יִשְׂרָאֵל בְּכָל־עֵת וּבְכָל־שָׁעָה בִּשְׁלוֹמֶךָ.
בעשי"ת: בְּסֵפֶר חַיִּים בְּרָכָה וְשָׁלוֹם וּפַרְנָסָה טוֹבָה נִזָּכֵר וְנִכָּתֵב לְפָנֶיךָ אֲנַחְנוּ וְכָל עַמְּךָ בֵּית יִשְׂרָאֵל לְחַיִּים טוֹבִים וּלְשָׁלוֹם:
בָּרוּךְ אַתָּה יְהֹוָה הַמְבָרֵךְ אֶת־עַמּוֹ יִשְׂרָאֵל בַּשָּׁלוֹם:

יִהְיוּ לְרָצוֹן אִמְרֵי פִי וְהֶגְיוֹן לִבִּי לְפָנֶיךָ יְהֹוָה צוּרִי וְגוֹאֲלִי:
אֱלֹהַי נְצוֹר לְשׁוֹנִי מֵרָע וּשְׂפָתַי מִדַּבֵּר מִרְמָה. וְלִמְקַלְלַי נַפְשִׁי תִדּוֹם וְנַפְשִׁי כֶּעָפָר לַכֹּל תִּהְיֶה. פְּתַח לִבִּי בְּתוֹרָתֶךָ וּבְמִצְוֹתֶיךָ תִּרְדּוֹף נַפְשִׁי. וְכֹל הַחוֹשְׁבִים עָלַי רָעָה מְהֵרָה הָפֵר עֲצָתָם וְקַלְקֵל מַחֲשַׁבְתָּם: עֲשֵׂה לְמַעַן שְׁמֶךָ עֲשֵׂה לְמַעַן יְמִינֶךָ עֲשֵׂה לְמַעַן קְדֻשָּׁתֶךָ עֲשֵׂה לְמַעַן תּוֹרָתֶךָ. לְמַעַן יֵחָלְצוּן יְדִידֶיךָ הוֹשִׁיעָה יְמִינְךָ וַעֲנֵנִי: יִהְיוּ לְרָצוֹן אִמְרֵי פִי וְהֶגְיוֹן לִבִּי לְפָנֶיךָ יְהֹוָה צוּרִי וְגוֹאֲלִי:
עֹשֶׂה (בעשי"ת הַשָּׁלוֹם) שָׁלוֹם בִּמְרוֹמָיו הוּא יַעֲשֶׂה שָׁלוֹם עָלֵינוּ וְעַל כָּל־יִשְׂרָאֵל וְאִמְרוּ אָמֵן:

יְהִי רָצוֹן מִלְּפָנֶיךָ יְהֹוָה אֱלֹהֵינוּ וֵאלֹהֵי אֲבוֹתֵינוּ שֶׁיִּבָּנֶה בֵּית הַמִּקְדָּשׁ בִּמְהֵרָה בְיָמֵינוּ וְתֵן חֶלְקֵנוּ בְּתוֹרָתֶךָ: וְשָׁם נַעֲבָדְךָ בְּיִרְאָה כִּימֵי עוֹלָם וּכְשָׁנִים קַדְמוֹנִיּוֹת: וְעָרְבָה לַיהֹוָה מִנְחַת יְהוּדָה וִירוּשָׁלָםִ כִּימֵי עוֹלָם וּכְשָׁנִים קַדְמוֹנִיּוֹת:

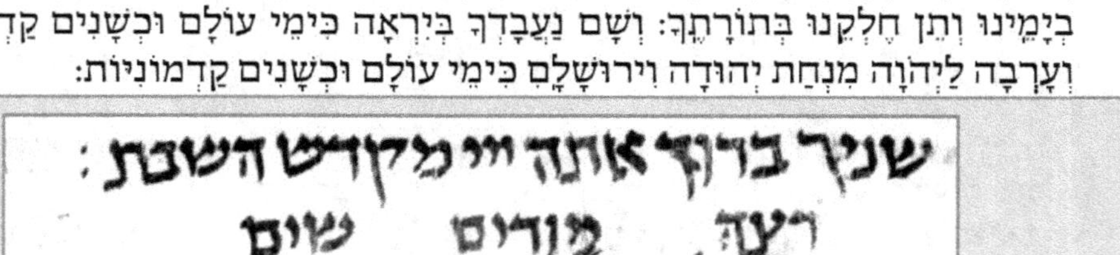

כ"י קיימברידג' T-S NS 325.211 המתוארך בין השנים 950-1100[130]

130 היות וכלי כתיבה היו יקרי ערך לא כתבו את כל טופס הברכות אלא רשמו בקיצור "רצה, מודים, שים" לסמן שיש לומר סיום התפילה הידועה. אחר זה, יש הוראה בפרסית-יהודית: "שליחא אנדר שוד וגויד ויכלו" שתרגומו "השליח ניגש ואומר: ויכלו...".

ויכלו

הופיע בסידור: גמרא[131], ר' נשרונאי גאון[132], ר' עמרם גאון, ר' סעדיה גאון, מחזור ויטרי[133] וקטעי הגניזה[134].
מקור הטקסט: פסוקים בספר בראשית[135].

וַיְכֻלּוּ הַשָּׁמַיִם וְהָאָרֶץ וְכָל צְבָאָם. וַיְכַל אֱלֹהִים בַּיּוֹם הַשְּׁבִיעִי מְלַאכְתּוֹ אֲשֶׁר עָשָׂה וַיִּשְׁבֹּת בַּיּוֹם הַשְּׁבִיעִי מִכָּל מְלַאכְתּוֹ אֲשֶׁר עָשָׂה. וַיְבָרֶךְ אֱלֹהִים אֶת יוֹם הַשְּׁבִיעִי וַיְקַדֵּשׁ אֹתוֹ כִּי בוֹ שָׁבַת מִכָּל מְלַאכְתּוֹ אֲשֶׁר בָּרָא אֱלֹהִים לַעֲשׂוֹת.

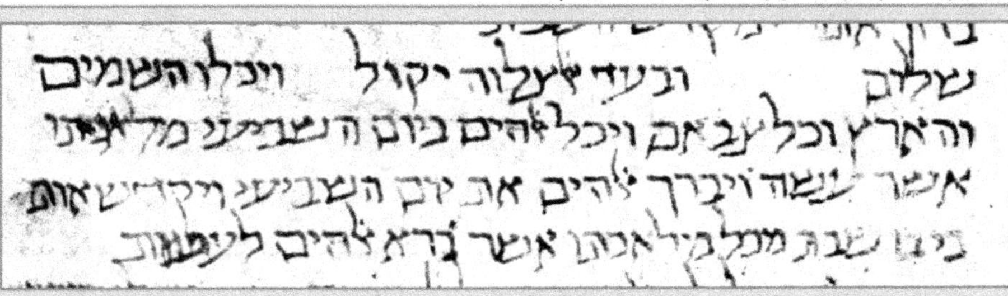
שלים ובעד אצלוה יקול ויכלו השמים
והארץ וכל צבאם ויכל אלהים ביום השביעי מלאכתו
אשר עשה ויברך אלהים את יום השביעי ויקדש אותו
כי בו שבת מכל מלאכתו אשר ברא אלהים לעשות

כ"י אוקספורד Heb. d. 55.15 המתוארך למאה ה-11/10

---

131 בבלי שבת קיט: "אָמַר רָבָא, וְאִיתֵּימָא רַבִּי יְהוֹשֻׁעַ בֶּן לֵוִי: אֲפִילּוּ יָחִיד הַמִּתְפַּלֵּל בְּעֶרֶב שַׁבָּת צָרִיךְ לוֹמַר 'וַיְכוּלּוּ', דְּאָמַר רַב הַמְנוּנָא: כָּל הַמִּתְפַּלֵּל בְּעֶרֶב שַׁבָּת וְאוֹמֵר 'וַיְכוּלּוּ', מַעֲלֶה עָלָיו הַכָּתוּב כְּאִילּוּ נַעֲשָׂה שׁוּתָּף לְהַקָּדוֹשׁ בָּרוּךְ הוּא בְּמַעֲשֵׂה בְרֵאשִׁית, שֶׁנֶּאֱמַר: 'וַיְכוּלּוּ' אַל תִּקְרֵי 'וַיְכוּלּוּ' אֶלָּא 'וַיְכַלּוּ'... אָמַר רַב חִסְדָּא אָמַר מָר עוּקְבָא: כָּל הַמִּתְפַּלֵּל בְּעֶרֶב שַׁבָּת וְאוֹמֵר 'וַיְכוּלּוּ', שְׁנֵי מַלְאֲכֵי הַשָּׁרֵת הַמְלַוִּין לוֹ לָאָדָם מַנִּיחִין יְדֵיהֶן עַל רֹאשׁוֹ וְאוֹמְרִים לוֹ 'וְסָר עֲוֹנֶךָ וְחַטָּאתְךָ תְּכֻפָּר'." (יש להוסיף שהנוסח "כאילו מעיד על מעשה בראשית" שהובא במקצת ראשונים לא נמצא באף עד נוסח של הגמרא).
ובתושבת הרמב"ם קי"ג "שְׁאֵלָה וְתוֹרֵינוּ אֲדוֹנֵנוּ בְּקָהָל גָּדוֹל יַסְתִּירֵם הָאֵל בְּסֵתֶר כְּנָפָיו אֲשֶׁר הָיָה מִנְהָגָם מִימוֹת עוֹלָם וּמִשָּׁנִים קַדְמוֹנִיּוֹת לוֹמַר בְּלֵיל שַׁבָּת אַחַר שֶׁיֹּאמַר 'מִזְמוֹר שִׁיר לְיוֹם הַשַּׁבָּת' 'וַיְכֻלּוּ' וְנִמְצְאוּ שָׁם תַּלְמִידֵי חֲכָמִים וְאָמְרוּ כִּי אֵין רָאוּי לוֹמַר 'וַיְכֻלּוּ'.. תְּשׁוּבָה יִשָּׁאֲרוּ בְּמִנְהָגָם וְלֹא יְבַטְּלוּ מִנְהַג אֲבוֹתֵיהֶם אַךְ בְּזֹאת שֶׁיֹּאמְרוּ אוֹתוֹ אַחַר הָעֲמִידָה קוֹדֶם גְּמַר עַרְבִית: וְכָתַב מֹשֶׁה."
סדר חיבור ברכות (מחצית הראשונה של המאה ה-12) "פּוֹתֵחַ ש"ץ וְאוֹמֵר 'עַת לְהַקְדִּישׁ' וַיְכוּלּוּ... מָגֵן אָבוֹת... מְקַדֵּשׁ הַשַּׁבָּת... וְלָמָּה פּוֹתֵחַ ש"ץ 'עַת לְקִידּוּשׁ' וְאוֹמֵר וַיְכוּלּוּ כּוּלּוֹ וְכוֹלֵל תְּפִילָּה זוֹ וּמְסַיֵּים בָּהּ מְקַדֵּשׁ הַשַּׁבָּת? כְּדֵי לְהוֹצִיא יְדֵי חוֹבָתָן מִידֵי קִידּוּשׁ לָאוֹרְחִים שֶׁבְּבֵית הַכְּנֶסֶת וְשֶׁאֵינָן יוֹדְעִין לְקַדֵּשׁ." משמע מלשון זה שאמירת "ויכולו" ומעין שבע הם הם קידוש בבית הכנסת וראה בסוף הסידור ב"חושב מחשבות". לעיון נוסף ראו *קידוש של ליל שבת בבית הכנסת ונוסח המכילתא* של תא-שמע.

132 שבלי הלקט סה "שָׁאֲלוּ מִקַּמֵּי רַב נַטְרוֹנָאִי גָּאוֹן זצ"ל... וְהֵשִׁיב... וְעַל כֵּן לֹא רָצוּ לְאַחֵר בְּבֵית הַכְּנֶסֶת אֶלָּא קוֹרִין אֶת שְׁמַע בְּבִרְכוֹתֶיהָ וְנִפְטָרִין לְבָתֵּיהֶן לְשָׁלוֹם, בָּאוּ הָאַחֲרוֹנִים וְהוֹסִיפוּ לוֹמַר 'וַיְכוּלּוּ הַשָּׁמַיִם' וּבְרָכָה אַחַת מֵעֵין שֶׁבַע בְּנוֹעַם וּבְמְשִׁיכָה וּפֶרֶק 'בַּמֶּה מַדְלִיקִין'. כָּל זֶה לְצוֹרֶךְ וּלְתַקָּנָה הִיא שֶׁאִם יֵשׁ אֶחָד שֶׁאִיחֵר לָבוֹא לְבֵית הַכְּנֶסֶת... וְכֵן מִנְהָג בִּישִׁיבָה וּבְבֵית רַבֵּינוּ שֶׁבְּבָבֶל."

133 מחזור ויטרי "וְשָׁלֹשׁ פְּסִיעוֹת. וּפוֹתֵחַ הַשָּׁלִיחַ וְאוֹמֵר 'וַיְכוּלּוּ' בְּקוֹל רָם וְגוֹמְרוֹ בְּלַחַשׁ. וְהַצִּיבּוּר עוֹנִין וְיִגְמְרוּ שְׁנֵי הַכְּתוּבִים עַד 'לַעֲשׂוֹת'... וּלְאַחַר סִיּוּם תְּפִילַּת לַחַשׁ הַחַזָּן פּוֹתֵחַ וְאוֹמֵר 'וַיְכוּלּוּ' אַף עַל פִּי שֶׁאֵינוֹ צָרִיךְ שֶׁכְּבָר נִפְטַר בְּ'וַיְכוּלּוּ' שֶׁאָמַר בְּלַחַשׁ אֶלָּא מִפְּנֵי יוֹם טוֹב שֶׁחָל לִהְיוֹת בַּשַּׁבָּת שֶׁאֵין אוֹמְרִים 'וַיְכוּלּוּ' בְּלַחַשׁ... לְכָךְ תִּקְנוּהוּ לְאוֹמְרוֹ בְּכָל שַׁבָּת לְאַחַר תְּפִילַּת לַחַשׁ שֶׁלֹּא לַשּׂוּם חִילּוּק בֵּין שְׁאָר שַׁבָּתוֹת לְשַׁבָּת שֶׁחָל בּוֹ יוֹם טוֹב"

134 לדוגמא כ"י אוקספורד Heb. d. 55.15 המתוארך למאה ה-11/10 "רצה, מודים, ושים שלום. ובעד אצלוה יקול: ויכלו השמים..." וכ"י סנקט פטרבורג Evr. III B 122 המתוארך למאה ה-11/10 "ולאחר שמתפללין בלחש יורד שליח ציבור ואומר ויכלו השמים והארץ. ועונין הציבור אחריו."

135 בראשית ב:א-ג.

מעין שבע

הופיע בסידור: ר' עמרם גאון, ר' סעדיה גאון, ר' נטרונאי גאון[136], מחזור ויטרי, וקטעי הגניזה[137]. השינוי בשבת שובה מר' מנוח בן יעקב במאה ה-13[138].
מקור הטקסט: תלמוד ירושלמי[139] ובבלי[140]. פתיחת הברכה ממנהג ארץ ישראל קדום[141].

בָּרוּךְ אַתָּה יְהֹוָה אֱלֹהֵינוּ וֵאלֹהֵי אֲבוֹתֵינוּ, אֱלֹהֵי אַבְרָהָם אֱלֹהֵי יִצְחָק וֵאלֹהֵי יַעֲקֹב, הָאֵל הַגָּדוֹל הַגִּבּוֹר וְהַנּוֹרָא אֵל עֶלְיוֹן, קוֹנֵה[1] שָׁמַיִם וָאָרֶץ[2].

מָגֵן אָבוֹת בִּדְבָרוֹ, מְחַיֵּה מֵתִים בְּמַאֲמָרוֹ, הָאֵל[3] (בשבת שובה: הַמֶּלֶךְ) הַקָּדוֹשׁ שֶׁאֵין כָּמוֹהוּ. הַמֵּנִיחַ לְעַמּוֹ בְּיוֹם שַׁבַּת[4] קָדְשׁוֹ כִּי בָם רָצָה לְהָנִיחַ לָהֶם[5], לְפָנָיו נַעֲבוֹד בְּיִרְאָה וָפַחַד, וְנוֹדֶה לִשְׁמוֹ בְּכָל יוֹם תָּמִיד[6] מֵעֵין[7] הַבְּרָכוֹת. אֵל הַהוֹדָאוֹת אֲדוֹן[8] הַשָּׁלוֹם, מְקַדֵּשׁ הַשַּׁבָּת וּמְבָרֵךְ שְׁבִיעִי[9], וּמֵנִיחַ[10] בִּקְדֻשָּׁה לְעַם מְדֻשְּׁנֵי עֹנֶג, זֵכֶר לְמַעֲשֵׂה בְרֵאשִׁית:

אֱלֹהֵינוּ[11] וֵאלֹהֵי אֲבוֹתֵינוּ רְצֵה בִמְנוּחָתֵנוּ. קַדְּשֵׁנוּ בְּמִצְוֹתֶיךָ וְתֵן חֶלְקֵנוּ בְּתוֹרָתֶךָ שַׂבְּעֵנוּ מִטּוּבֶךָ. וְשַׂמְּחֵנוּ בִּישׁוּעָתֶךָ. וְטַהֵר לִבֵּנוּ לְעָבְדְּךָ בֶּאֱמֶת. וְהַנְחִילֵנוּ יְהֹוָה אֱלֹהֵינוּ בְּאַהֲבָה וּבְרָצוֹן שַׁבַּת קָדְשֶׁךָ. וְיָנוּחוּ בָהּ יִשְׂרָאֵל מְקַדְּשֵׁי שְׁמֶךָ. בָּרוּךְ אַתָּה יְהֹוָה מְקַדֵּשׁ הַשַּׁבָּת:

שינויי נוסחאות

1 ברס"ג, במ"ו וברמב"ם יש כאן "ברחמיו".
2 ברמב"ם יש כאן "גומל חסדים טובים וקונה הכל". במקום "קונה שמים וארץ" ברנ"ג יש "גומל חסדים טובים". בכ"י 123.33 יש "גומל חסדים טובים וקונה הכל".
3 במקום "האל" ברנ"ג יש "מלך" ברמב"ם ובכ"י 123.33 יש "המלך".
4 במקום "ביום שבת" במ"ו יש "שבת". בכל שאר עדי הנוסח יש "בשבת".
5 ברנ"ג ליתא "להניח להם".
6 ברס"ג יש "כי הוא משים שלום" במקום "בכל יום תמיד".
7 ברס"ג ברמב"ם ובכ"י 120.103 יש "מעון" במקום "מעין".
8 במקום "אל ההודאות אדון" ברע"ג ובכ"י 120.103 יש "ורוב ההודאות לאדון". ברס"ג וברמב"ם יש "אדון". ברנ"ג יש "ורוב ההודאות אדון".
9 במקום "מקדש השבת ומברך שביעי" ברס"ג יש "מברך השבת ומקדש שביעי". ברמב"ם יש "מברך שביעי ומקדש השבת".
10 ברס"ג יש "ורצה והניח" במקום "ומניח".
11 בכל עדי הנוסח, לא כתבו שוב את הנוסח של ברכת קדושת היום וסמכו על מה שכתבו בעמידה.

---

136 תשובות רב נטרונאי גאון עד "עִינְיָן מֵעֵין שֶׁבַע כָּךְ הוּא: בָּרוּךְ אַתָּה יי אֱלֹהֵינוּ וֵאלֹהֵי אֲבוֹתֵינוּ אֱלֹהֵי אַבְרָהָם אֱלֹהֵי יִצְחָק וֵאלֹהֵי יַעֲקֹב הָאֵל הַגָּדֹל הַגִּבּוֹר וְהַנּוֹרָא אֵל עֶלְיוֹן גּוֹמֵל חֲסָדִים טוֹבִים מָגֵן אָבוֹת בִּדְבָרוֹ מְחַיֵּה מֵתִים בְּמַאֲמָרוֹ מֶלֶךְ הַקָּדוֹשׁ שֶׁאֵין כָּמוֹהוּ הַמֵּנִיחַ לְעַמּוֹ בְּשַׁבַּת קָדְשׁוֹ כִּי בָם רָצָה, לְפָנָיו נַעֲבוֹד בְּיִרְאָה וָפַחַד וְנוֹדֶה לִשְׁמוֹ בְּכָל יוֹם תָּמִיד מְעוֹן הַבְּרָכוֹת וְרוֹב הוֹדָאוֹת אֲדוֹן הַשָּׁלוֹם מְקַדֵּשׁ הַשַּׁבָּת וּמְבָרֵךְ שְׁבִיעִי וּמֵנִיחַ בִּקְדוּשָּׁה לְעַם מְדֻשְּׁנֵי עוֹנֶג זֵכֶר לְמַעֲשֵׂה בְּרֵאשִׁית. אֱלֹהֵינוּ וֵאלֹהֵי אֲבוֹתֵינוּ..."
רבינו פרץ על סמ"ק יא (כ"י מוסקבה 1374) "וְנָהֲגוּ הָעָם לוֹמַר עִם שְׁלִיחַ צִבּוּר מִ'מָגֵן אָבוֹת בִּדְבָרוֹ' וְאֵילָךְ עַד 'זֵכֶר לְמַעֲשֵׂה בְרֵאשִׁית'."
137 בנוסף למה שהבאתי בצילומים יש גם לדוגמא בכ"י סנקט פטרבורג Evr. III B 122 המתוארך למאה ה-11/10 "וְאוֹמֵר קִידּוּשְׁתָּא שֶׁהִיא בְּרָכָה אַחַת מֵעֵין שֶׁבַע... וְהָא קִידּוּשְׁתָּא תִּיקְּנוּ רַבָּנָן מִשּׁוּם סַכָּנָה דְּבֵי שִׁמְשֵׁי דִּשְׁכִיחֵי מַזִּיקִין."
138 ספר המנוחה הלכות תפילה י:יג "וּבְאוֹתָן הַיָּמִים צָרִיךְ לוֹמַר בִּבְרָכָה אַחַת מֵעֵין שֶׁבַע 'הַמֶּלֶךְ הַקָּדוֹשׁ שֶׁאֵין כָּמוֹהוּ וְכוּ'." בקטע קדום מהגניזה כ"י קיימברידג T-S NS 123.33 המתוארך למאה ה-11/10 (צילומו מובא בעמוד הבא) יש "המלך הקדוש" בשבת רגילה. וכן ראינו לעיל בתשובות ר' נטרונאי גאון וכן בסדר התפילה של הרמב"ם.
139 ירושלמי ברכות ח:א "אָמַר רִבִּי יוֹסֵי בְּרִיבִּי נְהִיגִין תַּמָּן בְּמָקוֹם שֶׁאֵין יַיִן שְׁלִיחַ צִיבּוּר עוֹבֵר לִפְנֵי הַתֵּיבָה וְאוֹמֵר בְּרָכָה אַחַת מֵעֵין שֶׁבַע וְחוֹתֵם בִּ'**מְקַדֵּשׁ יִשְׂרָאֵל וְאֶת יוֹם הַשַּׁבָּת**'." המימרא גם מובא בפסחים י:ב עם החלפת "**ויום**" במקום "ואת יום".
140 בבלי שבת כד: "דְּאָמַר רָבָא: יוֹם טוֹב שֶׁחָל לִהְיוֹת בְּשַׁבָּת, שְׁלִיחַ צִיבּוּר הַיּוֹרֵד לִפְנֵי הַתֵּיבָה עַרְבִית אֵינוֹ צָרִיךְ לְהַזְכִּיר שֶׁל יוֹם טוֹב" ורש"י שם "הַמִּתְפַּלֵּל בִּרְכַּת מֵעֵין שֶׁבַע 'קוֹנֵה שָׁמַיִם וָאָרֶץ מָגֵן אָבוֹת בִּדְבָרוֹ'."
בבלי פסחים קיז: "אָמַר רָבָא: אַשְׁכַּחְתִּינְהוּ לְסָבֵי דְּפוּמְבְּדִיתָא דְּיָתְבִי וְקָאָמְרִי: בְּשַׁבַּתָּא בֵּין בִּצְלוֹתָא בֵּין בְּקִידּוּשָׁא: '**מְקַדֵּשׁ הַשַּׁבָּת**'... טַעְמָא דִידְכוּ: שַׁבָּת, דִּקְבִיעָא וְקַיְימָא בֵּין בִּצְלוֹתָא וּבֵין בְּקִידּוּשָׁא: 'מְקַדֵּשׁ הַשַּׁבָּת'."
141 ככה פתחו שמונה עשרה (גם בימות החול) במנהג ארץ ישראל. לעיון מעמיק יותר על העמידה של ארץ ישראל ראו בספרו של ארליך *תפילת העמידה של ימות החול*. במקביל, יש קומץ דוגמאות בגניזה שבו השתמשו בתחילת העמידה המוכרת לנו גם לתחילת ברכה מעין שבע (כמו שיש למעלה בתשובת ר' נטרונאי גאון), לדוגמא כ"י קיימברידג' T-S NS 123.33 המתוארך למאה ה-11/10 וכ"י קיימברידג' T-S NS 125.149. שילוב מעניין נמצא בכ"י קיימברידג' T-S NS 325.211 בו יש "האל הגדול הגבור הנורא אל עליון רם ומושל על כל גומל חסדים טובים קונה שמים וארץ." גם בנוסח של הרמב"ם יש שילוב. לעיון נוסף ראו במאמרו של וידר *לחקר נוסח העמידה במנהג בבל הקדמון*.

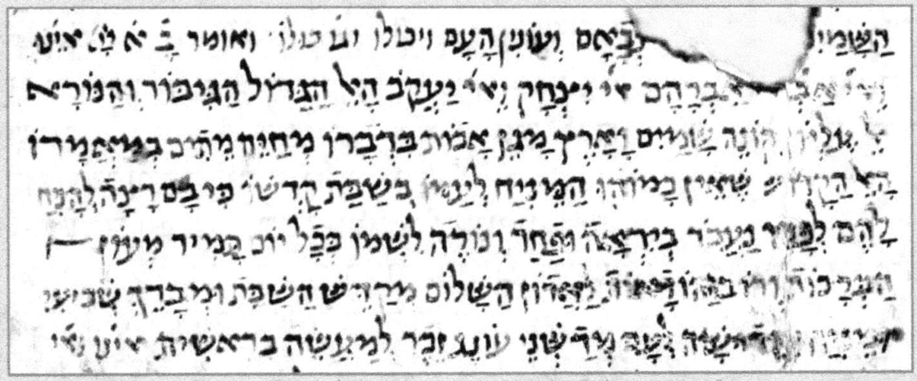

כ"י קיימברידג' T-S NS 120.103 המתוארך למאה ה-11/10[142]

כ"י קיימברידג' T-S NS 123.33 המתוארך למאה ה-11/10

[142] בכתב היד רואים את הלשון "מעון הברכות" שגם נמצא בסדר רס"ג וברמב"ם. ידוע לנו מכמה קטעי הגניזה (לדוגמא כ"י קיימברידג' T-S NS 195.47 מהמאה ה-12/11 וכ"י ניו יורק Schechter.24 מהמאה ה-12/11) שבנוסח ארץ ישראל, סיימו את ברכת השלום בסוף כל תפילת עמידה עם "כן תברכינו כולנו בשלום, מעון הברכות ועושה השלום." היות וברכה מעין שבע בא במקום חזרת הש"ץ וכבר ידוע לנו שהוא מעין העמידה של מנהג ארץ ישראל (כמו שראינו עם הנוסח 'קונה שמים וארץ') יש להגיע למסקנה ש'מעון הברכות' הוא הנוסח המקורי. לעיון נוסף ראו מאמרו של גדליה אלון *מעון הברכות* בתרביץ יד.

קדיש שלם

הופיע בסידור: ר' עמרם גאון, מחזור ויטרי וקטעים מהגניזה[143].

יִתְגַּדַּל וְיִתְקַדַּשׁ שְׁמֵהּ רַבָּא (אָמֵן) בְּעָלְמָא דִּי־בְרָא כִרְעוּתֵהּ | וְיַמְלִיךְ מַלְכוּתֵהּ בְּחַיֵּיכוֹן וּבְיוֹמֵיכוֹן וּבְחַיֵּי דְכָל־בֵּית יִשְׂרָאֵל בַּעֲגָלָא וּבִזְמַן קָרִיב וְאִמְרוּ אָמֵן:

יְהֵא שְׁמֵהּ רַבָּא מְבָרַךְ לְעָלַם וּלְעָלְמֵי עָלְמַיָּא

יִתְבָּרַךְ וְיִשְׁתַּבַּח וְיִתְפָּאַר וְיִתְרוֹמַם וְיִתְנַשֵּׂא וְיִתְהַדָּר וְיִתְעַלֶּה וְיִתְהַלָּל שְׁמֵהּ דְקוּדְשָׁא בְּרִיךְ הוּא

לְעֵלָּא מִן־כָּל־ (בעשי"ת: לְעֵלָּא לְעֵלָּא מִכָּל) בִּרְכָתָא וְשִׁירָתָא תֻּשְׁבְּחָתָא וְנֶחָמָתָא דַּאֲמִירָן בְּעָלְמָא וְאִמְרוּ אָמֵן:

תִּתְקַבַּל צְלוֹתְהוֹן וּבָעוּתְהוֹן דְּכָל בֵּית יִשְׂרָאֵל קֳדָם אֲבוּהוֹן דִּי בִשְׁמַיָּא וְאִמְרוּ אָמֵן:

יְהֵא שְׁלָמָא רַבָּא מִן־שְׁמַיָּא וְחַיִּים עָלֵינוּ וְעַל־כָּל־יִשְׂרָאֵל וְאִמְרוּ אָמֵן:

עוֹשֶׂה שָׁלוֹם (בעשי"ת: הַשָּׁלוֹם) בִּמְרוֹמָיו הוּא יַעֲשֶׂה שָׁלוֹם עָלֵינוּ וְעַל כָּל יִשְׂרָאֵל וְאִמְרוּ אָמֵן:

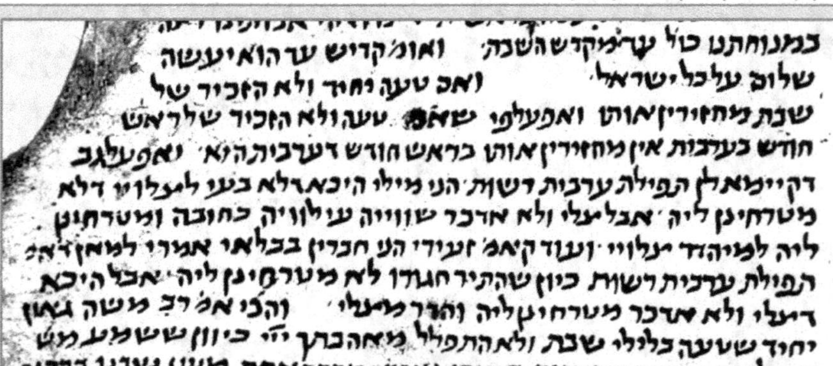
במנוחתו כו' עד מקדש השבת ואומ' קדיש עד הוא יעשה
שלום על כל ישראל ואם טעה יחיד ולא הזכיר של
שבת מחזירין אותו ואפעלפי שאמ' טעה ולא הזכיר של ראש
חודש בערבות אין מחזירין אותו בראש חודש דערבית הוא ואף על גב
דקיימא לן תפילת ערבית רשות הני מילי היכא דלא בעי לצלויי דלא
מטרחינן ליה אבל יצלי ולא אדכר שווייה עילוויה כחובה ומטרחינן
ליה למיהדר ולצלויי ועוד קאמ' זעירי הני חברין בבלאי אמרי למאן דאמ'
תפילת ערבית רשות כיון שהתיר חגורו לא מטרחינן ליה אבל היכא
דיצלי ולא אדכר מטרחינן ליה והדר מצלי והכי אמ' רב משה גאון
יחיד שטעה בלילי שבת ולא התפלל מאהבתך יי' כיון ששמע מש
משליח ציבור מגן אבות בדברו שהיא ברכה אחת מעין שבע ברכות
מתחילה ועד סוף יצא ידי חובתו ומקדש על היין בבית הכנסת

כ"י סנקט פטרבורג Evr. III B 122 המתוארך למאה ה-11/10[144]

---

143 לדוגמא זה שלפנינו וכ"י כ"י קיימברידג' T-S NS 120.103 המתוארך למאה ה-11/10 "...עד מקדש השבת. יתגדל עד עושה השלום. קידוש היום על הכוס..."

144 כ"י קדום זה כולל ציטוטים מהגמרא ופסקי הלכה בין התפילות. כאן, אחר סוף ברכת מעין שבע יש: "וְאוֹמֵר קַדִּישׁ עַד 'הוּא יַעֲשֶׂה שָׁלוֹם עַל כָּל יִשְׂרָאֵל'. וְאִם טָעָה יָחִיד וְלֹא הִזְכִּיר שֶׁל שַׁבָּת מַחֲזִירִין אוֹתוֹ. וְאַף עַל פִּי שֶׁאָמַרְנוּ 'טָעָה וְלֹא הִזְכִּיר שֶׁל רֹאשׁ חֹדֶשׁ בָּעַרְבִית אֵין מַחֲזִירִין אוֹתוֹ' בְּרֹאשׁ חֹדֶשׁ דְּעַרְבִית הוּא. וְאַף עַל גַּב דְּקַיְימָא לַן תְּפִלַּת עַרְבִית רְשׁוּת הָנֵי מִילֵּי הֵיכָא שֶׁלֹּא בָּעֵי לְצַלּוֹיֵי דְּלָא מַטְרְחִינַן לֵיהּ. אֲבָל צַלֵּי וְלָא אַדְכַּר שַׁוְּיֵהּ עִילָּוֵיהּ כְּחוֹבָה וּמַטְרְחִינַן לֵיהּ לְמֶיהְדַּר צַלּוֹיֵי. וְעוֹד קָאָמַר זְעֵירִי הָנֵי חַבְרִין בְּבְלָאֵי אָמְרֵי לְמַאן דְּאָמַר תְּפִלַּת עַרְבִית רְשׁוּת כֵּיוָן שֶׁהִתִּיר חֲגוֹרוֹ לָא מַטְרְחִינַן לֵיהּ אֲבָל הֵיכָא דְּצַלֵּי וְלָא אַדְכַּר מַטְרְחִינַן לֵיהּ וְהָדַר מְצַלֵּי. וְהָכִי אָמַר רַב מֹשֶׁה גָּאוֹן: יָחִיד שֶׁטָּעָה בְּלֵילֵי שַׁבָּת וְלֹא הִתְפַּלֵּל 'מֵאַהֲבָתְךָ יְיָ' כֵּיוָן שֶׁשָּׁמַע מִשְּׁלִיחַ צִיבּוּר 'מָגֵן אָבוֹת בִּדְבָרוֹ' שֶׁהִיא בְּרָכָה אַחַת מֵעֵין שֶׁבַע בְּרָכוֹת מִתְּחִלָּה וְעַד סוֹף יָצָא יְדֵי חוֹבָתוֹ."

מזמור לדוד (ע"מ, ס)

הופיע בסידור: בקטע מהגניזה מהמאה ה-12 לפני ערבית[145]. אמירתו כאן ממנהג קטלוניא במאה ה-13[146]. חצי קדיש אחריו נמצא לראשונה בתחילת המאה ה-19[147].
מקור הטקסט: מזמור בתהלים[148].

מִזְמוֹר לְדָוִד יְהֹוָה רֹעִי לֹא אֶחְסָר: בִּנְאוֹת דֶּשֶׁא יַרְבִּיצֵנִי עַל מֵי מְנֻחוֹת יְנַהֲלֵנִי: נַפְשִׁי יְשׁוֹבֵב יַנְחֵנִי בְמַעְגְּלֵי צֶדֶק לְמַעַן שְׁמוֹ: גַּם כִּי אֵלֵךְ בְּגֵיא צַלְמָוֶת לֹא אִירָא רָע כִּי אַתָּה עִמָּדִי, שִׁבְטְךָ וּמִשְׁעַנְתֶּךָ הֵמָּה יְנַחֲמֻנִי: תַּעֲרֹךְ לְפָנַי שֻׁלְחָן נֶגֶד צֹרְרָי, דִּשַּׁנְתָּ בַשֶּׁמֶן רֹאשִׁי כּוֹסִי רְוָיָה: אַךְ טוֹב וָחֶסֶד יִרְדְּפוּנִי כָּל יְמֵי חַיָּי, וְשַׁבְתִּי בְּבֵית יְהֹוָה לְאֹרֶךְ יָמִים:

יִתְגַּדַּל וְיִתְקַדַּשׁ שְׁמֵהּ רַבָּא. (אָמֵן) בְּעָלְמָא דִּי בְרָא כִרְעוּתֵהּ | וְיַמְלִיךְ מַלְכוּתֵהּ וְיַצְמַח פֻּרְקָנֵהּ וִיקָרֵב מְשִׁיחֵהּ בְּחַיֵּיכוֹן וּבְיוֹמֵיכוֹן וּבְחַיֵּי דְכָל בֵּית יִשְׂרָאֵל, בַּעֲגָלָא וּבִזְמַן קָרִיב, וְאִמְרוּ אָמֵן.
יְהֵא שְׁמֵהּ רַבָּא מְבָרַךְ לְעָלַם וּלְעָלְמֵי עָלְמַיָּא. יִתְבָּרַךְ. וְיִשְׁתַּבַּח. וְיִתְפָּאַר. וְיִתְרוֹמַם. וְיִתְנַשֵּׂא. וְיִתְהַדָּר. וְיִתְעַלֶּה. וְיִתְהַלָּל שְׁמֵהּ דְּקֻדְשָׁא, בְּרִיךְ הוּא. לְעֵלָּא מִן כָּל (בעשי"ת: לְעֵלָּא לְעֵלָּא מִכָּל) בִּרְכָתָא וְשִׁירָתָא, תֻּשְׁבְּחָתָא וְנֶחֱמָתָא, דַּאֲמִירָן בְּעָלְמָא, וְאִמְרוּ אָמֵן:

בָּרְכוּ אֶת יְהֹוָה הַמְבֹרָךְ:
בָּרוּךְ יְהֹוָה הַמְבֹרָךְ לְעוֹלָם וָעֶד:

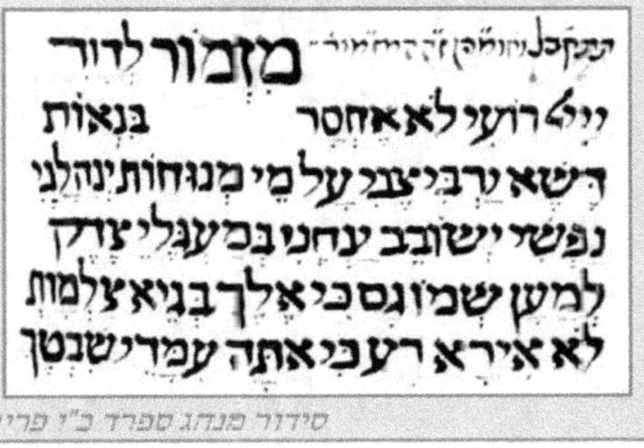
מזמור לדוד
יי' רועי לא אחסר בנאות
דשא ירביצני על מי מנוחות ינהלני
נפשי ישובב ינחני במעגלי צדק
למען שמו גם כי אלך בגיא צלמות
לא אירא רע כי אתה עמדי שבטך

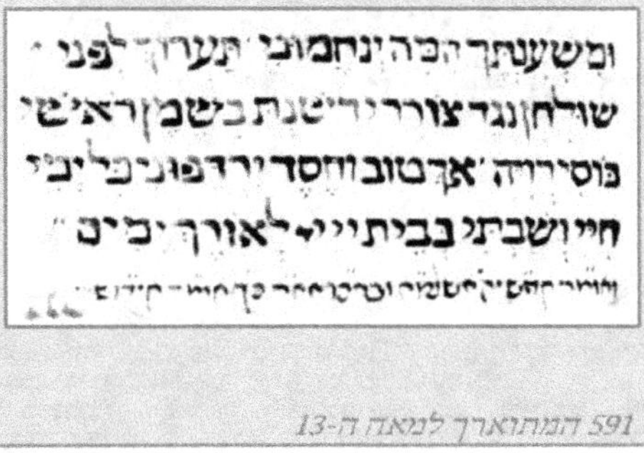
ומשענתך המה ינחמוני תערך לפני
שולחן נגד צוררי דשנת בשמן ראשי
כוסי רויה אך טוב וחסד ירדפוני כל ימי
חיי ושבתי בבית יי' לאורך ימים

סידור מנהג ספרד כ"י פריס 591 המתוארך למאה ה-13

[145] כ"י קיימברידג' T-S NS 271.16 המתוארך למאה ה-12 "ברוך אתה יי אלהינו מלך העולם אשר בחר בדויד עבדו. שיר למעלות אשא עיני אל ההרים. מזמור שיר ליום השבת. ויקול מזמור דלך אלעיד (ויאמר המזמור של החג ההוא). וקום יקולו מן בעד דלך (והעם אומרים לאחר מכן) מזמור לדוד יי רועי לא אחסור וג'." ואז בצד השני של הקטע יש "מעריב סבת ועידי" (מעריב של שבת וחג).

[146] סידור מנהג ספרד כ"י פריס 591 המתוארך למאה ה-13. אחר אמירתו יש "ואומר קדיש יהא שלמא וברכו אחר כך אומר קידוש."

[147] סידור בעל התניא נוסח אר"י שקלאו תקס"ג (1803). וסידור ר' קאפיל קול יעקב סלאוויטא תקס"ד (1804) "וְכַוָּונַת 'בָּרְכוּ' זֶה כִּי בְּקַדִּישׁ הָיָה הַכַּוָּונָה לאי"ה יה"ו בְּמִלּוּי יודי"ן וְהוּא בְּגִימַטְרִיָּא רי"ח וּכְדֵי לְהַשְׁלִים לרמ"ח אוֹמְרִים 'בָּרְכוּ אֶת יְהֹוָה הַמְבוֹרָךְ' הוּא י"ו אוֹתִיּוֹת 'בָּרוּךְ יְהֹוָה הַמְבוֹרָךְ' הֵא י"ד אוֹתִיּוֹת הֲרֵי ל' וְעִם רי"ח הֲרֵי רמ"ח בְּגִימַטְרִיָּא אברה"ם." המתפללים נוסח עדות המזרח אומרים כאן קדיש יתום כמו בחול וראו בהמל"ה להמשך עיון.

[148] תהלים פרק כג.

קידוש בבית הכנסת (חו"ל)

הופיע בסידור: גמרא[149] תשובות הגאונים[150], ר' עמרם גאון[151], ר' סעדיה גאון[152], מחזור ויטרי וקטעים מהגניזה[153].

מקור הטקסט: לגבי הנוסח של קידוש על הכוס בליל שבת עיין לקמן לפני הסעודה.

סַבְרִי מָרָנָן וְרַבָּנָן וְרַבּוֹתַי[1]:

בָּרוּךְ אַתָּה יְהֹוָה אֱלֹהֵינוּ מֶלֶךְ הָעוֹלָם בּוֹרֵא פְּרִי הַגָּפֶן:

בָּרוּךְ אַתָּה יְהֹוָה אֱלֹהֵינוּ מֶלֶךְ הָעוֹלָם. אֲשֶׁר קִדְּשָׁנוּ בְּמִצְוֹתָיו וְרָצָה בָנוּ. וְשַׁבַּת קָדְשׁוֹ בְּאַהֲבָה וּבְרָצוֹן הִנְחִילָנוּ. זִכָּרוֹן לְמַעֲשֵׂה בְרֵאשִׁית. כִּי הוּא יוֹם תְּחִלָּה לְמִקְרָאֵי קֹדֶשׁ זֵכֶר לִיצִיאַת מִצְרָיִם. כִּי בָנוּ בָחַרְתָּ וְאוֹתָנוּ קִדַּשְׁתָּ מִכָּל הָעַמִּים וְשַׁבַּת קָדְשְׁךָ בְּאַהֲבָה וּבְרָצוֹן הִנְחַלְתָּנוּ: בָּרוּךְ אַתָּה יְהֹוָה מְקַדֵּשׁ הַשַּׁבָּת:

שינויי נוסחאות

1 בעדי הנוסח ליתא שורה זו.

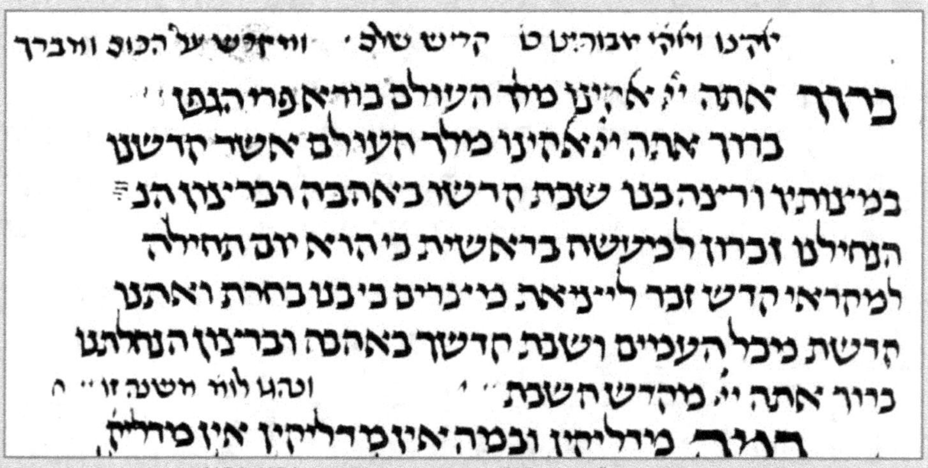
ברוך אתה יי׳ אלהינו מלך העולם בורא פרי הגפן
ברוך אתה יי׳ אלהינו מלך העולם אשר קדשנו
במצותיו ורצה בנו שבת קדשו באהבה וברצון הנ
הנחילנו זכרון למעשה בראשית כי הוא יום תחילה
למקראי קדש זכר ליציאת מצרים כי בנו בחרת ואתנו
קדשת מכל העמים ושבת קדשך באהבה וברצון הנחלתנו
ברוך אתה יי׳ מקדש השבת

מחזור ויטרי כ"י ששון 535 המתוארך בין השנים 1124-1154

[149] בבלי פסחים ק: "לְרַב, לְמָה לֵיהּ לְקַדּוּשֵׁי בְּבֵיתֵיהּ? כְּדֵי לְהוֹצִיא בָּנָיו וּבְנֵי בֵיתוֹ. וּשְׁמוּאֵל, לְמָה לִי לְקַדּוּשֵׁי בְּבֵי כְנִישְׁתָּא? לְאַפּוֹקֵי אוֹרְחִים יְדֵי חוֹבָתָן, דְּאָכְלוּ וְשָׁתוּ וְגָנוּ בְּבֵי כְנִישְׁתָּא."
בבלי ברכות לג. "אָמַר רַבִּי חִיָּיא בַּר אַבָּא אָמַר רַבִּי יוֹחָנָן: אַנְשֵׁי כְּנֶסֶת הַגְּדוֹלָה תִּקְנוּ לָהֶם לְיִשְׂרָאֵל בְּרָכוֹת וּתְפִלּוֹת, קְדוּשּׁוֹת וְהַבְדָּלוֹת. בַּתְּחִלָּה קְבָעוּהָ בַּתְּפִלָּה. הֶעֱשִׁירוּ קְבָעוּהָ עַל הַכּוֹס. חָזְרוּ וְהֶעֱנוּ קְבָעוּהָ בַּתְּפִלָּה."
בבלי שבת קיג: "פְּסִיעָה גַּסָּה נוֹטֶלֶת אֶחָד מֵחֲמֵשׁ מֵאוֹת מִמְּאוֹר עֵינָיו שֶׁל אָדָם. וּמַהְדַּר לֵיהּ בְּקִידּוּשָׁא דְּבֵי שִׁמְשֵׁי."

[150] תשובות רב נטרונאי גאון עו "וְהָכִי אָמַר רַב נָטְרוֹנָאִי רֵישׁ מְתִיבְתָּא: מְקַדְּשִׁין וּמַבְדִּילִין בְּבָתֵּי כְּנֵסִיּוֹת אַף עַל פִּי שֶׁאֵין אוֹרְחִים אוֹכְלִין שָׁם... מָה טַעַם מִפְּנֵי שֶׁהַטְעָמַת יַיִן שֶׁל קִדּוּשׁ שַׁבָּת מִשּׁוּם רְפוּאָה הִיא... זִמְנִין דְּאִיכָּא מִן הַצִּבּוּר דְּלֵית לֵיהּ יַיִן וּמְקַדֵּשׁ אַרִיפְתָּא, וְתִקְנוּ חֲכָמִים לְקַדֵּשׁ בְּבֵית הַכְּנֶסֶת עַל הַיַּיִן מִשּׁוּם רְפוּאָה."
ספר העתים קמ "וְכָתַב מָר רַב עַמְרָם הָכִי: וּמְקַדְּשִׁין עַל הַיַּיִן בְּבֵית הַכְּנֶסֶת לְהוֹצִיא אוֹרְחִין יְדֵי חוֹבָתָן... וְאָמַר נָמֵי רַב מַתִּתְיָה בֵּין אִיכָּא אוֹרְחִים דְּאָכְלֵי בְּבֵית הַכְּנֶסֶת וּבֵין לֵיכָּא מְקַדְּשִׁין וּמַבְדִּילִין בְּבֵית הַכְּנֶסֶת דְּבָעֵינַן זָכְרֵהוּ עַל הַיַּיִן בִּכְנִיסָתוֹ דִילְמָא אִיכָּא אִינִישׁ דְּלָא שְׁכִיחַ לֵיהּ חַמְרָא וְנָפֵיק בְּקִידּוּשָׁא דְּבֵית הַכְּנֶסֶת... וְאָמַר מָר רַב הַאיי לְקַדּוּשֵׁי שְׁלִיחַ צִבּוּר עַל הַכּוֹס וּלְאַבְדּוּלֵי בִּדְלֵיכָּא אוֹרְחִין... אֲבָל לְקַדּוּשֵׁי כֵּיוָן דְּקִידּוּשׁ בִּמְקוֹם סְעוּדָה הִיא אִי אִיכָּא אוֹרְחִים דְּהָתָם סְעוּדָּתָן מְקַדֵּשׁ וְאִי לֵיכָּא אוֹרְחִים לֵיזַל כָּל חַד וְחַד מִבְּנֵי מָתָא וּלְקַדֵּשׁ בִּמְקוֹם סְעוּדָּתוֹ."

[151] סדר ר' עמרם גאון תפילות שבת "וְהָא קְדוּשְׁתָּא דְּתַקִּינוּ רַבָּנָן מִשּׁוּם סַכָּנָה דְּבֵי שִׁמְשָׁא דִּשְׁכִיחֵי מַזִּיקִין. דִּלְמָא אִיכָּא דְּעָאֵיל וְלָא מְצַלֵּי, וְעַד דִּמְצַלֵּי נָפֵיק צִבּוּרָא וּפָיֵישׁ הוּא וּמִסְתַּכֵּן. וְתַקִּינוּ רַבָּנָן דְּמִתְאַחֲרֵי צִבּוּרָא אַחַר תְּפִלָּה כִּי הֵיכָא דְּגָמַר צְלוֹתֵיהּ וְנָפֵיק בַּהֲדֵי צִבּוּרָא. וּמִתְבָּעֵי לֵיהּ לְאִינָשׁ לְמֵיקַם בְּבֵי כְּנִישְׁתָּא עַד דִּמְקַדֵּשׁ שְׁלִיחָא דְצִבּוּרָא עַל כָּסָא דְּחַמְרָא דְּקִידּוּשָׁא." וכן במחזור ויטרי.

[152] סדר ר' סעדיה גאון תפלות של שבת "ואם יש יין בצבור בליל שבת מברך עליו החזן..."

[153] לדוגמא בכ"י סנקט פטרבורג Evr. III B 122 המתוארך למאה ה-11/10.

ספירת העומר

מקור הטקסט: ראו בהסידור ממקורותיו לימות החול אחרי ערבית.

הִנְנִי מוּכָן וּמְזֻמָּן לְקַיֵּם מִצְוַת עֲשֵׂה שֶׁל סְפִירַת הָעֹמֶר כְּמוֹ שֶׁכָּתוּב בַּתּוֹרָה. וּסְפַרְתֶּם לָכֶם מִמָּחֳרַת הַשַּׁבָּת מִיּוֹם הֲבִיאֲכֶם אֶת עֹמֶר הַתְּנוּפָה שֶׁבַע שַׁבָּתוֹת תְּמִימֹת תִּהְיֶינָה: עַד מִמָּחֳרַת הַשַּׁבָּת הַשְּׁבִיעִית תִּסְפְּרוּ חֲמִשִּׁים יוֹם וְהִקְרַבְתֶּם מִנְחָה חֲדָשָׁה לַיהוָה: וִיהִי נֹעַם אֲדֹנָי אֱלֹהֵינוּ עָלֵינוּ וּמַעֲשֵׂה יָדֵינוּ כּוֹנְנָה עָלֵינוּ וּמַעֲשֵׂה יָדֵינוּ כּוֹנְנֵהוּ:

בָּרוּךְ אַתָּה יְהֹוָה אֱלֹהֵינוּ מֶלֶךְ הָעוֹלָם, אֲשֶׁר קִדְּשָׁנוּ בְּמִצְוֹתָיו וְצִוָּנוּ עַל סְפִירַת הָעֹמֶר.

הָרַחֲמָן הוּא יַחֲזִיר לָנוּ עֲבוֹדַת בֵּית הַמִּקְדָּשׁ לִמְקוֹמָהּ, בִּמְהֵרָה בְיָמֵינוּ אָמֵן סֶלָה .

לַמְנַצֵּחַ בִּנְגִינֹת מִזְמוֹר שִׁיר. אֱלֹהִים יְחָנֵּנוּ וִיבָרְכֵנוּ יָאֵר פָּנָיו אִתָּנוּ סֶלָה. לָדַעַת בָּאָרֶץ דַּרְכֶּךָ בְּכָל גּוֹיִם יְשׁוּעָתֶךָ. יוֹדוּךָ עַמִּים אֱלֹהִים יוֹדוּךָ עַמִּים כֻּלָּם. יִשְׂמְחוּ וִירַנְּנוּ לְאֻמִּים כִּי תִשְׁפֹּט עַמִּים מִישׁוֹר וּלְאֻמִּים בָּאָרֶץ תַּנְחֵם סֶלָה. יוֹדוּךָ עַמִּים אֱלֹהִים יוֹדוּךָ עַמִּים כֻּלָּם. אֶרֶץ נָתְנָה יְבוּלָהּ יְבָרְכֵנוּ אֱלֹהִים אֱלֹהֵינוּ. יְבָרְכֵנוּ אֱלֹהִים וְיִירְאוּ אֹתוֹ כָּל אַפְסֵי אָרֶץ.

אָנָּא בְּכֹחַ גְּדֻלַּת יְמִינְךָ תַּתִּיר צְרוּרָה. אב"ג ית"ץ:
קַבֵּל רִנַּת עַמְּךָ שַׂגְּבֵנוּ טַהֲרֵנוּ נוֹרָא. קר"ע שט"ן:
נָא גִבּוֹר דּוֹרְשֵׁי יִחוּדְךָ כְּבָבַת שָׁמְרֵם. נג"ד יכ"ש:
בָּרְכֵם טַהֲרֵם רַחֲמֵי צִדְקָתְךָ תָּמִיד גָּמְלֵם. בט"ר צת"ג:
חֲסִין קָדוֹשׁ בְּרוֹב טוּבְךָ נַהֵל עֲדָתֶךָ. חק"ב טנ"ע:
יָחִיד גֵּאֶה לְעַמְּךָ פְּנֵה זוֹכְרֵי קְדֻשָּׁתֶךָ. יג"ל פז"ק:
שַׁוְעָתֵנוּ קַבֵּל וּשְׁמַע צַעֲקָתֵנוּ יוֹדֵעַ תַּעֲלוּמוֹת. שק"ו צי"ת:
בלחש: בָּרוּךְ שֵׁם כְּבוֹד מַלְכוּתוֹ לְעוֹלָם וָעֶד:

רִבּוֹנוֹ שֶׁל עוֹלָם, אַתָּה צִוִּיתָנִי עַל יְדֵי מֹשֶׁה עַבְדְּךָ לִסְפֹּר סְפִירַת הָעֹמֶר כְּדֵי לְטַהֲרֵנוּ מִקְּלִפּוֹתֵינוּ וּמִטֻּמְאוֹתֵינוּ, כְּמוֹ שֶׁכָּתַבְתָּ בְּתוֹרָתֶךָ: וּסְפַרְתֶּם לָכֶם מִמָּחֳרַת הַשַּׁבָּת מִיּוֹם הֲבִיאֲכֶם אֶת עֹמֶר הַתְּנוּפָה שֶׁבַע שַׁבָּתוֹת תְּמִימֹת תִּהְיֶינָה: עַד מִמָּחֳרַת הַשַּׁבָּת הַשְּׁבִיעִית תִּסְפְּרוּ חֲמִשִּׁים יוֹם, כְּדֵי שֶׁיִּטָּהֲרוּ נַפְשׁוֹת עַמְּךָ יִשְׂרָאֵל מִזֻּהֲמָתָם. וּבְכֵן יְהִי רָצוֹן מִלְּפָנֶיךָ ה' אֱלֹהֵינוּ וֵאלֹהֵי אֲבוֹתֵינוּ, שֶׁבִּזְכוּת סְפִירַת הָעֹמֶר שֶׁסָּפַרְתִּי הַיּוֹם, יְתֻקַּן מַה שֶּׁפָּגַמְתִּי בִּסְפִירָה... וְאֶטָּהֵר וְאֶתְקַדֵּשׁ בִּקְדֻשָּׁה שֶׁל מַעְלָה, וְעַל יְדֵי זֶה יֻשְׁפַּע שֶׁפַע רַב בְּכָל הָעוֹלָמוֹת לְתַקֵּן אֶת נַפְשׁוֹתֵינוּ וְרוּחוֹתֵינוּ וְנִשְׁמוֹתֵינוּ מִכָּל סִיג וּפְגַם וּלְטַהֲרֵנוּ וּלְקַדְּשֵׁנוּ בִּקְדֻשָּׁתְךָ הָעֶלְיוֹנָה, אָמֵן סֶלָה:

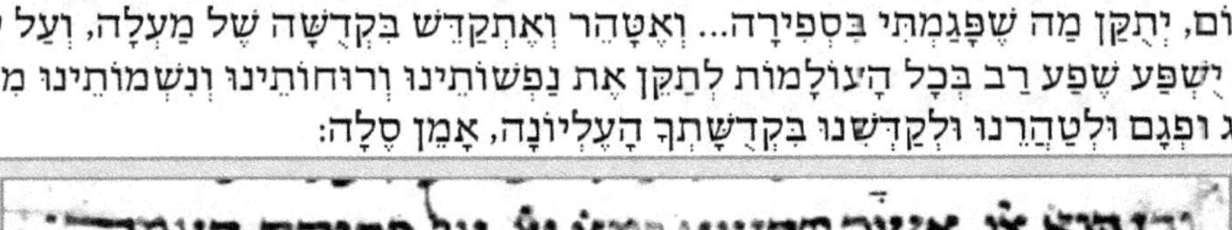

כ"י קיימברידג' Or.1080 13.3.5 המתוארך למאה ה-11/10

עלינו

הופיע בסידור: סידור מנהג צרפת בתחילת המאה ה-13.[154]

עָלֵינוּ לְשַׁבֵּחַ לַאֲדוֹן הַכֹּל לָתֵת גְּדֻלָּה לְיוֹצֵר בְּרֵאשִׁית שֶׁלֹּא עָשָׂנוּ כְּגוֹיֵי הָאֲרָצוֹת וְלֹא שָׂמָנוּ כְּמִשְׁפְּחוֹת הָאֲדָמָה שֶׁלֹּא שָׂם חֶלְקֵנוּ כָּהֶם וְגוֹרָלֵנוּ כְּכָל הֲמוֹנָם: שֶׁהֵם מִשְׁתַּחֲוִים לָהֶבֶל וָרִיק וּמִתְפַּלְלִים אֶל אֵל לֹא יוֹשִׁיעַ, וַאֲנַחְנוּ כּוֹרְעִים וּמִשְׁתַּחֲוִים וּמוֹדִים לִפְנֵי מֶלֶךְ מַלְכֵי הַמְּלָכִים הַקָּדוֹשׁ בָּרוּךְ הוּא, שֶׁהוּא נוֹטֶה שָׁמַיִם וְיוֹסֵד אָרֶץ, וּמוֹשַׁב יְקָרוֹ בַּשָּׁמַיִם מִמַּעַל, וּשְׁכִינַת עֻזּוֹ בְּגָבְהֵי מְרוֹמִים, הוּא אֱלֹהֵינוּ אֵין עוֹד, אֱמֶת מַלְכֵּנוּ אֶפֶס זוּלָתוֹ כַּכָּתוּב בְּתוֹרָתוֹ וְיָדַעְתָּ הַיּוֹם וַהֲשֵׁבֹתָ אֶל לְבָבֶךָ כִּי יְהֹוָה הוּא הָאֱלֹהִים בַּשָּׁמַיִם מִמַּעַל וְעַל הָאָרֶץ מִתָּחַת אֵין עוֹד:

עַל כֵּן נְקַוֶּה לְךָ יְהֹוָה אֱלֹהֵינוּ לִרְאוֹת מְהֵרָה בְּתִפְאֶרֶת עֻזֶּךָ לְהַעֲבִיר גִּלּוּלִים מִן הָאָרֶץ וְהָאֱלִילִים כָּרוֹת יִכָּרֵתוּן לְתַקֵּן עוֹלָם בְּמַלְכוּת שַׁדַּי וְכָל בְּנֵי בָשָׂר יִקְרְאוּ בִשְׁמֶךָ, לְהַפְנוֹת אֵלֶיךָ כָּל רִשְׁעֵי אָרֶץ, יַכִּירוּ וְיֵדְעוּ כָּל יוֹשְׁבֵי תֵבֵל כִּי לְךָ תִכְרַע כָּל בֶּרֶךְ תִּשָּׁבַע כָּל לָשׁוֹן: לְפָנֶיךָ יְהֹוָה אֱלֹהֵינוּ יִכְרְעוּ וְיִפֹּלוּ, וְלִכְבוֹד שִׁמְךָ יְקָר יִתֵּנוּ, וִיקַבְּלוּ כֻלָּם אֶת עֹל מַלְכוּתֶךָ, וְתִמְלֹךְ עֲלֵיהֶם מְהֵרָה לְעוֹלָם וָעֶד, כִּי הַמַּלְכוּת שֶׁלְּךָ הִיא וּלְעוֹלְמֵי עַד תִּמְלוֹךְ בְּכָבוֹד, כַּכָּתוּב בְּתוֹרָתֶךָ יְהֹוָה יִמְלֹךְ לְעֹלָם וָעֶד: וְנֶאֱמַר וְהָיָה יְהֹוָה לְמֶלֶךְ עַל כָּל הָאָרֶץ בַּיּוֹם הַהוּא יִהְיֶה יְהֹוָה אֶחָד וּשְׁמוֹ אֶחָד:

סידור מנהג צרפת כ"י ניו יורק 8092 משנת 1204

[154] סידור מנהג צרפת (מחזור ויטרי עם תוספות) כ״י ניו יורק 8092 משנת 1204. בסוף תפילת ערבית לשבת יש ״וְאוֹמֵר הַנַּעַר קַדִּישׁ בְּלֹא ׳תִּתְקַבֵּל׳ וְאוֹמְרִים ׳עָלֵינוּ לְשַׁבֵּחַ׳ וְשׁוֹהִין שָׁעָה אַחַת וְנִפְטָרִין לְבָתֵּיהֶן לְשָׁלוֹם.״ יש לציין שבימות החול לא נמצא במחזור ויטרי אמירת ״עלינו״ בסוף ערבית.

קדיש יתום

הופיע בסידור: מחזור ויטרי[155].

יִתְגַּדַּל וְיִתְקַדַּשׁ שְׁמֵהּ רַבָּא (אָמֵן) בְּעָלְמָא דִּי־בְרָא כִרְעוּתֵהּ | וְיַמְלִיךְ מַלְכוּתֵהּ בְּחַיֵּיכוֹן וּבְיוֹמֵיכוֹן וּבְחַיֵּי דְכָל־בֵּית יִשְׂרָאֵל בַּעֲגָלָא וּבִזְמַן קָרִיב וְאִמְרוּ אָמֵן:

יְהֵא שְׁמֵהּ רַבָּא מְבָרַךְ לְעָלַם וּלְעָלְמֵי עָלְמַיָּא

יִתְבָּרַךְ וְיִשְׁתַּבַּח וְיִתְפָּאַר וְיִתְרוֹמַם וְיִתְנַשֵּׂא וְיִתְהַדָּר וְיִתְעַלֶּה וְיִתְהַלָּל שְׁמֵהּ דְקוּדְשָׁא בְּרִיךְ הוּא

לְעֵלָּא מִן־כָּל־ (בעשי"ת: לְעֵלָּא לְעֵלָּא מִכָּל) בִּרְכָתָא וְשִׁירָתָא תֻּשְׁבְּחָתָא וְנֶחָמָתָא דַּאֲמִירָן בְּעָלְמָא וְאִמְרוּ אָמֵן:

יְהֵא שְׁלָמָא רַבָּא מִן־שְׁמַיָּא וְחַיִּים עָלֵינוּ וְעַל־כָּל־יִשְׂרָאֵל וְאִמְרוּ אָמֵן:

עוֹשֶׂה שָׁלוֹם (בעשי"ת: הַשָּׁלוֹם) בִּמְרוֹמָיו הוּא יַעֲשֶׂה שָׁלוֹם עָלֵינוּ וְעַל כָּל יִשְׂרָאֵל וְאִמְרוּ אָמֵן:

מר"ח אלול עד שמיני עצרת: לְדָוִד יְהֹוָה אוֹרִי וְיִשְׁעִי מִמִּי אִירָא יְהֹוָה מָעוֹז חַיַּי מִמִּי אֶפְחָד: בִּקְרֹב עָלַי מְרֵעִים לֶאֱכֹל אֶת בְּשָׂרִי צָרַי וְאֹיְבַי לִי הֵמָּה כָשְׁלוּ וְנָפָלוּ: אִם תַּחֲנֶה עָלַי מַחֲנֶה לֹא יִירָא לִבִּי אִם תָּקוּם עָלַי מִלְחָמָה בְּזֹאת אֲנִי בוֹטֵחַ: אַחַת שָׁאַלְתִּי מֵאֵת יְהֹוָה אוֹתָהּ אֲבַקֵּשׁ שִׁבְתִּי בְּבֵית יְהֹוָה כָּל יְמֵי חַיַּי לַחֲזוֹת בְּנֹעַם יְהֹוָה וּלְבַקֵּר בְּהֵיכָלוֹ: כִּי יִצְפְּנֵנִי בְּסֻכֹּה בְּיוֹם רָעָה יַסְתִּרֵנִי בְּסֵתֶר אָהֳלוֹ בְּצוּר יְרוֹמְמֵנִי: וְעַתָּה יָרוּם רֹאשִׁי עַל אֹיְבַי סְבִיבוֹתַי וְאֶזְבְּחָה בְאָהֳלוֹ זִבְחֵי תְרוּעָה אָשִׁירָה וַאֲזַמְּרָה לַיהֹוָה: שְׁמַע יְהֹוָה קוֹלִי אֶקְרָא וְחָנֵּנִי וַעֲנֵנִי: לְךָ אָמַר לִבִּי בַּקְּשׁוּ פָנָי אֶת פָּנֶיךָ יְהֹוָה אֲבַקֵּשׁ: אַל תַּסְתֵּר פָּנֶיךָ מִמֶּנִּי אַל תַּט בְּאַף עַבְדֶּךָ עֶזְרָתִי הָיִיתָ אַל תִּטְּשֵׁנִי וְאַל תַּעַזְבֵנִי אֱלֹהֵי יִשְׁעִי: כִּי אָבִי וְאִמִּי עֲזָבוּנִי וַיהֹוָה יַאַסְפֵנִי: הוֹרֵנִי יְהֹוָה דַּרְכֶּךָ וּנְחֵנִי בְּאֹרַח מִישׁוֹר לְמַעַן שׁוֹרְרָי: אַל תִּתְּנֵנִי בְּנֶפֶשׁ צָרָי כִּי קָמוּ בִי עֵדֵי שֶׁקֶר וִיפֵחַ חָמָס: לוּלֵא הֶאֱמַנְתִּי לִרְאוֹת בְּטוּב יְהֹוָה בְּאֶרֶץ חַיִּים: קַוֵּה אֶל יְהֹוָה חֲזַק וְיַאֲמֵץ לִבֶּךָ וְקַוֵּה אֶל יְהֹוָה:

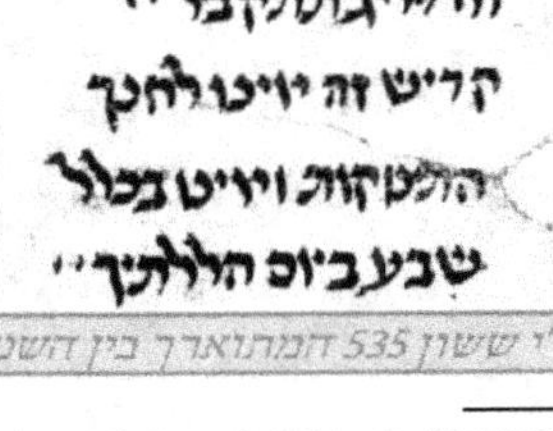

מחזור ויטרי כ"י ששון 535 המתוארך בין השנים 1124-1154

[155] מחזור ויטרי סדר שבת (אחר "במה מדליקין") "וְעוֹמֵד הַנַּעַר וְאוֹמֵר קַדִּישׁ וּמְדַלֵּג תִּתְקַבַּל. קַדִּישׁ זֶה אֵינוֹ [אלא] לְחַנֵּךְ הַתִּינוֹקוֹת וְאֵינוֹ בִּכְלַל שֶׁבַע בַּיּוֹם הִלַּלְתִּיךָ."

שירת עיקרי האמונה (ע"מ)

הופיע בסידור: אמירתו אחרי ערבית לשבת ממנהג רומה במאה ה-14[156].
מקור הטקסט: ר' דניאל ב"ר יהודה דיין במאה ה-14[157].

יִגְדַּל אֱלֹהִים חַי וְיִשְׁתַּבַּח, נִמְצָא וְאֵין עֵת אֶל מְצִיאוּתוֹ:
אֶחָד וְאֵין יָחִיד כְּיִחוּדוֹ, נֶעְלָם וְגַם אֵין סוֹף לְאַחְדּוּתוֹ:
אֵין לוֹ דְמוּת הַגּוּף וְאֵינוֹ גוּף, לֹא נַעֲרֹךְ אֵלָיו קְדֻשָּׁתוֹ:
קַדְמוֹן לְכָל־דָּבָר אֲשֶׁר נִבְרָא, רִאשׁוֹן וְאֵין רֵאשִׁית לְרֵאשִׁיתוֹ:
הִנּוֹ אֲדוֹן עוֹלָם לְכָל־נוֹצָר, יוֹרֶה גְדֻלָּתוֹ וּמַלְכוּתוֹ:
שֶׁפַע נְבוּאָתוֹ נְתָנוֹ, אֶל אַנְשֵׁי סְגֻלָּתוֹ וְתִפְאַרְתּוֹ:
לֹא קָם בְּיִשְׂרָאֵל כְּמֹשֶׁה עוֹד, נָבִיא וּמַבִּיט אֶת־תְּמוּנָתוֹ:
תּוֹרַת אֱמֶת נָתַן לְעַמּוֹ אֵל, עַל יַד נְבִיאוֹ נֶאֱמַן בֵּיתוֹ:
לֹא יַחֲלִיף הָאֵל וְלֹא יָמִיר דָּתוֹ, לְעוֹלָמִים לְזוּלָתוֹ:
צוֹפֶה וְיוֹדֵעַ סְתָרֵינוּ, מַבִּיט לְסוֹף דָּבָר בְּקַדְמָתוֹ:
גּוֹמֵל לְאִישׁ חֶסֶד כְּמִפְעָלוֹ, נוֹתֵן לְרָשָׁע רָע כְּרִשְׁעָתוֹ:
יִשְׁלַח לְקֵץ הַיָּמִין מְשִׁיחֵנוּ, לִפְדּוֹת מְחַכֵּי קֵץ יְשׁוּעָתוֹ:
מֵתִים יְחַיֶּה אֵל בְּרֹב חַסְדּוֹ, בָּרוּךְ עֲדֵי עַד שֵׁם תְּהִלָּתוֹ:

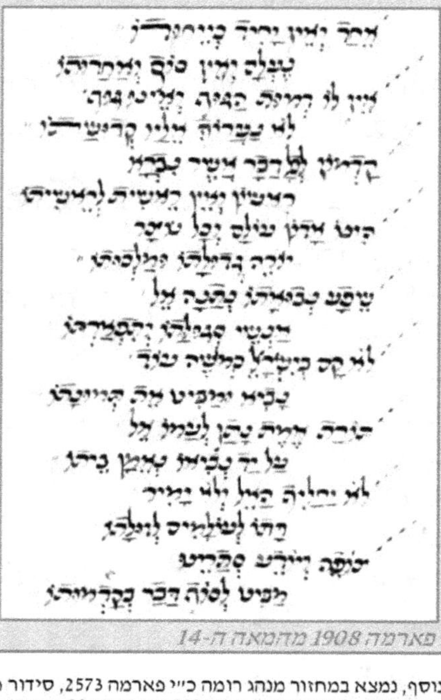

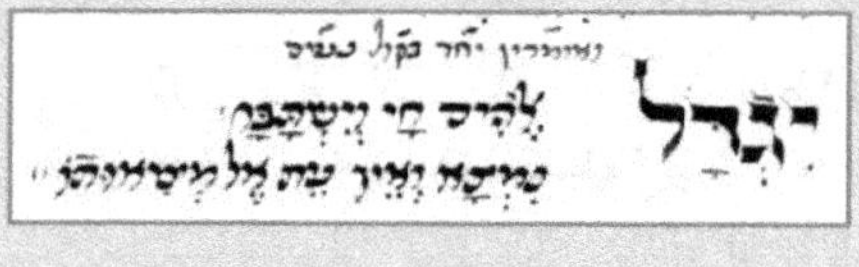

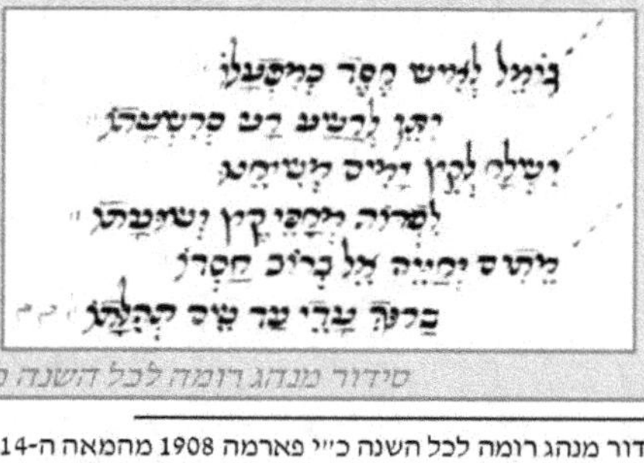

סידור מנהג רומה לכל השנה כ"י פארמה 1908 מהמאה ה-14

[156] סידור מנהג רומה לכל השנה כ״י פארמה 1908 מהמאה ה-14. בנוסף, נמצא במחזור מנהג רומה כ״י פארמה 2573, סידור מנהג רומה כ״י לונדון Or. 13525, מחזור מנהג רומה כ״י פארמה 2738 משנת 1489, מחזור כמנהג רומה 388 כ״י ציריך 23, מחזור מנהג רומה כ״י פארמה 2076 משנת 1491, כולם מתוארכים למאה ה-15. אמירתו כאן נמצא גם בספר מנהגים לפסח שנכתב ביידיש במאה ה-15 כ״י פריס 586 ״דר נאך זאגט מן ויכלו און מגן אבות און במה מדליקין אד מן אנדרי שבתות און דר נאך עלינו לשבח און יגדל.״

[157] ראו ערך ״שירת עיקרי האמונה״ לפני שחרית בהמל״ה.

אדון עולם

הופיע בסידור: אמירתו אחרי ערבית לשבת ממנהג רומה במאה ה-14.[158]
מקור הטקסט: ר' שלמה אבן גבירול במאה ה-11.[159]

אֲדוֹן עוֹלָם אֲשֶׁר מָלַךְ, בְּטֶרֶם כָּל יְצִיר נִבְרָא.
לְעֵת נַעֲשָׂה בְחֶפְצוֹ כֹּל, אֲזַי מֶלֶךְ שְׁמוֹ נִקְרָא.
וְאַחֲרֵי כִּכְלוֹת הַכֹּל, לְבַדּוֹ יִמְלֹךְ נוֹרָא.
וְהוּא הָיָה וְהוּא הֹוֶה, וְהוּא יִהְיֶה בְּתִפְאָרָה.
וְהוּא אֶחָד וְאֵין שֵׁנִי, לְהַמְשִׁיל לוֹ לְהַחְבִּירָה.
בְּלִי רֵאשִׁית בְּלִי תַכְלִית, וְלוֹ הָעֹז וְהַמִּשְׂרָה.
וְהוּא אֵלִי וְחַי גּוֹאֲלִי, וְצוּר חֶבְלִי בְּעֵת צָרָה
וְהוּא נִסִּי וּמָנוֹס לִי, מְנָת כּוֹסִי בְּיוֹם אֶקְרָא.
בְּיָדוֹ אַפְקִיד רוּחִי, בְּעֵת אִישַׁן וְאָעִירָה.
וְעִם רוּחִי גְוִיָּתִי, יְיָ לִי וְלֹא אִירָא.

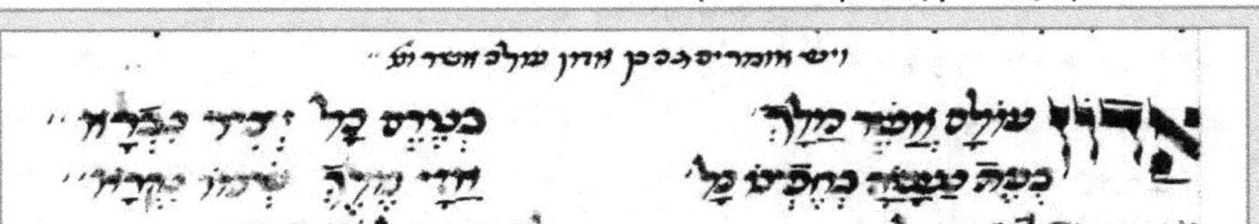
ויש אומרים גם כן אדון עולם אשר וגו'
אדון עולם אשר מלך — בטרם כל יציר נברא
בעת נעשה בחפצו כל — אזי מלך שמו נקרא
ואחרי ככלות הכל — לבדו ימלוך נורא
והוא אחד ואין שני — להמשיל לו להחבירה
בלי ראשית בלי תכלית — ולו העוז והמשרה
והוא אלי וחי גואלי — וצור חבלי בעת צרה
והוא נסי ומנוסי — מנת כוסי ביום אקרא
בידו אפקיד רוחי — בעת אישן ואעירה
ועם רוחי גויתי — יי לי ולא אירא
מי ימלל גבורות אל — אשר הודו בשחקים
אלהותו חסידותו — וצדקתו בארקים
הוא מלך — והוא צדיק
הוא דובר — והוא מקים

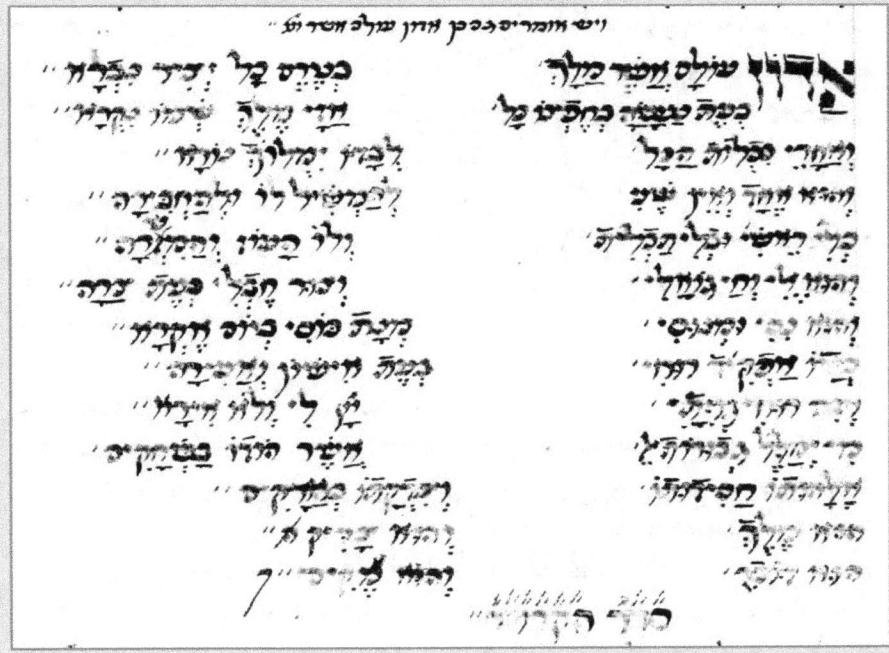

מחזור מנהג רומה לכל השנה כ"י ציריך Heid 23 מהמאה ה-15[160]

[158] סידור מנהג רומה לכל השנה כ"י פארמה 1908 מהמאה ה-14. בנוסף, נמצא במחזור מנהג רומה כ"י פארמה 2573, סידור מנהג רומה כ"י לונדון Or. 13525, מחזור מנהג רומה כ"י פארמה 2738 משנת 1489, מחזור כמנהג רומה 388 כ"י ציריך Heid 23, מחזור מנהג רומה כ"י פארמה 2076 משנת 1491, כולם מתוארכים למאה ה-15.

[159] ראו ערך "אדון עולם" לפני שחרית בהמל"ה.

[160] לפני הפיוט כתוב "ויש אומרים גם כ' אדון עולם אשר וגו'". הסופר דלג שורה אחת בפיוט ("והוא היה..."). בסוף יש תוספת של פיוט "מי ימלל גבורות אל אשר הודו בשחקים, אלהותו חסידותו וצדקתו בארקים, הוא מלך והוא צדיק, הוא דובר והוא מקים." (ראו דודיזון מ 1091).

ליל שבת

"כְּשֶׁיִּשְׂרָאֵל אוֹכְלִין וְשׁוֹתִין
וּמְבָרְכִין וּמְשַׁבְּחִין וּמְקַלְּסִין
לְהַקָּדוֹשׁ בָּרוּךְ הוּא,
הוּא מַקְשִׁיב לְקוֹלָם וּמִתְרַצֶּה."

-שיר השירים רבה ח

ברכת הבנים

הופיע בסידור: אמירת הברכה מר' אליהו קפשאלי במאה ה-16[161]. אמירת חצי הפסוק לפני הברכה מדברי אהרן ברכיה במאה ה-17[162]. אמירת נוסח נפרד לבנות מר' יאיר בכרך בסוף המאה ה-17[163].

מקור הטקסט: חלק פסוק מבראשית[164] ופסוקים מבמדבר[165].

לזכר: **יְשִׂמְךָ אֱלֹהִים כְּאֶפְרַיִם וְכִמְנַשֶּׁה.**

לנקבה: **יְשִׂימֵךְ אֱלֹהִים כְּשָׂרָה רִבְקָה רָחֵל וְלֵאָה.**

יְבָרֶכְךָ יְהֹוָה וְיִשְׁמְרֶךָ: יָאֵר יְהֹוָה פָּנָיו אֵלֶיךָ וִיחֻנֶּךָּ: יִשָּׂא יְהֹוָה פָּנָיו אֵלֶיךָ וְיָשֵׂם לְךָ שָׁלוֹם:

פנקס מוהל כ"י ניו יורק JTS 10318 משנת 1740[166]

[161] מאה שערים שער פד "בִּהְיוֹתִי בִּישִׁיבַת פַּדוּאָ"ה... רָאִיתִי דָּבָר חָשׁוּב וּמִנְהָג מְעוּלֶּה בֵּינֵיהֶם... שֶׁבְּכָל עַרְבֵי שַׁבָּתוֹת וְעַרְבֵי יָמִים טוֹבִים אַחַר תְּפִלַּת עַרְבִית הוֹלְכִים הַבָּנִים אֵצֶל אֲבוֹתֵיהֶם וּמִשְׁתַּטְּחִים לִפְנֵיהֶם וְכוֹרְעִים עַל בִּרְכֵּיהֶם וְנוֹשְׁקִים כַּפּוֹת יְדֵיהֶם, וַאֲבוֹתֵיהֶם מְשִׂימִים יְדֵיהֶם עַל רֹאשׁ בְּנֵיהֶם וּמְבָרְכִים אוֹתָם. כָּכָה יַעֲשׂוּ כָּל הַבָּנִים שֶׁאֲבוֹתֵיהֶם בַּחַיִּים, וְאַף אִם הַבָּנִים זְקֵנִים וְיֵשׁ לָהֶם בָּנִים וּבְנֵי בָּנִים... וּלְהֵרָאוֹת לְכָל שֶׁהֵם כְּפוּפִים תַּחַת רְשׁוּתָם וּגְזֵרָתָם... אָמַרְתִּי אִם יִהְיֶה אֱלֹהִים עִמָּדִי וְשַׁבְתִּי בְשָׁלוֹם אֶל בֵּית אָבִי אֲקַיְּימֶנּוּ בְּעַצְמִי... וּכְשֶׁחָזַרְתִּי לְאַרְצִי וּלְבֵית אָבִי נָהַגְתִּי בְּעַצְמִי כֵּן יָמִים רַבִּים."
ברם כבר היה נהוג במאה ה-14 שהרב מברך את נערי הקהילה בליל שבת. ספר מהרי"ל כ"י מוסקבה גינזבורג 979 הלכות שמחות "אִשְׁתּוֹ שֶׁל מהריסג"ל נִפְטְרָה... שַׁבָּת בְּעֶרֶב... וְלֹא בֵּירַךְ אֶת קְרוֹבָיו וְלֹא אֶת הַנְּעָרִים וְלֹא נָתַן שַׁבָּת טוֹב לַקָּהָל כְּרָגִיל."

[162] מעבר יבק דפוס מנטובה שפ"ו (1626) שפתי רננות מג "אָמְרוּ בְּפֶרֶק גִּידּוּל בָּנִים כְּשֶׁיָּשִׂים אָדָם יָדוֹ עַל רֹאשׁ הַקָּטָן מִתְבָּרֵךְ (מנורת המאור יא:ט)... כִּי בְּיַד הָאָדָם ט"ו פְּרָקִים כְּמִנְיַן ט"ו תֵּיבוֹת שֶׁבְּבִרְכַּת כֹּהֲנִים לוֹמַר יָחוּלוּ עַל רֹאשְׁךָ הַבְּרָכוֹת שֶׁבְּג' פְּסוּקִים אֵלּוּ שֶׁהֵם ט"ו. וּמִנְהָג לְבָרֵךְ בְּשַׁבָּת קוֹדֶשׁ וּבִפְרָט בְּלֵילֵי שַׁבָּת שֶׁהוּא סוֹד שַׁבָּת מַלְכְּתָא... וְצוֹרֶךְ גָּבוֹהַּ הוּא לְבָרֵךְ הָאָדָם בָּנָיו בְּשַׁבָּת וְאִם יֵשׁ לוֹ בַּת גַּם הִיא יְבָרְכֶנָּה וּבִפְרָט בְּלֵיל שַׁבָּת וְהַמַּשְׂכִּיל יָבִין מֵעַצְמוֹ כִּי כֵּנִים דְּבָרֵינוּ... יַעֲקֹב בֵּירַךְ אֶפְרַיִם וּמְנַשֶּׁה שֶׁכָּל יִשְׂרָאֵל יִתְבָּרְכוּ בָּהֶם וְיֹאמְרוּ 'יְשִׂמְךָ אֱלֹהִים כְּאֶפְרַיִם וְכִמְנַשֶּׁה' וְלֹא רָאִינוּ שֶׁנִּתְקַיְּימָה בְּרָכָה זוֹ בְּאָדָם שֶׁמְּבָרֵךְ בְּנוֹ אוֹ תַּלְמִידוֹ... הִנֵּה הַיְלָדִים הַנּוֹלָדִים אַחַר מְעַט יָמִים תְּחִלַּת דִּבּוּרָם הוּא יאכ"ו... וְהַטֶּבַע הֶחָכָם הִרְגִּיל אוֹתוֹ לוֹמַר כָּךְ שֶׁהוּא מְבָרֵךְ אֶת עַצְמוֹ וְאוֹמֵר 'יְשִׂמֵנִי אֱלֹהִים כְּאֶפְרַיִם וְכִמְנַשֶּׁה.'"
פירוש בכתיבה אשכנזית כ"י ליהמן D 27 משנת 1634 פרשת נשא "רְגִילִין כְּשֶׁמְּבָרְכִין אֶת הַנְּעָרִים כְּשֶׁיּוֹצְאִים מִבֵּית הַכְּנֶסֶת מְשִׂימִים הַיָּד עַל רֹאשָׁם כְּלוֹמַר ט"ו בְּרָכוֹת שֶׁבְּבִרְכַּת כֹּהֲנִים יָנוּחוּ עַל רֹאשְׁךָ." יש שמייחסים את הפירוש בכה"י לחסידי אשכנז.

[163] מקור חיים ע"ר "בִּרְכַּת יְלָדִים הוּא פָּסוּק 'בְּךָ יְבָרֵךְ יִשְׂרָאֵל וְגוֹ'', וְלִנְקֵבָה אוֹמְרִים 'כְּשָׂרָה רִבְקָה וְכוּ''. וְשָׁמַעְתִּי מֵאֲדוֹנִי אָבִי הַגָּאוֹן זַ"ל כְּשֶׁבֵּרְכַנִי אוֹמֵר אַחַר כָּךְ 'כִּי אוֹרֶךְ יָמִים וּשְׁנוֹת חַיִּים וְגוֹ'."

[164] בראשית מח:כ "וַיְבָרְכֵם בַּיּוֹם הַהוּא לֵאמוֹר בְּךָ יְבָרֵךְ יִשְׂרָאֵל לֵאמֹר **יְשִׂמְךָ אֱלֹהִים כְּאֶפְרַיִם וְכִמְנַשֶּׁה** וַיָּשֶׂם אֶת אֶפְרַיִם לִפְנֵי מְנַשֶּׁה."

[165] במדבר ו:כד-כו.

[166] למרות שהמנהג היה קיים קודם לכן, הוא לא הודפס בסידור תפילה עד המאה ה-18. הציור של סצנה מליל שבת נלקח מפנקס מאויר של מוהל, בו רשם המוהל שמות התינוקות שהוא מל, מהמאה ה-18.

שלום עליכם

הופיע בסידור: תיקוני שבת בשנת 1613[167].
מקור הטקסט: מבוסס על מנהג ר' אהרן מרגנשבורג בתחילת המאה ה-12[168] על בסיס גמרא[169].

שָׁלוֹם עֲלֵיכֶם מַלְאֲכֵי הַשָּׁרֵת מַלְאֲכֵי עֶלְיוֹן
מִמֶּלֶךְ מַלְכֵי הַמְּלָכִים הַקָּדוֹשׁ בָּרוּךְ הוּא ג"פ

[ב]בּוֹאֲכֶם[1] לְשָׁלוֹם מַלְאֲכֵי הַשָּׁלוֹם מַלְאֲכֵי עֶלְיוֹן
מִמֶּלֶךְ מַלְכֵי הַמְּלָכִים הַקָּדוֹשׁ בָּרוּךְ הוּא ג"פ

בָּרְכוּנִי לְשָׁלוֹם מַלְאֲכֵי הַשָּׁלוֹם מַלְאֲכֵי עֶלְיוֹן
מִמֶּלֶךְ מַלְכֵי הַמְּלָכִים הַקָּדוֹשׁ בָּרוּךְ הוּא ג"פ

[ב]צֵאתְכֶם[2] לְשָׁלוֹם מַלְאֲכֵי הַשָּׁלוֹם מַלְאֲכֵי עֶלְיוֹן מִמֶּלֶךְ מַלְכֵי הַמְּלָכִים הַקָּדוֹשׁ בָּרוּךְ הוּא ג"פ

[[3]כִּי מַלְאָכָיו יְצַוֶּה־לָּךְ לִשְׁמָרְךָ בְּכָל־דְּרָכֶיךָ: יְהוָה יִשְׁמָר־צֵאתְךָ וּבוֹאֶךָ מֵעַתָּה וְעַד־עוֹלָם:]

שינויי נוסחאות

1 בעדי הנוסח יש "בבואכם" במקום "בואכם".
2 בעדי הנוסח יש "בצאתכם" במקום "צאתכם".
3 בעדי הנוסח יש כאן "ויאמר בנחת בכוונה כנגד גופו ונפשו ורוחו ונשמתו ב' פסוקים אלו: כי מלאכיו יצוה לך וגומר ופסוק יי ישמור צאתי ובואי".

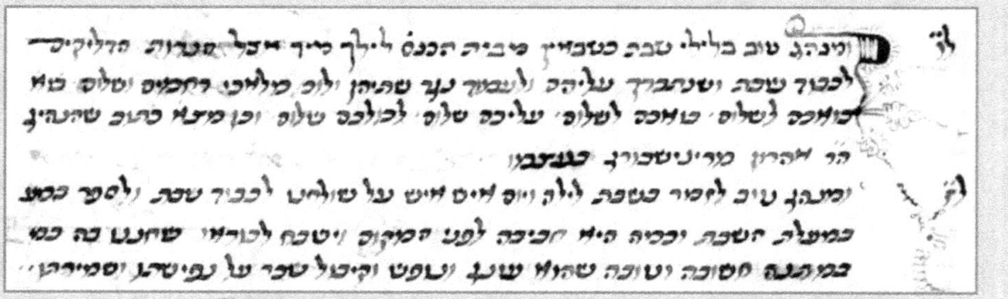

מנהג טוב כ"י בודפשט Kaufmann A 89 מהמאה ה-14[170]

תיקון שבת מלכתא

שלום עליכם מלאכי השרת מלאכי עליון ממלך מלכי המלכים הקב"ה ג"פ. בבואכם לשלום כו' כי השלום מלאכי עליון ממלך מלכי המלכים הקב"ה ג"פ · ברכוני לשלום מלאכי השלום מלאכי עליון ממלך מלכי המלכים הקב"ה ג"פ · בצאתכם לשלום מלאכי השלום מלאכי עליון ממ' ה הקב"ה ג"פ (ויאמר בנחת בכוונה כנגד גופו ונפשו ורוחו ונשמתו ב' פסוקים אלו כי מלאכיו יצוה לך וגומר ופסוק יי ישמור צאתי ובואי) רבון כל העולמים אדון כל הנשמות אדון השלום

תיקוני שבת דפוס קראקא שע"ג (1613)

---

[167] תיקוני שבת דפוס קראקא שע"ג (1613). גם מופיע בתכלאל כ"י ירושלים 1219 משנת 1637. השתמשתי בשניהם לשינויי נוסחאות.

[168] ספר מנהג טוב כ"י בודפשט Kaufmann A 89 מהמאה ה-14 "וּמִנְהָג טוֹב בְּלֵילֵי שַׁבָּת כְּשֶׁבָּאִין מִבֵּית הַכְּנֶסֶת לֵילֵךְ מִיָּד אֵצֶל הַנֵּרוֹת הַדְּלוּקִים לִכְבוֹד שַׁבָּת וְשֶׁנִּתְבָּרֵךְ עֲלֵיהֶם וְלַעֲמוֹד נֶגֶד שְׁתֵּיהֶן וְלוֹמַר 'מַלְאֲכֵי רַחֲמִים וְשָׁלוֹם בּוֹאֲכֶם לְשָׁלוֹם עֲלֵיכֶם שָׁלוֹם לְכוּלְּכֶם שָׁלוֹם'. וְכֵן מָצָאנוּ כָּתוּב שֶׁהִנְהִיג ה"ר אַהֲרֹן מֵרִיגִישְׁבּוּרְג בְּעַצְמוֹ."
לעיון נוסף ראו לעיל לגבי תפילת 'רבון כל עולמים' הנאמרת בערב ראש השנה בבית הקברות, בסוף התפילה.

[169] בבלי שבת קיט: "תַּנְיָא, רַבִּי יוֹסֵי בַּר יְהוּדָה אוֹמֵר: שְׁנֵי מַלְאֲכֵי הַשָּׁרֵת מְלַוִּין לוֹ לְאָדָם בְּעֶרֶב שַׁבָּת מִבֵּית הַכְּנֶסֶת לְבֵיתוֹ, אֶחָד טוֹב וְאֶחָד רָע. וּכְשֶׁבָּא לְבֵיתוֹ וּמָצָא נֵר דָּלוּק וְשֻׁלְחָן עָרוּךְ וּמִטָּתוֹ מוּצַּעַת, מַלְאָךְ טוֹב אוֹמֵר: 'יְהִי רָצוֹן שֶׁתְּהֵא לְשַׁבָּת אַחֶרֶת כָּךְ', וּמַלְאָךְ רָע עוֹנֶה 'אָמֵן' בְּעַל כָּרְחוֹ. וְאִם לָאו, מַלְאָךְ רָע אוֹמֵר: 'יְהִי רָצוֹן שֶׁתְּהֵא לְשַׁבָּת אַחֶרֶת כָּךְ', וּמַלְאָךְ טוֹב עוֹנֶה 'אָמֵן' בְּעַל כָּרְחוֹ."

[170] הבאתי כאן גם את פיסקא הבאה מספר מנהג טוב שכתוב בו "וּמִנְהָג טוֹב לְזַמֵּר בְּשַׁבָּת לַיְלָה וְיוֹם אִישׁ אִישׁ עַל שׁוּלְחָנוֹ לִכְבוֹד שַׁבָּת וּלְסַפֵּר בְּמַעֲלַת הַשַּׁבָּת וְכַמָּה הִיא חֲבִיבָה לִפְנֵי הַמָּקוֹם וִישַׁבֵּחַ לְבוֹרְאוֹ שֶׁחֲנָנוֹ בָּהּ בְּמַתָּנָה חֲשׁוּבָה וְטוֹבָה שֶׁהוּא עוֹנֶג וְנוֹפֶשׁ וְקִיבּוּל שָׂכָר עַל נַפְשׁוֹ וּשְׁמִירָתוֹ." יש גם לשים לב לאיור המעניין של דרקון בשולי הפיסקאות.

אשת חיל

הופיע בסידור: סידור נוסח ספרד מ-1584[171].
מקור הטקסט: פסוקים ממשלי[172].

אֵשֶׁת חַיִל מִי יִמְצָא. וְרָחֹק מִפְּנִינִים מִכְרָהּ:
בָּטַח בָּהּ לֵב בַּעְלָהּ. וְשָׁלָל לֹא יֶחְסָר:
גְּמָלַתְהוּ טוֹב וְלֹא רָע. כֹּל יְמֵי חַיֶּיהָ:
דָּרְשָׁה צֶמֶר וּפִשְׁתִּים. וַתַּעַשׂ בְּחֵפֶץ כַּפֶּיהָ:
הָיְתָה כָּאֳנִיּוֹת סוֹחֵר. מִמֶּרְחָק תָּבִיא לַחְמָהּ:
וַתָּקָם בְּעוֹד לַיְלָה וַתִּתֵּן טֶרֶף לְבֵיתָהּ. וְחֹק לְנַעֲרֹתֶיהָ:
זָמְמָה שָׂדֶה וַתִּקָּחֵהוּ. מִפְּרִי כַפֶּיהָ נָטְעָה כָּרֶם:
חָגְרָה בְעוֹז מָתְנֶיהָ. וַתְּאַמֵּץ זְרוֹעֹתֶיהָ:
טָעֲמָה כִּי טוֹב סַחְרָהּ. לֹא יִכְבֶּה בַלַּיְלָה נֵרָהּ:
יָדֶיהָ שִׁלְּחָה בַכִּישׁוֹר. וְכַפֶּיהָ תָּמְכוּ פָלֶךְ:
כַּפָּהּ פָּרְשָׂה לֶעָנִי וְיָדֶיהָ שִׁלְּחָה לָאֶבְיוֹן:
לֹא תִירָא לְבֵיתָהּ מִשָּׁלֶג. כִּי כָל בֵּיתָהּ לָבֻשׁ שָׁנִים:
מַרְבַדִּים עָשְׂתָה לָּהּ. שֵׁשׁ וְאַרְגָּמָן לְבוּשָׁהּ:
נוֹדָע בַּשְּׁעָרִים בַּעְלָהּ. בְּשִׁבְתּוֹ עִם זִקְנֵי אָרֶץ:
סָדִין עָשְׂתָה וַתִּמְכֹּר. וַחֲגוֹר נָתְנָה לַכְּנַעֲנִי:
עוֹז וְהָדָר לְבוּשָׁהּ. וַתִּשְׂחַק לְיוֹם אַחֲרוֹן:
פִּיהָ פָּתְחָה בְחָכְמָה. וְתוֹרַת חֶסֶד עַל לְשׁוֹנָהּ:
צוֹפִיָּה הֲלִיכוֹת בֵּיתָהּ. וְלֶחֶם עַצְלוּת לֹא תֹאכֵל:
קָמוּ בָנֶיהָ וַיְאַשְּׁרוּהָ. בַּעְלָהּ וַיְהַלְלָהּ:
רַבּוֹת בָּנוֹת עָשׂוּ חָיִל. וְאַתְּ עָלִית עַל כֻּלָּנָה:
שֶׁקֶר הַחֵן וְהֶבֶל הַיֹּפִי. אִשָּׁה יִרְאַת־יְהוָה הִיא תִתְהַלָּל:
תְּנוּ לָהּ מִפְּרִי יָדֶיהָ. וִיהַלְלוּהָ בַשְּׁעָרִים מַעֲשֶׂיהָ:

כתוב ם כ"י ברלין Qu. 680 המתוארך למאה ה-9

[171] תמונות תחנות תפלות ספרד דפוס ויניציאה שמ"ד עמ' תרנ"ח "וְיֵשׁ נוֹהֲגִין לוֹמַר קוֹדֶם קִדּוּשׁ בְּלֵיל שַׁבָּת 'אֵשֶׁת חַיִל מִי יִמְצָא' וְכָל הָאַלְפָא בֵּיתָא שֶׁבְּסוֹף מִשְׁלֵי וּמִיַּד בְּלִי הֶפְסֵק אוֹמְרִים וַיְכֻלּוּ הַשָּׁמַיִם וְהָאָרֶץ וְכָל הַקִּדּוּשׁ יכו"ל."
ברם "אשת חיל" גם נמצא ברשימת שיר־ם בכ"י לונדון Or. 5557Z.36 שכתב נתן בן שלמה הכהן בחצי הראשון של המאה ה-12.
[172] משלי לא :י-לא.
ילקוט שמעוני תתקסד "כָּךְ הוּא מְשַׁבֵּחַ אֶת הַנָּשִׁים הַכְּשֵׁרוֹת בְּעֶשְׂרִים וּשְׁתַּיִם אוֹתִיּוֹת."

בר יוחאי (ע"מ)

הופיע בסידור: אמירתו בבית לפני קידוש לראשונה בשנת 1823[173].
מקור הטקסט: ר' שמעון אבן לביא במאה ה-16[174].

בַּר יוֹחָאי, נִמְשַׁחְתָּ אַשְׁרֶיךָ, שֶׁמֶן שָׂשׂוֹן מֵחֲבֵרֶיךָ:

בַּר יוֹחָאי, שֶׁמֶן מִשְׁחַת קֹדֶשׁ, נִמְשַׁחְתָּ מִמִּדַּת הַקֹּדֶשׁ, נָשָׂאתָ צִיץ נֵזֶר הַקֹּדֶשׁ, חָבוּשׁ עַל רֹאשְׁךָ פְּאֵרֶךָ: בַּר יוֹחָאי, נִמְשַׁחְתָּ אַשְׁרֶיךָ, שֶׁמֶן שָׂשׂוֹן מֵחֲבֵרֶיךָ[1]:

בַּר יוֹחָאי, מוֹשַׁב טוֹב יָשַׁבְתָּ, יוֹם נַסְתָּ יוֹם אֲשֶׁר[2] בָּרַחְתָּ, בִּמְעָרַת צוּרִים שֶׁעָמַדְתָּ, שָׁם קָנִיתָ הוֹדְךָ וַהֲדָרֶךָ: בַּר יוֹחָאי, נִמְשַׁחְתָּ אַשְׁרֶיךָ, שֶׁמֶן שָׂשׂוֹן מֵחֲבֵרֶיךָ:

בַּר יוֹחָאי, עֲצֵי שִׁטִּים עוֹמְדִים, לִמּוּדֵי יְהֹוָה הֵם לוֹמְדִים, אוֹר מֻפְלָא אוֹר הַיְקוֹד הֵם יוֹקְדִים, הֲלֹא הֵמָּה יוֹרוּךָ מוֹרֶךָ: בַּר יוֹחָאי, נִמְשַׁחְתָּ אַשְׁרֶיךָ, שֶׁמֶן שָׂשׂוֹן מֵחֲבֵרֶיךָ:

בַּר יוֹחָאי, וְלִשְׂדֵה תַּפּוּחִים, עָלִיתָ לִלְקֹט בּוֹ[3] מֶרְקָחִים, סוֹד תּוֹרָה כְּצִיצִים וּפְרָחִים, נַעֲשֶׂה אָדָם נֶאֱמַר בַּעֲבוּרֶךָ[4]: בַּר יוֹחָאי, נִמְשַׁחְתָּ אַשְׁרֶיךָ, שֶׁמֶן שָׂשׂוֹן מֵחֲבֵרֶיךָ:

בַּר יוֹחָאי, נֶאֱזַרְתָּ בִּגְבוּרָה, וּבְמִלְחֶמֶת[5] אֵשׁ דַּת הַשַּׁעְרָה, וְחֶרֶב הוֹצֵאתָ[6] מִתַּעְרָהּ, שָׁלַפְתָּ נֶגֶד צוֹרְרֶיךָ: בַּר יוֹחָאי, נִמְשַׁחְתָּ אַשְׁרֶיךָ, שֶׁמֶן שָׂשׂוֹן מֵחֲבֵרֶיךָ:

בַּר יוֹחָאי, לִמְקוֹם אַבְנֵי שַׁיִשׁ, הִגַּעְתָּ וּפְנֵי אַרְיֵה לַיִשׁ, גַּם גֻּלַּת[7] כּוֹתֶרֶת עַל עַיִשׁ, תָּשׁוּרִי וּמִי יְשׁוּרֶךָ: בַּר יוֹחָאי, נִמְשַׁחְתָּ אַשְׁרֶיךָ, שֶׁמֶן שָׂשׂוֹן מֵחֲבֵרֶיךָ:

שינויי נוסחאות

1 בספר היכל ה' לא חוזרים על הפזמון אחרי הבית הראשון.
2 בכ"י 893 ליתא "אשר".
3 בכ"י 893 יש "כלי" במקום "בו".
4 בכ"י 893 יש "עבורך" במקום "בעבורך".
5 בכ"י 893 יש "במלחמת" במקום "ובמלחמת".
6 בכ"י 893 יש "גברת נחרב" במקום "וחרב הוצאת".
7 בכ"י 893 יש "גולה" במקום "גולת".
8 בעדי הנוסח יש מילת "לבי" במקום "שלשים ושתים".
9 בעדי הנוסח יש "דורך" במקום "אורך".
10 בכ"י 893 יש "מהביט" במקום "מלהביט".
11 בעדי הנוסח יש "לובשי" במקום "לבושי".

---

173 סדר תפלת החדש כמנהג ק"ק ספרדים דפוס לוורנו תקפ"ג (1823). שם לפני הפיוט יש "פִּזְמוֹן נָאֶה מֵאֶרֶץ יִשְׂרָאֵל שֶׁמְּסַדְּרִים בְּכָל עֶרֶב שַׁבָּת וְשַׁבָּת בְּסֵדֶר קַבָּלַת שַׁבָּת עַל קִבְרוֹ שֶׁל רַבִּי שִׁמְעוֹן בֶּן יוֹחַאי זַ"ל וּזְכוּתוֹ יָגֵן בַּעֲדֵנוּ וּבְעַד כָּל יִשְׂרָאֵל כִּי לוֹ נָאֶה לְהוֹדוֹת בְּהַלֵּל וְשֶׁבַח לִפְנֵי מִי שֶׁאָמַר נַעֲשֶׂה אָדָם בַּעֲבוּרוֹ שֶׁזָּכָה וְזִיכָּה אֶת הָרַבִּים. וְשָׁמַעְתִּי חֲכָמִים גְּדוֹלִים אַנְשֵׁי הַשֵּׁם שֶׁבָּאוּ מֵאֶרֶץ הַקְּדוֹשָׁה כָּל מִי שֶׁהֵעִיר ה' רוּחוֹ עָלָיו אַף בְּחוּצָה לָאָרֶץ וְהוּא מֵאָרֵי קַבָּלָה יְנַגֵּן פִּזְמוֹן זֶה. וְזֶהוּ סְגוּלָּה נִפְלָאָה לְהֶאָרַת הַנְּשָׁמָה וְאוֹתִיּוֹת מַחְכִּימוֹת וְהוּא מְיוּסָּד וּמְסוּדָּר דֶּרֶךְ הַמַּעֲלוֹת סוּלָּם מוּצָּב אַרְצָה וְרֹאשׁוֹ מַגִּיעַ הַשָּׁמַיְמָה מִלְּמַטָּה לְמַעְלָה עַד לְרֹאשׁ כָּל הַכְּתָרִים."
הפיוט מופיע כאן בסידור מנהג כפא (דפוס מעזירואוב תקנ"ג) אבל המדפיס כתב "נִשְׁמַט מִדַּף ס"ח וְשַׁיָּיךְ לוֹמַר קוֹדֶם 'מִזְמוֹר שִׁיר לְיוֹם הַשַּׁבָּת'."

174 נמצא לראשונה בקובץ קבלי מהמאה ה-16 שהובא בצילום. נדפס לראשונה בספר היכל ה' דפוס ויניציאה שנת שס"א (1601) תחת הכותרת "פזמון להרשב"י ז"ל לקבלת שבת". לגבי ייחוס השיר ראו במאמר של ליבס, *בר יוחאי בשירו של שמעון לביא*.

בַּר יוֹחָאי, בְּקֹדֶשׁ הַקֳּדָשִׁים, קַו יָרוֹק מְחַדֵּשׁ חֳדָשִׁים, שֶׁבַע שַׁבָּתוֹת סוֹד חֲמִשִּׁים, קָשַׁרְתָּ קִשְׁרֵי שִׁי"ן קְשָׁרֶיךָ: בַּר יוֹחָאי, נִמְשַׁחְתָּ אַשְׁרֶיךָ, שֶׁמֶן שָׂשׂוֹן מֵחֲבֵרֶיךָ:

בַּר יוֹחָאי, יוּ"ד חָכְמָה קְדוּמָה, הִשְׁקַפְתָּ לִכְבוּדָה פְּנִימָה, (שְׁלֹשִׁים וּשְׁתַּיִם[8]) [לֵב] נְתִיבוֹת רֵאשִׁית תְּרוּמָה, אַתְּ כְּרוּב מִמְשַׁח זִיו (אוֹרֶךָ[9]) [דּוֹרְךָ]: בַּר יוֹחָאי, נִמְשַׁחְתָּ אַשְׁרֶיךָ, שֶׁמֶן שָׂשׂוֹן מֵחֲבֵרֶיךָ:

בַּר יוֹחָאי, אוֹר מֻופְלָא רוּם מַעְלָה, יָרֵאתָ מִלְּהַבִּיט[10] כִּי רַב לָהּ, תַּעֲלוּמָה וְאַיִן קוֹרֵא לָהּ, נַמְתָּ עַיִן לֹא תְשׁוּרֶךָ: בַּר יוֹחָאי, נִמְשַׁחְתָּ אַשְׁרֶיךָ, שֶׁמֶן שָׂשׂוֹן מֵחֲבֵרֶיךָ:

בַּר יוֹחָאי, אַשְׁרֵי יוֹלַדְתֶּךָ, אַשְׁרֵי הָעָם הֵם לוֹמְדֶיךָ, וְאַשְׁרֵי הָעוֹמְדִים עַל סוֹדֶךָ, (לְבוּשֵׁי[11]) [לוֹבְשֵׁי] חֹשֶׁן תֻּמֶּיךָ וְאוּרֶיךָ: בַּר יוֹחָאי, נִמְשַׁחְתָּ אַשְׁרֶיךָ, שֶׁמֶן שָׂשׂוֹן מֵחֲבֵרֶיךָ:

קובץ בקבלה כ"י ניו יורק X 893 L 893 המתוארך למאה ה-16[175]

[175] בשולי הפיוט רואים סימנים (לדוגמר מ׳, י״ע) שמפרטים את ההקשר הקבלי של כל בית (ככה גם בדפוסים ראשונים). בסוף הפיוט כתוב: ״סְגוּלַּת פִּזְמוֹן זֶה לְשׁוֹרְרוֹ עִם קַבָּלַת שַׁבָּת קוֹדֶם שֶׁיֹּאמַר בּוֹאִי כָּלָּה כְּדֵי שֶׁזְּכוּת הַתַּנָּא יַעֲזוֹר לְאוֹהֲבֵי תּוֹרָתוֹ לְזַכּוֹת אוֹתָם בְּתוֹסֶפֶת נְשָׁמָה יְתֵרָה מִמָּקוֹם גָּבוֹהַּ. וְסִימָן רָאשֵׁי תֵּיבוֹת שֶׁל שׁוּרָה רִאשׁוֹנָה מֵהַפִּזְמוֹן שֶׁחוֹזְרִין וְכוֹפְלִין אוֹתָם תָּמִיד שֶׁהֵן בְּגִימַטְרִיָּא שַׁבְּתָא וְכֵן קוֹרֵא לי״ך ש״ים חָדָ״שׁ כִּי הוּא סוֹד חִידּוּשׁ הַנְּשָׁמָה בְּיוֹם שַׁבָּת אֲשֶׁר פִּי ה׳ יִקְּבֶנּוּ וּדְבַר אֱלֹקֵינוּ יָקוּם לְעוֹלָם.״ התוספת הזה נדפס מילה במילה בספר תפוחי זהב דפוס מנטובה שפ״ג.

אזמר בשבחין (ס, ע"מ)

הופיע בסידור: אמירת "אתקינו סעודתא" ו"יהא רעוא" לפני סעודת שבת מספר עץ חיים מהמאה ה-16[176]. "אזמר בשבחין" לפני קידוש מופיע לראשונה בספר יפה נוף במאה ה-16[177]. כל הסדר מר' יהודה בן דוד הכהן בשנת 1613[178].

מקור הטקסט: "אתקינו סעודתא" מבוסס על זוהר[179]. "אזמר בשבחין" מר' יצחק לוריא במאה ה-16[180]. "ויהא רעוא" הובא בכתבי ר' חיים ויטאל בסוף המאה ה-16[181].

אַתְקִינוּ סְעוּדָתָא[1] דִּמְהֵימְנוּתָא שְׁלֵימָתָא חֶדְוָתָא דְּמַלְכָּא קַדִּישָׁא: אַתְקִינוּ סְעוּדָתָא[1] דְּמַלְכָּא. דָּא הִיא סְעוּדָתָא דַּחֲקַל תַּפּוּחִין קַדִּישִׁין[2] וּזְעֵיר אַנְפִּין[3] וְעַתִּיקָא קַדִּישָׁא אַתְיָן לְסַעֲדָא בַּהֲדֵיהּ[4]:

אֲזַמֵּר[5] בִּשְׁבָחִין לְמֵיעַל גּוֹ פִתְחִין
דְּבַחֲקַל[6] תַּפּוּחִין דְּאִנּוּן קַדִּישִׁין:
נְזַמִּין לַהּ הַשְׁתָּא בִּפְתוֹרָא חַדְתָּא
וּבִמְנַרְתָּא טַבְתָּא דְּנַהֲרָא עַל רֵישִׁין:
יְמִינָא וּשְׂמָאלָא וּבֵינַיְהוּ כַּלָּה בְּקִשּׁוּטִין
אָזְלָא[7] וּמָאנִין[8] וּלְבוּשִׁין:
יְחַבֵּק לַהּ בַּעְלָהּ וּבִיסוֹדָא דִילָהּ דְּעָבִיד
נַיְחָא לַהּ יְהֵא כָּתִישׁ כְּתִישִׁין:
צְוָחִין אַף עָקְתִין בְּטֵלִין וּשְׁבִיתִין בְּרַם
אַנְפִּין חַדְתִּין וְרוּחִין עִם נַפְשִׁין:
חֲדוּ[9] סַגֵּי יֵיתֵי וְעַל חֲדָא תַּרְתֵּי נְהוֹרָא
לַהּ יִמְטֵי וּבִרְכָאן דִּנְפִישִׁין:
קְרִיבוּ שׁוֹשְׁבִינִין עֲבִידוּ תִּקּוּנִין לְאַפָּשָׁא
זִינִין וְנוּנִין עִם רַחֲשִׁין:
לְמֶעְבַּד נִשְׁמָתִין וְרוּחִין[10] חַדְתִּין בְּתַרְתֵּין[11] וּתְלָתִין וּבִתְלָתָא שִׁבְשִׁין:
וְעִטּוּרִין שַׁבְעִין לַהּ[12] וּמַלְכָּא[13] דִּלְעֵלָּא דְּיִתְעַטַּר כֹּלָּא בְּקַדִּישׁ קַדִּישִׁין[14]:

שינויי נוסחאות

1 בעץ חיים (ע"ח) יש "סעודתי" במקום "סעודתא".
2 בתיקוני שבת יש כאן פסיק.
3 בע"ח יש "אפין" במקום "אנפין".
4 בע"ח יש "בהדה" במקום "בהדיה".
5 בע"ח יש "אסדר" במקום "אזמר".
6 בי"נ (ספר יפה נוף) וכ"י 249 יש "ביה פקחין בחקל" במקום "גו פתחין דבחקל".
7 בי"נ יש "אודא" במקום "אזלא".
8 בע"ח יש "במענין" במקום "ומענין".
9 בע"ח יש "חידו" במקום "חדו".
10 בע"ח יש "ורוחיא" במקום "ורוחין".
11 במקום "בתרתין" בי"נ יש "בתרתי". בכ"י 249 יש "תרתא".
12 בי"נ וכ"י 249 יש "עלה" במקום "שבעין לה".
13 בע"ח יש "ולמלכא" במקום "ומלכא".
14 בכ"י 249 יש "בקודש קודשין" במקום "בקדיש קדישין".
15 בעדי הנוסח יש "בגווה" במקום "בגו".
16 בעדי הנוסח יש "דבה" במקום "ברם".
17 בעדי הנוסח יש "דתשרי" במקום "דישרי".
18 בע"ח יש "דאתענג" במקום "דיתענג".
19 בע"ח יש "אשוי" במקום "אסדר".
20 במקום "ושלחן עם" בי"נ וכ"י 249 יש "ובפתורא".
21 בע"ח יש "ארשים" במקום "ארשין".
22 בכ"י 249 יש "למדאני" במקום "ומאדני".
23 במקום "נעטר להון" בי"נ יש "נעביד להו". בכ"י 249 יש "נעביר לו".
24 בכ"י 249 יש "ובטלין" במקום "ושביקין".
25 בי"נ ובכ"י 249 ליתא שורה זו. בע"ח שורה זו אחרי שורת "שביתין".
26 בע"ח יש "וזיוין" במקום "וזינין".
27 בי"נ יש כאן "ואלו מדברי בסוד המוציא ומה טוב שיאמרם על לחם משנה קודם שיברך". בכ"י 249 יש "עתה מדבר בסוד המוציא ומה טוב שיאמר זה השיר קודם שיברך המוציא על לחם משנה".
28 במקום "אתעטרה" בע"ח יש "אעטרית". בי"נ יש "אתעטרת".

---

176 עץ חיים כ"י ירושלים ווייס/שוורץ משנת 1592 בחלק מה ששמעתי מזולתי "מָצָאתִי כָּתוּב בְּקוּנְטְרֵיס א' וְנִרְאֶה לַעֲנִיּוּת דַּעְתִּי שֶׁאֵינוֹ מִשּׁוּם מוֹרִי זַ"ל וְזֶהוּ: זֹאת הַתְּפִלָּה טוֹב לְאוֹמְרָהּ קוֹדֶם כָּל סְעוּדָה מִן ג' סְעוּדוֹת שֶׁל שַׁבָּת, וְזֶה סִדְרָהּ, יְהֵא רַעֲוָא... וְקוֹדֶם הַתְּפִילָּה יוֹמַר אַתְקִינוּ סְעוּדָתִי..."

177 ספר יפה נוף דפוס ויניציאה קרוב לשנת 1580 "לִסְעוּדָה רִאשׁוֹנָה שֶׁל שַׁבָּת לְנוּקְבָא דִּזְעֵיר אַנְפִּין לַעֲטָרָה בְּסוֹד מִטָּה מוּצַּעַת וְשֻׁלְחָן עָרוּךְ וְנֵר דָּלוּק וְקִדּוּשׁ עַל הַיַּיִן וְטוֹב לְאָמְרָם קוֹדֶם הַקִּדּוּשׁ: אֲזַמֵּר בִּשְׁבָחִין..." ראו במאמר של בניהו על תאריך ספר יפה נוף. השיר גם מופיע כאן בקובץ תפלות כ"י מוסקבה גינזבורג 249 משנת שמ"ב (1582).

178 תיקוני שבת דפוס קראקא שע"ג (1613). אחר 'אתקינא סעודתא' יש בסוגריים "עַיֵּין בְּסֵפֶר הַזּוֹהַר פ' פְּקוּדֵי עַמּוּד תנ"ג וְשָׁם מְבוֹאָר סוֹדוֹ וְעוֹד מִזֶּה בְּפָרָשַׁת יִתְרוֹ עַמּוּד קנ"ז קנ"ח."

179 זוהר יתרו כ"ז "וְעַל דָּא בָּעֵי בַּר נָשׁ, לְאִתְעַנְּגָא תְּלַת זִמְנִין אִלֵּין, דְּהָא בְּהָא תַּלְיָא מְהֵימְנוּתָא דִּלְעֵילָּא, **בְּעַתִּיקָא קַדִּישָׁא, וּבִזְעֵיר אַפִּין, וּבַחַקְלָא דְּתַפּוּחִין**. וּבָעֵי בַּר נָשׁ לְאִתְעַנְּגָא בְּהוּ, וּלְמֶחְדֵּי בְּהוּ. וּמַאן דְּגָרַע סְעוּדָתָא מִנַּיְיהוּ, אַחְזֵי פְּגִימוּתָא לְעֵילָּא וְעוֹנְשֵׁיהּ דְּהַהוּא בַּר נָשׁ סַגֵּי... .רַבִּי אַבָּא, (נ"א רב המנונא סבא) כַּד הֲוָה יָתִיב בִּסְעוּדָתָא דְּשַׁבְּתָא, הֲוֵי חַדֵּי, בְּכָל חַד וְחַד, וַהֲוָה אָמַר, **דָּא הִיא סְעוּדָתָא קַדִּישָׁא, דְּעַתִּיקָא קַדִּישָׁא** סְתִימָא דְּכֹלָּא. בִּסְעוּדָתָא אַחֲרָא הֲוָה אָמַר, דָּא הִיא סְעוּדָתָא דְּקוּדְשָׁא בְּרִיךְ הוּא. וְכֵן בְּכֻלְּהוּ סְעוּדָתֵי, וַהֲוָה חַדֵּי בְּכָל חַד וְחַד. כַּד הֲוָה אַשְׁלִים סְעוּדָתֵי, אָמַר אַשְׁלִימוּ סְעוּדָתֵי דִּמְהֵימְנוּתָא... רַבִּי שִׁמְעוֹן, כַּד הֲוָה אָתֵי לִסְעוּדָתָא, **הֲוָה אָמַר הָכִי, אַתְקִינוּ סְעוּדָתָא דִּמְהֵימְנוּתָא עִלָּאָה, אַתְקִינוּ סְעוּדָתָא דְּמַלְכָּא**, וַהֲוָה יָתִיב וְחַדֵּי. כַּד אַשְׁלִים סְעוּדָתָא תְּלִיתָאָה, הֲווֹ מַכְרְזֵי עֲלֵיהּ, אָז תִּתְעַנַּג עַל יְיָ וְהִרְכַּבְתִּיךָ עַל בָּמֳתֵי אָרֶץ וְהַאֲכַלְתִּיךָ נַחֲלַת יַעֲקֹב אָבִיךָ."

180 עץ חיים שער התפילה עניין ליל שבת כ"י ירושלים ווייס/שוורץ משנת 1592 "וְאַחַר הָאֲכִילָה הָיָה נוֹהֵג מוֹרִי זַ"ל לוֹמַר פִּזְמוֹן א' בְּקוֹל נָעִים... וּבְרָאשֵׁי פְּרָקִים שֶׁל פִּזְמוֹן הַזֶּה נִרְמָז אנ"י יצח"ק ב"ן שלמ"ה. לַחַן מָתַי יְבוּשַּׂר עַם וְכוּ'. אֲסַדֵּר בִּשְׁבָחִין..."

181 ראו ערך "יהא רעוא" לפני שחרית בהמל"ה.

רְשִׁימִין וּסְתִימִין בְּגוֹ[15] כָּל עָלְמִין בְּרַם[16] עַתִּיק יוֹמִין הֲלָא בַּטִּישׁ בַּטִּישִׁין:
יְהֵא רַעֲוָא קַמֵּיהּ דְּיִשְׁרֵי[17] עַל עַמֵּיהּ דְּיִתְעַנַּג[18] לִשְׁמֵיהּ בְּמִתִיקִין וְדוּבְשִׁין:
אֲסַדֵּר[19] לִדְרוֹמָא מְנַרְתָּא דִסְתִימָא וְשֻׁלְחָן עִם[20] נַהֲמָא בִּצְפוּנָא אַרְשִׁין[21]:
בְּחַמְרָא גוֹ כַסָּא וּמְדָאנֵי[22] אַסָּא לְאָרוּס וַאֲרוּסָה לְהִתַּקְּפָא חַלָּשִׁין:
נְעַטֵּר לְהוֹן[23] כִּתְרִין בְּמִלִּין יַקִּירִין בְּשַׁבְעִין עִטּוּרִין דְּעַל גַּבֵּי חַמְשִׁין:
(שְׁבִיתִין וּשְׁבִיקִין[24] מְסָאֲבִין דִּרְחִיקִין חֲבִילִין דִּמְעִיקִין וְכָל זִינֵי חַרְשִׁין:)
שְׁכִינְתָּא[25] תִּתְעַטַּר בְּשִׁית נַהֲמֵי לִסְטַר בְּוָוִין תִּתְקַטַּר וְזִינִין[26] דִּכְנִישִׁין:
[27]לְמִבְצַע עַל רִפְתָּא כְּזֵיתָא וּכְבֵיעֲתָא תְּרֵין יוּדִין נְקַטָא סְתִימִין וּפְרִישִׁין:
מְשַׁח זֵיתָא דַכְיָא דְּטַחֲנִין רֵחַיָּא וְנַגְדִּין נַחֲלַיָּא בְּגַוָּהּ בִּלְחִישִׁין:
הֲלָא נֵימָא רָזִין וּמִלִּין דִּגְנִיזִין דְּלֵיתְהוֹן מִתְחַזִין. טְמִירִין וּכְבִישִׁין:
אִתְעַטְּרָא[28] כַּלָּה בְּרָזִין דִּלְעֵלָּא בְּגוֹ הַאי הִלּוּלָא דְּעִירִין קַדִּישִׁין:

שירים מעולים כספירים אשר שר החכם החסיד והאלהי
מהר"ר יצחק אשכנזי זצ"ל לכבוד השבת
בשלש סעודות שלו :

יפה נוף דפוס ראשון ונציה בערך שנת ש"מ (~1580)[182]

וִיהֵא רַעֲוָא מִן קֳדָם עַתִּיקָא קַדִּישָׁא דְּכָל קַדִּישִׁין טְמִירָא דְּכָל טְמִירִין סְתִימָא דְּכֹלָּא דְּיִתְמְשֵׁךְ טַלָּא עִלָּאָה מִינֵּהּ לְמַלְיָא רֵישֵׁיהּ דִּזְעֵיר אַנְפִּין וּלְהַטִּיל לַחֲקַל תַּפּוּחִין קַדִּישִׁין בִּנְהִירוּ דְּאַנְפִּין בְּרַעֲוָא וּבְחֶדְוְתָא דְכֹלָּא וְיִתְמְשֵׁךְ מִן קֳדָם עַתִּיקָא קַדִּישָׁא דְּכָל קַדִּישִׁין טְמִירָא דְּכָל טְמִירִין סְתִימָא דְכֹלָּא רְעוּתָא וְרַחֲמֵי חִנָּא וְחִסְדָּא בִּנְהִירוּ עִלָּאָה בִּרְעוּתָא וְחֶדְוָתָא עָלַי וְעַל כָּל בְּנֵי בֵיתִי וְעַל כָּל הַנִּלְוִים אֵלַי וְעַל כָּל בְּנֵי יִשְׂרָאֵל עַמֵּיהּ וְיִפְרְקִינָנָא מִכָּל עַקְתִין בִּישִׁין דְּיֵיתוּן לְעָלְמָא וְיַזְמִין וְיִתְיַהֵב לָנָא מְזוֹנָא וּפַרְנָסָתָא טַבְתָּא בְּלִי צָרָה וְעַקְתָא מִמַּזָּלָא דְּכָל מְזוֹנָא בֵּיהּ תַּלְיָא וִישֵׁזְבִינָנָא מֵעֵינָא בִישָׁא וּמֵחַרְבָּא דְּמַלְאַךְ הַמָּוֶת וּמִדִּינָהּ שֶׁל גֵּיהִנֹּם. וְיֵיתֵי לָנָא וּלְכָל נַפְשָׁתָנָא חִנָּא וְחִסְדָּא וְחַיֵּי אֲרִיכֵי וּמְזוֹנֵי רְוִיחֵי וְרַחֲמֵי מִן קֳדָמֵיהּ אָמֵן כֵּן יְהִי רָצוֹן אָמֵן וְאָמֵן:

---

[182] בגרסת יפה נוף וכן בכ"י מוסקבה 249 יש רק שורת "שביתין" וככה מסתבר שראשי הבתים מייצרים "אני יצחק לוריא בן שלמה". אלא שבכ"י של ר' חיים ויטאל, יש שני הבתים עם שי"ן. בהערותיו על פירוש ר' ישראל סרוק לשיר כתב ר' מנחם עזריה מפאנו (כ"י ירושלים 241 בעצם כתב ידו של הרמ"ע מתחילת המאה ה-17) " זֶה הַבַּיִת נִכְתַּב רִאשׁוֹנָה וְאַחַר כָּךְ כָּתַב האר"י 'שְׁכִינְתָּא תִּתְעַטַּר' וּמָחַק הַבַּיִת הַזֶּה". ודומה בכ"י מנטובה 124 בעצם כתב ידו וגם בכ"י פריס 1410. בסידור תמונות תחנות תפילות ספרד (ויניציאה שמ"ד 1584) יש רק את "שכינתא תתעטר".

קידוש לליל שבת

הופיע בסידור: אמירת קידוש מאנשי כנסת הגדולה[183]. התחלה מ'יום הששי' ממנהג אשכנז במאה ה-15[184] מבוסס על מדרש[185]. התחלה מ'ויהי ערב' מר' מרדכי יפה במאה ה-16[186]. אמירת כל הפסוק מר' שמריהו ברנדריס ב-1849[187].
מקור הטקסט: פסוקים מבראשית[188] ונוסח ברכה מבוסס על גמרות[189]. 'סברי מרנן' ממדרש[190]. 'סברי מרנן ורבנן ורבותי' מר' יצחק מפוזנא בתחילת המאה ה-17[191].

וַיַּ֥רְא[1] אֱלֹהִים֙ אֶת־כָּל־אֲשֶׁ֣ר עָשָׂ֔ה וְהִנֵּה־ט֖וֹב מְאֹ֑ד | וַֽיְהִי־עֶ֥רֶב וַֽיְהִי־בֹ֖קֶר | י֥וֹם הַשִּׁשִּֽׁי׃

וַיְכֻלּ֛וּ הַשָּׁמַ֥יִם וְהָאָ֖רֶץ וְכָל־צְבָאָֽם׃ וַיְכַ֤ל אֱלֹהִים֙ בַּיּ֣וֹם הַשְּׁבִיעִ֔י מְלַאכְתּ֖וֹ אֲשֶׁ֣ר עָשָׂ֑ה וַיִּשְׁבֹּת֙ בַּיּ֣וֹם הַשְּׁבִיעִ֔י מִכָּל־מְלַאכְתּ֖וֹ אֲשֶׁ֥ר עָשָֽׂה׃ וַיְבָ֤רֶךְ אֱלֹהִים֙ אֶת־י֣וֹם הַשְּׁבִיעִ֔י וַיְקַדֵּ֖שׁ אֹת֑וֹ כִּ֣י ב֤וֹ שָׁבַת֙ מִכָּל־מְלַאכְתּ֔וֹ אֲשֶׁר־בָּרָ֥א אֱלֹהִ֖ים לַעֲשֽׂוֹת׃

שינויי נוסחאות

1 בעדי הנוסח ליתא פסוק זה.
2 בעדי הנוסח, ליתא ״סברי מרנן ורבנן ורבותי״.
3 בכ״י אוקספורד, יש ״המוציא לחם מן הארץ״ במקום ״פורא פרי הגפן״.
4 בכ״י אוקספורד ליתא תחילת הברכה.
5 ברס״ג ובכ״י אוקספורד ליתא ״במצותיו״.
6 ברס״ג, במ״ו ובכ״י אוקספורד יש ״שבת״ במקום ״ושבת״.
7 ברע״ג, ברס״ג, ברנ״ג, בכ״י אוקספורד ובכ״י סנקט פטרבורג ליתא ״וברצון״.
8 ברע״ג, ברנ״ג, ברמב״ם ובכ״י סנקט פטרבורג ליתא ״כי הוא יום״. ברס״ג יש ״היא״ במקום.
9 במקום ״תחלה למקראי״ ברס״ג יש ״תחלת באהבה מקרא״. בכ״י סנקט פטרבורג יש ״תחילת שבת מקראי״.
10 בכ״י אוקספורד ליתא מ״כי הוא״ עד לכאן.
11 ברס״ג ובכ״י אוקספורד יש ״אותנו״ במקום ״ואותנו״.
12 במקום ״שבת״ ברס״ג יש ״שבתות״. בכ״י אוקספורד יש ״בשבתות״.
13 בכ״י אוקספורד ליתא ״וברצון״. ברס״ג יש ״ורצון״ במקום.

---

183 בבלי ברכות לג. ״אָמַר רַבִּי חִיָּיא בַּר אַבָּא אָמַר רַבִּי יוֹחָנָן: אַנְשֵׁי כְּנֶסֶת הַגְּדוֹלָה תִּקְּנוּ לָהֶם לְיִשְׂרָאֵל בְּרָכוֹת וּתְפִלּוֹת, קְדוּשּׁוֹת וְהַבְדָּלוֹת. בַּתְּחִלָּה קְבָעוּהָ בַּתְּפִלָּה. הֶעֱשִׁירוּ קְבָעוּהָ עַל הַכּוֹס. חָזְרוּ וְהֶעֱנוּ קְבָעוּהָ בַּתְּפִלָּה... קִידּוּשׁ אַף עַל גַּב דְּמְקַדֵּשׁ בִּצְלוֹתָא מְקַדֵּשׁ אַכָּסָא.״
בבלי פסחים קו. ״׳זָכוֹר אֶת יוֹם הַשַּׁבָּת לְקַדְּשׁוֹ׳ זוֹכְרֵהוּ עַל הַיַּיִן בִּכְנִיסָתוֹ.״
בבלי פסחים קז. ״תָּנוּ רַבָּנָן: אֵין מְקַדְּשִׁין אֶלָּא עַל הַיַּיִן.״ ומה שהודפס במכילתא דרשב״י (יתרו ז) נלקח מכאן ולא קדום.
184 סידור מנהג אשכנז המערבי כ״י פארמה 2895 משנת 1453 ״וּבְבֵית צָרִיךְ לַעֲשׂוֹת קִידּוּשׁ כָּל אָדָם שֶׁיֵּשׁ לוֹ יַיִן בְּבֵיתוֹ וְאֵין דַּי לוֹ בַּמֶּה שֶׁשָּׁמַע בְּבֵית הַכְּנֶסֶת... וְאָבִי שֶׁיִּחְיֶה הָיָה נוֹהֵג לְהַתְחִיל הַקִּידּוּשׁ ׳יוֹם הַשִּׁשִּׁי וַיְכֻלּוּ הַשָּׁמַיִם וְהָאָרֶץ וְגוֹ׳.״ לפי בית-אריה שם המעתיק כנראה היה משה בן יצחק. גם נמצא בברכון פראג רע״ה (1515) ״יום **ה**ששי **ו**יכלו **ה**שמים״.
185 בראשית רבה ט ״וַיְהִי עֶרֶב וַיְהִי בֹקֶר יוֹם הַשִּׁשִּׁי, אָמַר רַבִּי יוּדָן זוֹ שָׁעָה יְתֵרָה שֶׁמּוֹסִיפִין מֵחוֹל עַל קֹדֶשׁ, וּבָהּ נִגְמְרָה מְלֶאכֶת הָעוֹלָם, עַל כֵּן כְּתִיב הַשִּׁשִּׁי. אָמַר רַבִּי סִימוֹן בַּר מַרְתָּא, עַד כָּאן מוֹנִין לְמִנְיָנוֹ שֶׁל עוֹלָם, מִכָּן וְאֵילָךְ מוֹנִין לְמִנְיָן אַחֵר.״
רבינו בחיי בראשית ב:א: ״׳וַיְכֻלּוּ הַשָּׁמַיִם וְהָאָרֶץ וְכָל צְבָאָם׳, סָמַךְ ׳וַיְכוּלּוּ׳ לְ׳יוֹם הַשִּׁשִּׁי׳, לִרְמוֹז הַשֵּׁם הַמְּיוּחָד בְּרָאשֵׁי תֵּיבוֹת, וּכְדֵי לְהוֹרוֹת שאע״פ שֶׁבְּכָל מַעֲשֵׂה בְּרֵאשִׁית לֹא הִזְכִּירוֹ, הוּא הָעוֹשֶׂה הַכֹּל וְהוּא הַמַּתְחִיל וְהַגּוֹמֵר״.
186 לבוש החור רעא:י (דפוס לובלין ש״ן 1590) ״וּכְשֶׁמַּתְחִיל שָׁמַעְתִּי שֶׁיַּתְחִיל בְּלַחַשׁ לוֹמַר ׳וַיְהִי עֶרֶב וַיְהִי בוֹקֶר׳ וְאַחַר כָּךְ יַתְחִיל בְּקוֹל רָם ׳יוֹם הַשִּׁשִּׁי וַיְכֻלּוּ הַשָּׁמַיִם וְגוֹ׳.״
187 עיון תפלה (תר״ט 1849) ״כָּל פְּסוּקָא דְּלָא פַּסְקֵיהּ מֹשֶׁה לָא פַּסְקִינָן וְלָכֵן מֵהַנָּכוֹן שֶׁיַּתְחִיל ׳וַיַּרְא אֱלֹהִים אֶת כָּל אֲשֶׁר עָשָׂה וְהִנֵּה טוֹב מְאוֹד וַיְהִי עֶרֶב וַיְהִי בוֹקֶר׳ בְּלַחַשׁ וְאַחַר כָּךְ בְּקוֹל רָם ׳יוֹם הַשִּׁשִּׁי׳.״
188 בראשית א:לא-ב:ג. עד המאה ה-15 בכל עדי הנוסח בהם יש נוסח הקידוש, מתחילים מ״ויכולו״.
189 בבלי פסחים קיז: ״אָמַר רַבִּי זֵירָא: דְּקִידּוּשָׁא **׳אֲשֶׁר קִדְּשָׁנוּ בְּמִצְוֹתָיו וְצִוָּנוּ׳**. דִּצְלוֹתָא ׳קַדְּשֵׁנוּ בְּמִצְוֹתֶיךָ׳. מַאי טַעְמָא דְּרַחֲמֵי נִינְהוּ. אָמַר רַב אַחָא בַּר יַעֲקֹב: וְצָרִיךְ שֶׁיַּזְכִּיר **יְצִיאַת מִצְרַיִם** בְּקִידּוּשׁ הַיּוֹם. כְּתִיב הָכָא: ׳לְמַעַן תִּזְכּוֹר אֶת יוֹם׳. וּכְתִיב הָתָם: ׳זָכוֹר אֶת יוֹם הַשַּׁבָּת לְקַדְּשׁוֹ׳... אָמַר רָבָא: אַשְׁכַּחְתִּינְהוּ לְסָבֵי דְּפוּמְבְּדִיתָא דְּיָתְבִי וְקָאָמְרִי: בְּשַׁבְּתָא בֵּין בִּצְלוֹתָא בֵּין בְּקִידּוּשָׁא: **׳מְקַדֵּשׁ הַשַּׁבָּת׳**.״
משנה ברכות ח:א ״אֵלּוּ דְּבָרִים שֶׁבֵּין בֵּית שַׁמַּאי וּבֵית הִלֵּל בִּסְעֻדָּה. בֵּית שַׁמַּאי אוֹמְרִים, מְבָרֵךְ עַל הַיּוֹם וְאַחַר כָּךְ מְבָרֵךְ עַל הַיַּיִן. וּבֵית הִלֵּל אוֹמְרִים, מְבָרֵךְ עַל הַיַּיִן וְאַחַר כָּךְ מְבָרֵךְ עַל הַיּוֹם.״
תשובות רב נטרונאי גאון עו ״וְכַסֵּדֶר הַזֶּה מְקַדֵּשׁ בְּבֵיתוֹ: אוֹמֵר ׳וַיְכֻלּוּ׳ כָּל הַפָּרָשָׁה, וּמְבָרֵךְ ׳בּוֹרֵא פְּרִי הַגֶּפֶן׳ אִם יֵשׁ לוֹ יַיִן, וְאַחַר כָּךְ מְבָרֵךְ עַל הַיּוֹם: ׳בָּרוּךְ אַתָּה ה׳ אֱלֹהֵינוּ מֶלֶךְ הָעוֹלָם אֲשֶׁר קִדְּשָׁנוּ בְּמִצְוֹתָיו וְרָצָה בָּנוּ וְשַׁבַּת קָדְשׁוֹ בְּאַהֲבָה הִנְחִילָנוּ זִכָּרוֹן לְמַעֲשֵׂה בְּרֵאשִׁית תְּחִלָּה לְמִקְרָאֵי קֹדֶשׁ זֵכֶר לִיצִיאַת מִצְרָיִם כִּי בָנוּ בָחַרְתָּ וְאוֹתָנוּ קִדַּשְׁתָּ מִכָּל הָעַמִּים וְשַׁבַּת קָדְשְׁךָ בְּאַהֲבָה וּבְרָצוֹן הִנְחַלְתָּנוּ בָּרוּךְ אַתָּה ה׳ מְקַדֵּשׁ הַשַּׁבָּת׳.״
190 מדרש תנחומא פקודי ב ״וְכֵן שְׁלִיחַ צִבּוּר כְּשֶׁיֵּשׁ בְּיָדוֹ כּוֹס שֶׁל קִדּוּשׁ אוֹ שֶׁל הַבְדָּלָה וְהוּא יָרֵא מִשֵּׁם הַמָּוֶת שֶׁלֹּא יִהְיֶה בַּכּוֹס, וְהוּא אוֹמֵר **סַבְרִי מָרָנָן**, וְאוֹמֵר הַקָּהָל לְחַיִּים, כְּלוֹמַר כִּי לְחַיִּים יְהֵא הַכּוֹס.״ כנראה מבוסס על הבבלי סנהדרין מג. ״היוצא ליהרג משקין אותו קורט של לבונה בכוס של יין כדי שתטרף דעתו שנאמר תנו שכר לאובד ויין למרי נפש.״
מחזור ויטרי סדר סעודה ״וְכָךְ הֵשִׁיב ר׳ יוֹסֵף הַגָּדוֹל (טוב עלם): וְאִם תֹּאמַר קִידּוּשׁ וְהַבְדָּלָה וּבִרְכַּת הַמָּזוֹן לָמָּה אָנוּ אוֹמְרִים סַבְרִי מָרָנָן הֲרֵי הַבְלִיעָה פְּנוּי שֶׁלֹּא לַחֲלוֹק בְּבִרְכַּת הַיַּיִן. זֶה הַכְּלָל אֵין מַרְשִׁין עַל הַיַּיִן וְאֵין מַסְבִּירִין עַל הַפַּת. מָה טַעַם? לֶחֶם שֶׁהוּא רְשׁוּת שֶׁאִם יִרְצֶה שֶׁלֹּא לֶאֱכוֹל לֶחֶם אֲפִילּוּ בְּשַׁבָּת הָרְשׁוּת בְּיָדוֹ לְפִיכָךְ נוֹטֵל רְשׁוּת כְּדֵי שֶׁיַּסְכִּימוּ כּוּלָּם, אֲבָל קִידּוּשׁ וְהַבְדָּלָה וּבִרְכַּת הַמָּזוֹן שֶׁהִיא טְעוּנָה כּוֹס, מִצְוָה הִיא אֵין צָרִיךְ לִיטּוֹל רְשׁוּת אֶלָּא אוֹמֵר סַבְרִי מָרָנָן כְּלוֹמַר תְּנוּ דַּעְתְּכֶם עַל הַבְּרָכָה לָצֵאת יְדֵי חוֹבַתְכֶם וְהֵם עוֹנִין לְחַיִּים.״ ראה גם דניאל גולדשמידט ׳ליקוטי מנהגים מהמאה הי״ג׳ ב*מחקרי תפילה ופיוט* עמ׳ 64.
191 ספר לב טוב פראג ש״פ (שנת 1620) הלכות ברכות (מתורגם לעברית) ״כְּשֶׁמְּבָרֵךְ עַל הַיַּיִן בְּאֶמְצַע הַסְּעוּדָה יֹאמַר ׳סַבְרִי מָרָנָן וְרַבָּנָן וְרַבּוֹתַי׳ וְאִם אֵין שָׁם רַבָּנִים אוֹמֵר ׳סַבְרִי וְרַבּוֹתַי׳.״

סַבְרִי מָרָנָן וְרַבָּנָן וְרַבּוֹתַי[2]:

בָּרוּךְ אַתָּה יְהֹוָה אֱלֹהֵינוּ מֶלֶךְ הָעוֹלָם בּוֹרֵא פְּרִי הַגָּפֶן[3]:

בָּרוּךְ אַתָּה יְהֹוָה אֱלֹהֵינוּ מֶלֶךְ הָעוֹלָם[4] אֲשֶׁר קִדְּשָׁנוּ בְּמִצְוֹתָיו[5] וְרָצָה בָנוּ וְשַׁבַּת[6] קָדְשׁוֹ בְּאַהֲבָה וּבְרָצוֹן[7] הִנְחִילָנוּ זִכָּרוֹן לְמַעֲשֵׂה בְרֵאשִׁית כִּי הוּא יוֹם[8] תְּחִלָּה לְמִקְרָאֵי[9] קֹדֶשׁ[10] זֵכֶר לִיצִיאַת מִצְרָיִם כִּי בָנוּ בָחַרְתָּ וְאוֹתָנוּ[11] קִדַּשְׁתָּ מִכָּל הָעַמִּים וְשַׁבַּת[12] קָדְשְׁךָ בְּאַהֲבָה וּבְרָצוֹן[13] הִנְחַלְתָּנוּ: בָּרוּךְ אַתָּה יְהֹוָה מְקַדֵּשׁ הַשַּׁבָּת:

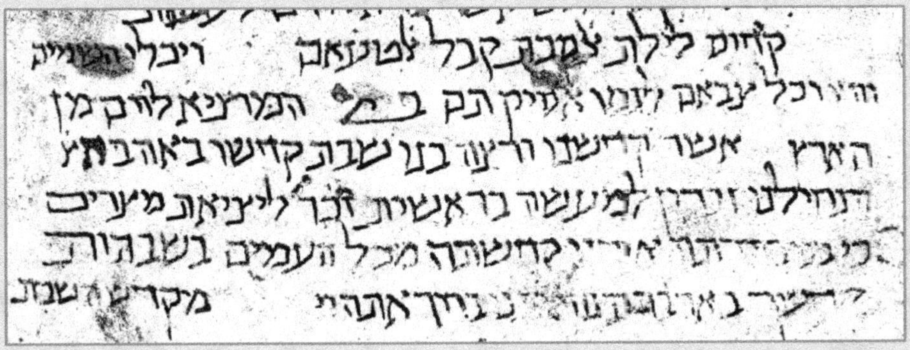
[illegible]
קדוש לילה [illegible] ויכלו [illegible]
[illegible] צבאם [illegible] המוציא לחם מן
הארץ אשר קדשנו ורצה בנו שבת קדשו באהבת[illegible]
הנחילנו זיכרון למעשה בראשית זכר ליציאת מצרים
כי [illegible] קדשתה מכל העמים בשבתות
[illegible] מקדש השבת

כ״י אוקספורד Heb. d. 55.15 המתוארך למאה ה-11/10[192]

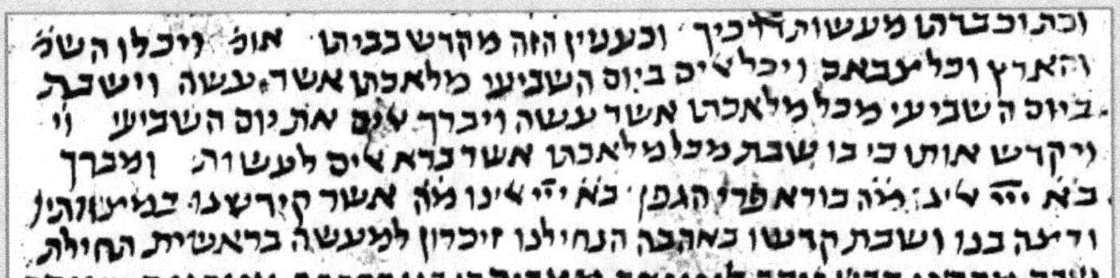
וכתוב ברתו מעשות [illegible] כיך וכעניין הזה מקדש כביתו אומ׳ ויכלו השמ׳
והארץ וכל צבאם ויכל אים ביום השביעי מלאכתו אשר עשה וישבת
ביום השביעי מכל מלאכתו אשר עשה ויברך אים את יום השביעי וי
ויקדש אותו כי בו שבת מכל מלאכתו אשר ברא אים לעשות ומברך
בא יי אינ מה בורא פרי הגפן בא יי אינו מה אשר קדשנו במצותיו
ורצה בנו ושבת קדשו באהבה הנחילנו זיכרון למעשה בראשית תחילת
שבת מקראי קדש זיכר ליציאת מצרים כי בנו בחרת ואותנו קידשת
מכל העמים ושבת קדשך באהבה וברצון הנחלתנו בא יי מקדש השבת

כ״י סנקט פטרבורג Evr. III B 122 המתוארך למאה ה-11/10

[192] בקטע קדום זה, מקדשים על הפת במקום על היין. תופעה זאת נמצאת בכמה קטעים מהגניזה (גם לדוגמא כ״י קיימברידג׳ T-S 6H 6.11 המתוארך למאה ה-12/11). היות ושכרו סופר לכתוב רק דברים שהוצרכו לזמן רב, יש ללמוד מהעובדה על חוסר זמינות של יין לכמה קהילות בתקופה זו.

בנוסף, מעניין שבכתב יד, הברכה השניה לא פותחת שוב עם ״ברוך אתה יי אלהינו מלך העולם״ אלא לכאורה סומכת על פתיחת ברכת ״המוציא״ גם להמשך הקידוש.

עיון בפיוט
"לכה דודי"

אסתר מלחי

אתר דעת
תשס"ה

עיון בפיוט "לכה דודי"

המאמר התפרסם לראשונה באתר דעת (https://www.daat.ac.il/) שנת תשס"ה. המאמר מתפרסם כאן עם תיקונים מד"ר מלחי.

1. תפילת קבלת שבת

תפילת קבלת שבת אינה חלק אינטגראלי של תפילת ערבית. עד תקופת מקובלי צפת (סוף המאה ה-16) לא כללה תפילת ליל שבת את ששת מזמורי התהילים (צה'-צט', כט'). עד היום יש מדגישים את "זרותה" של קבלת השבת ע"י אמירתה מהבמה של בית הכנסת ולא מעמוד-התפילה. עדות שונות קבלו את מנהגי קבלת שבת בצורה שונה.

ששת פרקי קבלת שבת מלוכדים תחת נושא מרכזי אחד: גדולתה של מלכות השמים על כל העולם. בפרקים אלה מופיעים ביטויים רבים של שמחה, שירה שבח והלל למלכותו יתברך: "לכו נרננה... נריע... בזמירות נריע... שירו לה' שיר חדש שירו לה' כל הארץ... כי גדול ה' ומהולל מאד... ישמחו השמים ותגל הארץ... ישמחו איים רבים... שמעה ותשמח ציון... שמחו צדיקים בה'... שירו לה' שיר חדש... הריעו לה' כל הארץ.... השיא יהיה לעתיד לבוא כשכל העמים יקבלו בשמחה את מלכות ה'.

פרקים אלה שמתארים את מלכותו השלמה של הקב"ה על השמים, האדם, החי, הדומם, ואיתני-הטבע. בחגיגיות, בהוד והדר, בשיר ושבח מכינים אותנו ליום השבת הנכנס שהוא בבחינת בבואה מצומצמת ליום שכולו שבת ומנוחה לחיי העולמים.

שעה זאת של דמדומים, של מעבר מששת ימי החולין והמעשה ליום השבת שהוא התעלות של קדושה ורוחניות לאדם, זאת השעה שבה נפש האדם מחפשת את מקורה ופתוחה לקבל על עצמה את הנשמה היתירה. רמז לאותה "נפש" יתירה נמצא בגימטריה של ששת האותיות הראשונות של פרקים אלה = נפש.

המקובלים הבינו כפשוטו את הפסוק "לכה דודי נצא השדה" שעומד בבסיס הפזמון ואכן, ע"פ המקורות, זה היה מנהגם: לצאת בחבורות מן הבתים אל השטח הפתוח בזמן כניסת השבת. לצאת מן המוגבל ומוחשי אל המרחב האין סופי כדי להתנתק מהעשייה היומיומית ולהתחבר אל הרוחני, הנעלה. תוך כדי כך היו אומרים את מזמורי-התהילים הנ"ל ואח"כ את הפיוט "לכה דודי". הד קלוש למנהגם הוא הפניה לעבר פתח בית הכנסת בסיומו של הפיוט. היו שנהגו לרקוד או לפחות להקיף את הבימה ע"פ האמור בגמרא בבא קמא לב' עא': "רבי חנינה הווה מרקד ואזיל ואמר בואו ונצא לקראת כלה" וגו'.

הביטוי "קבלת שבת" כולל בתוכו מובנים שונים:

א. קבלת עול השבת מבחינת ההלכה והסמכות, כקבלת סמכותה של מלכה.

ב. קבלת פני-השבת מבחינת אהבה, חמימות וקרבה כקבלת כלה-נסיכה אהובה.

שתי הגישות מבוטאות בראשיתו ובסופו של הפיוט. בתחילתו, השבת מכונה "כלה" ובסופו "כלה-מלכה". כידוע, קשה מאד לשנות ממנהגי התפילה ובוודאי קשה להוסיף תפילות חדשות שלא כמנהג הדורות הקודמים. השאלה היא: מדוע בכל זאת התפשט והתקבל מנהג סדר "קבלת שבת" ונכנס לסידור התפילה?

מספר גורמים השפיעו על קבלת התפילה:

1. האישים המעורבים בייסוד התפילה היו אנשי המעלה, מקובלים ואנשי-הנהגה שמשום כבודם לא העזו להתנגד למנהגם זה. כגון: הפייטן ר' שלמה אלקבץ, ר' משה קורדובירו, האר"י וגוריו.
2. גורמים נוספים שהיו בצפת בתקופה זאת: ר' יוסף קארו שהיה ידידו של ר' שלמה ויתר חכמי צפת שהסכימו וקבלו על עצמם מנהג זה.
3. התקבלותה והתפשטותה של חכמת הקבלה הפיצה את מנהגי- המקובלים גם לקהילות רחוקות.
4. מצבו של עם ישראל כעם גולה וכן תחושות היישוב בארץ ישראל החרבה הביאו לחיפוש נחמה ובשורות גאולה. על ציפיות אלה ענו פרקי התהילים הנ"ל וכן הפיוט "לכה דודי".
5. יש לזכור התפתחות חשובה שהשפיעה על הנהגותיהם, לימודיהם והשכלתם של האנשים והיא המצאת הדפוס בסוף המאה ה-15 ע"י הגרמני גוטנברג. הסידורים נפוצו ובתוכם גם קבלת שבת.

שאלה אחרת היא: מהו ייחודו של הפיוט "לכה דודי" ומדוע התקבל במרבית הקהילות? מספר גורמים השפיעו על תהליך קבלתו והכנסתו לתפילה:

1. הפיוט התחבר בא"י ובצפת שהם מקומות-קדש בעלי מעמד ייחודי מבחינה רוחנית והיסטורית.
2. לפיוט יש תכן דתי-לאומי: הוא עוסק בכנסת ישראל, בארץ ישראל וירושלים, הוא מבשר את הגאולה השלימה ובונה תמונה של נחמה.
3. בפיוט רבדים רבים המוכרים לנו מן הנביאים ובעיקר מנבואות הנחמה. נבואות אלה מהוות בסיס מוצק להבטחת הגאולה.
4. היסודות הקבליים שעומדים ביסודו של הפיוט התקבלו בתפוצות השונות עם התפשטותה של הקבלה.
5. האווירה המיוחדת של הפיוט המבטאת עליה מן החול אל הקודש, מהגלות אל הגאולה השתלבה יפה בזמן של קבלת שבת שמבטא מעבר מימות החול אל השבת. זו שעת דמדומים של השקיעה שהיא זמן מעבר בלתי ברור שמביא את האדם למצב רגשי שמעבר לחושים.
6. ייחודו של הפיוט כיצירה ספרותית, הכוללת רבדים מקראיים, מדרשיים וקבליים, הבנויה בתבנית סימטרית הכוללת אמצעים אמנותיים וקישוטי-

שיר, המעמידה תמונה שלימה וכוללת ביטויי אופטימיות ושמחה - כל אלה הביאו לחיבוב הפיוט ולקבלתו לתפילה.

7. תכני-הפיוט המביאים רעיונות של גאולה באופן מוחשי וממשי, ומעמידים את השבת האהובה כמקור לברכה ושמחה הביאו להזדהות הקהל שחש שהפיוט מבטא את מאוויי נפשו, את תפילותיו ותקוותיו.

2. הפייטן - תולדותיו וחיבוריו

ר' שלמה הלוי אלקבץ נולד בערך בשנת 1505 ונפטר בשנת 1584 בצפת. יש דעה שנולד בסלוניקי. אחר נישואיו עלה לארץ בדרך שהה באדריאנופולי בה הכיר את ר' יוסף קארו. עם עלייתו לצפת חבר לר' משה קורדוברו שהיה גיסו. תלמידים רבים נהרו אחריו. ר' שלמה נהג לערוך סיורים על קברי צדיקים במירון וסביבותיה. כמקובל עסק בתורת הח"ן. הוא חיבר פירושים לחמש מגילות, ספרי קבלה, פירוש להגדה של פסח על דרך הסוד. ספר גירושין כולל דברי תורה. פירוש על התורה, ספר תהילים ואיוב. פירוש לסידור התפילה. הוא כתב ספר על יסודות האמונה, ספר קבלה, דרשות ופיוטים המפורסם בהם "לכה דודי" שהתקבל בתפוצות ישראל. ר' שלמה נולד דור אחד אחרי גירוש ספרד וראה בגירוש ובייסורים חלק מחבלי-הגאולה והצפייה למשיח. רעיונות אלה מופיעים בפיוט שלפנינו.

3. מבנה ומשמעות

הפיוט בנוי במבנה מעגלי והוא כולל בתוכו שני נושאים מרכזיים: שני הבתים הראשונים (שמור וזכור, לקראת שבת) עוסקים בנושא השבת. ששת הבתים המרכזיים עוסקים בנושא הגלות והגאולה ואילו הבית האחרון (בואי בשלום) חובר לשני הבתים הראשונים וסוגר את הפיוט שוב בעיסוק בנושא השבת. כך מבטא הפיוט שני נושאים חשובים: השבת והגאולה. שקשורים זה בזה בקשר בל ינתק. כך רומז הפייטן לרעיונות (בהם נעסוק בהמשך) המחברים בין שני התכנים הללו.

ה"מדריך" המובא בראש הפיוט וחוזר אחרי כל מחרוזת, מהווה בראש ובראשונה מוטו רעיוני שאותו מעוניין הפייטן להדגיש. הוא עיצב אותו כתבנית שונה מיתר המחרוזות וקבע אותו כמלכד את כל השיר ליצירה אחת ע"י החריזה המחברת כאיזור את כל המחרוזות. ואכן, כל הטורים האחרונים בכל המחרוזות (הטור הרביעי) מסתיימים בחריזה "לה" שהיא חריזתו של המדריך. כך, הופך המדריך להמשכה של כל מחרוזת. כל מחרוזת תהיה מורכבת עתה משני חלקים:

א. 3 טורי המחרוזת הקשורים זה אל זה בחריזה אחידה המאפיינת מחרוזת זאת (אאא, בבב וכו').

ב. 3 טורים החורזים בחריזת המדריך

דוגמא: מקדש מלך עיר מלו**כה** א
קומי צאי מתוך ההפ**כה** א

רב לך שבת בעמק הבכה א
והוא יחמול עליך חמלה ת
לכה דודי לקראת כלה ת
פני שבת נקבלה ת

מובן שהחריזה יוצרת קשר תכני וצורני בין רעיון המחרוזת לרעיון המדריך. החרוז האיזורי "לה" מעמיד במרכז את הכלה שצליל אחד משני מרכיבי הכינוי שלה הוא הצליל השולט ומלכד את הפיוט כולו. הצליל "לה" (גוף שלישי נסתר) גורם לתחושת ריחוק של כבוד.

יש לשים לב למחרוזת האחרונה של הפיוט שכולה בנויה על החריזה "לה". חריזה אחידה זאת מקנה לבית זה מעמד חשוב כשיא ומדגישה את הקשר בינו לבין המדריך. בודאי יש בכך משום תפארת החתימה. בית זה ניכר גם בחזרה החגיגית על הביטוי "בואי" "בואי כלה", "בואי כלה", "בואי כלה". בשימוש בכינוי "עטרת בעלה" "עם סגולה" שהם כינוים מרוממים לשבת ולעם ישראל.וכן בריבוי מילות השמחה: שמחה, רינה, צהלה.

האקרוסטיכון

הפיוט בנוי על האקרוסטיכון של שם הפייטן: "שלמה הלוי" הוא ר' שלמה הלוי אלקבץ. הבית האחרון אינו שייך לאקרוסטיכון ומתעורר סימן שאלה בדבר זמן חיבורו וזהות המחבר.

ניתן לחלק את הפיוט (ע"פ האקרוסטיכון) לשני חלקים:

א. המחרוזות ע"פ שמו "שלמה": ארבע מחרוזות אלה עוסקות בתיאור אקטיבי של עשייה ומשכנעות בחשיבות הקדמת ההכנות האקטיביות לקראת השבת ולקראת הגאולה: שמור וזכור, לכו ונלכה, קומי צאי, התנערי מעפר קומי, לבשי.

ב. ארבע המחרוזות הבנויות על אקרוסטיכון "הלוי" מתארות את השפע המוענק למכינים עצמם לקראת השבת והגאולה: כי בא אורך, כבוד ה' עליך נגלה, ונבנתה עיר על תלה, ישיש עליך אלוקיך וכו' כלומר: המכינים עצמם ופועלים באופן אקטיבי יזכו ליהנות מאור הגאולה, מהקרבה לשכינה ועוד. שוב אנו מבחינים בקשר שבין השבת לגלות ולגאולה.

ידועים מנהגים שונים בקשר להחלפת המנגינה בשירת "לכה דודי": יש המחליפים ב"התעוררי" ויש המשנים ב"לא תבושי" ועוד. כפי הנראה, התכנים בבתים האחרונים המתארים את שמחת הגאולה עוררו את החזנים לשיר ניגונים שמחים. היו שנשארו צמודים לחלוקת האקרוסטיכון והיו שנצמדו לתכני הפיוט.

יש שהחליפו בגלל אורכו של הפיוט (שלא יהיה חד-גווני) ואולי כדי לרמוז לקהל באיזה חלק של הפיוט "עומד" החזן (ע"פ המנגינה). (בנושא זה עיין במאמרו של ד"ר

יוסף קליין בדף השבועי של אוניברסיטת בר-אילן מס' 326 פר' תרומה תש"ס וכן במאמרו של אהרון ארנד "החלפת הניגון בפיוט "לכה דודי", סיני, תשנ"ג, כרך קיא', עמ' צג-צה).

משפטי-סיום במחרוזות הפיוט

הפייטנים בתקופות השונות היו מודעים לחשיבותם של צלילים, מילים או טורים מסיימים. הרושם שמותיר הסיום הוא אפקטיבי ומהדהד באזנו ובתודעתו של המאזין לאורך זמן. לכן רבים הקפידו להביא את האמירות החשובות שאותן רצוי שיקלוט ויזכור המאזין, דווקא בסיום. (כך ראינו גם במשמעות החרוז "לה").

כל שש המחרוזות המרכזיות בפיוט שלפנינו נבנו מתוך מחשבה זאת. בכולן הטורים האחרונים הם תיאור אחד השלבים במהלך מן הגלות אל הגאולה. אמנם כל טור כזה משתייך מבחינה מבנית ותכנית למחרוזת שלו אך יש בו גם אלמנט של אמירה מסכמת שמאפשרת לנו לנתק אותו ממקומו ולהעמידו כמיצג רעיון. אם נפריש את ששת הטורים האחרונים מכל מחרוזת ונציב אותם זה לצד זה נגלה מהלך של רעיון:

המחרוזת הראשונה (מקדש מלך) עוסקת בתיאור כנסת ישראל שבגלות. הטור מסיים "והוא יחמול עליך חמלה". הוא בגדר הבטחה לרחמי ה' בעתיד לבוא.

המחרוזת השניה מספרת על הגאולה ומזכירה את המשיח. הטור המסיים מביע משאלה ותפילה אישית: "קרבה אל נפשי גאלה!" שהוא מבטא (לאור ההבטחה הנ"ל) את בקשת הדובר למימושה בגאולה.

המחרוזת השלישית גם היא עוסקת בגאולה וסיומה בטור - "כבוד ה' עליך נגלה" מבטא את מימוש ההבטחה ואת מילוי המשאלה שהובעה (ידוע שהפייטנים תארו את הגאולה בלשון עכשווית כאילו היא כבר מומשה מתוך בטחון שאכן היא כבר מאחרי-כתלינו. המטרה היא גם לטעת בלב הקהל את האמונה כי אכן אנו כבר קרובים אליה באופן מוחשי).

במחרוזת הרביעית המתארת את המהפך המעשי והנפשי עם בוא הגאולה, מוזכרת דרגה ראשונה בגאולה והיא "ונבנתה עיר על תלה" - בנין ירושלים והבית בתוכה.

במחרוזת החמישית מוזכר שלב נוסף בגאולה: הנקמה בגויים אויבי ישראל (שהם גם אויבי ה'). אז תבוא הקרבה האמיתית בין הקב"ה לעמו. "כמשוש חתן על כלה". מוטיב זה מתקשר כמובן למדריך ולבית המסיים-האחרון של הפיוט.

במחרוזת השישית מתואר השיא: קבלת האמונה היהודית על ידי העולם, מימוש מלכות ה' בישראל ובגויים, ביאת משיח צדקנו ושמחת הגאולה התמידית "ונשמחה ונגילה".

הפתיחה והסיום כמבטאי אידיאה

המדריך המוצב בראש הפיוט פונה בצווי: "לכה דודי לקראת כלה" כלומר: יש כאן פניה לפעולה אקטיבית של הליכה ואילו המחרוזת המסיימת פותחת ומסיימת בביטוי: "בואי בשלום... בואי כלה..."

הבחנה זאת מביאה אותנו אל המקור בתלמוד הבבלי מסכת שבת קיט עא':

"רבי חנינא מיעטף וקאי אפינא דמעלי שבתא אמר בואו ונצא לקראת שבת המלכה רבי ינאי לביש מאניה מעלי שבת ואמר בואי כלה בואי כלה".

ובתרגומו של הרב שטיינזלץ:

"ר' חנינא היה מתעטף ועומד עם חשיכה ערב שבת ואמר בואו ונצא לקראת שבת המלכה. ר' ינאי היה לובש בגדיו ערב שבת ואמר בואי כלה בואי כלה".

(הערה: ייתכן והתלמוד משקף מחלוקת ביניהם בעניין תוספת שבת האם היא מדאורייתא או מדרבנן. אם היא מדאורייתא כדעת ר' חנינא המכנה את השבת "מלכה" כלומר: תוספת שבת נחשבת כשבת ואילו ר' ינאי חושב שתוספת שבת היא מדרבנן ולכן בזמן זה השבת היא בגדר כלה לפני החופה).

שניהם שייכים לדור ראשון של אמוראים, תושבי הגליל ר' חנינא חי בציפורי ועמדתו מופיעה בסוף הפיוט באמירה "בואי כלה בואי כלה שבת מלכתא" ואילו ר' ינאי חי בעכברה דרומית לצפת ועמדתו מופיעה בראש הפיוט. במילים "לכה דודי" "לכו ונלכה". שניהם מייצגים שתי גישות: אקטיבית ופסיבית. ניתן להרחיב את הרעיון לנושא הגאולה: האם עם ישראל צריך לפעול באקטיביות להבאת שלבי-הגאולה השונים או שיש להמתין בפסיביות עד לאותו רגע של התגלות איילת השחר בבחינת "בואי כלה".

נראה שהפייטן מכוון אותנו לתשובה לגבי דילמה זאת. לדעתו המהלך הוא בבחינת "שובו אלי ואשובה אליכם". היוזמה-ההליכה-העשייה של האדם, היציאה לקראת, ההוכחה המעשית בפועל כי רצון הדובר הוא עכשווי, משמעותי, אמיתי והוא יוזם את חלקו ובתגובה, המשך המהלך הוא בוא הגאולה כהיענות ליוזמת המצפה. ייתכן שאפשר לראות כאן הליכה הדדית של זה לעומת זה כשהמפגש הוא רגע הגאולה. ברגע זה תתממש השמחה, הרינה והצהלה האמיתיים. (ראה גם בפרק קישוטי-שיר בסעיף "מילים מנחות".)

את הקריאה לעם ישראל אפשר לראות בקריאה להקדים את כניסת השבת - להוסיף מן החול אל הקודש כפי שכתוב במדרש מכילתא יתרו, בחדש, פרשה ז': "זכור ושמור - זכור מלפניו ושמור מאחריו (בדברות ראשונות נאמר זכור ובאחרונות נאמר שמור) מכאן אמרו מוסיפין מחול על הקודש".

כמו כן יש בכך משום ביטוי לציפייה ליום האהוב. האדם אינו יכול להמתין והוא קם ויוצא כדי להקדים את הפגישה.

4. הדמויות

המדריך מציג בפנינו את הדמויות: הדוד, הכלה, השבת. "האני המדבר" פונה אל הדוד בקריאה ללכת לקראת הכלה ויחדיו לקבל את פני השבת.

מיהו הדוד? ע"פ שיר השירים שמהווה תשתית חשובה בפיוט הדוד הוא הקב"ה. הכלה לפי אותה תשתית היא ישראל. מובא במדרש: "אשת חייל עטרת בעלה" (משלי יב' ד') אשת חייל זו כנסת ישראל. בעלה זה הקב"ה.

> *"בעשרה מקומות נקראת ישראל "כלה" שיתא הכא וארבע בנביאים... וכנגדן לבש הקב"ה עשרה לבושין... כדי להפרע מאומות העולם שבטלו מישראל עשרת הדיברות שהיו מצמצמין עליהן ככלה". (דברים רבא וילנא ב' לז').*

הכינוי "עטרת בעלה" מופיע בפיוט.

ובילקוט שמעוני, שיר השירים תתקפח:

> *"ביום חתונתו אלו ימי המשיח שנמשל הקב"ה כחתן וכמשוש חתן על כלה".*

ישיש עליך אלוקיך כמשוש חתן על כלה - על ישראל לפיכך הקריאה היא להקב"ה להצטרף לכנסת ישראל ולקבל יחד את השבת. מדובר בשילוב וצרוף של הדמויות בזמן הייחודי של השבת. כך נגיע לשיא של התעלות ורוחניות וקדושה בשבת בה נוצר קשר רוחני מיוחד בין הקב"ה לכנסת ישראל.

קיימת גם אפשרות נוספת: הדוד הוא ישראל שהוא בן זוגה של השבת (הכלה) ע"פ המדרש:

> *"תני רבי שמעון בר יוחאי: "אמרה שבת לפני הקב"ה רבונו של עולם, לכולן יש בן זוג ולי אין בן זוג! אמר לה הקב"ה כנסת ישראל היא בן זוגך וכיוון שעמדו ישראל לפני הר סיני אמר להם הקב"ה זכרו הדבר שאמרתי לשבת - כנסת ישראל הוא בן זוגך וזהו שנאמר "זכור את יום השבת לקדשו" (בראשית רבה יא' ח').*

כלומר: הפייטן פונה אל הקהל ומבקשו להצטרף אליו ויחד לקבל את פני השבת שהיא בת זוגו של ישראל.

שבת י' עב': "אמר לו הקב"ה למשה: מתנה טובה יש לי בבית גנזי ושבת שמה ואני מבקש ליתנה לישראל, לך הודיעם".

במדריך עובר הפייטן מדיבור בגוף יחיד "לכה דודי" ללשון רבים "נקבלה" וזאת הקריאה להשתתפות כולנו (כולל הדובר) כאיש אחד בקבלת השבת. הדובר משנה את מעמדו: פעם הוא היחיד, שליח הציבור המייצג קבוצה, אך לעיתים הוא מעמיד את עצמו כחלק מהקבוצה.

ר' שלמה אלקבץ כתב פירוש ל"שיר השירים" וברצוננו להבין את הפיוט על מושגיו, עלינו לעיין בכתביו וללמוד את פרשנותו למושגים השונים. הפייטן מציג בפירושו האלגורי "אילת אהבים" את הדוד כאיש הצדיק, תלמיד החכם ואילו את הכלה הוא מעמיד כתורה. וכך הוא במשנה תענית ד', ח': צאינה וראינה בנות ציון במלך שלמה בעטרה שעטרה לו אמו ביום חתונתו וביום שמחת לבו ביום חתונתו זו מתן תורה..." כלומר: הצדיק פונה אל נמעניי-תלמידיו וקורא להם לצאת לקראת התורה (הכלה) ולקבל עליהם את עולו של לימוד התורה כדרך חיים, כקשר בל ינתק כקשר של נישואין.

הדובר והנמען

בהמשך לדברים כדאי לבדוק את זהות הדובר והנמען בפיוט. נוכל לסכם ולומר שהדובר אינו משתנה לאורך הפיוט. תמיד הוא הפייטן בתפקידו הכפול כמייצג הקהל או כחלק אינטגראלי ממנו. אולם הנמען משתנה: במדריך ראינו את הנמען כעם ישראל או כריבונו של עולם כשהדוד גם הוא יכול להיות או הקב"ה או עם ישראל ואילו הכלה היא השבת או עם ישראל.

בשתי המחרוזות הראשונות הפייטן, כחלק מהקבוצה (בלשון רבים), פונה אל דובר בלתי מוגדר שהוא קהלו המקבל את השבת. במחרוזות המרכזיות הפייטן הוא הדובר (אולם בהחלט ניתן לראות גם את הקב"ה כדובר) והנמען הוא ירושלים (או עם ישראל) כמייצגת את הגלות והחורבן אך גם את הגאולה והבניין. במחרוזת המסיימת שוב ניתן לראות את הנמען כשבת (כמו במדריך).

5. קישוטי-שיר

מעבר לנאמר בדבר חילופי הדובר והנמען, החריזה, ותפקיד המדריך, יש לציין את הלשון **הפיגורטיבית** בשיר. דמוי השבת לנסיכה כפי שעולה מן הביטוי: "מראש מקדם נסוכה" מעמיד תמונה מבוססת על המדרש המספר שהקב"ה שמר את השבת כמיועדת, כדי לתתה לעם ישראל: ציור נוסף הוא כמובן החתונה - כקשר בין ישראל להקב"ה החתן והכלה, האהבה והשמחה של מימוש הקשר וכו' אולם התמונה המרכזית היא דמותה של האשה שמוצגת בשתי פנים: האשה הדחויה והמושפלת המתוארת באופן חיצוני: ישיבתה בעמק הבכא, בעפר, בבגדים בלויים וכד' וגם תיאור נפשי-רגשי: מצב הרוח של בושה, בכי, השתוחחות והשפלה. מתוך

התיאור ניתן להסיק גם לגבי הגלות וגם לגבי הגאולה. (האמירה לא תבושי ולא תכלמי מציגה את המצב שבו היא נמצאת וממנו תוציא אותה הגאולה וכו') בבחינת היפוך המצב הקשה שהיה למצב חדש חיובי. מוטיב זה מבוסס על המקרא ובא לידי ביטוי גם בפיוטים רבים.

אמצעי קישוטי נוסף הוא רבוי **פעלים, פרטנות**: קומי צאי, התנערי, קומי, לבשי, התעוררי התעוררי, קומי אורי, עורי עורי, דברי וכו'. כידוע ריבוי פעלים גורם לדינאמיות. הפרטנות, החזרות, צמדי הפעלים, החריזה שמחברת פעלים צמודים (קומי-צאי, קומי-אורי, עורי-עורי ועוד) כל אלה בונים תחושה של פעולה מהירה, אפקטיבית, מזורזת שמחזקת את האמונה שאכן הנה מתרחשים הדברים לנגד עינינו. ביטויים חוזרים באים גם לשכנע ולחזק את אמיתות הדברים: התנערי - מעפר קומי, לא תבושי- ולא תכלמי, מה תשתוחחי - מה תהמי ועוד. במילים הנרדפות יש משום העצמה: לשם ולתפארת ולתהילה, מראש - מקדם, מקדש מלך עיר מלוכה, בשמחה, ברינה, ובצהלה ועוד.

מצלול ומשחקי לשון:

אחד, מיוחד, אחד, לכו ונלכה, התעוררי - אורך - אורי - עורי, למשיסה שוסיך, ישיש - כמשוש, אמוני - עם ועוד.

כינויים:

בפיוט **כינויים** להקב"ה: דודי, אל המיוחד, (ע"י ישראל)
לעם ישראל: כלה, עטרת בעלה, אמוני עם סגולה (ישראל המאמינים), עמי
לירושלים: מקדש מלך, עיר מלוכה
לגלות: עמק הבכא
למשיח: בן-ישי בית הלחמי (מבית לחם), איש פרצי (משושלת פרץ)
לאויבים: שוסיך, מבלעיך

מילים מנחות - מילות מפתח המפוזרות בשיר ומרכזות משמעות.

1. מילות שמחה המרוכזות לקראת סוף הפיוט ומבטאות את שמחת הגאולה: ישיש, כמשוש, ונשמחה ונגילה, בשמחה ברינה ובצהלה. כאן יש העצמה של שמחת הגאולה השלימה.
2. הפעל: "קומי" מופיע 3 פעמים בשלוש מחרוזות סמוכות לקראת מרכז הפיוט: קומי צאי, מעפר קומי, קומי אורי.
3. השם: "עם" מופיע 3 פעמים ממרכז הפיוט אל סופו: לבשי בגדי תפארתך עמי, בך יחסו עניי עמי, תוך אמוני עם סגולה. הצליל האחרון של שתי המילים: קומי - עמי משתלב בצליל החריזה של ארבע מחרוזות בפיוט ויוצר קשר רעיוני ביניהן. הצליל מבטא שייכות, קרבה, אהבה.

4. עליך: 3 פעמים במרכז הפיוט: עליך חמלה, עליך נגלה, ישיש עליך. הצליל הסופי של מילה זאת מבטא נתינה של קרבה. הוא משתלב בחריזה של הבית השביעי.

המילים "קומי" ו"עליך" המשתלבות במרכז הפיוט רומזות גם הן על ההדדיות: אקטיביות של "קומי" אך גם קבלה פסיבית של "עליך". (כהשלמה לרעיון: "שובו אלי, ואשובה אליכם"). (ראה בפרק הפתיחה והסיום כמבטאי-אידיאה).

6. תשתיות מקראיות ומדרשיות בפיוט

כדי לדבין את הפיוט יש להכיר את עושר הרבדים המשוקעים בו: שיבוצים מקראיים ופרשנות הנלווית אליהם (כולל פירושיו של ר' שלמה אלקבץ ופרשנים שקדמו לו) דברי מדרש ואגדד ודברי קבלה (בהתחשב בתקופה שבה חי).

א. הפיוט עשיר בשיבוצים ורמיזות מקראיות. לשיבוץ המקראי יש תפקידים רבים:

השיבוץ גורם למאזין לצורך להתמודד עם הפסוק ופירושיו לזהות את מוצאו ולשקול את הקשר בין המוצא למיקום בפיוט. הוא מביא את האדם לערוך השוואה עם מקורות נוספים באותה "סביבה" או באותו עניין. זה מביא להצבת השאלות: מהי תרומתו של הפסוק וסביבתו לפיוט? מדוע נבחר פסוק זה ולא אחר? האם פירושו בהקשר שבפיוט זהה למשמעותו במקור? מהם המדרשים הנלווים לפסוק ומהי הרלוונטיות שלהם לטכסט הפייטני? מהם השינויים שנערכו בפסוק ומדוע? ועוד. ברור שהשיבוץ מוסיף יוקרה לטכסט מעצם היותו מקור מקודש ובסיס מוכר ומשכנע. פעמים רבות השיברץ מהווה גורם של הפתעה וסקרנות. (בייחוד כשהוא מקור יחידאי). הוא מעורר את התפעלות הקהל מידיעותיו של המחבר, מכשרונו לשלב פסוקים למרות המגבלות והחוקים שמוטלים על הפיוט (אקרוסטיכון, חריזה, משקל, תבניות וכד'). ומהיצירתיות שלו.

לפנינו מספר דוגמאות חלקיות לתשתיות המקראיות **בראשיתו** של הפיוט:

שמור וזכור - זכור את יום השבת לקדשו שמות כ', ח'
שמור את יום השבת לקדשו דברים ה', יב'

ה' אחד ושמו אחד - זכריה יד', ט': והיה ה' למלך על כל הארץ ביום ההוא יהיה ה' אחד ושמו אחד

לשם ולתפארת ולתהילה - דברים כו', יט': ולתתך עליון... לתהילה ולשם ולתפארת
ירמיהו יג', יא': ...ולשם ולתהילה ולתפארת
צפניה ג', כ': לשם ולתהילה בבל עמי הארץ
דהי' א' כב', ה': לשם ולתפארת לכל הארצות

לכו ונלכה - שא' ט', י': טוב דברך לכה נלכה
זכריה ח', יא': נלכה הלוך לחלות את פני ה'

עיון בפיוט "לכה דודי"

מקור הברכה - משלי ה', יח': יהי מקורך ברוך

מראש מקדם - משלי ח', כב' ה': קנני ראשית דרכו קדם מפעליו

נסוכה - תהילים ב', ה': ואני נסכתי מלכי על ציון הר קדשי
משלי ח', כג': מעולם נסכתי מראש מקדמי ארץ

יש לבדוק כל מקור מקראי, לעמוד על דרכי "עיבוד" הפסוק ועל המשמעויות כפי שנאמר להלן.

ב. נביא מספר דוגמאות לרבדים השונים הנסתרים בפיוט ונראה את הדרך בה הם מעשירים את הפיוט ומפרשים אותו. (דוגמאות נוספות במאמרו של פרופ' יהודה רצהבי, מחניים, תשרי תשנ"ד, עמ' 162 - 169).

המדריך פותח בביטוי "לכה דודי" שהוא חלקו של פסוק (שיר השירים ז, יב) שגורר אחריו את המשכו "נצא השדה". כאן רמז למנהגם של המקובלים תלמידי האר"י הקדוש לצאת למקום פתוח כדי לקבל את השבת. השדה נתפס כמקום התבודדות בו יכול האדם להתנתק מן העולם הגשמי ולהידבק בעולמות עליונים.

"לקראת שבת לכו ונלכה כי היא מקור הברכה".

ברכת ה' היא תעשיר (במדרש מוסב על השבת ב"ר יא, א). פשט הפסוק מתאר את מעמדה המיוחד של השבת שזכתה לברכה מאת הבורא ואילו הפיוט מעמיד את השבת כקרן שפע של ברכה לימי-השבוע. המדרש מציין את הברכה בשבת כשפע גשמי: ברכת ה' היא תעשיר - הכוונה לשבת (בראשית רבה יא, א), וכן: "הברכה בשבת היא ביין, בלבוש, בנר ובאור פניו של האדם (ילקוט שמעוני שמות, רמז, טז) כאן נזכרת גם מעלה רוחנית של מאור פנים.

נראה כי הפיוט הולך בדרכו של הזוהר: "כל הברכות שלמעלה ושלמטה ביום השביעי תלויות" (שמות פח, א) וכן כל ששת הימים מתברכים מן היום השביעי (שם סג, ב) ובפרשת יתרו פח, עא: "כל הברכות שלמעלה ושלמטה תלויים ביום השביעי.. לפי שאותו יום ממנו מתברכים כל ששת הימים העליונים וכל אחד ואחד מקבל מזונו למטה כל אחד ביומו, מאותה ברכה שמתברך ביום השביעי". בהמשך מביא הזוהר גם הנחיה והמלצה: "לפיכך מי שהוא בדרגה של האמונה צריך לסדר השולחן ולתקן הסעודה בכל שבת בכדי שיתברך שלחנו כל ששת הימים שהרי באותו זמן מזדמנת ברכה שיתברכו ממנה כל ששת ימי השבוע".

"התנערי מעפר קומי..."

המקורות במקרא בישעיהו: "ישפילנה עד ארץ יגיענה עד עפר" (כו, ה) נדרש על הגלות. פסוק אחר: "התנערי מעפר קומי שבי ירושלים" (נב, ב) נדרש על הגאולה שנאמר בפסיקתא רבתי (איש שלום) פרשה כו: ... ועליך הוא אומר "התנערי מעפר

קומי שבי ירושלים", בשר ודם בנה אותך, בשר ודם החריבך, אבל לעתיד לבוא אני בונה אותך שכן כתוב "בונה ירושלים".

ובזוהר:

"בגלות אדום יבקש הקב"ה להתכבד בעולם ולבוא הוא בעצמו להקים את המטרינית ולנער אותה מעפר. אוי למי שייקרה לפניו שעה שיאמר "התנערי מעפר קומי שבי ירושלים" (זהר שמות ז, א) "אמר ר' יוסי עתיד הקב"ה להכריז על כנסת ישראל ולאמר התנערי מעפר קומי שבי ירושלים כמי שאוחז ביד חברו ואומר התנער, קום. כך הקב"ה יחזיק בה ויאמר התנערי, קומי".

המילה "קומי" מקשרת אותנו גם לפסוק "קומי אורי כי בא אורך" שמביא את רעיון הגאולה. הזהר מלמד אותנו שנפילתה של כנסת ישראל לארץ היא כל כך קשה, רק הקב"ד יוכל להקימה ולהעמידה.

תשומת לב מיוחדת יש לתת למחרוזת המרכזית בפיוט:

"התעוררי התעוררי כי בא אורך
קומי אורי עורי עורי שיר דברי
כבוד ה' עליך נגלה".

חשיבותה היא במיקומה במרכז הפיוט (ראה בפרק "הפיוט במספרים") וכן בחזרות, במצלול ובתכן המבשר את האור, את ההתגלות ואת השירה. מספר פסוקים עומדים בבסיס המחרוזת, (השינויים נעשו בגלל החרוז).
"עורי עורי דבורה עורי עורי שיר דברי" שופטים ה, יב.
"ונגלה כבוד ה' וראו כל בשר יחדיו" ישעיהו מ, ה.
"קומי אורי כי בא אורך וכבוד ה' עליך זרח" ישעיהו ס, א.
"התעוררי התעוררי קומי ירושלים" ישעיהו נא, יז.

מובן שכל פסוק תורם את תרומתו למחרוזת ולייחודה. המדרש דורש פסוקים אלה על העתיד לבוא ומחזק את פירוש המילה "אור" כאלגוריה לגאולה.

"אמר רבי אבא סרונגיא ונהורה עמיא שרא זו מלך המשיח שנאמר "קומי אורי וגו' (בראשית רבה, וילנא פרשה א, ו) ויהי אור - הרי בנוי ומשוכלל לעתיד לבוא היאך מה דאת אמר, "קומי אורי" (שם פרשה ב, ה). במדרש נוצר קשר גם לשבת: אם אתם זהירים להדליק נרות לפני, אני מאיר לכם אורה גדולה לעתיד לבוא לכך נאמר "קומי אורי" (פסיקתא רבתי, איש שלום, פרשה לו)

ובזוהר:

"לעתיד לבוא יתגלה הקב"ה על בניו והם יראו כבודו עין בעין ככתוב "ונגלה כבוד ה' וראו כל בשר יחדיו כי פי ה' דבר" (שמות קכו, א). "קול כרוז יוצא התעוררו קדושי עליון, התעורר עם קדוש שנבחר למעלה ולמטה, עוררו שמחה לפני אדוניכם, עוררו שמחה שלימה" (שמות פט, א).

7. הרעיונות הגלומים בפיוט

א. השבת היא תכלית הבריאה וזה שנאמר בפיוט "סוף, מעשה במחשבה תחילה". מראש עלתה במחשבתו התכלית שהיא השבת (למרות שברא קודם דברים אחרים).
ובמדרש:

"משל למלך שעשה לו חופה וציירה וכיירה ומה היתה חסרה - כלה שתכנס לתוכה. כך מה היה העולם חסר - שבת. רבנן אמרו משל למלך שעשו לו טבעת. מה היתה חסרה - חותם. כך מה העולם חסר - שבת" (בראשית רבה וילנא, פרשה י, דה', ט).

ב. הפיוט עוסק בשני נושאים: השבת וירושלים. השבת היא ממד של זמן, ירושלים היא מרחב של מקום. שניהם משתלבים ומתחברים בפיוט. שילוב המקום והזמן כדמויים שיריים בפיוט יוצר את ההבנה שמי שמדבר על הזמן מדבר גם על המרחב ולהיפך. השילוב ביניהם הוא בבחינת שיא של הזמן המקודש עם המקום המקודש. נוצרת תלות ביניהם: מי שמחלל את קדושת הזמן מביא לריחוק ממימד המרחב. ואכן המדרש מספר לנו כי אחד הגורמים לחורבן הוא אי שמירת השבת:

"אמר אביי: לא חרבה ירושלים אלא בשביל שחיללו בה את השבת שנאמר ומשבתותי העלימו עיניהם ואחל בתוכם" יחזקאל כב, כו (שבת קיט)

ואחל - מלשון חילול שם ה'. (חיבור דומה קיים בפיוטי "עבודה" של יוה"כ בהם השיא הוא חיבור מימד הזמן - היום הקדוש ביותר, המרחב הקדוש ביותר (קדש הקדושים) והדמות המקודשת ביותר - הכהן הגדול).

ג. השבת מפארת את עם ישראל. העמדת עם ישראל ליד השבת כבת זוגו (כלה) עטרת בעלה - מעלה את ישראל לדרגה של רוחניות וקדושה. המקור המדרשי:

עיון בפיוט "לכה דודי"

"תני רבי שמעון בר יוחאי: אמרה שבת לפני הקב"ה, ריבונו של עולם, לכולם יש בן זוג ולי אין בן זוג, אמר לה הקב"ה כנסת ישראל הוא זוגך" (בראשית רבא יא, ח)

ד. **העמדת עם ישראל כבן זוג להקב"ה** מעלה את ישראל לדרגה עליונה ע"פ הפזמון "לכה דודי" (הקב"ה) לקראת כלה (עם ישראל). נראה כי שיא ההוויה מבוטא בפזמון: המיזוג בין הקב"ה, השבת ועם ישראל.

ה. **מבנהו המיוחד של הפיוט** (ראה בפרק "מבנה ומשמעות") יוצר באופן ברור קשר בין השבת לגאולה. מדרשי חז"ל מחזקים קשר זה. להלן מספר דוגמאות:

1. "אמר ר' חיא בר אבא: "טוב מלא כף נחת" (קהלת ד, ו) - זה יום השבת, "ממלא חפנים עמל ורעות רוח" (שם) - אלו ששת ימי המעשה. שאמר ר' חיא בר אבא: אין ישראל נגאלים אלא בזכות שבת שנאמר "בְּשׁוּבָה וָנַחַת תִּוָּשֵׁעוּן" (ישעי' ל, טו). "בשובת ונייח תושעון" (קהלת רבה ד').
2. "אמר ר' יוחנן משום ר' שמעון בר יוחאי: אלולא משמרין ישראל שתי שבתות כהלכתן מיד נגאלין שנאמר: "כי כה אמר ה' לסריסים אשר ישמרו את שבתותי" (ישעי' נו, ד) ונאמר אחריו "והביאותים אל הר קדשי" וגו' (שם ז) (שבת קיח).
3. "אני הנה בריתי איתך ... ונתתי לך ולזרעך אחריך את ארץ מגוריך" (בראשית יז', ד-ח) ר' יודן אמר: ...אם מקבלים בניך את השבת הם נכנסים לארץ ואם לאו אין נכנסים" (בראשית רבה, מו).
4. אמר אביי: "לא חרבה ירושלים אלא בשביל שחיללו בה את השבת שנאמר: "ומשבתותי העלימו עיניהם ואחל בתוכם" (יחזקאל כב, כו) (שבת קיט).
5. "תכבד העבודה על האנשים" (שמות ה, ט) - מלמד שהיו בידם מגילות שדיו משתעשעין בהם משבת לשבת לומר שהקב"ה גואלם לפי שהיו נחים בשבת. אמר לו פרעה "תכבד העבודה על האנשים" וגו'. אל יהיו משתעשעין ואל יהו נפשים ביום השבת". (שמות רבה ה)
6. אמר ר' יוחנן משום ר' יוסי: "כל המענג את השבת נותנין לו נחלה בלא מצרים שנאמר: אז תתענג על ה' ... והאכלתיך נחלת יעקב אביך (ישעי נח, יד) ... לא כאברהם ... ולא כיצחק ... אלא כיעקב שכתוב בו "ופרצת ימה וקדמה וצפנה ונגבה" (בראשית כח, יד) (שבת קיח).

השבת, המופרשת ומועלית מיתר ימי-השבוע מסמלת את הגאולה שהיא מעבר לעולם החולין בבחינת "מעין עולם הבא". הצפייה והתקווה לשבת תומכת באדם בששת ימי המעשה כשם שהתקווה לגאולה מאפשרת לאדם לשמוח את שמחת השבת למרות החורבן והגלות.

הפייטן בעזרת האמצעים האמנותיים וקישוטי-השיר "משכנע" אותנו שהגאולה היא אירוע ממשי, מוחשי שמיד עומד להתממש.

ו. ייחודה של השבת:

1. השבת היא מקור הברכה, ממנה מושפע האדם בשפע גשמי ורוחני גם לאורך כל ימות השבוע (ראה בפרק "תשתיות מקראיות ומדרשיות בפיוט")
2. השבת היא שיא השמחה (כשם שהגאולה היא שיא כזה) בפיוט מופיעים הביטויים: ישיש עליך, כמשוש חתן, ונשמחה ונגילה, בשמחה ברינה ובצהלה. כל הביטויים האלה מופיעים לקראת סיום הפיוט והם מבטאים את שמחת החיבור בין השבת, הגאולה, ישראל וירושלים. גם המדרש מדגיש את ייעודה של השבת כיום שמחה": מדרש עשרת הדיברות דיבור רביעי:

"יום השביעי בחר בו הקב"ה וקידשו לשמו... והנחילו לעמו ישראל שלא יהיה צער במחנותם כי לשמחה גדולה אלוקים נתנו לנו."

וכן בזוהר:

שמות כד, א:

באותה נשמה יתירה שוכחים כל עצב וחימה ולא תמצא לבד מחדווה למעלה ולמטה.

שמות פח, ב:

"...אוי לו לבן אדם שאינו משלים שמחת המלך הקדוש ומי שמחתו אלו שלוש סעודות אמונה סעודות שאברהם יצחק ויעקב כלולים בהן וכולן שמחה על שמחה".

8. הפיוט במספרים

מספר הערות בדבר מספרים וגימטריות בפיוט:

המדריך כולל 7 תיבות (מספר טיפולוגי), שהן 26 אותיות שהוא שם הוויה (15 = יה', 11 = וה)

החריזה "לה" = 35 שהוא מספר התיבות בקטע "ויכולו" (בראשית ב, א-ג), ובקטע התפילה "קדושת היום" בליל שבת: "אתה קדשת", כנגד 35 פעם אזכור "אלוקים" מ"בראשית ברא" ועד "אשר ברא אלוקים לעשות".

במדריך מופיע החרוז "לה פעמים = 70, כנגד 70 שמותיו של הקב"ה, כנגד מילות קדושת היום + מילות "ויכולו".

לפני הקידוש מוסיפים בקול את המילים "יום השישי" שהן סיומו של הפסוק הקודם (בראשית א, לא). מנהג מוזר זה (לצרף חלק מסיום פסוק ולאמרו בקול) בא להוסיף 2 תיבות נוספות למספר כל תיבות הקידוש. 72 תיבות בס"ה בקידוש בגימטריה לפ"ק = שבת. וכנגד שם ע"ב: בע"ב שמות נברא העולם שנאמר כי אמרתי עולם חסד יבנה". חסד = 72 בגימטריה.

אם נספור את התיבות מתחילת הפיוט ונספור את מספר התיבות מסופו כלפי תחילתו ניפגש במילה האמצעית של הפיוט שהיא המילה "אורך", יש בכך סימן לחשיבות האור - אור הגאולה. כל הטור הזה "כי בא אורך קומי אורי" הוא בעצם הבשורה המרכזית שרצה הפייטן למסור. לפני הטור הזה ולאחריו מופיעים שני ביטויים החובקים אותו: לפניו - התעוררי התעוררי (תיבות 64, 65 מתחילת הפיוט) ולאחריו - עורי עורי (תיבות 64, 65 מסופו). בודאי יש בכך משום הדגשת המסר המרכזי וכן קישוט שירי שיש לו גם משמעות רעיונית (בהמשך לנאמר על הפסיביות והאקטיביות בצפייה לגאולה - ראה בפרק "הפתיחה והסיום כמבטאי אידיאה").

כל הדינים עוברים עם כניסת השבת. ביום זה לא שולטת מידת הדין (שו"ע, או"ח, רצ"ה) (ראה מאמרו של הלל הורוביץ, שמעתין י', תשל"ג).

עם יציאת השבת חוזר הדין. ידוע לנו כי ניתן לבטל את הדין ע"י אמירת י"ג מידות (שמות לד', ו-ז) אבל בשבת אין אומרים אותן ולכן כנראה המחבר בנה את הפיוט על מספר של 13 תיבות בכל מחרוזת (בצירוף של סמיכויות ובלי מנין מילים חוזרות) זאת מעין הכרזה: בואו נצא מן החול אל הקודש ונקבל את השבת בה מתבטל הדין באמצעות 13 תיבות כנגד 13 מידות של רחמים.

9. דרכי הוראה

למשמעות הפיוט נגיע ע"י ראית הפרטים שבונים את השלם. לפניכם מגוון רעיונות לפעילות עם התלמידים:

עריכת תעודת זהות לשיר (תיאור המבנה, המחבר, אקרוסטיכון, התקופה).

עמידה על הכרת הדובר והנמען (עריכת טבלה שממחישה בכל בית את זהות הדובר והנמען). הבנת משמעות חילופי הדובר והנמען בקישוט שירי בעל משמעות.

סימון ביטויי-פעולה בכל מחרוזת וציון המשמעויות השונות.

תיאור דמות "האשה הדחויה": אחרי עיון בפיוט אפשר להיעזר בתחומי אמנות שונים. יצירה של התלמידים או עיון בתמונות קיימות. אפשר לקיים שיחה על פסל כנסת ישראל המושפלת (הסינגוגה) שמוצב בפתח הקתדרלה בשטרסבורג שבצרפת (ובמקומות נוספים).

העמדה של זה לעומת זה: דמות האשה האהובה, הכלה, המלכה. עמידה על מצבה החיצוני-פיזי ומצבה הנפשי-הרגשי לעומת מצבה בשפלותה. נערוך רשימה של ביטויי אבלות והשפלה לעומת ביטויי גאולה (שהם רבים יותר).

ביטויי אבלות והשפלה ביטויי גאולה

הפיכה - מקדש מלך
עמק הבכה - עיר מלוכה
עפר - בגדי תפארתך
לא תבושי - שיר דברי
מה תשתוחחי - ישיש עליך
שוסיך - תפרוצי
מבלעיך - נשמחה ונגילה
שמחה - רינה וצהלה

כמו כן ניתן למיין ביטויים המתייחסים לאשה:
באופן חיובי: מה עליה לעשות: קומי צאי, קומי אורי, עורי וכו'
ובאופן שלילי: מה לא לעשות: רב לך שבת, לא תבושי וכו'

נשים לב שנוצרת תחושת אופטימיות עם התיאורים החיוביים הרבים.

נדגיש את הקשר התכני בין הבתים, על שילוב שני הנושאים: שבת וגאולה. נעמוד על הקשר ביניהם תוך שיחה אקטואלית. נבדוק את הצגת התהליך מגלות לגאולה כפי שבא לידי ביטוי בטורים האחרונים שבמחרוזות המרכזיות בפיוט.

הרעיון המקשר בין שבת ושמחה כפי שהוא בא לידי ביטוי בבית האחרון בפיוט ובמדרשים.

עמידה על ביטויים קשים, בלתי מובנים והסברתם כגון: בך יחסו - במי?

ורחקו כל מבלעיך - מי הם? מקור הביטויים: "עמק הבכא" "בית הלחמי" "איש בן פרצי" "סוף מעשה במחשבה תחילה" ועוד.

עמידה על שיבוצים מקראיים ומקורותיהם.

מוטיב האור כפי שהוא מופיע בפיוט וגם במקורות אחרים: בתפילה ("אור חדש על ציון תאיר" ועוד), במדרש, בשירה ובסיפורת.

השבת כסמל לגאולה האישית של כל אדם (מהגשמיות והטרדות של ימות השבוע) ולגאולה הכללית של עם ישראל.

קישוטים ומושגים ספרותיים: זיהויים, הגדרתם ועמידה על משמעותם בפיוט כגון: חריזה, דימויים, לשון פיגורטיבית, מדריך, מצלול וכו'.

משמעות הכינויים השונים לעם ישראל, לשבת וכד'.

מקומן של מילים מנחות ומשמעותן בתוך הפיוט.

מה מספר לנו הפיוט על השבת? עיון בבתים א,ב, ובבית האחרון בפיוט.

השמעת ביצועים מוסיקאליים בנוסחים שונים ועמידה על הקשר בין הטכסט למוסיקה. בדיקת החלפת המנגינה באמצע הפיוט.

צפייה בסרטים על האר"י וגוריו ועל תקופתו בצפת

חקר תולדותיה של תפילת קבלת שבת (מתי נוסדה, באילו עדות התקבלה? מהן הסיבות ההיסטוריות ליצירתה או לקבלתה? מהו תכן הפרקים שנבחרו לקבלת שבת? (6 פרקי תהילים).

הבאת שירים וספורים המתארים את האווירה המיוחדת האופפת את האדם ואת הטבע בשעת הדמדומים והמעבר מן החול אל הקדש (כגון: "החמה מראש האילנות" לח"נ ביאליק).

צפייה ועיון בתמונות המבטאות את ייחודה של שעה זאת.

הבעה אישית של התלמידים ביחס לשבת: בכתיבה יוצרת, בציור, באמנות פלסטית, בדרמה ועוד.

מאמרים נוספים הקשורים לנושא (באתר דעת):

הערך "רבי שלמה אלקבץ", באנציקלופדיה יהודית דעת:

לכה דודי - רבי שלמה הלוי אלקבץ - עיונים ב"לכה דודי" / יעקב בזק

לכה דודי לרבי שלמה אלקבץ / נעמי הולין

רשימה ביבליוגרפית

1. אלבוגן, יצחק משה: התפילה בישראל בהתפתחותה ההיסטורית. דביר, תשל"ב.

2. ארנד, אהרן: החלפת הניגון בפיוט "לכה דודי". סיני כרך קיא תשנ"ג עמ' צג - צה.

3. י. בזק: הקישוט האריתמטי בשירה המקראית. בית מקרא תשמ"ח ובספריו.

4. י. בזק: עיונים ב"לכה דודי". סיני קב' תשמ"ח, עמ' קפג - קצו, סיני קג' תשמ"ט, עמ' רל - רלד

5. הורוביץ, הלל: למבנה השיר "לכה דודי" ומקומו בקבלת שבת שמעתין י' 35 תשל"ג עמ' 141 - 143.

6. זק, ברכה: גלות וגאולה ב"ברית הלוי" לר' שלמה הלוי אלקבץ אשל באר שבע ב' 1981.

7. זק, ברכה: תורת הסוד של ר' שלמה הלוי אלקבץ (1977)

8. כהן, יצחק יעקב: סדר קבלת שבת ופזמון לכה דודי ירושלים, תשכ"ט הוצאת המחבר

9. כהן, יוסף יעקב: סדר קבלת שבת ופזמון לכה דודי במנהגי ישראל בתוך: ספר זכרון אדם נח בראון ירושלים תש"ל

10. ד"ר קליין, יוסף, חילופי מילים וניגונים ב"לכה דודי" אוניברסיטת בר אילן דף שבועי מס' 326 פרשת תרומה תש"ס.

11. קימרמן, ראובן: "לכה דודי" וקבלת שבת המשמעות המיסטית. מאגנס תשס"ג (בצרוף ביבליוגרפיה נרחבת).

12. רצהבי, יהודה: "לכה דודי" של המקובל ר' שלמה אלקבץ ומקורותיו. מחניים 6 תשרי תשנ"ד עמ' 162.

ספר "תקוני שבת"

חיים ליברמן

קרית ספר

תשכ"ג
ותשכ"ד

ספר "תקוני שבת"

המאמר התפרסם במקור בכתב העת קרית ספר בשתי חלקים. בשנת תשכ"ג חוברת ל"ח:ג (עמ' 401-414) ובשנת תשכ"ד חוברת ל"ט:א (עמ' 109-116). בגליונות ל"ט:ד ול"ט:ד המאמר זכה לתגובות מי.י. יוסף כהן ואברהם יערי והוספתי אותם בסוף.

ספר "תקוני שבת" נתחבב על הצבור היהודי, וזכה במשך כשלש מאות שנה — למספר גדול של מהדורות; מהן עם פירוש "מנחת יעקב", מהן בלא הפירוש, מהן עם תרגום יהודית־אשכנזית ומהן עם לאדינו. אמנם אין מהדורה אחת דומה לחברתה, הן בצורה— ממהדורות בגודל קווארטא עד מהדורות זעירות ככף איש— והן בתוכן, כי המדפיסים הכניסו בהן שינוים, בהוספות או בהשמטות ובמוקדם ומאוחר בסדר הענינים, הכל כמנהג המדפיסים בספרים שאין להם בעלים. גם הכניסו אותו, כחלק בלתי נפרד, לכמה מהדורות של סדורי תפלה, גם הפרידו ממנו הלקים והדפיסום בפגי עצמם כגון זמירות של שבת או משניות מסכת שבת ושיר השירים, וגם אלה זכו לכמה מהדורות. היו גם נסיונות לסדר כמתכונתו תקונים לשלש רגלים ולימים נוראים[1], אבל לא הוכתרו בהצלחה ולא נתקבלו על הצבור ואינם ידועים אלא לביבליוגרפים. הסבה לכך או משום שלא היו קשורים בשמו של האריז"ל כמו "תקוני שבת", או משום שימים אלו אינם מסוגלים לזה. הימים הנוראים הרי בלאו הכי גדושים במחזור וסליחות ואין מקום לספוג עוד תיקונים, והמועדים הרי הם בעיקר ימי שמחה; עוסקים בטיולים ובבקורים אצל קרובים וידידים וכדומה ואין בהם מצב רוחו של אדם נתון לעסוק בתיקונים.

רשימת הוצאות ספר זה ב"בית עקד ספרים" של פרידברג לקויה מאד, ודרוש טורח רב להשלים את החסר לגמרי, לתקן את הצריך תקון ולהראות על השינויים בין מהדורה למהדורה. ברשימה דלהלן ארשום רק כמה מהדורות שנזדמנו לידי ושיש לי מה להעיר עליהן, או מהדורות החסרות ברשימת פרידברג הנ"ל, ותבוא הביבליוגרפיה הגדולה שאנו מצפים לה ותמלא ותתקן את כל החסר ואת כל הצריך תקון.

א. ספר "תקוני שבת" עם פירוש "מנחת יעקב"

המהדורות הראשונות של ספר זה נדפסו בפראג חש"ד הביבליוגרפים רשמו דפוס ראשון בשנת ת"א ושני— בשנת ת"ג, אף על פי שהמהדורות הן חש"ד. הם קבעו את שנות הדפוס על פי תאריכים שמצאו בגוף הספר. מכיון שבספר גופו יש יותר מתאריך אחד, ומכיון שתאריכים שבגוף הספר, עברו כמובן ממהדורה למהדורה, גרם דבר זה לערבוביא ושיבוש התאריכים. בכדי לברר דבר זה פניתי

---

[1] כגון ספר "תקוני המועדים", פיורדא תפ"ה (אלעזר שולמאן בספרו "שפת יהודית אשכנזית" אמנם מבטל ספר זה, וגם מטיל דופי במחברו. סברוני שאינו צודק והמשכיל מדבר מתוך גרונו. מכיון שאין זה ענין ביבליוגרפי, איני יכול להתעכב על זה כאן) או כגון ספר "תקוני שבת ומועד חדש". פרנקפורט דאדרה תק"ב, שארשום להלן ברשימה ב'.

לחמש ספריות מפורסמות: לסמינר בניו יורק, להיברו יוניאן קוליג' בסינסינטי, לספרית שוקן בירושלים, ובאמצעות ה"יווא" בניו-יורק למוזיאום הבריטי בלונדון ולבודליאנה באוכספורד. בספרית הסמינר בניו-יורק מצאתי רק טופס אחד, פראג חש"ד, ירשום שם כדפוס שנת ת"א. מארבעת הספריות האחרות הזמנתי צילומים משתי המהדורות ת"א ות"ג, הן נענו לי והריני מודה בזה לכולן, וחמרא למריה וטיבותא לשקייה. כשקבלתי את הצילומים נתקלתי; לתמהוני, בקוריוז; בשום ספריה מהספריות הנ"ל אין שתי מהדורות אלא אחת: אותה המהדורה גופא, הרשומה בספרית המוזיאום הבריטי ובסינסינטי כדפוס ת"ג, רשומה בבודליאנה כדפוס ת"א. הקוריוז גדל עוד יותר, כשבדקתי את הצילומים ונוכחתי שמהדורה זו לא נדפסה לא בשנת ת"א ולא בשנת ת"ג, כמו שאוכיח להלן. אשר למהדורת שוקן הרי היא אותה המהדורה שבספרית הסמינר, ואף על פי ששתי הספריות רשמוה כדפוס שנת ת"א, הרי אינה אלא דפוס מאוחר לקוי בהשמטות ואין לראות בו כלל לא דפוס ת"א ולא דפוס ת"ג, כמו שנראה להלן. ועכשו לרשימת המהדורות:

[1]

סדר תקוני שבת | עם פירוש מנחת יעקב | אשר אזן וחקר ותקון [!] דבר חדש אשר מעולם לא | היה. לראש תמצא פירוש נאה סולת נקיה | באר היטב בכל לשון. גם לרבות על המלת [!] הזרים[2] | פירוש בל"א [= בלשון אשכנז] כדי שקטן וגדול שם הוא. ואף גם זאת | פירושים נאים ומקובלים על הזמירות והתשבחות | שיסד האשל הגדול כמוהר"ר יצחק לוריא נ"ע[3] ושאר] דברים ומתוקני' ויקרים וישרים כאשר תחזינה עיניכם | משרי'. כל זה יסד ביסודי התורה חד מחברי' זקן ושבע | ימים ושנים האלוף התורני הותיק כמוהר"ר יעקב | בר רפאל לבית לוי מק"ק פוזנא חתן כמוהר"ר יצחק | שחר[4] הנקרא בפי כל ר' יצחק פרדס נ"ע | . **נדפס פה ק"ק פראג.** חש"ד, [תי"א ?], בלא שם המדפיס. [47] דף[5]. °4. שער מצוייר.

מעבר לשער הסכמות אלו:

א) עברתי על... פירוש על קבלת שבת וזמירות של כמהרר"י לוריא שחיבר האלוף כמהר"ר יעקב בר רפאל סג"ל, ומצאתי שהם דברי ישרים. בכן כדי שיהיה לו לזכרון אחריו[6] ... הסכמתי והרשתי להעלות הפירוש לדפוס...כ"ד הישיש תי"א תשרי בשק"ט ובשאנן לפ"ק [תי"א], נא' שבתי בן הגאון הגדו' נשיא בא"י מהר"ר ישעיה סג"ל הורוויץ הנקרא שעפטל פה ק"ק פוזנא. ונאם משה בן לא"א הר"ר

---

[2] הכוונה כלות קשות שבמשניות מסכת שבת.

[3] הכוונה לשלשת הזמירות : אזמר בשבחין ; אסדר לסעודתא ובני היכלא.

[4] מסופקני אם יש לקרא שחר או שחד. להלן במס' 2 הוא ודאי שחד, אבל במס' 3— ודאי שחר וכאן ספק ד' ספק ר'.

[5] הדפים בלתי מסומנים במספרים והמספרים שאני משתמש בהם להלן הם שלי.

[6] המחבר ר' יעקב היה זקן וחשוך בנים וחבר פירוש זה וקראו בשם "מנחת יעקב" שיהיה לו לזכרון במקום בן.

אברהם הלוי ז"ל דרשן דק"ק פוזנא לעת עתה. ונאם דוד בן מהר"ר מרדכי ז"ל ה"ה מלבוב. ונאם יודא ליב בלא"א הר"ד ישראל זצ"ל מקראקא.

ב) ... עבר עלי איש אחד קדוש מחכמי ק"ק פוזנא... האלוף מהר"ר יעקב בר' רפאל סג"ל... והראה לי חבור נאה שביאר תיקון שבת וזמירות של הרב... יצחק לוריא אשכנזי... באתי להסכים להביאו אל הדפוס... הגם שכבר יש פי' מספיק שחבר הרב... המקובל... ישראל סרוק... תלמידו של... מהררי"א [= מורנו הרב ר' יצחק אשכנזי] ושם נמצא שינוי נוסחאות והוא נמצא ביד יחידי סגולים[7]... מ"מ טוב לאחוז גם בביאור זה שיש בו כמה חידושין בנסתרים ובנגלים... כה דברי הק' יצחק בלא"א מהר"ר אברהם משה ישראל ז"ל ה"ה איילונבורג. כותב וחותם יום ב' ה"י כסלו שנת שם נשמח"ה ב"ו לפ"ק [תי"א] ה' מצליח בידו [= פרשת וישב].

והרי כאן תוכן הספר:

דף 1א—2ב: הקדמת המדפיס והקדמת המחבר.

דף 3א—5ב: תפלות קבלת שבת (בהשמטת הפיוט לכה דודי), שלום עליכם ואשת חיל.

דף 6א—12א: פרקים א—ח משניות מסכת שבת ובין פרק לפרק פסוקי שיר השירים.

דף 12א—13א: פיוט לכה דודי, זמר אזמר בשבחין וקידוש הלילה.

דף 13ב—18 : פרקים ט—טז משניות שבת ופסוקי שיר השירים.

דף 18ב—19א: זמר אזמר לסעודתא.

דף 19א—23ב: פרקים יז—כד משניות שבת ופסוקי שיר השירים, זמר בני היכלא ותפלת רבש"ע אחר הבדלה.

דף 24ב—25ב: י"ג תקוני שבת של האריז"ל.

דף 25ב—26א: מספר גדול של נוטריקונים לתיבת שבת ושני שירים מאת המחבר.

דף 26א—30א: הקדמה לתקוני שבת; פירוש וטעם למה אומרים הקדיש בלשון תרגום ולקוטים מזהר, גמרא וספד המוסר בעניני שבת.

דף 30א—33ב: לכה דודי עם פירוש.

דף 33ב—42ב: זמירות האריז"ל עם פירוש.

דף 43א—44א: שירים מאת המחבר.

דף 44ב—46א: על נוסח קידוש הלילה ושיר מאת המחבר[8].

---

[7] מכיון שבימיו עדיין לא נדפס פירושו של ר' ישראל סרוק ודאי שהוא מתכוון לכתב־יד ואם כן דבריו תמוהים.

[8] על שירי המחבר כותב המדפים בהקדמתו: "עוד נוסף מדן[י]ליה שירים ותשבחות על כל המועדים וחנוכה ופורים וסוד עולם הבא, הבל בכלל ובפרט כולל כל הדינים השייכים לאותו ענין בשיר פשוט ומרובע משולבת... בפתח וסוגר...". דוידזון רשם שירים אלו ב"אוצר השירה והפיוט" חוץ משני השירים שבדף כ"ו שהשמיט. ב"מפתח הפיוטים", שם בכרך ד', מפתח שירי המחבר הוא לקוי בחסר וביתיר, ומי שרוצה לעיין בשירי המחבר לא יסמוך על המפתח.

ספר "תקוני שבת"

דף 46א—47 : תקון ליל שבועות וליל הושענא רבה[9]. בראשי העמודים: תקוני שבת מלכתא.

הפירוש על לכה דודי וזמירות האריז"ל הוא כפול; על פי פשוט ועל פי סוד[10]. הפירוש על משניות הוא קצר. המשניות בלא ניקוד. הפיוט "בר יוחאי נמשחת אחריך", שנכנס למהדורות "תקוני שבת" בלא פירוש "מנחת יעקב", נשמט.

מהדורה זו היא היא המהדורה ששטיינשניידר בקטלוג בודליאנה (מס' 3101) רשמה כדפוס ת"א, וצדנר בקטלוג המוזיאום הבריטי והמקטלג בסינסינטי רשמוה כדפוס ת"ג.

בספר גופו אנו מוצאים תאריכים בחמשה מקומות:

א. את הקדמתו מכיים המחבר בתאריך: "ויחזיר העטרה ליושנה [ת"א].

ב. בדף 26 מסיים המחבר את השיר שלו המתחיל "אפתח פי בשיר" בתאריך יגל יעקב ישמח ישראל [ת"א].

ג. בדף 44א מסייב המחבר את שיריו בתאריך בשמו הגדול [שצ"ו].

ד. בסיום הספר תאריך והגאולה ת ב " א [ת"ג].

ה. בהסכמות שגי הרבנים שהעתקתי לעיל התאריכים הם: בשק"ט; נשמחה בו [תי"א].

מהתאריכים הללו מזכיר שטיינשניידר רק שלשה: בשק"ט, בשמו הגדול, ליושנה: ומהם בחר, כדי לקבוע את שנת הדפוס, את "ליושנה" כלומר ת"א[11], וצדנר בחר את התאריך תב"א = ת"ג.

הביבליוגרפים שעיינו בשני הקטלוגים הללו לא ידעו ששניהם למהדורה אחת נתכוונו והניחו שיש כאן שתי מהדורות, זו רשומה בידי שטיינשניידר וזו רשומה בידי צדנר, וכך נולדה בביבליוגרפיה אגדה על שתי מהדורות ת"א ות"ג.

אף על פי שאימתא דשטיינשטניידר וצדנר עלי, הנה כשעיינתי במהדורה זו בכוונה לברר מי מהם צודק, נוכחתי ששניהם טעו ואין כאן לא דפוס ת"א ולא דפוס ת"ג. והרי נמוקי:

א. תמוה מאד שאת הפרט תשרי בשק"ט בהסכמתו של ר' שעפטל הנ"ל, מתרגם שטיינשניידר ל־1640, והרי אינו אלא 1650.

---

[9] אין הכוונה לספר בשם זה המצוי אצלנו שהוא ספר גדול וכאן הוא רק דף אחד כולל רק רשימה מה שיש לקרא בלילות אלו, כהיכן להתחיל והיכן לסיים.

[10] מענין שהמחבר, וכן המדפיס כותבים בהקדמותיהם שאת שירי האריז"ל הוא מפרש על פי קבלת הרמ"ק נ"ע. ומכאן סתירה לדברי פרופ' ג. שלום הכותב במאמרו על ר' ישראל סרוק (ציון, כרך ה) שפירוש "מנחת יעקב" על פי סוד אינו אלא קיצור פירושו של ר' ישראל סרוק. ועיין גם לעיל בהסכמתו של הרב איילונבורג שהוא כותב מפורש שיש בפירוש "מנחת יעקב" חידושים לגבי פירושו של סרוק.

[11] הוא מזכיר אמנם גם תאריך ת"ג, אבל לא על פי הטופס שרשם אלא על פי רשימת צונץ וחיים מיכל, משמע שהניח שנתכוונו למהדורה אחרת.

ב. ספק גדול אם בתשרי 1640 כבר הי' ר' שעפטל בפוזנא. בנוגע לקביעת שנת בואו לפוזנא קיימת ערבוביה בין הכותבים על תולדות משפחת הורוויץ או תולדות היהודים בפוזנא, מהם שקובעים שנת ת', מהם — ת"א ומהם — ת"ג. היותר מהימן ביניהם הוא ד"ר לואיס לוין, ובאחד מבין הפרוטוקולים של קהלת פוזנא שהדפיס אנו קוראים:
" ... הגאון מוהר"ר שעפטל נר"ו... לחדש המלוכה על שלש שנים הראשונים שהם עד חשון ת"ה לפ"ק וכהיום נתחדש המלוכה עוד שלש שנים... דהיינו עד חשון ת"ה [ת"ח] לפ"ק..."[12] הרי שנתקבל לפוזנא בחשון ת"ב.

ג. בשנת ת"א כשר' שעפטל הי' רק כבן המשים, אין תואר "הישיש" הולמו, רק בשנת תי"א כשהגיע ל"בן ששים לזקנה".

ד. חוץ מהפרט בשק"ט הרי ר' שעפטל כותב מפורש גם תי"א. הרי הוא כותב: "תי"א תשרי בשק"ט ובשאנן לפ"ק. ר' שעפטל השתמש כאן בקימוץ אותיות, ואותיות י"א משמשות לו לימין ולשמאל, כלומר: שנת תי"א, י"א תשרי, ומשום זה שינה מנוהג שנהגו לכתוב את היום והחודש לפני השנה, ובמקום לכתוב שלש תיבות "י"א תשרי תי"א" כתב רק שתים: תי"א תשרי[13]. את הפרט בשק"ט ובשאנן הוסיף רק משום שעדיין לא שקטה הארץ מגזירת ת"ח—ת"ט ומלחמות חמלניצקי[14].

ה. שטיינשניידר התעלם לגמרי מהפרט "תב"א" שבסיום הספר. הרי המחבר כותב: "ברוך השם ... שזכני להשלים פי' השירים... והגאולה תב"א לפ"ק. אם השלים את פירושו בשנת תב"א, ודאי שלא הדפיסו בשנת ליושנ"ה. כן כתב את שירו "אפתה פי" שבדף 26 בשנת ת"ג.

ו. שטיינשניידר התעלם לגמרי מתאריך הסכמתו של הרב איילונבורג שהוא כנ"ל יום ב' וישב ח"י כסלו נשמח"ה ב"ו [תי"א], ובאמת לפי ה"לוח" חל באותה שנה ח"י כסלו ביום ב' וישב, מה שאין כן בשנות ת"א ות"ג.

ז. ואחרון אחרון עיקר: המדפיס בהקדמתו כותב שהמסכים ר' יצחק איילונבורג הוא אב"ד וראש ישיבה בעיר ליססא, והרי רב זה היה תושב קראקא ולליסא בא רק בשנת ת"ח בקירוב[15]. ומכיון שמנוסח ההסכמות שהעתקתי לעיל יוצא שניתנו לדפוס הראשון, הרי מן הנמנע שהספר נדפס כבר בשנת ת"א או ת"ג, ועל כרחנו אנו צריכים לקבוע את תאריך ההסכמות — תי"א — כתאריך דפוס הראשון של ספר זה. לכל הפחות לא נדפס קודם תי"א, וכל הענין של דפוס ת"א או ת"ג אינו אלא עורבא פרח,

---

[12] Louis Lewin: Die Landessynode der grosspolnischen Judenschaft. Breslau, 1926, 84.

[13] ראה כמה דוגמאות של קימוץ אותיות במאמרו של בר יודא ב"ידע־עם" כרך ג.

[14] רק בשלהי שנה זו— תי"א— כרתה מלכות פולין ברית שלום עם חמלניצקי שעל פיה הותר ליהודים לשוב לאוקראינה.

[15] Von Krakau ging er 1647 oder anfangs 1648 als Rabbiner nach Lissa". (L. Lewin: 15 Geschichte der Juden in Lissa, Frankfurt a/M, 1904, 173)

ושטיינשניידר וצדנר שניהם טעו וגרמו לשבושים ברשימות של סוחרים[16]. בכגון דא יש להמליץ עליהם פתגם חז״ל: "אגב חורפיה לא עיין בה"[17].

אשר לשאר התאריכים שבספר, הרי אינם אלא תאריכי כתיבה של המחבר בשנת שצ״ו כתב את שיריו׳ בשנת ת״א את ההקדמה והוסיף שיר "אפתח פי", בשנת ת״ג סיים את פירושו לזמירות. האריז״ל ובשנת תי״א קבל את ההסכמות ומסר את הספר לדפוס.

[2]

זה השער לי״י צדיקים יבואו בו | **סדר תיקוני שבת** | עם פירוש מנחת יעקב | אשר אזן ותקון דבר חדש אשר מעולם לא היה | לראש תמצא פי׳ נאה סולת נקי׳ באר הטי׳ | בכל לשון. גם לרבות על המלת הזרים פי׳ בל״א [בלשון אשכנז] | כדי שקטן וגדול שם הוא, ואף גם זאת פירושים | נאים ומקובלים על הזמירות והתשבחות שיסד | האשל הגדול כמוהר״ר יצחק לוריא נ״ע ושאר | דברים ומתוקנים ויקרים וישרים כאשר תחזנה [עיניכם משרים. כל זה יסד ביסודי התורה חד | מחברי׳ זקן ושבע ימי׳ ושני׳ האלוף התורני הותיק | כמוהר״ר יעקב בר רפאל לבית לוי מק״ק פוזנא | חתן כמוהר״ר יצחק שחד[18] הנקרא בפי כל רבי | יצחק פרדס נ״ע | פה ק״ק **פראג** | תחת ממשלת אדונינו הקיסר | לעפאלטוס יר״ה | . חש״ד [בין השנים תי״ז—תס״ה]. [40] דף. °4. שער מצוייר.

מכל התאריכים שבמהדורה הקודמת נכנסו למהדורה זו רק שלשה, שכן המדפיס, אף על פי שהדפיס את שתי ההסכמות הנ״ל, השמיט מהן את התאריכים. כן השמיט את שירי המחבר ועמהם גם תאריך כתיבתם הנ״ל והשאיר רק את השיר "אפתח פי" הנ״ל עם תאריך כתיבתו ת״א, את תאריך ההקדמה "ליושנה", ואת תאריך תב״א בסיום הספר.

פיוט לכה דודי הדפיס במקומו בתפלת קבלת שבת. המשניות בלא ניקוד.

בידי צילום מהדורה זו מספרית שוקן וטופס מספרית הסמינר בניו יורק, שתיהן רשומה כדפוס שנת ת״א, מן הסתם על פי הפרט ליושנ״ה. כאן אין צורך להאריך בהוכחות שטעות היא בידן, שהרי נדפסה תחת ממשלת הקיסר ליאופולד. קיסר זה ישב על כסא מלכותו בשנת תי״ז ומלך עד שנת תס״ה, ואם כן נדפס ספר

---

[16] ב״אוצרות חיים״, רשימת ספרי ר׳ חיים מיכל, שנדפסה בשנת תר״ח רשום טופס דפוס ת״ג• מכיון שספרי ר׳ חיים מיכל עברו למוזיאום הבריטי, ודאי שסופם זה הוא הוא אותו הטופס שרשם צמר בקטלוג המוזיאום הבריטי שצילומו בידי, ואפשר שלא צמר הוא שקבע את שנת הדפוס ת״ג אלא לקח אותו מן המוכן מרשימת ר׳ חיים מיכל. ב״מפתח המקורות״ בכרך ד׳ של ״אוצר השירה והפיוט״ רשם דוידזון טופס דפוס ת״א שבספריה העירונית בפרנקפורט ענ״מ, (אגב הוא רושם גם טופס דפוס פראג, 1657-58, שבאותה ספריה. אין ידוע לי מה טיבה של מהדורה זו וגם לא נרשמה ב״בית עקד ספרים״). בקטלוג של המוזיאום היהודי בפראג רשום טופס דפוס פראג ת״ג• (ראה: Otto, Muneles : Bibliographical Survey of Jewish Prague. The Jewish State Museum of Prague). גם מספריות אלו הזמנתי צילומים. מספרית פרנקפורט קיבלתי תשובה, שמחלקת ההבראיקה הושמדה ע״י הפצצה במלחמה ושניצלה רק מחלקת היודאיקה, ומספרית פראג לא נענתי.

[17] בבא בתרא קט״ז ע״ב. רש״י מפרש: ״שהיה טרוד בשאלה אחרת דעדיפא מינה״.

[18] ראה לעיל הערה 4.

זה בין שנים הללו, ומשום זה השמיט המדפיס את תאריך ההסכמות והשאיר את הקדמת המדפיס כמו שהיא בדפוס הראשון, בכדי שהקונים יקבלו את הרושם שההסכמות ניתנו לדפוס זה והוא דפוס ראשון ושלא יעלה על דעתם, שמהדורה זו אינה שלמה אלא לקויה בהשמטות. אמנם שכח להשמיט את השורות על שירי המחבר שבהקדמת המדפיס, (ראה הערה 8).

[3]

סדר תיקוני שבת עם פירוש מנחת יעקב אשר איזן וחיקר דבר חדש אשר מעולם לא היה. בו תמצא פי' נאה באר הטיב בכל לשון. גם על המלת הזרים פי' בל"א כדי שקטן וגדול שם הוא ואף גם זאת פירושי' נאים ומקובלים על הזמירות והתושבחות שיסד האשל הגדול כמהר"י לוריא נ"ע ושאר דברי' כאשר תחזינה עיניכם משרים. כל זה יסד חד מחברי' זקן ושבע ימים האלוף התורני הותיק כמוהר"ר יעקב בר רפאל לבית לוי מק"ק פוזנא חתן כמוה"רר יצחק שחר[19] הנקר' ר' יצחק פרדס נ"ע: נדפס פה **דיהרן פארט** בדפוס האלוף מהור"ר שבתי משורר מפראג. לפרט קח **נא את** ברכת מנחתי לפ"ק [תנ"ב]. 37 דף. 4°. שער מצוייר ובראשו אדם אוחז בידו תוי נגינה[20].

בקולופון: על ידי הפועל... הפרעסין ציהר אביעזר הנקרא זעליג בן כהר"ר שלמה המכונה זלמן ז"ל מק"ק ויניציאה הבירה. וע"י... הפרעסין ציהר יצחק נקרא זעליג בן הר"ר יהודא ז"ל מק"ק בודין במדינת פיהם.

מהדורה זו היא כמתכונת מס' 2 הנ"ל עם אותן ההשמטות' אלא שיש בה גם הוספות שאינן אפילו במהדורה הראשונה: הוספות קצרות בפירוש המשניות מסכת שבת. אפשר שהן הוספות של ר' שבתי בעצמו, אף על פי שלא העיר כלום על זה, ואפשר שהדפיס על פי מהדורות שקדמו לו שלא נזדמנו לידי. בדף 19ב הוסיף תפלות על פי קבלה בשעת טבילה במקוה בערב שבת. תפלות אלו אינן לא במהדורה ראשונה ולא במס' 2. הרי הוא כותב: "אמר המדפים שבת"י וראיתי כמה תיקוני שבת אשר נדפסו לא קריא"ה זה קריא"ה זה[21], מה שכתוב כאן היה חסר כאן ולא היה צד השוה ביניהן. אמרתי לא אחוס על כספי וזהבי ואראה למלאות החסרון כדי שיהא בתכלית השלמות ואציגה לפניך התפלה והתחינה להמקדשים והמטהרים לכבוד שבת קודש מלכתא כאשר תיקון... האריז"ל...".

בנוגע להשמטות, הרי אם אפשר לנו לחשוד במדפים של מס' 2 שהערים על הקונים, אי אפשר לעשות כן לגבי ר' שבתי, שהרי העמיד על השער את מקום ושנת הדפוס, ומכיון שבשתים עשרה שנה קודם, בשנת ת"מ, הדפיס את ספרו "שפתי ישנים" ורשם שם שתי מהדורות דפוס פראג חש"ד, הרי אין מקום לטעות

---

[19] ראה לעיל הערה 4.

[20] ציור 77 בספרו של א. יערי "דגלי המדפיסים העבריים". יש להוסיף ספר זה לרשימת הספרים עם ציור זה, בדפוסו של ר' שבתי בס, שרשם ד"ר יצחק ריבקינד. ראה מאמריו ב-Studies in Bibliography and Booklore, כרך 1 וכרך 5.

[21] משחק מלים = לא ראי זה כראי זה.

ולהניח שמהדורה זו מתימרת להיות הדפוס הראשון, ולאידך גיסא, אפילו הדפיס על פי מהדורה קודמת, הרי כביבליוגרף ודאי ידע שיש כאן השמטות והיה עליו להדגיש זה על השער או בהקדמה.

[4]

סדר תקון שבת עם התפלה. הקבצו ושמעו בני יעקב כולכם: ושימו הכרך הקטן הזה אל לבבכם ואל בגדיכם: ומתוך הפירוש מנחת יעקב יהיו דיני שבת שגוריי בפיכ׳, ובפרט השירים שנדשבו כמו זר בעיניכם: ואל תחוסו על הכסף אשר בכליכם: נדפס בק"ק **פירדא** בדפוס של הקצין המנוח הר"ר יוסף שניאור ז"ל, חש"ד, [בין תנ"ב—תנ"ח[22]]. [242 דף]. בתבנית זעירה.

בראשה תפלת שחרית ומנחה של שבת, אחרי כן שער חדש:

סדר תיקוני שבת מאיש האלקי... יצחק לוריא אשכנזי ז"ל. עם פירוש **מנחת יעקב** אשר איזן... האלוף התורני... כמוהר"ר יעקב בר רפאל לבית לוי מק"ק פוזנא. ונוסף... סדר מ"ש [= מוצאי שבת] ותקון ליל שבועות וליל הושענא רבה, והובא מארץ הקדושה למדינתינו. ודנה כאשר ראינו שהתקוני שבת עם הפי׳ מנחת יעקב הנ"ל נדפס כבר פעם א׳ [!] בק"ק פראג והסכימו עליו כמה וכמה גאוני עולם... על כן ראינו להדפיסו שנית. שירי המחבר נשמטו. המשניות בלא ניקוד.

[5]

סדר תקוני שבת אשר לא נדפס כדמיון הזה, מאיש האלקי... יצחק לוריא אשכנזי ז"ל. ונוסף.... סדר מוצאי שבת ותיקון ליל שבועות וליל הושענה רבה והובא מארץ הקדושה למדינתינו ונתפשט המנהג בכל מדינות האלו אשכנז פיהם פולין מערהרין. וגם לרבות שנתחדש הפרקים[23]... מנוקדים כדי להוציא מרגוע מי שאינו רגיל בלימודים. עם תוספת והנהגות... אשר נהג... מוהר"ר יצחק לוריא זצ"ל בעצמו בכל מוצאי שבת אשר גנז וטמן אצל בני עליי יחידי סגולה... וגם הוספנו כל סדר וישלח[24] ופסוקים, ברכת כהנים, ופיטום הקטורת שאומרים במוצאי שבת. בדיו ונייר יפה ובאותיות גדולות... נדפס פה ק"ק **ווילהרמרש־דארף** לפרט **זכור את יום השבת** לפ"ק [תע"ד]. תחת ממשלת אדונינו החסיד רייכס גראף פיליפוס ערנשטז גראפנז פון האהנלאה שילונגש פירשט אונט הערנשט צו לען בורג: דער רעמישי קייסרליכי ווירקליך גיהיימנראהטן השם ירום הודו ויתנשא אדונותיו, לו ולגבירתו וגם לזרעותיו: עם שריו ויועציו: ויאריך להם ימיהם ושנותיהם אמן: ועל ידי המחוקק ר׳ הירש בן כהר"ר חיים מפיורדא. 22 דף. °4. דפוס נאה.

---

[22] המדפיס ר׳ יוסף שניאור מת בשנת תנ"ב, ומאז עד שנת תנ"ח כתבו יורשי הדפוס את שמו בנוסח זה על שערי הספרים.

[23] כלומר, פרקי משניות מסכת שבת.

[24] עד פסוק ויקן את חלקת השדה ועד בכלל.

מהדורה מקוצרת. המשניות בניקוד. הפירוש רק על המשניות ובהשמטות, זמירות האריז"ל ולכה דודי בלא פירוש.

[6]

סדר **תקוני שבת** מאיש האלקי... יצחק לוריא אשכנזי ז"ל ונוסף... סדר מ"ש [מוצאי שבת] ותקון ליל שבועות וליל הושענא רבה... ונוסף על הראשונים זמירות לשבת[25] ופי' על כ"ד פרקי' מסכת שבת ופסוקי אליהו. מזמורי תהלים עם נקודות ובאותיות גדולות, וספר יצירה...**באמשטרדם** בשנת התפ"ה [התפ"ח?[26]] ליצירה. 162 דף. 16°. Nella Stampa Bragadina. Con Licenza Superiori.

מעבר לשער: נדפס לתאות ולתשוקת ירא שמים בסתר איש חי רב פעלי' משועי הארץ ומאציליה משכיל ונבון כמ"ר שמואל בן מעלת החכם ידידיה מהד"ב [?] הלוי נר"ו.

אין בידי להסביר מה טעם העמידו על השער "באמשטרדם", הרי זהו דפוס ויניציאה ודאי, ובפרט שלא העלימו שנדפס בדפוס בראגאדין, דפוס מפורסם שהיה קיים בויניציאה למעלה משתי מאות שנה, ומה יכלו להרויח מספר קטן זה אם העמידו על השער "באמשטרדם"?

בקולופון: על טוב יזכר שמו, הנער הנעים, יוסף מצליח בן הגביר שניאור ן' דנן יצ"ו אכי"ר. על ידי צעיר המדפיסים דוד בכמה"ח רפאל חיים בואינו זלה"ה.

הפירוש על לכה דודי וזמירות האריז"ל נשמט. הפירוש על משניות מקוצר, להרבה מלות זרות נשמט התרגום ליהודית אשכנזית, אפשר משום הקיצור ואפשר משום שנדפס בשביל הספרדים, אבל כמה מהם נשארו. המשניות בניקוד. ספר יצירה ומאמרי הזהר בלא ניקוד.

[7]

סדר **תקוני שבת** מאיש אלקי... יצחק לוריא אשכנזי... והוספנו על הראשונים כמה וכמה דפין...דיני שבת... והפרקים [= משניות שבת] עם נקודות... וזהר [בלא נקודות]... ופסוקי אליהו ודיני הבדלה, וישלח... נדפס **באמשטרדם** בבית ובדפוס הרב... יוסף דיין נר"ז, בשנת תנחם סלה לפ"ק [תצ"ח]. 54 דף. 16°. הקולופון נקרע בטופס שלפני.

---

[25] בהוצאות הקודמות נדפסו רק שלשת הזמירות של האריז"ל; בהוצאה זו, כל הזמירות שמזמרים בשלשת הסעודות של שבת.

[26] האות מטושטשת, ספק ה' ספק ח'.

הפירוש רק על המשניות ומקוצר. חוץ מזמירות האריז"ל נכנסו כאן רק הזמר "יה רבון עלמין" ו"חי ה' וברוך צורי".

[8]

סדר **תקוני שבת** מאיש האלקי... **יצחק לוריא אשכנזי** ונוסף... סדר מ"ש, והובא מארץ הקדושה... ונוסף זמירות לשבת[27] - ופסוקי אליהו ומזמורי תהלים ונקודות על כל התפלות שבו ועל כ"ד פרקי שבת ועל מזמורי תהלים וספר יצירה. נדפס לתשוקת התלמיד הנעים ה"ה אשר בן הגביר כמ"ר מאיר בכמ"ר משה חי דא זרא יצ"ו. בויניציאה שנת ואדברה **בעדתיך** [תק"ד]. 144 דף. 16°. Nella Stampa Vendramina. Con Licenza Superiori.

בקולופון: על ידי הנצב על המלאכה שמואל בכ"ר יעקב טירני יצ"ו. הפירוש רק על המשניות ומקוצר. בכמה מלות זרות [לא בכולן] החליפו את התרגום ליהודית אשכנזית באחר, כגון: "שומשמין" שבכל המהדורות מתורגם "מאהן" מתורגם כאן: "זרע שקורין זורזולין"; "הצדעין" בכל המהדורות — "שלייף" וכאן "טימפיא" וכדומה. בסופו שיר, תחלתו: איום שמי היום [מאת ר' משה זכות].

ממס' 4 ואילך נשמטו ההסכמות.

[27] כנ"ל דערה 25.

ב. ספר "תקוני שבת" בלא פירוש

גם ברשימה זו, כמו ברשימה א, ארשום רק מהדורות שנזדמנו לידי ושיש לי מה להעיר עליהן או שחסרות ברשימת ח. ד. פרידברג ב"בית עקד ספרים".

לפי פרידברג לא נדפס ספר זה בפראג קודם לשנת תנ"א. הוא הולך ומונה תשע מהדורות מספר זה שנדפסו — בין שנת שנ"ו ושנת תנ"א — במקומות שונים אבל לא בפראג, ורק המהדורה העשירית נדפסה, לדבריו, בפראג בשנת תנ"א. בידי טופס מהדורת פראג שנדפסה ששים שנה ומעלה לפני שנת תנ"א, ואף על פי שהיא חש"ד, הרי מכיון שיצאה מדפוס ר' אברהם היידא, שנפטר בשנת שפ"ט[28], נדפסה לכל המאוחר, בשנת שפ"ח. הרי נוסח השער:

[9]

זה השער ליי צדיקים יבאו בו | **ב"ה** | **תקוני שבת** | מאיש האלוקי קדוש יאמר לו | מבוצינא קדישא, נהורא עמיה | שרי כמהר"ר יצחק לורי' אשכנזי | ז"ל. ונוסף על דגלו סדר מוצאי | שב' ותקון ליל שבועו' וליל הושענ' | רבי[29] ונדפ' כב' בקק"ק[30] אבל באמת שרי לי מריה **דאברהם**[31] תלי ביה | בוקי סריקי. כי רבו מארב"ע[32] טעיו' בכל שיטה אין נקי. כי לא | סימן כמ"ה דמטי קמן[33] בכן אנכי **אברה"ם** עבד ה' תקנת"י תיקון | שבת כראוי מרישא עד לקמן. | והוספתי עליו עו' פ' א'[34] ממס' כלים[35] | והחזרתי העטרי' לישני' פה עמנו | היום ק"ק **פראג** יי"ץ[36] המקבלים | שבת בזמר' ושירה בב"כ ובבתי | מדרשי התור'[37] כי הם הראשוני' | לכל דבר שבקדוש' וטהר' וממנו | יראו וכן יעשו לדורו' שה פזורה.

---

[28] ח. ד. פרידברג בספרו "תולדות הדפוס העברי באירופא התיכונה" עמ' 27 מעה טעות גדולה. הוא כותב שר' אברהם היידא נפטר ביום כ"ו טבת שצ"ט ושהספר האחרון שהדפיס הוא ספר "שיח יצחק" משנת שפ"ח, ואת התמיהה, מדוע לא הדפים כלום במשך כעשר שנים, הוא מיישב ב"מלחמת שלשים השנה", שגרמה להפסקת הדפוס. כמקור לתאריך מותו של ר' אברהם היידא הוא מציין ספר „גל עד", אבל בספר זה הרי מפורש שר' אברהם נפטר בראשית שנת שפ"ט [בדיוק: יום פטירתו הוא כ"ו טבת שפ"ט = 21 יאנואר 1629]. לכן מתבטל נימוקו של פרידברג להפסקת הדפוס.

[29] ראה רשימה א' הערה 9.

[30] בק"ק קראקא. שם נדפס בשנת שע"ד ובשנת ש"ץ, ומכיון שר' אברהם נפטר בשנת שפ"ט, הרי התכוון לדפוס שע"ד, וראה להלן הערה 11.

[31] בהדגשה רמז לשם המדפיס ר' אברהם.

[32] משחק מלים על פי הפסוק: כי רבו מארבה (ירמי' בו, בג).

[33] מכיון שלא ראיתי את דפוס קראקא, כוונת מליצה זו אינה ברורה לי.

[34] עוד פרק א'.

[35] לא כל הפרק, שאינו שייך כלל לענין שבת, אלא ממשנה ו' "עשר קדושות הן" ואילך עד סוף הפרק, "כי בזה יתקשרו קשר אמיץ תורה, ארץ ישראל וירושלים ובית המקדש ושבת וה' בראשם" [לשונו של ר' אברהם בדף י"ד]. הוא אמנם הוסיף גם משנה ראשונה מפרק ב' של מסכת כלים אבל רק משום "ואל תעמוד על הפרק".

[36] ישמרנה צורה.

[37] לא ברור אם זוהי מליצה בעלמא או שהתכוון לנוהג שנהגו בפראג לנגן בבית הכנסת, בשעת קבלת שבת, בעוגב ובנבלים, ככתוב ב"סידור תפלה" המצורף לספר "שפתי ישנים" של ר' שבתי בס [דף כ"א/2]. מנוהג זה בפראג רצו המשכילים בהמבורג להפריך את דעת הרבנים שאסור להכניס עוגב לבית הכנסת. ראה הפולמוס על ענין זה בספר "אלה דברי הברית", המבורג תקע"ט, ובספר "צרור החיים", אמשטרדם תק"פ. וראה גם כן בספר שו"ת "מלמד להועיל" להרב דוד צבי האפפמאנן מברלין.

ספר "תקוני שבת"

חש"ד [בין שע"ה—שפ"ח או בין שפ"ה—שפ"ח][38]. 18 דף. °4.

בקולופון: "וכשנשמור שבתו. כראוי לא ישלטו בנו אויבנו. ונזכה לביאת משיחנו. אמן כן יהי רצון. כ"ת [=כה תפלת] המחוקק אברהם בן לא"א כהר"ר שמעון ז"ל איש היידא. על ידי הפועל במלאכת הקדש נאם אשר בר' נפתלי זעציר המכונה אנשיל בן הערציל אלט שילר שליט"[39].

מהדורה זו מכילה: הקדמה ובתוכה תפלות בשעת טבילת ערב שבת; תפלות קבלת שבת; פיוט "בר יוחאי נמשחת אשריך"[40] ; שלום עליכם, רבון כל העולמים ואשת חיל; שיר השירים [בלי טעמים] ומשניות מסכת שבת [בלי ניקוד]; שלשת הזמירות של האריז"ל; תקון ליל שבועות וליל הושענא רבא[41] ודף אחרון מכיל: "ואלה מוסיף על הראשונים... [תקוני שבת] כפי אשר נדפסו בספר ראשית חכמה הקצר שדרש ר' אברדם הלוי הזקן...אחד מתלמידי החכם בעל הפרדס [= הרמ"ק ז"ל] עם פרפראות שמע מן האריז"ל...".

[10]

זכור את יום השבת לקדשו. **תקוני שבת** מהאיש האלקי קדוש יאמר לו... גברא דחיליה באוריית' נפיש' כמוהר"ר יצחק לוריא אשכנזי ז"ל אשר תיקן ושר במזמורים ושירים ... ככה ינהגו דורי דורי', זקנים ונערים, סגנים וחורי', ולשיר אותם בשיר השירי', ולקבלת שבת בבתי כנסיות ומדרשיות הטהורי', להשפיע עליהם נשמות היתרי'. גם לרבות שירים ושרי'... בסוד ג' סעודות מדברי'. גם נוסף... סדר מוצאי שבי' והלוית מלכה כלה... גם תיקון ליל שבוער וליל הושעג' רבה, והובא מארץ הקדושי' למדינתנו ונתפשט המנהג כמעט בכל מדיג' אשכנז פיה"ם פולי"ן מערהרי"ן, על כן אמרתי להדפיס אות' לזכר בו את הרבים. ואשרי מי שנוהג מנהג כזה בודאי שיזכה ליום שכלו שבת וטוב ויבלה שנותיו בנעימי'. אמן. נדפס פה **ויניציאה** שנת ה"ת [=ת]. במצות הקומ"יסאריאה וינדראמי"נה. בבית ייואני ברטינילי.

---

[38] כאמור לעיל הערה 3 נתכוון המחבר לדפוס קראקא שע"ד. על יסוד זה רשמתי את תאריך הדפוס של מהדורה זו בין שע"ה־שפ"ט. על התאריך השני — בין שפ"ה־שפ"ח — ראה בהערה הבאה.

[39] לפי פרידברג ב"תולדות הדפוס העברי באירופא התיכונה" היה פועל בשנים שע"ד־שפ"ד בדפוס משה בר' בצלאל. אם דבריו נכונים, עבר איפוא לדפוס ר' אברדם היידא רק אחרי שנת שפ"ד, ולפיכך נדפסה מהדורה זו בין שפ"ה־שפ"ח. אבל מכיון שמצאתי בספרו של פרידברג זה כמה וכמה טעויות ואי־דיוקים בנוגע לפועלי הדפוס ואי אפשר לסמוך עליו ללא בדיקה, הנחתי הדבר בספק.

[40] פיוט זה לא היה מפורסם אז עדיין והמדפיס הקדים לו דברים אלו: "אמר המדפיס: מצאתי באמתחות כתבי הרב א"מ ע"ר [= אבי מורי עטרת ראשי] ז"ל שהובא לו פזמון נאה מארץ ישראל שמשוררים בכל ערב שבת ושבת כסדר קבלת שבת על קברו של הרשב"י ז"ל...ושמעתי מאכ"ע רז"ל [=מאבי מורי עטרת ראשי ז"ל] וגם מחכמים גדולים אנשי השם שבאו מארץ הקדושה כל מי שהאיר יי' רוחו עליו אף בח"ל [= בחוצה לארץ] והוא מארי קבלה ינגן פזמון זה, וזה הוא סגולה נפלאה להארת הנשמה... והוא מיוסד והסודר דרך המעלות... מלמטה למעלה עד לראש כל הכתרי'. וכן מצאתי אחרי זמן זמני' שהו' בדפוס". מכיון שלא ראיתי את דפוס קראקא שע"ד, איני יודע אם כל הדברים הללו הם של ר' אברהם היידא או שהם רק העתקה מדפוס קראקא, והמדפיס דקראקא הוא שמצא שפזמון זה כבר נדפס. מסתבר שהכוונה לספר "אמרי בינה" פראג שע"א, ששם נדפס פזמון זה לראשונה.

[41] ראה רשימה א', הערה 9.

26 דף. 4°.

הקדמה ארוכה מאת ר' יעקב בר' יהושע נחמיה סרוואל.
כל הספר בלא ניקוד אפילו שיר השירים ותפלות קבלת שבת וזמירות האריז"ל.

[11]

זה השער לי"י צדיקים | יבואו בו | סדר **תיקוני שבת** | מאיש האלקי קדוש יאמר לו בוצינא | קדישא נהורא עמי שרי כמהר"ר יצחק | לוריא אשכנזי ז"ל. ונוסף על דגלו סדר | מוצאי שבת ותיקון ליל שבועות. וליל | הושענא רבה. והובא מארץ הקדושה | למדינתינו. על כן אמרתי להדפיס | אותם לזכות בו את הרבים | פה ק"ק **פראג** | תחת ממשלת אדונינו הקיסר | לעפאלטוס יר"ה |.

חש"ד [בין תי"ז—תס"ה[42]]. [20] דף. 4°.

שער מקושט ומסביב לקישוט מוקף השער במאמר הז"ל: כל המשמר שבת כהלכתו [למעלה] נמחל לו עונותיו שנאמר שומר שבת [משמאל] מהללו ושומר ידו מעשות [למטה] כל רע אל תקרי מחללו אלא מחול לו [מימין][43]. המשניות בלא ניקוד. דף אחרון: "זה הזמר נאה ומשובח מזמרים בשבת אהר יציאת בית הכנסת בניגון שטייאר מרק[44]. סימן מנחם ציון". תחלתו: "מי ימלל גבורות אל".

[12]

בכרטיסיה של ספרית הסמינר בניו יורק רשום טופס חסר השער של "תקוני שבת" עם פירוש "מנחת יעקב" דפוס פראג. כשבדקתי את הטופס ראיתי שהמקטלג בסמינר טעה ואין בו פירוש "מנחת יעקב". זוהי מהדורה רגילה בלא הפירוש, בת 22 דף, ומהם חסרים בטופס הסמינר השער ושני דפים אחריו. מהדורה זו נדפסה כמתכונת מהדורה מס' 11 הנ"ל, ובדף אחרון אותו הזמר הנ"ל שמזמרים בניגון שטייאר מרק. בעמוד האחרון דגל משפחת הגרשוני, מדפיסי פראג, אבל בצורה שהשתמש בו המדפיס ר' משה בר' יוסף בצלאל (ראה דברי א. יערי בספרו "דגלי המדפיסים העבריים" ציור 43). מדפיס זה מת בשנת תי"ט ואם כן מהדורה זו היא

---

[42] שנות מלכותו של הקיסר ליאופולד. 16

[43] שבת דף קי"ח בשינוי לשון.

[44] זהו זמר בשם: "איין שין נייא ליד פון איינם ריטר אויז דר שטייאר מרק טרינימוטיש גיננט, אוד איין קיניגש טאכטר אויז טעני מרק פלארסדיבל גיננט• אין הערצגן ערנשט ניגן, וועם ער איז ביקנט" דפוס פראג חש"ד. (טופס בספרית הבודליאנא). נדפס לפי שטיינשניידר במאה הי"ז, לפי Cowley ב־1650 [ת"י] לערך. חוקר שפת יידיש, מאקס עריק, בספרו "געשיכטע פון דער יידישער ליטעראטור" כותב, שלפי כל הסימנים נדפס על פי מהדורה יהודית קודמת. (המקור הגרמני נכתב בשנת 1507). מנוסח השער אנו רואים, שלא היה לו כלל לחן משלו אלא היו מנגנים אותו בלחן של "הערצאג ערנסט". יוצא שבין הזמר בין הלחן מקורם לא יהודי אלא גרמני. על העובדא שיהודים היו שרים שירי קדש בלחן של הול, ואפילו של לא יהודי, עמד מאקס עריק הנ"ל בספרו הנ"ל והסיק מזה מה שהסיק. עיין בדברי הבעש"ט שאמר: "מה שאומות העולם משוררים לידיר [= שירים] בכולם הם בחינות יראה ואהבה בהתפשטות מעילא לתתא בכל המדריגות התחתונים" ["דגל מחנה אפרים", קארעץ תק"ע, דף ע"ב]. ועיין גם בענין שירי מלחמה בספר "תורת חיים" לאדמו"ר האמצעי, ר' דובער בן הרב מלאדי, ווארשא תרכ"ו בעמוד האחרון.

מלפני תי"ט, אבל מאוחרת ממהדורת ר' אברהם היידא הנ"ל, שכן נכנס בה הפרק הראשון של מסכת כלים שהוא חידוש שחידש ר' אברהם היידא כנ"ל בנוסח השער (מס' 9). מר מ. נרקיס כותב ("קרית ספר" כרך כ"ג), שבשנת 1623 השתמש לאחרונה בדגם זה, ואם כן מהדורה זו נדפסה לכל המאוחר בשנת שפ"ג, ומהדורת ר' אברהם היידא נדפסה לפני שנת שפ"ג. אם נקבל את דבריו, איננו יכולים לקבל את דברי קאוליי, שהזמר "שטייאר מרק" נדפס לערך 1650; ואם נקבל את דברי קאוליי, איננו יכולים לקבל את דברי נרקיס. כל עוד אין בידינו טופס שלם, אי אפשר לפתור ספיקות אלה.

[13]

סדר תיקוני שבת ושומר שבת. שמעו ותהי נפשיכם בעלמא הדין ובעלמא דאתי כי הובא בדפוס להאיר עיניכם ולעורר לבבכם ללמדכם אורחו"ת חיי"ם. חיי עוה"ז וחיי עוה"ב. הגם שכמעט רובו כמו כולו הובא בש"ע [= בשלחן ערוך][45] עם כל זה אחרי היותם מפוררים שם אין עיני כל משוטטות בהם משא"כ [= מה שאין כן] כשהם מקובצים במקום א' ... גם נתוספו חידושים רבים... הביאו לדפוס האלוף הראש מוהר"ר ירוחם מק"ק סלאנימה[46] חתן הרב הגדול מוהר"ר דוד יצ"ו אשר המציאום הרב הנ"ל בהיותו אב"ד ור"מ בק"ק מגענצא במדינת אשכנז בשנת ת"מ לפ"ק. פה **באמשטרדם.** נדפס בדפוס בבית הגביר דוד טאדטאס. תהל"ה לדוד א'רוממך א'אלהי ה'המלך לפ"ק [= תמ"ז]. [4], 20 דף. 4°.

אף על פי שעל השער שם הספר הוא: "תיקוני שבת ושומר שבת" הרי בגוף הספר הסדר הפוך; מתחיל בשומר שבת ומסיים בתקוני שבת. הפזמון "בר יוחאי נמשחת אשריך" נשמט. המשניות בלי ניקוד. בין החידושים גם שיר של ר' דוד לידא, תחלתו: "אברך את השם הנכבד" עם אקרוסטיכון: "אני דוד בן מהר"ר ליב שליט"[47]. שתי הקדמות למהדורה זו: הראשונה של המו"ל, ר' ירוחם, חתן המחבר, והשניה מאת המחבר בעצמו, ר' דוד לידא. מהקדמתו של ר' ירוחם:

"... להיותי מגודל על ברכי אדוני מ"ו חמי הרב הגדול מוהר"ר דוד יצ"ו ולא זז מחבב אותי ואת בניו ותלמידיו... ובהיותי אב"ד ור"מ בק"ק מגענצא במדינות אשכנז מסר לכל א' מבניו חיבור קטן אשר כלל בכללים קצרים... כל דיני הלכות שבת... בלשון צח... העיר ד' את רוחי בקרבי להדפיסו ולצרפו לתיקוני שבת הנהוג... ועל טוב יזכר שם גיסי האלוף כהר"ר אברהם במוהר"ר אהרן יצ"ו חתן הרב מ"ו חמי הנ"ל והזיל זהב מכיסו להדפיסו...". המחבר, ר' דוד, חותם את הקדמתו:

---

45 הכוונה" כמובן, רק לחלק "שומר שבת".

46 עיר בגליל הורדנא.

47 דוידזון ב"אוצר השירה והפיוט" רושם שיר זה על פי לאנדסהוט, אבל לאנדסהוט כותב ששיר זה נדפס ראשונה ב"סידור תפלה כתר יוסף" שנדפס בברלין ת"ס, ולא ידע שכבר נדפס בשנת תמ"ז במהדורה זו של "תקוני שבת".

"הצעיר דוד בלא"א מוהר"ר ארי' ליב ז"ל ה"ה החו' פה מגענצה, והגלילות אשר בה נמצא. בשנת ת"ם עונך בת ציון לפ"ק [ת"מ]".

מהדורה זו, משנת תמ"ז, היא הדפוס הראשון של ספר "שומר שבת". שכן משמע מנוסח השער ומהקדמתו של ר' ירוחם. חוץ מזה הנה בדף ד' כותב ר' דוד: "וכבר תקנתי סדר התפלה ההיא כתקונו כמבואר מודפס בסידור עם פי' באמשטרדם בשנה תמ"ז". אם נניח שמהדורה זו היא דפוס הראשון, יש להבין, שאף על פי שכתב את הספר בשנת ת"מ, הוסיף דברים אלו בשעת ההדפסה בשנת תמ"ז. מצד שני אילו נניח שכבר הדפיס את הספר לפני שנת תמ"ז ודברים אלו הוסיף בהדפסה חדשה, ודאי נצטרך להגיה, שהיה המו"ל, ר' ירוחם, מדגיש זאת כדי להשביח מקחו, לכן מסתבר שטעו אלו, שרשמו הוצאות קודמות לשנת תמ"ז.

ספר "שומר שבת" זה יחד עם "תקוני שבת" נכנס אחרי כן — בהשמטת שתי ההקדמות הנ"ל — בספר "יד כל בו" [כחלק שמיני]. ההקדמות חזרו ונדפסו, תוך השמטת התאריך ת"מ הנ"ל, בדפוסי זאלקווא תקס"ד ותקס"ו. ר' ישראל, המגיד מקאזיניץ, בהסכמתו לדפוסי זאלקווא כותב, שהספר נדפס באמשטרדם תס"ז. איני יודע אם זוהי טעות הדפוס במקום תמ"ז או שבאמת יש גם מהדורה תס"ז. פרידברג ב"בית עקד ספרים" בערך "שומר שבת" רושם רק דפוסי זאלקווא.

[14]

סדר | **תקוני שבת** | וסדר תקוני ליל | שבועות וליל הושענא | רבא | עם תוספות קב ונקי | מזוקק שבעתים לזכות | את הרבים |. נדפס פה | **דיהרן פארט** | ע"י האלוף כמוהר"ר | שבתי משורר | יצ"ו |.

שער שני: סדר **תקוני שבת** מאיש האלקי... כמהר"ר יצחק לוריא אשכנזי ונוסף... סדר מוצאי שבת: והובא מארץ הקדושה למדינתינו ונתפשט המנהג כמעט בכל מדינות האלו אשכנז ופיהם, פולין ומערהרין, על כן ראינו להדפיס אותם בכרך קטן למען ישאו בחיקם... חש"ד. [1], קיח דף. הוצאה מיניאטורית.

בקולופון: "על ידי הפועל הראשון וחדש: העוסק במלאכ' הקודש המסדר האותיות: באמונה ולא ברמיות: חיים זעצר בן הר"ר כתריאל זעצר מק"ק קראקא ראש קהלת ישראל". ח. ד. פרידברג ב"תולדות הדפוס העברי באירופא" רושם פועל זה לא כ"זעצר" אלא כ"פרעסנציהער" בשנות תמ"ה—תנ"ז. מנוסח הקולופון משמע שמהדורה זו נדפסה בשנה הראשונה להקמת הדפוס.

[15]

סדר **תקוני שבת** מאיש האלקי... כמוהר"ר יצחק לוריא אשכנזי ז"ל. ונוסף על דגלו סדר מ"ש [= מוצאי שבת] ותקון ליל שבועו' וליל הושעני' רבא, והובא מארץ הקדוש [!] למדינתינו: ונוסיף על הראשונים מזמורי תהלי' ופסוקי אליהו ונקודות על כל התפלות שבו ועל כ"ד פרקי שבת ועל מזמורי תהלים וספר

יצירה[48]: נדפס **באמשטרדם** בבית ובמצות הבחור משה בן הישיש הנכבד הגביר הנעלה אברהם מינדיס קוטיניא ז"ל: בשנת תס"ז לפ"ק.

84 דף. 16°.

בקולופון: "על ידי הפועל ה״עציר...נאם יעקב בר' משה סג"ל ז"ל מק"ק המבורג הבירה: חתן יאקב מארשן ע"ה מאמשטרדם". מאמרי הזהר נשמטו. הזמירות רק של האריז"ל בהוספת הזמר "חי ה' וברוך צורי".

[16]

סדר **תיקוני שבת**. נדפ' לתשוקת הילד הנעים, יוסף מצליח בכ"ר שניאור ן' דנן יצ"ו. **בויניציאה** בדפוס בראגאדין, שנ' ועלו **מושיעים** [תע"ו]. 175 דף. הוצאה מיניאטורית.

מעבר לשער: "קורא נעים... אמרו רז"ל לא נתנו שבתות וימים טובים לישראל אלא ללמוד תורה... ומנהג ותיקין לקרות בשבת קדש הלכות יסודי התורה להרמב"ם ופרקי ספר מנורת המאור השייכים ליום השבת". בקולופון: ותשלם כל המלאכה בכ"ב לחדש אלול יום ד' שנת שפת אמת **תכון** לעד לפ"ק. בויניציאה. צעיר המדפיסים דוד בכמה"ר רפאל חיים בואינו זלה"ה. מאמרי הזהר נשמטו. המשניות בניקוד. הזמירות — רק של האריז"ל.

[17]

סדר **תיקוני שבת** מאיש האלקי האר"י זלה"ה. ונוסף...אלפ' ביתא[49] ושיר המעלו' שאומרי' בליל מ"ש בב"ה [= מוצאי שבת בבית הכנסת] וסדר הבדלה. זאת ועוד אחרת מאמרי זהר שאומרים קודם כל סעודי' מג' סעודי' של שבת. **בויניציאה** שנת **פת"ח** דברך יאר [= תפ"ח]. 124 דף. Nella Stampa Bragadin. Con Licenza Superiori.

הוצאה מיניאטורית.

בקולופון: "צעיר המדפיסים בנימין בכ"ר אהרן פולאקו יצ"ו". המשניות בניקוד. הזמירות— רק של האריז"ל.

[18]

סדר **תקוני שבת ומועד חדש** מאיש אלקי...האר"י זלה"ה אשר הי' סתם וחתום נגמר(?) תיקונים עד שהאיר ה' רוח חכמה בינה ודעת את הרב הגדול המופלא

---

48 ספר יצירה בלא ניקוד.

49 מזמור קי"ט בתהלים.

ספר "תקוני שבת"

מהור"ר **שמואל** במוהר"ר **יוסף** טעשין דיינא רבה דק"ק גלוגא רבתי לברך על המוגמר שהיב' ואסף את הפסוקי' לתיקוני לבושי שבת מלכתא וגם תקוני מועדים כפי המבואר בהקדמת המחבר הנ"ל לאמר הפסוקי' שיר השירים ונביאים יחד בכל פעם, ובכל מועד ומועד דבר יום ביומו... נדפס פה ק"ק **פרנקפורט דאדרה**. תחת ממשלת אדונינו המלך האדיר החזק והמיוחס מאוד **פרידריך השני** ירום הודו ויתנשא מלכותו למעלה מעלה אמן: לפרט אשר **ת**קראו אותם **ב**מועדם לפ"ק [תק"ב־ג]. [138] דף. 16°.

"ואפריון נמטי להאלוף התורני כהר"ר אברהם מלנצבורג שהטריח בכל מאמצי כוח להביא אל הדפוס והשגיח עליו בכל אופנים לעשות בהידור יופי וה' ישלם לו משכורתו שלמה".

הסכמות מאת: א) ר' מרדכי בר' צבי הירש חופק"ק ליסא לע"ע, מיום ג' י"ט אלול תק"ב. ב) ר' שמואל הילמן ההוגה בק"ק מנהיים וחותם פה ק"ק גלוגא רבתי בעוברי פה, מיום ד' ער"ח אלול, תק"ב. ג) הנהו תרי אשלי רברבי, האחד הרב זקן ויושב בישיבה כמוהר"ר מרדכי ראש ב"ד דק"ק ברלין, והשני...הרב כמוהר"ר הירץ דיין ומ"ץ דק"ק הנ"ל, מיום ג' י"ט טבת תק"ג. בהסכמה השלישית נאמר: "... כבר יצאה הוראה זו להיתר מן רבותינו קדמונינו להדפס בכל התפלות סדר **התיקון שבת** של האר"י זלה"ה. אף שהן רזין עילאין... התירו מפני תיקון עולם התחתון ועולמות עליונים. ובהם נמצא סדר לימודי משנה ומאמרי זוהר בענייני של שבת... אך סדר נכון למועדי רגלים לא נמצא בהם ... לכך קדם וזכה הרב... מוהר"ר שמואל טעשין... וליקט ואסף סדר לימוד מועדות... של כל מועד ומועד וקיבל על עצמו שלא יודפס שום כוונה מדעתיה וגם שלא לדמות מלתא למלתא אם לא שהיא מבוארת ומפורשת על אותו היום בדברי האר"י ז"ל, ובזה אי אפשר להגיע לנו שום נזק כי אף שלא יגיע הלימוד הזה לתיקון אותו היום... לא יזיק, כי הלא תורה היא...".

ספר "תקוני שבת"

חוץ מהוספת חלק "תיקון מועד" שהוא חלק חדש לגמרי[50] יש כאן גם כמה הוספות לחלק "תקוני שבת"[51], גם שלש הקדמות: א) הקדמה בכותרת: הקדמת המחבר. ב) הקדמה לשיר השירים בכותרת: ביאר דברי המחבר הרבני מהר"ש בסוד פסוקי שיר השירים שהמה קי"ח וטעם התחלקותם בכ"ד קשוטי כלה. ג) הקדמה לחלק "תקון מועד" בכותרת: ביאר דברי המחבר הרבני מהר"ש בענין גאולת מצרים.

מדברי המחבר בדף [נט]: "... וכל מי שיש בו יראת שמים ישתדל להיות לו בביתו ספר הנחמד "לב טוב" בל"א [= בלשון אשכנז] שיהיה רגיל לקרות בו ואז טוב לו בעולם הזה ובעולם הבא".

[19]

סדר **תקוני שבת** מאיש האלקים... כמוהר"ר יצחק לוריא אשכנזי זצוק"ל. ונוסף... סדר מוצאי שבת כאשר הובא מארץ הקדושה למדינתנו, ועוד נוסף זמירות שבת[52] ונקודות על כל התפלו' שבו ועל כ"ד פרקי שבת ועל מזמורי תהלים וספר יצירה. ועתה נתוסף בו עוד דיני הנהגו' ערב שבת ותפלי' הדלקת נרות לנשים[53] ודיני יין קדוש ודיני קדוש, ודברים אחרים אשר לא באו בראשונים עד הנה. במצות הגברים(!) כמ"ר **בני פואה** יצ"ו המדפיסים בשני בתי הדפום בראגאדינא ווינדראמינא. **בויניציאה**, שנת אשתחוה אל היכל קדשך ביראתך לפ"ק [= תקי"ט]. 115 דף. 24°. Nella Stamp. Bragadina.

---

[50] חלק "תקון מועד" זה, בלא החלק "תקוני שבת" נדפס עוד הפעם בטארנאפאל תקע"ג ונרשם ברשימת דפוסי טארנאפאל של א. מ. הברמן שנתפרסמה ב"עלים לביבליוגרפיה" שהו"ל הרב דוד פרענקיל ע"ה, שנה שניה, וויען תרצ"ה. יש להעיר שהמו"ל בדפוס טארנאפאל הוסיף איזה דברים שאינם בדפוס הראשון, אבל השמיט את הניקוד לפרקי המשניות, שבדפוס פרנקפורט דאדר כולם מנוקדים ובדפוס טארנאפאל רק פרקים בודדים מנוקדים והשאר בלא ניקוד. ח.ד.פרידברג שלא ידע מדפוס פרנקפורט דאדר זה כותב בספרו "תולדות הדפוס העברי בפולניא" בערך "טארנאפאל" שהדפוס הראשון של "תקון מועד" אינו ידוע.

[51] ההוספות לא נתקבלו על הצבור ולא נדפסו במהדורות אחרות.

[52] הכוונה לזמירות שאינן של האריז"ל.

[53] שתי תפלות, אחת לפני ההדלקה ושניה לאחריה. תפלות אלו בלשון הקדש נועדו רק לנשי הספרדים והאיטלקים אבל הנשים האשכנזיות במזרח אירופא היו להן, כידוע, "תחינות" ביידיש, לפני ההדלקה ולאחריה. תחינות אלו מצויות בכמה נוסחאות, ישנות וחדשות. היותר מצויות הן: זו של שרה בת־טובים המפורסמת (נכנסה ב"תחיה שלשה שערים") וזו שנכנסה בכל המהדורות של קובץ תחינות בשם "תחינות ובקשות", (בשינויי לשון וכתיב קלים, לפי זמן ומקום הדפוס). את זו שלפני ההדלקה הכנים ר' עזריאל מווילנא בסדור תפלה בשם "תפלה דרך שיח השדה" שהדפים בברלין בשנת תע"ג. בדברים שהקדים לתחינה זו הוא כותב שנתקבל כתב מירושלים שקבלה בידם בשם האריז"ל, שהנשים בשעת הדלקת הנרות יקראו תפלת חנה שמפטירין בראש השנה (בדבר זה אמנם כבר הקדימו השל"ה) ואחרי תפלת חנה (ולאחר הפרשת איזה סכום לצדקה, אפילו רק "פפעניג" אחד) יאמרו התחינה שהוא מדפיס בסדור זה. מהמשך לשונו אי־אפשר להסיק, אם גם התחינה נתקבלה מירושלים (והרי מצינו בשערי כמה תחינות שנתקבלו מירושלים או סתם מארץ ישראל) או שהוסיפה מדעתו והוא הוא מחברה או שמצאה מן המוכן והכניסה לסדור זה. על השפעת ארץ ישראל וגורי האריז"ל על ספרות התחינות ראה דברי ד"ר הצינברג בספרו "די געשיכטע פון דער ליטעראטור ביי יידן" כרך ששי פרק ט(בתרגום העברי - כרך ד). את התחנה אחרי ההדלקה מצאתי בסדור תפלה נוסח אשכנז שנדפס באמשטרדם תע"א, אבל אין זה דפוס הראשון. אלעזר שולמאן בספרו "שפת יהודית אשכנזית וספרותה" רושם: "מנורה" הוא אוסף תחנות שונות להדלקת הנר ועוד, מאת דוד בר' שמער זויגערש, פרנקפורט דמיין 1700. ועיין גם בספרו של יצחק ריבקינד "יידישע געלט", ערך 580.

[20]

סדר **תקוני שבת** מאיש האלקים... כמוהר"ר יצחק לוריא אשכנזי זצוק"ל. ונוסף... סדר מוצאי שבת כאשר הובא מארץ הקדושה למדינתנו. ועוד נוסף זמירות שבת ונקודות על כל התפלות שבו ועל כ"ד פרקי שבת ועל מזמורי תהלים. ועתה נתוסף בו עוד דיני הנהגות ערב שבת ותפלת הדלקת נרות לנשים ודיני יין לקדוש ודיני קדוש, ודברים אחרים אשר לא באו בראשונים עד הנה. בבית דפוס הרופא המובהק תמים דעים כמה"ר אליעזר שלמה מאיטליה יצ"ו. **מנטובה**, שנת אז **תצליח** את דרכיך [תקל"ט]. 138 דף. °16. Con Licenza de Superiori.

ספר יצירה נשמט. בקולופון: "על ידי הנצב על המלאכה **אבטליון** בכמ"ר **יצחק אבוהב** יצ"ו".

[21]

תקוני שבת מאיש האלקי...כמוהר"ר יצחק לוריא זצוק"ל, עם תוספת מרובה ודינים דשייכי לשבת, וערבית ומנחה לשבת ותפלות משערי ציון בסוף הספר ומאמרי הזוהר, וכוונות הרבה מספר **חמדת ימים** וזמירות ותפלות אחרות מיוחדות לשבת קדש, הכל יבא על מקומו כשלחן ערוך לפניך... ובמלאכת הדפוס כולה לא שלח זר את ידו כי אם בני ישראל למלאות רצון יושבי קושטאנטינה יר"ה[54]. **בויניציאה** שנת **ושמרו** בני ישראל את השבת לפ"ק [= תקנ"ב]. 97 דף. °16. Nella Stamparia Bragadina. Con Licenza de Superiori.

בקולופון: "על ידי הנצב על המלאכה מרדכי בכ"ר שלמה ציויטה ה"י". דף אחרון עמ ' א': פזמון לשבת, תחלתו: "ארץ ורום בהבראם" אקרוסטיכון: אני אברהם. עמ' אחרון באיטלקית מאת הבקורת. מהדורה זו נועדה לדוברי לאדינו ולכן רוב הדינים וההנהגות הם בלאדינו.

[22]

תקוני שבת מאיש האלקי... כמוהר"ר יצחק לוריא זצוקל"ל, עם הדינים, זמירות, תפלות, תקונים, כוונות, מאמרי הזהר, תקון מוצאי שבת ומזמורים... הכל יבא על מקומו כשלחן ערוך... **בויניציאה** בשנת זכור **ושמור** [= תקנ"ב] לפ"ק. 93 דף. °16. Nella Stamparia Bragadina. Con Licenza de Superiori- עמוד אחרון באיטלקית מאת הבקורת.

---

54 על פי משפט זה אני מניח שמהדורה זו נדפסה על ידי בני פואה, שכן רק בדפוסם מצאתי משפט זה ורק במהדורות "תקוני שבת" ולא בשאר ספרים. אפשר משום שספר זה הרי כל כולו הוא לקדושת שבת לכו הקפידו שלא יעסקו בו פועלים נכרים שכידוע היו עובדים גם בשבת.

[23]

ספר זכור ושמור **תקוני שבת** מאיש האלקי... כמוהר"ר יצחק לוריא... עם הדינים, זמירות, תפלות, תקונים, כוונות, מאמרי הזוהר, תקון מוצאי שבת, ומזמורים... בבית הדפוס גד בכ"ר יצחק פואה יצ"ו. **בויניציאה** בשנת **יזכרו וישבו** אל ה' לפרט קטן [תקס"ז]. 148 דף. °16.

[24]

ספר **תקוני שבת** קדש לה' כל כס"ף המתוק"ן ומקובל מפי **אריה** הארי זצ"ל דבר השוה לכל נפש שבטי ישראל. ורבו יתרה תוספת **ערבית ומנחה של שבת**. מנחה חדשה הובאה לבית הדפ"ס המהולל מיוסד בעיר הזאת **פיסא** באותיות אמשטרדם, בשנת צויתה פקדיך **לשמר** מאד לפ"ק [= תק"ע], על ידי הצעיר שמואל מולכו יצ"ו. 84 דף. °8.

[25]

ספר **תקוני שבת**... דבר השוה לכל נפש שבטי ישראל, ורבו יתרה הוספת **ערבית ומנחה של שבת** ויתן לך וחידושים אחרים... הובאה לבית הדפוס... בעיר הזאת **פיסא** באותיות **אמשטרדם** בשנת אות היא **לעולם** לפ"ק [= תקע"ז], על ידי צעירי המדפיסים שמואל מולכו ובניו הי"ו. 92 דף. °8.

ג. ספר "תקוני שבת" עם תרגום יהודית־אשכנזית

[26]

סדר תקוני שבת בלשון אשכנז מאיש האלקי...כמהר"ר יצחק לוריא אשכנזי זצ"ל. ונוסף... סדר מוצאי שבת וגם לרבות שנתחדש הפרקי' [כלומר: משניות מסכת שבת] עם נקודו' הכסף מנוקדים. גם זמירות של ר' יהודה החסיד[55], ועם תוספו' והנהגו' ישרו' אשר נהג... מוהר"ר יצחק לוריא זצ"ל בעצמו בכל מוצאי שבת אשר גנז וטמן אצל בני עלייה יחידי סגולה. ועתה יוציא לאורה להדפיס כדי לזכות הרבים. **בזולצבאך**. בבית ובדפוס המשובח כהר"ר משלם זלמן יצ"ו בן המנוח המפורסם מוהר"ר אהרן זצ"ל. בשנת תקכ"ב לפ"ק. 126 דף. 16°.

התרגום באותיות צו"ר, מאמרי הזהר באותיות רש"י. המשניות בניקוד. זמירות האריז"ל, הזמירות למוצאי שבת ומאמרי הזהר בלא תרגום. המתרגם: ר' שלמה זלמן לונדן.

מהקדמת המתרגם: "... איך (רוב ימי) האב פאר בראכט (בעבודת מלאכת הקודש) אונ ' האב פיל (ספרים) אין דער דרוק גבראכט אין(לשון הקודש וגם בלשון אשכנז)... (וכן כעת הזאת) האב איך ביפונדן דש דר (רוב עולם) אפילו גמייני (ב"ב [= בעלי־בתים] די קיין לומדים זיין אונ' לויפין די גאנצי וואך אום וועגן איר (פרנסה מחייה) צו זיין אירה ווייבר אוג' קינדר, אונ' דא דריבר קענין זיא וויניג לערנן דיא גאנצי וואך. (רק ביום שבת קודש) זיין זיא (עוסק בתורה) אונ' דז ערשטי איז דז זיא דען (תיקון שבת) גברויכן אלזו וואול אלז דיא לומדים... דרום אויך ח דער גמיינער מן... זאל פר שטין וואז ער זאגט... האב איך דען(תיקון שבת) אויף טייטש אין דער דרוק גבראכט... אונ' היר אין איין קליין ספר גשטעלט... כ"ד [= כה דברי] שלמה זלמן לונדן."

משניות מסכת שבת היא המסכת הראשונה שתורגמה לאידיש (חוץ מפרקי אבות שאינם אלא דברי מוסר), שכן הרבנים היו נגד תרגום דברי הלכה להמון העם. והרי דברי המסכימים להדפסת ספר "פרקי אבות" עם תרגום אידיש שנדפס באוסטרהא תקע"ו: "...ואם אמנם ע"פ הדת אין להעתיק לשון המשנה והגמרא מחמת שנשתנה המכוון על ידי העתיק. וגם הרב הגדול מורינו משה בן מיימני לא העתיק לשון המשנה רק כתב פירוש המשנה בלשון ערבי. ברם מן דין המס' הזאת אין בה שום הוראה כלל רק דברי מוסר לא יצאה שום מכשול אליבא דהלכתא מחמת ההעתיק ע"כ הטיבו אשר עשו...". אמנם שנים מבין החתומים על הסכמה זו חתומים על הסכמה למשניות מסכת שבת עם תרגום אידיש, שנדפסו

---

[55] הכוונה לזמר: יום שבתון אין לשכוח, שמראשי הבתים יוצא שם: יהודה. אבל שיר זה נכנס ב"דיואן" של ר' יהודה הלוי, מהדורת בראדי, ואם כן יש לתקן כאן במקום ר' יהודה החסיד— ר' יהודה הלוי. נוסח הבית השלישי והרביעי — כאן, כמו בכל מהדורות "תקוני שבת", שונה מהנוסח שב"דיואן".

שתי שנים אחרי כן, בשנת תקע"ח, באותה אוסטרהא (ראה להלן רשימה ד' מס' 31). מסתבר שמשום כבוד שבת דקילו.

משום התנגדות הרבנים לא הצליחו הנסיונות שנעשו בקניגסברג, בווארשא ובטשרנוביץ להדפיס תרגום אידיש לששה סדרי משנה, ויותר מחלק זרעים לא נדפס עד שנות השלשים למאה השביעית, כשעלה הדבר בידי המתרגם הידוע יעב"ץ, ומאז הותרה הרצועה. ועיין בהקדמתו של ר' יצחק מאלצאן לספר "זכרו תורת משה" לבעל חיי אדם, עם תרגום עברי־טייטש, שנדפס בווארשא תרנ"ח. יש בענין זה גם דין ודברים בספרי שו"ת.

ד. ספר "תקוני שבת" – חלקים

מתמיה קצת העובדה, שבין המהדורות הרבות של ספר "תקוני שבת" שנדפסו משנת ת' ואילך, במשך כמאתיים שנה, רושם ח. ד. פרידברג ב"בית עקד ספרים" רק אחת שנדפסה בפולין, אלעקסניץ תקכ"ו. (לא יכולתי להשיג מהדורה זו ואיני יודע מה טיבה אם היא שברשימת א' הנ"ל או חלק הזמירות בלבד מסוג מהדורות דלהלן ברשימה זו ותכוונו בעיקר להכניס בה שני דברים: "נעים זמירות ישראל", הוא פירושו של ר' ישראל סרוק על זמירות האריז"ל ו"מובחר שבאבות", פירוש על פי האריז"ל על פרקי אבות. שניהם נדפסו כאן לראשונה ולא נכנסו למהדורות אחרות של "תקוני שבת"). אין זאת אומרת שספר "תקוני שבת" לא נתקבל על יהודי פולין, אלא שיהודי פולין לא הדפיסו את כל הספר אלא קונטרסים קטנים מחלקים שונים לו. כגון: משניות מסכת שבת או משניות ושיר השירים יחדו, ובעיקר: זמירות ליום השבת ולמוצאי שבת: הכל לפי הזמן והמקום ולפי חשבנותיהם של המדפיסים והמולי"ם. הצד השוה שבהם הוא:

א. לכולם הוסיפו תרגום יהודי-אשכנזי.

ב. לא השתמשו בתרגומים ישנים אלא הזמינו תרגום חדש בלשון יהודית המדוברת בפולין.

ג. אפילו בתקופה אשר הא"ב של אותיות צו"ר היה עדיין מושל בכיפה בספרות יהודית-אשכנזית, הדפיסו תרגום זה באותיות מרובעות ומנוקדות. והרי דוגמאות מן התרגומים:

לא ישב אדם לפני הספר סמוך למנחה עד שיתפלל (משניות שבת פרק א')

תרגום ישן	תרגום חדש
איינר דארף זיך ניט לאזן שערן פון די זיבנט שעה אויף דען טאג אונ'וויטיטר דש איז איין שעה נאך מיטאג אונ'דש ווערט גזגט פון די גאנצה וואך דען ער זעלט קענן פר הינדרט ווערן דז די שער זעלט צו בראכן ווערן אודר דר גליכן דש ער זעלט עובר מנחה זיין דארום מוז ער ערשט אורן	אמענטש טאר זיך ניט זעצין פאר א גליר מען זל איהם אפ גלין אז עס איז נאהנט צו מנחה אהלבי שעה אפילו אום דר וואכין: ווארום טאמר ווערט די בריטווע צו בראכין אין מיטין גאלין, אונ איי מען וועט זי פר ריכטין וועט ער עובר מנחה זיין: וויא דען ער זאל פריר דאווינין.

אשת חיל מי ימצא ורחוק מפנינים מכרה (משלי לא, י)

תרגום ישן	תרגום חדש
איין בידר פרויא ווער קאן גפינן, כלומר ניט איטליכר איז דאז זוכה אונ' איר קפונג כלומר זי איז וואול מין ווערט וועדר גאלט.	איין פרימה אשה אונ איין בריה, ווער קאן זיא גיפינן אונ זיא איז וייט אונ טיירר פין גאלד אונ פעריל.

עובדות אלו אפשר— לעניות דעתי— להסביר קצת. אחרי גזירת ת״ח היה הדפוס העברי בפולין בכלל בשפל המצב, ומעטים מאד הספרים שנדפסו אז. וכשנתחדש— במחצית השניה למאה הי״ח— והתחיל להתפשט בפולין, כבר היה בתקפו הנוהג, להדפיס את "תקוני שבת" בין תפלות שבת בסידורי תפלה העבים (כלומר: גדולי הכמות, שנדפסו עם פירושים, דינים והנהגות וכל מיני תפלות ותהלים ועוד). כך, למשל, כותב המו״ל שנית ספר "תקון מועד": "וכבר נתפשטו בכל תפוצות ישראל להדפיס סדר תיקון שבת בכל הסידורים" (ולכן הוא הדפיס רק את "תקון מועד"), ולהדפיסם לחוד, כמו שנהגו בארצות המערב, היה בגדר מותרות ליהודי פולין שעניות גדולה שררה ביניהם אז. באותה תקופה גופה החל נפוץ בפולין הנוהג לסעוד סעודה שלישית של שבת וסעודה רביעית, וניגון "זמירות" בצוותא תפס מקום חשוב בסעודות אלו. מכיון שהשתתפו בהן "כל דכפין" היה ביניהם מספר גדול של "עמך'. הללו לא היו משתמשים בסידורים העבים וגם לא התענינו ב"תקוני שבת" כולם, אלא רובם התענינו רק ב"זמירות" ומיעוטם גם במשניות ושיר השירים, והן המה היו הלקוחות העיקריים של הקונטרסים הנ״ל שארשום להלן. מכיון שחלק גדול מהם לא הבינו לשון הקודש צירפו המדפיסים בשבילם גם תרגום יהודי־אשכנזי. קונטרסים אלו לא נועדו אלא לגברים, ועיין לעיל מס׳ 26 בהקדמת המתרגם רש״ז לונדן. והרי לגברים לא התאימה לשון התרגום הישן, שכן לשון זו, שנולדה בתקופה קדומה על אדמת אשכנז, נתיישנה וחדלה להיות שפת הדבור של יהודי פולין. היא נשארה — אם אפשר להתבטא כך — רק כשפה של הספרות היהודית־אשכנזית, שהיתה מיועדת בעיקר לנשים, ולא נהגו הגברים לקרוא בה. לכן הזמינו המדפיסים לחלקים אלו תרגום חדש, המתאים ללשון המדוברת בפי יהודי פולין. הגברים גם התקשו בקריאה באותיות צו״ר, שכן רק את הבנות הרגילו מילדותן באותיות אלו, ולכן הדפיסו את התרגום באותיות מרובעות ומנוקדות. דברים אלו אינם אלא השערות, עד שיבוא המומחה ויעיין ויחליט אם לקיימן או לדחותן.

ברשימה זו, כמו ברשימות הקודמות, אני רושם רק מהדורות שנזדמנו לידי ושיש לי מה להעיר עליהן או מהדורות שלא נרשמו ברשימת פרידברג.

[27]

ספר | **תקוני שבת** | בלשון קודש וגם הועתק מלשון | קודש על לשון לעז ובלשון צח ונקי | ובאותיות הקודש [= מרובעות] עם נקודות | למען יוכלו טף ונשים לקרות | וירוץ הקורא בו ויבינו טף ונשים | פירוש אות ואות מלשון הקודש. חמ״ד [לבוב ? זאלקווא ?] לפרט שבת המלכה לפ״ק [תק״ב]. 60 דף. °8.

השער מקושט בציור מס׳ 100 שבספרו של א. יערי "דגלי המדפיסים העבריים". בציור זה השתמשו מתחילה בדפוס זאלקווא ובמאוחר בדפוס לבוב. לפי מראהו החיצוני נדמה לי, שהוא דפוס מאוחר ואם כן הוא דפוס לבוב ותאריך תק״ב הוא מזויף או העתקה מדפוס קודם, שלא נזדמן לי לראותו.

מסביב למסגרת השער נדפסו שורות אלו: **אלי** מלאכות וואש דו תורה האט גיאסרת: אז מן טאר [בראש השער] דאם ניט טאן אום שבת: ווען איינר האט יוא גיטאן: איז דער דין אוב ער האט גיטאן בשוגג איז ער חייב איין [משמאל השער] קרבן חטאת: אונ אוב ער הט גיטאן במזיד נאר מען הט אים [בתחתית השער] ניט מתרה גיוועון איז ער חייב כרת. אוג אז מן הט אים יוא מתרה גוועון אוג ער הט פארט גיטן איז ער חייב סקילה [מימין השער].

מהדורה זו מכילה רק משניות מסכת שבת בלבד, ואם כן ודאי שלא נועדה לטף ונשים כנ"ל, ואין כאן אלא שיגרא דלישנא, שנהגו המדפיסים לכתוב על ספרים בלשון יהודית אשכנזית. אילולא דמיסתפינא, הייתי אומר שיש כאן גם הסוואה, שלא יתביישו עמי הארץ ויקנו, כאלו יקנו בשביל הטף והנשים.

[28]

זמירות של שבת עם פירוש **מטה יהודה** על כתב עברית [= אותיות מרובעות] ולשון אשכנז. חמ"ד [לבוב], בדפוס הרבני הנגיד מוהר"ר **חיים דוד** במוהר"ר **אהרן הלוי** סג"ל. בשנת תקמ"ו לפ"ק. 36 דף. 8°.

מהדורה זו מכילה רק זמירות של שבת ושל מוצאי שבת, חוץ מזמירות האריז"ל שנשמטו, מסתבר, משום שלא נתפרשו בספר "מטה יהודה". מהקדמת המביא לבית הדפוס שנדפסה מחציתה על השער ומחציתה מעבר לשער: "...זמירות ישראל, אשר זקנים עם נערים...ביום השבת... ובלילה... יתרועעו אף ישירו... אך לא רבים יחכמו להבין... ע"כ [= על כן]... וחיבר פי' מספיק וקרא שמו: מטה יהודה. לזאת עוררני לבבי לאמר: את המטה הזה תקח בידך אשר תעשה בו את אותות העתק על לשון אשכנז... ".

ספר "מטה יהודה" שחיבר המדקדק ר' ליב בר' שמואל אופנהיים מגלוגא רבתא, נדפס באופיבאך בשנת תפ"א. כאן אין הכוונה שתירגם את כל הפירוש "מטה יהודה" אלא רק פירוש המלות בלבד.

[29]

סדר | **שלום עליכם** | **ואתקינו סעודתא** | עם פירוש הגאון בעל מנחת יעקב | יען ראיתי בני עליה והמה מועטים ורבים מבקשים | לעלות והסולם נלקח מביניהם והנה הקרה ה' | לפנינו פירוש נחמד מהגאון בעל מנחת יעקב מפרש | בתרי אפין. פירוש אחד על פי נגלה ופירוש אחד | על פי סוד. ויען כי לא רבים יבינו סוד ה' ליראיו ועניי | הדעת מבקשים להבין אף דרך פשוט. והנה | ראינו שפירוש הנגלה הזאת הוא נתעלה מאד | מזמן קדמון. על כן אזרני כגבר חלצני[!] והעתקנו | אותו בלשון אשכנז כדי שיבין כל אחד בו | ובזכות זה ימלא הארץ דעה את ה' | ונעלה לציון ברנה אמן. חמו"ד [מינקאוויץ ? תקע"ז ?] [12] דף. 8°.

מכיל: שלום עליכם, רבון כל העולמים [רק עד: מלך תמים דרכו], אשת חיל, זמירות— רק של האריז"ל. אשת חיל ורבון כל העולמים בלא תרגום. פירוש "מנחת יעקב" נדפס גם המקור ובאותיות רש"י. בראשי העמודים: תקוני שבת.

מעבר לשער: "הסכמת הרב המאור הגאון הגדול החריף ובקי נ"י ע"ה, פ"ה [=נר ישראל, עמוד הימיני, פטיש החזק] אב"ד דק"ק מינקאוויץ והגליל יצ"ו: הנה בא אלי הרורני המופלא מוהר"ר מרדכי צבי בהרבני מוהר"ר שמחה[1] והראה לי העתקה בכתב אשר העתיק מה שכבר נדפס פירוש על אתקינו סעודתא ונקרא שמו מנחת יעקב ורוצה לזכות את הרבים לדפוס אותו הפירוש על לשון אשכנז בכדי שיבינו כל בני יעקב ויכינו מנחה לה'. והנה הגם שראיתי בכתב פירוש מהאריז"ל[2] ע"פ סוד גדול ראיתי בפירוש הנ"ל אשר הוא ע"פ נגלה ומנחה קטנה סמוך לגדולה[3]. וגם הראה לי הסכמה מהרב הגאון דק"ק טארנאפאל[4] על ספר הנקרא לקוטי שושנים ורצונו לדפוס אותו ג"כ[5] אך שהוא ירא ורך לבב ומורא עלה על ראשו שמא ימצא ח"ו איזה איש משיג גבולו ולגרום לו היזק, הנה הגם שכעת נתרבו הדפוסים אצל גדולי ונגידי עולם ובוודאי לא נחשדו ובפרט על דבר קטן כרך כזה ח"ו להשיג גבולו... אך מתיירא הוא מן איתן הפועלים התלמידים היוצאין שלא ברשות, לזאת הפציר בי להיות ידי תכון עמו וחלילה לשום אדם להיות ח"ו פורץ גדר ולדפוס בשום דפוס את הפירוש עם לשון אשכנז הנ"ל, גם הלקוטי שושנים הנ"ל משך שלשה שנים רצופים מיום דלמטה... היום יום ב' י"ב ימים בחודש כסליו שנת תקע"ז לפ"ק. כ"ד הקי יעקב קאפיל צבי בהרב מוה' יהודא ליב ז"ל".

[30]

---

1 שם משפחתו — בראנשטיין. הביא לבית הדפוס כמה ספרים, כולם או רובם חמו"ד וגרם כאב ראש לביבליוגרפים שמוכרחים לנחש מתי והיכן נדפסו. על הגדה של פסח אחת שהדפיס כתב את שמו: אני הקטן רמ"צ במ"ש חרי"ח. על פי הגדות אחרות שהדפיס, שבהן כתב את שמו במפורש, ניתן לפענח שם זה שהוא: ר' מרדכי צבי במהור"ר שמחה חתן ר' יואל חסיד, וכך הוא חותם: מרדכי צבי בראנשטיין מזלאטשיב חתן המנוח מוהר"ר יואל חסיד מזלאטשוב בן מוהר"ר שמחה בעציש מזבאריז נין ונכד... מוה"ר יחיאל מיכל אשר היה נקרא ר' מיכל בעטציש מזבאריז.

2 לא ברור לאיזה פירוש התכוון. פירושו של ר' ישראל סרוק כבר היה אז בדפוס.

3 כלומר: הפירוש מנחת יעקב הקצר ע"פ נגלה נדפס יחד עם הפירוש מנחת יעקב הארוך ע"פ סוד.

4 ר' יהושע באב"ד, מחבר שו"ת יהושע.

5 הכוונה לספר "לקוטי שושנים" לר' שמשון מאוסטראפאל. מכיון שדברים אלו נכתבו בשנת תקע"ז וספר "לקוטי שושנים" עדיין לא נדפס, אם כן ודאי שטעה ח. ד. פרידברג, שכתב ב"בית עקד ספרים" שספר זה נדפס בשנת תקע"ג בטארנאפאל (ב"תולדות הדפוס העברי בפולניא" כתב: תקע"ד), ולא עוד אלא שלא נדפס בכלל טארנאפאל, שהרי בשנת תקע"ז כבר חדל הדפוס בטארנאפאל להתקיים. לפי טופס ממהדורה זו, היא חמו"ד, ולדעתי נדפסה בזאלקווא או בלבוב בעשור הראשון למאה השביעית. טעות זו בודאי יצאה מזה, שהסכמת הרב מטארנאפאל ניתנה בשנת תקע"ג ובה כתוב שר' מרדכי צבי "נשא לבו לקרב הספרים דללו לבית הדפוס פה קהלתינו". הכוונה גם לספרים: "אגרת תימן" ו"הפדות והפורקן". את שני הספרים הנ"ל לא הדפים כלל, ובהסכמת הרב דמינקאוויץ אפילו לא נזכרו. במאמרי "לעגענדע און אמת וועגן די חסידישע דרוקערייען" (ייווא בלעטער כרך 34) הסתמכתי על דברי פרידברג, שהדפיסו בטארנאפאל ספר "לקוטי שושנים" שהוא ספר בקבלה, והסקתי מכאן, שמלחמת המשכילים נגד הקבלה לא היתה בתקיפות כל כך כמו נגד החסידות, שכן יוסף פעריל מתפאר ב"מגלה טמירין" שבטארנאפאל לא הדפיסו ספרי חסידות, ואף על פי כן הדפיסו ספר "לקוטי שושנים". דברי אמנם שם בתקפם עומדים, שכן הדפיסו שם גם ספר "תקון מועד" הנ"ל וספר "שערי ציון" שגם הם ספרי קבלה.

זמירות | **של שבת** | עם פירוש מטה יהודה על כתב עברית | ולשון אשכנז: | יען וביען כי לא רבים יחכמו. להבין דגלי | משבצותיהם כי בשוט לשון החבאו ודרכי] השיר לא דרכו ברגליהם. על כן קם שבט מיהודה | ועל מאורת צפוני שירות אלה ידו הדדה. וחיבור | פירוש מספיק וקרא שמו **מטה יהודה** לזאת | עוררנו לבבי לאמר את המטה | יהודה הזה תקח בידך אשר תעשה בו את | אותות העתק על לשון אשכנז | אשר אנשים באות מאירות אותם. וכל אחד ירווה | צמאונו ולא יבשל | בלשונו. חמו"ד, [מינקאוויץ? תקע"ז?], [24] דף. °8.

מכיל רק זמירות, אבל לא של האריז"ל. נשמטו הזמירות: מה יפית; יום שבת קודש; יה רבון עלמין; שמרו שבתותי. התרגום הוא אותו הנ"ל מס' 28, בשינויים קלים בלשון ובכתיב.

[31]

ספר **תקוני שבת**. תקוני שבת בלשון קודש וגם הועתק מלשון קודש על לשון לעז בלשון צח ונקי ובאותיות הקודש עם נקודות למען יוכלו טף ונשים לקרות וירוץ הקורא בו ויבינו טף ונשים פירוש אות ואות מלשון הקודש: גם אלה לחכמים יבינו כי לא כגוים... על ידי הרבני מוהר"ר **אליעזר פייבול** במוה' משה אייזין בארג מאוסטרהא. **באוסטרהא**. תחת ממשלת אדוננו הקיסר אווסע פריסויטלוישי דערזאווינישא ווליקי האסידאר אימפראטר **אלעקסנדר פאוולאוויטש** סאמיע דערזיטש אווסע ראסיסקי האסידאר אווסע מילעסטיוושיע יר"ה. לפרט אל **יצא** איש ממקומו **ביום השביעי** לפ"ק [תקע"ח]. 68 דף. °8.

מכיל רק משניות מסכת שבת ושיר השירים. התרגום רק על משניות. המשניות בניקוד. התרגום הוא הנ"ל מס' 27 בשינויי כתיב קלים.

מעבר לשער: "הסכמות. ה"ה הרבני הנגיד מוה' אליעזר פייבול במוה' משה הראה לפנינו דבר חדש אשר לא היה לעולמים [!] תקוני שבת עם פירוש מספיק בלשון אשכנז בכתב אשורית ובנקודות הכסף למען ירוץ כל קורא בו ורוצה להעלות על משבח הדפום כדי לרוות צמאון המשתוקקים לזה והוא טרח ויגע בעצמו על זה אך חרד... בחרדה המסלקת הדמים פן יבא אחר וישיג את גבולו על כן אנחנו ב"ד הח"מ מסכימים על זה וגזרנו... שחלילה לשום אדם מבני עמינו בני ישראל להדפיס התקוני שבת עם פי' בלשון אשכנז בכתב אשורית במתכונתו ושלא במתכונתו לא בהוספה ולא בהגרעה ולא בתוספות איזה פירוש לא בפני עצמו ולא לחבר עם סידור או עם ספר אחר... בלי שום תחבולה וערמה על משך ארבעה שנים מיום כלות הדפוס... היום יום ה' שמיני יוד אדר שני תקע"ח: נאום אריה ליב במוהר"ר חיים הלוי. ונאום הקטן אברהם במוהר"ר יצחק: ונאום יהודה ליב במוהר"ר מתתיהו זללה"ה". אח"כ: "הקדמה. אלי מלאכות..."[6].

---

[6] כאן בא כל הנוסח שבמס' 27 הנ"ל נדפס על השער מארבע רוחותיו.

[32]

סדר **אתקינו סעודתא** עם פירוש הגאון בעל מנחת יעקב. יען ראיתי בני עליה והמה מועטים ורבים [מ]בקשים לעלות והסולם נלקח מביניהם. והנה הקרה ה' לפנינו פירוש נחמד מהגאו' בעל מנחת יעקב מפרש בתרי אפין פירוש אחד על פי נגלה ופירוש אחד ע"פ סוד. ויען כי לא רבים יבינו סוד ה' ליראיו ובני עמינו מבקשים להבין אף דרך פשוט. והנה ראינו שפירוש הנגלה הזאת הוא נתעלה מאד מזמן קדמון. על כן אורנו כגבר חלצנו והעתקנו אותו בלשון אשכנז כדי שיבין כל אחד בו Lemberg Gedruckt in der Matfesischen Buch druckerei mit Erlaubniss der Censur. בשנת **תקע"ח** לפ"ק. 12 דף. 8°.

מעבר לשער הסכמת הרב דמינקאוויץ שבמס' 29 הנ"ל. מכיון שאותה הסכמה ניתנה בשנת תקע"ז למשך שלש שנים, והמדפיס מהדורה זו לא היסס להעמיד את מקום ושנת הדפוס ואת שם המדפים, מסתבר שהמו"ל של מס' 28 הנ"ל הוא הוא שהביא לבית הדפוס גם מהדורה זו. מהדורה זו מכילה: שלום עליכם ורבון כל העולמים [רק עד: מלך תמים דרכו] בלא תרגום, אשת חיל וזמירות האריז"ל עם תרגום. חוץ מזמירות האריז"ל נוסף כאן הזמר: חי ה' וברוך צורי. המקור של פירוש מנחת יעקב— באותיות רש"י.

[33]

סדר **אתקינו סעודתא** עם פי' הגאון בעל מנחת יעקב. יען ראיתי בני עליה וכו' [כנ"ל מס' 32]. חמ"ד, [הרובישוב][7], תקע"ט לפ"ק. 12 דף. 8°.

מכיל: שלום עליכם ואשת חיל, זמירות האריז"ל וזמר "חי ה' וברוך צורי" (זמר זה בלא תרגום). המקור של פירוש מנחת יעקב — באותיות רש"י ובקצת השמטות.

[34]

סדר **אתקינו סעודתא.** נעתק מהסידור בלשון אשכנז, עם פירוש הגאון בעל **מנחת יעקב**. יען ראיתי בני עליה והמה מועטים ורבים מבקשים לעלות והסולם נלקח מביניהם, והנה הקרה ה' לפנינו פירוש נחמד מהגאון בעל **מנחת יעקב** והנה ראינו שהפירוש הזה הוא נתעלה מאוד מזמן קדמון על כן אזרנו כגבר חלציו והעתקנו אותו בלשון אשכנז כדי שיבין כל אחד בו...ברשיון הצענזור. **ווארשא**, בדפוס של הרב מוה' דוד שקלאווער נ"י בשנת **מנחת** יעקב לפ"ק [תקצ"ח]. w Warszawie דאם איז צו בקומין אצל ר' נתנאל דוד אוף דעם גרזובאו. 20 דף. 16°.

---

[7] על השער קישוט מס' 2 שב"תולדות הדכום העברי בפולניא" מהדורה ראשונה, שהשתמשו בו בהרובישוב.

מכיל: שלום עליכם ורבון כל העולמים [כולו] בלא תרגום. אשת חיל וזמירות האריז"ל עם תרגום. נוסף הזמר: חי ה' וברוך צורי בלא תרגום. המקור של פירוש מנחת יעקב— באותיות רש"י. התרגום הוא זה של מס' 32 הנ"ל.

[35]

סדר **זמירות של שבת**. נעתק מהסידור בלשון אשכנז. שמעו נא המאורים. ישראל אשר בך מתפארים. נעים זמירות ישראל. אשר זקנים עם נערים נושאים אלומות רנן ומזמרים. ולא רבים יחכמו. להבין אופן ענייניהם. על כן העתקנו על לשון אשכנזי. אשר אנשים ונשים באות מאירות אותם ומעירות לבביהם. וכל אחד ירווה צמאונו. ולא יכשל בלשונו: לזאת אחלי מאת אחב"י אבות ובנים. אתם תהיו לי ממלכת קונים. לרצות ברצים כסף שונים. בזכות זה תעלו לציון ברננים. ברשיון הצענזור. **ווארשא**, בדפוס של הרב מוה' דוד שקלאווער נ"י. בשנת מנחת יעקב לפ"ק [תקצ"ח]. wWarszawie דאס איז צו בקומין אצל ר' נתנאל דוד אוף דעם גרזיבאו. 46 דף. 16°.

מכיל: כל הזמירות לשבת [חוץ משל האריז"ל] ולמוצאי שבת. נוסף עליהם: ידיד נפש; אל מסתתר בשפריר חביון, ותפלה למוצאי שבת המתחלת: רבונו של עולם אדון כל העולמים, שלשתם בלא תרגום.

[36]

זמירות של שבת ואתקינו סעודתא. עם פירוש **מטה יהודה** בל"א [= בלשון אשכנז]. דא שטייען אלע זמירות פון שבת אויף גרויסי אותיות מיט איץ שיין פירוש אויף עברי טייטש. אין מיר האבין צונד נאך מוסיף גוועזן דעם אתקינו סעודתא פון יעדע סעודה אין דעם קידוש פון שבת. לבוב, תרי"א לפ"ק. Lemberg, Gedruckt bei Joseph Schneider, 1851 [36] דף. 8°.

מכיל כל הזמירות לשבת ולמוצאי שבת. התרגום גם לזמירות האריז"ל. מ"בני היכלא", "אמר ה' ליעקב" ו"חי ה' וברוך צורי" נשמט התרגום.

[37]

סדר **תקוני שבת** עם שיר השירים. גם האבן מיר דאם געדרוקט אויף עברי דייטש כדי עם זאלין פר שטיין, גרויס אונ קליין. גם הוספנו בו היהי רצון לאחר שיר השירים. **ווארשא**, [תרי"ח] Tykune Szabas w Warszawie 1858 w. Drukarni J. Lebensohna. [58] דף. 8°.

רשיון הצנזורה מיום (22) 10 ליפעץ [=יולי], הצנזור י. טוגענדהאלד. מכיל רק שיר השירים ומשניות מסכת שבת. שיר השירים בלא תרגום, ומשולב בין פרקי המשניות. התרגום הוא חוץ משינויים קלים בלשון ובכתיב זהה למס' 27 ו־ 31 הנ"ל.

[38]

סדר **תקוני שבת** עם שיר השירים. גם האבן מיר דאס גדרוקט אויף עברי דייטש כדי עם זאלן פר שטיין גרויס אוב קליין. גם הוספנו יהי רצון אחר שיר השירים. **ווארשא**, [תרי"ט]. Tykune Szabas, w Warszawa w Drukarni H. 1959 [Bomberg] [60] דף. °8.

רשיון דצנזורה מיום (16) 4 גרודזיען [=דעצעמבער] 1858. הצנזור י. טוגענדהאלד. מכיל רק משניות מסכת שבת ושיר השירים משולבים יחדו. שיר השירים בלא תרגום. התרגום למשניות זהה לתרגום שבמס' 37, חוץ משינויי כתיב קלים. בתחתית השער: דיזע תיקוני שבת אויך אללער האנט ספרים נייע אוג אלטע איז צו בעקומן בסקלאד של הנגיד מ"ה' מענדל מענדלסאהן ברחוב פראנצישקאנר בחצר ר' אברהם יוסיל נומר 1816.

[39]

סדר **זמירות ליום השבת** ולמוצאי שבת. מתורגם ומבואר לכבוד הבורא יתברך שמו ולכבוד אנשי סגולתו מחברי הזמירות הן הם ראשי אלפי ישראל שכל בית ישראל נשען עליהם וצדקתם עומדת לעד בסדור התפלות של האבות אנשי כנסת הגדולה אשר בין שורותם שירות ושבחות שלהם יצהירו ויזהירו על כבוד ועונג שבת שכל המקיימו כאלו קיים כל התורה כולה. ממני הקטן **מאיר** במה"ו **בענדיט גאמפערץ** זצ"ל מו"ושבי ק"ק פרעסבורג יע"א. **פרעסבורג**, דרוק פאן **היינריך זיעבער** (פארמאלס שמיד), שנת **כת"ר** לפ"ק. 26 דף. °16. אותיות מרובעות, רש"י וצו"ר.

מכיל: זמירות של שבת ומוצאי שבת (חוץ משל האריז"ל) עם תרגום גרמני באותיות צו"ר ועם הערות, מקצתן בגרמנית באותיות צו"ר ומקצתן בלשון הקודש באותיות רש"י. בסופו הערה לזמר לחנוכה "מעוז צור" שבה נאמר שבסידורים החדשים שינו את החרוז: "כרות קמי בראש בקש אגגי בן המדתא" והדפיסו: כרות קומת ברוש. המחבר מסביר שהנוסח הישן הוא הנכון. מזמירות למוצאי שבת נשמטו הללו: חדש ששוני; אגיל ואשמח; אלקים יסעדנו; אלי חיש גואלי; אמר ה' ליעקב; המבדיל בין קדש לחול.

מעבר לשער: הרימותי ידי לקנות בכסף מלא מחברתו של הרבני המופלג בתורה ויראה המושלם כמהו' מאיר גאמפערץ נ"י... הק' אברהם שמואל בנימין בהג' מהרמ"ס [מורנו הרב משה סופר] ז"ל. והיי כי יבצע השם את מחברת הנ"ל לא אחשוך גם אנכי לקחת אותו במחיר כסף... הק' נטל וואלף. גם אנכי לא אמנע א"ע מלקחת מיד הרב המחבר הנ"ל ספר אחד... הק' משה ליב ליטש דיין ומורה פה ק"ק הנ"ל.—בקולופון: Heinrich Sieber's Buchdruckerei (vorm. Schmid) in Presburg 1859.

[40]

סדר **זמירות ליום שבת קודש** והוספנו גם **אתקינו סעודתא** עם פירושי הגאון בעל מנחת יעקב על להי"ק [= לשון הקודש] ועברי טייטש. יען ראיתי בני עליה וכו' [כל הנוסח דלעיל מס' 32]. Zmirot, Lemberg 1864. Druk und Verlag I. M. Stand, [תרכ"ד], [34] דף. °8.

מכיל: שלום עליכם ורבון כל העולמים [כולו] בלא תרגום. אשת חיל עם תרגום. זמירות האריז"ל עם פי' מנחת יעקב [באותיות רש"י] ועם תרגום. כל שאר הזמירות עם תרגום חוץ מ"חי ה' וברוך צורי".

[41]

סדר **זמירות של שבת** עם **אתקינו סעודתא** מהאר"י ז"ל עם פירוש הגאון בעל מנחת יעקב. יען ראינו בני עליה וכו' [כל הנוסח דלעיל מס' 34]. **קעניגסבערג** [צ"ל: ווארשא[8]], שנת תרכ"ז לפ"ק. 46 דף. °16.

מכיל: שלום עליכם ורבון כל העולמים כולו בלא תרגום. אשת חיל עם תרגום. מאמר הזהר מנוקד ובלא תרגום. זמירות האריז"ל עם פי' מנחת יעקב ועם תרגום. שאר הזמירות (בהשמטת זמר: מה יפית, (מקור ותרגום), ובהשמטת התרגום לזמר: איש חסיד היה ול"אמר ה' ליעקב" ול"חי ה' וברוך צורי") עם תרגום. נוסף עליהם: ידיד נפש, אל מסתתר בשפריר חביון, שניהם בלא תרגום.

[42]

סדר **זמירות של שבת ומוצאי שבת.** עם עברי טייטש. אויר האבן מיר דא גישטעלט שלום עליכם אוג אתקינו סעודתא פון דעם ר"י הקדוש אוג אלי זמירות אוף עברי טייטש. בזכות זה וועלין מיר זוכה זיין לגאולה שלמה. אמן. בדפוס המשובח והמפואר של השותפים הרבני הנגיד מהו' יעקב בר' שלמה נ"י הערשענהארן, והרבני הנגיד מהו' משה נ"י שניידמעסיר, **בלובלין**, בשנת תרל"ד לפ"ק. 1874. 16 דף. °8. רשיון הצנזורה ניתן בקיוב ביום 20 לאוקטובר 1874.

מכיל: שלום עליכם, רבון כל העולמים (כולו) ואשת חיל, בלא תרגום. הזמירות עם תרגום חוץ מאלו: מה יפית, שמרו שבתותי, אדיר איום, איש חסיד היה, אמר ה' ליעקב. התפלה: רבון העולמים למוצאי שבת — בלא תרגום.

---

[8] מכמה טעמים נהגו מדפיסי ווארשא להעלים לפעמים את שם ווארשא בשער ולהדפיס שם עיר בחוץ לארץ, כגון: קניגסברג, טשרנוביץ, פרסבורג, וזין, לבוב ועוד, ומשום זה נכנסו כמה דפוסי ווארשא ברשימת "הדפוס העברי בפרסבורג" שנתפרסמה ב"קרית-ספר" ל"א ול"ג. אבל הרגיל בדפוסי ווארשא יכירם בטביעת עין.

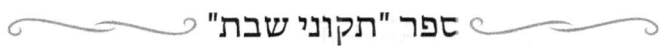

[43]

סדר **זמירות של שבת ומוצאי שבת**. עם עברי טייטש. אויך האבון מור דא גושטעלט שלום עליכם או: אתקינו סעודתא פון דעם ר"י הקדוש אונ אלו זמירות אוף עברי טייטש. ב־כות זה וועלון מור זוכה זיין לגאולה שלמה. אמן. **לעמבערג**, בדפוס של ה"ה וכו' מוה' יעקב משולם ניק נ"י, [תר"מ], Zemiras. M. Nik. Lemberg . [Druck des U.w. Salat et J. 16] 1880 דף. °8.

מכיל: שלום עליכם, רבון כל העולמים [כולו], אשת חיל וקידוש לליל שבת בלא תרגום. הזמירות בתרגום אבל השמיט את התרגום מחלק גדול מהם. מה ידידות, מה יפית, יה רבון עלמין, אסדר לסעודתא, חי ה' וברוך צורי, כי אשמרה שבת, שמרו שבתותי, דרור יקרא, אדיר איום ונורא, איש חסיד היה, אמר ה' ליעקב. התפלה למוצאי שבת גם היא בלא תרגום.

[44]

סדר **זמירות של שבת ומוצאי שבת** וכו' [כמו במס' 42]. בדפוס של השותפים: הרבני הנגיד מוה' משה נ"י שניידמעסער והנגידה האלמנה מרת נחמה תי' אשת המנוח ה"ר יעקב ז"ל הערשענהארן, **בלובלין**, שנת **תרנ"ה לפ"ק**. 1895. [17] דף. °8. דפוס סטיריאוט־פי ממס' 42.

על השער רשום בכתב שמהדורה זו נדפסה בחמשת אלפים טפסים.

[45]

מבחר פנינים **תענוג שבת**. ביר האבען געשטעלט אלע זמירות פון שבת בייטאג ותקוני שבת און אלע דינים פון שבת. מנחה לשבת, ברכי נפשי, ט"ו שיר המעלות ופרקי אבות מיט פיעל טייערע פירושים. אין די הייליגע פירושים געפינען זיו בעריהמטע משלים פון אגדות וילקוטים און פון ספרים הקדושים. אלעס אויף עברי טייטש, כדי יעדער מענטש זאל פארשטיין די אלע זאכען און זיך אב לערנען גוטע מדות. **לובלין**, דרוק געבר. **פעדער** בני הר' הג' **אברהם פעדער** ז"ל, שנת "**ותענוגיב מהאדם**" לפ"ק [תרע"ה], 1914. [1], קנ־קנט, [11], קכב־קכג, [2], יח, [3], [1] דף. °16. דפוס סטיריאוטיפי מחלקים שונים של סידור תפלה.

ספר "תיקוני שבת" (מילואים)

(מילואים לרשימת ליברמן, קרית ספר ל"ח 414-401, ל"ט 116-109)

מאת י. יוסף כהן

עשרים המהדורות של ס׳ תיקוני שבת הרשומות להלן, מצויות בגנזי בית-הספרים הלאומי והאוניברסיטאי בירושלים. כולן היו למראה עיני הרושם. כמובן שגם עם מילואים אלה רחוקה הרשימה ממיצוי. לפני רישום ההוספות לרשימת ר׳ חיים ליברמן, ברצוני להעיר כמה הערות.

א. את מהדורת פראג [תי״א ?] (מס׳ 1 ברשימת ליברמן) חיפש ר״ח ליברמן בחמש ספריות, יהודיות ולא-יהודיות, אולם לבית-הספרים הלאומי והאוניברסיטאי בירושלים לא פנה. ואכן נמצא ספר זה בבית-הספרים זה כמעט שלושים שנה.

ב. בירורו של ר״ח ליברמן בענין שנת הדפסת המהדורה הנזכרת של "תיקוני שבת" מפגין אמנם בפנינו חריפות ובקיאות ביבליוגרפית, שכל חובב ספר עברי יחנה ממנה כשלעצמה. אולם הבירור הוא בחינת "משנה שאינה צריכה". הרי ההגיון הפשוט אומר שיש לבחור בתאריך המאוחר יותר. ואמנם מקטלג הספר בבית-הספרים הלאומי והאוניברסיטאי רשם לכתחילה עוד בשנת תרצ״ו את שנת תי״א כשנת הופעת הספר (למען הזהירות הוסיף סימן שאלה בעפרון) מבלי להזקק להוכחות כבדות-המשקל שהרב ליברמן טרח להביא. שתי ההסכמות בלבד, שתאריך כתיבתן תי״א, יש בהן די והותר לגלות את טעות הביבליוגרפים שר״ח ליברמן מזכיר במאמרו.

ג. לא עמדתי על סוף דעתו של ר״ח ליברמן בקביעת מסגרתה של רשימתו. אף אם נתחשב בדבריו: "ארשום רק כמה מהדורות שנזדמנו לידי ושיש לי מה להעיר עליהן, או מהדורות החסרות ברשימת פרידברג", עדיין איננו יודעים למה רשם מהדורות המכילות רק זמירות לשבת, ושאין בינן לבין "תיקוני שבת" אלא קשר רופף בלבד. לא אבין איפוא לשם מה נרשמו חמש עשרה המהדורות שבמספרים 28-30, 32-36, 39-45. מפני מה נרשמו אלה ונשמטו עשרות רבות אחרות? הרי עיקרם של ה"תיקוני שבת" הם פרקי שיר השירים כשבהם משולבות משניות מסכת שבת ובמהדורות מאוחרות נוספו גם מאמרי זוהר לשלוש הסעודות. אולם זמירות לשבת (בין שחוברו בידי האר״י ז״ל בין בידי זולתו) גרידא בלי התיקונים ישנם עשרות רבות בבית-הספרים הלאומי והאוניברסיטאי בלבד. ר״ח ליברמן פתח ב"תיקוני שבת" וסיים בזמירות לשבת.

מכל מקום, ברשימה דלהלן לא הכללתי אלא "תיקוני שבת" ממש, הכוללים את שיר השירים ומשניות שבת כחוט השדרה של הספר. כמובן שציינתי את

הפרפראות שנלוו אל התיקונים ושנוספו לנוחיות המשתמש, מהדורה-מהדורה לפי טעמו של המדפיס או דמו"ל, ולפיכך משתנים הדברים הנוספים ממהדורה למהדורה. גם מהדורות של 'תיקוני שבת" הכוללות תפילות מעריב ומנחה לשבת כללתי. אבל לא רשמתי את אלה שיש בהן גם תפלת שחרית ומוסף, אף אם השם "תיקוני שבת" נקרא עליהן, כי אלה חורגות מסוג זה והן למעשה בגדר של סידורי תפילה מיוחדים לשבת.

[1]

תיקוני שבת מאיש האלקי קדוש יאמר לו... כמהר"ר יצחק לוריא אשכנזי ז"ל. ונוסף... סדר מוצאי שבת תיקן [!] ליל שבועות וליל הושענא רבה כולם יחדיו תמים מאירים לארץ ולדרים על מאורו וזיוו. הביאו אל הדפום מלאכת הקודי' כמהר"ר יהודי' בן הגאון מהר"ר דוד הכהן ז"ל ה"ה אשכנזי מתושבי עיר בודו"ן. פה **קראקא** נדפס על ידי האחים אשר הוקם [!] הדפוס אביהם הזקן יצחק בן החבר ר' אהרן ז"ל מק"ק פרוסטיץ. [שע"ג ?].[20] דף. 18 ס"מ.

שטיינשניידר ברשימת הבודוליאנה רושם: [1614-1612], כלומר בין שע"ב לתחילת שנת שע"ה (מס' 3098). טעמו של שטיינשניידר לגבי סוף זמן ההדפסה הוא, לפי שמצא טופס של הספר בספריה הקיסרית בווינה, ועליו רשם בעליו, ר' שמשון ב"ר דוד, את התאריך כט כסלו שע"ה, היינו סוף 1614 (כנראה תאריך רכישת הספר ע"י בעליו). טעמו ונמוקו של שטיינשניידר לגבי 1612=שע"ב כתחילת התאריך המשוער של הדפסת "תיקוני שבת" אינו ידוע לי. לדעתי אפשר לצמצם את אפשרות הדפסת הספר בין התאריכים יד כסלו שע"ג—כט כסלו שע"ה. לפי פרידברג, תולדות הדפוס העברי בקראקא (קראקא תר"ס), עמ' 19, ותולדות הדפוס העברי בפולניה (מהד' ב), עמ' 21, עזב המדפיס ר' יצחק בן אהרן מפרוסטיץ את קראקא וחזר לעיר מולדתו פרוסטיץ בשנת שס"ב, ובית-הדפוס בקראקא נוהל על-ידי בניו. בדקתי את שעריהם של 14 ספרים שנדפסו בקראקא משגת שס"ב, בה עזב ר' יצחק המדפיס את קראקא, עד שנת שע"ז, כחמש שנים לאחר פטירת המדפיס ר' יצחק. הוא נפטר ביום יד כסלו שע"ג, כפי שנדפס בפירוש בשעריהם של "עין ישראל" ו"בית ישראל" [=עין יעקב], שנדפסו בקראקא שע"ג. והנה מצאתי שבכל שערי הספרים שנדפסו לפני פטירתו של ר' יצחק המדפיס נזכר שמו בלבד על הדפוס, אעפ"י שכאמור כבר לא פעל בקראקא; ואילו בשערי הספרים שנדפסו לאחר פטירתו נמצא: "נדפס על ידי האחים

ספר "תקוני שבת"

בדפוס אשר הוקם אביהם הזקן יצחק בן אהרן ז"ל" או נוסח דומה[1]. מנוסח השער של "תיקוני שבת" יוצא איפוא ברור שנדפס כבר לאחר מותו של ר' יצחק.

אולם אני נוטה לצמצם עוד יותר את זמן ההדפסה ולהעמידו על שנת שע"ג, כלומר זמן מועט לאחר פטירת ר' יצחק. בין כל הספרים שבדקתי לא מצאתי מסגרת-שער דומה לזו של "תיקוני שבת" (ענפים עבותים טעוני פירות שונים המטפסים משני צדי השער ונפגשים במרכזו למעלה, כשהם נתמכים בידי אשה מצד ימין ובידי גבר מצד שמאל) אלא בספר "בדק הבית" לר' יוסף קארו. בשער ספר זה נדפס: "ע"י יצחק בן החבר ר' אהרן ז"ל", היינו שהוא נדפס בחייו של ר' יצחק כאמור. כיוון שהמסגרות שנדפסו בשעריהם של בדק הבית — לפני מות ר' יצחק — ושל ס' תיקוני שבת — לאחר מותו — זהות הן, מותר אולי להניח ששני הספרים נדפסו בפרקי-זמן לא מרוחקים זה מזה. נמצאנו למדים — אם השערתי נכונה — ש"בדק הבית" נדפס זמן קצר לפני פטירת ר' יצחק, היינו בסוף שע"ב או תחילת שע"ג[2], ו"תיקוני שבת" מיד לאחר פטירתו, אחרי כסלו שע"ג. אליבא דפרידברג בבית-עקד, נדפס ס' תיקוני שבת בשנת שע"ד ואילו בתולדות הדפוס העברי בפולניה (עט' 23) בתחילת שע"ב.

מעבר לשער נדפסה הקדמת המביא לבית הדפוס, ר' יהודה ב"ר דוד הכהן זלה"ה מתושבי עיר בודון. הוא כותב בין השאר: "כאשר הייתי בימי חרפי פי ולבי שוים לתור בחכמת האלקות... על כן נחה שקטה רוחי בקרבי... לקרבה אל המלאכה מלאכת הקודש... בהילולא דמטרנותא שבת מלכתא ה"ה החיבור הקדוש הנקרא בפה כל חי תקון שבת... כי הקרה ואנה יי' לחי מגדולי עולם... שפוני טמוני חכמות וסודות אשר אסף בחפניו...רוח חכמה ובינה רוח דעת ויראת יי' הוא אוצרו... כמהר"ר יצחק לוריא אשכנזי ז"ל ה"ה... ומצרף לזה ככסף צרוף דברים עתיקים נלקטים צו לצו קו לקו ממקובלים ראשוניים אנשי השם ואחרונים". מדברים אלה נראה שהיה בדעת המביא לבית הדפוס להדפיס גם כוונות לתפילות ופירושים בדרך הקבלה, אולם לא הדפיסם מחמת התנגדות חכמי קראקא, כפי שהוא כותב בהמשך הקדמתו: "ועתה כי הקרה יי' מקרה טהור וקדוש ספר הנחמד ואף נעים באתי לפני גדולי עולם... ובראשם צדיקים יושבים ועטרותיהם בראשיהם החכמים השלמים אנשי השם אשר יושבים... עיר ואם בישראל ק"ק קראקא יע"א... ויאמרו לי בני יתמוך דברינו לבך הט ושמע עשה והצלח במלאכת הקודש *בעניין הנגלה לבדו* אבל לא בסודות הפנימיות אשר גנוזים הם באמתחות כתבי לא יעלו לרצון כי

---

[1] הספרים שבדקתי ושנדפסו לפני מותו של ר' יצחק אולם לאחר פרישתו מן הדפוס הם: ברית אברהם לר' אברהם הורביץ [שס"ב]; זהר חדש, שס"ג; שלחן ערוך עם הגהות הרמ"א, שס"ז; מדרש רבה, שס"ח—שס"ט; ירושלמי, שס"ט; רבינו בחיי, ש"ע; חכמת שלמה לרש"ל, שע"ב; בדק הבית לר"י קארו, [שע"ב ?]; ספרים שנדפסו לאחר פטירתו: עין ישראל ובית ישראל (ב"ח), שע"ג—שע"ד; טור או"ח, יו"ד ואה"ע, שע"ג—שע"ה; שו"ת מהר"ם מינץ, שע"ז; פרקי רבי אליעזר, שע"ז.

[2] הביבליוגרפים חלוקים בדבר שנת הדפסתו של בדק הבית. שטיינשניידר, עמ' 1495 (מס' 5940/105) וקאולי עמ' 341: [1606־1612]; צדנר, עמ' 333: [1610 ?]; ווינר: "סביב שנת ש"ע": פרידברג בבית־עקד: ש"ע, ובתולדות הדפוס בפולניה, עמ' 22: שס"ו.— אגב, מעבר לשער של בדק הבית נדפס ציור הדגים, מס' 42 ב,"דגלי המדפיסים העבריים" ליערי, לפיו (עמ' 141 בדברי ההסבר לציורים 46־47) לא נדפס ציור זה אלא בין השנים שמ"ד־שנ"ז, ולא היא!

אם על שלחן מלכים מאן מלכי רבנן אחד בדור שנים במשפחה ובהצנע לכת כי לאו כל אדם זוכה עליהם [צ"ל: להם ?] ובכן נתרציתי למבוקשתם כי ראיתי אחר רואי כי לשם שמים נתכוונו וכוונתם רצויה". לאמתו של דבר הדפיס ר' יהודה ב"ר דוד הכהן עניני קבלה על מעלת קדושת השבת ותפלות בעת הטבילה במקווה בערב שבת, כרשום להלן בתוכן הספר. אולם נראה שחכמי קראקא לא הקפידו אלא על כוונות. ושמא התנגדו גם להדפסת מאמרי הזוהר לשלוש הסעודות, שנדפסו במהדורות מאוחרות יותר, ובזמננו ברוב הסידורים.

לפני רישום תוכן מהדורה יקרת-מציאות זו, ברצוני להתעכב בקצרה על מסירת פרטים אחדים על המביא לבית-הדפוס ועל אביו. לפני הפיוט בר יוחאי הוא מקדים: "אמר המדפיס. מצאתי באמתחות כתבי הרב א"מ ע"ר ז"ל [=אבי מורי עטרת ראשי ז"ל]..." (ראה ההמשך ברשימת ר"ח ליברמן מס' 9, ק"ס לח, 408, הערה 13). ליברמן מסופק אם דברים אלה הם של ר' אברהם היידא (מדפיס המהדורה שליברמן רושם במס' 9 הנ"ל) או הועתקו מהוצאת קראקא שלפנינו. ובכן ברור שדברים אלה הם של ר' יהודה ב"ר דוד הכהן שקיבל מאביו, ר' דוד ב"ר יעקב הכהן. ר' דוד היה תלמידו של הרמ"א בקראקא[3]. תשובה סי' קיג בשו"ת הרמ"א (הוצ' אמשטרדם תע"א, דף סא ב) הוא העתק השאלה של ר' דוד הכהן במלואה. הוא כותב שם לרמ"א: בראש וראשון אתן שבח והודי' לאל אשר השיבני בשלום אל ביתי וזכיני וקרבני אל מכ"ת [=מעלת כבוד תורתך] שאוכל עוד לשאול וללמוד מפי מכ"ת... ולכן אהו[בי] אדוני מורי אחלה את פני מעכ"ת... אם לא זכיתי בעו"ה [=בעוונותי הרבים] לשתות מי בארך וללמוד ממכ"ת פא"פ". הוא חותם: אהובך הצעיר שבתלמידים דוד בר יעקב הכהן ז"ל ה"ה. נראה שהיה נאלץ להפסיק את לימודיו אצל הרמ"א ולשוב לביתו בשאלוניקי ולכן רצה לשמור על קשר הלכתי ולימודי עם רבו. על שהותו בשאלוניקי אפשר ללמוד מתוך שו"ת מהרשד"ם חלק א סי' קצח, בו נאמר: "נזרקה שאלה מפי חבורה על ענין מקוה שנמשך ע"י צינורות של חרם... הנלע"ד כתבתי נאם הצעיר זעיר שם דוד בכ"ר יעקב הכהן זלה"ה". בתשובתו (באותו הסימן) כותב המרשד"ם: "אני הצעיר הח"מ ראיתי שאלת הח[כם] הש[לם] כמה"ר דוד נר"ו שגילה דעתו והכשיר בטוב טעם ודעת וכן דעתי מסכמת". מסגנון הדברים נראה שר' דוד שמש שם ברבנות[4]. לאחר מכן עבר ר' דוד הכהן

---

[3] אמנם החיד"א בשם הגדולים, מערכת ספרים, ערך "מגדל דוד" כותב שנראה שר' דוד הכהן היד. תלמידו של המהרש"ל. בעקבותיו הלכו רושמי תולדותיו האחרים: חיים מיכל, אור החיים, עמ' 334, פין, כנסת ישראל, עמ' 238, מרדכי מרגליות, אנציקלופדיה לתולדות גדולי ישראל, עמ' 382. אולי הסיק החיד"א פרט זה מדברי הקדמת בן המחבר במגדל דוד: "ועל קצת מהטעיות שבתלמוד בבלי תקן וגילה הרב הגדול...כ"ר שלמה לוריא ז"ל בספרו הנקרא חכמת שלמה. אבל לא ירוה לכל בר שכל צמאו. בעבור זאת עמד גאוני ואבא מורי וע"ר מוהר"ר דוד בן יעקב הכהן ז"ל... ללמד את בני יהוד"א [רמז לשם המקדים] קשת במלחמתה של תורה".

[4] על מדת התקשרות המחבר ובגו לבית המה־שד"ם אפשר אולי להקיש משער ספר מגדל דוד: «והמזכה את הרבים להוציא ממונו להביא כלי ההדפסה ה"ה החכם השלם כמהר"ר משה דמדינה נר"ו". ר' משה די מדינה היה כידוע בן מהרשד"ם. אפשר גם להסב את כוונת הדברים כלפי צרכי בית־הדפוס בכללם, כי ר' משה די מדינה היה שותפם של האחים ר' אברהם ור' אברהם יוסף בת־שבע, מדפיסי שאלוניקי.

לבודון [=אופן][5]. הוא חיבר ספר מגדל דוד על מסכת גיטין שנדפס לאחר פטירתו בשאלוניקי (שג״ז) והוצא על-ידי בנו ר׳ יהודה וזה הקדים לו הקדמה ובסופה שיר עם האקרוסטיכון: יהודא.

ר׳ יהודה ב״ר דוד מזכיר את שהותו בשאלוניקי גם ב"תיקוני שבת" בקשר למנהגי תיקון ליל שבועות וליל הושענא רבה (בעמ׳ האחרון): "אמר המדפיס, מצאתי וכך קבלתי בשלוניקי יע״א וכן היה נוהגים שם גם כן סדר של הרב מהר״ר משה קורדיברה ז״ל". אם שהותו בשאלוניקי היתה רק בקשר להדפסת ספרו של אביו בלבה או ששהה שם יחד עם אביו לפני שעבר לבודון איני יודע. מכל מקום מותר לדעתי לשער שהאב והבן היו בין אלה שהעבירו מנהגים של חוגי המקובלים מארץ ישראל ליהודי אשכנז, דרך שאלוניקי. ייתכן גם ששמע לימודו של ר׳ דוד הכהן בקראקא אצל הרמ״א נשתמר עדיין בשנת שע״ב לערך, וזה שעמד לבנו לזכות בהסכמותיהם — המסוייגות אמנם — של חכמי קראקא על ספר שמקורו במנהגי מקובלים[6]. מאידך, אפשר שלא רצו לפרסם הסכמותיהם בכתב והן ניתנו על-פה לכבוד אביו של המביא לבית הדפוס. כי לולא כן, מן הסתם היה ר׳ יהודה מדפיס את הסכמותיהם, או לפחות נוקב בשמות המסכימים[7].

התוכן:

דף 2א—4א: עניני שבת בדרך הקבלה וגימטריות, עם תפילות בשעת טבילה במקווה בערב שבת, הכל באותיות רש״י.

לליל שבת: דף 4ב—7א: מזמורי לכו נרננה, לכה דודי, השיר בר יוחאי נמשחת אשריך, מזמור שיר ליום השבת; דף 8א—12א: שלום עליכם, רבון כל העולמים, אשת חיל, שיר השירים פרקים א—ד, ד משולבים עם פרקים א—ח של משניות שבת (שה״ש באותיות מרובעות ומנוקדות והמשניות באותיות רש״י); דף 12א—13ב: אזמר בשבחין, קידוש, למבצע על ריפתא.

לסעודה שניה: דף 13ב—16ב: משניות שבת פרקים ט—טז משולבים בשיר השירים פרקים ד, ה — ו, ד. אסדר לסעודתא, מזמור לדוד ה׳ רועי, קידוש ליום השבת, ידי אסחי אנא. לסעודה שלישית: דף 16ב—19א: משניות שבת פרקים יז—

---

[5] מרדכי מרגליות באנציקלופדיה הנ״ל (הערה 3) כותב שר׳ דוד נזכר גם בשו״ת מהרי״ט חלק א סי׳ כה. שם לא מצאתי, אולם בחלק אה״ע סי׳ כד נדפסה גבית־עדות מקושטא מיום כה טבת ש״ף ובין החתומים: ״דוד כהן״. אין ספק שאין זה ר׳ דוד ב״ר יעקב הכהן דנן, שנפטר עוד לפני שנ״ז, שנת הדפסת ספרו מגדל דוד.— אגב, מרגליות מסופק אם ר׳ דוד ישב בשאלוניקי או בבודון. למעשה ישב בשתיהן.

[6] לפי פרוס׳ שלום, שבתי צבי, עמ ׳ 62 (הערה 2), היה ס׳ תיקוני שבת מהדורת קראקא [שע״ג ?] הספר הראשון בדרך קבלת האר״י ז״ל שנדפס בפולין.

[7] שנים מחכמי קראקא בעת ההיא היו: ר׳ משה מרדכי מרגליות שנפטר בשנת שע״ז ור׳ פייביש ב״ר ישראל שמו אל שנפטר בשנת שע״ח. עיין: יחיאל מתתיהו צונץ, עיר הצדק׳ עמ׳ 44, 51 ! ח. ד. פריעדבערג, לוחות זכרון, הוצאה ב (פפד״מ תרס״ד), עמ׳ 5׳ 11• ר׳ נתן שפירא בעל ״מגלה עמוקות״ שהוא עצמו עסק בקבלה וחיבר ספרים בדרכה, ישב אמנם אז בקראקא, אולם היה עדיין צעיר לימים (נולד בשנת שמ״ד.) ונראה שהשפעתו לא הספיקה להניע את שני הרבנים הקשישים הנ״ל לתת הסכמתם להדפסת התיקוני שבת ללא ההשמטות הקבליות. לרב וראש ישיבה בקראקא נתמנה רק בשנת שע״ז, לאחר הדפסת ס׳ תיקוני שבת.

כד משולבים בשיר השירים פרק ו, ה ואילך, בני היכלא, עניני סעודה שלישית ומוצאי שבת בדרך הקבלה[8], ראשי פרקים מן התפילות והמזמורים למוצאי שבת (פרט לתפילת "רבונו של עולם... בסימן טוב ובמזל טוב החל עלינו את ששת ימי המעשה" שנדפסה בשלימות, הכל באותיות רש״י).

דף 19ב—20א: תיקון ליל השבועות וליל הושענא רבא (ראשי הפרקים בלבד; באותיות רש״י).

[2]

זה השער לי״י צדיקים יבאו בו. סדר **תיקוני שבת** מאיש האלקי... כמהר״ר יצחק לורי׳ אשכנזי ז״ל ונוסף על דגלו סדר מוצאי שב׳ ותקון ליל שבועות וליל הושענ׳ רבא. על כן אמרתי להדפיס אותם לזכות בו הרבים... נדפס פה ק״ק **קראקא** ע״י המחוקק מהר״ר נחום בן האלוף מוהר״ר משה מייזלש. [ש״ץ ?].[11] דף (חסר הרבה). 18 ס״מ.

פרידברג כותב שזהו הספר הראשון שהדפיס ר׳ נחום מייזלש בקראקא. פרידברג מכר טופס אחד לספרית הבודלינה ועליו היה הפרט (בקולופון?) שנת שמחו צדיקים [=ש״ץ] (הדפוס העב״י בפולניה, עמ׳ 27). בטופס של בית-הספרים חסר בסוף ואין לקבוע אם הוא זהה עם הטופס אליו מתכוון פרידברג.

נדפס לפי הוצאת קראקא הקודמת, אלא שמשניות מסכת שבת נדפסו באותיות מרובעות. בטופס שראיתי חסר מסוף פרק ג ואילך.

---

8 ר׳ יהודה ב״ר דוד הכהן מזכיר שוב את ענין השמטת דברי קבלה בסוף עניני סעודה ג(דף 19א): אמר המדפיס. למעלה קצרתי בסודי הרב [האר״י ז״ל] בעניין לחם משנה כמה צריכים להיות שהרי כל המקובלים ראשונים ואחרונים דברו בהם... ואין צריך להעלות על ספר כי הס״ד הוא נפלא ובאריכות ומאהבת הקיצור ובתביעת חכמי העיר כמבואר בהקדמה מנעתי להעלות על ספר.

[3]

זה השער ליי״ צדיקים יבואו בו. סדר **תקוני שבת** מאיש האלקי... כמהר״ר יצחק לוריא אשכנזי ז״ל. ונוסף על דגלו סדר מ״ש [=מוצאי שבת] ותיקון ליל שבועו' וליל הושענא רבה והובא מארץ הקדוש' למדינתינו ע״כ אמרתי להדפיס אותם לזכות את הרבים. אויש גהיש דערא פירשטלכין גינאדן מאטמס פערדיננוס ערצי בישאף צו פראג איז דאס איבר לעזין אונ' צו דרוקן צו גלאזין ווארדן. פה ק״ק **פראג** על ידי בני הר״ר יהודא ב״ק זצ״ל. תחת ממשלת אדוננו [!] הקיסר לעפלטוס יר״ה [בין השנים תל״ב—תנ״ו]. [20] דף. 18 ס״מ.

כולל הכל ממס' 1, בהוספות אלה: יב תקונים ואזהרות לשבת (דינים ומנהגים) שנעתקו בקיצור מתקוני שבת שנדפסו בספר ראשית חכמה הקצר שדרש ר' אברהם הלוי הזקן "ואני המעתיק לא אעתיק רק פשוטי הדברים כי הרב הנ״ל האריך בטעמים תקונים אלו על דרך הקבלה". פרשת וישלח שנוהגים לומר במוצאי שבת; זמר נאה לזמר בשבת אחר יציאת בית-הכנסת בשחרית בניגון שטייאר מארק, וסימן מנחם ציון (דוידזון' מ. מס' 1092).

בתוך מסגרת השער: כל המשמר שבת כהלכתו נמחל לו עונותיו שנאמר שומר שבת מחללו ושומר ידו מעשות כל רע, אל תקרי מחללו אלא מחול לו.

[4]

תיקון שמירת שבת ככתוב בשלחן ערוך מטור אורח חיים הלכות שבת לקוח מש״ע הקטן הנקרא ישמח ישראל ומסודר באותיות מחכימות אל״פא בית״א כל הלכות שבת אליבא דהלכתא מרישא לסיפא. ואחריו קם תלמיד תלמידו וחב־ ספר ‹תיקון שמירת שבת› זה ה״ה הרב המופלא האברך מוהר״ר משה יקותיאל קופמן כהן אב״ד דק״ק קוטנא בה״רר אביגדור כ״ץ מקראטשין נר״ו בתוספת כמה דינים שהשמיט הבעל המחבר ישמ״ח ישרא״ל והמציאם הרב מוה״רר קופמן כ״ץ הנ״ל ובפרטות הלכות קריאת התורה ודיני טעות שנמצא בס״ת והרבה תשובת אחרונים אליבא דהלכתא וחידושים שחידש הרב החסיד המפורסם מוהר״־ אבלי סג״ל זצ״ל מקאליש חמיו של הרב הנ״ל בחבורו לא״ח והנהגות בחיובים [לעלות לתורה] כמ״ש הלבוש וסדר הדרכה דשבתות להגאון מהר״ר הירש ותיקון מים אחרונים כמ״ש הזוהר ותיקון מוצאי שבת עפ״י קבלה ותיקון ליל שבועות וליל הושענא רבה כמ״ש האר״י ז״ל בסידור שלו וק״ך צירופי אליהו... וסידר ז׳ אותיות מהלכות שבת לאומרם קודם כל סעודה דשבתא לקיים דברי האר״י ז״ל שכתב שב״ת נוטריקון הלכות ש״בת ב״שבת ת״גמור... נדפס פה ק״ק **פרנקפורט דאדרה** ותהי ראשית התחלתו יום ג׳...ך׳[?] כסליו שנת תיקון שמירת **שבת** [תמ״ח] לפ״ק. תחת ממשלת אדונינו הדוכס גדול... פרידרייך ווילהעלם קורפארשט צו בראנדיבארג... בבית האדון יוחנן קריסטוף בעקמן דאקטר ופרופעסר בעיר הגדולה פרנקפורט דאדרה. י דף. 19 ס״מ.

מעבר לשער הקדמת המלקט, ר׳ משה יקותיאל קופמן כ״ץ, בה הוא מסביר שלקח כיסוד את הספר "ישמח ישראל" לר׳ ישראל שמואל ב״ר שלמה הרופא קאליפארי (הוצאה ראשונה: קראקא שפ״ו), שסידר את ההלכות והדינים שבשלחן ערוך בסדר א״ב. המלקט רמ״י קופמן הוסיף הרבה הלכות שבעל "ישמח ישראל" השמיט לפי שחשבן לבלתי שימושיות, ואילו המלקט הוסיף חלק מהן, בעיקר הלכות קריאת התורה ודיני טעויות שנמצא׳ בספר תורה. הוא הוסיף גם דינים שנתחדשו על-ידי נושאי כליו של השלחן ערוך, ובפרט מ"מגן אברהם" לחותנו ר׳ אברהם אבלי גומבינר. אגב, רמ״י קופמן חיבר לאחר מכן חיבורים שלמים על כל ה"ישמח ישראל" בשם הכולל "חוקת התורה" ושמות מיוחדים לכל חלק מהשלחן ערוך (או״ח ויו״ד: ברלין ת״ס, אה״ע: אמשטרדם תנ״ג, חו״מ: דיהרנפורט תנ״א).

כולל מזמורי קבלת שבת, לכה דודי׳ שלום עליכם עד אשת חיל; שיר השירים ובתוכו משולבים דינים במקום משניות שבת. הכל בלתי מנוקד. שאר הדברים המוזכרים בשער חסרים.

[5]

סדר **תקוני שבת** מאיש האלהי... כמהור"ר יצחק לוריא אשכנזי ז"ל. ונוסף על דגלו סדר מ"ש [מוצאי שבת] ותקון ליל שבועות וליל הושענא רבא. והובא מארץ הקדושה למדינתינו. ונוסף על הראשוני' זמירות לשבת ופירוש על כ"ד פרקים מסכת שבת ופסוקי אליהו וכל התפלות שבו כיוצא בהן עם נקודו' ובאותיו' גדולות הכל על סדר נכון. נדפס פה ק"ק **זולצבאך**... תחת ממשלת אדונינו הדוכוס המיוחס טעאידארוס פפאלץ גראף יר"ה... בשנת **תבא עלינו ברכה** [תפ"ג] לפ"ק. על ידי המחוקק כ' זלמן יצ"ו בן המנוח כמהור"ר אהרן זצ"ל. קכה, [1] דף. 11 ס"מ.

דף א, ב—יג, א: דברי הסברה על מעלת קדושת השבת, הנהגות ערב שבת ותפילות לטבילה במקווה (התפילות זהות עם מס' 1, אך דברי ההסבר שונים), דיני קריאת שנים מקרא ואחד תרגום, דיני הדלקת נרות לשבת; דף יג, א—כב, ב: לכו נרננה, לכה דודי, בר יוחאי, מזמור שיר ליום השבת, עם פירושים וכוונות כנ"ל; דף כג, א—קא, ב: שיר השירים ומשניות שבת משולבים (שניהם מנוקדים) עם פירוש קצר, הזמירות הרגילות, דינים קצרים לשבת, הזוהר לשלוש הסעודות; דף קא, ב—קכב, ב: זמירות ותפילות למוצאי שבת, כולל הפיוט "ברבות עתים וימים" (דוידזון' ב, 1382) ו"אזי מים שטפוני" (שם, א, 2204) ; דף קכג, א ואילך: י"ב התקונים ותיקון ליל שבועות והושענא רבא כנ"ל.

[6]

סדר **תקוני שבת** מאיש האלהי... כמהר"ר יצחק לוריא אשכנזי ז"ל. ונוסיף על דגלו סדר מ"ש והובא מארץ הקדושה למדינתינו. ונוסף על הראשונים זמירות לשבת ופסוקי אליהו ומזמורי תהלים ונקודות על כל התפלות שבו ועל כ"ד פרקי שבת ועל מזמורי תהלים וספר יצירה. נדפס לתשוקת התלמיד הנעים ה"ה גד בן הרופא המובהק כמ"ר יצחק פואה יצ"ו. **בויניציאה** שנת כי בשמחה **תצאו** [תצ"ז] לפ"ק. Nella Stamparia Bragadina. Con licenza de superiori. קלב, [2] דף. 11 ס"מ.

דף א, ב—ט, א: עניני טבילה במקוה בערב שבת עם התפילות (מנוקדות) בשינויים קלים ממס' הקודם; דף ט, ב—פד, ב: לכו נרננה' לכה דודי, בר יוחאי, שיר השירים ומשניות משולבים (שניהם מנוקדים), הזוהר לשלוש הסעודות, הזמירות הרגילות; דף פד, ב—ק, ב: פרקי תהלים שונים (פרק קיט, קד, טו שירי המעלות, ועוד); דף קא, א—קכה, א: זמירות ותפילות למוצאי שבת (כמו במס' הקודם); דף קכח, א—[קלג, א]: ספר יצירה (מנוקד); שני העמודים האחרונים כוללים פזמון מאת ר' משה זכות: איום שמי היום ברומי ערץ (דוידזון, א, 2681).

[7]

סדר **תקוני שבת** וסדר תקתי ליל שבועות וליל הושענא רבא ופרשת וישלח וכו' מהאיש האלהי... כמהר"ר יצחק לוריא אשכנזי ז"ל. נוסף על דגלו סדר מוצאי שבת. והובא מארץ הקדושה למדינתינו ונתפשט המנהג בכל חוצה לארץ... נדפס עתה מחדש בעיר **ויניציאה** בשנת **התצ"ט** לפרט גדול. Nella Stamparia Vendramina Con Licenza de Superiori. קד דף. 11 ס"מ.

כולל: עניני טבילה במקוה כמו במס' הקודם, פרקי הזוהר חסרים, בהבדלה נוסף הנוסח של יהודי איטליה: ליהודים היתה ותהיה אורה ושמחה וששון ויקר. בשמחה נועדנו בבית הזה... (דוידזון, ל, 692), תיקון ליל שבועות והושענא רבה חסר, אך נוספו התפילות לפני הלימוד בלילות אלו.

[8]

סדר **תקוני שבת** כפי אשר נדפס בויניציאה בשנת כי תצ"או לפ"ק. ועתה נדפס מחדש לתשוקת התלמיד הנעים יצחק ספורנו יצ"ו בהוצאת ובבית בעל הדפוס הגביר הנעלה כמ"ר אברהם בכמוהר"ר רפאל מילדולה יצ"ו. פה **ליוורנו** יע"א בשנת תק"ד לפ"ק. Con Licenza de Superiori. קלב דף. 10 ס"מ.

למרות הנדפס על השער, יש מספר שינויים מהוצאת ויניציאה תצ"ז: חסרים פרקי התהלים, חסר ספר יצירה וכן הפזמון לר' משה זכות.

[9]

תקוני שבת מאיש האלהי... כמוהר"ר יצחק לוריא זצ"ל. עם תוספת מרובה דינים דשייכי לשבת וערבית לשבת ותפלות משערי ציון ומאמרי הזוהר לשבת ושאר הוספות אשר לא היה בכת [?] קודמין... נדפס פה **קושטאנדינא** תחת ממשלת אדוננו המלך שולטן מחמוד ירום הודו. שנת כי עלה **השח"ר** בע"ה לפ"ג [תק"ח]. בדפוס החכם הנעלי ה"ר בנימן בכ"ר משה רושי ה"י. צב דף. 15 ס"מ.

דף א, ב—ב, ב: הקדמת המדפיס יונה ב"ר יעקב [אשכנזי] בלאדינו; דף ב, ב—ג, ב: הנהגת ערב שבת בלאדינו; דף ג, ב—ו' א: סדר קריאת שנים מקרא ואחד תרגום, סדר הטבילה לערב שבת, דיני הדלקת הנרות לשבת (כולם קיצורים מתוך הוצאות קודמות); דף ו, ב—כא, א: לכו נרננה, לכה דודי, תפלת מעריב, יה רבון עלם, שלום

עליכם עד אשת חיל; דף כא, ב—נא, א: שיר השירים ומשניות שבת לשתי הסעודות הראשונות (שניהם מנוקדים) עם פירוש קצר. מן הזמירות לליל שבת צור משלו אכלנו בלבד. כולל גם דינים בקצרה בלאדינו; דף נא, ב—נז, א: תפלות מתוך שער ציון, סדר הלימוד מספר חמדת ימים, סדר ברכי נפשי ישתיקן הרמב״ן: ברכי אצולה מרוח הקדש [מיוחס בטעות להרמב״ן. עיין דוידזון, ב, 1746, שם גם הספרות על כך]; דף נז, ב—עב, ב: זמירות ליום השבת והמשך שיר השירים ומשניות לסעודה שלישית; דף עב, ב—עז, א: פרקי תהלים (קיט, קמד, סז); דף עז, ב—פז, ב: זמירות ותפלות למוצאי שבת. דף פט, א ואילך: ספר יצירה.

[10]

תקוני שבת מאיש האלהי... כמו״הרר יצחק לוריא זצוק״ל. עם תוספת מרובה דינים דשייכי לשבת וערבית ומנחה לשבת. ומחדש הוספנו תפלות משערי ציון ומאמרי הזוהר עם נקודות וכוונות הרבה מספר חמדת ימים ותפלות אחרות מיוחדות לשבת קדש. הכל יבא על מקומו כשלחן ערוך לפניך כדי שיזכו כל בני ישראל לשמור קדושת שבת כראוי בלי טרדה. נדפס במצות הגבירים בני פואה יצ״ו ובמלאכת הדפוס כולה לא שלח זר את ידו כי אם בני ישראל למלאת רצון יושבי קושטאנטינה יר״ה. **בויניציאה** שנת אז יבקע **כשחר** אורך [תקכ״ח] לפ״ק. Nella Stamparia Bragadina. Con Licen. de Superiori. פ, [8] דף. 15 ס״מ.

קולופון: על ידי הפועל יקותיאל בכ״ר יצחק קוציר והבחור שלמה יצחק בכ״ר מרדכי ציויטה. מסודר לפי הוצאת קושטאנדינא תק״ח (מס׳ 9), בשינויים אלה: לא נדפס הפירוש למשניות, התפילות משערי ציון וספר יצירה מנוקדים.

[11]

סדר **תקוני שבת** מאיש האלהי... כמהר״ר יצחק לוריא אשכנזי ז״ל. ונוסיף על הנ״ל סדר מ״ש והובא מארץ הקדושה למדינתינו. ונוסף על הראשונים זמירות לשבת ופסוקי אליהו ומזמורי תהלים ונקודות על כל התפלות שבו ועל כ״ד פרקי שבת ועל מזמורי תהלים וספר יצירה. נדפס לזכות התלמיד הנעים יוסף יעקב בהח״ר משולם אשכנזי פינצי יצ״ו. **בויניציאה** שנת יודע ה׳ ימי **תמימים** [תק״ם]. Nella Stamparia Bragadina. Con licenza licenzia de Superiori. קכח דף. 12 ס״מ.

מסודר לפי הוצאת ויניציאה תצ״ז (מס׳ 6), בהשמטת ספר יצירה, פזמון ר׳ משה זכות ושינויים קלים אחרים.

[12]

תקוני שבת מאיש האלהי והקדוש כמו"הרר יצחק לוריא זצוק"ל. נדפס לזכות הילד הנעים גד בכ"ר יצחק פואה יצ"ו היושב בעיר קושטאנדינא יע"א. בשנת **ונוה צדיקים יברך** [תקנ"ג] לפ"ק **בויניציאה**. - Nella Stamperia Bragadina, Con Licenzia de Superiori. קכח דף. 8 ס"מ.

מסודר לפי הוצאת ויניציאה תפ"ג ותצ"ז (מס' 6,5) בשינויים אלה: המשניות בלי פירוש, בזמירות למוצאי שבת חסרים הפיוטים "ברבות עתים" ו"אזי מים שטפוני", תיקון ליל שבועות וליל הושענא רבה, ספר יצירה והפזמון של ר' משה זכות.

[13]

שפ"ר ספר **תקוני שבת מלכתא**. הא לכם ערוך מאתמול ימים שהם שנים שעברו בסדר נאה בנו"י ומשוכלל במחנה אלהים זה וכעת קפצו עליהם קונים. ובקשום כמטמונים. וה"ן עתה היתר. הפציר"ה למען דפו"ס אותם כדמותם וצלמם ביופי האותיות נייר ודיו ובהגהה מדוייקת ומזוקקת עשרת מונים. ונלוה אליו פירוש קצר בפרקים למען ירוץ קורא בהם ויבינו במקר"א על מה הטבעו האדנים. לכן החפץ ימלא את ידו יפה שעה אחת קודם... נדפס פה **ליוורנו** יע"א שנת **עז לנו ישועה** [תקנ"ד] לפ"ק. בדפוס המשובח של השותפים החכם כמוהר"ר יעקב נוניס ואיס נר"ו והמשכיל כמה"ר רפאל מילדולה נר"ו. Con Approvazione. מח דף. 14 ס"מ.

כולל: הנהגות ערב שבת, עם שתי תפילות, אחת לפני מנחה והשניה לפני קבלת שבת; לכו נרננה, בר יוחאי, יה רבון, שלום עליכם, שיר השירים ומשניות משולבים (שניהם מנוקדים) עם פירוש קצר. בזמירות לליל שבת רק צור משלו בלבד; בזמירות ליום השבת רק שני שירים: "ארץ ורום בהבראם" ו"אליו מי הקשה וישלם", שניהם סימן אברהם חזק (דוידזון, א, 7684, 5007) ; זמירות ותפלות למוצאי שבת.

[14]

תקוני שבת מאיש האלהי... כמו"הרר יצחק לוריא זצוק"ל. עם תוספת מרובה דינים דשייכי לשבת וערבית ומנחה לשבת. ומחדש הוספנו תפלות משערי ציון ומאמרי הזוהר עם נקודות וכוונות הרבה מספר חמדת ימים ותפלות אחרות מיוחדות לשבת קדש. הכל יבא על מקומו כשלחן ערוך לפניך כדי שיזכו כל בני ישראל לשמור קדושת שבת כראוי בלי טרדה. ועוד זאת שמנו בסוף הספר פסוקי אליהו הנביא זכור לטוב. במצות הגביר המרומם כמ"ר גד בכ"ר שמואל פואה יצ"ו. ובמלאכת הדפוס כולה לא שלח זר את ידו כי אם בני ישראל למלאת רצון יושבי קושטאנטינה יר"ה. **בפיסא** בשנת רחבה **מצותך** מאד [תקנ"ו] לפ"ק. Nella Stamperia Fua. Con Sovrana Permissione. פח דף. 15 ס"מ.

נדפס לפי הוצאת קושטא תק"ח (מס' 9) עם הקדמת המדפיס בלאדינו בהשמטת חתימתו, ובשינויים אלה: לפני לכו נרננה נוספו שתי תפילות להדלקת הנרות; הושמט הפירוש למשניות; התפלות משערי ציון וחמדת ימים מנוקדות; חסר ספר יצירה.

[15]

שפר **תקון שבת** מסודר ומתוקן באופן היותר נאות לרוב חיבת שומר שבת. כאישון בת. חק בל יושבת לקבלת שבת. וביותר למהדרים מן המהדרים. בתוספת אמרים. לסדר סדרים. ערבים ושחרים. הכל יבא על מקומו בשלחן הערוך בהדרי הדרים. עם מזמורי קבלת שבת ותפלה המסו[רה] מפי...הרב מהר"ש סרעאבי זלה"ה ושיר השירים ומסכת שבת הרמוזים לכ"ד קישוטי כלה ודי' פרקים ממסכת עירובין כי דברי תו[רה] חביבין וחביבה מצור. בשעתה לדעת מה יעשה ישראל מידי שבת בשבתו איש איש ממלאכתו אשר המה עושים את הכל עשה יפה בעתו ללמוד דיני שבת ועירובי חצירות הנה הנם יוצאים לקראתו. בכניסתו וביציאתו. ולשורר בקול נאה ויאה בעת אכילתו ושתיתו... נדפס שנית לרצון יה חביב רם ונשא. להיות ביד כל אדם מוכן לכל דבר שבקדושה...פה **ליוורנו** יע"א שנת ה' **ישמרהו** ויחייהו ואושר בארץ [תקס"א] לפ"ק. בדפוס המשובח של החכם כמהר"ר אליעזר סעדון נר"ו, נב דף. 19 ס"מ.

נדפס לפי הוצאת ליוורנו תקנ"ד (מס' 13) בשינויים אלה: חסר הפירוש למשניות; בסוף כל פרק משניות נדפסו הדינים המסודרים בסדר א"ב (כמו בהוצאת פסד"א תמ"ח, מס' 4) ; לאחר שני הפיוטים שסימנם אברהם חזק נוסף פיוט שלישי שסימנו אני יעקב בן נאים חזק (דוידזון, א, 3630); בתפילות וזמירות למוצאי שבת נוסף קטע

מן הזוהר: ויהי יצחק בן ארבעים שנה, רבי בו בשם רבי יוסי פתח ואמר וכו' [מדרש הנעלם, פרשת תולדות, מהד' הרב אשלג, עט' כא].

[16]

סדר **תקוני שבת** מתו׳קו ומקובל מפי אריה הארי זצ״ל. דבר השוה לכל נפש שבטי ישראל. **בריגייו** שנת **וקראת** לשבת **ענג** [תקפ״ד] לפ״ק. Pressa la Società <Con approvazione> . קצז עמ'. 16 ס"מ.

נדפס לפי הוצאת ויניציאה תצ"ז (מס' 6) בשינויים קלים: בפרקי תהלים חסרים טו שירי המעלות ומזמור קי"ט.

[17]

שפר **תקוני שבת** קדש לה׳ כל כס״ף המתוק״ן ומקובל מפי אריה הארי זצ״ל. דבר השוה לכל נפש שבטי ישראל. ורבו יתירה תוספת ערבית ומנחה של שבת ויתן לך וחדושום [!] אחרים. פה **ליוורנו** יע״א בשנת **מה יפית ומה** נעמת [תקצ״ו] לפ״ק. מיד אליעזר מנחם אוטולינגי הי״ו מדפיס ומוכר ספרים. Con Approvazione. צב דף. 14 ס״מ.

נדפס לפי הוצאת ויניציאה תצ"ז (מס' 6), בשינויים אלה: נוספו תפלת ערבית לשבת ומנחה לשבת; חסר הפזמון של ר' משה זכות.

[18]

שפר **תקוני שבת**. קדש לה׳ כסף המתו״קן ומקובל מפי אריה האר״י זצ״ל דבר השוה לכל נפש שבטי ישראל. ורבו יתירה הוספת ערבית ומנחה של שבת ויתן לך וחדושים אחרים. פה **ליוורנו** יע״א שנת עז **התאזר** [תרי״ג] לפ״ק. בדפוס אליעזר מנחם אוטולינגי נ״ע יורשיו מדפיסים ומוכרי ספרים. Con Approvazione. צב דף. 15 ס״מ.

נדפס לפי הוצאת ליוורנו תקצ"ו(מס' 17), כמעט באותו סידור האותיות.

[19]

תקוני שבת ושיר השירים עם עברי דייטש. חמ"ד [ווארשא] תרי"ח. [59] דף. 16 ס"מ.

כולל שיר השירים ומשניות שבת בלבד, עם תרגום ביידיש דייטש באותיות מרובעות. נדפס כנראה בווארשא, כי האותיות וסידור השורות דומים מאד להוצאת ווארשא 1859 (רשימת ליברמן מס' 38), אעפ"י שהוא שונה מבחינת העימוד. גם התרגום זהה (פרט לשינויים קלים בלשון) בשתיהן. הוא קצר יותר מזה שהעתיק ליברמן (ק"ס לט, 110 "תרגום חדש"). הריני מעתיק מאותו הקטע (פרק א משנה ב): אמענטש טאר זיך ניט זעצן פר אגלר מען זאל אים אף גאלן נאהונט צו מנחה אהלבי שעה אפילו אום דר וואכן ביז ער זאל פריער דאוונן. ההמשך "ווארום טאמר ווערט די בריטווע צו בראכין" חסר בשתי ההוצאות. בהוצאת 1859 תורגם "אשערר" ו"אפשערן" במקום "אגלר" ו"אף גאלן". פרט לשינויי לשון מסוג זה שתיהן דומות.

[20]

ספר **תקון שבת**. יושב בס'דר נאה מתוקן בש'פר התיקונים. ואת העודף מכל אשר היה לפנים. מוספין כסדרן ת[יקונים] שקודם קריאת הפרשת שמו"ת [=שנים מקרא ואחד תרגום] ותהינה שלאחריו מה[רב] ח"י [=חמדת ימים] דברי תחנונים. ודיני הנהגות עש"ק והמזמורים ושיר השירים כולו וסדר תפלת ערבית ש" ק וסדר הקידוש עם כל הדינים. וכ"ד פרקי שבת עם מאמרי הזוהר השייך לכל סעודה איש על מקומו מתוקנים. ודיני שבת מסודרים ע"ס א"ב איש על דגלו באותו'ת וישיגו אותם חונים. ונוסף עוד ברהמ"ז ופזמונים השייכים לש"ק אשר גבלו ראשונים. ותפלת מנחה שבת קדש והמזמורים למוצאי ש"ק ודיני אתה חוננתנו וסדר הבדלות עם הפיוטים... פה **ליוורנו** יע"א שנת **דבר** משה **אל בני** ישראל [תרמ"ד] לפ"ק ע"י שלמה בילפורטי וחברו הי"ו מדפיסים ומוכרי ספרים. צ דף. 17 ס"מ.

נדפס לפי הוצאת ויניציאה תצ"ז (מס' 6) עם שינויים אלה: התפלות לטבילה במקור. בלתי מנוקדות; לפני קבלת שבת נדפס שיר השירים במלואו ולפיכך לא נדפסו בתוך פרקי המשניות אלא הציונים של ההתחלה והסוף; נוספה תפלת ערבית לשבת; נוספו דיני שבת על סדר א"ב (כמו בהוצאת פפד"א תמ"ח, מס' 4), אולם אינם מפוזרים בתוך פרקי המשניות אלא מרוכזים לאחר הפרקים, לכל סעודה וסעודה לחוד (לסעודה א: אותיות א-ח, לסעודה ב: ט-ע, לסעודה ג: פ-ת); בזמירות ליל שבת נוספו שני הפזמונים שבהוצאת ליוורנו תקנ"ד (מס' 13) ; נוספו ברכת המזון לאחר זמירות ליל שבת, תפלת מנחה לשבת; חסרים ספר יצירה והפזמון של ר' משה זכות.

הערה למאמר "ספר תקוני שבת" מאת ח. ליברמן

מאת אברהם יערי

ב"קרית ספר" כרך ל"ט, עמ' 109, כותב ר' חיים ליברמן: "משניות מסכת שבת היא המסכת הראשונה שתורגמה לאידיש (חוץ מפרקי אבות שאינם אלא דברי מוסר), שכן הרבנים היו נגד תרגום דברי הלכה להמון העם".

לחיזוק דבריו הוא מביא מתוך דברי רבני אוסטרהא בהסכמתם ל"פרקי אבות" עם תרגום אידיש, שנדפס באוסטרהא בשנת תקע"ו, את הדברים האלה:

"...ואם אמנם ע"פ הדת אין להעתיק לשון המשנה והגמרא מחמת שנשתנה המכוון על ידי העתיק, וגם הרב הגדול מורינו משה בן מיימני לא העתיק לשון המשנה רק כתב פירוש המשנה בלשון ערבי, ברם מין דין המס' הזאת אין בה שום הוראה כלל רק דברי מוסר לא יצאה שום מכשול אליבא דהלכתא מחמת ההעתיק ע"כ הטיבו אשר עשו...".

ועל כך מעיר ר' חיים ליברמן מצדו: "אמנם שנים מבין החתומים על הסכמה זו חתומים על הסכמה למשניות מסכת שבת עם תרגום אידיש, שנדפסו שתי שנים אחר כן, בשנת תקע"ח, באותה אוסטרהא. מסתבר שמשום כבוד שבת הקילו".

אני נוטל איפוא רשות לציין כאן, שבטופס "פרקי אבות" עם תרגום אידיש, דפוס אוסטרהא תקע"ו, שהיה לנגד עיני בספרית שוקן בירושלים, אין הדברים דלעיל כלולים כלל בהסכמת רבני אוסטרהא. וזו לשון הסכמת רבני אוסטרהא מיום ב' חשוון תקע"ו בטופס הנ"ל:

"המסכת אבות מיוסד על דברי מוסר והנהגות מדות טובות ומדות חסידות מפי אבות בעולם ויען הוא בדברי ספר החתום בפני המון עם אשר לא ידעו ולא יבינו לא הפירש ואצ"ל פירש המלות התעורר המדפיס דפה ק"ק אוסטרהא לזכות את הרבים להעתיק המ"א [המשנה אבות] בלשון צח ונקי באותיות הקודש עם נקודות למען ירוץ הקורא בו ולהבין קצת דברי חכמינו הקדמונים ולכנוס בלב כל איש דבריהם בנחלי אש בוערה, לזאת אנחנו גוזרים בגזירת נחש שלא להדפיס המסכת הזאת עם לשון לעז על משך ארבעה שנים מיום דלמטה בשום אופן במתכונתו ושלא במתכונתו והעובר לטרקי' ח"יא ורבנן דלית ביה אסותא והשומע לדברינו תבוא עליו ברכות טוב כ"ד הבאים על החתום היום יום א' ב' חשוון לפ"ק".

ועל החתום ארבעת דייני אוסטרהא: ר' יהודה ב"ר צבי הירש, ר' אריה ליב ב"ר חיים הלוי, ר' אהרן ב"ר ירחמיאל, ר' אברהם ב"ר יצחק. שנים מהם (ר' אריה ליב ב"ר חיים הלוי, ור' אברהם ב"ר יצחק) ואתם אחד שלא חתם על ההסכמה לפרקי

אבות (ר' יהודה ליב ב"ר מתתיהו) חתמו על ההסכמה לתקוני שבת, עם משנה שבת בתוספת תרגום אידיש, אוסטרהא תקע"ח.

נראה לי איפוא שלאחר שנדפסה ההסכמה לפרקי אבות בנוסח שהביא ר' חיים ליברמן, חזרו בהם רבני אוסטרהא מהחשש לתרגום דברי הלכה לאידיש, והשמיטוהו מהסכמתם. ולפיכך לא חששו להסכים שנתים לאחר מכן להדפסת תרגום אידיש אפילו למשנה הכוללת הלכות שבת החמורות.

ספרי תיקוני שבת לפני שנת ת"ס (1700)[1]

שנה	מקום דפוס	רשימה	מס'	בקטלוג ה-NLI
ש"ס	ויניציאה[2]		1	990018953110205171
שס"ג	ויניציאה[1]		2	990010967990205171
שע"ג?	קראקא	כהן	1	990011249120205171
שע"ה-שפ"ח	פראג	ליברמן	9	990017670850205171
שפ"ב	לובלין		3	990030242120205171
שפ"ג?	פראג	ליברמן	12	לא מצאתי
ש"ץ	קראקא	כהן	2	990023494600205171
ת'	קראקא		4	990011951060205171
ת'	ויניציאה	ליברמן	10	990012593660205171
ת"ב	אמשטרדם		5	990010149530205171
ת"ז	אמשטרדם[3]		6	990030383240205171
תי"א?	פראג	ליברמן	1	990017670860205171
תי"ז-תס"ה	פראג	ליברמן	2	לא מצאתי
תי"ז-תס"ה	פראג	ליברמן	11	990017670870205171
ת"כ?	קראקא		7	990030242480205171
תכ"א	קראקא[1]		8	990030333770205171
תכ"ג	ויניציאה		9	990017670880205171
תל"ב-תנ"ו	פראג	כהן	3	990017670900205171
תל"ה	ויניציאה		10	990040986400205171
תמ"ה-תנ"ז	דיהרן פארט	ליברמן	14	לא מצאתי[4]
תמ"ה	פראג		11	990029083330205171
תמ"ז	אמשטרדם	ליברמן	13	990017670910205171
תמ"ח	פרנקפורט דאדרה	כהן	4	990018277090205171
תמ"ח	המבורג[1]		12	990018952960205171
ת"נ	דיהרן פארט		13	990029097520205171
תנ"א	אמשטרדם		14	990010353790205171
תנ"א	פראג		15	990011063070205171
תנ"ב	דיהרן פארט	ליברמן	3	990017670920205171
תנ"ב-תנ"ח	פירדא	ליברמן	4	לא מצאתי
תנ"ב	פראג		16	990029083100205171
תנ"ה	ויניציאה		17	990043634140205171
תנ"ה	פראג[5]		18	990013112240205171
תנ"ח	ויניציאה		19	990011950950205171

---

[1] בנוסף לכה שרשמו ליברמן וכהן, חיפושי במאגר של הספרייה הלאומית הניבו עוד 19 הדפסות שהוספתי לרשימה. הם המופיעים בטבלה ללא "רשימה". מספרי קטלוגיים שהבאתי כאן הם לפי הספרייה הלאומית של ישראל.

[2] נדפס בסוף ספר ראשית חכמה המקוצרת. הבאתי את הדפים של דפוס ראשון במלואם בהמשך הספר.

[3] בתוך סידור תפילה.

[4] יתכן שזה הדפסת שנת ת"נ בתוך סידור תפילה (מספר 13 בהוספות שלי).

[5] נדפס בתוך שולחן ערוך לפני תחילת הספר.

תקוני השבת

מתוך ספר
ראשית חכמה
הקצר

ויניציאה

שנת ש"ס

ספר ראשית חכמה

הקצר קצרו האלוף החסיד המקובל כמהרר׳ פוייטו
יצו מראשית חכמה הארוך שעשאו החכם החסיד
כמהר אליה די וידאש ז״ל תלמידו של החכם השלם
כמהר״ר משה קורדווירו ז״ל·

ואחר הקצור הזה שמנו מרפא לנפש על תקון העונות
מהחכם השלם כמהרר״י אשכנזי ז״ל·

ועוד הוספנו על כל הנז׳ תקוני שבת להחכם החסיד כמהר״ר
אברהם הלוי ז״ל·

הנה כי כן כל רואה ספר זה בעיניו יראה ובאזניו
ישמע ולבבו יבין כמה רב גבורי שכל קריאתו בו תחדש
בו נשמה יתירה חיים מהרה ובוטחי לנחמה בה שהוא בן
העולם הבא·

מ ע

הביאו אל הדפוס השע״ל כ״הר׳ שלמה מר דוד יצו שלים צפי
תוב״ב מהסגר עין ויתן לזכות את הרבי׳ וזכו הרבי׳ תלוי בו

הוגה בעיון נמרץ על יד החכם השלם כמהר״ר
יצחק גרשון נר״ו:

נדפס **פה ויניצייאה** הבירה
שנת ואשמחה לפ״ק וביום לג למב״י
בבית דניאל זאניטי

Con licentia de i Superiori .

הקדמת המגיה

אלו הן תקוני השבת:

דרש החכ׳ החסיד הה״ר אברהם הלוי הזקן אחד מתלמידי
החכם בעל הפרדס עם פרפראו ששמע מן
האר״י זכר כלם לברכה:

הוא היה כל ימיו אפוטרופוס גדול לשב׳ מכריז ומזהיר את יש׳
נמי אנשי׳ ונשי׳ על שמירתו וכה משפטו כל ימי חייו מדי שבת
בשבתו לכתת רגליו בשוקים וברחובות בבתים ובחצרות לילה
יום מחצ׳ ליל ששי ואילך לזרז את העם שיכינו את אשר יביאו
שתהא אשה משכמת ואופה ושיהיו נועלין את החנויות סמוך
למנחה קטנה דהיינו קודם תשע שעות ומחצה כדי שיהא
פנאי ביום להתקדש לקראת כלה בקריאת הפרשה
שמות ובטבילה וברחיצ׳ פניו ידיו ורגליו בחמין
וחלוף שמלותיו · הרחמן יתן חלקנו
עם שומרי שבת כהלכתו
אכי״ר:

תקוני שבת

יו

התקון הראשון שלא יוציא אדם מרשות היחיד לרה״ר ל
שרשו׳ היחיד היא השכינה רחבו ד׳ ר״ל ד׳ אותי
ששם נכתבו עשרה בצירוף השרש עם המלוי כך יוד ה״א וא״ו ה״א ויש
מטלטלים ברשו׳ היחיד שהוא מיוחד לשכינה דקב״ה ושכינתיה דעייל
בלא בר ואסור לטלטל ברה״ר שהם כנגד אשת זנוני׳ ובעלה סמאל א
אחר והיא חללה ובעלה חלול שבת · תקון ב׳ לעשות עירוב הוא
שולחן האמצעי שבו מטלטלים מבית לבית שהם ה״א עליונה ה״א
תחתונה ועליהם נאמר את שבתותי תשמורו וסודו ע״ב רי״ו דוד מלכ
מתחבר באבהן · תקון ג׳ להקביל פני שבת אחרי שרחץ פניו ידיו
ורגליו במים חמין דוגמת השפע היוצא מחי העולמים שהוא מקבל
מחסד וגבורה לפיכך מימיו חמים ואחרי שקשט עצמו ג״כ בכסות
נקיים יאמר בואי כלה בואי כלה לכבוד ה״א עליונה ה״א תחתונה בסוד
הוה גביר לאחיך כי וא״ו בין שתי ההין הוא יושב אהלים והאדם
דוגמא לזה דכתיב כ״ב וישלח יעקב ויקרא לרחל וללאה השדה אל
צאנו דא חקל תפוחין קדישין וצריך להקביל פניהם בשמחה ובשירים
ותשבחות ובנפש שביעה בבגדים לבנים ויכוין לקבל תוספת נפש
רוח ונשמה · ויש בהקבלת פני שבת דוגמא קצת לגאולה העתידה
שיאמ׳ לה הקב״ה לכי התנערי מעפר קומי שבי ירושלים רמז לעליית
מן העפר שהיא עשיה וכתי׳ קמו בניה ויאשרוה אלו ישראל או בעלה
ויהללה דא קב״ה · תקון ד׳ לקדש על היין בע׳ תיבות ל״ה תיבות
בויכולו ול״ה תיבות בקידוש וכן עולה ויכלו כיין וצריך לומר סברי
מרנן הם מוכנין לחיי כדי שיתקשר בעץ החיים ביין המשומר בענביו
ולא באילן המות שהוא היין המשכר ח״ו · תקון ה׳ צריך לתקן נר
לכבוד הדרום שעליון ושלחן לכבוד הצפון ומטה בין צפון לדרום
במקצוע צפונית מערבית ראשה למערב ורגליה למזרח והנה הנר
לדרום רומז לה״א ראשונה שמשם יצא אור לעולם שנאמר יהי אור ·
ושלחן בצפון הרומזת לה״א אחרונה ומטה בסוד מלכות שהיא אומר׳
שמאלו תחת לראשי פי׳ מן הצד לפיכך לא אמרה תחת ראשי ובדר
וימינו תחבקני ועל זה נאמר ושמרו בני ישראל את השבת לעשות
את השבת לדורותם לשון דירה וכל בית שמלאכי שרת מוצאים בו

תקוני שבת

דברים אלו שהם כסדרן אומרים דירה זו של ישראל ומברכים אותו:
תקון ו' להתפלל ד' תפלות תפלת ערבית כנגד ה"א אחרונה
מתחלת בלשון קדושה לפי שהיא מקבלת מן הצפון תחלה שנאמר
וקדשת את הלוים · תפלת שחרי' ישמח משה במתנת חלקו כנגד ה"א
ראשונה אתה אחד כנגד הו"או וגם כנגד נפש רוח ונשמה · ותפלת
מוסף כנגד חסד הו"או סוד צדיק חי העולמי' ואומרים בה כתר יתנו
לך כנגד הכתר ה' אלהינו חכמה ובינה ק'ק'ק' כנגד חג"ת ה' צבאות
שני לימודים והיסוד מלא כל הארץ כבודו היא המלכות המקבלת מן
הכל · תקון ז' לענג שבת בכל מיני תענוג ולטעום מכל המינים
והמענג הוא גורם לשכינה לקבל מכל המאורות ואף שהוא מוסיף בענג
שבת מוסיפין לו במזונו ובנשמה יתירה ואם ח"ו גורע גורעים ממנו
נשמה יתירה ואם הוא עני הנשמה מסתלקת ממנו ואם הוא עשיר
יסתלק עשרו ממנו כמו שהניח השכינה יעשה כך יהיה לו · תקון ח'
לשנות השבת לשבח ולמעליותא בכל דבר במאכלים ובמלבוש אם הוא
רגיל לאכול בחול ב' פעמים יאכל ג' פעמי' בשבת ואם הוא רגיל לאכול
לחם ויין יוסיף בשבת בשר ויתקן הבית בכמה מיני בגדים מרוקמים
ויהיה שמח וטוב לב ואם יש לו קטטה ומחלוקת עם אשתו בימי החול
אעפ' שאוכו רשאי יהיה לו שלום ושמחה עמה בשבת על כל פנים
ויקיים בו שנוי השם שכל יום חול והיום קדש שנוי מקום שנר דלוק
ומטה מוצעת ושלחן ערוך ושנוי מעשה בשביתה ממלאכה וכן לבצוע
על שתי ככרות ולטעום לפחות משני תבשילין ולקיים מצות עונה
בשמחה ובפיוס שנא' פתחי לי אחותי רעייתי יונתי תמתי ובזה לא יהי'
רשות למקטרגים להתקרב ועליה נאמר והזר הקרב יומת · תקון ט'
שלא לדבר דברי חול בשבת בסוד של נעלך מעל רגליך · וכתיב לא
רגל על לשונו שהדבור דומה להלוך בטעם לא תלך רכיל וכן עוף
השמים יוליך את הקול ועל שמירת פיו ולשונו בכל זמן כראוי לו כאמ'
ולא תטמא את אדמתך זו הנשמה אדמת קדש ודאי · תקון י' לשמש
מטתו בלילי שבת דוקא לא בחול אא"כ הוא יום טבילה או
יו"ט ור"ח כדי שיזכה לנשמות חדשות קדושות · ובגינה ביני ובין בני
ישראל אות היא לעולם ר"ת ביאה עוד אות היא לעולם ר"ת אה"ל כל

ויטען כל ישע יתדותיו לכבוד השבת אמת · תקון יא לאכול על שלחן
של ארבע רגלים לדוגמת השלחן העליון שעליו נאמר זה השלחן אשר
לפני ה׳ והוא דוגמת האדם שיש לו שתי ידים ושתי רגלים גם כן
ארבע יסודות וכן מצינו בספר השבת דהיינו פירותיו בעה״ז לאותו
קנה דף כ״ל כתבי שלחן של זהב מפני משה עשר בכי אל לסוד ארבע
חיות וארבע פנים לאחת וחיות פניהם פני אדם ושם עשרים
שלשלאות של כסף קבועות בו שכל פני׳ אלה אלה בסוד כרוב את כון
בין החסד והדין והכסף הוא הכושא ונוטל את הדין כמו השלם לו
לשלחן וצריך שיהיו עליו יב ככרות ששה מכאן וששה מכאן ונגדיו
כאמר זה השלחן כנגד יב פרקים שיש בזרועות ובשוקים ·

תקון יב ללבוש בגדים לבנים או אפלו גוונים חוץ מן השחור
והאדום שהם רמוזים לקליפות שהשכינה העליונה מתלבשת בהם
בימות החול ופושטת אותם בשבת ולובשת בגדי קדש שהם רמוזים
ועליהם נאמר ה׳ בדד ינחנו ב״ל כנגד עשרה לבושים של קדש ואין
עמו אל נכר אלא צריך לפשוט בגדי חול לגמרי והוא סוד הכ״לה
במ״ש בין לבושין דחול לבגדי שבת העליון שהעולם מתנהג בו
בחסד ורחמים שהרי השכינה וכל הנהגת האצילות נתעלו מעולם
היצירה והעשיה שהן בגדי קדרות כטעם בגד ש שיש להם קדים
לכן ללבוש בגדי לבן כנגד עולם הבריאה שהוא כוס ישועות בגי׳
אלהים והאלה לות מזינתו בסוד השוסף :

צריך לאכול דג בשבת ומה טוב שיהיה בכל השלש סעודות שהיא
רומז ליסוד עולם שנקרא שבת · ונקרא שלום בסוד
ונתתי שלום בארץ וכן אנו מתפללים תן שלום במלכות כי הוא
המטיל שלום ושפע בכל המדות · ודע כי שני הסנפירי הדג הן כנגד
גדולה גבורה והקשקשים כנגד נצח והוד · שבת נוטריקון
ש״בת ב״שכינה ת״תחבר ד״א ש״לום ב״שבת ת״דבר וכתיב לא תבערו אש
אזהרה לבעלי המחלוקת ביום השבת שהוא קשה הרבה יותר מימות
החול · צריך לקרות שיר השירים בערב שבת מן המנחה
ולמעלה בבגדי שבת לעורר האהבה בין דודים דלעילא ולפחות
בשעת קבלת שבת יאמר שלשה פסוקים קול דודי הנה זה בא

תקוני שבת

אדלג על ההרים מקפץ על הגבעות. ענה דודי ואמר לי קומי לך רעיתי יפתי ולכי לך. ישקני מנשיקות פיהו כי טובים דודיך מיין ואחר כך באי כלה ועם ראשי הפסוקים הרי יעקב דאתגר בים והאכלתיך נחלת יעקב אביך:

סי׳ שנעקר חפץ מרה״י ומניחו ברשות הרבים כאלו נעקר אילן החיים שהוא הב״י ומניחו חוץ למקומו וגורם שתעקר נשמתו לרשו׳ אחרת והוא טעם הגלות וסודו וזה החטא דומה לחוטא בכשנ״ז.

שבת מלקהו שין ב״ת ופירושו שין הם ג׳ אבות עם בית שהיא מלכות וכתיב מקימי מעפר דל מדת מלכות שהיא דלה ועניה מאשפות זו לילית וסיעתה ירים ויסלק מעליה הצדיק שנקר׳ אביון להושיבי עם נדיבים חסד גבורה תפארת במקומם למעלה עם נדיבי עמו נמכיאות אשר להם, במלכות שהיא חלק ה׳ עמו ולו תתיבב עקרת הבית בסוד ואלהיך לתפארתך.

המוציא מרשות היחיד לרשות הרבים בשבת הוא הוציא השפע והברכה ממדת מלכות ללילית הרשעה ודומה שאלו למוציא שז לכתבה שהוא חייב מיתה לשמים כמו שהתחייבו עד ואוכן אני לנפשו כי נמל אותה רעה שבשעת יציאת נשמתו מקבלת אותה לילית הרשעה ומורידה אותה לגיהנ׳ ואחר כך תתגלגל נפשו בבהמות טמאות לפיכך צריך למהר לתקן בכל כחו בכמה מצות המסוגלות לזה א׳ לתת צדקה לעניים ולכוין פנימי ויכוין שבימי שהצדקה ערכה השפע ושוכה במלכות והוא הוציא ורע לאין יעשה הפך. ויכוון הוא המית נפשות יחיה נפשות וכל שכן שיעשה צדקה עם בניו וגם קרוביו כדי ללמדם ולהדריכם ביראת ה׳ הוא הרג בניו בעולם הזה ובעולם הבא יחיה אותם בעולם הזה ובעולם הבא בלמדם שיעשה הטוב. ועוד יצטער עצמו בתעניות וכיוצ׳ בה הוא מתוך העדון חטא ונקרא רשע רע יענה עצמו בתעניות על שיקיים בו נפל עורם על עצמם וייבש החומר שהוא סוד הקליפה מדה כנגד מדה הוא חמם עצמו לדבר עבירה יקרר עצמו בטבילות.

ועוד ישבות בתענוג שבעבור הוא הוציא שוד שבת לחוץ והכניס

תקוני שבת

המלכות עניה אין כל שהוא סוד היסוד יענג השבת · ונפרש סעודת הלילה · עוד היסוד אחוז בכל המדות ובהוציאו שכבת זרע לבטלה פגם בכלם יעסוק בענוה כנגד כתר ובסתרי התורה כנגד חכמה ובתשובה כנגד בינה ובגמילות חסדים כנגד גדולה ויתגבר על יצרו כנגד גבורה ובתורה ואהבת האמת כנגד תפארת וברדיפת אחרי המצות כנגד נצח והוד ובהבאת שלום כנגד היסוד ובהכנסת חתן וכלה ובשמחתם כנגד מלכות ואז יתקן עוד הוא סוד זרע נתן לחנוכים יפזר צדקה לבעלי תורה ועניים ובזהר אומרים שמכירת יוסף והשלכתו לבורה הוא דוגמת חטא זה שסוד יוסף ממנו יוצא הזרע לכל העולם וכשהשליכוהו שם השבטים ואלקוהו מעל הבאר שהוא מלכות ומדד להם הקב"ה מדה כנגד מדה והוצרכו לגלות מארץ הקדושה המה ואביהם וישבו שם ובניהם בחומר הקליפה ר"ו שנים ומן הדין היה שישבו שם ר"ך שנים כנגד כ"ב שנים לכל אחד ואחד מעשרה שגרמו ליעקב לשבת כ"ב שנים בחק בסוד הגבורה שראובן גם הוא הכניס באותו מעשה אעפ"י שהשבתו טובה אלא לפי שאותן עשרה שבטים מתו בחו"ל ויוסף ובנימן עמהם נתכפר להם עשר שנים ונשאר ר"ו:

אמר הקב"ה זכור את יום השבת כלומר זכרו מה שעשיתם ליוסף שסודו סוד השבת ושמרו השבת וכבודו ועדנו ובזה יכופר לכם עון מכירת יוסף והוא הדין לעון חמור זה שזכרנו שהוא דומה לו ודע כי בעון חלול שבת שהיא מקדשת כל שבעת ימי השבוע לשומריה ומענגיה נגזר עליהם גלות שבע פעמים כ"ב שנים לכל אחד מעשרה והוא אורך הגלות הזה · עוד המוציא זרע לבטלה גולה מן הארץ ואינו זוכה ליקבר בה וימות בקצרות שנים כמו בני יהודה וירמיה עליו השלום פגם כלכד כמנס בכך והתענה עליה תתק"ל ימים עוד הוא הכיח השכינה עניים לפניה עני הוא האיש בכיון לפי יאותו בכיון אחרי שכבו צער גדולה ואין בכל העבירות כמו הזנות ושופך זרע לבטלה שגורם לשכינה צער ושפלות וגלות ושפחה כי תירש גבירתה ומאדם הראשון חרבן הבית וגלות ישראל:

ושבט שמעון ולוי שקנאו על הזנות והרגו משכם כ"ד אלף והכניעו

תקוני שבת

וקבלנו כי יחוד נשיא שמעון והלך עם שבטו לזנות מתו מהם כ"ד אלף בעבור עון זה שכן המלכות היא מדת הדין ובהיות היסוד משפיע בה אזי מתחלפת רחמים ונותנת אריכות ימים ושלום בעולם. ובזמן שמסלקים היסוד ממנה וכ"ש שמשפיעים ממנו לחיצונים אזי לובשת קנאה ונוקמת נקמות נמרצות וזהו נקם ברית ומימיך ואין אות זנות חרון ואין הקב"ה ארך אפים בזה ולפי שפנחס קנא לשכינה שסלק מעליה זמרי בן סלוא היסוד שנקרא שלום ונתגוללה אל נכר נקם פנחס והחזיר השלום למקומו. וזהו תחת אשר קנא לאלהיו שהוא מלכות נתן לו השלום ונעשה בן בית שהוא כהן שעל ידו יתייחד המלך עם המלכה בקרבנות ובקטרת ובשאר עבודות שמצוה גוררת מצוה הוא גרם ייחוד פעם אח' וזכה לייחד כמה פעמים ופנחס הוא אליהו שבא על כריתת הערלה הדומה לכריתת מטמא ברית ושמח בשמח' המילה וכשנגלה יוסף פחד יעקב שמא טמא שברית נעל זה שיש מתאבל וכשבאו אחיו ואמרו עוד יוסף חי שעדיין הוא דבוק באל חי ולא טמא הברית לא האמין יעקב לפיכך אלכה ואראנו בטרם אמות. שהיה בקי בהכרת פנים כיון שראה אותו שלא חטא שמח מאד. וזה הוא שאמר אמותה הפעם אחרי ראותי את פניך כי עודך חי פניך מחם. וכדי שלא ישאר אותו פגם שעשו השבטי' לעולם לפיכך השביעם שישאוהו ויקברוהו בארץ ויעקב נתן לו חקים ראוי לו שהוא עיר שכם הרומזת למלכות וקברוהו שם ואף על פי שהם לקחוהו חי והחזירוהו שם מת מ"מ נתקנו קצת:

ארבע רשויות לשבת רשות היחיד כנגד יו"ד שבשם רשות הרבים כנגד ה"א ראשונה דדינין מתערין מנה.

ואין קיום לקליפות אלא ברשות כרמלית כנגד הוא"ו מקום פטור כנגד ה"א אחרונה:

אסור לדאג בשבת כלל אפילו על חרבן הבית לא יזכרהו ולא יתודה ולא ימסור עצמו למיתה בנפילת אפים:

טעם אסור מלאכה בשבת כבר ידעת שבעולם העשיה נאחזו ט"ל מלאכות ושבעים אומות מ"ה אבל שומרי שבת נאחזים בבריאה ובאצילות שמשם השביתה והחירות לפיכך כאשר בו דבור של חול וכן אסור לגעת חוץ מאלפים אמה לכל רוח שהן

תקוני שבת

ח׳ אלפים ושנה דוגמת השם הקדוש של שמנה אותיות יאהדונהי וכתיב אל יבא איש וכו׳ וזהו תקון מתקוני מלכות שהיא שמינית לבינה שבת הגדול וזה כוונת השם שזכרנו והיא מקבלת ממנו בשבת נשמות חדשות זכרים ונקבות בסוד עונה ומחלקת אותן למקיימי מצות עונה דוקא מלילי שבת ללילי שבת שהם כלולים מנשמות ישנות ומתוספות שיש להם עונות ראשונים וזוכים לנשמות חדשות שלא כמאלו כלל ובניהם יהיו חסידים ואנשי מעשה חכמים ונבונים כטעם אלה תולדות נח נח איש צדיק: **שבת** בגימטריא שבע שמות ושתים תמיד תור"ה יאמר ב"א היינו פ"ו כנגד שם אלהים שבו נברא העולם על ידי שנסתכל בתורה וחמש יותר על שם חמש אותיותיו כטעם בה׳ בראם· ויש בזה גימטריא שבית השמים והארץ· הוסף עליהם ה׳ דבשברא הרי שבת עוד תורה הויה א"ד דאיכון שתי תורות בכתב ובעל פה וכן בגימטריא שבת: **טעם** למה אמרו חכמים מלאכה בערב שבת מן המנחה ולמעלה לפי שבחול שולט עץ הדעת טוב ורע וכבר ידעת שטוב הוא מטטרון ורע הוא סמאל ובשבת מתנהג העולם על יד עולם הבריאה שכלה טוב ואכילות אסור בה לפיכך צריך להרחיב גבול הקדש ולקצר גבול החול· ועל זה נאמר לא תסיג גבול רעך וכתיב אל תסג גבול עולם·

ובשבת יקרא מסכת שבת כלה ח׳ פרקים בכל שעודם שהם כ"ד פרקים כנגד כ"ד צירופי אדנ"י שהם כ"ד קשוטי כלה שאמר ישעיה שבשבת מקבלת המלכות מג׳ מדות חסד גבורה ת"ת· ונקראת ירושלם הבנויה פירוש וזהו שלשה פעמים ע"ב כנגד שלשה מדות וזו היא שלימה: **פרפרת** יום השבת ויקדשהו ר"ת יוהו ס"ת מתו שב ה׳ אזהרה דהיינו ארע לא מתה אלא אתכטל בסוד שומר כל עצמותיו וכתיב המשא את עונו אח"כ לא נשבר אח"כ היא יונכתי תמתי אח׳ הקא לפיכך עקר שמירת שבת היא שבת מלכת דיעלי שבעא אם קשו. משבת ר"ת אמת משב׳ הגליך עשות ר"ת מרע [illegible] מסתלק הרע ועלה הטוב ביום קדשי וקראת לשבת ר"ת בקול ר"ל לומר לך שצריך לומר הקידוש בקול רם· **יציאות** השבת שתים שהן ארבע דבני יוד הא הם ב׳ ובמלואו בו מספר ה׳ [illegible]

תקוני שבת

השם ראשון הוא עקרו ופנימיותו ושתים שהם ארבע בחוץ ו"א ב"א
בני יש כמספר המלוי של ד' אותיות במלוי אלפין שהוא בגימט' יש:
אריב"ה מלכים את החמשה הם ארבע אותיות השם הגדול
את החמשה הם חמש אותיות המלוי הרביעי שהוא ב"ן
עוד ארבע מלכים אותיות יהוה את החמשה אותיות אלהים דכתיב
ה' הוא האלהים· שבע פ' שלש מאות כנגד מלוי אלהים ביודין
שהוא בפנים בבינ'· ע"ב כנגד מלוי הויה ביודין שהוא בפני החכמה
וכיון שהם פנים בפנים הרי שבע הפך רש"ב לי ר' שהוא אלהים
באחור של בינ' ע"ב פשוט כפול משולש מרובע אחור של חכמה וצריך
באחוריים רע"ב· כל מחללי שבתות ויש עליהם כאמור לא תקם
האדם יצא בבנים שאין שכינה וזה מהם לעולם דכתיב כי היא חייך
בפה ואורך ימיך לעולם שבא שכלו צריך לשבת על האדמה זה עול
הנשמות בג"ע התחתון וכוחו מכל בני גולים· שבת הפוכ
בשת כשעה כראות ירא בשת ולא תחלל שבת שקדמה לעולם· כל
מי ששומר שבתות ויש כראוי עליו כא' ותבא אליו היונה לעת ערב זה
ערב שבת יונה זו שכינה דכתיב בה ולא מצאה היונה מנוח לכף
רגלה מכל מחללי שבתות· כמה צריך האדם להשתדל לענג
את יום השבת שהוא שביעי לימי' וסימנך זין משמעותן ומשמע
כלי זין שכל המרבה במזון ביום זיין כפול מכל כלי זין לפיכך צורת
הזין היא דומה למרב ודומה לשבלת של חטין וכל המוסיף מוסיפין
לו נשמה יתירה ורוח הקדש· בואי כלה
בערב שבת טוב לאמרו נ"פ ולכוין בכל פעם שם יה והואשם מלאך
יה יה יה ומקורם נ' פעמים אהו"ה אם לא יאמר בואי כלה לא תבא
לו נפש יתירה עד שיאמר ברוך מקדש השב' ואז ודאי זוכה בה דלא
נרע באי כאי בגימ' כ"ו כחשבון שם הויה לכוין ליחוד השם ויאמר
נ' פעמים יכוין יהוה אהד'· כי פועל אדם ישלם לו כאן רמז מאמר
ז"ל שהב"ה אמר לישראל על ענין הוצאת שבתות וימים טובים בא לוו
עלי ואני פורע וזהו פועל נוטריקון לאפרע אות ללוו עי' עלי ואני
פורע את' יעקב' איש' ס"ת שבת בזכות שמירת שבת ירד' שבים
אבותינו למצרים כדי שבשבילם יזכו לגאולה:

תיקוני שבת

קראקא
שנת שע"ג

תיקוני שבת

[illegible]

יתעלה הבורא ויתברך הדר זכרו השמים ותגל הארץ וכל הלבבות הרואים את כבוד אשרי כוחם ספירי
ספיר גזרת הספר הלז לעלות במעלות עגלות מרקחי אורות מאורות הגדולים אשר צפון ליראיו העומדים על
התורה ועל העבודה עבודת הקודש ועל שכמם שכם אחד בגלל הרב הזה שמעוני אחי גבירי יומשי על מדין כולו
זרע אמת כי ראה ראיתי ונתתי על לבי אף רוחי בקרבי כאשר יהי בימי חרפי פי ולבי שוים לאור בהכא האקו׳
כי זה כל אדם יגעתי באכתתי כי אותי יחי הילדו אלהו עברו למו כרדפי כל תאוה ויכלו באפס תקו׳ . התבוננתי
על מקומי ואיכר כי מכל אכפים ואין דעת אדם בי כי בער מבוער נבער אני מדעת וכמה אוכל אוכ הקי׳ לחזו׳
בנועם יי׳ ולבקר בהיכלו כולו קדש . והשיב לבי ברעיוני מה לך נרדם ועד מתי עצל תשכב מתי תקום משנתך קו׳
וכתוב בספר החיים למען אלהים חיים על ידי מחוקקי ישרי לב ולך אל נמלה ראה דרכיה וחכם תכין בקיץ לחמה
שני ספרה בערב שבת יאכל בשבת מבושה לחי העולמים : ואקומה נא ואסובבה בעיר ברחובות ובשווקים בתי
הנפש שאלתיה לבקש לי מנוח אשר ייטיב לי ולהיות משיב נפש להתעדן גם בעלמא דין ובעלמא דאתי ולהכביל את
שכותי כי מעודי היה כל חפצי ותאותי ויגעי לזכות את הרבים רבי העולם מאן מלכי רבנן ולדחוק עצמי ולהכנס
לפני ולפנים מתחילתי שלא כדת . ולמה שהיה מדרך החכמים שלאים וכן רבים ככוכבים במסילותם להופיע
ולהשפיע משלימותם לזולתם יום ליום אומר יביעו יעביעו נפש מוקקה ורקה יר קו נפשי שמי ערומי הסגת׳ ועל
אורות חכמתם העצומה על עם נחה נפשו : יהיה כל כמה לפני מעיינות תבונות הוצה לכתימי דעות אמתיות
תפתח מים חיים כנחל בין יכין מטל ומליצה וכל יבוא בריכה לכבין אמרי בינה . זאת היתה כוכה כבוכה ראשונ׳
לכל איש אשר בעלו ומלאו לבו בקרבו בקרב קדושים לחבר . אמרי שפר כתוב בספר להאליר אחריו ברכה : על
כן כאשר שקטה רוחי בקרבי כי לא מלבי ובעורתי חננו לעבודות יי׳ בגבורים לקרבה אל המלאכה מלאכת הקודש
כאשר תאוה ותרליכה עיניהם ולהראות את סעמים עם גם ישראל את יפיו ושובו אל החיבור הסובר חבר
בטעם ונעים להיותם אחים ורעים בהילולא דמטרוניתא שבת מלכתא כ״כ החיבור הקדוש הנקרא כמה כל חי תקון
שבת שם שם לו חק וכמוהו לשבת מלכתא קדר הכמות ורב האיכות כי הקדש ואכה יי׳ לידי מגדולי עולם וראשם
מגיע השמים . שפוכי טעומי חכמות ומוגית אשר אסף בחפניו רוח אלקים מרחפת על פני המים יבולי כחרי בהלי
מים רוח חכמה ובינה רוח דעת ויראת יי׳ כיוא אוצרו משעד עיניכו איש האלקי שמו נודע בשערים מר כמו׳ יושב
בשבת תחכמוני ראש המדברים דברי אלקים חיים אבן הראשה לשם ולתהלה ולתפארת בוצינא דנהורא כהורא
מים ספיר אור נח ומנוחה ר עם ישראל כמה״רר יצחק לוריא אשכנזי זלה״ה אשר ידיו כוננו וכפתו איתם
ויעם עצמה ידיו רב לו אלפים וכן רבים מעשה תוקפו וגבורתו כלה למשמע אוזן תאום. רומיכו וכפסינו . ומצרף
לזה ככסף צרוף דברים עתיקים כלקטים כי לבו קו לקי ממקובלים ראשונים לפני הבם ולאחרונים כולם ישרים
למבין . לכן אתם גם אתם כהני יי׳ מורי בצדק והחכמים מודדי ארץ רביעי אל נור הנכעם ואל מקנת נור בקרת׳
עפי ומיו כי דבריו הם דברי אלקים חיים מתיק וט״ב לעיני הרואים המשכילים והמזהירים כזוהר הרקיע כי היום
אליכי מי מנוחות השם ששב רצון במתכה לשון רכה בחכמה ובדעת מודעת זאת לכל הארץ לרקים ס״כים דוד
הנופלת נדקתו עומדת לעד כובף כל קבל דכא הועלת עצום ורב אשר יניע ממנו להדכ עם נפשו הונרוק אפס
אל אחותו נרורות בגדור החייב למי אשר יפקיד על דלתותיו מידי שבת בשבתו זה השלחן אשר עליו לחם אבירים
ומזון ליראי יי׳ ולחושבי שמו כי כל מבקש את יי׳ ימצא מכל טוב מכל יכסופהו לטהר אלא נופו ונשמתו כי
כולאי יש שכר לכל מוסיהם כמשולר בפנים כאשר תאוכה עיניכם במיפרים . כי הם יכחלו לאוכי יום עולמו׳ עין
לא ראתה . ועתה כי הקרה יי׳ מקרה טהור וקדוש ספר הנחמד ואף כ״ים באתי לפני גדולי עולם שרים רבים
ונכבדים אשר מאכילי בני ישראל המה ובראשם צדיקים יושבים ועטרותיהם בראשיהם החכמים הגאונים הנשי
בשם אשר יושבים ראשונים בכל המלך מלכו של עולם עיר ואם בישראל ק״ק קראקא יצ״ו : ויביאוני אל היכלי
טירותיהם וירוני ויאמרו לי בני יתמוך דבריכו לבך הט ושמע עמם והבלא במלאכת הקודש בעניין הנגלה לבדו
אבל לא כסודו הפנימיות אשר נכונים הם באמתות כתבי לא יעלו לרצון כי אם על שלחן מלכי מאן מלכי רבנן
אחד בדור שנים במשפחה ובאבנע לפת כי לאו כל אדם זוכה עליהם : ובכן התרציתי למבוקשם כי ראיתי אשר
רוצי כי לשם שמים כתכוונו וכוונתם רצויה לפני אדון שמים לרום . וכיון שהגיעו עלי בעלי סבירה פודס והדרש

עקורש

תיקון שבת מלכתא

שורה השמש עד מבואו מה רודה אתי כבעל כל הון יקר למען יזכר שמי ושם אבותי לטובה שהבאתיו [illegible] ושכחתי עלי ברכה ערוכה של ימי חייתי ואף כי אחרי מותי כי כותבים שכר למביא שם : אלה הן דברי ירא ושר' [illegible] אלהים כאשר הנבר סוקם על מלאכת שמים להוציא לאור תעלומות חכמה : ולכרע אלא קומי לרנה ולהתחוה קודם [illegible] אל [illegible] יקרת ויסר [illegible] כי בני קורא כקטן כגדול ידין אותי לכף זכות ויבואו ימים אשר בהם [illegible] להשיות דוחכו בקרבכו [illegible] ולקיים [illegible] ומלא הארץ דעה את יי' כמים לים מכסים כה מעתיר הצבר הקטן [illegible] לכל אשר יכונה בשם ישראל ולפרתו ולכרך בשמו בכה ואל במהרה בימינו וכחיינו ובחיי כל ישראל כולם אמן כן יאמר [illegible] שוער הברית והחסד לעולם הוא אומר ועושה אבטח עליו והוא יעשה : [illegible]

יהודא בן עה"רר דוד הכהן ז"ל ס"ט מתושבי עיר כודין יע"א :

תיקון שבת מלכתא

ידוע ומפורסם הוא לכל רואי השמש אשר הריחו בירלת יי' רוח חכמה ובינה ודעת מעלת יום השבת קודש היא שנקודה שלאמצעית של שש קצוות ימי השבוע המשפעת והמוקבלת חיים לכולם. וכולם מתברכים על ידו'. [illegible] דכיא נקודה קדישא [illegible] עקור החיים עולם הנשמות וכמבואר בס' הזוהר פ' יתרו עמוד קכ"ו. על כן [illegible] אשר דיברו חכמינו ז"ל בס' [illegible] תוקעים במקדש [illegible] תקיעות וכו' וכם ככנגד אלו [illegible] ימי החול. [illegible] הקליפות [illegible] שולטות בו ימי השבוע : [illegible] ג"כ [illegible] דיכים הקטים [illegible] [illegible] ודין [illegible] והוא ככנגד [illegible] אלהים [illegible] [illegible] לכיתרים [illegible] יתרון לו לאדם בכל עמלו [illegible] תחת השמש ואין לו [illegible] בעולם הבא לכן [illegible] ולהתדבק בו ית' [illegible] לכבוד שבת [illegible] [illegible] הקליפות [illegible] ערב שבת [illegible] קדושת [illegible] בכל העולמות וכל השערים [illegible] תקתית עומדים להפתח [illegible] כמבואר בס"ה [illegible] בגלל כן כל אדם אשר [illegible] יכין עצמו לקבל [illegible] רוח נשמה [illegible] עצמו [illegible] מקדשים אותו למעלה [illegible] נשמה [illegible] ביום [illegible] [illegible] לכפש [illegible] כתר [illegible] [illegible] ורוח [illegible] [illegible] לנפש [illegible] למעלה כי [illegible] [illegible] וזהו [illegible] [illegible] כי [illegible] ויום [illegible] [illegible] לו [illegible] [illegible] [illegible] רוח [illegible] וכיון [illegible] ימים [illegible] דברים [illegible] רוח נשמה [illegible] [illegible] [illegible] רוח [illegible] דברים [illegible] ככנגד [illegible] [illegible] קבלת שבת ככנגד הדיבור [illegible] ככנגד [illegible] [illegible] שבתות [illegible] דברים [illegible] [illegible] והעיקר [illegible] [illegible] ככנגד [illegible] [illegible] עלי [illegible] [illegible] כי השומר שבת [illegible] קיים [illegible] התורה כולה וכן [illegible] רוח נשמה [illegible] שבת [illegible] [illegible] רוח ונשמה [illegible] [illegible] [illegible] [illegible] [illegible]

וכן [illegible]

תקון שבת [illegible]

ובנו"ע על נפש רוח נשמה בסוד נה"ם כדכתיב כי מ"ה אל"ף בית [illegible] ואותיות האמצעיות עולים כמנין [illegible]
[illegible] סוד [illegible] לרגליך [illegible] דבר [illegible] ואף [illegible] כרגן מפריד אלוף [illegible]
[illegible] כרגן מפריד אלוף [illegible] עליו נפש רוח נשמה על [illegible] : על כן אחר [illegible] ערב שבת [illegible]
לטהר עצמו [illegible] חייב אדם לטהר עצמו [illegible] לבער ולכרות [illegible] ערומו [illegible]
[illegible] סוד [illegible] ויקויים [illegible] נשמה [illegible] וזכין למועדי [illegible]
בערב שבת [illegible] קודש קדשים [illegible] לכל הקדוש [illegible] ואם [illegible]
[illegible] ויהיה [illegible] למטה [illegible] למעלה [illegible]
[illegible] בארץ הקדושה ארץ ישראל עוד היום [illegible] בכל ערב שבת [illegible] ומקבלים עליהם [illegible]
[illegible] ויאמר [illegible] ואחרי כן [illegible] קול [illegible]
[illegible] לפי [illegible] ויאמר [illegible]
[illegible] ויאמר [illegible]
[illegible] ונתחייבתי לפני [illegible] בן [illegible]
זכות צדקת אברהם אבינו [illegible] בעבור כבוד שמך ותטהר [illegible]
למעלה [illegible] ויהא [illegible] כ"ד [illegible]
[illegible] כבוד שמך ואתה ברחמיך הרבים [illegible]
[illegible] ויאיר [illegible] : וכן [illegible]
אם פגמתי [illegible] של שמך הגדול הגבור והנורא [illegible] והתחייבתי לפני כסא
כבודך [illegible] בעבור [illegible] שמך ותטהר [illegible]
[illegible] למעלה [illegible]
[illegible] דבר כבוד שמך ואתה ברחמיך הרבים [illegible]
[illegible] וגם קדשך [illegible]
[illegible] ויאיר ברצונך [illegible] וכן [illegible] אם פגמתי [illegible] של שמך
הגדול הגבור והנורא [illegible] ונתחייבתי לפני כסא [illegible]
[illegible] צדקת יעקב [illegible] בעבור כבוד שמך ותטהר [illegible]
למעלה [illegible] הגדול [illegible]
דבר כבוד שמך [illegible] ואתה ברחמיך הרבים [illegible]
וגם קדשך [illegible] וכן [illegible]
[illegible] אם פגמתי [illegible] של שמך הגדול הגבור והנורא [illegible] והתחייבתי
לפני כסא כבודך [illegible]
[illegible] למעלה [illegible] התורה [illegible]
[illegible] דבר כבוד שמך : ואתה ברחמיך הרבים [illegible]
[illegible] וגם קדשך [illegible]
[illegible]
[illegible] אתה תקום תרחם ציון כי עת לחננה כי בא
[illegible] ויאמר [illegible]
[illegible]
[illegible]
[illegible]

[illegible]

תקון שבת מלכתא

ויאמר ה' אם תוכו יכם נגצו במים לפחות עד גרונו ויאמר ג' פסוקים אלו מי אל כמוך וגו' ישוב ירחמנו וגו' תתן אמת
ליעקב וגו' יסרני ה' אך במשפט וגו' מן המצר קראתי יה ענני במרחב יה: ויאמר כשם שאני מטהר איתי את גופי
שקרוץ מחומר למטה כך יטהרו מלאכי עליון מלאכי השרת את נפשי ורוחי ונשמתי למעלה בנהר דינור. וכשם
שאני מקדש את גופי למטה כך יקדשו מלאכי עליון מלאכי השרת נפשי ואת רוחי ונשמתי למעלה בנה' דינו' כש'
וי' גוה האלהים וכשם אהרי בור כל העולם בשב"מלו: ואם הוא בעל תשובה ובא לטהר את עצמו מערב שבת
אף כי בכל ימי השבוע תיקוני כן רק שאין אדם יכול לעמוד עליו מע"ש בערב שבת שהוא עת רצון תיקון של
מלכתא צריך לכלול ג"כ שבילת תיקון בעל תשובה עם תיקון ושבילת שבת מחלה שמתמע ערתי אם הוא כריה
יכול לכלול שבול יד' טבילות לשלוש על י"ד עיקים הרעים להפך אותם לטובה ולהיות לו כח לעמוד בהיכל עלכו
של עולם כמ"ד ועתה יגדל נא כח ה' כאשר ונתיקון זה יהיו כמתקים אותם הי"ד עיקים הנ"ו. טבלה ראשונה שהם
קוע"ל להעביר זוהמת עונו. וג' אחרות ליחד ג' אותיות ראשונו' של הוים אסים אלהי הנזכרי' לעיל כפי סדר הודו'
וג' טבילות שניות לג' תיקו' שכו'. וכן לג' ג' שאר טבילות כנגד ג' אותיות שלשיות ורביעיות. וטבילה אחרונ' כל
ליחד ג' שמות כולם כאחד ויחדיו יהיו תמים על ראשו להשפיע עליו רוח טהרה ממקור כל המקורו'. וכבר מבואר
כל שאר תיקוני בעלי תשובה בסוד כונת הטבילה בתיקוני התשובה בס' כ' ובספר שפתי יונה בכמה מקומות אין
מספר ע"ש: אבל לענין תיקון שבת לבד אף כי יאמר הודוי הנ"ל. לכו צריך כי אם ג' טבילות. א' קודם להעביר
זוהמת עונו והסרת מטרא אחרא השולטת בימי החול כי אין צדיק בארץ שילמו מעונותם הב' הוא הכנה לקבל
ביוני מלכותי השמים' ונטבילה זו יכוין בג' שמות הנו' בכלל ובפרט מעלים כמכוין יב"ק ... קרליבז
וזהו סוד ויעבר את מעבר יב"ק ויקחם ויעבירם את הנחל ויעבר את אשר לו כלומר בטבילה זו עם הכוונה כנזכ"
שמכוין בשם יב"ק הפליט יהמם לו עליו הקדושה ויפשטו ממנו בגדי מעילי מטרא אחרא דיומי החול ברוב רחמי הא
שנו' בר' "חסד לאלפים ר"ת בח"ל ובזה מעביר את כל השמות מטרא דמסאבא אשר לו. הב' הוא מטהר' העיקר'
וכיון בכונתה כתיקונו ברחימו ובדחילו או כמולד דמי וכשם אדם בצ'מו כבלם אבי ונכו סוד זוהמת בני כמותם'
וטבילה עם הכוונ' לבני הוא אדם כלומר בטבילה הראשונה שמעביר ממנו זוהמת עונו שהוא משלח אותו כאילו
נכנעה אדם כנולד דמי: ואחר שיבא מטבילה ילבש כדרכו ואז הוא שהו' וקדוש מטרא דמסאבא דפרי' עליו
קודם וכמוש קס"זה כופל ובטבילה הא לו רוח מסאבא פוסלת וכורתת ומסתתר ובן עולה טבילה עם כה' לתיקו'
כמכוין טומאה ודו ויאמר אח"כ תפילה א' כשיש שפתותיו פרם במלמה פריס שפתיהו ויהיו או ככרתים של תרום
מסאבה ובן עולה רוח מסאבא בני אדם ווכי סוד זמירות של תפילותיכו עד' וזמירות היו לי חוקיך. ויאמר ירצה אם
טבילה זו שטהרתי את גופי עם פיו שפתותי והגיון לבי לפניך מקובלת ומרוצה כאלו הקרבתי בשמנו כל
שמעבחיים שמקדם ובתפיפות ידיהם על בסכים בשבי סימני שבנוסרי לפיוסם אחוכ' של שם הענ': וכאלו הקרבתי
במאכלת המיוחדת לשחיטות העולות וכתקבל דמי בכלי שרת כנכון וזרקה לפניך לפיום קולו' מ"ם העכם. וכאלו
הפרשתי אבר אבר וכליל לאישים לריח ניחוח לפניך לפיום ה' ראשונ'. וכאלו כשרתי אפר על מזבחך שהו' שהו'
אידי קרבן ועבר עלי דין סקילה כמנות תרומת הדשן שקיל נמר הכפר' לפיום סלור של שם העכם. ואתם כרחמך
הרבים ירצוה ה' שבזכות אברהם יצחק מיפלל ועזריה שבוסלבו לכבשן האש יוכ ניצלו כן תצילני אם נתחייבתי
שרפה לפני כסא כבודך. ואם נתחייבתי לפניך הרג ירצה' הוא שבזכות יצחק אבינו שנעקד לפניך בשם לטבח
ליהרג וניצול. כן תצילני מהריגה אם נתחייבתי לפניך כי רעו' ואבון סקה. ואם נתחייבתי לפניך חנק ירצה אם
שתצילני בזכות יעקב אבינו ע"ה שהצלת אותו מיד אליפז בן עשו שבא בדרך לחנקו ולהמיתו וניצול. כן תצילני
מחנק: ואם נתחייבתי לפניך סקילה. יהי רצון מלפניך יי' אלהינו ואלהי אבותינו שתצילני כמו שהצלת את
משה רבינו עליו השלום כמ"ש שכתוב עוד מעט סקלוני וניצול. וכן כמו שהצלת את משה וישראל מאבן שבקש
עוג מלך הבשן להפיל עליהם וניצולו כן תצילני ברוב רחמיך הרבים וחסדך הגדולים אם נתחייבתי לפניך
בה לה. ואל פה תשיבני ריקם מלפניך כי בשמעתי ברוב רחמיך ואין אתה שמן בה ... על רעתי כי אם

תקון שבת מלכתא

פסוק מרשעו וחיה שנ' יעזוב רשע דרכו ואיש און מחשבותיו וישוב אל יי' וירחמהו ואל אלהינו כי ירבה לסל' מי
שהסב את הלבות ולבב את הבנים מי שברך את הלבות יברך את הבנים מי שבא מי שדרש מי שהדר מי שוע"ע מי
שוכר מי שחכן מי שסהר מי שיסר מי שכבד מי שלמד מי שבחל מי שעלם מי שבשל מי שסמך מי שעזר מי שפדה מי שצדק
מי שקדש מי שרום מי ששער מי שתמך את הלבות יתמוך את הבנים מעתה ועד עולם א"ס · ובאמת בטעם
לשבילת ש"ת הוא כי עניין שומלת החול הוא כעניין שלאת כעת שכ הטומאה ששמת ימי החול שמשר' דאפלב'
שלא"כ דמות שכם לבר שעב ... קדושה כו' ככאור לשעלה שבשופלים כע"ב שבת עלכתא שמלקי' ובדרמי' עמנא
אוכן כיונים קליפו' מרוח כשלב' אשר שלטו עלינו בימי החול · ועל כל פנים מי שאין בו כח לשמ"ד כזה לא
ימנע מהמלוקא אלוקי' דרבנן וישפה קידום ברחיצת שכיו ידיו ורגליו בחמין דוגמת השפע שיוצא מחיהע לציש
שמקבל מחסד וגבור' לפיכך שימ"ו חמין · ולא ועוד ימבאר טעם מים חמין עם מס שבת ב בספר הנ"כר דשלטיבא
ע לה בע"ס שניהם עם כמו שרשעי' הכבכם' בגע כלות שע' שודו שבולרלי' דעי חן (ועיין בס' הפרדס בערכי
הכינויים בערך שלהבת ועניין שבודו·) ורחיצת שכיו הוא בסיבת שכ"א גלם אלהי' דייקן של מעלה · וכל דבר שהוא
יותר קדוש הוא יותר מוכ"ר לקבל טומאה: וכל ימי השבוע ינאסו חושך וגלמות אמללו אך אם בגלם אלקי' שהלך
איש ועבה כלאור ועוד כי נפשיו כחקק וכרמז שם הגדול שם של ההוא כיד"ע ויכוין בטהרת רחיצת שכיו כמעי
ידיו ברומז' לדברים כעלמי' שבכל ימי השבוע גלם אלהים אשר ברמז בשכיו מחסך מכח רוח מאלב' דשריא על
שהוא דיוקנא כלאור ועתה בטהרת רחיצת שכיו בשת ידיו משיר הרוח הרעה לכן צריך למסר ולרחוץ שכיו לטהר
גלם אלק' כלאור · ורחיצת ידיו ורגליו יש רמז שקידום ידים ורגלים מכהן גדול משודה שכולר · וכן שבכו ראיה
לזה במסכת שבת פ' כל כתבי א"ר יהודה אמר רב כך היה מנהגו של ר' יהודה בר' אלעאי ערב שבת מביאין לו עריב'
מלאה מים ורוחץ שכיו וידיו ורגליו ומתעטף ויושב בסדיני המצויי' ודומ' למלאך יי' צבאו' · וכן בספר הזוהר פ'
ויקהל כדעאל שבתא אצטריכו איכון עמא קדישא לאסחאה גרמייכו מטנופא דחולא מאי טעמא בגין דכחולא
רוחא אחרא אולא ושריא על עמא · וכדין בעי בר נש לאסתלקא מן ההוא רוחא ולאעלא ברוחא אחרא קדישא
שילאה וכעי לאסחאה גרמיה לאשריא עליה ההוא רוחא עילאה קדישא כו' הרי מבואר לפלך בלשון החכמים
הגדולים האלו מאורות השמים שהכרכו כיוכר הכהנים בדחיצ' שכיהם וקידוש ידים ורגליו: ואחרי שהקדמתי איך
שיהיה א' שעלה אלה דהייכו שרחץ שכילה רחיצה הכוכר ס' שעשה לו ולא יעשה צריך להוסיף מחול על הקודש
בעשק לימוד שנ"ת שניים מקרא ואחד תרגום שם דם רב' שנים עליך א"ר כלי שום כהפסק דיבור ופיריד ונכיוב'
בכוכבי ושנ"ת שמש ת עולם וזהו סוד ויקרא אלהים שמות כל אר כיון שכ"א קורא שנ"ת בקרא אדם כי שבק"ריאת
שמות בזה יבוא בריכה שכשם יתירה כי זה כל אדם · ולוה שם אדם משובח ושמ' אר מכל הבכוי' אים אבום כ"כבוא'
בספר שוסר בכעה שקיפו' · ויכוין כי בקריאת שמות ימשיך עליו רוח ע"רכ כבמו ימירי הלמעלה מאל קדמא
בידוע ליודעי חן ומבואר ליודעי חן כי בערב שבת שחכ"ת ואילך שמח ל לכהב ב"ק כ"ג ק קדושת שבת כלמו' על
שובלי שבת ויום לא' שעות עם השעה א' שמוסיפי' מחול אל הקידש כמבואר בספר הזוהר פ' ו קהל עמ' ד שעא' וכל
חסד אל כל היום וזהו סוד ולא אולי כארן לקיום ד לא' שעו' כרמזים ברם ק"ל אלב ה שלשים ואחד ורמקים
למפרש ולזכות' יוכה כלי ספק עין לא ראתה · ואח"כ אם יש לו כלי ללמוד זוהר ואל"ר ספר הקבלה וכדומ' · ויכוין
בשם של ע"ב שעולה כמכוין אדם שהוא בתפארת ישראל סוכ' לזוהר הרקיע שהוא מדת יעקב תפארת ישר' למעלה
והאכלתיך נחלת יעקב אביך וימשיך לימודו עד לבנו קו לקו עד עת ווען המנחה קטנה דג' ימי קודם תשע שעה
ומחצה : ויתכלל שכפם כדי לחבר האוכללים ית יחד בהלכה רבה ואמרו חכמים ז"ל מלאכה מן מנחה ולמעלה ·
בטעם כי בכל מי שהיה אוכל מעץ הדעת טוב ורע שהוא מ"ם : ורע הוא מ"ן ובשבת מתקן העולם על עול הבריאה
שכולה טוב ושלם האכילת מאיר כם וצריך להרחיק בכל החול ואחר · מנחה בבניע ק"ר
שבכשת כלה מיד יזרו כל א' זה' כאיתם כחסידי' ואנשי השם אשר היה ראה אלק' כלכם כחנשי כתלמוד שהיה אכו
שמים ויאמרו שים לרעתו בואי כלה בואי כלה לקראת שבת מלכתא · ויזהר לאל אשר לפלאי ישתם פיו לספור בקי"ל

שבת מלכתא

חיים בשבת ותפלה בשיר ושר לאל מגיל ואומר כרבי יהודה בר אלעאי וכו' חכינא שהו' מעטף וקאי בפניא דמעלי שבתא: ואמר בואו ונצא לקראת שבת מלכתא: וכו' כלו שאמר בואי כלה בואי כלה כדאיתא במס' שבת פ' כל כתבי הקדש כל פ' ולא' מלובש בבגדים נאים לכבוד השבת לרמוז שכל העולמות מאירים לו וכוללים מן לכבוד ראש החדשים ומשפיע הוא שפע טובה ומאור ויקרים בהם כבואה ושמים הבה לכבוד הלבנון אליך יבא ענפי הלבנון על שעל' כל פ' ולא' כפי יכולתו והשגתו ידו ימלא' בבגדי לבן עם הכולל עול' בני' ד' סיום לרמוז על ד' עולמו' שבכל עולם שם הוי' במילואו מיוחד כידוע וכולם מאירים ומשפיעים עליו כיון שמקדש עצמו למטה מקדשין אותו למעלה מדה כנגד מדה ולא מעני' מעכו הקליפו' רוח עמלקא וכן עולם עמלקא כמכוון דק' שבגדי לבן הם מעביר רוח עמלקא דפלגו בי"ע החול וזהו הדקה ע"ש מד' קל"ק עם הנדיקים מחוץ המערה ה' נצנו אלו בגאו' וזהו סוד בכל עת יהיו בגדיך לבנים ר"ל כיון שזכית כאן שבילות הכו' אף גם כאן צריכים כתבתו לטובה שהקטגורים מעשה הניגורים ויהיו כל הכ"ח עיתים לטובה לכן בכל עת שלא' עולם שכולם לו קראת שיהיו בגדיך לבנים ולו בלי ספק שמן משחת קודש שלמעלה אל ראשך לא יחסר: ואם לא כאפשרו' בפ' בת הברית שכובד עול הגלות שבפשיטו שהם לעבר ואין לאל ידינו לעשות כרצונו לו יכול להיות מאלה גוויה' חוץ מן השמ"ר והאל"ום וזהו סוד של שחור אדום הוא אלא שלקם שאלו ב' גוונים רומזים לקליפו' שסובבים עליו' מקלבשת בה' בימי החול ופושט אותם בשבת ולובשת בגדי קודש בהם רמז הוא נעורי' כידוע ליודעי חן ופי' של אדם ושחור פ"ע וזהו פי' לא תבערו אש בכל מושבותיכם ופי' בא"ם ה' בשמם ומי שאינו כופר ח"ו ויש יכולת בידו' יבטל בכי תבא א"ם ומגלא קולם. אבל מי שאין לו או הסברה לא ינוכם ומע' יעשם איזה שינוי או יבקש אותם שיהב לו יסמוך אותם או ישאל אותם: וילכו או יחדו כולם כאחד עם אחד מי כעמך ישראל בשמחה ובטוב לבב לקראת שבת לכבוד ה' העליונים ו' בהתופה. בסוד טוב גביר לאחיך כי הוא' בן שני שכן הוא יושב אהלים וכאדם דוגמא דצדיק כי השם בוציד עולה כמכוין "מה בתכוין אדם ז"ך שא' נו"ם א' וזהו סוד ויעלה יעק"ב ויקרא לר"קל ולל"אם השדה אל בא"כו לא קול תפוחין קדישין. וכמו שדרך העולם שאם בא לו אכסניא אחשב לו' אמר כי לא ראשו ומן רב כולאי יצא לקראתו ומקבלו באהבה וכן כדרך הבוהנים לילך לקראת חתן וכלה ומכ"ש שהולכים לקראת שבי מלך בו' להקבילו על אחת כמה וכמה שראוי לילך לקראת שבת מלכתא מטרוניתא קדישא להודוג עם כלה ת"פארת ישראל ויש כיתות מחולפות יש כוהגים שהולכים לחוץ לעיר כמו שהיו כוהגים בזמן הראשונים בזמן התנאו' והאמוראים וכמו שכוהגי עוד היום בארץ הקדושה כמו שהולכים בשם רב חוץ לעיר לקראת שבת מלכתא וזהו סוד חק"ל תפוחים שמסבבים חק' חקל תפוחים ופן' שדה וכל א' נא' כפי שכבתו: וזהו סוד ושבא אליו היונה לעת ערב זה ערב שבת: יוכם נו שכיכם כדכתיב בה ולא מצאה היונה מנוח לכף רגלה אבל שמאלי הבינות דמתכא לש"זכן: ויונה עם שכולל עולם במפין חס"ד ויכוין שמסביבם בא עם קבלת שבת כאמור לו כל העולמות שמשפיעים חס"ד עליון עד עולם השפל ואו בפרקים ומסלקים כל הקליפות שסובכים ונקראים ו"כם פותם: חרב ה' ו"כם דשלטין כל ימי החול: ויש מן הכיתות שאין להם הבנה שבח פיבו' חיצוני' שגלות ופחד ובדום ואין לאל ידם לצאת החוצה או הולכים לבית הכנסת ובתי מדרשות ומקבלי שם שבת מלכתא והכם יקע"א שמו בירחו ורחמנא ליבא בעי' מקבל כולם באחד ו[illegible] שמכו בכח אלו ואלו דברי א' חיים מלך עולם מלכותו בכל משלה רק שכיון בכל עקים [illegible] בשמחת ובדוות שבת כלה מ'כת כפי כחו ויכולתו וזהו סוד לקרא בלם בשם יי לעבדו שכם אחד. שכם ר"ת שבת כלה מלכתא: וזהו פ"ד וכ' שי לך ה' כ"ס אחד על אחיך: על כל שכים אין מי כיה לם לי לאפשר ברוב עם הדרת מלך בא זה הוא ימכרג המ' כעת: יעשה כל א' כמו הכא מ' לו בביתו או בב"ה מדרשו כי זה כל אדם ומי ששוים בערב שבת לכבוד שבת מלכתא שיודיע עם כשלה תפארת ישראל ואכל בשבת שב"ת ר"ת שכרו כיונו' הקן בכבודה יתרה כאמור: זה עו הקבלה צריכה להיות בשיר שלם ובית' ענו יקעב מ"ה בקול כלה כמ ר"ת בנמו' באהבה ובשמחה וכ[illegible] ולכלה: וזהו מזמור שיר ליום השבת: כי כל דרז"ל בפרק אלו כלומר שירה בעולם שבא הכה והמזמור לעולם כלה וכו' בשיר וקול זמרה לכבוד שבת כלה מלכתא ואלו כל הקליפות ככתוב [illegible]

תקון שבת מלכתא

ומתחילין ואומרים אלו המזמורים קודם כל ׳ וכל מזמור ומזמור כנגד יום א׳ מימי החול : ויכוין כי בכל מזמור שבו יום כיומו הוא בורר ומעלה הקליפות מהלעו וגברו באותו היום כמ״ד פ״ח מהתיקונים סכלמ״ד : ואלו הן

מזמור צה לכו נרננה לי״י נריעה לצור ישענו : נקדמה פניו בתודה ·
בזמרות נריעה לו : כי אל גדול י״י ומלך גדול על כל אלהים : אשר בידו
מחקרי ארץ ותועפות הרים לו : אשר לו הים והוא עשהו · ויבשת ידיו
יצרו : באו נשתחוה ונכרעה נברכה לפני י״י עשנו : כי הוא אלהינו
ואנחנו עם מרעיתו וצאן ידו היום אם בקולו תשמעו : אל תקשו לבבכם
כמריבה כיום מסה במדבר : אשר נסוני אבותיכם בחנוני גם ראו פעלי :
ארבעים שנה אקוט בדור ואומר עם תועי לבב הם והם לא ידעו דרכי :
אשר נשבעתי באפי אם יבאון אל מנוחתי : צו שירו לי״י שיר
חדש שירו לי״י כל הארץ : שירו לי״י ברכו שמו בשרו מיום ליום ישועתו ׳
ספרו בגוים את כבודו בכל העמים נפלאותיו : כי גדול י״י ומהלל מאד
נורא הוא על כל אלהים : כי כל אלהי העמים אלילים וי״י שמים עשה :
הוד והדר לפניו עוז ותפארת במקדשו : הבו לי״י משפחות עמים הבו לי״י
כבוד ועוז : הבו לי״י כבוד שמו שאו מנחה ובואו לחצרותיו : השתחוו לי״י
בהדרת קדש · חילו מלפניו כל הארץ : אמרו בגוים י״י מלך אף תכון תבל
בל תמוט ידין עמים במישרים : ישמחו השמים ותגל הארץ ירעם הים
ומלואו : יעלוז שדי וכל אשר בו אז ירננו כל עצי יער : לפני י״י כי בא כי
בא לשפוט הארץ ישפוט תבל בצדק ועמים באמונתו : צז י״י מלך
תגל הארץ ישמחו איים רבים : ענן וערפל סביביו צדק ומשפט מכון כסאו
: אש לפניו תלך ותלהט סביב צריו : האירו ברקיו תבל ראתה ותחל
הארץ : הרים כדונג נמסו מלפני י״י מלפני אדון כל הארץ : הגידו
השמים צדקו וראו כל העמים כבודו יבושו כל עובדי פסל המתהללים

באלילים

תקון שבת מלכתא

באלילים השתחוו לו כל אלהים : שמעה ותשמח ציון ותגלנה בנות יהודה
למען משפטיך יי : כי אתה יי עליון על כל הארץ מאד נעלית על כל
אלהים : אוהבי יי שנאו רע שומר נפשות חסידיו מיד רשעים יצילם :
אור זרע לצדיק ולישרי לב שמחה : שמחו צדיקים ביי והודו לזכר
קדשו : צח מזמור שירו ליי שיר חדש כי נפלאות עשה
הושיעה לו ימינו וזרוע קדשו : הודיע יי ישועתו לעיני הגוים גלה צדקתו
: זכר חסדו ואמונתו לבית ישראל ראו כל אפסי ארץ את ישועת אלהינו :
הריעו ליי כל הארץ פצחו ורננו וזמרו : זמרו ליי בכנור בכנור וקול
זמרה : בחצוצרות וקול שופר הריעו לפני המלך יי : ירעם הים ומלואו
תבל ויושבי בה : נהרות ימחאו כף יחד הרים ירננו : לפני יי כי בא לשפוט
הארץ ישפוט תבל בצדק ועמים במישרים : צט יי מלך ירגזו עמים
יושב כרובים תנוט הארץ : יי בציון גדול ורם הוא על כל העמים . יודו שמך
גדול ונורא קדוש הוא : ועוז מלך משפט אהב אתה כוננת מישרים משפט
וצדקה ביעקב אתה עשית : רוממו יי אלהינו והשתחוו להדום רגליו קדוש
הוא : משה ואהרן בכהניו ושמואל בקוראי שמו : קוראים אל יי והוא
יענם : בעמוד ענן ידבר אליהם שמרו עדותיו וחוק נתן למו : יי אלהינו אתה
עניתם אל נושא היית להם ונוקם על עלילותם : רוממו יי אלהינו
והשתחוו להר קדשו : כי קדוש יי אלהינו : כט
מזמור לדוד הבו ליי בני אלים הבו ליי כבוד ועוז : הבו ליי כבוד שמו
השתחוו ליי בהדרת קדש : קול יי על המים אל הכבוד הרעים יי על מים
רבים : קול יי בכח קול יי בהדר : קול יי שובר ארזים וישבר יי את ארזי
הלבנון : וירקידם כמו עגל לבנון ושריון כמו בן ראמים : קול יי חוצב
להבות אש : קול יי יחיל מדבר יחיל יי מדבר קדש : קול יי יחולל אילות

ג ויחשף

תיקון שבת מלכתא

וַיֶּחֱשֹׂף יְעָרוֹת וּבְהֵיכָלוֹ כֻּלּוֹ אֹמֵר כָּבוֹד׃ יְיָ לַמַּבּוּל יָשָׁב וַיֵּשֶׁב יְיָ מֶלֶךְ לְעוֹלָם׃ יְיָ עֹז לְעַמּוֹ יִתֵּן יְיָ יְבָרֵךְ אֶת עַמּוֹ בַשָּׁלוֹם׃

גם מ"כ יאמר תפלת ר' נחוניא בן הקנה שנזכרת למעלה אנא בכח גדולת ימינך כ"ו : זהו ר"ת של ששה מזמורים אלו עולים כמנין כס"א וכו' ... של כל הששה מזמורים ... שבת ... אשר בידו נפש כל חי ... קריאת מזמורים אלו וזהו סוד אשר יקרא לו ... בס"ת עבדיו ... ולא בעלמא ... אנחנו ... מלכתא ... ראשי תיבות ... שבת מלכתא ... ביום ... שבת ... לכל עמי הארץ ... ועם תפלת ר' נחוניא שנזכרת ... אחרת ולא ... עוד ... מסך המבדיל ... מלכתא ... ששת ימי המעשה ... שמים וארץ ... בן עזאי ... לעולם ... מסך ... האלהים ... לכל ... ישראל ... ויזכה לבכורות יחזקאל בעדן גן אלהים ... יקרה ... ברכת כהנים ... כל ... והוא ... שבת ... ועוד ... בזוהר ... הלכתא ... שבת ... מלכתא ... לכהנא ... קדושה ... ישראל ... ועוד בזוהר פ' ברכות ... שלום עליכם : ... יי' יברך את עמו בשלום ... מזמורים אלו ... לבריות ... כמנין ... ויום ... בכללם ובפרטם ... קולות ... ישראל ... ואחר המזמורים ... קדושים ... מלכתא ... ברוך ... אשר ... ישראל ... שבת ...

בעת תוב"כ אמן׃

לְכָה דוֹדִי לִקְרַאת כַּלָּה פְּנֵי שַׁבָּת נְקַבְּלָה׃ לכה

שָׁמוֹר וְזָכוֹר בְּדִבּוּר אֶחָד הִשְׁמִיעָנוּ אֵל הַמְיֻחָד יְיָ אֶחָד וּשְׁמוֹ אֶחָד

לשם

תקון שבת מלכתא

לשם ולתפארת ולתהלה: לכה

לקראת שבת לכו ונלכה כי היא מקור הברכה · מראש מקדם נסוכה סוף מעשה במחשבה תחלה · לכה

מקדש מלך עיר מלוכה קומי צאי מתוך ההפכה · רב לך שבת בעמק הבכא והוא יחמול עלייך חמלה לכה

התנערי מעפר קומי לבשי בגדי תפארתך עמי · על יד בן ישי בית הלחמי · קרבה אל נפשי גאלה לכה

התעוררי התעוררי כי בא אורך קומי אורי · עורי עורי שיר דברי · כבוד יי עלי נגלה · לכה

לא תבושי ולא תכלמי · מה תשתוחחי ומה תהמי · בך יחסו עניי עמי ונבנתה עיר על תלה לכה

והיו למשסה שוסיך ורחקו כל מבלעייך ישיש עליך אלהיך · כמשוש חתן על כלה · לכה

ימין ושמאל תפרוצי · ואת יי תעריצי · על ידי איש בן פרצי · ונשמחה ונגילה לכה

בואי בשלום עטרת בעלה · גם בשמחה ובצהלה · תוך אמוני עם סגלה · בואי כלה בואי כלה · לכה

(אמר המדפיס אם ירצה המעורר לעורר עוד לכבוד כלה מלכתא יענה שיר [illegible] כאשר תמצא אותו ג"כ בספר סדר היום :) יכוין כל א' ברעיוניו כשיאמר בואי כלה [illegible]

על כן

תיקון שבת מלכתא

[illegible]

מלכות בר יוחאי נמשחת אשריך · שמן ששון מחבריך · בר יוחאי שמן
משחת קודש · נמשחת ממדת הקודש . נשאת ציץ נזר הקודש · חבוש
על ראשך פארך · : בר יוחאי

יסוד בר יוחאי מושב טוב ישבת · יום נסת יום אשר ברחת · במערת
צורים שעמדת · שם קנית הודך והדרך · בר יוחאי

נצח והוד בר יוחאי עצי שטים עומדים · למודי יה הם לומדים · אור
מופלא אור היקוד הם יוקדים הלא המה יורוך מוריך · בר יוחאי

תפארת בר יוחאי לשדה תפוחים · עלית ללקוט בו מרקחים · סוד תורה
כציצים ופרחים · נעשה אדם נאמר בעבורך בר יוחאי ·

גבורה

תקון שבת מלכתא

גבורה בר יוחאי נאזרה בגבורה ובמלחמת אש דת השערה וחרב
הוצאת מתערה · שלפה נגד צורריך · בר יוחאי ·

חסד בר יוחאי למקום אבני שיש הגעת ופני אריה ליש גם גולת
כותרת על עיש · תשובי ומי ישורך בר יוחאי ·

בינה בר יוחאי · בקודש הקדשים קו ירוק מחדש חדשים · שבע
שבתות סוד חמשים קשרת קשרי שין קשריך · בר יוחאי

חכמה בר יוחאי יו״ד חכמה קדומה · השקפת לכבודה פנימה · לב
נתיבות ראשית תרומה · את כרוב ממשח זיו הודך · בר יוחאי

כתר בר יוחאי אור מופלא רום מעלה · יראת מלהביט כי רב לה ·
תעלומה ואין קורא לה · נמת עין לא תשורך · בר יוחאי

בר יוחאי · אשרי יולדתך אשרי העם הם לומדיך · ואשרי העומדים על
סודך · לבושי חושן תומיך ואוריך · בר יוחאי ·

מוסף עננו נלקרת עמו בקול וערב ובכביעם ב׳ עוזורים אלו ·

מזמור שיר ליום השבת · טוב להדות ליי׳ ולזמר לשמך עליון · להגיד בבוקר חסדך ואמונתך
בלילות · עלי עשור ועלי נבל עלי הגיון בכנור · כי שמחתני יי׳ בפעליך במעשי ידיך
ארנן · מה גדלו מעשיך יי׳ מאד עמקו מחשבותיך · איש בער לא ידע וכסיל לא יבין את זאת
בפרוח רשעים כמו עשב ויציצו כל פועלי און להשמדם עדי עד · ואתה מרום לעולם יי׳ כי הנה
אויביך יי׳ כי הנה אויביך יאבדו יתפרדו כל פועלי און · ותרם כראם קרני בלותי בשמן רענן ·
ותבט עיני בשורי בקמים עלי מרעים תשמענה אזני · צדיק כתמר יפרח כארז בלבנון ישגה ·
שתולים בבית יי׳ בחצרות אלהינו יפריחו · עוד ינובון בשיבה דשנים ורעננים יהיו · להגיד
כי ישר יי׳ צורי ולא עולתה בו · יי׳ מלך גאות לבש לבש יי׳ עוז התאזר אף תכון תבל
בל תמוט · נכון כסאך מאז מעולם אתה · נשאו נהרות יי׳ נשאו נהרות קולם ישאו נהרות
דכים · מקולות מים רבים אדירים משברי ים אדיר במרום יי׳ · עדותיך נאמנו מאד לביתך
נאוה קודש יי׳ לאורך ימים ·

ופירס סל ב׳ עוזורים אלו כם ראנים ונלווים לבכי עליה נהם עמוטים עמול מלוקי דרכבן ולין הרפות כתיבם
לגלים טאירין דכל טעירין לאוס כהין כי אם פה אל פה למשמע אזן ישמח לבו ויגל כבודו : ור״ת עספוק ראסון
אוקיות שלמה כי ככר כל שלום לכל עשלך שהשלום שלו · ואף גם עלמך רע עתהפך לסניגור וזהו סר של עפו
ועם״ו בני שלום וזהו סוד של ועלנו מושיעים לשפוט את כ״ר יבמ״ו כמבואר בתיקונים ובזוהר · על כן טוב לעם

ד פגולם

תקוני שבת מלכתא

[illegible]

תיקון שבת מלכתא

שלום עליכם מלאכי השרת מלאכי עליון ממלך מלכי המלכים הקב"ה ג"פ. בבואכם לשלום כל׳ כי השלום מלאכי עליון ממלך מלכי המלכים הקב"ה ג"פ · ברכוני לשלום מלאכי השלום מלאכי עליון ממלך מלכי המלכים הקב"ה ג"פ · בצאתכם לשלום מלאכי השלום מלאכי עליון ממ׳ה הקב"ה ג"פ (ויאמר בנחת בכוונה כנגד גופו ונפשו ורוחו ונשמתו ב׳ פסוקים אלו כי מלאכיו יצוה לך וגו׳ ופסוק יי׳ ישמור צאתי ובואי) רבון כל העולמים אדון כל הנשמות אדון השלום מלך מלכי המלכים מלך אביר מלך ברוך מלך גדול מלך דובר שלום מלך הדר מלך ותיק מלך זך מלך חי העולמים מלך טוב ומטיב · מלך יחיד ומיוחד מלך כביר מלך לובש רחמים מלך נשגב מלך סומך נופלים מלך עושה מעשה בראשית מלך פודה ומציל מלך צח ואדום מלך קדוש מלך רם ונשא מלך שומע תפלה מלך תמים דרכו · מודה אני לפניך יאו"א על כל החסד אשר עשית עמדי ואשר אתה עתיד לעשות עמי ועם כל בני ביתי ועם כל בריותיך בני בריתי · וברוכים הם מלאכיך הקדושים והטהורים שעושים רצונך · אדון השלום מלך שהשלום שלו ברכני בשלום · ותפקדוני אותי ואת כל בני ביתי וכל עמך בית ישראל לחיים טובים ולשלום · מלך עליון על כל צבא מרום · יוצרינו יוצר כל יוצר מעשה בראשית אחלה פניך המאירים שתזכה אותי ואת כל בני ביתי למצוא חן ושכל טוב בעיניך ובעיני כל בני אדם וחוה ובעיני כל רואינו לעבודתך · וסלח ומחל לנו ולזרעינו על כל פשעינו וחטאינו ועונותינו · ותזכנו לקבל שבתות מתוך רוב שמחה ומתוך עושר וכבוד ומתוך מיעוט עונות והסר ממני ומכל בני ביתי ומכל בית עמך ישראל כל מיני חולי וכל מיני מדוה וכל מיני דלות ועניות ואביונות ותן בנו יצר טוב לעבדך באמת וביראה ובאהבה ונהיה מכובדים בעיניך ובעיני כל רואינו כי אתה הוא מלך הכבוד כי לך נאה כי לך יאה · אנא ממה"מ צוה למלאכי מלאכי השרת משרתי עליון · שיפקדוני ברחמים ויברכוני בבואם לביתי ביום קדשינו כי הדלקתי נרותי והצעתי מטתי : והחלפתי שמלותי לכבוד יום השבת ובאתי לביתך להפיל תחנתי לפניך שתעביר אנחתי ואעידותי אשר בראת בששה כל היצור ושניתי ושלשתי עוד להעיד על כוסי בתוך שמחתי כאשר צויתני לזכרו ולהתענג ביתר נשמתי אשר נתת בי · בו אשבות כאשר צויתני לשרתך, וכבן אגיד גדולתך ברינה ושויתי יי׳ לקראתי שתרחמני עוד בגלותי לגאלני לעורר לבני לאהבתך · ואז אשמור לפקודיך ותיקך בלי עצב · ואתפלל כדת כראוי וכנכון · מלאכי השלום בואכם לשלום ברכוני לשלום ואמרו ברוך לשלחני הערוך וצאתכם לשלום מעתה ועד עולם אמן אמן סלה

ואח"כ בלי הפסק יאמר פ׳ אשת חיל מראשו לסופו כנגד הספירות מראשית עד ה׳ הקבלה על ה׳ כיכ׳ בידוע [illegible] ויש בה כב׳ פסוקים כנגד כב׳ אותיות של תורה [illegible] פתוחים וצריך שיפע וברכה שמבריכה עליונים מראש כל הכתרים · ודו׳ קיל

אשת חיל מי ימצא ורחוק מפנינים מכרה : בטח בה לב בעלה ושלל לא יחסר : גמלתהו טוב ולא רע כל ימי חייה : דרשה צמר ופשתים ותעש בחפץ כפיה : היתה כאניות סוחר ממרחק תביא לחמה : ותקם בעוד

ליל׳

תקון שבת מל' תא

לילה ותתן טרף לביתה וחק לנערתיה: זממה שדה ותקחהו מפרי כפיה
נטעה כרם: חגרה בעוז מתניה ותאמץ זרועותיה: טעמה כי טוב סחרה
לא יכבה בלילה נרה: ידיה שלחה בכישור וכפיה תמכו פלך: כפה
פרשה לעני וידיה שלחה לאביון: לא תירא לביתה משלג כי כל ביתה
לבש שנים: מרבדים עשתה לה שש וארגמן לבושה: נודע בשערים
בעלה בשבתו עם זקני ארץ: סדין עשתה ותמכור וחגור נתנה לכנעני:
עוז והדר לבושה ותשחק ליום אחרון: פיה פתחה בחכמה ותורת חסד
על לשונה: צופיה הליכות ביתה ולחם עצלות לא תאכל: קמו בניה
ויאשרוה בעלה ויהללה: רבות בנות עשו חיל ואת עלית על כלנה:
שקר החן והבל היפי אשה יראת ידוה היא תתהלל: תנו לה מפרי
ידיה ויהללוה בשערים מעשיה:

[illegible]

תקון שבת מלכתא

עדן · וכן עולה מוה"ר בס"ק · ושכ"ש בשבת בעצמו שאז כל המקטרגים נעשו סניגורים כאמור שיהיו לו כבריאה
ומסולקים ואין להם כח ורשות לשלוט בעלמא דין כי אם מבלעדי בשבתות בפרט כמו שמבואר בס' הזוהר פ'
ויקהל עמוד רמז ושם ויקרא עמוד ק"ט ובעמוד קכ"ח · ובפ' שלח עמוד קכ"ח שבשבתם יורדת מקדושה עליונה עסק חידוש
בתור' שלומד האדם בשבת ובספרי' עולם במוצאי שבת שומעים שמהם כל העליונים אותם החידושים של התורה כו'
ועוד מזה בפרשת פינחס עמוד קמ"ח וכן בס' משפטים עמוד קמ"ב ושלהם בראשם הוא המשכה שהוא הכת' תורה
של כל שם ועל זה נמצא תיקון גדול לארבע דברים נעלמים מעין כל חי שכל הגאולות לישראל מתעוררים
מלמעלה להאיר ולהוריד בנחם למטה · הראשון הוא' של שבת מתקנת ומתקת הש' של לאה רבה שאמר' שהיא ש' ו
ומתוממם עד קץ הימין · ובספה' פ' לימוד המסכת · והשני של שבת מתקנת ומתקת הנ' של יצחק שהוא דין הקש'
להיות בפנין יצח' יצחק ניסה לעקיד גיל נשמון · ולזה ערנתו המשכל של ד יצחק בשין יצח"ק כאשר מרומז ומבואר
ליודעי חן · והג' מקרבת הגאולה ומתקת שער החירות שהוא שער השמינים שהוא שער הגאולה · וה"ב מרומזת
על שבכינה שהוא בגלות ועם הליגור נמצא אומה שהגלות שער והכעסר · והמוסיף מוסיפים לו חיים מעקור
חיים עליונים שעוני פקיחא דלית ביה גבין והוא ליגוד נמרא שהוא תיקון שנוף הבניף ולהיות שכוסם יחד
בצרור החיים וכן עולה נמרא עם כד' אות זה במכוין רמ"ח במכוין רמ"ח שבריי הניף · וליגוד הנמרא מועיל לנו
ולכשמה שמלאך אוריאל מאיר פניו בהלכה וכן עולה נמרא עם ד' תיבות במכוין אוריא"ל המאיר פני מזרח ואם
לא אמר שיר השירים קודם התיקון הכו' במקומו הראוי לו יש לו עוד לתקן את המעונג ולכן כי אמרנו שאם
לא אמר ש"ה קודם התיקון ואמר ד' פסוקים שסימנם יעקב כאמור אחר קבלת שבת מ"מ יותר עולה לרצון לפני
בעל הרצון כשיקרא ש"ה בלשר המובה שיניהם נעימים אל חוט לכל המערכה אלא ישתא · לפי ששיר השירי'
אין כל בריה יכול לעמוד עליו כמו שאמר הפסוק ראשו כתם פז קוצותיו תלתלים וגו' כמו שדרשו רז"ל וכן במדר'
הנעלם בפ' וירא תלי: עמוד ר"ם · וז"ל ת"ר כשחלה ר' אליעזר הגדול שהוא יושב ע"ם סיס כו' עד דבכי רבי
עקיבא א"ל ר' אוליף לי אורייתא פתח פומיה ר' אליעזר במעשה מרכבה אתא אשא ואסח' לאילנין · אמרו חכימי
ש"מ דליש אכן חזיין וכדאין לכך נפקו לפתחא דכר' יתיבו תמן כוס שה דהים : ואזל אשא ואוליף בבהירות עזה
שלת עיור הלכות פסוקים אוליף ליה טעמים דפסוקי דשיר השירים ובכה עבוי דדפי עקיבא כאתין מיא ולאחור
אמא כדקדק תא כד מטא לההוא פסוקא סמכוני באשישות רפדוני בתפוחים כי חולת אהבה אני לא יכיל לסבלא
ר' עקיבא וארים קליה בבכייתא ונעי ולא הוו מקבל מדחילו דשכינתא דה"ת תמן אורי ליה כל עמיקתא ולאין
עלאין דהוה בשיר השירים ואומה לו אומאה דלא ליסתם בשום חד פסוק מניה כי היכי דלא ליחרב עלמא כמ"כ
ולא בעי קמיה דיסתפסן ביה בבריתא משגיאות קדושתא דלית ביה א"כ פתח עיניך וראה כתיב שעלב שליטא
שיר השירים שהוא קודש קדשי' מה שאין ראשונים ואחרונים שכ"ש היו יכולים לעמוד על סודו כי עמיק עמיק מי
ימצאנו · ולמעלות לרצון יאמר תפלה זו לאחר ש"ה בכונה ברעותא דליבא ואשרי לו ואשרי חלקו כי תפלה זו היא
בתה פתוח להכנס שתקיים שנורים למי שיש לו מום בדקדקו · וזה היא רבון כל העולמי' יהי רצון מיל"א שבזכות
ש"ה אשר קריתי ולמדתי שהוא קודש קדשים ובזכות פסוקיו ובזכות תיבותיו ובזכות אותיותיו ובזכות נקודותיו
ובזכות טעמיו ובזכות שמותיו וצירופיו ורמזיו וסודותיו הקדושים והטהורים הנוראים היוצאים ממנו שתהא שעה
זו שעת רצון שעת רחמים שעת הקשבה שעת האזנה ונקראך ותעננו נעתר לך ותעתר לנו שיהיה עולה לפניך
קריאת ולימוד ש"ה כאלו השגנו כל הסודות הנפלאות והנוראות אשר הם חתומים וסתומים בו בכל פרטיו ונזכה
למקום שהנפשות והרוחות והנשמות נחצבות שם וכאלו עשינו כל מה שמוטל עלינו להשיג בין בגלגול זה בין
בגלגול אחר ולהיות מן העולים והזוכים לעולם הבא עם שאר צדיקים וחסידים ומלא כל משאלות ליבנו לטוב ותהי'
עם לבבנו ואמרי פינו בעת שתשובותינו ותפלותינו ועם ידינו בעת שעבדינו ותשלח ברכה והצלחה והרווחה
בכל מעשה ידינו · ומעפר תקימנו ומאשפות דלותינו תרוממנו ותשוב שכינתך לעיר קדשך במהרה בימינו
א"ס : וזהו סדר לסעודה דלילה

תקוני שבת מלכתא

שִׁיר הַשִּׁירִים אֲשֶׁר לִשְׁלֹמֹה: יִשָּׁקֵנִי מִנְּשִׁיקוֹת פִּיהוּ כִּי טוֹבִים דֹּדֶיךָ
מִיָּיִן: לְרֵיחַ שְׁמָנֶיךָ טוֹבִים שֶׁמֶן תּוּרַק שְׁמֶךָ עַל כֵּן עֲלָמוֹת אֲהֵבוּךָ
: מָשְׁכֵנִי אַחֲרֶיךָ נָּרוּצָה הֱבִיאַנִי הַמֶּלֶךְ חֲדָרָיו נָגִילָה וְנִשְׂמְחָה בָּךְ נַזְכִּירָה
דֹדֶיךָ מִיַּיִן מֵישָׁרִים אֲהֵבוּךָ: שְׁחוֹרָה אֲנִי וְנָאוָה בְּנוֹת יְרוּשָׁלִָם כְּאָהֳלֵי
קֵדָר כִּירִיעוֹת שְׁלֹמֹה: אַל תִּרְאוּנִי שֶׁאֲנִי שְׁחַרְחֹרֶת שֶׁשְּׁזָפַתְנִי הַשָּׁמֶשׁ
בְּנֵי אִמִּי נִחֲרוּ בִי שָׂמֻנִי נֹטֵרָה אֶת הַכְּרָמִים כַּרְמִי שֶׁלִּי לֹא נָטָרְתִּי: הַגִּידָה
לִּי שֶׁאָהֲבָה נַפְשִׁי אֵיכָה תִרְעֶה אֵיכָה תַּרְבִּיץ בַּצָּהֳרָיִם שַׁלָּמָה אֶהְיֶה כְּעֹטְיָה
עַל עֶדְרֵי חֲבֵרֶיךָ: אִם לֹא תֵדְעִי לָךְ הַיָּפָה בַּנָּשִׁים צְאִי לָךְ בְּעִקְבֵי הַצֹּאן
וּרְעִי אֶת גְּדִיֹּתַיִךְ עַל מִשְׁכְּנוֹת הָרֹעִים: לְסֻסָתִי בְּרִכְבֵי פַרְעֹה דִּמִּיתִיךְ
רַעְיָתִי: נָאווּ לְחָיַיִךְ בַּתֹּרִים צַוָּארֵךְ בַּחֲרוּזִים: תּוֹרֵי זָהָב נַעֲשֶׂה לָּךְ עִם
נְקֻדּוֹת הַכָּסֶף: עַד שֶׁהַמֶּלֶךְ בִּמְסִבּוֹ נִרְדִּי נָתַן רֵיחוֹ: צְרוֹר הַמֹּר דּוֹדִי לִי בֵּין
שָׁדַי יָלִין: אֶשְׁכֹּל הַכֹּפֶר דּוֹדִי לִי בְּכַרְמֵי עֵין גֶּדִי: הִנָּךְ יָפָה רַעְיָתִי הִנָּךְ
יָפָה עֵינַיִךְ יוֹנִים: הִנְּךָ יָפֶה דוֹדִי אַף נָעִים אַף עַרְשֵׂנוּ רַעֲנָנָה: קֹרוֹת
בָּתֵּינוּ אֲרָזִים רַהִיטֵנוּ בְּרוֹתִים:

יציאות השבת שתים שהם ארבע בפנים · ושתים שהם ארבע בחוץ · כיצד העני עומד בחוץ · ובעל הבית בפנים · פשט העני את ידו לפנים ונתן לתוך ידו של בעל הבי' או שנטל מתוכה והוציא · העני חייב ובעל הבית פטור · פשט בעל הבית את ידו לחוץ ונתן לתוך ידו של עני או שנטל מתוכ' והכניס בעל הבית חייב והעני פטור · פשט העני את ידו לפני' ונטל בעל הבית מתוכ' או שנתן לתוכה והוציא שניהם פטורים · פשט בעל הבית את ידו לחוץ · ונטל העני מתוכה או שנתן לתוכה והכניס · שניהם פטורים · **ב** לא ישב אדם לפני הספר סמוך למנחה עד שיתפלל: לא יכנס אדם למרחץ · ולא לבורסקי · ולא לאכול ולא לדין · ואם התחילו אין מפסיקין · מפסיקי' לקרות ק"ש · ואין מפסיקי' לתפלה · **ג** לא יצא החייט במחטו סמוך לחשכה שמא ישכח ויצא : ולא הלבלר בקולמסו ולא יפלה את כליו ולא יקרא לאור הנר : באמת אמרו החזן רואה היכן תינוקו' קוראי' אבל הוא לא יקרא כיוצא בו לא יאכל הזב עם הזבה · מפני הרגל עבירה · **ד** ואלו מהלכו' שאמרו בעליית חנניה בן חזקיה בן גוריון שעלו לבקרו נמנו ורבו ב"ש על ב"ה וי"ח דברים גזרו בו ביום · **ה** ב"ש אומרים אין שורין דיו וסממני' וכרשינים אלא כדי שישורו מבעוד יום וב"ה מתירין : **ו** ב"ש אומרים אין נותנים אונין של פשתן לתוך התנור · אלא כדי שיהבהבו מבעוד יום ולא את הצמר ליורה אלא כדי שיקלוט העין · וב"ה מתירין : ב"ש אומרים אין פורסין מצודו' חיה ועופו' ודגים אלא כדי שיצודו מבעוד יום : וב"ה מתירין : **ז** ב"ש אומרים אין מוכרי' לנכרי ואין טוענין עמו · ואין מגביהין עליו · אלא כדי שיגיע למקום קרוב ·

וב"ה

תקון שבת מלכתא

עד"ה מתירין · **ח** ב"ש אומרים אין נותני' עורו' לעבדן ולא כלים לכובס נכרי · אלא כדי שיעשו מבעוד יום ובכולן ב"ה מתירי' עם השמש · **ט** אמר רשב"ג נוהגין היו בית אבא שהיו נותני' כלי לבן לכובס נכרי ג' ימים קודם לשבת ושוין אלו ואלו שטוענים קורת בית הבד ועגולי הגת · **י** אין צולין בשר בצל וביצה אלא כדי שיצולו מבעוד יום · אין נותני' פת לתנור עם חשכה · ולא חרר' ע"ג גחלים אלא כדי שיקרמו פניה מבעוד יום · רבי אליעזר אומר כדי שיקרום התחתון שלה · **יא** משלשלין את הפסח בתנור עם חשכה · ומאחיזין את האור במדורת בית המוקד ובגבולין כדי שתאחוז האור ברובן · רבי יהודה או' בפחמין כל שהו :

אֲנִי חֲבַצֶּלֶת הַשָּׁרוֹן שׁוֹשַׁנַּת הָעֲמָקִים: כְּשׁוֹשַׁנָּה בֵּין הַחוֹחִים כֵּן רַעְיָתִי בֵּין הַבָּנוֹת: כְּתַפּוּחַ בַּעֲצֵי הַיַּעַר כֵּן דּוֹדִי בֵּין הַבָּנִים בְּצִלּוֹ חִמַּדְתִּי וְיָשַׁבְתִּי וּפִרְיוֹ מָתוֹק לְחִכִּי: הֱבִיאַנִי אֶל בֵּית הַיָּיִן וְדִגְלוֹ עָלַי אַהֲבָה:

במה מדליקין ובמה אין מדליקין אין מדליקין לא בלכש ולא בחוסן ולא בכלך ולא בפתילת האידן ולא בפתיל' המדבר ולא בירוקה שעל פני המים · ולא בזפת ולא בשעוה · ולא בשמן קיק ולא בשמן שריפ' ולא באליה · ולא בחלב נחום המדי אומר מדליקין בחלב מבושל · וחכמים אומרים אחד מבושל ואחד שאינו מבושל אין מדליקי' בו · **ב** אין מדליקין בשמן שרפה ביו"ט · רבי ישמעאל אומר אין מדליקין בעטרן מפני כבוד השבת · וחכמי' מתירי' בכל השמנים בשמן שומשמין בשמן אגוזים בשמן צנונו' בשמן דגים בשמן פקועות בעטרן ובנפט : ר' טרפון אומר אין מדליקי' אלא בשמן זית בלבד · **ג** כל היוצא מן העץ אין מדליקין בו אלא פשתן : וכל היוצא מן העץ אינו מטמא טומאת אהלים אלא פשתן · פתילת הבגד שקפלה ולא הבהבה · רבי אליעזר אומר טמאה ואין מדליקין בה : ר' עקיבא אומר טהורה ומדליקין בה : **ד** לא יקוב אדם שפופרת של ביצה וימלאנה שמן ויתננה על פי הנר בשביל שתהא מנטפת אפי' היא של חרס : ורבי יהודה מתיר · אבל אם חברה היוצר מתחלה מותר · מפני שהיא כלי אחד : לא ימלא אדם את הקער' שמן ויתננה בצד הנר ויתן ראש הפתילה בתוכה בשביל שתהא שואבת ור' יהודה מתיר · **ה** המכבה את הנר מפני שהוא מתירא מפני גוים מפני לסטים מפני רוח רעה · ואם בשביל החולה שיישן פטור · כחס על הנר כחס על השמן כחס על הפתילה חייב : ור' יוסי פוטר בכולן חוץ מן הפתילה · מפני שהוא עושה פחם · **ו** על שלש עבירות נשים מתות בשעת לידתן על שאינן זהירות בנדה ובחלה ובהדלקת הנר : **ז** שלשה דברים צריך אדם לומר בתוך ביתו ערב שבת עם חשכה · עשרתם ערבתם הדליקו את הנרות · ספק חשיכה ספק אין חשכה · אין מעשרין את הודאי · ואין מטבילין את הכלים · ואין מדליקי' את הנרו' : אבל מעשרין את הדמאי ומערבין וטומני' את החמין ·

שיר השירים

סַמְּכוּנִי בָּאֲשִׁישׁוֹת רַפְּדוּנִי בַּתַּפּוּחִים כִּי חוֹלַת אַהֲבָה אָנִי: שְׂמֹאלוֹ תַּחַת לְרֹאשִׁי וִימִינוֹ תְּחַבְּקֵנִי: הִשְׁבַּעְתִּי אֶתְכֶם בְּנוֹת יְרוּשָׁלִַם בִּצְבָאוֹת אוֹ בְּאַיְלוֹת הַשָּׂדֶה אִם תָּעִירוּ וְאִם תְּעוֹרְרוּ אֶת הָאַהֲבָה עַד שֶׁתֶּחְפָּץ: קוֹל דּוֹדִי הִנֵּה זֶה בָּא מְדַלֵּג עַל הֶהָרִים מְקַפֵּץ עַל הַגְּבָעוֹת:

כירה שהסיקוה בקש ובגבבא · נותני' עליה תבשיל · בגפת ובעצים לא יתן עד שיגרוף · או עד שיתן את האפר : ב"ש חמין אבל לא תבשיל : וב"ה חמין ותבשיל · ב"ש נוטלין אבל לא מחזירין וב"ה אומרי'

תיקון שבת מלכתא ·

אף אלו אין · ב תנור שהסיקוהו בקש ובגבבא · לא יתן בין בתוכו בין מעל גביו · כירה שהסיקוה בקש
ובגבבא הרי זו ככירים : בגפת ובעצים הרי הוא כתנור · ג אין נותני' ביצה בצד המיחם בשביל
שתתגלגל ולא יפקיענה בסודרי' · ורבי יוסי מתיר : ולא יטמינה בחול ובאבק דרכי' בשביל שתצלה · ד
מעשה שעשו אנשי טבריא והביאו סילון של צונן לתוך אמה של חמין אמרו להן חכמים אם בשבת · כחמים
שהוחמו בשבת אסורין ברחיצה ובשתייה ביום טוב כחמים שהוחמו ביום טוב אסורי' ברחיצה ומותרי' בשתיה
· מוליאר הגרוף שותין ממנו בשבת אנטיכי אע"פ שגרופה אין שותין ממנה · ה המיחם שפינהו · לא יתן
לתוכו צונן בשביל שיחמו · אבל נותן הוא לתוכו או לתוך הכוס כדי להפשירן : האילפס והקדרה שהעבירן מרותחין · לא
יתן לתוכו תבלין · אבל נותן הוא לתוך הקערה · או לתוך התמחוי ; רבי יהודה אומר לכל הוא נותן · חוץ מדבר
שיש בו חומץ וציר · ו אין נותנים כלי תחת הנר לקבל בו את השמן · ואם נתנה מבעוד יום מותר · ואין
ניאותין ממנו לפי שאינו מן המוכן : מטלטלין נר חדש אבל לא ישן רבי שמעון אומר כל הנרות מטלטלי' חוץ
מן הנר הדולק בשבת : נותני' כלי תחת הנר לקבל ניצוצות · ולא יתן לתוכו מים מפני שהוא מכבה, פ"ס

דומה דודי לצבי או לעפר האילים הנה זה עומד אחר כתלנו משגיח מן החלונות מציץ מן החרכים : ענה דודי ואמר לי קומי לך רעיתי יפתי ולכי לך : כי הנה הסתו עבר הגשם חלף הלך לו : הנצנים נראו בארץ עת הזמיר הגיע וקול התור נשמע בארצנו :

במה טומנים במה אין טומני' אין טומנין לא בגפת · ולא בזבל ולא במלח ולא בסיד ולא בחול בין לחים
בין יבשים לא בתבן ולא בזגים ולא במוכים ולא בעשבי' בזמן שהם לחים אבל טומנין בהן כשהן יבשין ·
טומנין בכסות ובפירות בכנפי יונה · ובנסורת של חרשים ובנעורת של פשתן רבי יהודה אוסר בדקה ומתי'
בגסה : ב טומני' בשלחי' ומטלטלין אותן · בגיזי צמר ואין מטלטלין אותם כיצד הוא עושה נוטל את הכיסוי והן
נופלות · רבי אליעזר בן עזריה אומר קופה מטה על צדה ונוטל שמא יטול ואינו יכול להחזיר וחכמים אומרים
נוטל ומחזיר : לא כסהו מבעוד יום לא יכסנו משתחשך כסהו ונתגלה מותר לכסותו · ממלא את הקיתון ונותן
לתחת הכר או תחת הכסת ·

התאנה חנטה פגיה והגפנים סמדר נתנו ריח קומי לכי רעיתי יפתי ולכי לך : יונתי בחגוי הסלע בסתר המדרגה הראיני את מראיך השמיעני את קולך כי קולך ערב ומראך נאוה : אחזו לנו שועלים שועלים קטנים · מחבלים כרמים וכרמינו סמדר · דודי לי ואני לו הרועה בשושנים

במה בהמה יוצאה ובמה אינה יוצאה : יוצא הגמל באפסר : והנאקה בחטם : ולובדקים בפרומביא : והסוס
בשיר : וכל בעלי השיר יוצאין בשיר ונמשכין בשיר ומזין עליהן וטובלין במקומן : ב חמור
יוצא במרדעת בזמן שהיא קשורה לו · זכרים יוצאי' לבובין · רחלות יוצאות שחוזות כבולו' וכבונות העזי' יוצאו'
צרורות

תקון שבת מל׳ תא

שדורות ר׳ יוסי אוסר בכולן · חוץ מן הרחלים הכבונות: ר׳ יהודה אומר עזים יוצאות צרורות ליבש אבל לא לחלב: ג ובמה אינה יוצאה · לא יצא גמל במטוטלת לא עקוד ולא רגול · וכן שאר כל הבהמות: לא יקשור גמלים זה בזה וימשוך · אבל מכניס חבלים לתוך ידו וימשוך · ובלבד שלא יכרוך · ד אין חמור יוצא במרדעת בזמן שאינה קשורה לו ולא בזוג אע״פ שהוא פקוק ולא בסולם שבצוארו · ולא ברצועה שברגלו · ואין התרנגולין יוצאין בחוטין ולא ברצועה שברגליהם · ואין הזכרים יוצאין בעגלה שתחת האליה שלהן: ואין הרחלים יוצאות חנונות · ואין העגל יוצא בגימון · ולא פרה בעור הקיפוד · ולא ברצועה שבין קרניה · פרתו של רבי אלעזר בן עזריה היתה יוצאה ברצועה שבין קרניה שלא ברצון חכמים ·

עַד שֶׁיָּפוּחַ הַיּוֹם וְנָסוּ הַצְּלָלִים סֹב דְּמֵה לְךָ דוֹדִי לִצְבִי אוֹ לְעֹפֶר הָאַיָּלִים עַל הָרֵי בָתֶר · עַל מִשְׁכָּבִי בַּלֵּילוֹת בִּקַּשְׁתִּי אֵת שֶׁאָהֲבָה נַפְשִׁי בִּקַּשְׁתִּיו וְלֹא מְצָאתִיו · אָקוּמָה נָּא וַאֲסוֹבְבָה בָעִיר בַּשְּׁוָקִים וּבָרְחֹבוֹת אֲבַקְשָׁה אֵת שֶׁאָהֲבָה נַפְשִׁי בִּקַּשְׁתִּיו וְלֹא מְצָאתִיו · מְצָאוּנִי הַשֹּׁמְרִים הַסֹּבְבִים בָּעִיר אֵת שֶׁאָהֲבָה נַפְשִׁי רְאִיתֶם ·

במה אשה יוצאה ובמה אינה יוצאה · לא תצא אשה לא בחוטי צמר ולא בחוטי פשתן ולא ברצועות שבראשה · ולא תטבול בהן עד שתרפם · ולא בטוטפת ולא בסנבוטין בזמן שאינם תפורין: ולא בכבול לר״ה ולא בעיר של זהב: ולא בקטלא ולא בנזמים ולא בטבעת שאין עליה חותם: ולא במחט שאינה נקובה: ואם יצאה אינה חייבת חטאת · ב לא יצא האיש בסנדל המסומר · ולא ביחיד בזמן שאין ברגלו מכה · ולא בתפילין: ולא בקמיע בזמן שאינו מן המומחה: ולא בשריון ולא בקסדא ולא במגפיים · ואם יצא אינו חייב חטאת · ג לא תצא אשה במחט הנקובה · ולא בטבעת שיש עליה חותם · ולא בכוליאר · ולא בכובלת · ולא בצלוחית של פלייטון ואם יצתה חייבת חטאת דברי ר׳ מאיר · וחכמים פוטרים בכובלת ובצלוחית של פלייטון · ד לא יצא האיש לא בסייף ולא בקשת · ולא בתריס: ולא באלה · ולא ברומח · ואם יצא חייב חטאת ר׳ אליעזר אומר תכשיטין הן לו · וחכמים אומרים אינן אלא לגנאי · שנ׳ וכתתו חרבותם לאתים וחניתותיהם למזמרות לא ישא גוי אל גוי חרב ולא ילמדו עוד מלחמה · בירית טהורה ויוצאין בה בשבת · כבלים טמאין ואין יוצאין בהן בשבת: ה יוצאה אשה בחוטי שער · בין משלה בין משל חברתה בין משל בהמה · ובטוטפת ובסנבוטין בזמן שהם תפורין: בכבול ובפאה נכרית לחצר · במוך שבאזנה · ובמוך שבסנדלה · ובמוך שהתקינה לנדתה: בפלפל ובגרגר מלח · וכל דבר שתתן לתוך פיה · ובלבד שלא תתן לכתחלה בשבת · ואם נפל לא תחזיר · שן תותבת · שן של זהב ר׳ מתיר וחכמ׳ אוסרי׳ ו יוצאין בסלע שעל הצינית · הבנות קטנות יוצאות בחוטין · ואפי׳ בקיסמין שבאזניהם · ערביות יוצאות רעולות ומדיות פרופות · וכל אדם אלא שדברו חכמים בהווה: ז פורפת על האבן · ועל האגוז ועל המטבע · ובלבד שלא תפרוף לכתחלה בשבת · ח הקיטע יוצא בקב שלו · דברי ר׳ מאיר · ור׳ יוסי אוסר: ואם יש לו בית קיבול כתיתין טמא · סמוכות שלו טמאין מדרס ויוצאין בהם בשבת ונכנסין בהן בעזרה · כסא וסמוכו׳ שלו טמאין מדרס ואין יוצאין בהן בשבת · ואין נכנסין בהן בעזרה · אנקטמין טהורי׳ ואין יוצאין בהן · ט הבני׳ יוצאין בקשרים: ובני מלכי׳ בזוגין וכל אדם אלא שדברו חכמים בהווה: י יוצאין בביצת החרגול · ובשן השועל · ובמסמר מן הצלוב · משום רפואה · דברי ר׳ מאיר · וחכ׳ אומרי׳ אף בחול אסור משום דרכי האמורי ·

תיקון שבת מלכתא

כמעט שעברתי מהם עד שמצאתי את שאהבה נפשי אחזתיו ולא ארפנו עד שהביאתיו אל בית אמי ואל חדר הורתי: השבעתי אתכם בנות ירושלם בצבאות או באילות השדה אם תעירו ואם תעוררו את האהבה עד שתחפץ: מי זאת עלה מן המדבר כתימרות עשן מקטרת מר ולבונה מכל אבקת רוכל: הנה מטתו שלשלמה ששים גבורים סביב לה מגברי ישראל:

כלל גדול אמרו בשבת. כל השוכח עיקר שבת ועשה מלאכות הרבה בשבתות הרבה. אינו חייב אלא חטאת אחת. היודע עיקר שבת. ועשה מלאכות הרבה בשבתות הרבה. חייב על כל שבת ושבת. היודע שהוא שבת ועושה מלאכות הרבה בשבתות הרבה חייב על כל אב מלאכה ומלאכה. העושה מלאכות הרבה מעין מלאכה אחת. אינו חייב אלא חטאת אחת: ב אבות מלאכות ארבעים חסר אחת. הזורע והחורש והקוצר והמעמר והדש והזורה הבורר והטוחן והמרקד והלש והאופה הגוזז את הצמר המלבנו והמנפצו והצובעו והטווה והמיסך והעושה שתי בתי נירין והאורג שתי חוטין והפוצע שתי חוטין. הקושר והמתיר והתופר שתי תפירות: הקורע על מנת לתפור שתי תפירות. הצד צבי והשוחטו והמפשיטו המולחו והמעבד את עורו והמוחקו והמחתכו הכותב שתי אותיות והמוחק על מנת לכתוב שתי אותיות הבונה והסותר המכבה והמבעיר המכה בפטיש. המוציא מרשות לרשות הרי אלו אבות מלאכות ארבעים חסר אחת. ג ועוד כלל אחר אמרו כל הכשר להצניע ומצניעין כמוהו והוציאו בשבת חייב חטאת עליו. וכל שאינו כשר להצניע ואין מצניעין כמוהו והוציאו בשבת אינו חייב אלא המצניעו. ד המוציא תבן כמלא פי פרה. עצה כמלא פי גמל. עמיר כמלא פי טלה. עשבים כמלא פי גדי. עלי שום ועלי בצלים לחים כגרוגרת. יבשים כמלא פי גדי. ואין מצטרפין זה עם זה מפני שלא שוו בשיעוריהן. המוציא אוכלים כגרוגרת חייב ומצטרפין זה עם זה מפני ששוו בשיעוריהן חוץ מקליפיהן וגרעיניהן ועוקציהן וסובן ומורסנן. ר' יהודה אומר חוץ מקליפי עדשים שמתבשלות עמהם:

כלם אחזי חרב מלמדי מלחמה איש חרבו על ירכו מפחד בלילות: אפריון עשה לו המלך שלמה מעצי הלבנון: עמודיו עשה כסף רפידתו זהב מרכבו ארגמן תוכו רצוף אהבה מבנות ירושלם: צאינה וראינה בנות ציון במלך שלמה בעטרה שעטרה לו אמו ביום חתנתו וביום שמחת לבו:

המוציא יין כדי מזיגת הכוס. חלב כדי גמיאה. דבש כדי ליתן על הכתית. שמן כדי לסוך אבר קטן. מים כדי לשוף בהם את הקילור. ושאר כל המשקין ברביעית. וכל השופכין ברביעית. ר' שמעון אומר כולן ברביעית. ולא אמרו כל השיעורין הללו אלא למצניעיהן. ב המוציא חבל כדי לעשות אוזן לקופה. גמי כדי לעשות תלאי לנפה ולכברה. ר' יהודה אומר כדי ליטול ממנו מידת מנעל לקטן. נייר כדי לכתוב עליו קשר מוכסין. והמוציא קשר מוכסין

תקון שבת מלכתא

[illegible] ובמוציא קשר מוכסין [illegible] : נייר מחק כדי לכרוך על פי צלוחית קטנה של פלייטון . ג עור כדי לעשות קמיע . קלף כדי לכתוב עליו פרשה קטנה שבתפילין שהיא שמע ישראל . דיו כדי לכתוב ב' אותיות . כחול כדי לכחול עין אחת . ד דבק כדי ליתן בראש השפשף . זפת וגפרית כדי לעשות נקב . שעוה כדי ליתן על פי נקב קטן . אדמה כדי לעשות פי כור של צורפי זהב ר' יהודה אומר כדי לעשות פטפוט . סובין כדי ליתן על פי כור של צורפי זהב . סיד כדי לסוד קטנה שבבנות . ר' יהודה אומר כדי לעשות כלכול . ר' נחמיה אומר כדי לסוד אנדיפי : ה אדמה כחותם המרצופין דברי ר' עקיבא : וחכמים אומרים כחותם האיגרות . זבל וחול הדק כדי לזבל קלח של כרוב דברי ר' עקיבא וחכמים אומרים כדי לזבל כרישא . חול הגס כדי ליתן על מלא כף סיד . קנה כדי לעשות קולמוס ואם היה עבה או מרוסס כדי לבשל בו ביצה קלה שבביצים טרופה ונתונה באילפס : ו עצם כדי לעשות תרווד ר' יהודה אומר כדי לעשות ממנו חף . זכוכית כדי לגרוד בו ראש הכרכר . צרור או אבן כדי לזרוק בעוף . ר' אלעזר ברבי יעקב אומר כדי לזרוק בבהמה . ז חרס כדי ליתן בין פצים לחברו דברי ר' יהודה . ר' מאיר אומר כדי לחתות בו אש . ר' יוסי אומר כדי לקבל בו רביעית . אמר רבי מאיר אף על פי שאין ראיה לדבר זכר לדבר לא ימצא במכתתו חרש לחתות אש מיקוד . אמר ליה רבי יוסי משם ראיה לחשוף מים מגבא .

הִנָּךְ יָפָה רַעְיָתִי הִנָּךְ יָפָה עֵינַיִךְ יוֹנִים מִבַּעַד לְצַמָּתֵךְ שַׂעְרֵךְ כְּעֵדֶר הָעִזִּים שֶׁגָּלְשׁוּ מֵהַר גִּלְעָד : שִׁנַּיִךְ כְּעֵדֶר הַקְּצוּבוֹת שֶׁעָלוּ מִן הָרַחְצָה שֶׁכֻּלָּם מַתְאִימוֹת וְשַׁכֻּלָה אֵין בָּהֶם : כְּחוּט הַשָּׁנִי שִׂפְתוֹתַיִךְ וּמִדְבָּרֵיךְ נָאוֶה כְּפֶלַח הָרִמּוֹן רַקָּתֵךְ מִבַּעַד לְצַמָּתֵךְ : כְּמִגְדַּל דָּוִיד צַוָּארֵךְ בָּנוּי לְתַלְפִּיּוֹת אֶלֶף הַמָּגֵן תָּלוּי עָלָיו כֹּל שִׁלְטֵי הַגִּבּוֹרִים :

אתם גם אתם מלכות כהנים [illegible] בקדושה ובטהרה אשרי תמימי דרך ההולכים בתמים לשמור דרך החיים ישישו וישמחו לעשות רצון קונם בגופם ובממונם על כן אחר כל הכבוד הזה אשר עשו עם [illegible] [illegible] כסדר התיקון הזה כל א' וא' [illegible] [illegible] לכבוד שבת מלכתא [illegible]

[illegible] : ואתקינו סעודתי דמלכא [illegible] (עיין בספר הזוהר [illegible]) [illegible] :

אָמַר ב זִמְנִין לְמֵיעַל גּוֹ פִּתְחִין דְּבְהֵיכַל תַּפּוּחִין דְּאִינוּן קַדִּישִׁין .

ג [illegible]

ימינא

תיקוני שבת מלכתא

י ימינא ושמאלא ובינייהו כלה בקישוטין אזלא ומאנין ולבושין
י חבק לה בעלה וביסודא דילה דעביד נייחא לה יהא כתיש כתישין
צ ווחין אף עקתין בטלין ושביתין ברם אנפין חדתין ורוחין עם נפשין
ח דו סגי יסגי ועל חדא תרתי נהורא לה ימטי וברכאן דנפישין
ק ריבו שושבינין עבידו תיקונין לאפשא זינין ונונין עם רחשין
ל מעבד נשמתין ורוחין חדתין בתרתין ותלתין ובתלתא שבשין
ו עטורין שבעין לה ומלכא דלעילא דיתעטר כלא בקדש קדישין
ר שימין וסתימין בגוה כל עלמין ברם עתיק יומין הלא בטיש בטשין
י הא רעוא קמיה דתשרי על עמיה דיתענג לשמיה במתיקין ודובשין
א סדר לדרומא מנרתא דסתימא ושלחן עם נהמא בצפונא ארשים
ב חמרא גו כסא ומדאני אסא לארוס וארוסה להתקפא חלשין
נ עבד להו כתרין במילין יקירין בשבעין עטורין דעל גבי חמשין
ש כינתא תתעטר בשית נהמי לסטר בווין תתקטר וזינין דכנישין
ש ביקין ושביתין מסאבין דרחיקין חבילין דמעיקין וכל זיני חבושין

יהא רעוא מן קדם עתיקא קדישא דכל קדישין טמירא דכל טמירין סתימא דכלא דיתמשך טלא עילאה מיניה לאמלאה רישיה דזעיר אנפין ולהטיל לחקל תפוחין קדישין בנהירו דאנפין ברעו ובחדוותא דכלא ויתמשך מן קדם עתיקא קדישא דכל קדישין טמירא דכל טמירין סתימא דכלא רעותא ורחמי חנא וחסדא בנהירו עילאה ברעותא וחדוא עלי ועל כל בני ביתי ועל כל משפחתי ועל כל הנלוים אלי ועל כל בני ישראל עמיה. ויפרקינא מכל עקתין ובישין דייתין לעלמא. ויזמין ויתייהיב לנא מזונא ופרנסתא טבתא בלי נדר ועקתא מעולם דכל עוני ונזכינא מעינא בישא ומחרבא דמלאך המות ומדינה של גיהנם ויהי לנא ולכל נפשתנא חנא וחסדא וחיי אריכי ומזוני רויחי ורחמי מן קדמיה אמן כן יהי רעון אמן ואמן. ותכף כלי"ט דוד יקדם

יום הששי ויכלו השמים והארץ וכל צבאם ויכל אלהים ביום השביעי
מלאכתו אשר עשה וישבות ביום השביעי מכל מלאכתו אשר עשה
ויברך אלהים את יום השביעי ויקדש אתו כי בו שבת מכל מלאכתו

תקוני שבת בקבלה

אשר ברא אלהים לעשות · סברי רבנן ורבותי ב א י א מ ה בורא פרי הגפן : ברוך אתה יי אלהינו מלך העולם אשר קדשנו במצותיו ורצה בנו ושבת קדשו באהבה וברצון הנחילנו · זכרון למעשה בראשית · כי הוא יום · תחלה למקראי קודש זכר ליציאת מצרים · כי בנו בחרת ואותנו קדשת מכל העמים · ושבת קדשך באהבה וברצון הנחלתנו . ברוך אתה יי מקדש השבת :

[illegible]

תקוני שבת מלכתא

[illegible]

למבצע על ריפתא כזיתא וכביעתא תרין יודין נקטא סתימין ופרישין
מ משח זיתא דכיא דטחנין ריחיא ונגדין נחליא בגוה בלחישין
ה לאו נפא רזין ומילין דגניזין דליתהון מתחזין טמירין וכבישין
א יתעטר כלה ברזין דלעילא בגו האי הלולא דעירין קדישין

[illegible]

אזמר [illegible]

[illegible]

תקוני שבת מלכתא

שהיא טמאה שנא' היו נכונים לשלשת ימים · מכאן שמרחיצין את המילה ביום השלישי שחל להיות בשבת שנא' ויהי ביום השלישי בהיותם כואבים · מנין שקושרין לשון של זהורית בראש שעיר המשתלח שנא' אם יהיו חטאיכם כשנים כשלג ילבינו׃ ד מנין לסיכה שהיא כשתייה ביום הכפורים אע"פ שאין ראיה לדבר זכר לדבר שנא' ותבא כמים בקרבו וכשמן בעצמותיו׃ ה המוציא עצים כדי לבשל ביצה קלה · תבלין כדי לתבל ביצה קלה ומצטרפין זה עם זה · קליפי אגוזים קליפי רמונים איסטיס ופואה כדי לצבוע בהן בגד קטן פי סבכה · מי רגלים נתר ובורית קמוניא ואשלג כדי לכבס בגד קטן פי סבכה · ר' יהודה אומר כדי להעביר את הכתם׃ ו פלפלת כל שהו · ועטרן כל שהו · מיני בשמים ומיני מתכות כל שהו · מאבני המזבח ומעפר המזבח מקק ספרים ומקק מטפחותיהם כל שהו שמצניעין אותן לגונזן · רבי יהודה אומר אף המוציא משמשי ע"ז כל שהו שנאמר לא ידבק בידך מאומה מן החרם׃ ז המוציא קופת הרוכלין אע"פ שיש בה מינין הרבה אינו חייב אלא חטאת אחת · זרעוני גנה פחות מכגרוגרת · רבי יהודה בן בתירה אומר חמשה · זרע קשואין שנים · זרע דילועין שנים · זרע פול המצרי שנים · חגב חי טהור כל שהו · מת כגרוגרת · ציפורת כרמים בין חיה בין מתה כל שהו שמצניעין אותה לרפואה · ר' יהודה אומר אף המוציא חגב חי טמא כל שהוא שמצניעין אותו לקטן לשחק בו׃

שְׁנֵי שָׁדַיִךְ כִּשְׁנֵי עֳפָרִים תְּאוֹמֵי צְבִיָּה הָרוֹעִים בַּשּׁוֹשַׁנִּים · עַד שֶׁיָּפוּחַ הַיּוֹם וְנָסוּ הַצְּלָלִים אֵלֶךְ לִי אֶל הַר הַמּוֹר וְאֶל גִּבְעַת הַלְּבוֹנָה · כֻּלָּךְ יָפָה רַעְיָתִי וּמוּם אֵין בָּךְ׃ אִתִּי מִלְּבָנוֹן כַּלָּה אִתִּי מִלְּבָנוֹן תָּבוֹאִי תָּשׁוּרִי מֵרֹאשׁ אֲמָנָה מֵרֹאשׁ שְׂנִיר וְחֶרְמוֹן מִמְּעֹנוֹת אֲרָיוֹת מֵהַרְרֵי נְמֵרִים׃

המצניע לזרע ולדוגמא ולרפואה והוציאו בשבת חייב בכל שהו · וכל אדם אין חייב עליו אלא כשיעורו · חזר והכניסו אינו חייב אלא כשיעורו׃ ב המוציא אוכלין ונתנן על האסקופה בין שחזר והוציאן בין שהוציאן אחר פטור · מפני שלא עשה מלאכתו בבת אחת · קופה שהיא מלאה פירות ונתנה על אסקופה החיצונה אע"פ שרוב הפירות מבחוץ פטור עד שיוציא את כל הקופה׃ ג המוציא בין בימינו בין בשמאלו בתוך חיקו או על כתיפיו חייב שכן משא בני קהת · לאחר ידו ברגלו בפיו ובמרפקו באזנו ובשערו ובפונדתו ופיה למטה בין בגדו לחלוקו ובשפת חלוקו במנעלו בסנדלו פטור שלא הוציא כדרך המוציאין׃ ד המתכוין להוציא לפניו ובא לו לאחריו פטור · לאחריו ובא לו לפניו חייב · באמת אמרו האשה החוגרת בסינר בין מלפניה ובין מלאחריה חייבת שכן ראוי להיות חוזר · רבי יהודה אומר אף מקבלי פתקין׃ ה המוציא ככר לרשות הרבים חייב · הוציאוהו שנים פטורין · לא יכול אחד להוציאו והוציאוהו שנים חייבים ורבי שמעון פוטר · המוציא אוכלין פחות מכשיעור בכלי פטור אף על הכלי שהכלי טפילה לו · את החי במטה פטור אף על המטה שהמטה טפילה לו · את המת במטה חייב · וכן כזית מן המת וכזית מן הנבלה וכעדשה מן השרץ חייב · ורבי שמעון פוטר׃ ו הנוטל צפורניו זו בזו או בשיניו וכן שערו וכן שפמו וכן זקנו · וכן הגודלת וכן הכוחלת וכן הפוקסת רבי אליעזר מחייב וחכמים אוסרין משום שבות · התולש מעציץ נקוב חייב · ושאינו נקוב פטור ורבי שמעון פוטר בזה ובזה ·

לִבַּבְתִּנִי אֲחֹתִי כַלָּה לִבַּבְתִּנִי בְּאַחַד מֵעֵינַיִךְ בְּאַחַד עֲנָק מִצַּוְּרֹנָיִךְ · מַה יָּפוּ דֹדַיִךְ אֲחֹתִי כַלָּה מַה טֹּבוּ דֹדַיִךְ מִיַּיִן וְרֵיחַ שְׁמָנַיִךְ מִכָּל בְּשָׂמִים׃

תקוני שבת מלכתא

נֹפֶת תִּטֹּפְנָה שִׂפְתוֹתַיִךְ כַּלָּה דְּבַשׁ וְחָלָב תַּחַת לְשׁוֹנֵךְ וְרֵיחַ שַׂלְמֹתַיִךְ כְּרֵיחַ לְבָנוֹן: גַּן נָעוּל אֲחֹתִי כַלָּה גַּל נָעוּל מַעְיָן חָתוּם:

הזורק [illegible]

שְׁלָחַיִךְ פַּרְדֵּס רִמּוֹנִים עִם פְּרִי מְגָדִים כְּפָרִים עִם נְרָדִים נֵרְדְּ וְכַרְכֹּם קָנֶה וְקִנָּמוֹן עִם כָּל עֲצֵי לְבוֹנָה מֹר וַאֲהָלוֹת עִם כָּל רָאשֵׁי בְשָׂמִים מַעְיַן גַּנִּים בְּאֵר מַיִם חַיִּים וְנֹזְלִים מִן לְבָנוֹן· עוּרִי צָפוֹן וּבוֹאִי תֵימָן הָפִיחִי גַנִּי יִזְּלוּ בְשָׂמָיו יָבֹא דוֹדִי לְגַנּוֹ וְיֹאכַל פְּרִי מְגָדָיו·

הבונה [illegible]

תקוני שבת מלכתא

[illegible] · כתב אות אחת נוטריקון : ר' יהושע בן בתירה מחייב · וחכמים פוטרין · ו הכותב שתי אותיות בשתי
העלמות · אחת שחרית ואחת בין הערבים · רבן גמליאל מחייב · וחכמים פוטרין :

בָּאתִי לְגַנִּי אֲחֹתִי כַלָּה אָרִיתִי מוֹרִי עִם בְּשָׂמִי אָכַלְתִּי יַעְרִי עִם דִּבְשִׁי
שָׁתִיתִי יֵינִי עִם חֲלָבִי אִכְלוּ רֵעִים שְׁתוּ וְשִׁכְרוּ דּוֹדִים : אֲנִי יְשֵׁנָה וְלִבִּי
עֵר קוֹל דּוֹדִי דוֹפֵק פִּתְחִי לִי אֲחֹתִי רַעְיָתִי יוֹנָתִי תַמָּתִי שֶׁרֹּאשִׁי נִמְלָא טָל
קְוֻצּוֹתַי רְסִיסֵי לָיְלָה : פָּשַׁטְתִּי אֶת כֻּתָּנְתִּי אֵיכָכָה אֶלְבָּשֶׁנָּה רָחַצְתִּי אֶת
רַגְלַי אֵיכָכָה אֲטַנְּפֵם : דּוֹדִי שָׁלַח יָדוֹ מִן הַחֹר וּמֵעַי הָמוּ עָלָיו :

רבי אליעזר אומר האורג ג' חוטין בתחלה · ואחת על האריג חייב · וחכמים אומרים בין בתחלה בין בסוף
שיעורו שני חוטין · ב העושה שני בתי נירין · בנירין בקירוס · בנפה · בכברה ובסל חייב · והתופר
שתי תפירות · והקורע על מנת לתפור שתי תפירות : ג הקורע בחמתו ועל מתו וכל המקלקלים פטורין : והמקלקל
על מנת לתקן · שיעורו כמתקן : ד שיעור המלבן והמנפץ והצובע והטווה כמלא רחב הסיט כפול : והאורג
שני חוטין שיעורו כמלא הסיט : ה ר' יהודה אומר הצד צפור למגדל · וצבי לבית חייב · וחכמים אומרים צפור
למגדל וצבי לגינה ולחצר ולביברין : רשב"ג אומר לא כל הביברין שוין · זה הכלל כל המחוסר צידה פטור :
ושאינו מחוסר צידה חייב · ו צבי שנכנס לבית ונעל אחד בפניו חייב · נעלו שנים פטורים ·
לא יכול אחד לנעול ונעלוהו שנים חייבים · ור"ש פוטר : ז ישב האחד על הפתח ולא מלאהו · ישב השני ומלאהו ·
השני חייב : ישב הראשון על הפתח ומלאהו · ובא השני וישב בצדו · אע"פ שעמד הראשון והלך לו · הראשון
חייב · והשני פטור · הא למה זה דומה לנועל את ביתו לשמרו · ונמצא צבי שמור בתוכו :

קַמְתִּי אֲנִי לִפְתֹּחַ לְדוֹדִי וְיָדַי נָטְפוּ מוֹר וְאֶצְבְּעֹתַי מוֹר עֹבֵר עַל כַּפּוֹת
הַמַּנְעוּל : פָּתַחְתִּי אֲנִי לְדוֹדִי וְדוֹדִי חָמַק עָבָר נַפְשִׁי יָצְאָה בְדַבְּרוֹ בִּקַּשְׁתִּיהוּ
וְלֹא מְצָאתִיהוּ קְרָאתִיו וְלֹא עָנָנִי : מְצָאֻנִי הַשֹּׁמְרִים הַסֹּבְבִים בָּעִיר הִכּוּנִי
פְצָעוּנִי נָשְׂאוּ אֶת רְדִידִי מֵעָלַי שֹׁמְרֵי הַחֹמוֹת : הִשְׁבַּעְתִּי אֶתְכֶם בְּנוֹת
יְרוּשָׁלִָם אִם תִּמְצְאוּ אֶת דּוֹדִי מַה תַּגִּידוּ לוֹ שֶׁחוֹלַת אַהֲבָה אָנִי :

שמונה שרצים האמורים בתורה · הצדן והחובל בהן חייב · ושאר שקצים ורמשים החובל בהן פטור · הצדן
לצורך חייב · שלא לצורך פטור · חיה ועוף שברשותו · הצדן פטור · והחובל בהם חייב : ב אין
עושין הילמי בשבת · אבל עושה הוא את מי המלח · וטובל בהן פיתו · ונותן לתוך התבשיל · אמר ר' יוסי והלא הוא הילמי
בין מרובה בין מועט · ואלו הן מי מלח המותרין · נותן שמן לכתחלה לתוך המים או לתוך המלח · ג אין אוכלין
אזוב יון בשבת · לפי שאינו מאכל בריאים · אבל אוכל הוא את יועזר ושותה אבוב רועה · כל האוכלין אוכל אדם
לרפואה · וכל המשקין שותה · חוץ ממי דקלים · וכוס עיקרין · מפני שהן לירוקה · אבל שותה הוא מי דקלים

ח לצמא

תקון שבת מלכתא

לצמאו · וסך שמן עיקרין שלא לרפואה : ד החושש בשיניו · לא יגמע בהן את החומץ · אבל מטבל הוא כדרכו · ואם נתרפא נתרפא · החושש במתניו לא יסוך יין וחומץ · אבל סך הוא את השמן ולא שמן ורד · בני מלכים סכין שמן ורד על מכותיהן · שכן דרכן לסוך בחול · ר' שמעון אומר כל ישראל בני מלכים הם :

מַה־דּוֹדֵךְ מִדּוֹד הַיָּפָה בַּנָּשִׁים מַה־דּוֹדֵךְ מִדּוֹד שֶׁכָּכָה הִשְׁבַּעְתָּנוּ: דּוֹדִי צַח וְאָדוֹם דָּגוּל מֵרְבָבָה: רֹאשׁוֹ כֶּתֶם פָּז קְוֻצּוֹתָיו תַּלְתַּלִּים שְׁחֹרוֹת כָּעוֹרֵב: עֵינָיו כְּיוֹנִים עַל־אֲפִיקֵי מָיִם רֹחֲצוֹת בֶּחָלָב יֹשְׁבוֹת עַל־מִלֵּאת:

אלו קשרים שחייבים עליהן קשר הגמלין · וקשר הספנין · וכשם שהוא חייב על קישורן כך הוא חייב על היתרן · ר' מאיר אומר כל קשר שהוא יכול להתירו באחת מידיו · אין חייבין עליו : ב יש לך קשרים שאין חייבין עליהן כקשר הגמלים וכקשר הספנין : קושרת אשה מפתח חלוקה · וחוטי סבכה · ושל פסקיא ורצועות מנעל וסנדל · ונודות יין ושמן · וקדרה של בשר · ר' אליעזר בן יעקב אומר · קושרין לפני הבהמה בשביל שלא תצא · קושרין דלי בפסקיא אבל לא בחבל · ר' יהודה מתיר · כלל א"ר יהודה כל קשר שאינו של קיימא אין חייבין עליו : ג מקפלין את הכלים · אפי' ד' וה' פעמים : ומציעין את המטות מלילי שבת לשבת · אבל לא משבת למוצאי שבת · ר' ישמעאל אומר מקפלין את הכלים · ומציעין את המטות מיה"כ לשבת · וחלבי שבת קריבין ביה"כ · ר' עקיבא אומר לא של שבת קריבין ביום הכפורים · ולא של יום הכפורים קריבין בשבת :

לְחָיָו כַּעֲרוּגַת הַבֹּשֶׂם מִגְדְּלוֹת מֶרְקָחִים שִׂפְתוֹתָיו שׁוֹשַׁנִּים נֹטְפוֹת מוֹר עֹבֵר: יָדָיו גְּלִילֵי זָהָב מְמֻלָּאִים בַּתַּרְשִׁישׁ מֵעָיו עֶשֶׁת שֵׁן מְעֻלֶּפֶת סַפִּירִים: שׁוֹקָיו עַמּוּדֵי שֵׁשׁ מְיֻסָּדִים עַל־אַדְנֵי־פָז מַרְאֵהוּ כַּלְּבָנוֹן בָּחוּר כָּאֲרָזִים: חִכּוֹ מַמְתַקִּים וְכֻלּוֹ מַחֲמַדִּים זֶה דוֹדִי וְזֶה רֵעִי בְּנוֹת יְרוּשָׁלִָם:

כל כתבי הקודש מצילין אותן מפני הדליקה · בין שקורין בהן ובין שאין קורין בהן · ואעפ"י שכתובין בכל לשון טעונים גניזה · ומפני מה אין קורין בהם · מפני ביטול בית המדרש : מצילין תיק הספר עם הספר ותיק התפילין עם התפילין · ואף על פי שיש בתוכן מעות · ולהיכן מצילין אותן למבוי שאינו מפולש · בן בתירא אומר אף למפולש : ב מצילין מזון ג' סעודות : הראוי לאדם לאדם · הראוי לבהמה לבהמה · כיצד נפלה דליקה בלילי שבת מצילין מזון ג' סעודות בשחרית מצילין מזון ב' סעודות במנחה מזון סעודה אחת ר' יוסי אומר לעולם מצילין מזון שלש סעודות : ג מצילין סל מלא ככרות : ואעפ"י שיש בו מאה סעודות · ועיגול של דבילה : וחבית של יין · ואומר לאחרים בואו והצילו לכם : ואם היו פיקחין עושין עמו חשבון אחר השבת · להיכן מצילין אותן לחצר המעורבת : בן בתירא אומר אף לשאינה מעורבת : ד ולשם מוציא כל כלי תשמישו · ולובש כל מה שיכול ללבוש · ועוטף כל מה שיכול לעטוף · ר' יוסי אומר שמנה עשר כלים · וחוזר ולובש ומוציא ואומר לאחרים בואו והצילו עמי : ה ר' שמעון בן ננס אומר פורסין עור של גדי על גבי שידה תיבה ומגדל שאחז בהן את האור · מפני שהוא מחרך ועושין מחיצה בכל הכלים בין מלאים בין ריקנים : בשביל שלא תעבור הדליקה · ר' יוסי אוסר בכלי חרס חדשים מלאין מים · לפי שאין יכולין לקבל את האור · והן מתבקעין ומכבין את הדליקה : ו נכרי שבא לכבות · אין אומרים לו כבה ואל

תכבה

תקוני שבת מלכתא

מכנס · מפני שאין מביאתו עליהן · אבל קטן שבא לכנות · אין מוציאין לו : מפני שביאתו עליהן : ז כופין קערה על גבי הנר · בשביל שלא תאחוז בקורה · ועל צואה של קטן · ועל עקרב שלא תישך א"ר יהודה מעשה בא לפני רבי יוחנן בן זכאי בערב ואמר חוששני לו מחטאת : ח נכרי שהדליק את הנר : משתמש לאורו ישראל ואם בשביל ישראל אסור · מילא מים להשקות בהמתו : משקה אחריו ישראל · אם בשביל ישראל אסור : עשה גוי כבש לירד בו · יורד אחריו ישראל · ואם בשביל ישראל אסור · מעשה ברבן גמליאל וזקנים שהיו באין בספינה : ועשה גוי כבש לירד בו · וירדו בו רג"וזקנים ·

אנא הלך דודך היפה בנשים אנה פנה דודך ונבקשנו עמך : דודי ירד לגנו לערוגות הבשם לרעות בגנים וללקט שושנים : אני לדודי ודודי לי הרועה בשושנים : יפה את רעיתי כתרצה נאוה כירושלם אימה כנדגלות

(מצאתי כתוב בשם גדולים שאומרים ביום השבת קודם שמקדשים קידושא רבא · פרק ז ממסכת שבת כי בו יודעו לבלתי יבטלו בג' מין אב מלאכה ח"ו אף כי אמרו אותו בלילה חוזרי' אותו ביום ואח"כ פ"ק דמס כתפלים במשנה המתחלת אבר קדושות עד כשעת הקטרה סוף הפרק והמשנה הרא' וכה מהפרק השני שמום א' מעמוד על הפרק כי בזה יקטרו קטר אמין קורה אז וירושלים וב"ה נשבת וי' כרא"ש · וכל המרבה לעשות הטוב והישר ינפה יטיב הבמון לירושליו ·) ואח"כ יאמר אתקינו סעודתי דמהימנותא שלימתא חדוותא דמלכא קדישא · אתקינו סעודתי דמלכא · דא היא סעודתא דע"ק · וחקל תפוחין וזעיר אנפין אתיין לסעדה בהדה ·

אסדר לסעודתא בצפרא דשבתא ואזמין בה השתא עתיקא קדישא
נ הוריה ישרי בה בקידושא רבה ובחמרא טבא דבי תחדי נפשא
י שדר לן שופריה ונחזי ביקריה ויחזי לן סתריה דאתאמר בלחישא
י גלה לן טעמי דבתריסר נהמי דאינון את בשמיה כפילא וקלישא ·
צ רורא דלעילא דבי חיי כלא דיתרבי חילה ותיסק עד רישא ·
ח דו חצדי חקלא בדבור ובקלא ומללו מלה במתיקא כדובשא ·
ק דם ריבון עלמין במלין סתימין תגלון פתגמין ותימרון חידושא ·
ל עטר פתורא ברזא יקירא עמיקא וטמירא ולאו מלתא אוושא ·
ו אלין מליא יהון לרקיעיא ותמן מאן שריא הלא ההוא שמשא ·
ר בו יתיר יסגי לעילא מן דרגיה ויסב בת זוגיה דהות פרישא ·

עוטר

תקוני שבת מלכתא

מזמור לדוד ה' רועי לא אחסר · בנאות דשא ירביצני על מי מנוחות ינהלני · נפשי ישובב ינחני במעגלי צדק למען שמו : גם כי אלך בגיא צלמות לא אירא רע כי אתה עמדי שבטך ומשענתך המה ינחמוני תערוך לפני שלחן נגד צוררי דשנת בשמן ראשי כוסי רויה · אך טוב וחסד ירדפוני כל ימי חיי ושבתי בבית ה' לאורך ימים : אם תשיב משבת רגלך עשות חפצך ביום קדשי וקראת לשבת עונג לקדוש ה' מכובד וכבדתו מעשות דרכיך ממצוא חפצך ודבר דבר : אז תתענג על ה' והרכבתיך על במותי ארץ והאכלתיך נחלת יעקב אביך כי פי ה' דבר · ושמרו בני ישראל את השבת לעשות את השבת לדורותם ברית עולם ביני ובין בני ישראל אות היא לעולם כי ששת ימים עשה ה' את השמים ואת הארץ וביום השביעי שבת וינפש על כן ברך ה' את יום השבת ויקדשהו · סברי מרנן ורבותי בא"ה בורא פרי הגפן · ושותה כדי רביעית ויתן לכל העם מן היין ויטול ידיו ויקדש המוציא יברך ע"ב וקודם שיבצע על שתי ככרות יאמר ג"כ לשבצע על ... ככתוב לעיל : ואח"כ יבצע על שתי ככרות ויברך ברכת המוציא ואחר גמר הסעודה יטול ידיו למים אחרונים וקודם ליטול ידיו אחר המזון יאמר ·

יְדֵי אַסְחֵי אֲנָא · לְגַבֵּי חַד מָנָא · לְסִטְרָא חוּרִינָא · דְּלֵית בֵּיהּ מַמָּשָׁא :
אֲזַמֵּן בִּתְלָתָא · בְּכַסָּא דְבִרְכָתָא לְעִלַּת עִלָּתָא · עַתִּיקָא קַדִּישָׁא :

ויברך את"ב ברכת המזון ואחר העונה לסעודה שלישית לזעיר אנפין יאמר משנה פרקים אלו

כל הכלים ניטלין בשבת ודלתותיהם עמהן אף על פי שנתפרקו בשבת שאינן דומין לדלתות הבית לפי שאינן מן המוכן · **ב** נוטל אדם קורנס לפצע בו את האגוזים וקורדום לחתוך את הדבילה מגירה לגור בה את הגבינה מגריפה לגרוף בה את הגרוגרות את הרחת ואת המזלג ליתן עליו לקטן את הכוש ואת הכרכר לתחוב בו מחט של יד ליטול בו את הקוץ ושל סקאים לפתוח בו את הדלת : **ג** קנה של זיתים אם יש קשר בראשו מקבל טומאה ואם לאו אינו מקבל טומאה בין כך ובין כך ניטל בשבת : **ד** ר' יוסי אומר כל הכלים ניטלין חוץ מן המסר הגדול ויתד של מחרישה : כל הכלים ניטלין לצורך ושלא לצורך ר' נחמיה אומר אין ניטלין אלא לצורך · **ה** כל הכלים הניטלין בשבת שבריהן ניטלין עמהן ובלבד שיהו עושין מעין מלאכה שברי עריבה לכסות בהן את פי החבית שברי זכוכית לכסות בהן את פי הפך רבי יהודה אומר ובלבד שיהו עושין מעין מלאכתן שברי עריבה לצוק לתוכן מקפה ושל זכוכית לצוק לתוכן שמן · **ו** האבן שבקירויה אם ממלאין בה ולא נופלת ממלאין בה ואם לאו אין ממלאין בה זמורה שהיא קשורה בטפיח ממלאין בה בשבת · **ז** פקק החלון ר' אליעזר אומר בזמן שהוא קשור ותלוי פוקקין בו ואם לאו אין פוקקין בו וחכמים אומרים בין כך ובין כך פוקקין בו · **ח** כל כסויי הכלים שיש להם בית אחיזה ניטלין בשבת א"ר יוסי במה דברים אמורים בכסויי קרקע אבל בכסויי כלים בין כך ובין כך ניטלין בשבת :

הֲסֵבִּי עֵינַיִךְ מִנֶּגְדִּי שֶׁהֵם הִרְהִיבֻנִי שַׂעְרֵךְ כְּעֵדֶר הָעִזִּים שֶׁגָּלְשׁוּ מִן הַגִּלְעָד : שִׁנַּיִךְ כְּעֵדֶר הָרְחֵלִים שֶׁעָלוּ מִן הָרַחְצָה שֶׁכֻּלָּם מַתְאִימוֹת וְשַׁכֻּלָה אֵין בָּהֶם : כְּפֶלַח הָרִמּוֹן רַקָּתֵךְ מִבַּעַד לְצַמָּתֵךְ : שִׁשִּׁים הֵמָּה מְלָכוֹת וּשְׁמֹנִים פִּילַגְשִׁים וַעֲלָמוֹת אֵין מִסְפָּר ·

מפנין אפילו ד' או ה' קופות של תבן ושל תבואה מפני האורחים ומפני בטול בית המדרש אבל לא את האוצר מפנין תרומה טהורה ודמאי ומעשר ראשון שנטלה תרומתו ומעשר שני והקדש שנפדו והתורמוס

פינ

תיקוני שבת מלכתא

עניים: מפני שהוא מאכל לעניים. אבל לא הטבל ולא מעשר ראשון שלא ניטלה תרומתו ולא מעשר שני והקדש שלא נפדו ולא את הלוף ולא החרדל רשב"ג מתיר בלוף מפני שהוא מאכל עורבין. ב חבילי קש וחבילי עצים וחבילי זרדים אם התקינן למאכל בהמה מטלטלין אותם ואם לאו אין מטלטלין אותן: כופין את הסל לפני האפרוחים כדי שיעלו וירדו תרנגולת שברחה דוחין אותה עד שתכנס: מדדין עגלים וסייחין ברה"י אשה מדדה את בנה א"ר יהודה אימתי בזמן שהוא נוטל אחת ומניח אחת אבל אם היה גורר אסור: ג אין מילדין את הבהמה ביום טוב אבל מסעדין ומילדין את האשה בשבת וקורין לה חכמה ממקום למקום ומחללין עליה את השבת וקושרין את הטבור ר' יוסי אומר אף חותכין וכל צרכי מילה עושין בשבת

אחת היא יונתי תמתי אחת היא לאמה ברה היא ליולדתה ראוה בנות ויאשרוה מלכות ופילגשים ויהללוה: מי זאת הנשקפה כמו שחר יפה כלבנה ברה כחמה אימה כנדגלות: אל גנת אגוז ירדתי לראות באבי הנחל לראות הפרחה הגפן הנצו הרמנים: לא ידעתי נפשי שמתני מרכבות עמי נדיב:

רבי אליעזר אומר אם לא הביא כלי מע"ש מביאו בשבת מגולה ובסכנה מכסהו על פי עדים ועוד א"ר אליעזר כורתין עצים לעשות פחמין לעשות כלי ברזל. כלל אמר ר' עקיבא כל מלאכה שאפשר לעשותה מערב שבת אינה דוחה את השבת ושאי אפשר לעשותה מערב שבת דוחה את השבת. ב עושין כל צרכי מילה בשבת מוהלין ופורעין ומוצצין ונותנין עליה אספלנית וכמון. אם לא שחק מע"ש לועס בשיניו ונותן. אם לא טרף יין ושמן מע"ש ינתן זה בעצמו וזה בעצמו. אין עושין לה חלוק לכתחלה אבל כורך עליה סמרטוט. אם לא התקין מערב שבת כורך על אצבעו ומביא ואפילו מחצר אחרת. ג מרחיצין את הקטן בין לפני המילה ובין לאחר המילה ומזלפין עליו ביד אבל לא בכלי. ר' אלעזר בן עזריה אומר מרחיצין את הקטן ביום השלישי שחל להיות בשבת שנאמר ויהי ביום השלישי בהיותם כואבים. ספק ואנדרוגינוס אין מחללין עליו את השבת ור' יהודה מתיר באנדרוגינוס. ד מי שהיו לו שני תינוקות אחד למול אחר השבת ואחד למול בשבת ושכח ומל את של אחר השבת בשבת חייב. אחד למול בערב שבת ואחד למול בשבת ושכח ומל את של ערב שבת בשבת ר' אליעזר מחייב חטאת ור' יהושע פוטר. ה קטן נימול לשמונה לתשעה ולעשרה ולאחד עשר ולשנים עשר. לא פחות ולא יותר. הא כיצד כדרכו לשמונה. נולד לבין השמשות נימול לתשעה. בין השמשות של ערב שבת נימול לעשרה. יום טוב לאחר השבת נימול לאחד עשר. שני ימים טובים של ר"ה נימול לשנים עשר. קטן החולה אין מוהלין אותו עד שיבריא. ו אלו הן ציצין המעכבין את המילה בשר החופה את רוב העטרה ואינו אוכל בתרומה ואם היה בעל בשר מתקנו מפני מראית העין. מל ולא פרע את המילה כאילו לא מל:

שובי שובי השולמית שובי שובי ונחזה בך מה תחזו בשולמית כמחלת המחנים: מה יפו פעמיך בנעלים בת נדיב חמוקי ירכיך כמו חלאים מעשה ידי אמן: שררך אגן הסהר אל יחסר המזג בטנך ערמת חטים סוגה בשושנים: שני שדיך כשני עפרים תאמי צביה:

תקוני שבת מלכתא

רבי אליעזר אומר תולין את המשמרת ביו"ט ונותנים לתלויה בשבת וחכמים אומרים אין תולין את המשמרת ביום טוב ואין נותנים לתלויה בשבת אבל נותנים לתלויה ביו"ט ב נותנין מים על גבי השמרים בשביל שיצולו ומסננין את היין בסודרין ובכפיפה מצרית ונותנים ביצה במסננת של חרדל ועושין אנומלין בשבת ר' יהודה אומר בשבת בכוס ביו"ט בלגין ובמועד בחבית ר' צדוק אומר הכל לפי האורחין: ג אין שורין את החלתית בפושרין אבל נותן לתוך החומץ: ואין שורין את הכרשינין ולא שפין אותן אבל נותן לתוך הכברה או לתוך הכלכלה אין כוברין את התבן בכברה ולא יתננו על גבי מקום גבוה בשביל שירד המוץ אבל נוטל הוא בכברה ונותן לתוך האבוס: ד גורפין מלפני הפטם ומסלקין לצדדין מפני הרעי דברי ר' דוסא וחכמים אוסרין נוטלין מלפני בהמה זו ונותנין לפני בהמה זו בשבת: ה הקש שעל גבי המטה לא ינענענו בידו אלא מנענעו בגופו ואם היה עליו מאכל בהמה או שהיה עליו כר או סדין מנענעו בידו מכבש של בעלי בתים מתירין אבל לא כובשין ושל כובסין לא יגע בו ר' יהודה אומר אם היה מותר מע"ש מתיר את כולו ושומטו:

צַוָּארֵךְ כְּמִגְדַּל הַשֵּׁן עֵינַיִךְ בְּרֵכוֹת בְּחֶשְׁבּוֹן עַל שַׁעַר בַּת רַבִּים אַפֵּךְ כְּמִגְדַּל הַלְּבָנוֹן צוֹפֶה פְּנֵי דַמָּשֶׂק: רֹאשֵׁךְ עָלַיִךְ כַּכַּרְמֶל וְדַלַּת רֹאשֵׁךְ כָּאַרְגָּמָן מֶלֶךְ אָסוּר בָּרְהָטִים: מַה יָּפִית וּמַה נָּעַמְתְּ אַהֲבָה בַּתַּעֲנוּגִים: זֹאת קוֹמָתֵךְ דָּמְתָה לְתָמָר וְשָׁדַיִךְ לְאַשְׁכֹּלוֹת·

נוטל אדם את בנו והאבן בידו וכלכלה והאבן בתוכה: ומעלין תרומה טמאה עם הטהורה ועם החולין ר' יהודה אומר אף מעלין את המדומע באחד ומאה: ב האבן שעל פי החבית מטה על צדה והיא נופלת היתה בין החביות מגביה ומטה על צדה והיא נופלת מעות שעל הכר נוער את הכר והן נופלות היתה עליו לשלשת מקנחה בסמרטוט היתה של עור נותנין עליה מים עד שתכלה: ג ב"ש אומרים מגביהין מן השלחן עצמות וקליפין וב"ה אומרים מסלק את הטבלא כולה ומנערה מעבירין מלפני השלחן פירורין פחות מכזית ושער של אפונין ושער של עדשים מפני שהוא מאכל בהמה: ספוג אם יש לו עור בית אחיזה מקנחין בו ואם לאו אין מקנחין בו וחכמים אומרים בין כך ובין כך ניטל בשבת ואינו מקבל טומאה:

אָמַרְתִּי אֶעֱלֶה בְתָמָר אֹחֲזָה בְּסַנְסִנָּיו וְיִהְיוּ נָא שָׁדַיִךְ כְּאֶשְׁכְּלוֹת הַגֶּפֶן וְרֵיחַ אַפֵּךְ כַּתַּפּוּחִים וְחִכֵּךְ כְּיֵין הַטּוֹב הוֹלֵךְ לְדוֹדִי לְמֵישָׁרִים דּוֹבֵב שִׂפְתֵי יְשֵׁנִים אֲנִי לְדוֹדִי וְעָלַי תְּשׁוּקָתוֹ: לְכָה דוֹדִי נֵצֵא הַשָּׂדֶה נָלִינָה בַּכְּפָרִים:

חבית שנשברה מצילין הימנה מזון ג' סעודות ואומר לאחרים באו והצילו לכם ובלבד שלא יספוג: אין סוחטין את הפירות להוציא מהן משקין ואם יצאו מעצמן אסורין ר' יהודה אומר אם לאוכלין היוצא מהן מותר ואם למשקין היוצא מהן אסור: חלות דבש שריסקן מערב שבת ויצאו מעצמן אסורין ור' אליעזר מתיר: ב כל שבא בחמין מערב שבת שורין אותו בחמין בשבת וכל שלא בא בחמין מערב שבת מדיחין אותו בחמין בשבת חוץ מן המליח הישן ודגים מלוחים וקוליס האיספנין שהדחתן זו היא גמר מלאכתן: ג שובר אדם את החבית לאכול ממנה גרוגרות ובלבד שלא יתכוין לעשות כלי ואין נוקבין מגופה של חבית דברי ר' יהודה וחכמים מתירין ולא יקבנה מצדה ואם היתה נקובה לא יתן עליה שעוה מפני שהוא ממרח

ר"א

תקון שבת מלכתא

א״ר יהודה מעשה בא לפני רבן יוחנן בן זכאי בערב ואומר חוששני לו מחטאת · ד נותנין תבשיל לתוך הבור בשביל שיהא שמור · ואת המים היפים ברעים בשביל שיצננו · ואת הצונן בחמה בשביל שיחמו · מי שנשרו כליו בדרך במים · מהלך בהן ואינו חושש : כשיגיע לחצר החיצונה שוטחן בחמה · אבל לא כנגד העם : ה הרוחץ במי מערה ובמי טבריא ונסתפג אפי׳ בעשר אלונטיאות לא יביאם בידו אבל עשרה בני אדם שנסתפגו פניהם ידיהם ורגליהם ומביאין אותן בידן · ו סכין ומשמשין בבני מעים אבל לא מתעמלין ולא מתגררין אין יורדין לקורדימא ואין עושין אפיקטויזין ואין מעצבין את הקטן ואין מחזירין את השבר מי שנפרקה ידו ורגלו לא יטרפם בצונן אבל רוחץ הוא כדרכו ואם נתרפא נתרפא :

נַשְׁכִּימָה לַכְּרָמִים נִרְאֶה אִם פָּרְחָה הַגֶּפֶן פִּתַּח הַסְּמָדַר הֵנֵצוּ הָרִמּוֹנִים
שָׁם אֶתֵּן אֶת דֹּדַי לָךְ: הַדּוּדָאִים נָתְנוּ רֵיחַ וְעַל פְּתָחֵינוּ כָּל מְגָדִים חֲדָשִׁים גַּם
יְשָׁנִים דּוֹדִי צָפַנְתִּי לָךְ: מִי יִתֶּנְךָ כְּאָח לִי יוֹנֵק שְׁדֵי אִמִּי אֶמְצָאֲךָ בַחוּץ אֶשָּׁקְךָ
גַּם לֹא יָבוּזוּ לִי: אֶנְהָגֲךָ אֲבִיאֲךָ אֶל בֵּית אִמִּי תְּלַמְּדֵנִי אַשְׁקְךָ מִיַּיִן הָרֶקַח
מֵעֲסִיס רִמֹּנִי:

שואל אדם מחבירו כדי יין וכדי שמן ובלבד שלא יאמר לו הלויני וכן האשה מחבירתה ככרות ואם אינו מאמינו מניח טליתו אצלו ועושה עמו חשבון לאחר שבת וכן ע״פ בירושלים שחל להיות בשבת מניח טליתו אצלו ונוטל את פסחו ועושה עמו חשבון לאחר יו״ט · ב מונה אדם את אורחיו ואת פרפראותיו מפיו אבל לא מן הכתב · ומפיס עם בניו ועם בני ביתו על השולחן ובלבד שלא יתכוון לעשות מנה גדולה כנגד קטנה משום קוביא · ומטילין חלשים על הקדשים ביו״ט אבל לא על המנות · ג לא ישכור אדם פועלים בשבת ולא יאמר אדם לחבירו לשכור לו פועלים · אין מחשיכין על התחום לשכור פועלים ולהביא פירות אבל מחשיך הוא לשמור ומביא פירות בידו · כלל אמר אבא שאול כל שאני זכאי באמירתו רשאי אני להחשיך עליו : ד מחשיכין על התחום לפקח על עסקי כלה ועל עסקי המת להביא לו ארון ותכריכין · גוי שהביא חלילין בשבת לא יספוד בהן ישראל אלא אם כן באו ממקום קרוב עשו לו ארון וחפרו לו קבר יקבר בו ישראל ואם בשביל ישראל לא יקבר בו עולמית · ה עושין כל צרכי המת סכין ומדיחין אותו ובלבד שלא יזיזו בו אבר · שומטין את הכר מתחתיו ומטילין אותו על החול בשביל שימתין · קושרין את הלחי לא שיעלה אלא שלא יוסיף וכן קורה שנשברה סומכין אותה בספסל או בארוכות המטה לא שתעלה אלא שלא תוסיף · אין מעמצין את המת בשבת ולא בחול עם יציאת הנפש והמעמץ עם יציאת הנפש הרי זה שופך דמים :

שְׂמֹאלוֹ תַּחַת רֹאשִׁי וִימִינוֹ תְּחַבְּקֵנִי: הִשְׁבַּעְתִּי אֶתְכֶם בְּנוֹת יְרוּשָׁלִָם מַה
תָּעִירוּ וּמַה תְּעֹרְרוּ אֶת הָאַהֲבָה עַד שֶׁתֶּחְפָּץ: מִי זֹאת עֹלָה מִן הַמִּדְבָּר
מִתְרַפֶּקֶת עַל דּוֹדָהּ תַּחַת הַתַּפּוּחַ עוֹרַרְתִּיךָ שָׁמָּה חִבְּלַתְךָ אִמֶּךָ שָׁמָּה
חִבְּלָה יְלָדַתְךָ: שִׂימֵנִי כַחוֹתָם עַל לִבֶּךָ כַּחוֹתָם עַל זְרוֹעֶךָ כִּי עַזָּה כַמָּוֶת
אַהֲבָה קָשָׁה כִשְׁאוֹל קִנְאָה רְשָׁפֶיהָ רִשְׁפֵּי אֵשׁ שַׁלְהֶבֶתְיָה:

מי

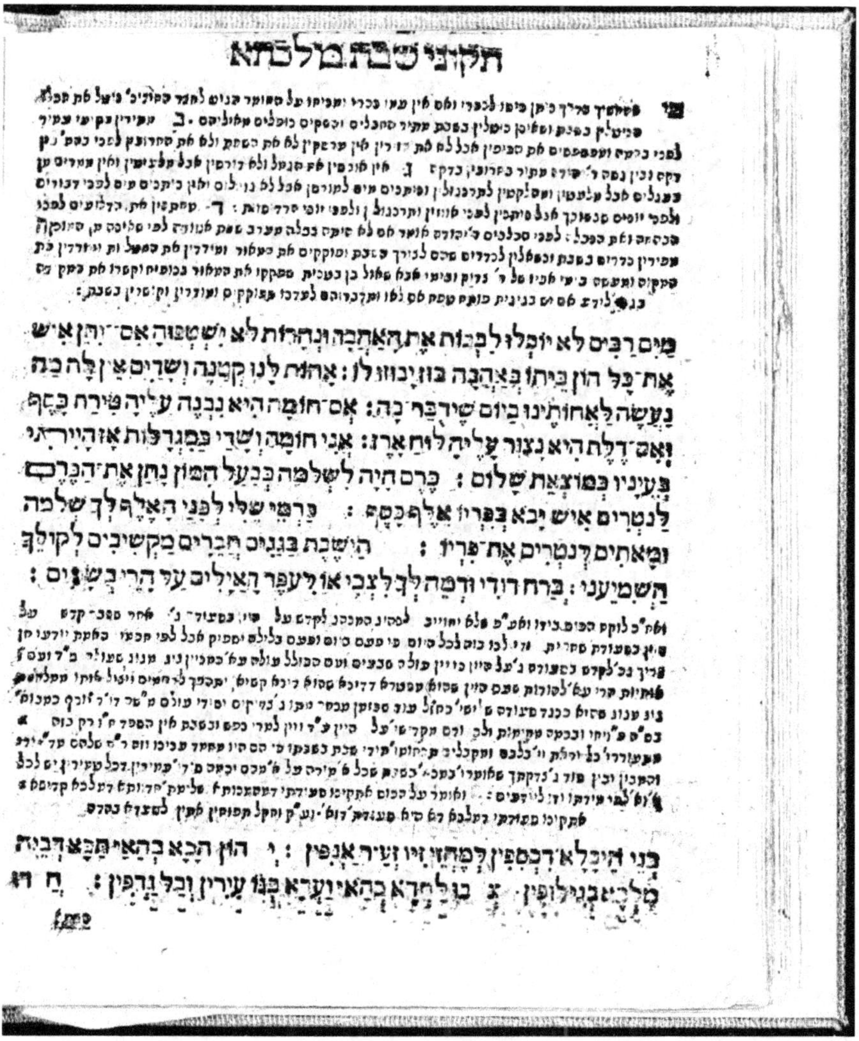

תקוני שבת מלכתא

[illegible]

מַיִם רַבִּים לֹא יוּכְלוּ לְכַבּוֹת אֶת־הָאַהֲבָה וּנְהָרוֹת לֹא יִשְׁטְפוּהָ אִם־יִתֵּן אִישׁ אֶת־כָּל הוֹן בֵּיתוֹ בְּאַהֲבָה בּוֹז יָבוּזוּ לוֹ: אָחוֹת לָנוּ קְטַנָּה וְשָׁדַיִם אֵין לָהּ מַה נַּעֲשֶׂה לַאֲחוֹתֵנוּ בַּיּוֹם שֶׁיְּדֻבַּר בָּהּ: אִם־חוֹמָה הִיא נִבְנֶה עָלֶיהָ טִירַת כָּסֶף וְאִם־דֶּלֶת הִיא נָצוּר עָלֶיהָ לוּחַ אָרֶז: אֲנִי חוֹמָה וְשָׁדַי כַּמִּגְדָּלוֹת אָז הָיִיתִי בְעֵינָיו כְּמוֹצְאֵת שָׁלוֹם: כֶּרֶם הָיָה לִשְׁלֹמֹה בְּבַעַל הָמוֹן נָתַן אֶת־הַכֶּרֶם לַנֹּטְרִים אִישׁ יָבִא בְּפִרְיוֹ אֶלֶף כָּסֶף: כַּרְמִי שֶׁלִּי לְפָנָי הָאֶלֶף לְךָ שְׁלֹמֹה וּמָאתַיִם לְנֹטְרִים אֶת־פִּרְיוֹ: הַיּוֹשֶׁבֶת בַּגַּנִּים חֲבֵרִים מַקְשִׁיבִים לְקוֹלֵךְ הַשְׁמִיעִנִי: בְּרַח דּוֹדִי וּדְמֵה־לְךָ לִצְבִי אוֹ לְעֹפֶר הָאַיָּלִים עַל הָרֵי בְשָׂמִים:

[illegible]

בְּנֵי הֵיכְלָא דִּכְסִפִין לְמֶחֱזֵי זִיו זְעֵיר אַנְפִּין: הוֹן הָכָא בְּהַאי תַּכָּא דְּבֵיהּ מַלְכָּא בְּגִילוּפִין: צְבוּ לַחֲדָא בְּהַאי וַעֲדָא בְּגוֹ עִירִין וְכָל גַּדְפִּין: חֲדוּ

[illegible]

תקון שבת מלכתא

ה שתא כהאי שעתא דביה רעוא ולית זעפין: ק ריבו לי חזו חילי דלית דינין דתקיפין: ל בר נטלין ולא עאלין הני כלבין דחציפין: ו הא אזמין עתיק יומין למצחה עדי יהון חלפין: ר עו דיליה דגלי ליה לבטלא בכל קליפין: י שוי לון בנוקביהון ויטמרון בגו כפין: א רי השתא במנחתא בחדוותא דזעיר אנפין:

ואח"כ מזמור לדוד יי' רועי כ' ככתוב לעיל. ויאמר משה אכלוהו היום כי שבת היום ליי' היום לא תמצאוהו בשדה [illegible] כי יי' נתן לכם השבת על כן הוא נותן לכם ביום הששי לחם יומים שבו איש תחתיו אל יצא איש ממקמו ביום השביעי. וישבתו העם ביום השביעי. על כן ברך יי' את יום השבת ויקדשהו. סברי מרנן ורבנן ורבותי ברוך אתה יי' אמ"ה בורא פרי הגפן. [illegible]

[illegible]

תיקוני שבת מלכתא

[illegible]

תיקון ליל השבועות וליל הושענא רבא

[illegible]

תקוני שבת מלכתא

[illegible]

מפתחות

מפתח נושאים

"אזמר בשבחין" 104, 282, 310-309, 344

אליהו מוילנא (הגר"א) 12, 43, 55, 102, 104, 154, 172, 174, 183

אלקבץ, שלמה 7, 11-10, 22-21, 35-24, 37, 49, 56, 58, 61-60, 65, 68, 89, 97, 103, 105, 133, 138, 143, 156, 164-162, 168-167, 242, 291-289, 295, 297, 306-305

"אנא בכח" 68, 149, 154-151, 157, 162-159, 165, 178, 241

אשכנז 19-11, 32, 46-44, 48, 55-54, 58-57, 72-67, 74, 78-77, 83, 85, 87, 91, 98-93, 102, 110, 114-112, 122-118, 127, 132, 134, 133, 141, 147-145, 154-152, 158, 160, 162, 168, 174, 177, 181-180, 183, 310-308, 313, 322-315, 326-325, 328, 336-330, 342, 344, 349

"אשת חיל" 174, 279, 310, 319, 330, 333, 336-335, 339-338, 344, 347, 350

"במה מדליקין" 16-15, 19, 51, 67, 142, 145, 147, 153-151, 158-157, 162, 164, 169, 174-173, 179-176, 246

"בר יוחאי" 18, 152-151, 154, 161, 163, 174, 280, 294, 301, 311, 319, 321, 344-343, 348, 351

גאלאנטי, אברהם 49, 240

גניזה הקהירית 45-44, 147, 175-173, 180, 237, 248-244, 268-253, 285

היכל הקדש 55, 132, 148, 150, 176, 182, 237

ויטאל, חיים 7, 12, 21, 23, 25, 89, 133, 138, 143, 185, 282, 334

"ויכלו" 36, 45, 48, 63, 66, 89, 261, 265, 303-302

"ושמרו" 258, 326

חמדת ימים 11, 23-21, 29, 33, 35, 56, 59-58, 91, 132, 134, 136, 138, 140, 142, 145-144, 149-148, 154, 161, 165-164, 168, 172-171, 177, 183-182, 185, 326, 350, 352

ונציה 5, 7, 13-11, 17-16, 19, 21, 27-26, 30-29, 33, 136, 139-138, 141, 146, 148, 153-151, 159-156, 162-161, 165-164, 169-168, 177-172, 187, 314, 317-316, 319, 323, 327-325, 351-349, 354-353, 359-358

זוהר 28, 43-42, 60, 80, 89-88, 91, 95, 101, 105, 116, 133, 136, 138, 144, 154, 161-160, 167, 177, 185-181, 249, 300-298, 302, 324-323, 327-326, 340, 343, 349-348, 353

"ידיד נפש" 154, 236, 336, 338

יוסף אומץ 14, 77, 142, 146, 170

ירושלים 7, 11-12, 15, 17, 22, 29, 33, 44, 49, 55-56, 58-59, 65, 67, 72- 71, 78, 82-83, 86, 95, 99, 102- 101, 109, 123, 125, 127, 132-133, 135, 137-145, 148-149, 152-157, 159-165, 167-169, 171-175, 180- 177, 182-185, 289, 292, 295-296, 298-302, 306, 308, 318, 325, 340, 356

"כגונא" 181-185, 249-250

לוריא, יצחק (האר"י) 11-13, 15, 21, 23-25, 29, 37, 42, 45-46, 48-49, 51, 53-58, 60, 62, 64-67, 69, 73- 72, 77-78, 81-82, 85, 89, 95-96, 98, 104-105, 110, 121, 126, 134, 137, 142, 147-148, 156, 160, 163, 179, 183-184, 240, 305, 311- 308, 313-317, 319-320, 322-323, 325-328, 330, 332-338, 343- 342, 346

"לכה דודי" - "גם ברינה/בשמחה" 6, 33, 170, 216, 242

"לכה דודי" - "בואי בשלום" 6, 13, 30, 32-33, 53, 62, 69, 72, 74-75, 77-79, 82-85, 89, 96, 100, 104, 108-109, 118, 127, 133, 135, 146, 153, 166-167, 169-171, 290, 293

"לכה דודי" - החלפת הניגון 32, 169, 291-292, 305

"לכה דודי" - הפניה 32, 74, 85, 91, 166, 169, 293-295

"לכה דודי" - "לא תבושי" 32, 100, 109, 169, 172, 291, 296, 304

מזמור כ"ג ("מזמור לדוד") 11-13, 15-16, 18, 25, 33, 36, 49, 66, 72, 90, 95, 97, 134, 141, 144, 147- 146, 149, 151, 154-157, 161, 163, 165, 178, 269, 344, 412, 414

מזמור כ"ט ("הבו לה'") 6, 11-13, 16- 15, 18, 25, 33, 36, 49, 51, 53, 66, 68, 72, 90, 95, 97, 109, 117, 125, 134, 138, 141, 143-144, 146-147, 149-151, 153-157, 159, 161, 163, 165, 167, 169, 178-179, 240, 306, 344

מזמור צ"ב ("מזמור שיר") 10-12, 15-16, 19, 21, 25, 30, 35-37, 46- 44, 49, 51, 53, 58, 60, 67, 69, 77-78, 88, 90, 94-96, 98, 102, 105, 111, 117, 122, 132, 134, 139- 138, 141-142, 145-147, 149-150, 152-153, 157-159, 163-164, 182- 173, 244, 344, 348

מזמור צ"ג ("ה' מלך") 10, 12, 44, 48, 51, 154, 156, 159, 163, 181- 180, 245

מזמור ק ("מזמור לתודה") 12, 73, 149, 151-155, 158-159, 239

משנת חסידים 33, 51, 160-161, 170, 178, 182-185, 249

סדר היום 11, 13, 24, 30-31, 52-53, 58, 61-63, 89, 91, 137, 139-142, 145, 150-151, 153, 161-162, 168- 167, 170, 237

סעדיה גאון 45, 173, 175, 253-254, 257-258, 262, 265-267, 270,

ספרד 4, 6, 10, 12-13, 15-19, 26, 29- 28, 32, 44-45, 47, 59, 61, 65, 67, 69, 90, 92, 94-98, 117, 119, 121, 123-124, 126, 128, 134, 138-139, 141, 145, 147, 149, 151-157, 159,

מפתחות

162-161, 167-164, 171-169, 176-173, 181-180, 187, 290, 316, 325

עדות המזרח 7, 12, 69, 73, 145, 154, 156, 181-180

עמדין, יעקב 11, 25, 67, 116, 179, 237

עמרם גאון 45, 117, 175-173, 248-246, 262, 268-265, 270

פראג 19-18, 33-32, 35, 46, 51, 77, 87, 108, 125-111, 129, 135-134, 150-147, 153-152, 161-160, 165-164, 168, 170, 179, 309-303, 315-313, 320-318, 340, 358, 414

פרנקפורט 15-13, 18-17, 25, 32, 48, 54, 70, 74, 77, 91, 96, 116-113, 122-121, 127, 134, 142, 147-146, 152-151, 158, 162-161, 166-165, 169, 308, 313, 325-324, 358

צמח, יעקב 4, 7-6, 51, 113, 123, 164, 170, 217-215, 242

צפת 7, 11-10, 16, 22-21, 24, 31-26, 37-36, 49, 54-53, 58-56, 61, 64, 72, 83-82, 85, 89, 91, 95-94, 101, 104, 121, 141-135, 146, 151-149, 156-154, 159, 163-162, 168-165, 170, 178, 183, 290-288, 293, 305

קורדובירו, משה 13-11, 21, 26-24, 37, 49, 54-53, 57-56, 61-59, 73, 94, 104-103, 119, 133, 139-133, 143, 151-149, 160, 168, 174, 179, 181, 185, 236, 290-289, 344

קידוש 66, 92, 174, 270, 284, 303, 310, 336, 339, 344

קנדיא 21, 56, 239

קראקא 5, 7, 13, 19-17, 25, 33-31, 54-53, 71, 87, 95, 108, 116, 123, 138, 146, 151-150, 160, 168, 177, 184, 309, 312, 319-318, 322, 345-341, 347, 358, 371

ראשית חכמה 7, 26, 28, 57, 81, 95, 104, 136, 153, 160, 319, 346, 358

רומניא 45-44, 159, 165, 176-175

רמב"ם 37-36, 43, 45, 62, 66, 72, 89, 132, 137, 147, 176-175, 265

רש"י 40, 42, 46, 63-61, 66, 78, 81-80, 107-106, 136, 144, 173

שדה 11, 14, 24-21, 49, 51, 61-56, 65-63, 72-71, 82-81, 140-136, 144-142, 157-155, 163, 167-166, 170, 178, 288, 298

שיר השירים 27, 80, 112, 150, 152, 155-154, 184, 295-294, 298, 308, 310, 320-319, 325-324, 331-330, 334, 337-336, 341-340, 345-344, 348-347, 351-350, 354

"שלום עליכם" 141, 278, 310, 319, 333-332, 336-335, 339-338, 344, 347, 351-350

שער הכוונות 21, 23, 25, 65-64, 68, 139, 142, 156, 163, 174, 177, 181, 185

תימן 13, 16, 25, 33-32, 41, 45, 53, 67, 73, 97, 107, 145, 153-152, 161, 166-165, 169, 174, 176, 181, 333

מפתחות

מפתח צילומים

עמוד		באדיבות
20	"קבלת שבת להרשב"א"	National Library of Israel
34, 243	"פלח הרמון" לרמ"ע מפאנו	National Library of Russia
41	סידור כת"י של רבי יצחק וואנה	Bodleian Libraries, Oxford
47	סדור זכר צדיק - לרבי יוסף ב"ר צדיק	The British Library
50	כת"י הרמח"ל, סידורו עם כוונות	Jewish Theological Seminary
52	פיוט ה"לכה דודי" של בעל סדר היום	Bodleian Libraries, Oxford
76	בית הכנסת דקהילת חודרוב - פולין	
79	בית הכנסת דקהילת וישוגרד - פולין	
84	הערת רבי ירחמיאל משה מקאזניץ	
90	תווים ל"לכה דודי" מנהג ספרדים	
90	תוים ל"מזמור לדוד הבו"	
129	קטע משיר "לכה דודי"	Hebrew University
231-188	תמונות תחנות תפלות ספרד	
236	ידיד נפש מאת ר' אלעזר אזכרי	Jewish Theological Seminary
238	סידור מנהג קורפו מהמאה ה-14/13	National Library of France
239	סידור מנהג קנדיא מהמאה ה-14	The British Library
240	הנהגות של אברהם גאלאנטי	National Library of Russia
241	סידור מנהג קורפו מהמאה ה-15	National Library of France
244	מזמור צ"ב במגילת מדבר יהודה	Israel Antiquities Authority
245	קטע מהגניזה Or. 1081 2.77	Cambridge University Library
247, 267	קטע מהגניזה T-S NS 120.103	Cambridge University Library
248	סידור מנהג ספרד מהמאה ה-13	National Library of France
250	כ"י זוהר משנת 1554	Jewish Theological Seminary
252	סידור מנהג צרפת משנת 1304	Biblioteca Palatina in Parma
253	קטע מהגניזה T-S NS 272.12	Cambridge University Library
254, 260, 264	קטע מהגניזה T-S NS 325.211	Cambridge University Library
255	קטע מהגניזה T-S 8H 11.4	Cambridge University Library
257-256, 268, 285	קטע מהגניזה Evr. III B 122	National Library of Russia
258	חומש לונדון Or. 4445	The British Library
259	קטע מהגניזה heb. e. 25.66	Bodleian Libraries, Oxford
261, 270, 273	מחזור ויטרי	Mr. Avigdor Klagsbald
262	קטע מהגניזה T-S NS 123.31	Cambridge University Library
265, 285	קטע מהגניזה heb. d. 55.15	Bodleian Libraries, Oxford
267	קטע מהגניזה T-S NS 123.33	Cambridge University Library
269	סידור מנהג ספרד מהמאה ה-13	National Library of France
271	קטע מהגניזה Or. 1080 3.3.5	Cambridge University Library
272	סידור מנהג צרפת משנת 1204	Jewish Theological Seminary
274	סידור מנהג רומה מהמאה ה-14	Biblioteca Palatina in Parma
275	מחזור מנהג רומה מהמאה ה-15	Zentralbibliothek Zurich
277	פנקס מוהל	Jewish Theological Seminary
278	כ"י מנהג טוב	Hungarian Academy of Sciences
279	כ"י ספר כתובים	Staatsbibliothek Zu Berlin
281	קובץ בקבלה	Columbia University Library
283	ספר יפה נוף	
369-360	תקוני שבת - ונציה ש"ס	
278, 410-372	תיקוני שבת - קרקא שע"ג	

עוד ספרים מה"צאת וידר - הבית למחקר תורני:

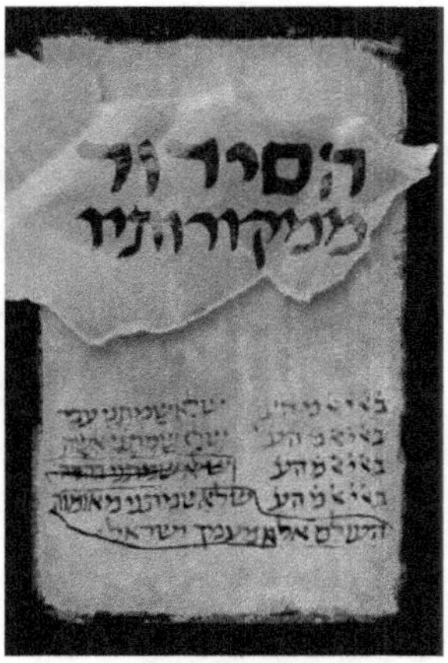

הסידור ממקורותיו - לימות החול

הספר שפרץ את הדרך והנגיש מאות כתבי יד ומחקרים לציבור אודות סידור התפילה. ספר יסוד לכל בית יהודי להבין מאיפה ומתי הגיע התפילות שבסידור.

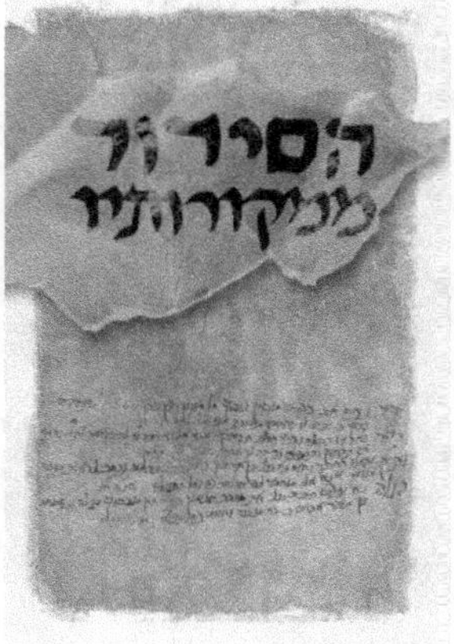

הסידור ממקורותיו - שבת קודש

הכרך המשלים של הסידור לימות החול, כרך זה ממשיך את הדרך והושף עוד עשרות מקורות של תפילות וזמירות ליום השבת שטרם נחשפו.

הנהגות קבליות בשבת - מהדורה מורחבת

הספר מוקדש לתיעוד ולחקר ההנהגות המיוחדודות לשבת על פי הקבלה. מהדורה מורחבת שכוללת עשרות תיקונים ותוספות מאת משה חלמיש.

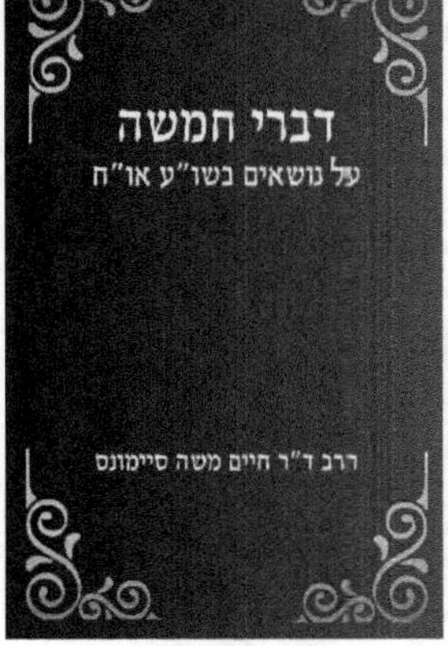

דברי חמשה

20 מאמרים מחקריים מהרב ד"ר דיים סיימונס הנוגעים לענייני אורח חיים פרקטיים. כולל מאמרים חשובים על אירועי י בטבת ומתי מבקשים גשם בחו"ל.

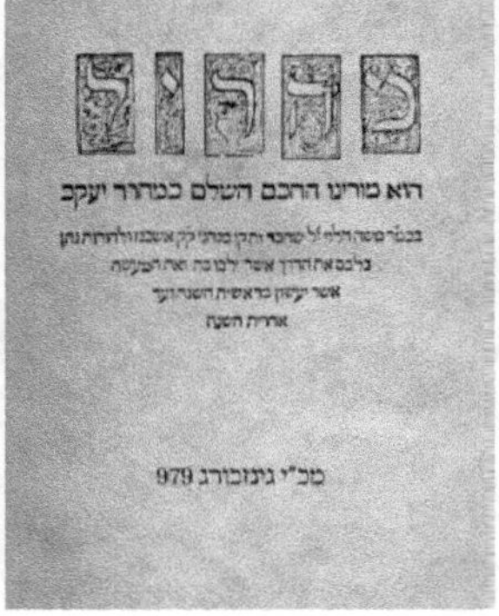

ספר מהרי"ל (כתב יד)

לפעם הראשונה בדפוס, כתב יד חשוב מתקופת חיי המחבר. כ"י גינזבורג 979 היה טמון בספריה ברוסיה ולא נכלל במנהגי המהרי"ל מהדורת מ"י.

שבט מיהודה (5 כרכים)

עבודת המופת של ר' יהודה לביא בן דויד, זמין לפעם הראשונה בכריכה קשה. לר' בן דוד יכולת מיוחדת לחקור ולהציג נושאים בסיסיים לתורתנו שלא נחקרו לעומק.

היכנסו לאתר: https://wiederpress.com

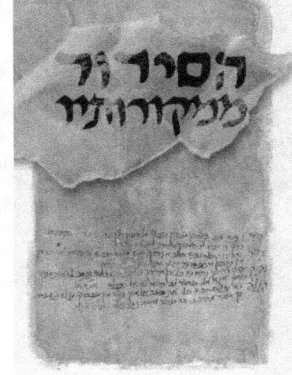

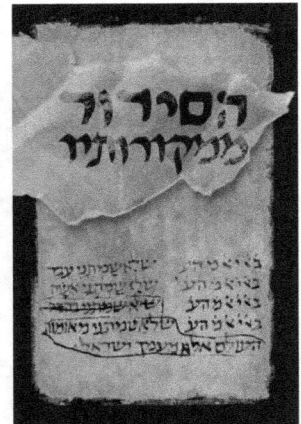

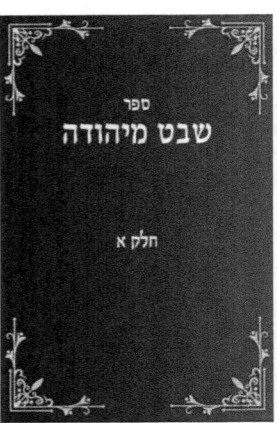

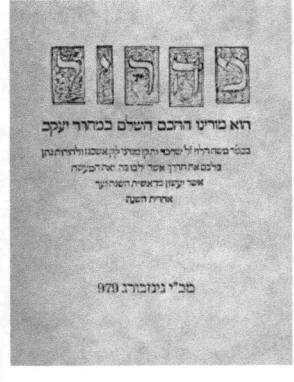

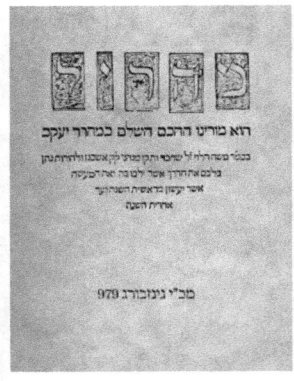